Franz Helbing
Geschichte der Folter

SEVERUS Verlag

Helbing, Franz: Geschichte der Folter. 2013
Neuauflage der Ausgabe von 1926
ISBN: 978-3-86347-764-6

Bibliografische Information der Deutschen Nationalbibliothek: Die Deutsche Nationalbibliothek
verzeichnet diese Publikation in der Deutschen Nationalbibliografie; detaillierte bibliografische
Daten sind im Internet über https://dnb.de abrufbar.

Der SEVERUS Verlag ist ein Imprint der Bedey & Thoms Media GmbH,
Hermannstal 119k, 22119 Hamburg

SEVERUS Verlag, 2013
http://www.severus-verlag.de
Gedruckt in Deutschland
Der SEVERUS Verlag übernimmt keine juristische Verantwortung oder irgendeine Haftung für
evtl. fehlerhafte Angaben und deren Folgen.

Franz Helbing

Geschichte der Folter

Abbildung 1
Der Scharfrichter

Radierung von Salvator Rosa
(1615—1673)

GESCHICHTE DER FOLTER

MIT ABBILDUNGEN NACH ALTEN MEISTERN

VERFASST VON
FRANZ HELBING
VÖLLIG NEUBEARBEITET UND ERGÄNZT VON
MAX BAUER
MIT SCHLUSSWORT VON
RECHTSANWALT DR. MAX ALSBERG

Vorwort

> Qu'on me pardonne si je me récrie contre la question. J'ose prendre le parti de l'humanité contre un usage honteux à des Chrétiens et à des peuples policés et, j'ose ajouter, contre un usage aussi cruel qu'inutile.
>
> Man verzeihe mir, wenn ich gegen die Folter laut Einspruch erhebe. Ich wage die Partei der Menschlichkeit gegen einen Gebrauch zu nehmen, der für Christen und Kulturvölker gleich schimpflich und — ich erlaube mir hinzuzufügen — ebenso grausam wie überflüssig ist.
>
> Friedrich der Große, Sur les raisons d'établir et abroger les lois.
> Über die Gründe für Einführung und Abschaffung der Gesetze.

Das Gemälde von der Geschichte der Tortur, von Helbing vor fast einem Vierteljahrhundert entworfen, war im Laufe der Jahre stark nachgedunkelt. Sollte dem Bilde seine hohe Bedeutung erhalten bleiben, so war eine Restaurierung unbedingt geboten, aber nur eine Auffrischung, nichts mehr. Der alte Helbing sollte und mußte bleiben, was er bislang gewesen: Das einzige wissenschaftliche Werk über jene Irrwege der Justiz von einst, die durch brutale Gewalt von Gesetzes wegen das Recht in Unrecht verkehrt hatten. Nur dort, wo Helbings Angaben der neueren Forschung nicht mehr entsprachen, wo allzu große Breite Kürzungen nötig machte, wo Überholtes den Platz für Unbekanntes und Wichtiges wegnahm, da habe ich mich für berechtigt gehalten, energisch einzugreifen. Sonst aber habe ich meines Amtes als Bearbeiter mit aller Rücksicht auf das Wissen und den Fleiß des Verfassers gewaltet. Ob das Buch dadurch an Wert gewonnen hat, wage ich natürlich nicht zu entscheiden; das kann ich aber ruhig sagen, daß es nichts von seinem Wert verloren hat.

Berlin-Friedenau, Herbst 1925.

Max Bauer

Erstes Kapitel
Der Ursprung der Folter

„Es erben sich Gesetz und Rechte — Wie eine ew'ge Krankheit fort," heißt es im „Faust", und die Richtigkeit dieses Wortes zeigt sich überall, wo wir „Gesetz und Recht" von einst und jetzt in Betracht ziehen. Auch für die Anwendung der Folter, ein Verfahren, das wir heute nur mit Entsetzen als Barbarei der Vergangenheit betrachten, gilt dieser Ausspruch.

Der Ursprung ihrer Anwendung verliert sich in das Dunkel der Vergangenheit, und ohne einem Volke, ohne einer Epoche unrecht zu tun, läßt sich behaupten, daß sie kaum jünger ist als die Festlegung der Gesetze selbst.

Zweifellos war Asien, die Wiege der menschlichen Kultur, auch die Geburtsstätte der Folter, obwohl die von altersher von dort uns überlieferten Schriften nur ein geringes davon zu vermelden wissen. Die alten Ägypter, die trotz des geographischen Widerspruches kulturell als Angehörige Asiens zu betrachten sind, sind zwar, entgegen ihrer sonstigen bildschriftlichen Redseligkeit, über diesen Punkt nicht sehr mitteilsam, aber immerhin können wir folgern, daß im Lande der Pyramiden und Pharaonen, im Lande der Knechtschaft und Unterdrückung das „sanfte" Pressionsmittel der Tortur ausgiebig und häufig in Anwendung kam, wohl hauptsächlich in den einfachsten und gebräuchlichsten Formen, durch Schläge und Nahrungsentziehung. Ein gleiches läßt sich auch von Indien sagen, wo die Tortur heute noch fleißig gebraucht wird und sicherlich nicht erst in kaum vergangenen Tagen aufgenommen wurde. Mehr aber noch gilt dies von China, dessen Rechtspflege bekanntlich eine Meisterschaft in der Anwendung von Folterwerkzeugen bekundet. Auch das China benachbarte und stammverwandte Japan hatte eine umfangreiche Anwendung der Folter aufzuweisen. Daß Persien und andere asiatische Despotieen diese Marter einst anwandten und auch jetzt noch anwenden, muß leider als selbstverständlich gelten.

Merkwürdigerweise finden wir nicht die geringsten Belege darüber, daß die Tortur bei den Juden in Anwendung kam, auch nicht Sklaven gegenüber, und wenn wir die biblische Gesetzgebung in Betracht ziehen, so können wir als ausgeschlossen annehmen, daß, wenigstens in älterer Zeit, die Marter bei ihnen in Brauch war. Aus der Bibel ist zu ersehen, daß bei den Juden die Blutrache zur Anwendung kam, daß für Verbrechen Steinigung und andere Todesstrafen galten, daß für zufällige Tötung Zufluchtsstätten für den Täter vorhanden, ferner daß zur Überführung der Schuld mehrere Zeugen nötig waren. „Und der Herr redete mit Mose und sprach: Rede mit den Kindern Israel und sprich zu ihnen: Wenn ihr über den Jordan ins Land Kanaan kommt, sollt ihr Städte auswählen, daß Freistädte seien; dahin fliehe, der einen Totschlag unversehens tut. Und sollen unter euch solche Freistädte sein vor dem Bluträcher, daß der nicht sterben müsse, der einen Totschlag getan hat, bis daß er vor der Gemeinde vor Gericht gestanden sei." (4. Mose 35, 9—11.) „Auf zweier oder dreier Zeugen Mund soll sterben, was des Todes wert ist; aber auf eines Zeugen Mund soll er nicht sterben." (5. Mose 17, 6.) „Wenn ein freveler Zeuge wider jemand auftritt, über ihn zu bezeugen eine Übertretung: So sollen die beiden Männer, die eine Sache mit einander haben, vor dem Herrn, vor den Priestern und Richtern stehen, die zur selben Zeit sein werden. Und die Richter sollen wohl forschen. Und wenn der falsche Zeuge ein falsch Zeugnis wider seinen Bruder gegeben: So sollt ihr ihm tun, wie er gedachte seinem Bruder zu tun, daß du den Bösen von dir wegtust. Auf daß es die andern hören, sich fürchten und nicht mehr solche böse Stücke vornehmen zu tun unter dir. Dein Auge soll sein nicht schonen. Seele um Seele, Auge um Auge, Zahn um Zahn, Hand um Hand, Fuß um Fuß." (5. Mose 19, 16—21.) Daß neben der Steinigung auch der Galgen als Strafmittel zur Anwendung gelangte, ergibt sich aus 5. Mose 21, 22. Auch die Prügelstrafe kam in Anwendung, doch wird diese auf höchstens vierzig Schläge beschränkt. (5. Mose 25, 2, 3.) In Josua 20 findet sich die Feststellung der Freistädte in Kanaan. Auch in dem Neuen Testament läßt keine Stelle auf Anwendung der Folter bei den Juden schließen, obgleich damals bereits im Rechtsverfahren wie in anderem so manches vom Griechentum und Römertum in das jüdische Kulturleben eingedrungen war.

Bei den Griechen und Römern wurde die Totur angewandt. Zum besseren Verständnis dürfte es jedoch gut sein, hier einiges über die Rechtszustände bei diesen Völkern vorauszuschicken.

Die Gerichte — schreibt J. J. Eschenburg in „Griechische und römische Altertümer" — hielt man an öffentlichen Plätzen, und die ganze Sitzung und Versammlung bildete dabei gewöhnlich einen Kreis. Die Richter saßen auf steinernen Bänken, und man wählte dazu Männer, die durch Alter und Erfahrung ehrwürdig waren. Diese hatten Zepter oder Stäbe in der Hand. Die Rechtssache wurde von den streitenden Parteien selbst mündlich vorgetragen, und von diesen wurden auch die Zeugen herbeigeführt. Die Könige oder Fürsten hatten bei einer solchen Gerichtsversammlung den Vorsitz, auf einem erhabenen Sessel oder Thron. Richtschnur des Rechts und des Endurteils waren hauptsächlich Billigkeit und Herkommen, und in der Folge waren es bestimmtere Gesetze, die zuerst von Phoroneus und noch mehr und allgemeiner von Kekrops in Griechenland eingeführt wurden.

So wie diese in den älteren Zeiten einfach und einzeln waren, so auch die darin bestimmten Strafen, deren es nur wenige für Hauptverbrechen gab. Den Mord bestrafte man gewöhnlich mit der Verbannung, die entweder in freiwilliger Flucht des Mörders bestand, oder die ihm ausdrücklich auferlegt war. Ihre Dauer erstreckte sich aber nur auf ein Jahr, und man konnte zuweilen diese Strafe durch Lösegeld abkaufen. Die Freistätte war nur für Urheber einer zufälligen, unvorsätzlichen Entleibung. Auch der Ehebruch wurde scharf, gemeiniglich mit dem Tode bestraft. Raub und Diebstahl hingegen waren in dem früheren Zeitalter Griechenlands sehr häufig und wurden anfänglich nicht für strafbar gehalten, weil überall das Recht der Stärkeren galt, besonders da, wo List und Klugheit mit dem Raube verbunden war. Man strebte daher bloß nach der Wiedererlangung des Geraubten oder rächte sich durch gegenseitige Beeinträchtigung. In der Folge aber wurden auf diese Vergehungen eigene Strafen gelegt.

Insofern die Bewohner der Insel Kreta ihrer gemeinschaftlichen Sprache wegen mit zu den Griechen gehören, sind auch ihre, von dem ersten Minos eingeführten Gesetze hier zu erwähnen, weil sie für die ältesten schriftlichen Satzungen gehalten und in der Folge von Lykurg zum Muster gewählt wurden. Kriegerische Tapferkeit und Eintracht des Volkes waren die vornehmsten Absichten derselben; Abhärtung des Körpers und gesellige Vereinigung der einzelnen Mitglieder des Staats sind daher fast in jeder Anordnung des Minos sichtbare Zwecke. Um diesen Gesetzen desto mehr Ansehn zu schaffen, gab er eine ihm von Zeus unmittelbar erteilte Offenbarung vor.

Der Regierungszustand Griechenlands erfuhr mit der Zeit mancherlei Veränderungen. Aus der beschränkten Monarchie ging in manchen der zahlreichen Griechenstaaten eine Aristokratie hervor, die in Oligarchie ausartete, mit noch größerer Bedrückung des Volkes als früher. Doch wurde in den meisten Staaten die Regierungsform mit der Zeit demokratisch. Die hervorragendsten Griechenstaaten waren bekanntlich Attika und Lazedämon. Ersterer Staat wurde anfangs von Königen regiert, deren Macht jedoch im Frieden sehr beschränkt war. Nach dem Tode von Kodrus (1068 v. Chr.) wurde Athen Freistaat und seine Regierung von Archonten versehen, die anfangs (bis 752 v. Chr.) auf Lebenszeit, dann auf eine bestimmte Dauer gewählt wurden. Die Eigenmächtigkeiten der Archonten wurden durch Drakons strenge Gesetze eingeschränkt (624 v. Chr.), mehr noch aber durch die Gesetze Solons (594 v. Chr.), durch den von Drakons Gesetzen nur die den Mord betreffenden unverändert blieben. Doch auch diese Gesetze wurden bald wieder abgeändert, und es erfolgte bis zur Eroberung Athens durch den Römer Sulla noch so mancher Wechsel.

Die Bewohner des attischen Gebiets waren eingeteilt in freie Bürger, Schutzgenossen und Sklaven. Die freien Bürger waren der Kern, der angesehenste Teil der Bevölkerung. Die Schutzgenossen waren Fremdlinge, die sich im attischen Gebiet niedergelassen hatten, keinen Anteil an der Regierung besaßen und in Rechtssachen sich einen freien Bürger als Beschützer wählen mußten. Sie durften sich mit ihren Ersparnissen loskaufen, ohne jedoch als Freigelassene das Bürgerrecht erwerben zu können. Zur Zeit des Demetrios Phalereus (317 v. Chr.) gab es in Athen 400 000 Sklaven.

Unter den Gerichtshöfen der Griechen — berichtet Eschenburg weiter — war keiner so berühmt wie der von den römischen Schriftstellern Areiopagos genannte zu Athen. Die Zeit seiner Entstehung ist zwar ungewiß, aber sehr alt, und früher als die Lebenszeit Solons, der den Areiopagos nicht zuerst stiftete, sondern nur verbesserte und sein Ansehen erhöhte. Zu Mitgliedern dieses Gerichts wurden anfänglich die rechtschaffensten und einsichtsvollsten Bürger jeden Standes, nach Solons Anordnung aber alle gewesenen Archonten berufen. Ihr Amt dauerte auf Lebenszeit. Alle größeren Verbrechen, Diebstahl, Raub, Meuchelmord, Vergiftung, Mordbrennerei, Frevel wider die Religion usf., wurden vor dieses Gericht gebracht, und man erkannte darüber Todesstrafen oder Geldbußen . . . Das gefällte Urteil wurde sogleich vollzogen. Übrigens hielt man dieses Gericht unter freiem Himmel. So ehrwürdig und streng indes der Areiopagos in der früheren Zeit war, so traf doch in der folgenden auch ihn die allgemeine Sittenverderbnis.

Von ähnlicher Strenge und Gerechtigkeitsliebe waren die Epheten zu Athen, die den Gerichtshof zum Palladium bildeten und von Demophoon, einem Sohne des Theseus, zuerst angeordnet sein sollen. Wahrscheinlich ist aber Drakon als der eigentliche Stifter dieses Richterkollegiums zu betrachten. Man wählte dazu aus den Familien der Eupatriden einundfünfzig unbescholtene Männer, die alle älter als fünfzig Jahre sein mußten. Solon bestätigte die Einrichtung der Wahl; nur übertrug er die Untersuchung der wichtigeren Rechtssachen allein den Areopagiten und ließ den Epheten hauptsächlich nur das Gericht über unvorsätzlichen Mord, über Mißhandlungen, die den Tod zur Folge gehabt hatten, und über Nachstellungen gegen das Leben eines Bürgers. — Die merkwürdigsten übrigen Blutgerichte zu Athen waren das delphinische, das prytaneische und das phreattische. Auch in diesen Gerichtshöfen wurde späterhin von den Epheten Recht gesprochen, namentlich im delphinischen über solche Totschläge, die nach der Behauptung des Beklagten gesetzlich waren, z. B. aus Notwehr; im prytaneischen über Tötung durch Unglücksfälle und gewaltsame Totschläge, wo aber der Mörder unbekannt war. Das phreattische Gericht am Meeresufer beim Piräus, wobei der Beklagte während der Verhandlung auf einem Schiffe sein mußte, wurde selten in Anwendung gebracht.

An Strafen wurden ausgesprochen: Geldstrafen, die zuweilen noch durch andere Strafen geschärft wurden, Ehrlosigkeit in verschiedenen

Graden, Sklaverei, die jedoch nach Solons Gesetzen nur gegen Fremde verhängt wurde, Brandmale auf Stirn oder Hand als Strafe entlaufener oder sonst schuldiger Sklaven, die Schandsäule, auf die der Name des Verbrechers und seine Schuld geschrieben wurde, Gefangenschaft in Ketten oder Banden. Bei der Haft wurde auch entweder eine Art hölzernes Joch angewendet, das den Nacken niederhielt, oder ein Fußblock, ein Brett. Ferner wurde Verbannung auf Zeit (Ostrakismos) oder die dauernde ausgesprochen und auf Einziehung des Vermögens erkannt. Todesstrafen wurden mittels Schwert, Strang, Giftbecher, Ertränken, Herabstürzen von einem Felsen vollzogen. Auch die Kreuzigung kam zuweilen vor.

Bei den Lazedämoniern gab es eine dreifache Gerichtsbarkeit: durch den König, den Senat und die Ephoren, deren jeder sich mit einer besonderen Art von Prozessen befaßte. Kriminalangelegenheiten kamen in der Regel vor den Senat. Die Strafen glichen so ziemlich den athenischen, doch scheint als Todesstrafe hier die Erdroßlung zumeist angewandt worden zu sein. Diebe wurden weniger der Tat wegen bestraft, als ihrer Ungeschicklichkeit wegen, die das Ertappen ermöglichte. Die einfache und mit geringen Abänderungen acht Jahrhunderte in Geltung gebliebene Gesetzgebung rührte größtenteils von Lykurg her.

Die römische Rechtspflege beeinflußte bekanntlich die spätere Gesetzgebung aller europäischen Völker und weist demnach in manchem große Ähnlichkeit mit unseren gegenwärtigen juristischen Gepflogenheiten auf.

Die Rechtspflege und Gerichtshaltung der Römer, bemerkt Eschenburg, betraf entweder öffentliche oder Privatstreitigkeiten. Jene gingen die öffentliche Ruhe und Sicherheit an, diese nur die Ansprüche und Rechte einzelner Personen. Die öffentlichen Gerichte waren entweder ordentliche oder außerordentliche; die letzteren gehörten nicht für eine besondere Obrigkeit, noch für gewisse festgesetzte Orte und Zeiten, sondern es wurde dazu ein besonderer Gerichtstag oder eine eigene Volksversammlung angesetzt. Bei allen öffentlichen Gerichten wurde eine gewisse Ordnung und eine Folge bestimmter Gebräuche beobachtet. Der Ankläger (actor, accusator) hielt gewöhnlich eine Rede wider den Beklagten (reus), hierauf wurden die Zeugen abgehört, und dann wurde von den Richtern mündlich oder schriftlich gestimmt und das Urteil gefällt. Letzteres geschah durch Täfelchen, welche entweder mit dem Buchstaben A (absolvo, ich spreche frei) oder C (condemno, ich verurteile) oder NL (non liquet, es ist nicht klar) bezeichnet waren. Der Losgesprochene konnte, wenn er Grund dazu hatte, seine Ankläger wegen falscher Beschuldigung (calumnia) vor Gericht belangen; der Verurteilte hingegen wurde den Gesetzen gemäß bestraft ...

Zu den vornehmsten peinlichen Verbrechen, welche öffentliche Untersuchungen erforderten, gehörten crimen majestatis oder Verletzung der Würde und Sicherheit des römischen Volkes und der Magistrate, crimen perduellionis oder Hochverrat an der Volksfreiheit, crimen peculatus oder Veruntreuung des öffentlichen Schatzes, Kirchenraub, Prägung falscher Münze oder Fälschung öffentlicher Urkunden, crimen ambitus, Bestechung des Volks, um Stimmen bei einer Wahl zu obrigkeitlichen Ämtern zu erkaufen, crimen repetundarum, wenn von Prätoren, Quästoren usf. in den Provinzen ungerechte Gelderpressungen verübt waren, deren Ersatz gefordert wurde, crimen vis publicae, wozu besondere Verschwörungen zum Aufstande und mancherlei persönliche Gewalttätigkeiten gerechnet wurden. Außerdem waren auch manche Privatverbrechen, z. B. crimen inter sicarios, crimen veneficii, parricidii, falsi, adulterii und plagii, Gegenstände öffentlicher Untersuchungen.

Der Strafen, wozu die in den Gerichten schuldig Befundenen verurteilt wurden, gab es bei den Römern mancherlei Arten. Die vornehmsten darunter waren: Die Geldstrafe (damnum, multa), die anfänglich höchstens in dreißig Ochsen und zwei Schafen bestand, welche man nachher in Geld rechnete; die Bande (vincula), die entweder in Stricken oder in Ketten an Händen und Füßen bestanden; die Schläge oder die Geißelung (verbera) mit Stäben der Liktoren für Freigeborene und mit Peitschen oder Ruten für Sklaven; die Wiedervergeltung (talio) oder die Zufügung des nämlichen Schadens, den der Kläger erlitten hatte (sie war aber nur in der Urzeit gestattet und erhielt sich allein nur bei der injuria, der persönlichen Beleidigung); die Entehrung (infamia), die Verbannung (exilium oder capitis deminutio), die entweder auferlegt oder freiwillig und mit Entziehung aller Ehrenstellen verbunden war. Wurde dabei kein besonderer Ort des Aufenthalts angewiesen, so hießen die Verbannten interdicti; geschah das aber, verbunden mit öffentlicher Unehre, so hießen sie relegati. Noch härter war die Strafe, die man deportatio nannte, indem man den Verbannten in ganz entlegene öde Orte oder Inseln bringen ließ. Dazu kam noch der Verkauf in die Knechtschaft und endlich die Todesstrafe, die bei den Sklaven gewöhnlich die Kreuzigung war.

In der ersten Zeit des römischen Staats war die Rechtsprechung sehr schwankend und willkürlich. Es sollen daher im Jahre 455 v. Chr. drei Männer nach Athen und Sparta gesandt worden sein, um dort die Gesetze Solons und Lykurgs zu sammeln. Nach ihrer Rückkehr wurden zehn edle Römer mit der Abfassung der neuen Gesetze betraut. Diese wurden erst auf zehn, dann auf zwölf Tafeln verzeichnet, deren Inhalt auch noch in späterer Zeit als Grundlage der römischen Gesetzgebung galt.

Zahlreich, wie bei den Griechen, waren auch bei den Römern die Sklaven und wurden von diesen auch in ähnlicher Weise behandelt. In der Geschichte der Tortur spielen die Sklaven, und nicht die römischen allein, eine große Rolle, indem die Folter hauptsächlich gegen sie zur Anwendung kam, wie noch ausführlich erörtert werden soll.

Über den hierhergehörigen Teil des altägyptischen Strafgesetzes verbreitet sich Diodor von Sizilien:

Über die Folterarten und Hinrichtungen der Assyrer geben zwei altassyrische Bildwerke Aufschluß. Auf dem einen wird dem auf dem Boden angepflockten Verurteilten die Haut abgeschält. Das zweite zeigt eine Blendung. Ein Henker hält den

Delinquenten am Barte fest, während ihm ein anderer den glühenden Stahl in die Augen bohrt. Durch die Lippen der abgeschnittenen Köpfe sind Stricke gezogen, die als Halter dienen, wenn die Häupter dem König gebracht werden. (Rau.)

Als todeswürdige Verbrechen galten der Meineid, „ferner, wenn einer auf der Landstraße sah, daß jemand ermordet wurde oder überhaupt irgendwie Gewalt litt, und er ihm nicht zu Hilfe kam. Wenn dies in seiner Macht gestanden hätte, so mußte er ebenfalls den Tod leiden". War Hilfe unmöglich, bestand Anzeigepflicht; wurde diese unterlassen, erhielt der Zeuge eine Anzahl Geißelhiebe und blieb drei Tage ohne Nahrung. Bei falscher Anzeige mußte der Angeber die Strafe erleiden, die dem Beschuldigten im Falle der Verurteilung zugesprochen worden wäre. Wer ein anderes Gewerbe trieb, als ihm von der Behörde erlaubt war, mußte ebenfalls durch Henkershand sterben. „Wenn Eltern ihre Kinder töteten, so stand darauf nicht der Tod, sondern sie mußten den Leichnam drei Tage und drei Nächte ununterbrochen in den Armen halten, wozu ihnen eine öffentliche Wache beigegeben war. Dem Elternmörder wurden mit spitzen Haken fingergroße Stücke aus dem Fleisch gerissen, dann legte man ihn lebend auf Dornen und verbrannte ihn. Militärischen Verrat strafte man durch Ausschneiden der Zunge." Wer falschmünzte, Maß und Gewicht fälschte oder Siegel nachmachte, ebenso die Schreiber, die in öffentliche Bücher Falsches eintrugen oder darin Geschriebenes löschten oder Rechtstitel fälschten, denen sollten beide Hände abgehauen werden, damit jeder an dem Gliede gestraft werde, mit dem er gesündigt hätte, und durch den unheilbaren Schaden, den er bis zu seinem Tode mit sich herumtrug, die andern warne und von ähnlichem Tun abschrecke. Streng waren auch die Gesetze, die in betreff der Weiber bei ihnen galten. Wer einem fremden Weibe Gewalt antat, dem wurde das Schamglied abgeschnitten; denn sie hielten dafür, daß ein solcher in einer verbrecherischen Tat die drei größten Frevel begangen hätte: Gewalttätigkeit, Schändung und Verwirrung der Vaterschaft. Wenn aber ein Mann die Frau durch Überredung zum Ehebruch bewog, so hatte er tausend Stockschläge zu erhalten; der Frau wurde die Nase verstümmelt. Denn das Weib, „das sich zu verbotener Lust geschmückt, sollte dessen beraubt werden, was die Schönheit am lieblichsten erscheinen läßt".

In der Strafrechtspflege im Lande der Pyramiden findet sich demnach bereits die zweite Art der gerichtlichen Tortur, die der verschärften Todesstrafe, neben der ersten und allgemeinsten: durch Folterung die dem Richter genehme Bestätigung seiner Annahme von der Schuld des Angeklagten zu finden.

Das Quälen des zum Tode verdammten kriegsgefangenen Feindes war und ist bei fast allen Völkern mit tiefstehender Kultur über die ganze Erde verbreitet. Der Marterpfahl der nordamerikanischen Indianer gehört heute der Vergangenheit an, wenn er auch hier und da im geheimen noch vorkommen mag. Im Düster des südamerikanischen Urwalds, bei wilden Stämmen im Innern Afrikas dürfte auch heute noch manch ein Kriegsgefangener seine Seele unter Martern aushauchen.

Nach wie vor und in breitester Öffentlichkeit werden jedoch in allen Zonen die Reifebräuche geübt, bei denen Jünglinge, ab und zu auch junge Mädchen, schweren Martern unterworfen werden, ehe man sie für würdig erklärt, in den Kreis der Krieger beziehungsweise der Mannbaren einzutreten.

Bei den wilden Australiern geschieht dies durch Beschneidung, Aufschlitzen der Harnröhre (so beim Aruntastamm), schmerzhaftes Hochwerfen des Knaben, Einschneiden von tiefen Wunden, die zu Schmucknarben werden sollen, und Wälzen in niedergebrannter, noch glimmender Glut. Dem Ausschlagen eines Schneidezahns müssen sich auch die Mädchen unterziehen. Bei den Dajaks auf Borneo werden die Zähne der jungen Leute beider Geschlechter durch Abstemmen und Feilen, die Körper durch tiefe Tatauierungen verunstaltet. In Persien bildet die Beschneidung der islamitischen Jünglinge den Höhepunkt des Pubertätsfestes, sonderbarerweise ebenso bei afrikanischen Völkern, den Bantu, Basuto, Massai, Wadschagga, Kiuyu, Wakamba, Suaheli und anderen Stämmen aller Teile des Schwarzen Erdteils. Die Bantuknaben haben außerdem schmerzhafte Mutproben abzulegen, den geschlechtsreifen Mädchen werden schwere körperliche Züchtigungen zuteil. Außerdem wird an ihnen die Exzision vorgenommen, die schon im alten Ägypten geübt wurde und bei vielen Völkern in verschiedenen Teilen der Erde angetroffen wird. (Ploß-Bartels.) Beschneidung und Exzision dürften als Überbleibsel von in der Vorzeit dargebrachten Menschenopfern anzusehen sein. Man opfert der Gottheit einen kleinen Körperteil, statt wie einst den ganzen Körper. Bei den Makalaka (Südafrika) bringen Matronen den Mädchen etwa 4000 kleine Hauteinschnitte bei, in die ätzende, durch Kohlenstaub geschwärzte Salbe eingerieben wird. Bei den Dahome schneiden Priesterinnen den jungen Mädchen Schlangenfiguren in die Haut.

Von den Mutproben junger Indianer, die unter die Krieger aufgenommen werden wollten, seien nur einige der schwersten aufgezählt.

Die Jünglinge mußten sich mit Ruten oder Dornen peitschen lassen, ohne Schmerzenslaute auszustoßen, mußten längere Zeit fasten und, ohne zu ruhen, tagelang in Sonnenbrand oder Kälte umherstreifen. Bei den Mandan hatten die Jünglinge sich vier Tage jeder Nahrung zu enthalten und die Nächte schlaflos zuzubringen. Zwei durch Masken unkenntlich gemachte Krieger stießen ihnen mit schartigen Messern in die Fleischteile und steckten fingerlange Holzpflöcke in die Wunden. An diese Pflöcke wurden Seile befestigt, an denen die Gemarterten, noch beschwert durch Büffelköpfe, Medizinbeutel und Schilde, in die Höhe gezogen und wie die Kreisel gedreht wurden, bis sie die Besinnung verloren. Nicht genug damit, hackte man den Jünglingen den kleinen Finger ab und ließ die Blutenden zu ihren Wigwams kriechen, wo man ihnen die Holzpflöcke aus den Wunden riß, worauf sie sich endlich verbinden lassen durften.

Von den Scheyennen erzählt Buschan: Den Knaben wurden Einschnitte unter die Haut gemacht, durch die zog man Riemen, mit denen das Opfer außerhalb des Dorfes an einen Pfahl gebunden wurde. Hier überließ man es seinem Schicksal. Seine Aufgabe bestand nun darin, sich von den Riemen zu befreien, die unter der Haut durchgezogen waren. Die meisten Knaben harrten einige Tage aus, bis infolge der Eiterung die Haut so weit gelockert war, daß die Hautbrücken mit Leichtigkeit durchrissen. Wer aber besonders mutig war, ergriff entschlossen mit beiden Händen die Riemen, führte sägende Bewegungen aus, bis er sich nach Verlauf einiger Stunden befreit hatte. Ein Knabe, der sich auf diese Weise seiner Fessel entledigt hatte, erntete das Lob aller Männer und wurde als mutmaßlicher späterer Anführer auf dem Kriegspfade angesehen. Sobald ein Knabe losgekommen war, wurde er unter großen Ehrenbezeigungen in das Lager zurückbegleitet und hier mit aller Sorgfalt gepflegt. Solange er an dem Pfahl befestigt war, hatte er in der Hitze großen Durst ertragen müssen. Die Frauen kamen mit ihren Wasserkannen wohl ganz in seine Nähe, aber keine bot ihm Wasser an. Allerdings stand es ihm völlig frei, sich Wasser zu fordern, ebenso, sich die Riemen durchschneiden zu lassen. Man hätte ihm willfahrt; aber dann hätte er die Folgen seines feigen Verhaltens auf sich nehmen müssen. Er wäre nicht für einen Mann, sondern für eine Squaw angesehen worden, hätte Frauenarbeit verrichten, Frauenkleider tragen müssen. Eine weitere Folge wäre gewesen, daß jedes Mädchen es abgelehnt hätte einen solchen Weichling zum Manne zu nehmen.

Bei den Baniwa-Indianern von Guyana erhält das erstmenstruierende Mädchen zwei Hiebe mit einer Geißel aus geflochtener Palmfaser, an deren Ende der scharfe Zahn eines Fisches befestigt ist, so daß jeder Streich eine blutende Wunde verursacht. „Bei den Taulipang artet die Mannbarkeitserklärung der jungen Mädchen in eine wirkliche Peinigung aus. Man setzt ihnen große schwarze Ameisen, die sich in einem Netz verfangen haben, mit diesem auf die Handflächen, Arme, Lenden und Fußsohlen. Der Schmerz, den der Biß der zornigen Tiere hervorruft, ist äußerst heftig und hält stundenlang an." Nach einer Pause von einigen Tagen erleidet das Mädchen eine Geißelung mit einer Palmfaserpeitsche, deren Spitzen mit rotem Pfeffer eingerieben sind. Ähnliche Torturen sind bei den Karaiben von Britisch-Guyana, dann bei verschiedenen Amazonas-Stämmen, so den Munduruku, Tekúna und den Indianern am Uaupéfluß üblich.

Natürlich werden die Knaben bei diesen Völkern noch viel grausamer behandelt als die Mädchen.

Besonders schwer haben die Oynakaknaben unter der Ameisenprobe zu leiden. Sie werden in einem Maße von den bissigen Tieren gequält, daß sie meist bewußtlos in ihre Hängematte getragen werden müssen; dort werden sie ein bis zwei Wochen festgebunden, während man unter ihnen ein Feuer unterhält. Bei andern Stämmen Brasiliens treten Wespen an die Stelle der Ameisen.

Als Mut- und Reifeprüfungen sind auch die Proben anzusprechen, denen sich die neu eingetretenen Lehrlinge der Hansen in Bergen in Norwegen zu unterziehen hatten.

Ihnen verdankt das Wort „hänseln" seine Entstehung. Sie wurden gehänselt, aber mit reichlichem Zusatz von Bosheit und einer von Sadismus durchsetzten Grausamkeit, angeblich um zu erproben, ob die angehenden Kaufleute standhaft und kräftig genug seien, die ihrer wartenden körperlichen Beschwerden in dem Gefahren aller Art bringenden Beruf eines hanseatischen Sendlings zu ertragen. König Christian V. von Dänemark und Norwegen hat 1671 durch ein ausdrückliches Gesetz diese „Spiele" der Hansen bei schwerer Geldstrafe verboten, nachdem schon manche Befehle der Hansastädte vergeblich erlassen wurden, dem Unwesen zu steuern. (Beneke.)

Ebenso wie der erwähnte, muß der studentische Brauch des „Deponierens" hier eine Stelle finden. Die Deposition war die Aufnahmezeremonie, die der junge Student — beanus — seitens seiner Kommilitonen über sich ergehen lassen mußte, um als akademischer Bürger anerkannt zu werden. Der Grundgedanke der Deposition war, daß der Schüler „nicht ein Mensch, sondern ein unvernünfftiges Thier were", aus dem erst ein Mensch geformt werden müsse.

Um 1600 erklärt ein Anagramm das Wesen des Beanus dahin:

Beanus est animal nesciens vitam studiorum, d. h. der Bean ist ein Tier, unbekannt mit dem Leben der Studenten. (Dolch.) Den Beanen werden nun die Haare geschnitten, die Ohren mit dem mächtigen Löffel gereinigt und verschnitten, die Zähne ausgezogen, der Star gestochen, Hände und Nägel glattgefeilt und der Bart geschoren. (Schulze-Ssymans.) Ein widerliches Mundwasser wird ihnen gereicht — aus Kräutern, die am Abtritt wachsen —, auch ekelhafte Pillen und Salben fehlen nicht. Der Länge nach werden sie auf den Boden gelegt und gleich groben Klötzen gründlich behauen und behobelt. Ein Bohrer bearbeitet ihren hintern Körperteil, damit die Beane lernen, die dicken Bretter der schönen Künste zu durchbohren. Die Hörner werden ihnen abgeschlagen; an einigen Universitäten mußten sie sich diese durch Rennen mit dem Kopfe gegen eine Türe ablaufen. Daher die Redensart, die schon Hans Michael Moscherosch in seinen „Gesichten Philanders von Sittewald" (Straßburg 1650) als geflügelte kennt. Sie werden begossen und sehr unsanft abgetrocknet usw. (Flögel-Bauer.) Die Depositionen waren öffentlich und fanden im Beisein der Universitätsbehörden, der Eltern der Schüler und sogar zartfühlender Jungfräulein statt; selbst Luther nahm in seiner amtlichen Eigenschaft als Dekan in Wittenberg an ihnen teil. (Berkowski.)

Bei allen hier angeführten Mutproben und Reifebräuchen, die sich noch erheblich hätten vermehren lassen, tritt neben dem erzieherischen Moment ein kultisches in Erscheinung. Die Erfüllung der üblichen Bräuche ist ein den Gottheiten wohlgefälliges Werk, ein von ihnen angeordnetes Opfer, das die jungen Leute bringen müssen, um aus unverantwortlichen Kindern zu Vollmenschen zu werden. Sie kommen damit in den Schutz dieser höheren Wesen, sie werden bewacht, belohnt, aber auch gezüchtigt, je nach ihrem Betragen. Wenn sie Böses getan, zieht die Gottheit die Hand von ihnen ab und gibt sie preis, — wo Gottesurteile üblich sind, durch deren Ausfall.

Das Gottesurteil ist aus dem Rechtsbewußtsein der Kulturvölker geschwunden, während es viele Naturvölker nach wie vor üben.

In Indien waren die Feuer- und die Reisprobe im Gebrauch.

Warren Hastings beschrieb die erstgenannte als Augenzeuge: „Noch im Jahre 1783 wurde in Benares auf hartnäckigen Wunsch der Parteien eine Feuerprobe vorgenommen. Es wurden neun Kreise gezogen. Der Angeklagte trat in den ersten, nahm das Eisen vom Feuer und mußte stufenweise von Kreis zu Kreis schreiten. ‚Er gehe nicht eilig, sondern ruhig und langsam', verlangt das Gesetzbuch des Pitâmaha. Als er den achten erreicht, mußte er das Eisen in den neunten werfen."

Nach dem genannten Gesetzbuch soll, wenn das Eisen weggeworfen ist, eine durchaus unverdächtige Person Reis- oder Gerstenkörner in den Händen des Beschuldigten zerreiben. Bleiben hierauf die Hände unverändert, erfolge der Freispruch.

Bei den Kalmücken wurde die Feuerprobe in folgender Weise ausgeführt:

Bei bekannten, oft des Diebstahls oder falscher Zeugnisse überführten Bösewichtern wird ein Beil vom Stiel genommen und glühend gemacht. Dann wird es mit einer Zange herausgenommen und auf zwei mit dem Oberteil in die Erde gesteckte Steigbügel gelegt. Der Beklagte muß es nun auf die Hand nehmen und in eine in geringer Entfernung befindliche Grube werfen. Gelingt dies nicht das erstemal, so kann die Feuerprobe noch zweimal wiederholt werden. Nachdem dies geschehen ist, wird dem Beklagten der Ärmel um die Hand zugenäht, damit kein Heilmittel angewandt werden könnte. Nach einigen Tagen wird die Hand von den Richtern besichtigt. Ist die Brandwunde in der Heilung begriffen, so wird der Beklagte freigesprochen, andernfalls aber verurteilt. (P. S. Pallas.)

Die Gottesgerichte der Westafrikaner haben durch ihre weite Verbreitung und die bei ihnen zur Anwendung kommenden heftigen Giftstoffe eine traurige Berühmtheit erlangt.

Um einen Schwur abzulegen, läßt der Priester die Parteien das bittere Wasser trinken, das den Meineidigen töten wird. Dieses Wasser enthält am unteren Kongo das Extrakt der Nkassarinde mit einem sehr heftigen Herzgift. Die Mutterpflanze dürfte eine Asklepiazee (Seidenpflanze) sein. Die sehr ungleichmäßige Wirkung erklärt sich dadurch, daß die brechenerregende Wirkung verschieden rasch eintritt, oft auch der Stoff sofort wieder aus dem Magen entleert wird. Wirkt das Gift, so stürzt die Gegenpartei schon bei den ersten Zuckungen auf das Opfer, um es mit Messern zu zerfleischen; Angolastämme durchbohren den Leichnam mit einem spitzen Pfahl. (Ratzel.)

Der Reisende Th. Winterbottom gibt in seinen Nachrichten von der Sierra-Leone-Küste, Weimar 1805, eine Beschreibung des dort gebräuchlichen Rotwasserordals, der das Nachstehende entnommen ist:

Um das Rote Wasser zu bereiten, nimmt man die Rinde eines Baumes, den die Bullanier Kwon, die Timmanier Okwon, die Susuer Millee nennen. Diese Rinde wird im Wasser geweicht, das dadurch eine purgierende Wirkung erhält. Da es in einigen Fällen tödlich gewirkt hat, so ist es nicht unwahrscheinlich, daß der Angeschuldigte ganz in der Gewalt der das Mittel bereitenden Person ist. Indessen wird die ganze Feierlichkeit mit dem Schein der größten Öffentlichkeit vollzogen. Der Angeklagte muß sich auf einen drei Fuß hohen Stuhl setzen, die eine Hand in die Höhe halten und die andere auf das Dickbein legen. Unten um den Stuhl herum werden eine Menge frischer Pisangblätter gestreut. Rings um ihn wird ein Kreis gezogen, den niemand betreten darf, bis auf den Mann, der das Rote Wasser zubereitet. Die Rinde wird öffentlich zur Schau vorgelegt, um zu zeigen, daß sie echt ist. Der Fetischmann, der die Zeremonie leitet, wäscht sich zuvor die Hände, dann auch die Rinde, den Mörser und den Stampfer, womit sie zu Pulver gestoßen wird, um die Umstehenden zu überzeugen, daß nichts Unrechtes dazu genommen wird. Wenn er nun die Rinde zu Pulver gestoßen hat, so nimmt er so viel davon, wie in eine Kürbisflasche geht, schüttelt es in eine große Kupferpfanne mit Wasser und peitscht diese Masse mit einem Besen so lange durcheinander, bis sie wie Seife schäumt. Dies geschieht unter allerlei Zeremonieen und Gebeten. Auch wird der

Angeklagte auf feierliche Art ermahnt, das ihm angeschuldigte Verbrechen zu gestehen. Kurz vorher, ehe er den Trank nimmt, muß er sich den Mund mit Wasser ausspülen und es ausspucken, damit er kein Gegenmittel im Munde verbergen kann. Dann gibt man ihm ein wenig Reis oder ein Stückchen Kolanuß zu essen; das ist alles, was er in den letzten zwölf Stunden vor dem Ordale, dem Gottesurteil, essen darf, weshalb er denn auch während dieser Zeit sorgfältig bewacht wird. Nun sagt man ihm ein Gebet vor, das er nachsprechen muß, und worin er den Wunsch äußert, daß ihn ein Fluch treffen möge, wenn er das Verbrechen wirklich begangen habe und ein falsches Bekenntnis ablege. Hierauf wird ihm das Rote Wasser gereicht, und zwar in einer Kürbisflasche, die ein halbes Nösel — etwa ¼ l — enthält, und die er acht-, zehn-, auch zwölfmal hintereinander ebenso geschwind austrinken muß, wie sie gefüllt werden kann. Gemeiniglich fängt nun der Trunk an als Brechmittel zu wirken, dennoch muß er so lange damit fortfahren, bis er den Reis oder die Kolanuß von sich gibt, was sich auf den Pisangblättern bald wahrnehmen läßt. Wenn aber kein Erbrechen erfolgt und die Medizin abführend wirkt, so wird der Angeklagte auf der Stelle als schuldig erkannt. Läßt sich vermuten, daß er nicht alles, was er zu sich genommen, weggebrochen habe, so wird er zwar entlassen, jedoch mit dem Vorbehalte, ihn nicht eher für unschuldig zu erklären, bis man mit voller Gewißheit überzeugt worden sei, daß der Trank bis zur nämlichen Stunde des folgenden Tages noch nicht gewirkt habe. Erfolgt das Gegenteil, so wird er für schuldig erklärt. Sechzehn Kürbisflaschen sind die stärkste Portion. Bleibt das Wasser bei dem Beschuldigten, so empfindet er ein Schneiden in den Gedärmen, was wohl als Zeichen der Schuld angesehen wird. Man sucht ihm dadurch zu helfen, daß man ihm das Brechen erleichtert, gibt ihm rohe Eier und dergleichen. Außer dem Roten Wasser wird dem Angeschuldigten auch noch gestattet, durch Verschlingen vergifteter Nahrungsmittel vor den Fetischen und unter deren Anrufung seine Unschuld zu beweisen.

Bei geringeren Vergehen hat der verdächtige Westafrikaner einen Ring aus siedendem Öl herauszuholen. (Buschan.) Bei den Todas in Vorderindien tritt an Stelle des Ringes eine Münze, eine Nuß der Arekapalme oder ein Stein. Nach dem Glauben der Madi am oberen Nil stirbt der Schuldige sofort nach Durchbeißen einer ihm gereichten roten Feder. Andere Negerstämme suchen durch Würfeln den Schuldigen zu erkunden.

Wie bei den westafrikanischen, so spielen auch im Rechtsleben der ostafrikanischen Völker die Ordalien eine bedeutende Rolle. Vor allen anderen kommt die Giftprobe, so bei den Wahehes, in Anwendung. Bei schwereren Delikten hat der Verdächtige das Gift selbst zu nehmen, in leichteren Fällen wird die Probe an einem ihn vertretenden Tier, Hund oder Huhn, vorgenommen. Andere Arten des Gottesurteils, bei den Wahehes „uhafi" genannt, sind das kwya, das Herausholen eines Steines aus einem im Kochtopf — kwya — siedenden Wasser, die Feuerprobe, sowie das Lecken an einer glühenden Hacke. (E Nigmann.)

In der Südsee sind die Gottesurteile überall verbreitet. Auf den Salomonen ruft der Beschuldigte die Hilfe eines Mannes an, der einen zauberkräftigen Stein besitzt. Dieser erhitzt ihn und wirft ihn aus einer Hand in die andere; verbrennt er sich die Hände dabei, so ist der Angeklagte schuldig. In Holländisch-Neuguinea wird der Körper eines eben Verstorbenen über einem mäßigen Feuer ausgetrocknet und die Flüssigkeit, die in den nächsten Tagen aus dem Leichnam fließt, aufgefangen und bewahrt. Diese Flüssigkeit wird dann bei Gelegenheit solchen, die im Verdacht stehen, den Tod durch böse Wünsche herbeigeführt zu haben, zu trinken gegeben. Wenn sie sich darauf übergeben, gilt ihre Schuld für erwiesen, und ihr Tod ist die Folge. An Stelle des Leichengifts tritt anderwärts ein Pulver aus Knochen des Verstorbenen. Ist der Verdächtige außerstande, das Pulver zu schlucken, so wird er getötet.

Auf Madagaskar war früher die Tangenprobe üblich. Wurden nach dem Genuß der mehr oder weniger giftigen Frucht des Tangenbaumes (Tanghanina venenifera) die Früchte erbrochen, war die Unschuld bewiesen.

Die Massai wenden zum Herausholen von Geständnissen Torturen an. So schnüren sie dem Angeklagten die Sehne eines Bogens so fest um seinen Vorderarm, daß sie ins Fleisch einschneidet.

Die Tortur zur Erzielung eines Geständnisses ist sonst das „Vorrecht" zivilisierter Nationen. Bei Naturvölkern findet sie sich nur ganz vereinzelt. Anders ist es allerdings mit den Leib- und Lebensstrafen, bei denen sich der grausame Charakter gewisser Volksstämme austoben kann. „Erhaschten die Kamtschadalen einen Dieb, der mehrmals und sehr viele bestohlen, so banden sie ihn an einen Baum, spannten ihm die Arme aus und befestigten diese an eine Stange, banden ihm Birkenrinde um die Handwurzeln, zündeten sie an und verbrannten ihm die Hand dergestalt, daß die Finger lebenslang einwärts in die hohle Hand gebogen blieben und er sofort als Dieb erkannt wurde." Hier ist eine jener Kennzeichnungsstrafen durch Feuer, wie sie die europäische Rechtspflege in der Vergangenheit bis weit in die Mitte des vorigen Jahrhunderts hinein übte. Die Brandmale der Bagno- und Galeerensträflinge Frankreichs, der Deportierten in England waren die letzten Äußerungen dieser barbarischen Rechtsbräuche.

Wie schon erwähnt, zählt auch das Prügeln zu den in der Rechtspflege gebräuchlichen Torturmitteln. Die Geschichte des Prügelns harrt noch ihres Verfassers. Material zu ihr ist von den ältesten Zeiten bis in die Gegenwart überreich vorhanden. Zu der Prügelstrafe in Schule und Haus ist ein, leider durchaus unzureichender, Versuch vorhanden. (N. Wolffheim.) Den darin angeführten Fällen von sadistischen Lehrern sei hier ein charakteristischer aus der zweiten Hälfte des achtzehnten Jahrhunderts hinzugefügt (vgl. auch Wulffen, Der Sexualverbrecher, Fall Dippold, Berlin, 10. Aufl. 1923, S. 321):

F. X. Bronner (1758—1850) erzählt in seiner Selbstbiographie: „‚Für die Nonnen ist der Bube zu meisterlos,‘ sagte mein Vater, ‚ich will ihn zum Kantor schicken.‘ Meine Mutter führte mich den anderen Tag hin. O wehe, das war eine ganz andere Zucht! Ich sah schon in der ersten Stunde allerlei greuliche Exekutionen. Da bekam einer mit der Ochsensehne einen mörderlichen Spanniol auf die gespannten Beinkleider; dort wickelte der Lehrer einem andern einen Mantel um den Kopf, damit er nicht schreien könnte, und führte ihn in das sogenannte Speckkämmerlein, wo ihm entweder mit der Rute oder gar mit der Ochsensehne das nackte Sitzfleisch durchgegerbt ward. Wenn so ein Bub wieder herauskam, wälzte er sich gewöhnlich vor Schmerzen auf dem Boden, und der Kantor stieß ihn wildlachend mit den Füßen. Die geringste Strafe war, wenn man mit der Lederfeile auf die zusammengepreßten fünf Fingerspitzen oder mit einer kurzen Ochsensehne, in der vorn eine bleierne Kugel angebracht war, auf die offene Hand Tatzen (Hiebe) bekam."

Über die Geißelungen bei der Tortur und beim Strafvollzug wird im Verlauf dieser Arbeit noch manches zu sagen sein.

Zweites Kapitel

Die Ordalien und ihre Geschichte

Nachdem im vorhergehenden die Ordalien — Ordal angelsächsisch: Gottesurteil; davon lat. ordalium, althochdeutsch urteili — kurz gestreift wurden, soll nun auf die gesetzmäßige Ausübung und die Geschichte der Gottesurteile eingegangen werden.

Dem Ursprung der Ordalien nachzugehen, dürfte müßig sein, da sie ohne Zweifel nicht an umgrenzter Stelle entstanden sind. Wie sie bei Naturvölkern lange vor jeder Berührung mit abendländischer Kultur gebräuchlich waren, so traten sie seit unvordenklichen Zeiten bei räumlich und kulturell völlig getrennten Völkern, zum Teil sogar in denselben oder sehr ähnlichen Formen fast gleichzeitig auf. So fanden sie sich bei den Kelten, Slawen, Griechen, Römern, Indern, Indogermanen ebenso wie bei semitischen Stämmen und Mongolen. (Glitsch.) Wird doch die Wasserprobe nach dem Gesetzbuch Hammurabis von Babel, † um 2200 v. Chr., als Beweismittel bei Anklagen auf Zauberei angewendet. Das Bitterwasserordal, verwandt den Trankordalien der Neger, beschreibt die Bibel im 4. Buch Mosis 5, 12—27.

Von den Ordalien im alten deutschen Recht sagt Jakob Grimm in den „Deutschen Rechtsaltertümern":

War eine Tat dunkel, ein Recht zweifelhaft, so konnten Prüfungen angestellt werden, durch deren untrüganden Ausgang die aufgerufene Gottheit selbst als höchster Richter das Wahre und Rechte verkünde. Sie ruhten auf dem festesten Glauben, daß jedesmal der Schuldlose siegen, der Schuldige unterliegen werde. Eine solche Entscheidung war Gottesgericht, Gottes Urteil, angelsächsisch ordal. Heidnischen Ursprungs und aus dem höchsten Altertum scheinen alle Gottesurteile. Sie hatten so tiefe Wurzel im Glauben der Völker geschlagen, daß sie das Christentum und die spätere Gesetzgebung ihm nur allmählich entreißen konnte, anfangs aber und lange Zeiten hindurch dulden und sogar durch kirchliche Gebräuche heiligen mußte. Ihr Alter bestätigen auch ähnliche Prüfungen, die wir bei andern Heiden und selbst bei wilden Völkern antreffen. In der Regel trug nur der, dem Beweisführung oblag, Gefahr und Last des Gottesgerichts. Nicht selten scheint Kläger oder Beklagter die Wahl zwischen verschiedenen Arten der Probe gehabt zu haben. Auch galt Stellvertretung. Der Beweisführer konnte einen andern an seiner Statt das Gericht bestehen lassen. Einige Gottesurteile, namentlich der Zweikampf, erforderten immer die Zuziehung beider Teile, aber das Gefecht entsprach dem kriegerischen Geiste des Volks, und es war möglich, daß der Unschuldige unversehrt aus dem Kampf hervorging. Die Wasser- und Feuerurteile lasteten hingegen meist nur auf dem, der beweisen, gewöhnlich auf dem Angeklagten, der sich reinigen sollte. Allerdings nicht beständig. Es kommt vor, daß beide die Hand ins Feuer oder das siedende Wasser stecken. Der Idee nach kein Unsinn. Aber rätselhaft mußte der praktische Erfolg scheinen, wenn beide sie verbrannt hervorzogen, wie natürlich war, oder beide unversehrt, wie auch erzählt wird.

Dem Beweisenden wird durch das Ordal ein Mittel geboten, das ihn jeder menschlichen Erfahrung nach unausbleiblich verderben muß. Nur ein Wunder kann ihn retten. Daß dieses Wunder in vielen Fällen eingetreten sei, erzählen die Volkssagen des Altertums, und die Chronisten haben uns fast nur Beispiele glücklich ausgefallener Prüfungen bewahrt. Ihren Traditionen historischen Wert beizumessen, wäre unkritisch. Allerwärts Trug und künstlich angewandte Mittel, wenn sie auch zuweilen stattfanden, unterzuschieben, wäre unzureichend. Ebensowenig läßt sich die Wirklichkeit einzelner unglücklicher Ausgänge bezweifeln. Nur hat man allen Grund anzunehmen, daß sie mindestens unter freien Männern sehr selten gewesen sind. Bei häufiger Wiederholung hatte ein stets unheilvoller Erfolg notwendig den Glauben an ihre Rechtmäßigkeit vertilgen müssen, welcher eben durch die Phantasie genährt und fortgepflanzt wurde. Wer sich schuldig fühlte, bekannte lieber, als daß er eine Gefahr bestanden hätte, aus der ihn, der Stimme seines Gewissens nach, keine höhere Macht gerettet haben würde."

Daraus folgert nun Grimm, daß in der überwiegenden Mehrzahl Unfreie den Ordalien unterworfen wurden, während es den Freien möglich war, durch Stellung von Eideshelfern sich diesen Unannehmlichkeiten zu entziehn.

„In der ältesten heidnischen Zeit müssen gleichwohl außerdem auch freie und selbst edele Männer diesen Gottesurteilen unterworfen gewesen sein, darauf weist die Sage hin, die in ihnen nichts Knechtisches findet, und noch das Salische Gesetz entbindet nur Edele, nicht Freie, von ihnen."

Thietberga, die Gattin König Lothars, des Ehebruchs bezichtigt, ließ einen ihrer Diener für sich das judicium aquae ferventis, des siedenden Wassers, bestehn.

Nun zu den einzelnen Arten der Gottesurteile.

Zuerst das durch Meister Gottfrieds von Straßburg unsterbliches Epos „Tristan und Isolde" ebenso unvergänglich gewordene Wasserordal.

Die Wasserprobe. Die Wasserprobe, d. h. die Probe mit heißem Wasser, ist eines der ältesten Gottesurteile. Die Lex Salica, das erste der uns erhaltenen Volksrechte, um 510 entstanden, enthält im Titel 14, Zusatz 2 die Bestimmung:

Wenn ein Salfranke einen Römer beraubt hat, seine Schuld aber nicht gewiß ist, dann mag er sich mit 24 Eideshelfern freischwören. Kann er aber keine Eideshelfer finden, so möge er an den Kessel herantreten, oder man soll ihn zu einer Buße von 2500 Denaren = 62 Schillingen verurteilen.

Im Kapitulare zum selben Gesetz, Kap. 16, heißt es:

Wenn jemand des falschen Zeugnisses überführt ist, dann soll er mit 15 Schillingen gebüßt werden. Wer aber die Anschuldigung erhebt, der soll seine Hand in den heißen Kessel tauchen. Zieht er sie heil wieder heraus, dann verfällt der Meineidige der Buße. Verbrennt aber jener seine Hand, dann soll er selber mit 15 Schillingen gebüßt werden.

Über die Beschwörungsformel und das Ritual bei dem Wasserordal zur Zeit der Merowinger und Karolinger finden sich folgende Aufzeichnungen:

Es schreite der Priester mit den Klägern und dem Angeschuldigten zur Kirche. Und während die übrigen im Vorhof der Kirche warten, trete der Priester hinein, ziehe die heiligen Gewänder mit Ausnahme der casula an, nehme das Evangelium mit dem Ölgefäß, den Reliquien der Heiligen und dem Kelch, trete in das Portal der Kirche und spreche zu allem anwesenden Volk folgendermaßen: Ihr sehet, Brüder usw. Darauf rede er den zu Prüfenden folgendermaßen an: Ich beschwöre dich beim Vater, Sohn und Heiligen Geist usw., daß du, wenn du an dem dir zur Last gelegten Verbrechen schuldig bist . . . ., die Kirche nicht betretest, bevor du dich nicht dem Gottesurteil unterzogen hast.

Sodann bezeichne er eine Stelle im Vorhof der Kirche, wo ein Feuer zur Erhitzung des Wassers angefacht werden soll, und besprenge zunächst die Stelle und auch den Kessel, ja selbst das zur Probe gebrauchte Wasser mit Weihwasser, um allen Teufelstrug zu verhindern.

Dann betrete er mit den übrigen die Kirche und feiere die Messe. Nach abgehaltener Messe schreite der Priester mit dem Volke zum Orte des Gottesurteils, das Evangelium im linken Arm, während ihm das Kreuz und die Weihrauchpfanne mit den Reliquien der Heiligen vorausgetragen werden, und singe unterdessen sieben Bußpsalmen mit der Litanei.

(Es folgen dann die über dem kochenden Wasser zu sprechenden Gebete.)

Darauf soll sowohl derjenige, der sich der Probe unterzieht, als auch der Kessel oder der Krug, in dem sich das kochende Wasser befindet, mit Myrrhen geräuchert werden . . . Dann wasche man die Hand, welche hineingetaucht werden soll, mit Seife und sehe genau zu, ob sie heil sei . . .

Dann tauche der Beweisführer die Hand hinein, und alsogleich versiegele man sie. Nach der Probe erquicke er sich mit geweihtem Wasser. Es empfiehlt sich, bis zur Bestehung des Gottesurteils aller Speise und allem Trank Salz und geweihtes Wasser beizumengen. (H. Glitsch.)

In das Nordland führte Olaf der Heilige († 929) das Ordal des heißen Wassers oder des Kesselfangs, den Ketelfang nannten es die Friesen, ein. Im dritten Lied von Gudrun in der Edda wird Gudrun von Herkja, der Magd des Atli, vordem seiner Beischläferin, beschuldigt, mit Thjodrek (Dietrich) beisammen gewesen zu sein. Von Atli zur Rede gestellt, erklärt Gudrun:

> „Erhärten will ich's mit heiligen Eiden
> beim geweihten Steine, dem weißgefärbten,
> daß ich nichts mit Thjodrek zu tun gehabt,

das man Weib oder Mann verwehren könnte ...
Laß Saxi holen, der Südmänner König,
der den wallenden Kessel zu weihen versteht."
Zum Saale schritten Degen siebenhundert,
eh' des Königs Weib in den Kessel faßte.

Sie griff bis zum Boden mit glänzender Hand
und holte die strahlenden Steine heraus:
„Nun schaut, ihr Männer! Von Schuld bin ich frei
durch die heilige Probe des heißen Wassers."

Da lachte dem Atli im Leibe das Herz,
als er heil erblickte die Hände Gudruns:
„Nun fasse Herkja ins heiße Wasser,
die Gudrun aus Neid vernichten wollte!"
So Klägliches hat noch keiner geschaut
als dies, wie Herkjas Hände verbrannten ...

Nun zum Schluß noch das indische Wasserordal aus dem Gesetzbuch des Nârada I, 343—348:

Es folgt nunmehr die vortreffliche Probe mit dem heißen Goldstück, zur Unterscheidung von Gut und Böse von Brahman selber eingesetzt. Nach seiner eigenen Reinigung bringe der Richter schnell in ein goldenes, silbernes, eisernes oder auch irdenes Gefäß Butter und stelle das Gefäß über Feuer; dann werfe er einen goldenen, silbernen, kupfernen oder ehernen Siegelring, der mehrfach im Wasser gut gereinigt worden, hinein. Ist der in die wallende Masse gefallen, so fürchtet sich der Mann gar sehr vor der Berührung; darum rede der Richter sie mit folgendem Spruch an: „‚Du bist, o Butter, das beste Läuterungsmittel, wie amrita (Ambrosia) bei den Opferhandlungen; verbrenne ihn gleich, wenn er schuldig ist, sei ihm kühl wie Eis, wenn er unschuldig ist.' Wessen Zeigefinger nun nach der Berührung bei der Untersuchung unverletzt ist, der ist unschuldig, sonst aber nicht."

Die Kaltwasserprobe, das Hexenbad oder das Schwemmen. Die kalte Wasserprobe (judicium aquaticum, judicium aquae frigidae) bestand darin, daß man den Beklagten mit einem Strick um den Leib in den Fluß warf. Wer oben schwamm, war verloren, denn man nahm an, daß das Wasser den Verbrecher nicht aufnehmen möge, eine Vorstellung, die sich durch die aus dem Heidentum vererbte Verehrung der Elemente erklären läßt. Die Geistlichkeit, niemals verlegen, das Heidnische ins Christliche zu übersetzen, gab vor, das Wasser in dieser Probe sei ein Bild der Taufe, daher kein durch Sünden Toter in dieses aufgenommen werden kann. Gegen Zauberinnen und Hexen wurde dieses Wasserurteil häufig angewendet, und noch im achtzehnten Jahrhundert kam ein solcher Fall bei Danzig vor, daß man eine der Hexerei verdächtigte Frau in den Strom warf und, weil sie sich auf der Oberfläche einige Minuten zu erhalten vermochte, in dem Verdachte gegen sie um so mehr bestärkt ward. Um den Untersinkenden vor dem Ertrinken zu bewahren, wurde er mit einem Stricke gebunden hinabgelassen, damit er schnell heraufgezogen werden könnte.

Das Kaltwasserordal reicht tief in das Mittelalter zurück. Ludwig der Fromme verbot es, Hinkmar von Reims (um 806—882) trat als sein Verteidiger auf. Zur Zeit von Bernhard von Clairvaux (1091—1153) wurde es gegen die sogenannten Manichäer in Frankreich angewendet. Seitdem aber Innozenz III. auf dem Lateran-Konzil von 1215 ein neues Verbot darauf legte, kam es außer Übung. (Soldan.) Im fünfzehnten Jahrhundert fing man in einigen Gegenden Deutschlands an, diese Probe bei den Hexen zu gebrauchen, wie 1436 in Hannover. (v. Hefele.) Man band den Hexen die Hände mit den Füßen kreuzweise zusammen und ließ sie an einem Seile dreimal in einen Fluß oder Teich hinab, wobei das Schwimmen für die Schuld sprach. Wurde die Probe genügend bestanden, so erfolgte entweder die sofortige Freilassung oder kanonische Reinigung. Wo nicht, schritt man zur Tortur. Aus einem Schreiben des Marburger Professors der Philosophie Scribonius an den Magistrat zu Lemgo ist zu entnehmen, daß die Wasserprobe erst 1583 in dieser Stadt eingeführt wurde, in den übrigen Teilen Deutschlands aber fast ganz unbekannt war. Scribonius sucht die Zweckmäßigkeit des Verfahrens zu begründen, verwickelt sich aber in einen Streit mit den Ärzten Johann Ewich und Hermann Neuwald, Professor in Helmstedt, in dem er stark den kürzeren zog. Auch Jesuiten verwarfen das Hexenbad, darunter sogar der berüchtigte Hexenverfolger Martin Delrio und Leonhard Lessius. (Janssen-Pastor.)

War das Schwimmen ein Zeichen der Schuld bei den Hexenproben, so kam bei anderen Delikten auch die gegenteilige Ansicht vor. Diese vertritt z. B. der Dreieicher Wildbann, ein Volksrecht aus dem Jahre 1338:

§ 12. Auch wer verleumdet wird um Wald- und Jagdfrevel und hat keinen Leumund, will sich der verantworten, dem soll man einen Gerichtstag ansetzen. Will er unschuldig werden, so soll man ihm sein Hemd zubinden und soll ihm einen hagenen Knebel zwischen seinen Beinen und Armen durchstoßen und soll ihn werfen in einen Maischbottich mit drei Fuder Wasser; fällt er zugrunde, so ist er schuldig, schwebt er empor, so ist er unschuldig. Das soll man dreimal tun. (Glitsch.)

Die Auffassung, daß das Schwimmen ein Schuldbeweis sei, wurde dadurch verstärkt, daß man den Teufelsbündnern ein viel leichteres Gewicht nachsagte, als sie dem Aussehn nach haben mußten. Aus diesem Glauben heraus entstand

Die Probe mit der Wage (probatio per pondera et lancem). Diese Probe mit der „Hexenwage" bestand darin, daß die Angeklagten, wenn sie auf diesem Wege ihre Unschuld dartun wollten, etwas schwerer sein mußten, als sie geschätzt worden waren. Besonderen Ruf hatte in dieser Beziehung die Stadtwage zu Oudewater. (Soldan.) Man berief sich auf ein Privilegium Karls V., nach dem ein Zeugnis des Stadtrats, daß ein Verdächtiger amtlich gewogen worden sei und ein seinem Körperumfange entsprechendes Gewicht bewährt habe, überall rechtlichen Glauben haben und alle anderen Proben ausschließen sollte. Wie es sich mit jenem Privilegium verhalten hat, steht dahin. Bei der Verwüstung der Stadt durch die Spanier 1575 ist das Rathaus mit allen seinen Urkunden in Flammen aufgegangen. Doch weiß man, daß auf Befehl des Kaisers Karl V. die Gewichte der Wage zu Oudewater am 2. März 1547 nach denen zu Gauda geprüft wurden. Gewiß ist ferner, daß man aus den Stiften Köln, Münster und Paderborn häufig seine Zuflucht zum Rat von Oudewater nahm. 1754 wurde die letzte Probe in dieser Stadt vorgenommen, mit zwei Beschuldigten aus Coesfeld und Telligt im Münsterschen. Daß man ein Minimum von 11—14 Pfunden für den Unschuldigen angenommen habe, ist ein Märchen. Auch in Szegedin soll eine Hexenwage im Gebrauch gewesen sein. 1707 ergriff der Pöbel bei Bedford ein verschrieenes Weib und nahm die Wasserprobe vor, die ungenügend bestanden wurde. Nach langen Verhandlungen verfiel man vernünftigerweise darauf, die Verdächtige gegen die zwölf Pfund schwere Kirchenbibel abzuwägen, und da diesmal das Gewicht genügte, so stand man von weiteren Verfolgungen ab.

Von den Feuerproben waren drei Arten üblich, und zwar:

Das Gottesurteil des glühenden Eisens. Diese Probe ist ebenso alt und weitverbreitet, wie oft ausgeführt. Im vorstehenden haben wir sie bereits in Indien und bei den Mongolen angetroffen. Sie fand sich nach Adam von Bremen im zehnten Jahrhundert in Dänemark, nach Saxo Grammaticus in Norwegen und nach Helmold im zwölften Jahrhundert bei den Slawen an.

Der wohl völlig sagenhafte Verlauf eines Gottesurteils mit dem glühenden Eisen sei der sächsischen Chronik Saxonia, Köln 1520, entnommen:

Kaiser Otto III. hatte zum Ehegemahl Maria, des Königs Tochter aus Aragonien, die ein Weib war, das sich der Unzucht nicht enthalten konnte. Sie warf ihre Augen auf einen jungen Edelmann. Dem mutete sie Unkeuschheit an. Er aber erschrak davor und riß sich von ihr los, wie er immer mochte. Als sie nun sah, daß sie von ihm verachtet würde, ergrimmte sie, maß ihm die Schande, die sie ihm angemutet hatte, gleichwohl unschuldigerweise zu und gab ihn bei dem Kaiser an, als hätte er ihr eine Unehre angemutet. Solches glaubte der Kaiser bald, wie denn die Männer zu solcher Eifersucht geneigt sind, und ließ ihn alsbald gefangen nehmen und ihm den Kopf abschlagen. Der Edelmann, als er sah, daß er sterben müsse, befahl seine Unschuld Gott dem Herrn, klagte es seinem Weibe und ging mit weinenden Augen zum Tode.

Da ihm sein Kopf abgeschlagen war, nimmt ihn sein Weib und küsset ihn. Es wird ihr auch nicht gewehret, dieweil sie sich billig zu betrüben hatte. Danach gibt sie acht auf den Kaiser. Als er sich zu Gericht setzt, läuft sie hinzu, heulet und schreit und begehrt, er wolle über öffentliche Gewalt und Unrecht, so ihr widerfahren wäre, das Urteil ergehen lassen. Und als sie sehr jämmerlich heulte und weinte, wandte sich der Kaiser zu ihr und fragte sie, wer sie denn beleidigt, wer ihr Gewalt angetan hätte. „Du," sagte sie, „lieber Kaiser"; warf ihm mit diesen Worten ihres Mannes Kopf vor die Füße und sprach: „Diesen meinen Mann hast du mir mit höchster Gewalt und Unrecht erwürgen lassen." Sie hatte auch zur Hand ein glühendes Eisen. Das faßte sie vor aller Welt in ihre Hände und hält es ohne Verletzung und sagt: „So wenig mich dieses glühende Eisen verletzt, also wenig hatte mein Mann Schuld an dieser Tat, so ihm zugemessen ward." Darüber entsetzte sich jedermann, der dabei stand, und gedachte daran, daß bei der Enthauptung des Edelmannes das Blut wie Milch zu sehen gewesen war.

Des verwundert sich der Kaiser, trachtet und forschet dem Handel fleißiger nach und kommt dahinter, daß der unschuldige Mann fälschlich von der Kaiserin sei angegeben worden. Da fuhr er aus Eifer für die Gerechtigkeit zu und befahl, man solle die Kaiserin verbrennen. Sich selber aber legte er eine große Buße auf, darum, daß er mit dem Urteil zu eilend und geschwinde verfahren, und stellte dem Weibe etliche Schlösser zu für ihren entleibten Mann.

Aus dem Reiche der Sage in das des schrankenlosen Irrwahns: des Hexenglaubens.

Der „Hexenhammer", der leider noch recht häufig angeführt werden muß, verwirft das Gottesurteil mit dem glühenden Eisen bei Hexenprozessen: erstens, weil es zur Beurteilung verborgener Dinge angeordnet wird, die dem göttlichen Urteil vorbehalten bleiben; zweitens auch, weil ein derartiges Urteil nicht von göttlicher Autorität noch auch von Dokumenten der heiligen Väter gestützt ist; denn „was nicht durch Urkunden der heiligen Väter gestützt ist, muß als abergläubische Erfindung genommen werden". Zum Beweis für diese Behauptung führt das Buch an, daß die Hexen durch die Hilfe der Dämonen vor Verletzungen bei solchen Proben bewahrt werden,

„da, wie die Naturforscher lehren, der Saft eines gewissen Krautes, wenn die Hände damit gesalbt werden, sie vor Verbrennung bewahren kann; und da dem Dämon selbst die Kräfte der Kräuter durchaus nicht verborgen sind, so könnte er, zugegeben, daß er die Verletzung durch Einlegen irgend eines Körpers zwischen die Hände der das Eisen tragenden Person und das Eisen selbst nicht unterbände, wie er es unsichtbar tun kann, dies doch durch derartige natürliche Eigenschaften der Dinge bewirken. Daher sind die Hexen weniger als jedwede andere Missetäter, wegen ihrer intimen Beziehungen zu den Dämonen, durch solche Proben zu reinigen, sondern sind schon durch die bloße Tatsachen, wenn sie darum nachsuchen, für verdächtige Hexen zu halten".

Ein Gefühl der Unschuld, das sogar die schwersten Proben freudig auf sich nehmen will, kennen die Verfasser des „Hexenhammers", des bluttriefendsten Buches der gesamten Weltliteratur, nicht, und es waren zwei Priester der Kirche, die es verfaßten. Sie fahren fort:

„Es dient hierzu eine Tatsache, die sich in der Diözese Konstanz vor Ablauf von kaum drei Jahren zugetragen haben soll. In der Herrschaft des Grafen von Fürstenberg nämlich — sie grenzt an den Schwarzwald — war eine berüchtigte und bei den Einwohnern sehr übel beleumdete Hexe. Als sie auf das Drängen der meisten Dorfbewohner hin von dem Grafen ergriffen und wegen sehr vieler Indizien bezüglich verschiedener Behexungen angezeigt worden war und endlich bei Folterungen und peinlichen Verhören befragt wurde, verlangte sie in dem Wunsche, den Händen aller zu entgehen, nach der Probe mit dem glühenden Eisen. Der junge Graf, der in solchen Dingen noch wenig Erfahrung hatte, ließ die Probe zu. Während sie verurteilt worden war, das glühende Eisen nur drei Schritte weit zu tragen, trug sie es sechs und erbot sich, es von neuem eine noch längere Strecke zu tragen. Infolgedessen wurde sie, während sie es offenbar in der Hand gehabt hätten, sie nach dem Indizium der Hexerei zu verurteilen, weil keiner von den Heiligen den göttlichen Beistand so zu versuchen gewagt hätte, trotzdem von den Fesseln befreit und lebt unversehrt bis heute, nicht ohne durchaus dem Glauben ein Ärgernis zu sein."

Riezler bringt einen weiteren urkundlichen Beweis für diesen Vorfall:

1485, am 14. März, schwört Anna Henni von Röthenbach (in rauher, abseits vom Verkehr gelegener Schwarzwaldgegend bei Löffingen), die lange Zeit im Lümden eine verleumdete Frau Hexenwerks halber gewesen und als Hexe angeschuldigt, vor dem Gerichte des Grafen Heinrich zu Fürstenberg die Feuerprobe bestanden hat, die Urfehde. Die würdige Mutter und Magd Maria hat ihr beim Tragen des Eisens ihre Gnade gespendet, daß es sie nicht verbrannt hat, worauf sie nach Erkenntnis als unschuldig erklärt wurde.

Bei der **Probe der glühenden Pflugscharen** waren bis zu neun in einer Reihe liegende Pflugscharen zu überschreiten.

Ein Kapitular Karls des Großen von 803 bestimmt: Wenn jemand, dessen freier Stand angezweifelt wird, aus Furcht, daß er in Knechtschaft falle, jemanden aus seiner Verwandtschaft, z. B. seinen Vater, seine Mutter, seinen Oheim oder sonst jemand aus seiner Sippe, tötet, um den Beweis seiner Unfreiheit zu erschweren, dann soll er den Tod erleiden, seine Verwandten aber von Vater- und Mutterseite sollen in Knechtschaft fallen. Leugnet er es aber, jenen Mord begangen zu haben, dann soll zum Gottesurteil der neun glühenden Pflugscharen geschritten werden. (Glitsch.)

Wie die heilige Kunigunde, die Gattin des Kaisers Heinrich II., über sieben, nach anderen zwölf Pflugscharen unverletzt hinweggeschritten, um ihre Frauenehre zu wahren, zählt zu den bekanntesten deutschen Sagen. (Grimm.)

Das **Ordal des Feuers**, bei dem ein Scheiterhaufen zu durchschreiten war, wurde dadurch erschwert, daß der Angeschuldigte ein in Wachs getränktes Hemd anlegen mußte.

Die Kaiserchronik erzählt: Richardis, die Gemahlin Karls des Dicken (839—888), bewies ihre Unschuld, indem sie in einem mit Wachs überzogenen Hemde durch einen entflammten Holzstoß schritt:

> Sie schlüpfte in ein Hemde,
> das dazu gemachet war . . .
> An allen vier Enden
> zu Füßen und zu Händen
> das Hemde sie anzündeten.
> In einer kleinen Stunde
> das Hemde ganz verbrannte,
> das Wachs auf das Pflaster rann,
> die Fraue arges niene was;
> sie sprachen Deo gracias.

Die Kreuzprobe (judicium crucis) war vorzüglich bei den Franken, Sachsen, Friesen und Langobarden in Gebrauch. Es gab zweierlei Arten: Bei der einen mußten beide Teile mit in Gestalt eines Kreuzes ausgebreiteten Händen oder mit kreuzweise, zuweilen auch mit bloß aufgehobenen Händen an einem Kreuze stehen. Dieses währte so lange, bis eine bestimmte Anzahl Messen gelesen waren. Wer die Hände zuerst sinken ließ oder sie bewegte, wurde für schuldig gehalten.

Eine Synode zu Soissons (744) beschloß: Wenn eine Frau ihren Mann anklagt, daß er ihr nie die eheliche Pflicht geleistet, sollen beide ans Kreuz gehen (exeant inde ad crucem) und, wenn es wahr befunden würde, geschieden werden.

Fälle dieser Kreuzprobe ereigneten sich unter der Regierung Karls des Großen. Bei einem Streite zwischen den Bürgern von Verona und ihrem Bischof wegen Wiederaufbauung der Stadtmauern wählte jede Partei — um durch einen Ausspruch Gottes entscheiden zu lassen, auf welcher Seite das Recht sei — einen jungen Geistlichen. Diese standen in der Kirche während der Messe am Kreuz, bis der, der von den Bürgern erwählt worden war, halbtot zu Boden fiel. (Glitsch.) Ein im Jahre 775 ausgebrochener Streit zwischen dem Bischof von Paris und dem Abte von St. Denis über das Eigentum einer kleinen Abtei wurde auf dieselbe Weise entschieden. Er fiel zum Vorteil des Abtes aus, da der Vertreter des Bischofs zuerst seine Stellung veränderte. Noch ein Beispiel dieser Art erzählt Rudolf von Fulda. In dem Teiche des Klosters Bischofsheim war ein neugeborenes Kind gefunden worden. Alle Nonnen mußten sich der Kreuzesprobe unterziehen, und die Schuldige wurde auf diese Art entdeckt.

Die zweite Art geschah auf folgende Weise. Der Beklagte wurde, nachdem er sich durch zwölf Zeugen von dem ihm angeschuldigten Verbrechen gereinigt hatte, in die Kirche oder zu den Reliquien der Heiligen geführt. Hier machte man zwei Würfel, von denen der eine mit einem Kreuz bezeichnet, der andere aber leer gelassen wurde. Beide legte man mit einem reinen wollenen oder leinenen Tuch umwickelt auf den Altar oder auf die Reliquien, und der Priester rief Gott an, durch sie ein Zeichen offenbar werden zu lassen, ob der Beklagte falsch geschworen. Nun mußte ein Priester oder ein unschuldiger Knabe einen der Würfel aus dem Tuch herausziehen. Kam der mit dem Kreuze bezeichnete zuerst heraus, so war die Unschuld des Beklagten oder die Wahrheit seiner Sache hinlänglich erwiesen. Diese Art der Kreuzprobe ist in den alten Gesetzen der Friesen vorgeschrieben. Majer vermutet mit Recht, dieser Brauch sei bei den Völkern des Nordens schon vor Einführung des Christentums im Gebrauch gewesen, weil bei ihnen das Kreuz eine heilige Rune, Odins Zeichen war, die man auf Urnen, Grabsteinen usw. anzubringen pflegte.

Die Probe des geweihten Bissens. Ihr Wesen bestand darin, daß der Angeklagte angehalten wurde, etwas trockenes Brot oder Käse zu verschlucken. Sträubte er sich oder machte es ihm Schwierigkeiten, so galt er für schuldig. Der Bissen wurde vorher vor dem Altare beschworen und ein langes Gebet darüber gesprochen.

Diese Probe hat vielleicht ihren Ursprung in dem indischen Reisordal, das das Gesetzbuch des Nârada wie folgt beschreibt:

Beim Diebstahl sind Reiskörner zu verabreichen, sonst nichts, das ist feste Bestimmung. Man bringe Körner von Reis, nicht von irgend etwas anderem, in ein irdenes Gefäß, mache sie rein, gieße Wasser dazu, worin ein Götterbild gebadet worden, und lasse das Gefäß während der Nacht stehn. Bei angebrochener Morgendämmerung soll ein gottesfürchtiger Mann in eigener Person dem Angeklagten, der vorher gebadet, gefastet und nun sein Antlitz gegen Osten wendet, dreimal Reiskörner geben. Nachdem er sie zerkaut, heiße jener ihn auf ein Blatt spucken; ist ein Feigenblatt nicht zu haben, so ist ein Birkenblatt vorgeschrieben. Bei wem Blut zum Vorschein kommt, wessen Zahnfleisch Schaden nimmt, oder wessen Glieder zittern, den soll man als schuldig bezeichnen.

Das Abendmahlsordal ist vermutlich nur eine christliche Umbildung des vorhergenannten Gottesurteils.

Der Beklagte bediente sich, während er die Hostie in den Mund steckte, der Worte: Corpus domini sit mihi hodie in probationem, der Leib des Herrn diene mir heute zum Beweise der Unschuld. Dem Schuldigen wurde die Hostie schädlich. Diese Probe wurde meist von der Klostergeistlichkeit angewendet, wenn etwas im Kloster gestohlen und der Täter nicht zu entdecken war. Alle Mönche mußten in diesem Falle nach der Messe das Abendmahl nehmen. Aber auch bei andern Gelegenheiten und von Laien wurde die Abendmahlsprobe zur Reinigung von einer Beschuldigung genommen. So suchte sich Lothar II., König von Austrasien, von dem Verdacht des ehebrecherischen Umgangs mit Walrada, der Schwester des Erzbischofs Günther von Köln, vergeblich zu reinigen. Hingegen gelang dies Judith, der Witwe des Herzogs Heinrich von Bayern, die man des verbotenen Umgangs mit einem Bischof von Freising bezichtigt hatte.

Das Bahrrecht hatte bei einer Mordtat den Schuldigen zu entdecken und Unschuldige vom Verdachte zu befreien dadurch, daß bei der Berührung der Leiche des Ermordeten durch den Täter deren Wunden zu bluten begannen. Wie im Nibelungenlied das Blut aus der Wunde Siegfrieds rann, als Hagen auf Kriemhilds Geheiß zur Bahre trat, ist allbekannt.

Im König Richard III. von Shakespeare (I, 2) geschieht dasselbe, da Gloster zum Leichnam des Königs Heinrich VI. kommt:

> Ihr Herrn seht, seht! des toten Heinrichs Wunden
> Öffnen den starren Mund und bluten frisch.
> Erröte, Klumpe schnöder Mißgestalt!
> Denn deine Gegenwart saugt dieses Blut
> Aus Adern kalt und leer, wo kein Blut wohnt;
> Ja, deine Tat, unmenschlich, unnatürlich,
> Ruft diese Flut hervor, so unnatürlich.
> Du schufst dies Blut, Gott: räche seinen Tod!

Noch im siebzehnten Jahrhundert ist das Bahrrecht sogar durch ausdrückliche Gesetze in einigen Gegenden Deutschlands vorgeschrieben worden. In einer Hessen-Darmstädtischen Landesordnung vom Jahre 1639 heißt es:

Da auch ein Thäter ungewiß, doch gewisse Personen des Todschlags halber berüchtigt und verdächtigt wären, soll man derselben sich bemächtigen, sie zu dem Entleibten führen und denselben gewöhnlichermaßen anrühren lassen.

Wie weit man bei dem Gebrauch dieser Probe gegangen ist, zeigt folgendes Beispiel: An die Juristenfakultät in Tübingen wurden um die Mitte des siebzehnten Jahrhunderts Kriminalakten eingeschickt, in denen folgende Stelle enthalten war:

Nachdem auf fleißige Inquisition sich der Thäter nicht angeben wollen, ist man verursacht worden, ein Bahr-Recht anzustellen, bei solchem hat Niklas und Baltas kein Zeichen an dem Körper, welcher allbereits 36 Stunden ermordet gewesen, und theils in einem Gewölbe, theils etliche Stunden vor dem actu unter freiem Himmel bei ziemlich kaltem Wetter, mit aufgedeckter Brust und Bauch gelegen, erweisen wollen, und seynd beide auf ihrer ersten Aussage satis confidenter verharret.

Es haben vier auf den Entleibten gewartet, da der Entleibte mit einer Hellenparth kommen, seynd obvermelte zween hinweg geloffen.

Auf Vorführung des Jörgen hat der Körper aus dem Munde blutigen Schaum geben.

Dieser ist praesens geblieben, da der Occisus gestochen worden, hat aber nicht Hand angelegt.

Nach dessen Ab- und Vorführung Clausen, des Wächters (welcher rationi officii und auff fordern zugeloffen, auch Friede machen wollen, und dem Entleibten seinen

Hellenpart genommen), hat gedachter Körper aus den Wunden Blut gegossen, und solche (welche über das Herz gewesen) nicht anders gebebt, als wenn das Herz noch lebte.

Dessen ungeachtet hat gedachter Wächter die ihm angehaltene formulam juris jurandi dreimal geleistet: Er hat 1) zween Finger auf des Entleibten Mund, 2) auf den Stich, und 3) auf den Nabel gelegt, auch dem Pfarrer, so ihm seines Gewissens erinnert, nachsprechen müssen, die That aber nicht bekennen wollen.

In Gegenwart Lorenzen, mit welchem der Entleibte, da er den Stich bekommen, zu thun gehabt, und gerungen, hat der Körper blutigen Schaum aus dem Mund abermal gegeben, sowohl auch etwas Bluts aus den Wunden.

Folgendes Tages hat der Wächter sich selbst als Thäter angegeben.

Ex hoc apparet, vulnus, corpusque mortui gradus culpae observasse. (Hieraus erhellt, daß Wunde und Körper des Toten den Anteil an der Schuldtat offenbart hat.)

Da der Jörg praesens (anwesend) gewest, ist recht natürlich roth Blut aus dem Munde geschäumt.

Dieser war fast der Anfänger des Händels. Ergo hat der Mund ex rancore (feindselig) geschäumt, sed non vulnus (aber nicht die Wunde), weil er nicht der Thäter.

Da der Wächter gegenwärtig, hat sich beim Mund nichts erzeugt. Da er aber die zween Finger auf die Wunden gelegt, ist recht natürlich Blut daraus über die Seiten geloffen, daß der Chirurgus solches wegwischen müssen. Da er zween Finger auf den Nabel gethan, hat die Wunde wieder ebbulirt (gesprudelt), aufgejorren und gezuckt, gleichwie die Pulsadern schlagen.

Der Lorenz hat mit dem Occiso (Getöteten) gerungen, im Nachsprechen ist dem Todten blutiger Schaum zum Maul ausgeloffen, als er auf die Wunde die Finger gelegt, hat die Wunde wieder gezuckt und sich geregt. Da Lorenz abgeschieden, hat sie nicht mehr gezuckt. (Chrph. Besold Thesaur. practic. p. 83.)

Samuel Stryck führt in seinem Tractus de jure sensuum diss. VII. de tactu folgenden Fall aus Pommern an. Im Jahre 1669 wurden von dort Akten, die einen Kindermord betrafen, an die Juristenfakultät zu Frankfurt an der Oder geschickt. Nach denselben war es anfangs zweifelhaft, ob die Mutter oder Großmutter den Mord begangen. Man führte beide zum Körper des Kindes, der schon einige Tage in der Erde gelegen hatte. Als ihn die Mutter berührte, wobei sie die Worte aussprechen mußte: „Habe ich Schuld an deinem Tode, so gebe Gott ein Zeichen an dir," so geschah kein Zeichen; als aber hierauf die Großmutter den Körper, mit Hersagung derselben Worte berührte, war das Gesicht sogleich rot überzogen, und aus den Augenwinkeln kam Blut, worauf sie sogleich die Schuld bekannte.

Mehrere Rechtsgelehrte des siebzehnten Jahrhunderts meinten in ihren Schriften, das Bahrrecht sei deswegen, nachdem schon alle andern Gottesgerichte abgeschafft gewesen, beibehalten worden, weil viele Beispiele beweisen, daß Gottes Hand hier deutlicher als bei den andern zu spüren sei. (Schottel v. Baarr. § 8. Hippolyt Marsilius in praxi crim. dilegenter Nr. 181.) Noch im vorigen Jahrhundert empfehlen mehrere Juristen diesen Brauch. Kayser, in seiner Anweisung zum Inquisitionsprozesse (Altenb. 1710 S. 146) sagt: „Welche Gerichte das Bahrrecht exerciren wollen, dieselben mögen sich nur in Acht nehmen, daß der

todte Körper zur selben Zeit nicht gerührt, nicht gewendet werde, sondern wenn er eine gute Zeit still gelegen, erkaltet, und also nicht zu vermuten, daß er natürlicher Weise mehr bluten können, alsdann kann die verdächtige Person zum Anrühren angehalten werden. Was sich hier ereignet, muß sorgfältig registrirt, der Verdächtige zur Haft gebracht, umständlich examinirt, ferner Erkundigung eingezogen und die Akten hernach zum Verspruch des Rechtens verschickt werden."

Erst um die Mitte des achtzehnten Jahrhunderts wurde das Bahrrecht, meist stillschweigend, durch den Nichtgebrauch in Deutschland, wo es am gewöhnlichsten gewesen, aufgehoben.

Eine besondere Art des Bahrrechts war d a s S c h e i n g e h n. Wenn einer des Mordes beschuldigt war, wurde er zu der aufgehobenen Hand des Ermordeten geführt, die, wenn er schuldig war, anfangen sollte zu bluten. Dieses Scheingehn war in Bremen, Itzehoe und der Umgegend gebräuchlich.

Über d a s L o s o r d a l sagt die Lex Frisionum, aufgezeichnet um die Zeit Karls des Großen, doch im Gebrauche viel älter:

> Wenn ein Mensch bei einem Aufstande oder bei einer Zusammenrottung getötet worden ist und kann der Totschläger wegen der großen Zahl der Beteiligten nicht gefunden werden, dann darf derjenige, der das Wergeld des Getöteten beansprucht, verschiedene Männer, aber höchstens sieben, des Totschlags beschuldigen, und ein jeder von ihnen soll sich selbzwölft durch Eidschwur vom Verbrechen reinigen. Dann soll man sie in die Kirche führen und das Los auf dem Altar oder, falls es nicht in der Kirche geschehn kann, auf den Reliquien der Heiligen geworfen werden. Die Beschaffenheit der Lose soll folgendermaßen sein: Es sollen zwei sein, beide aus einer Weidenrute geschnitten, und das eine davon soll mit einem Kreuz versehen sein, das andere aber ohne Zeichen. Beide sollen in Wolle gewickelt auf den Altar oder das Reliquienkästchen geworfen werden. Dann soll der Priester oder, wenn ein solcher nicht zugegen ist, irgend ein unschuldiger Knabe eines der Lose vom Altare nehmen. Inzwischen soll man Gott anflehen, daß er durch ein deutliches Zeichen kund tue, ob jene sieben Männer, die den Eid über diesen Totschlag geleistet, die Wahrheit geschworen haben. Wenn dann das mit dem Kreuz versehene Los gezogen wird, dann sind die Schwörenden unschuldig; wird aber das andere gezogen, dann hat jeder der sieben Männer für sich ein Los zu machen, es mit seinem Zeichen zu versehen, damit er und die Herumstehenden es wiedererkennen können, es in Wolle zu wickeln und auf den Altar oder das Reliquienkästchen zu legen. Sodann soll wieder der Priester oder in seiner Abwesenheit ein unschuldiger Knabe ein jedes der Lose einzeln vom Altare nehmen. Derjenige, dessen Los zuletzt gezogen wird, der soll das Wergeld für den Erschlagenen zu zahlen gezwungen sein, die andern aber, deren Lose früher gezogen würden, sollen frei ausgehn.

Eines der ersten und bedeutsamsten deutschen Rechtsbücher, das um das Jahr 1230 von Eicke von Repkau (Repgau, Repgowe) aufgezeichnete sächsische Landrecht sagt über die Ordalien:

Die ihr Recht mit Dieberey oder mit Raub verloren haben, ob man sie Dieberey oder Raubes anderweitig beschuldiget, sie mögen mit ihrem Eyde nicht unschuldig werden, sondern sie sollen haben dreyerley Wahl: Das heiße Eisen zu tragen vor ihre Unschuld: oder aber in einen wallenden Kessel zu greiffen, bis an den Ellenbogen, oder mit kämpffen sich erwehren.

Letzteres heißt, sie sollen das **Kampfordal, den Zweikampf**, bestehn. Das Gottesurteil des Zweikampfes findet sich fast ausschließlich bei den Germanen. Urgermanisch ist der gerichtliche Zweikampf zwischen waffenfähigen Freien. Schon Tacitus (Germania) kennt ihn als Kampforakel. In den Gesetzbüchern erscheint er lange vor dem Sachsenspiegel. Bereits Ludwig der Fromme verordnete 816:

Wenn jemand mit einem andern einen Rechtsstreit hat, und es werden ihm Schwurzeugen entgegengestellt, deren Zeugnis er aber als falsch bezeichnet, dann darf er jenen Zeugen andere Zeugen gegenüberstellen, die er für besser hält, damit durch das Zeugnis dieser bessern Zeugen die Verkehrtheit jener schlechtern Zeugen erwiesen werde. Wenn nun beide Zeugengruppen so verschiedener Ansicht sind, daß kein Teil dem andern weichen will, dann sollen zwei von ihnen, das heißt von jeder Gruppe einer bezeichnet werden, und diese sollen auf freiem Felde mit Schild und Kampfstock mit einander kämpfen und entscheiden, auf welcher Seite die Unwahrheit, auf welcher Seite die Wahrheit liegt. Und demjenigen Kämpfer, der so des vor dem Kampfe geleisteten Meineids überwiesen wird, soll die rechte Hand abgehauen werden; die übrigen Zeugen aber aus seiner Partei, die ebenfalls als meineidig erwiesen wurden, sollen diese Strafe durch Geldzahlung ablösen dürfen.

Nur Freie durften das Gottesgericht des Zweikampfes anrufen, nicht aber nur Edle, wie Steinhausen annimmt, denn auch Bauern fochten von Gerichts wegen.

In den Weistümern, die Grimm herausgegeben hat, schreibt das Münstermainfelder im Jahre 1372 vor:

Würde jemand (von den Bauern) kämpflich angesprochen, dem der Amtmann unseres Herrn von Trier (des Erzbischofs) und seines Stiftes nicht glauben wollte, den soll der Amtmann dem Grafen übergeben, und soll ihn der Graf halten unwiderruflich sechs Wochen und drei Tage und ihm einen Meister gewinnen, der ihn kämpfen lehre. Und der Graf soll ihn halten und das alles tun auf seine Kosten, wenn derjenige keine Übung im Fechten hat, der kämpflich angesprochen wird. (Glitsch.)

Für Frauen trat ein männlicher Eideshelfer in die Schranke. Es konnte sich jedoch auch der Fall ergeben, daß die Frau sich ihrem Widersacher selbst zum Kampfe stellen mußte. Wird eine Frau vergewaltigt und der Schänder gefangen, muß sie ihn zum Kampfe herausfordern.

Dann soll man ihn in die Erde eingraben bis an den Nabel, doch so, daß er sich umdrehn kann. Dann soll man ihm die linke Hand auf den Rücken binden und ihm einen Kolben in die rechte Hand geben und soll Stroh um ihn streun, so weit als er mit dem Kolben reichen kann. Und der Frau soll man einen Stein in ein Tuch binden, der ein Pfund schwer sei nach der Stadt Gewicht. Und man soll ihnen beiden Kampfaufseher geben nach dem Kampfrecht. Siegt der Mann, so soll man der Frau die Hand abschlagen. Siegt aber die Frau, so soll man dem Mann das Haupt abschlagen. Das ist darum so gesetzt, weil eine Frau einen Mann gewöhnlich nicht besiegt.

Diese Beschreibung deckt sich ungefähr mit der, die Friedrich Majer nach einem alten Manuskript der Wolfenbüttelschen Bibliothek gab, auf das Christian Thomasius in seiner Abhandlung „de occasione, conceptione et intentione constitutionis criminalis Carolinae" hingewiesen hatte. In Bern fand am 4. Januar 1288 ein solcher Zweikampf statt, aus dem die Frau als Siegerin hervorging.

Karls des Großen und der Mehrzahl seiner Zeitgenossen Glauben an die Unfehlbarkeit der Gottesurteile und besonders der Kreuzprobe kommt in dem Kapitalare von 806, der sog. Divisio regnorum, zum Ausdruck:

Kapitel 14: Wenn aber ein Streit oder eine Meinungsverschiedenheit unter den Parteien (den drei Söhnen, die sich nach Karls Tode in sein Reich teilen sollen) wegen der Marken und Grenzen des Reichs entsteht und diese durch das Zeugnis der Menschen nicht festgestellt und bestimmt werden können, dann wollen wir, daß zur Klärung des Zweifels durch die Kreuzprobe Gottes Wille und der wahre Sachverhalt erforscht werde. Niemals aber soll wegen einer solchen Sache ein Zweikampf angeordnet werden.

Ganz gegenteiliger Meinung als Karl war schon sein Enkel Lothar I.

Er bestimmte, „daß in Zukunft sich niemand mehr der Kreuzprobe unterziehe, damit nicht das Kreuz, das durch das Leiden Christi verherrlicht worden ist, durch den Mutwillen der Menschen verhöhnt werde". (Glitsch.)

Auch die Päpste Stephanus V. (885—890) und Honorius III. (1216 bis 1226) erklärten die Gottesurteile für eine Versuchung Gottes. Diese „scharpffe onmenschliche tormenta (Martern)", die nur die Teufelslist eingeführt und in keinem Kanon oder in keiner gemeinen Satzung vorgeschrieben seien, verschwanden daher aus den kirchlichen Rechtsbüchern bis zur Zeit der Hexenprozesse völlig.

Drittes Kapitel

Das klassische Altertum

Als wahrscheinlich ist anzunehmen, daß die Griechen die Tortur, wie manches andere, von Afrika oder Asien überliefert erhielten, und die Ägypter oder Phönizier mögen wohl hierbei ihre Lehrmeister gewesen sein. Aber wenn dies zutrifft, so muß auch gesagt werden, daß die Schüler ihre Meister übertroffen haben; denn die Folter wurde von den Hellenen in ziemlichem Umfange und recht mannigfaltig angewendet. Finden wir doch schon in der Mythologie dieses Volkes Vorgänge, die als grausame Tortur bezeichnet werden können. Es sei hier an den von Zeus an einen öden Felsen angeschmiedeten Prometheus erinnert, an Marsyas, dem Apollo die Haut abzog, an die Qualen des Tantalus, das Nessushemd, das Prokrustesbett, dann an Ixion, den König der Lapithen, den Zeus, ob seiner undankbaren Vermessenheit, in der Unterwelt mit Händen und Füßen an ein feuriges Rad fesselte, das unaufhörlich umhergetrieben wurde. Auch die antike Sagengeschichte wimmelt von derartigen Grausamkeiten: Medea, die ihren Bruder zerstückelte und ihre Kinder tötete; Astyages, der dem Harpagos das Fleisch des eigenen Sohnes vorsetzte; Odysseus, der dem Ziegenhirt Melanthios Ohren und Nase abschnitt, ihn des Gliedes beraubte, es den Hunden vorwarf und ihm Hände und Füße vom Rumpf trennte (Odyssee 22, 474—477); der Räuber Sinis, den Theseus an die Spitzen niedergebeugter Fichten band, in die Luft schnellte und so zerriß, und zahlreiche andere Sagen mehr. Wo solch grausame Strafen die Phantasie eines Volkes beschäftigen oder tatsächlich im Schwange sind, da fehlt auch die Tortur im Rechtsleben nicht.

Die ursprüngliche gerichtliche Beweisführung bei den Griechen wie bei den Juden war die Zeugenaussage. Erst später wurde die Folter eingeführt, die jedoch im allgemeinen nur gegen den Verdächtigen und die Zeugen, und bei letzteren nur gegen Sklaven rücksichtslos zur Anwendung kam. Denn dem Sklaven, der als Zeuge in einem Straf- oder Zivilprozeß auftrat, wurde seine Aussage nicht geglaubt, wenn sie nicht unter Anwendung der Tortur aufrechterhalten blieb. Ferner hatte auch jeder freie Grieche das Recht, nicht nur seine eignen Sklaven der Tortur zu unterziehen, sondern auch zu verlangen, daß ihm die Sklaven eines andern mit dessen Zustimmung zu diesem Zwecke ausgeliefert wurden, wobei er nur in dem Falle den Besitzer des Sklaven zu entschädigen verpflichtet war, wenn es sich ergab, daß die Tortur mit Unrecht vorgenommen ward und der Sklave durch die Marter erkrankte, dauernd arbeitsunfähig wurde oder starb. Ferner mußten zur Privattortur Beisitzer zugezogen werden, die aber der Veranstalter beliebig aus den Kreisen seiner Freunde und Bekannten wählen konnte. Daß dem griechischen Bürger derart freigestellt war, selbst den Untersuchungsrichter zu spielen und dem Richter sozusagen das fertige Material in die Hände zu liefern, dürfte sich aus der großen Anzahl der vorhandenen Sklaven und der schlechten Behandlung erklären, die man ihnen gewohntermaßen angedeihen ließ, ferner in der so häufigen Anwendung der Tortur, daß sie von Amts wegen nicht bewältigt werden konnte. Diese Privattortur konnte von dem Betreffenden auch wiederholt vorgenommen werden und wurde es auch, wenn ihm die durch die erste Vornahme erpreßte Aussage nicht zusagte. Möglich, wahrscheinlich sogar, daß bei dieser Grausamkeit die raffinierte und entartete Sinnlichkeit der Griechen eine wesentliche Rolle spielte und sowohl den Peiniger zu der Tat, wie die Beisitzer zur Teilnahme veranlaßten.

Die Griechen kannten also die Tortur und behielten sie bei, als sie geschriebene Gesetze bekamen. Bei Leuten, die der Leibeigenschaft unterworfen waren, machte man keinen Unterschied des männlichen und weiblichen Geschlechts, auch nicht der Jugend und des Alters. In der von Amts wegen vorgenommenen Tortur, der öffentlichen, konnte ein Sklave auch ohne Zustimmung seines Herrn peinlich befragt werden.

Daß, wenn ein Sklave als Missetäter oder Zeuge gemartert werden sollte, schon vorhandene anderweitige Vermutungen und Beweise erforderlich gewesen seien, davon enthalten die Gesetze nichts. Ebensowenig findet man darin festgesetzt, daß ein Sklave nicht zu Zeugnis wider seinen Herrn auf die Folter gebracht werden konnte. Auch war nichts von sonstigen Beschränkungen der Tortur vorgeschrieben.

Ein Freier oder nur Freigelassener sollte rechtlich mit der peinlichen Frage nicht angegriffen werden. Doch finden wir, daß, wenn das Gemeinwohl es forderte, in Staatsverbrechen zuweilen von der Regel abgewichen wurde, wozu vielleicht das Volk, oder wer sonst dazu berechtigt war, die Erlaubnis erteilte. Die freien Bürger wurden aber nur als Verbrecher zur Erzielung ihres Geständnisses gemartert, wenn sie eines Verbrechens verdächtig waren, nie aber zur Bestätigung ihrer Zeugenaussage.

Die Marterinstrumente und -mittel der Athener waren: Peitsche, Rad, Leiter, Essig in die Nase, Aufdrückung von Dachziegeln, Abschälung der Haut, Aufhängen an einer Säule und andere. Auf der Leiter erfolgte das Aufziehen, und das Rad wurde dazu gebraucht, die Streckung mittels Anziehens der Stricke zu fördern. Die Tortur in den andern griechischen Staaten unterschied sich kaum von der athenienischen.

Ebenso streng wie die Folter war in Hellas die Verhängung und Vollziehung der Todesstrafen. So standen u. a. das Trinken ungemischten Weines, Felddiebstahl, „sträflicher Müßiggang" unter Todesstrafe. Der Vollzug erfolgte durch Enthaupten, Steinigung, Vergiftung (Sokrates), Kreuzigung, Schläge mit bleibeschwerten Geißeln, Abstürzen von Felsen, Zersägen, Werfen in eine Dornen- oder Stachelgrube, Pfählen, Rädern, Hängen, Baumschnellen, Lebendigbegraben, Abschinden der Haut oder Zerquetschen zwischen Mühlsteinen.

Mit andern kulturellen Errungenschaften hat Rom von Hellas auch die unrühmliche Tortur übernommen und weiter ausgebildet. Fremd dürfte sie den Römern zwar schon vorher nicht gewesen sein. Bei den Aboriginern, den römischen Ureinwohnern, war sie ebenso in Brauch wie bei den Etruskern, wie wir, für letztere wenigstens, aus überlieferten plastischen Darstellungen vermuten können. Auch die frühe Besiedlung dieses Landes durch die Phönizier läßt annehmen, daß die Folter dort schon bekannt war, bevor die Nachkommen Trojas in italienischen Gefilden ansässig wurden. Westphal schreibt:

Ob die Römer ihre Marter von den Griechen entlehnt haben, ist unbekannt, doch wahrscheinlich, weil sie noch manches ihrer Rechtssachen daher genommen und die römische Tortur in vielen Stücken mit der griechischen übereinstimmt. Sie wurde schon zur Zeit der freien Republik angewandt und erhielt allmählich durch die heimische Gesetzgebung vieles, was den Griechen unbekannt war.

Die Marterinstrumente der Römer waren:

1. Equuleus (auch Canasta genannt), das Folterroß, eine Maschine aus einem Querbalken und vier Füßen, die daher mit einem Pferde entfernte Ähnlichkeit hatte. Der Beschuldigte wurde oben auf den Balken gesetzt, gelegt oder gehängt und mit an den Händen und Füßen befestigten Stricken in die Länge gezogen und ausgereckt.

2. Fidiculae, die Folterschnüre.

3. Lamina, die glühenden Bleche, mit denen die zu Folternden gebrannt wurden.

4. Unci (auch Ungulae genannt), zweizackige, scharfe Haken, mit denen man den Aufgezogenen ins Fleisch riß.

5. Cardi, eiserne Kämme zu dem gleichen Zweck.
6. Rotae, eine Streckwinde.
7. Fustis, Flagellum, Lora, Plumbatae, Habenae, Ruten, Stöcke, Riemen, Geißeln.
8. Ignes, Pfannen und andere Feuergeräte zum Brennen.
9. Cyphri, jugum, eine Art Halsjoch.
10. Catapulta, eine Maschine, deren Anwendung nicht bekannt ist.

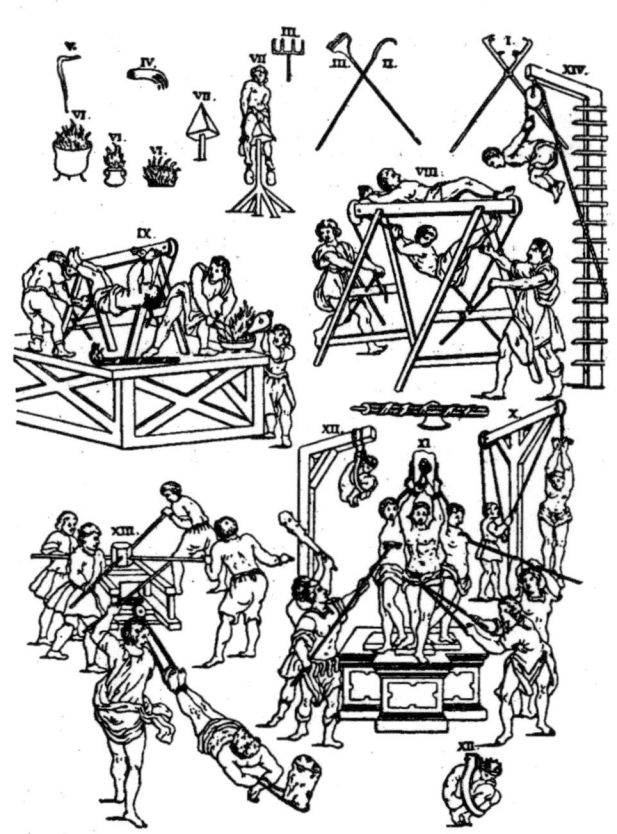

Abbildung 2: Die römische Folter

Gezeichnet von G. J. Arenhold. Nach alten Holzschnitten, aus Chr. Ulrich Grupens De applicatione tormentorum.

I—VI: Vexationes tormentorum (Hilfswerkzeuge): I. Fleischzange; II. und III. eiserne Kämme; IV. Vierzack zum Stechen; V. und VI. Feuerbecken zum Brennen; VII. Equuleus; VIII. Pferd mit Winde, Märtyrer in Streckfolter; darunter Hängestreckfolter; IX. Verbindung von Streck- und Feuerfolter; X. Wipp- und Aufzugfolter; XI. drei Märtyrer, denen mit Zangen, Reißhaken und Kämmen Fleischteile ausgerissen werden; XII. ligatio in modum globi, Fesselung in Kugelform, mit Schlägen verbunden; XIII. Streckfolter ohne Gerüst; XIV. Equuleus volaterranus, Wippgalgen zur Aufzugs- und Wippfolter.

Die Römer wandten gleich den Griechen die Tortur zur Erreichung eines Geständnisses sowie bei Sklaven zur Bekräftigung der Aussage an. Von ersterer Art urteilten die Gesetze ganz billig, daß man sie behutsam anwenden müßte, weil sonst sich der Schuldige durch sie befreien, der Unschuldige aber zur unverdienten Strafe kommen könnte.

Zur Zeit der Republik gab es bei den Römern ebenfalls eine private Tortur, die jedoch später abgeschafft worden sein muß. Denn sie wird in der Kaiserzeit nicht mehr erwähnt. Wenn auch gewöhnlich nur Sklaven als Zeugen gefoltert werden konnten, so geschah dies zuweilen doch auch bei Freien: bei Freigelassenen, Ehrlosen und in der Aussage Schwankenden. Gewöhnlich konnten Ehrlose in peinlichen Sachen nicht Zeugen sein und wurden auch nicht zur Anklage zugelassen. In späterer Zeit scheint die Tortur bei Freien als Zeugen oft vorgekommen zu sein, besonders, wo es sich um Majestätsverbrechen handelte. Freigelassene konnten weder in bürgerlichen noch in Kriminalrechtsfällen gemartert werden; aber eben deswegen war es nicht zulässig, Sklaven die Freiheit zu geben, nur um sie der Tortur zu entziehen. Der Sklaven Zeugnis war stets mit der Tortur verbunden. Man konnte sich, wie bei den Griechen, zu Zeugnis auch der Sklaven eines anderen Herrn bedienen, der sich auch bei den Römern dies gefallen lassen mußte. Nur war strittig, ob in bürgerlichen Prozessen die Sklaven auch gegen ihren eigenen Herren mit der Marter zum Zeugnis gebracht werden könnten. Cujacius (franz. Rechtslehrer, 1522—1590) nimmt dies an, wenn andere Beweismittel fehlten, andere Autoritäten aber stellten es in Abrede.

Daß gegen seinen Herrn der Sklave nicht Zeuge sein dürfte, war ein Grundsatz, der sich ex more majorum (aus der Sitte der Vorfahren), vermutlich also aus den zwölf Tafeln herschrieb. Er ist auch in der Folge durch Senatsbeschluß bestätigt worden und blieb bis in die neuesten Zeiten als Regel beibehalten. Selbst wenn der Sklave als Missetäter auf die Tortur kam, durfte er nicht über seinen der Mitschuld verdächtigen Herrn befragt werden. Ausnahmen, in denen der Sklave wider seinen Herrn Zeugnis ablegen mußte, waren schon von der Zeit der Republik her Staatsverbrechen und Inzest; was unter letzterem verstanden wurde, ist streitig, da manche Forscher auch die Schändung der vestalischen Jungfrauen und sonstige Verunehrungen des öffentlichen Gottesdienstes dazu rechneten. Später kamen noch Ehebruch und andere Verbrechen dazu. Die Art, wie Sklaven bei der Tortur befragt wurden, war so beschaffen, daß sie in der Regel nur mit Ja oder Nein zu antworten hatten. Doch durfte der Name der Person, oder was sonst die Tat betraf, nicht arglistigerweise an die Hand gegeben und in den Mund gelegt werden. Man sollte auch nur solche Zeugen zur Tortur vorführen, von denen gewiß oder wahrscheinlich war, daß sie von der Tat etwas wüßten.

In der Cäsarenzeit aber hörte auch der freigeborene Römer auf, vor der Tortur geschützt zu sein. Zwar konnte diese an ihm nur bei Majestätsverbrechen angewandt werden, doch dieser Verdacht ließ sich rasch herstellen, so daß er als etwas Selbstverständliches bei jeder bemerkenswerten Anklage erschien. Auch die Bestimmung, daß Sklaven zu Aussagen wider ihren Herrn nicht gefoltert werden dürften, wußten die Cäsaren zu umgehen. Von einem Prozeß wider Libo Drusus berichtet Tacitus in seinen Annalen:

> In einem Papier jedoch sollten, wie der Ankläger behauptete, von Libos eigener Hand den Namen der Cäsaren oder Senatoren Zeichen offener oder magischer Gewalt beigefügt sein. Da der Beklagte leugnete, wurde beschlossen, den geständigen Sklaven auf der Tortur zu vernehmen. Weil aber nach altem Senatsbeschluß ein derartiges peinliches Verhör gegen das Leben des Herrn verboten war, befahl der listige und in neuen Rechtsregeln erfinderische Tiberius, daß ein Sklave nach dem andern an den Fiskus verkauft werden sollte, damit dann, trotz der Senatsverordnung, das Verhör der Sklaven gegen Libo vorgenommen werden könnte.

Daß bei Majestätsverbrechen auch freie Römer der Tortur unterzogen wurden, ergibt sich auch aus anderen Stellen der Annalen.

> Unter denselben Konsuln wurden — ein furchtbares Beispiel des Jammers und der Tyrannei — als Angeklagter ein Vater, als Kläger sein Sohn, beide mit Namen Vibius Serenus vor den Senat gebracht, der Vater aus der Verbannung zurückgeschleppt, schmutzbedeckt und auch jetzt, wo der Sohn wider ihn auftrat, mit der Kette gefesselt; der Jüngling eigens vorbereitet, in großem Staat, mit froher Miene. Angeber und Zeuge zugleich, behauptete er, dem Herrscher seien Nachstellungen bereitet worden, es seien nach Gallien Aufwiegler zum Krieg gesandt worden. Er fügte noch hinzu, der frühere Prätor Caecilius Cornutus hätte das nötige Geld hergegeben. Der Sorgen überdrüssig und weil schon die Gefahr dem Untergang gleich galt, hatte sich der Letztgenannte selbst getötet. Ganz anders zeigte sich der Angeklagte. Ungebeugten Mutes schüttelte er, dem Sohne zugewandt, die Fessel und rief die Rachegötter an, daß sie ihn wieder in die Verbannung brächten, wo er fern von solchen Sitten leben konnte, und daß den Sohn noch das Strafgericht ereilen möge. Dabei beteuerte er, Cornutus sei unschuldig und nur von einem Wahn eingeschüchtert worden. Leicht wäre dies zu erweisen, wenn noch andere angegeben werden sollten, denn Fürstenmord und Staatsumwälzung würde er doch nicht nur mit einem Genossen auszuführen beabsichtigt haben. Nun nannte der Kläger Cnejus Lentulus und Sejus Tubero als Mitschuldige, zur größten Betroffenheit des Kaisers, da es die ersten Männer im Staate und seine vertrautesten Freunde waren, Tubero überdies körperschwach, Lentulus hochbejahrt. Sie wurden auch sofort als unverdächtig erklärt. Gegen den Vater verhörte man die Sklaven, deren Aussage gegen den Kläger ausfiel, der schließlich entsetzt ob des Frevels und erschreckt über die Reden des Volkes, das mit Kerker, dem Felsen oder Vatermörderstrafen drohte,

aus der Stadt floh. Von Ravenna wieder zurückgebracht, wurde er genötigt, die Anklage weiterzuverfolgen, wobei Tiberius aus seinem alten Groll wider den Verbannten Serenus kein Hehl machte. Denn dieser hatte nach der Verdammung Libos dem Kaiser in einem Schreiben vorgeworfen, daß nur seine Bemühungen unbelohnt geblieben wären, und noch manches in einem trotzigeren Tone zugefügt, wie dies bei einem stolzen, leicht zu beleidigenden Mann begreiflich ist. Dies trug ihm der Kaiser noch acht Jahre nach. An einer dritten Stelle heißt es: Unterdessen wurde in Rom aus nicht offenkundiger, auch später nicht bekannt gewordener Ursache, der römische Ritter Cnejus Nonius in der Versammlung, die den Fürsten begrüßen sollte, mit einem Schwert umgürtet betroffen. Auf der Folter gestand er, ohne jedoch Mitwissende anzugeben, und ohne daß man erfuhr, ob er diese nur verheimliche. Wir sehen also hier selbst einen römischen Ritter der Tortur unterworfen.

Wenig bekannt ist, daß die Römer in der Kaiserzeit Hinrichtungen und Torturszenen auf ihren Theatern zeigten, bei denen die Darsteller verurteilte Verbrecher waren, die den Tod und die Martern nicht fingierten, sondern wirklich erlitten.

In kostbaren, golddurchwirkten Tuniken und Purpurmänteln, mit goldenen Kränzen geschmückt, traten sie auf; doch wie aus den todbringenden Gewändern der Medea fuhren plötzlich Flammen aus diesen prächtigen Kleidern, in denen die Elenden grauenvoll umkamen. Tertullian versichert, daß sich Menschen sogar anwerben ließen, eine gewisse Strecke in einer brennenden Tunika zurückzulegen. Es gab wohl kaum eine aus der Geschichte und Literatur bekannte Folter oder furchtbare Todesart, mit deren Aufführung das Volk nicht im Amphitheater unterhalten worden wäre. Wir haben, sagt Tertullian, dort die Entmannung des Atys gesehen, und einer, der lebendig verbrannt wurde, erschien in der Tracht des Herkules (dessen Flammentod auf dem Öta dargestellt wurde); auch ein griechisches Epigramm erwähnt die zu diesem Schauspiel benutzte Verbrennung eines Diebes. Martial sah einen Verbrecher als Mucius Scävola die Hand über das Kohlenbecken halten, bis sie verzehrt war, den Räuber Laureolus, den Helden einer bekannten Posse, wie er, am Kreuz hängend, von Bestien zerrissen wurde. Er schildert, wie die Glieder stückweise herabfielen und der Körper kein Körper mehr war; wie zu seiner Beruhigung fügt er hinzu, der so Gemarterte sei gewiß ein Vatermörder, Tempelräuber oder Mordbrenner gewesen. Ein anderer Verdammter stieg in demselben Schauspiel als Orpheus aus der Versenkung auf, wie wenn er aus der Unterwelt zurückkehre. Die Natur schien von seinem Spiele bezaubert, Felsen und Bäume bewegten sich auf ihn zu, Vögel schwebten über ihm, zahlreiche Tiere umgaben ihn; als das Schauspiel lange genug gewährt hatte, ward er von einem Bären zerrissen. (Friedländer.)

Besonders grausam wurde verfahren zur Zeit, als der Cäsarenwahnsinn seinen Schrecken äußerte und die Christenverfolgungen eintraten, bei deren Martern es sich allerdings weniger um Bekenntnisse als um Verschärfung der Strafen handelte.

Die Tortur selbst wurde anfangs bei den Römern völlig nach griechischem Muster ausgeführt, bis später neue Erfindungen und „Verbesserungen" in dem Martersystem eingeführt wurden. Am häufigsten wurde das Prügeln angewandt, die „verbera", das Stäupen mit Ruten, das Peitschen, das Schlagen mit der dreschflegelartigen flagella. Gewöhnlich wurde das Opfer dabei auf eine Bank gebunden, den Rücken nach oben, in ähnlicher Weise, wie bei uns vor noch nicht allzu langer Zeit die Prügelstrafe vollzogen wurde. Bei der Feuertortur (tormentum ignis) wurde der Gefolterte barfuß über glühende Kohlen getrieben oder in einen Bock gesteckt, wo dicht unter den hervorragenden unbedeckten Füßen Gefäße mit glühenden Kohlen gestellt wurden, oder er wurde auf eine Bank ausgestreckt gefesselt und ihm Metallbecken, in denen sich Glut befand, auf den Leib gesetzt. Als ähnliche Tortur kann auch das Schmäuchen betrachtet werden, das von Neros Vertrautem Tigellinus als langsam wirkendes Hinrichtungsmittel erfunden worden sein soll, wahrscheinlicher aber aus Asien stammt, wo derlei Grausamkeiten mit Meisterschaft verübt wurden. Beim Schmäuchen wurde das Opfer über ein aus Reisig, Dünger und andere übelriechende, mehr Rauch als Flammen entwickelndes Feuer gehängt, zumeist mit dem Kopfe nach unten. Um das Opfer nicht zu ersticken und somit durch den Tod von seiner Pein und seinen Peinigern zu befreien, wurde das Feuer von Zeit zu Zeit unterdrückt, um es später wieder aufs neue qualmen zu lassen. Dieses Verfahren kam besonders häufig bei den Christenverfolgungen zur Anwendung.

Nicht minder qualvoll, vielleicht sogar noch viel peinigender, mögen einige andere, scheinbar gelindere Torturarten gewesen sein. Vor allem ist hier zu nennen: die Salzfolter (tormentum ex sale et linteo), wobei dem Angeschuldigten ein mit einer starken Salzlösung gesättigtes Linnenstück gewaltsam in den Mund getrieben wurde, bis Erstickungsgefahr drohte. Ferner die Ziegenfolter (tormentum cum capra), bei der der Beschuldigte auf eine Bank gelegt, angebunden und ihm die Fußsohlen stark mit Salz eingerieben wurden, das von einer Ziege abgeleckt wurde. Die rauhe Zunge der Ziege wetzte Haut und Fleisch zuweilen bis auf die Knochen fort. Die Hungerfolter (tormentum famis) bestand aus anhaltender Nahrungsentziehung, die Durstfolter (tormentum sitis) aus der Entziehung jeglichen Trunkes, wobei der Durst noch durch scharfgewürzte Speisen und Aufenthalt in einer heißen Zelle gesteigert wurde. Auch eine Wachfolter (tormentum vigiliae) gab es, wobei der Gefolterte verhindert wurde zu schlafen, mit roher Hand aufgerüttelt, wenn trotz aller Hindernisse und Störungen die Natur dennoch ihr Recht geltend machte. Wieder eine andere Art der Folterung bestand darin, daß dem Bezichtigten Hornissen oder andere stechende Insekten derart auf die Haut gesetzt wurden, daß die Tiere nicht fortfliegen konnten. Dieses Aufsetzen von Tieren zu Marterzwecken haben wir bereits bei den Mutproben kennengelernt, und der Gebrauch der Wachfolter als Strafverschärfungsmittel wird uns im achtzehnten Jahrhunderts wieder begegnen.

Das Byzantinische oder Oströmische Reich, dessen Geschichte auf jedem Blatte Mord und Grausamkeit aufweist, übernahm die Tortur mit all ihren Greueln von Rom, wozu sich noch die orientalischen Gebräuche gesellten. Auch Italien, Spanien, Frankreich, die Töchter der weströmischen Herrschaft, folgten darin willig; ebenso wandten andere Völker, die mit dem Romanentum in Berührung kamen, wie die Goten, die Tortur an. Wieder sei Westphal das Wort gegeben: „Die ersten Spuren der Tortur, die wir in deutschen Gesetzen finden, zeigen, daß sie den Römern entnommen wurden. Die Gesetze der Ost- und Westgoten, Burgunder, Salier und Bajuvarier enthalten alle deutliche Spuren davon. In dem Edicto Theodorici, des ostgotischen Königs, ist, wie auch sonst, nur das römische Recht wiederholt. Ebenso klar ist die Einwirkung des römischen Rechts auf das Gesetz der Westgoten, nur daß diese noch einige Zusätze oder Abänderungen vorgenommen haben. Dieses Gesetz kennt eine Tortur der Sklaven und auch der Freien. Erstere wurden, wie bei den Römern, als Verbrecher oder als Zeugen gefoltert, durften aber nur bei schweren Verbrechen wider ihre Herren Zeugnis ablegen. Freie wurden nur als Verbrecher gefoltert, doch mußte in diesem Falle der Kläger vornehmer als der Angeklagte sein. Anklage und Gesuch auf Tortur mußten so erfolgen, daß der Beschuldigte vorher von seiner Vernehmung und Tortur nichts erfuhr. Überstand er die Folter und wurde er freigesprochen, so sollte der Kläger sein Sklave werden oder ihm so viel an Gut geben, als er forderte. Sowohl Kläger wie auch Richter konnten dafür verantwortlich gemacht werden, wenn der Gefolterte bei der Marter starb oder übermäßig verletzt wurde.

Die Lex Salica, Tit. 43, kennt nur eine Tortur der Sklaven, besonders bei Diebstählen, und bestimmt die Marterinstrumente. Die Colaphi oder Colpi entsprach dem römischen Equuleus; senum, die Sehne, den fidiculis. Den römischen Rutenstreichen entsprechen hier Gertenhiebe, wobei der Betreffende auf einer Bank, mit dem Rücken nach oben, ausgestreckt lag. Die Anzahl der Streiche war festgestellt, und diese Tortur konnte nur bei Diebstählen von einer gewissen Höhe des Betrages an verfügt werden. Bekannte der Sklave in der Marter, so mußte dessen Herr den Kläger schadlos halten; leugnete er, so konnte der Kläger die gesetzlich festgestellte Anzahl der Schläge überschreiten, doch mußte er dem Herrn des Sklaven Kaution bieten. Bekannte bei dieser Fortsetzung der Marter endlich der Sklave, so gehörte er dem Kläger, ohne daß dieser den bisherigen Herrn entschädigen mußte. Blieb aber der Sklave auch jetzt noch standhaft beim Leugnen der Tat, so wurde er freigesprochen und seinem Herrn zurückgegeben, sofern dieser von dem Kläger nicht als Entschädigung die Bezahlung des Wertes beanspruchte.

Auch die Lex Bajuvariorum Tit. 8 c. 18 kennt nur eine Tortur der Sklaven und verordnet, daß der Kläger dem Herrn, dessen Sklaven er ungerechtfertigt foltern ließ, zwei Sklaven zu ersetzen hatte. Dasselbe verordnet auch die Lex Burgund. Tit. 7.

Bei Griechen, Römern und andern Völkern wurden, wie bereits angegeben, häufig als Zeugen auftretende Sklaven der Tortur unterzogen, eine Vornahme, die in vielen Fällen sogar als unerläßlich galt. Dies nötigt uns, einen Blick auf die Entwicklung des Zeugniszwanges zu werfen (Kayser):

Schon im Alten Testament wird die Zeugnispflicht als ein Gebot der Religion aufgestellt: „Wenn eine Seele sündigen würde, daß er einen Fluch höret und er deß Zeuge ist, oder gesehen und erfahren hat und nicht ansaget, der ist einer Missetat schuldig" (3. Mose 5,1), ein Satz, welcher in den Sprüchen Salomonis (29, 24) in seinem Inhalt wiederholt wird. Der Ungehorsam der Zeugen ist — wie es in einem theokratischen Staat, wo Sünde und bürgerliches Vergehen einander decken, gar nicht anders erwartet werden kann — eine Sünde gegen Gott, die nur durch ein Opfer gesühnt wird (3. Mose 5, 6). Im übrigen ist uns aber das Strafverfahren in dem jüdischen Staat aus der Bibel so wenig bekannt, daß wir nicht einmal wissen, ob später zu dieser religiösen Sühne — die als Gottesgesetz nicht geändert werden konnte — noch eine bürgerliche Strafe hinzugekommen ist. In dem talmudischen Recht wird zwar ebenfalls, besonders in Kriminalfällen, die allgemeine Verpflichtung, Zeugnis abzulegen, wiederholt; allein selbstverständlich kann bei dem Mangel eines staatlichen Organismus von Zwang oder Strafe für die Verweigerung nicht die Rede sein. Entsprechend dem Grundcharakter des talmudischen Strafrechts, daß möglichst zugunsten des Beschuldigten verfahren werden soll, wird der Grundsatz ausgesprochen, „daß wer ein Zeugnis weiß, das seinem Nächsten zugute kommt und es nicht sagt, zwar nicht vom menschlichen, aber vom göttlichen Gericht gestraft werde". So hat die Vorschrift des Alten Testaments, die sich auf die Anklage bezog, durch den Talmud nach Seite der Verteidigung die entsprechende Ergänzung erfahren.

In Hellas hat der Zeugenbeweis selbst in den Fällen des schriftlichen Verfahrens eine hervorragende Bedeutung, und schon hieraus muß auf das Bestehen einer allgemeinen Zeugnispflicht geschlossen werden. Der ungehorsame Zeuge machte sich teils regreßpflichtig, teils strafbar; wer als Zeuge nicht erschien, der wurde auf Antrag der Partei mit Erlaubnis des Gerichtsvorstandes durch den Herold geladen und bei seinem erneuten Ausbleiben in eine Strafe von 1000 Drachmen (etwa 750 Goldmark) an den Staat verurteilt. Daneben findet sich noch eine Klage wegen Zeugnisverweigerung, die vermutlich eintrat, wenn zu der allgemeinen Zeugnispflicht noch ein besonderes Versprechen des Zeugnisses abgegeben, aber nicht gehalten wurde. In diesem Fall fiel wahrscheinlich dem Beschädigten die gedachte

Buße zu. Endlich konnte nach Beendigung des Verfahrens der beschädigte Teil gegen den ungehorsamen Zeugen den Ersatz des Schadens fordern.

Bei den Römern knüpft sich die Zeugenpflicht an die Form der Rechtsgeschäfte. Diese bedurften in der historischen Zeit, soweit es sich um Veräußerung von Grundeigentum, um Errichtung von Testamenten und dergleichen handelte, der Zuziehung von fünf Zeugen; sie vertraten die fünf Klassen des römischen Volks und hatten als dessen Vertreter gleichsam über die Gültigkeit dieser wichtigen Akte zu wachen. Deshalb verordnen schon die zwölf Tafeln, daß ein solcher feierlicher Zeuge, der späterhin, zum Zeugnis aufgerufen, dieses verweigerte, „ehrlos und zeugnislos" sein sollte, d. h. daß auch er eines anderen Zeugnis nicht beanspruchen durfte und daher unfähig wurde, gewisse Rechtsgeschäfte abzuschließen. Es wird somit in den zwölf Tafeln ein direkter Zwang auf den Zeugnisweigernden nicht geübt, sondern — entsprechend dem in jener Zeit geltenden Grundsatz „Aug' um Aug', Zahn um Zahn" — wird er in gleicher Weise gestraft, wie er gefehlt hat; er hat die ihm als Vertreter des Volks obliegende Pflicht verletzt, und deswegen werden ihm die entsprechenden Bürgerrechte entzogen. Auch in der späteren Zeit wird die Zeugnispflicht als eine allgemeine bezeichnet, ohne daß jedoch angegeben wird, wie diese erzwungen oder ihre Verweigerung bestraft wurde. Es liegt aber die Annahme nahe, daß wenigstens bis in die Kaiserzeit hinein die alte Strafe der Intestabilität (Zeugnisunfähigkeit) fortbestand. Es läßt sich auch ferner annehmen, daß die Pflicht, für den Aufrufenden ein Zeugnis abzulegen, so sehr anerkannt war, daß es der Gesetze nicht bedurfte, wo schon die gute Sitte ausreichte. Wenigstens finden wir in Zivilsachen den Zeugniszwang erst von Justinian im Jahre 550 n. Chr. eingeführt, und im Kriminalverfahren findet sich in älterer Zeit die Vorschrift, daß nur der Ankläger jemanden wider Willen zum Zeugnis veranlassen konnte. Hieraus darf gefolgert werden, daß, wer zugunsten des Angeklagten aussagen konnte, niemals sein Zeugnis verweigert haben wird. Diese Zeugen, sowie in der Kaiserzeit auch die Schutzzeugen, wurden von dem Richter vorgefordert, in dessen Gewalt es gewiß lag, diese auch zwangsweise vorzuführen. Denn es ist offenbar kein neues Recht, wenn Justinian im Jahre 539 anordnet, daß in Strafprozessen, um das Zeugnis zu erzwingen, unter Umständen auch von der Folter Gebrauch gemacht werden soll. So sehen wir im Beginn des römischen Rechts eine Strafe gegen den ungehorsamen Zeugen verhängen, und am Schluß einen Zwang gegen ihn üben, — zwei Arten, die fortan bestimmend auf die Zeugnispflicht bis auf den heutigen Tag gewirkt haben.

Für das ältere deutsche Recht muß vor allem daran erinnert werden, daß der Zeugenbeweis eine sehr untergeordnete Rolle spielte. Nichtsdestoweniger finden sich schon in den alten Volksrechten ganz ausdrückliche Vorschriften gegen den ungehorsamen Zeugen. Aus den beiden vorhandenen Quellen sehen wir jedoch ebenfalls, daß sich die Zeugen freiwillig dem sie Anrufenden zu stellen pflegten, und daß erst, wenn sie diesem Aufruf nicht folgten, eine Ladung an sie erging. Auch hier wird also die gute Sitte in den meisten Fällen ein Gesetz unnötig gemacht haben. Ein wirklicher Zwang wird aber auf Zeugen, die ausbleiben oder zwar erscheinen, aber keine Aussage machen wollen, nicht geübt, vielmehr werden sie nur zu einer hohen Geldbuße verurteilt. Unter den Karolingern richten sich die Prozeßreformen auch auf größere Ausdehnung der Beweismittel durch Zeugen, und eben deshalb finden wir vielfach in den Kapitularien das Gebot auf Ladung vor Gericht. Eine Mitteilung jedoch darüber, wie dieses Gebot erzwungen wurde, wird uns nicht gemacht; wir können deshalb nur annehmen, daß der Ungehorsäm von Zeugen, wie früher, als ein Vergehen gegen die Rechtsordnung mit Geldstrafe geahndet wurde. (Maurer.) Es wäre aber gewiß verkehrt, wenn man hieraus schließen wollte, daß dem germanischen Recht aus Rücksicht auf die individuelle Freiheit der wirkliche gegen die Person geübte Zwang fremd gewesen sei. Man muß diesen Zustand vielmehr als eine Schwäche der öffentlichen Gewalt bezeichnen, die noch nicht imstande war, selbst die strafbaren Handlungen zu ahnden; vielmehr wurden sie noch zum größten Teil von dem Verletzten selbst oder dessen Familie mit Selbsthilfe in der Fehde bestraft. Aber das deutsche Recht hat doch das Verdienst, einen neuen Vergehensbegriff eingeführt zu haben, den Ungehorsam gegen die verlangte Rechtshilfe.

In dem kanonischen Recht, dem dritten Faktor der universalen Rechtskultur des Mittelalters, ist die Pflicht zum Zeugnis nicht nur anerkannt, sondern es wird ihre Unterlassung vom h. Augustinus — offenbar im Anschluß an die mosaische Vorschrift — sogar als eine Sünde gegen Gott bezeichnet; denn wenn der lügnerische Zeuge zu schaden wünsche, so wolle der nicht nützen, der seine Aussage zurückhalte; beides sei von gleichem Übel. Die Kirche stellt zwar ihrer Mission gemäß den Grundsatz auf, nur mit Ermahnungen gegen widerspenstige Zeugen vorzugehen. Allein dies ist nichts als eine leere Redensart, weil von dieser Regel die Ausnahmefälle viel zahlreicher sind. Denn einmal waren Zwangsmittel gegen diejenigen gestattet, die aus Haß, Furcht oder Gunst ihre Aussage verweigern — andere Beweggründe lassen sich kaum denken —, sodann aber wurden diese Zwangsmittel auch in dem Notzustand zugelassen, d. h. wenn die Wahrheit anders nicht ermittelt werden könne. Das Ziel der Kirche war zunächst noch, nicht zu strafen, sondern zu bessern; daher griff sie erst, wenn Ermahnungen fruchtlos waren, zu ihren Heil- und Zuchtmitteln (censurae, poenae medicinales), um durch diese den widerspenstigen Zeugen zum Gehorsam zu bringen. Geistliche wurden, bis der Zwang gebrochen war, von Amt und Einkommen suspendiert, endlich auch exkommuniziert; gegenüber den Laien traten die gewöhnlichen Zensuren, teilweise oder gänzliche Entziehung von der Gemeinschaft, ein.

Wie diese verschiedenen Gesichtspunkte in der Praxis der Gerichtshöfe zur Geltung gekommen sind, darüber ist freilich eine sichere Kunde nicht zu uns gelangt. In der großen Prozeßordnung Karls V. aus dem Jahre 1532 ist der Zeugnispflicht nicht einmal Erwähnung getan. Daß sie aber als selbstverständlich vorausgesetzt wurde, ergibt sich aus Artikel 72 mit der Bestimmung über das Verhör auswärtiger Zeugen, deren Aussage durch Vermittlung der auswärtigen Obrigkeiten herbeigeführt werden soll. Die Mittel, mit deren Hilfe Zeugenaussagen zu erzwingen waren, werden auch in diesem Gesetzbuch nicht angegeben, sondern wie viele andere Dinge der Gerichtsübung überlassen, die allmählich den ganzen Prozeß umgebildet hatte. So lange es nämlich eine Verfolgung von Amts wegen nicht gegeben hat, so lange war auch das Recht und die Pflicht des Staates, Verbrechen zu strafen, noch nicht zur vollen Geltung gelangt. In den Vordergrund tritt immer noch das Objekt der

strafbaren Handlung, der Verletzte. Er ist es, der zunächst die Sühne verlangt, an der die gebrochene Rechtsordnung, der gestörte Frieden nur mittelbar beteiligt ist. Deshalb ist auch die Stellung des Übeltäters und der Zeugen eine viel freiere und unabhängigere, und die letzteren, wenn sie ihre Aussage verweigern, verweigern nur dem Verletzten ihre Rechtshilfe; die Rechtsordnung aber schädigen sie nur mittelbar. Je weniger man den Staat selbst durch die strafbare Handlung geschädigt ansah, desto weniger erschien es im Interesse dieses, den ungehorsamen Zeugen zu zwingen. So sehen wir auch in Roms ältesten Zeiten keinen Zwang üben, sondern es wird nur dem sich weigernden Zeugen die gleiche Hilfe versagt; ebenso wird in den deutschen Volksrechten diese verweigerte Rechtshilfe bloß als eine moralisch verwerfliche, mit einer Geldbuße zu sühnende Tat charakterisiert. Erst die Umwandlung des Strafprozesses in eine Verfolgung und Untersuchung von Amts wegen führt eine Änderung herbei. Der Beschädiger steht jetzt nicht mehr einem Privatankläger, sondern der verfolgenden Obrigkeit gegenüber, die von ihm Rechenschaft verlangt. Um ihn aber zu bestrafen, muß er des Verbrechens überführt werden — was bei der vorhandenen rein formellen Beweistheorie vielen Hindernissen begegnete — oder er mußte gestehen. Confessio regina probationum, das Geständnis ist die Königin der Schuldbeweise. Als ein Mittel, aus dem Beschuldigten die Wahrheit, d. h. das Geständnis seiner Schuld, herauszuholen, verfiel man nun bekanntlich auf die Tortur. Denn daß diese keine Strafe, sondern nur ein Zwangsmittel — oder, wie man in euphemistischer Täuschung sagte, ein medium eruendae veritatis, ein Mittel, die Wahrheit zu ergründen, — gewesen ist, das ist eine jedem Laien bekannte Tatsache.

Es liegt auf der Hand, daß diese veränderte Stellung des Angeklagten im Inquisitionsprozeß auch auf die Behandlung der Zeugen zurückwirkte. Die Verweigerung ihrer Aussage schädigt nicht mehr eine Partei, sondern greift die Befugnisse des Staates an. Wie dieser von dem Beschuldigten das Geständnis erzwingt, so jetzt auch von dem Zeugen sein Erscheinen und seine Aussage. Die Buße, die in der Bestrafung für die Verweigerung gefunden werden könnte, ist nicht mehr ausreichend; der Staat verlangt die Ablegung des Zeugnisses selbst. Deshalb werden in dem auf die Gerichtsordnung Karls V. folgenden sogenannten gemeinen Kriminalprozeß gegen den ungehorsamen Zeugen überhaupt nur Erziehungsmittel angewandt und dessen Bestrafung fallen gelassen. Denn Verbrechen dürfen niemals ungesühnt bleiben. Als Mittel, die Zeugen zu zwingen, werden Geldbußen, Freiheitsentziehungen und endlich die Tortur bezeichnet. Da in jener Zeit noch nicht der erhabene

Grundsatz von der Gleichheit der Personen vor dem Gesetze galt, so wurden die erstgedachten beiden Zwangsmittel vorzugsweise gegen Personen „von einigem Stande" angewendet. Nur Personen geringeren Schlages wurden durch die Tortur zu ihrer Zeugnispflicht angehalten, und auch dann nur, wenn man andere Zeugen nicht beschaffen und den Beschuldigten trotz Folterung nicht zu einem Geständnis veranlassen konnte, sowie wenn es sich um ein Kapitalverbrechen handelte. Einige verlangten noch, daß die Zeugen bei dessen Begehung anwesend gewesen sein mußten, damit ihre Kenntnis und ihr bösliches Verschweigen klar erhelle. Auch sollte die Art der Tortur geringer sein als die gegen den Beschuldigten angewandte und wurde selten über den ersten Grad hinaus erstreckt. Als die Folter abgeschafft wurde, blieben als Mittel gegen den ungehorsamen Zeugen nur Geldbußen und Einsperrung übrig, bei denen es freilich nicht zutage trat, ob sie zur Strafe oder zum Zwange dienten, ein Unterschied, der namentlich den davon Betroffenen auch höchst gleichgültig sein konnte.

Ähnlich wie in Deutschland verhielt es sich mit der Tortur auch in den anderen europäischen Staaten.

Viertes Kapitel
Verstümmelnde Körperstrafen

Die verstümmelnden Körperstrafen, die bei den Römern gegen Sklaven und leichtere Verbrecher zur Anwendung kamen, sind gleichfalls als eine Art Folterungen zu betrachten. Die meisten dieser Strafen sind asiatischen Ursprungs, d. h. sie wurden bei asiatischen Völkern ebenso wie in Rom ausgeübt. In den Gesetzbüchern Hammurabis lautete der Absatz 218: „Wenn ein Arzt jemand eine schwere Wunde mit dem Operationsmesser aus Bronze macht und ihn tötet, oder jemand eine Geschwulst mit dem Operationsmesser aus Bronze öffnet und sein Auge zerstört, so soll man ihm die Hände abhauen." (Winkler.) Fast überflüssig zu bemerken ist, daß diese Verstümmlungen nicht mit dem alten Rom untergingen.

Das Abschneiden der Nase bei den alten Ägyptern ist schon erwähnt worden; bei den Römern kam es bei Ehebrechern zur Ausführung, zumeist allerdings als Rache des gekränkten Gatten.

Von Julius Cäsar wurde das Abschneiden von Nasen und Ohren als Strafmittel im Heere eingeführt und erhielt sich im Oströmischen Reiche, in dem es auch Kaiser Justinian anwandte. Im Troß der Landsknechte im sechzehnten und siebzehnten Jahrhundert schnitten Lagerweiber und Dirnen ihren Nebenbuhlerinnen die Nasen ab. (Liebe.)

Ob römische Sklavenhalter ihr Eigentum auf diese Weise verstümmelten, ist nicht verbürgt, doch anzunehmen. Auch bei den Christenverfolgungen sind derartige Strafen wahrscheinlich vorgekommen; sicher jedoch erfolgte bei diesen das Zähneausbrechen ebenso wie das Abhauen von Händen und Füßen, früher schon die Strafe für Diebe und flüchtige Sklaven.

Jordanes erzählt in seiner im sechsten Jahrhundert verfaßten Gotengeschichte: Der Vandalenkönig Geiserich hatte seinem Sohne Hunerich die Tochter des Westgotenkönigs Theodorit zur Frau gegeben. Der war zunächst entzückt über die vornehme Gattin. Dann aber ließ er ihr auf den bloßen Verdacht hin, sie habe ihn vergiften wollen, Nase und Ohren abschneiden. Er schickte sie so, aller natürlichen Anmut beraubt, ihrem Vater nach Gallien zurück. Die Unglückliche bot einen entsetzlichen Anblick. (Bühler.)

Bei einem Aufruhr in Mainz im Jahre 866 büßten mehrere Übeltäter mit dem Verluste von Händen und Füßen. (Rehdantz.) Nach den frühmittelalterlichen deutschen Volksrechten, den salischen und bajuvarischen Gesetzen, wird das Abhacken der Hände an Sklaven ausgeführt. Die Lex Bavarica befiehlt z. B. in ihrem 1. Titel, 6, daß dem Sklaven, der ein kirchliches Gebäude bei Nacht angezündet hat, eine Hand abgehauen und die Augen ausgerissen werden sollen. Im Titel II, 13: Ein Sklave, der im Hofe des Herzogs einen Diebstahl begeht, soll neunfachen Ersatz leisten oder die Hände verlieren. Titel III, 15: Der Sklave, der einen Freien stiehlt und verkauft, verliert beide Hände oder die Augen. (Gfrörer.)

Bei den Christenverfolgungen nahm unter den üblichen Unmenschlichkeiten das Abschneiden der Brüste eine Stelle ein, wie es z. B. von der heiligen Martina erzählt wird. Dieselbe Strafe erleidet die christliche Jungfrau Fides in dem Drama „Sapientia" der ersten deutschen Dramenschriftstellerin Roswitha von Gandersheim, die etwa 920 n. Chr. geboren wurde und im Gandersheimer Kloster lebte und wirkte. In demselben Drama werden die Mutter Sapientia und ihre drei Töchter Fides, Spes und Charitas von dem Wüterich Hadrian Torturen unterzogen, die der Phantasie der Dichterin alle Ehre machen. Was sie erfindet, haben nicht einmal deutsche Richter zu ersinnen vermocht. Als weitere Strafarten seien aus der Fülle der Greuel einige willkürlich herausgegriffen: Der heilige Bassus wurde in zwei Stücke zersägt, die heilige Blandine in der Arena von wilden Stieren zerfetzt, andere gebunden den Schweinen zum Fraße vorgeworfen, in Öl gesotten, mit eisernen Kämmen und Scherben zu Tode geschunden oder ihnen die Glieder zerstampft.

Die Hunnen sollen zur Zeit der Völkerwanderung das Abschneiden der Brüste an Frauen und Mädchen vorgenommen haben. Die Sage erzählt, daß die Stadt Wimpfen einem derartigen Vorfall ihren Namen verdankt. Einst habe sich dort im Rathaus die Inschrift befunden:

> Cornelia wär diese Stadt
> Vorzeiten genannt, jetztund so hat
> Sie den Namen verwandelt, heist
> Wimpffen, kömmt daher wie man weiß,
> Daß zur Zeit des Königs Attila
> Die Hungarn sie zerschleiffet gar.
> All Mannsbild sie tödten behendt,
> Die Weibsbilder erstlich all geschänd:
> Hernach ihre Brüst abgeschnitten
> Darum die Stadt auff Teutsche Sitten
> Weibs-Pein, jetzt Wimpffen, sonst gar fein
> Mulierum poena zu Latein.

Besonders als Privatstrafe gegen Sklaven war das Knochenzerschmettern (crurifragium) üblich, wobei den für schuldig Betrachteten mit einer Keule die Schenkelknochen entzweigeschlagen wurden. Etwas „milder" war das lumbifragium, das nur eine Lähmung der Beine zur Folge hatte, indem der Ärmste mit Knütteln rückwärts geschlagen wurde. Das Crurifragium scheint auch bei der Kreuzigungsstrafe zur rascheren Herbeiführung des Todes Brauch gewesen zu sein, wie sich aus Evangelium Johannis 19, 31—33 ergibt:

> Die Juden aber, dieweil es der Rüsttag war, daß nicht die Leichname am Kreuz blieben den Sabbath über (denn desselbigen Sabbaths Tag war groß) baten sie Pilatum, daß ihre Beine gebrochen und sie abgenommen würden. Da kamen die Kriegsknechte und brachen dem ersten die Beine und dem andern, der mit ihm gekreuzigt war. Als sie aber zu Jesu kamen, da sie sahen, daß er schon gestorben war, brachen sie ihm die Beine nicht.

Häufig sehen wir **die Blendung** zur Anwendung gelangen, ein altes Straf- und Rachemittel — zuweilen auch Vorsichtsmittel —, wie schon die Bibel lehrt, wo erzählt wird, daß Simson von den Philistern geblendet wurde. Bei den Griechen galt die Blendung als Strafe für bestimmte Verbrechen, ebenso bei den Römern; wie erzählt wird, ließ Pompejus einen Krieger blenden, der ein Weib unzüchtig berührt hatte. Diocletian wandte dieses Mittel bei seinen Christenverfolgungen häufig an, wobei glühendes Eisen oder auch ungelöschter, mit Essig befeuchteter Kalk gebraucht wurde. Häufig auch wurde die Blendung im Oströmischen Staat vorgenommen. Es sei hier nur auf Belisar verwiesen, den siegreichen Feldherrn, den Kaiser Justinian (527—565) blenden ließ, und auf Konstantin VI., dem 797 von seiner herrschsüchtigen Mutter ein gleiches widerfuhr. Übrigens begnügte man sich bei dieser Grausamkeit, die sich durch Jahrtausende fortpflanzte und selbst noch im achtzehnten Jahrhundert zur Anwendung gelangte, zuweilen mit der Blendung eines Auges.

Bei dem schon einmal erwähnten Mainzer Aufruhr von 866 wurden einzelne der Übeltäter mit dem Verlust des Augenlichts bestraft. Alpert, im zehnten Jahrhundert Mönch in einem Kloster der Diözese Utrecht, schrieb in seinem Buche „De diversitate temporum" (Über den Wechsel der Zeiten), daß der Raub des Augenlichts zu den häufigsten Strafen gehörte.

Im zwölften Jahrhundert, zur Zeit der Minnesänger und höchsten Blüte des höfischen Wesens, das alle Kultur mittelalterlichen Lebens in sich faßte, erreichte die Roheit in der Behandlung der Gefangenen einen ihrer Höhepunkte. Für eine verhältnismäßig leichte Strafe galt die Verstümmlung. Die Gefangenen bitten deshalb regelmäßig um Schonung ihres Lebens und ihrer Glieder. Von Ludwig dem Frommen heißt es in der Kaiserchronik: „Er gebôt einin gotis vride: Nâch dem schâchroube irtelde man die wide, Nâch dem morde daz rat (Hei welich vride dô wart!) Dem roubaere den galgen, Dem diebe an die ougen, Dem vridebrechel

Abbildung 3: Blendung

Holzschnitt auf einem Flugblatt (Gedicht von Hans Sachs, Parabel auf den Neidischen und Geizigen), fälschlich dem H. S. Beham zugeschrieben. Nürnberg um 1540. Berlin, Kupferstichkabinett.

an die hant, Den hals umbe den brant." (Er gebot einen Gottesfrieden. Nach dem Raubanfall urteilte man die Weide, d. h. das Aufhängen statt am Strick an einer Weidengerte. Nach dem Mord das Rädern. [Hei, welch Friede da wurde!] Dem Räuber den Galgen, dem Diebe [nahm man] die Augen, dem Friedensbrecher die Hand, den Hals dem Brandstifter.) Aufrührern werden in Frankreich oft die Füße abgehauen. Den weiblichen Angehörigen der Frevler werden Nasen und Ohren abgeschnitten und die Zähne eingeschlagen. Ebendort geht der Verlust der

Augen durch Ausstechen oder Ausbrennen mit der Entmannung zusammen, um solchen Leuten die Möglichkeit zu nehmen, Nachkommenschaft zu erzeugen, die vielleicht später auf Rache sinnen könnte. König Johann von England (1167—1216) verdammt den Thronprätendenten Arthur von der Bretagne zur Blendung und Kastration. (Schultz.) Ebenso werden Falschmünzer entmannt und verlieren die rechte Hand.

Richard Löwenherz ließ im Jahre 1198 fünfzehn gefangenen Franzosen beide Augen ausstechen. Der sechzehnte wurde nur auf einem Auge geblendet, damit er seine Unglücksgefährten ins französische Lager zurückgeleiten könne. (Dieffenbacher.)

Kurfürst Joachim II. von Brandenburg (1535—1571) stellte in einer Jagdordnung fest:

Wer ein Hirschkalb, Rehlamm oder ein wildes Schwein in den Wäldern greifen würde, dem sollten beide Augen ausgestochen werden; wer einen Kurfürstlichen Hasen schoß, dem wurde ein Hase auf die Backe gebrannt. 1574 wurde diese Strafe dahin verschärft, daß jeder Wilderer mit dem Tode zu bestrafen sei. (Fidicin.)

Die geringste Strafe, die Landgraf Philipp von Hessen (1518—1564) über Wilddiebe verhängte, war d i e W i p p e. Oben am Querbalken eines Schnellgalgens befand sich eine Rolle, in der ein Strick lief, an dem die auf den Rücken gebundenen Hände des Verurteilten befestigt wurden. Dieser wurde nun in die Höhe gezogen und plötzlich fallen gelassen, doch nur so weit, daß er schwebend blieb und den Boden nicht erreichte. Diese Strafe war um so schmerzhafter, als der Unglückliche nur an den Armen hing und diese dadurch auf eine unnatürliche Weise rückwärts über den Kopf gebogen wurden. (Janssen.) Einem Wilddieb aus Gottesbüren ließ derselbe Landgraf das rechte Auge ausstechen und ein Hirschhorn auf die Stirn brennen. Ein anderer wurde erst auf die Folter gespannt und dann gehängt. Gleichen Strafen verfielen die Fischer in den landschaftlichen Teichen und die Krebsdiebe. (Landau.) Baumfrevlern riß man den Nabel aus, nagelte ihn an den verletzten Baum und trieb sie mit Peitschenhieben nackt so lange um den Baum herum, bis ihnen die Eingeweide aus dem Leibe gewunden waren.

Die Grausamkeit der K a s t r a t i o n dürfte eines der ältesten Straf- und Rachemittel und vielleicht zum erstenmal von einem rächenden Gatten oder Liebhaber angewandt worden sein, oder auch von wilden Kriegern ihren Feinden gegenüber. Immerhin ist anzunehmen, daß sie als Strafe früher zur Anwendung gelangte als zur Schaffung eines Eunuchentums, so alt dieses auch ist. Bei den Christenverfolgungen scheint dieses Mittel seitens der Römer nicht zur Anwendung gelangt zu sein, so raffiniert auch sonst damals die Grausamkeit betrieben wurde.

Im 40. Titel der Lex Salica wird bestimmt:

Hat ein Sklave während der ersten Pein — sie bestand aus bis zu 120 Rutenhieben — keine Schuld bekannt, so trifft ihn die Entmannung, oder es hat der Herr des Sklaven diese Strafe mit 6 Schillingen Gold abzukaufen.

Auch in anderen deutschen Volksrechten des Mittelalters findet sich die Strafe der Kastration. (Gfrörer.) Ein Mainzer Gesetz aus dem fünfzehnten Jahrhundert bestimmt:

Wan ein Waltpode einen Juden bei einer Christenfrauen oder Maide funde Unkeuschheit mit ir zu triben, die mag er beide halten. Da sol man dem Juden sein Ding abe sniden und ein Aug ausstechen und sie (die Frau) mit Rüden (Ruten) usjagen. (Bauer, Geschlechtsleben.)

Wie der Greifswalder Bürgermeister Bartholomäus Sastrow im sechzehnten Jahrhundert in seiner Selbstbiographie erzählt, hat im Jahre 1545 ein Edelmann in der Wetterau seinen Schalksknecht, also eine Art Hofnarren, entmannen lassen. (Mohnike.)

Von den Leibesstrafen, „die bloß Leib und Glieder verletzen, verwunden, verstümmeln oder zusammenziehn und belasten, aber nicht das Leben nehmen", wie die Formel bei Grimm lautet, kennen die frühmittelalterlichen deutschen Gesetze außer den bereits genannten noch eine ganze Anzahl weiterer:

Das Scheren. Besonders stolz war der Freie auf den Schmuck des wallenden Haares. Es galt für Schimpf, der gebüßt werden mußte, wenn einer dem anderen an die Locken oder an den Bart griff. (Gregor v. Tours.) Weit schwerer war die Schande des Abschneidens, das allein oder in Verbindung mit anderen Strafen verhängt wurde. Zuweilen wurde das Haar aber nicht abgeschoren, sondern mit der Haut abgezogen. Die Glosse zum Sachsenspiegel 2. Buch, Artikel 13, in dem befohlen wurde, den Dieb „zu Haut und Haar" zu richten, schreibt vor, dem Diebe mit einem runden Holz die Haare aus dem Kopfe herauszudrehn (windet im die Haar mit einer Kluppen oder Knebel aus dem heupt).

Das Schinden. Zu diesem gehörte die ebengenannte Art des Scherens, neben der aber noch das Ablösen von Stücken der Haut, das Riemenschneiden aus lebendigem Leibe üblich war. (Grimm.) Die Strafordnung Kaiser Josefs I. (1678—1711) verlangt, daß die Riemen bis zu den Fersen herunter geschnitten werden sollen. Bei schweren Vergehen wurden die Wundenrinnen noch mit Pfeffer und Salz eingerieben. Die interessante Bilder- und Flugblättersammlung Wickiana auf der Stadtbibliothek Zürich zeigt auf einem Druck aus dem sechzehnten Jahrhundert in Wort und Bild die 1581 an einem Mörder aus der Neumark in Nürnberg vollzogene Strafe des Riemenschneidens. „Drey tag," heißt es, „hat man ihn gepeiniget, zum ersten Riemen aus seinem Leib geschnitten und heiß Öl drein gegossen, den andern Tag: die Solen an den Füßen angezündet" usw. (Heinemann.) Die damit verwandte Strafe des Fleischausschneidens aus der Brust als selten beantragte und noch seltener ausgeführte Strafe für böse Schuldner hat bekanntlich Shakespeare in seinem „Kaufmann von Venedig" als Kernpunkt der Handlung benützt. Verwandt mit dem Fleischausschneiden ist eine burgundische Strafe für den Habichtdieb: Dem Dieb sollen sechs Unzen Fleisch, womit der Habicht gefüttert wird, auf die bloße Brust gelegt werden und der Raubvogel sie von da wegfressen. Der Gefahr, daß der Habicht hierbei auch in die Brust hacken könne, setzte sich wohl niemand aus, sondern bezahlte lieber die als Buße geforderten sechs Schillinge. (Grimm.)

Das Abschneiden von Lippen und Zunge. Der römische Geschichtschreiber Florus erzählt im zweiten Jahrhundert n. Chr. von den Germanen, daß sie nach der Varusschlacht den römischen Sachwaltern die Augen ausgestochen, die Hände abgeschlagen, die Lippen abgeschnitten und die Zungen ausgerissen hätten.

Das Brandmarken, „das durch die Wange brennen", den Körper des Verurteilten mit eingebrannten Zeichen versehn, ist uralt und verliert sich erst im neunzehnten Jahrhundert, wo es noch in Zuchthäusern und in den Bagnos allgemein üblich war. Vordem wurde dieses richterliche Kainszeichen mit Vorliebe auf Stirn oder Wange eingebrannt. (Heinemann.) Dem lügenhaften Ankläger und böswilligen Denunzianten wurde im alten Rom ein K (calumniator, Verleumder) auf die Stirn gebrannt, später auf den Rücken. Die im Fürstentum Basel-Pruntrud abgeurteilten und gezeichneten Übeltäter hatten den Vorzug, den sogenannten Baseler oder Bischofsstab mit glühendem Eisen aufgedrückt zu erhalten, was man: „brûler sur l'espalle avec crosse de Basle bruslante" nannte. Um dieselbe Zeit, im achtzehnten Jahrhundert, kennzeichnete man Wilddiebe und im Rückfall diebische Dirnen häufig durch derartige Brandmale. Dies hinderte aber nicht die Halbweltlerin und Hochstaplerin Sophia Meyers, genannt Falsette, die Ehe mit einem Lübecker Patrizier zu schließen, der erst zu spät auf dem Rücken seiner Gattin das Rostocker Brandmal entdeckte. (Bauer, Dirne.)

Alle diese Leibes- und Ehrenstrafen faßt Theophrastus Paracelsus (1483—1543) in seiner Dissertation: „De signatura rerum naturalium" dahin zusammen:

> Alle die Verstümmlungen seien dazu gut, daß man sich zu hüten wisse, „da einer einen Brand, ein Zeichen an der Stirne habe, ein anderer am Backen, ein anderer

hat die Ohren nimmer, der andere etliche Finger verloren, die Zunge verloren. Diese henkermäßige lästerliche Zeichen alle, ein jedes sein besonderes Laster anzeigt. Das Brandzeichen unter dem Angesicht an einer Frau gemeiniglich Diebstahl bedeutet; Verlierung der Ohren desgleichen. Verstümmlung der Finger zeigt gemeinlich einen falschen Spieler an; nur eine Hand einen Ehebrecher; Verlierung des Zweifingers einen Meineidigen. Kein Auge falsche, subtile und spitzfindige Mißhandlung. Keine Zunge haben zeigt an: ein Gotteslästerer, falscher Kläffer (Verleumder) oder dgl."

Im Hannoverschen gingen bis über das erste Viertel des sechzehnten Jahrhunderts verstümmelnde Leibesstrafen den Landesverweisungen voraus. Ihnen verfielen hauptsächlich Betrüger, Nahrungsmittelfälscher, Unzüchtige, Ehebrecher, Kuppler, jugendliche Diebe usw. Sie bestanden im „Stigmatisieren": Abschneiden der Hand, einzelner Finger oder der Ohren, die am Stauppfahl festgenagelt wurden, Ausstechen der Augen, Durchbrennen der Wangen. Der Nachrichter von Hildesheim hielt 1407 „do he den mennen de ogen utbrak", ein Linnen zum Verbinden bereit. (Deichert.) Die Richter steckten ihnen von Amts wegen ein kleines Zehrgeld zu und jagten sie über die Grenze. Das galt für Menschlichkeit, der ein Platz in der Chronik gebührte. König Friedrich I. von Preußen erließ 1710 ein Patent, nach dem, „da die abscheuliche Todesstrafe des Stranges" bei den Deserteuren nichts half, sie für ehrlos erklärt und ihnen die Nase und die Ohren abgeschnitten werden sollten. Hierauf wurden sie an die Karre geschmiedet und zu schwerer Arbeit lebenslänglich auf die Festung geschickt.

Unter dem Soldatenkönig Friedrich Wilhelm I. blieb diese Strafe weiter bestehn, nur das Hängen wurde dazu noch wieder eingeführt, trotzdem des Königs Werber Soldaten anderer Staaten zum Bruch des Fahneneides verführten, ihre Desertion einleiteten und begünstigten. (Vehse.)

Eine Erfindung des achtzehnten Jahrhunderts der Aufklärung, in dem die größten deutschen Dichter das Licht der Welt erblickten, war auch das Abschneiden der weiblichen Zöpfe und das Herausschneiden schimpflicher Figuren aus dem Haupthaar, und zwar auf dem Pranger in breitester Öffentlichkeit. Zuweilen wurden die dadurch freigelegten Stellen des Kopfes mit einer ätzenden Flüssigkeit bestrichen, damit dort kein Haar mehr nachwachse. Unter Kaiserin Maria Theresia wurde diese Art der Brandmarkung in Österreich an Gefallenen vollzogen.

Eifrig handhabten die Merowinger die Tortur. Einem angeblich von Fredegunde an den Hof des Königs Chilperich mit einem Mordauftrag gesandten Franken folterte man die Namen von zwölf Genossen ab. „Diese griff man an verschiedenen Orten auf und brachte einige in den Kerker; anderen hieb man die Hände ab und ließ sie laufen. Manchen schnitt man zugleich Ohren und Nasen ab und ließ sie zum Gespött der Menschen umhergehn. Die meisten von denen, die in den Kerker gebracht waren, durchbohrten sich aus Furcht vor den Martern selbst mit ihren Schwertern. Einige starben auch auf der Folter."

Sunnegisil, Marschall am Hofe Childeberts, kam in den Verdacht, an einem Komplott gegen die Königin Brunechilde, die Todfeindin Fredegundes, beteiligt zu sein, von dem auch Septimina, eine Erzieherin der Kinder Brunechildes, und ein Edler, Droctulf, wußten. Dieser und Septimina wurden ergriffen. „Und sofort, als sie zwischen Pfählen ausgespannt und hart gegeißelt wurden, bekannte Septimina, daß sie aus Liebe zu Droctulf ihren Ehemann Jovius durch Zauberkünste getötet habe, und jener jetzt mit ihr in Buhlschaft lebe. Auch über das, was wir oben erzählt haben, legten sie zusammen Bekenntnis ab." Die anderen Beschuldigten flohen in ein Asyl, aus dem sie der König mit dem Versprechen lockte, ihr Leben zu schonen, selbst wenn sie vor Gericht schuldig befunden werden würden. Sunnegisil und Gallomagnus, ein Staatsbeamter, stellten sich auch dem Gericht, leugneten alle Mitwisserschaft, wurden entlassen und kehrten darauf wieder in ihr Asyl, eine Kirche, zurück. „Septimina aber wurde mit Droctulf hart gegeißelt und mit glühenden Eisen im Gesicht gebrannt ... und sie nach dem Hof Marlenheim (bei Zabern) gebracht, daß sie dort die Mühle drehte und den Mägden in dem Spinnhause den täglichen Bedarf an Mehl bereitete. Droctulf wurden Haare und Ohren abgeschnitten und er in einen Weinberg geschickt, um dort zu arbeiten." Sunnegisil und Gallomagnus wurden ihrer Güter beraubt, erst verbannt, dann aber auf mächtige Fürsprache zurückgerufen. Nach einiger Zeit nahm man Sunnegisils Prozeß wieder auf. „Er wurde wieder auf die Folter gebracht und mit Ruten und Riemen täglich gepeitscht. Wenn aber die Wunden eiterten und nach Abfluß des Eiters sich eben zu schließen anfingen, wurden sie zur Strafe abermals aufgerissen." Fredegunde ließ Gefangene, die im Verdachte standen, ihr nach dem Leben getrachtet zu haben, „allen möglichen Martern unterwerfen, Hände, Nasen und Ohren abschneiden und sie dann auf verschiedene Weise hinrichten". Zu diesen Todesarten zählte auch das An-den-Pfahl-Binden und Steinigen. (Gregor v. Tours.)

Als Austrechilde, die Frau König Guntramns, im Sterben lag, „verlangte es sie noch, Genossen auf dem Totenbette zu haben; denn sie wollte, daß bei ihrem Leichenzug mindestens auch andere beweint werden sollten". Sie bat deshalb ihren trauernden Gatten, nach ihrem Tode die sie behandelnden Ärzte hinrichten zu lassen, und er willfahrte diesem Wunsch der Gattin. (Gregor v. Tours.)

In welcher Weise Fredegunde mit Hexenmeistern und Hexen umsprang, wird an gegebener Stelle ausgeführt werden. Bei jedem Vergehen gegen das Herrscherhaus heißt es: „Ergriffen, gefoltert, gegeißelt, in Ketten geschmiedet und in den Kerker geworfen." Es war die Zeit des höchsten Absolutismus, dem sich hemmungslose Grausamkeit gesellte. Sie steht in der Geschichte nicht vereinzelt da, sondern sollte sich noch vielfach wiederholen, fast bis in die neueste Zeit hinein.

Das bedeutendste der drei uns erhalten gebliebenen Tagebücher von Scharfrichtern, das des „Maister Frantzn Schmidts", der 42 Jahre, von 1573 bis 1615, in Nürnberg seines Amtes waltete, gibt authentischen Bericht über die in dieser freien Reichsstadt üblich gewesenen und von ihm ausgeführten Leibesstrafen, sowie die Delikte, bei denen sie zur Anwendung kamen. 706 Personen fielen dem Meister in die Hände. 361 davon hat er von der Last des irdischen Jammertals befreit, den Rest, 345, meist Frauen jeden Alters und Knaben, nur „am Leib gestrafft".

Am häufigsten kam dabei die Rute zum Wort, vielfach in Verbindung mit dem Pranger, an den Kupplerinnen vor oder nach der Auspeitschung kamen. Über eine derartige Exekution schreibt er vom 10. Januar 1583 sehr bezeichnend:

Maria Kürsznerin [Kürschner], (ein kleines Hürlein, und eine Schützen Tochter, deren Vatter mann [man] nur den Kinbarteten [Knebelbart] Schützen hieß) sonst die schützn Maria genannt, welche viel gestohlen, ein Schönes Junges Leid [Leut], an welcher der junge Dietherr gehangen, Elisabetha Gütlerin, Badmaid, Katharina Aynerin, somst die Gescheydin genannt, ein Rotschmiedin, (ein Schönes Leüth) drey Burgers kinder, und Hurn, alhie (am Pranger gestelt, hernach alle) mit Ruten ausgestrichen, (es lieff so grausammes Volck hinaus, daß schier etliche unter dem Frauenthor ertrückt worden), die schützn Maria Hernacher die Ohrn abgeschnitten, und mit dem Strang gericht. — Die Hinrichtung fand allerdings erst am 4. September, also fast acht Monate später, statt.

Die Hinrichtung nach der Peitschung wird noch mehrfach erwähnt. So ein Urteil zur Stäupung war sehr schnell gesprochen:

Barbara Grimmin, schneiderin, und ein Ehefrau, Burgerin hie, so mit zweyen Brüdern unzucht trieben, welchs sie Schory Mory [wohl Schorle Morle, d. h. Mischmasch] gehayszen, alhie mit Ruten ausgestrichen. (Maister Frantzn Schmidt.)

Das Abschneiden der Ohren, dem die schöne Maria verfiel, wird in demselben Jahr noch einer Diebin zuteil, dann einer Hur und Diebin, „so mainaidig worden", endlich einer Diebsgenossin und Hehlerin.

Ein Straßenräuber, dem sein Anschlag mißlungen, büßt den Überfall mit dem Verlust der rechten Hand.

Viel öfter werden zwei Finger der Rechten abgeschlagen, meist den Meineidigen, die geschworen hatten, die Stadt zu meiden, und zurückgekehrt waren. Dirnen, eine Kupplerin, Wildschützen und einer, der ein falsches Zeugnis abgelegt, sind hier die Schuldigen.

In Augsburg wird 1429 einem Beutelschneider der Daumen abgehackt, wie Clemens Sender in seiner Chronik (IV S. 34) aufzeichnete.

Einem Gotteslästerer schneidet Meister Schmidt ein Stück aus der Zunge.

Das Brandmarken trifft einen Bettler mit gefälschten Brandbriefen, eine Betrügerin, eine schamlose Dirne und eine Kupplerin.

Wie schon früher bemerkt wurde, haben Hellas und Rom die Tortur sicherlich vom Orient übernommen, obgleich der Gedanke, mittels Peinigung auf die Aussage eines andern einzuwirken, so ursprünglich erscheint, daß er recht gut bei allen Völkern selbständig entstanden sein könnte. Indes ist immerhin das Wahrscheinlichere, daß die ältere Kultur Asiens und Afrikas auch hierin zur Wirkung kam, und daß jüngere Völker oder Staatsgebilde ohne weiteres Bedenken das übernahmen, was sie für ihre Zwecke geeignet hielten, selbst wenn dies tatsächlich nicht der Fall war. Daß sich im Orient die Folter üppig entwickeln konnte, hat in dem Charakter der betreffenden Völker, großenteils aber auch in den despotischen Beherrschern dieser Länder seinen Grund, zu deren Regierungssystem Maßregeln solcher Art recht gut paßten. Hätten der Hellenismus und der von seiner Kultur durchsetzte Romanismus nicht ein umfangreiches Sklavenwesen aufzuweisen gehabt, die Tortur wäre höchstwahrscheinlich bei ihnen nicht zur Geltung gekommen, wenigstens nicht vor dem sittlichen Verfall.

Beachtenswert ist, daß die Völker des Ostens ihre Rechtsanschauungen und Lebensgepflogenheiten im Laufe der Zeit nur wenig verändert haben und die Tortur wie vieles andere dort heute noch in derselben Weise ausüben wie vor Jahrhunderten oder gar Jahrtausenden.

Im Reiche des Mikado scheinen vor dem Reformjahre 1868 sehr strenge Bestimmungen geherrscht zu haben, denn auf Reisausfuhr stand Todesstrafe, und wer da wagte, Opium zu rauchen, wurde ebenso verbrannt wie der Verüber mehrerer Diebstähle. Bekannt ist auch die japanische Todesstrafe des Harakiri. Der Taikun sendet dem Staatsverbrecher, dessen sich der hohe Rat der Dreizehn entledigen will, nur eine zierliche Handwaffe, das Symbol des Todes. Nach ihrem Empfange ist der Schuldige verpflichtet, wenn er sich und seine Angehörigen nicht den Folgen einer gewaltsamen Hinrichtung durch Henkershand, d. h. Beschimpfung des Namens und Konfiskation von Hab und Gut, aussetzen will, seinem Leben vor Sonnenuntergang ein Ende zu machen.

Gemeinhin veranstaltet der Verurteilte ein Abschiedsmahl und freut sich mit Verwandten und Freunden des Lebens, solange noch das Lämpchen glüht. Im letzten Augenblick begibt er sich in das Innere der Gemächer. Nur sein Busenfreund und einige Zeugen begleiten ihn. Er kniet nieder, entblößt den Unterleib und macht mit der offiziell übersandten Waffe den Schnitt; im gleichen Augenblick versetzt ihm der Freund mit dem großen Schwert, das jeder Yakonin bei sich führt, den Todesstreich in den Nacken.

Dem Harakiri ähnelte bekanntlich die Strafe der „seidenen Schnur" in der Türkei.

In China finden wir als Hauptmittel fast überall die Prügel, die im Grunde genommen auch das einfachste Mittel sind, Schmerzen zuzufügen. Wie einst, so wird jetzt noch in jenen Ländern Stock und Peitsche eifrig gehandhabt, und wird zur Bastonnade heute noch die Fußsohle verwendet, eine Körperstelle, der überhaupt bei der Tortur eine besondere Aufmerksamkeit gewidmet wird. Mehr, als allgemein angenommen wird, dürfte bei dieser Prügelstrafe ein sexuelles

Abbildung 4: Peinliches Fragen. Links Folterung durch Brennen. Im Hintergrund Abhacken der Hand

Holzschnitt aus: Tengler, Laienspiegel
Mainz, Schöffer, 1508

Motiv vorhanden sein. Die Türken und andere mohammedanische Staaten wenden heute noch die Bastonnade oder Falaka — letzteres ist die dort übliche Bezeichnung — als Untersuchungs- und Strafmittel ziemlich umfassend an. Hierbei wird in der Regel der zu Prügelnde gefesselt auf die Erde oder auf eine Bank gelegt, die Unterschenkel werden am Knie eingebogen und an einem Stock oder Pfahl senkrecht nach oben befestigt und die bestimmte Anzahl Hiebe, oft einige hundert, mittels Stockes erteilt. Es kommt vor, daß der Mißhandelte dabei seinen Geist aufgibt, mindestens aber weist er blutig zerfetzte Fußsohlen auf. Als „Gnade" mag es noch gelten, wenn die Bastonnade nicht auf die Fußsohlen, sondern in der auch in Westeuropa üblich gewesenen Weise erteilt wird. Bei den Chinesen pflegt auch die Wade gewählt zu werden, was einen noch fühlbareren Schmerz erregen soll. Gemeine Verbrecher werden noch anderweitig bestraft; man spannt sie in einen schweren hölzernen Halskragen (spanische Fiedel), steckt sie in einen engen Käfig, in dem sie weder sitzen noch ausgestreckt liegen können, und hängt sie mit hinten zusammengebundenen Händen und Füßen an einem leichtgezimmerten Gestell auf.

China verfährt bei Anwendung der Todesstrafe also ziemlich grausam, und eine seiner Kaiserinnen früherer Zeit gilt als Erfinderin des — Menschenbratofens, so könnte man ihn benennen. Es ist dies ein hoher Eisenofen, um den die Verurteilten mit Händen und Füßen dicht angeschlossen werden, worauf der Ofen geheizt wird, stärker oder minder, wie es dem Befehlenden just gefällt.

Wahrscheinlich werden die Molochanbeter im Altertum als Urheber dieser Röstfoltern anzusehen sein. Phalaris, der Tyrann von Agrigent (565—549), dem „Erpressungen, Lust am Morden und unmenschliche Strafen" zur Last gelegt werden, soll in einem ehernen Stier Menschen verbrannt haben. Wie dem auch sei, feststeht, daß auch deutsche Richter und Machthaber diese Errungenschaft zur Anwendung brachten.

Bei der Hinrichtung einer Hexenrotte am 2. Februar 1718 in Kesselbrunn bei Köln, heißt es in einem gleichzeitigen Flugblatt (Scheible):

> Die andern lebendig hat man auch durch das Feuer verbrennt,
> Aber die Hexenkönigin sammt ihren Sohn das mußten ansehn.
> Was die gelitten für Schmerzen groß,
> Für sie hat man ein eisern Roß,
> Dasselb war innen hohl,
> Die Königin schmidt man darauf,
> Mit Kohlen wars gefüllet aus.
> Mit Feuer war solches anzündt,
> Mit Blasbalgen man macht mehr Wind,
> Daß (es) immer glühend war,
> Es währete wohl drei ganzer Stund,
> Eh sie ihr Leben enden kunnt.

Georg Dózsa, der Führer des ungarischen Bauernaufstandes von 1514, wurde auf einen glühend gemachten eisernen Thron gesetzt, ihm eine glühende eiserne Krone aufs Haupt gestülpt, ein ebensolches Zepter in die Hand gedrückt, worauf er mit glühenden Zangen zu Tode gepeinigt wurde. Jagdliebende Fürsten, die ein Stück Wild höher schätzten als ein Menschenleben — wir werden ihnen auf diesen

Blättern noch häufiger begegnen — ließen Wilddiebe auf einen ehernen Ochsen schmieden und dessen hohles Innere mit Glut füllen. Chr. Ulr. Grupen in „De jurisdictione senatus in criminalibus super forenses", Hannover (Mitte des achtzehnten Jahrhunderts), führt bei den Folterarten unter Herzog Erich von Braunschweig auch den „metallenen oder brüllenden Ochsen" auf, in dem der Delinquent saß, während darunter Feuer unterhalten wurde.

Auch was ausschließlich die Folter betrifft, bekundet China ein Raffinement der Grausamkeit, wie es — leider muß es gesagt sein! — nur eine entwickelte Kultur zu ersinnen vermochte. Wir finden dort alle uns bekannten Folterarten in Anwendung, mit gleichen oder ähnlichen Instrumenten, und überdies noch einige, die noch mehr Tücken als Grausamkeiten erweisen. Von diesen sei nur das Zusammenpressen der Ohrmuscheln erwähnt, ein Vorgang, der recht arge Pein bereiten soll, mit so wenig Schrecken er auch verbunden ist.

In der Vollziehung der Todesstrafen teilt man nicht die Scheu europäischer Gerichtshöfe. Die im Laufe eines Jahres in Kanton vollstreckten Hinrichtungen werden auf mehr als tausend veranschlagt. Die übliche Form ist die Enthauptung. Eine raffiniertere Todesart ist die Verurteilung zum Hungertode. Der Verbrecher wird mit einem schweren, tonnenähnlichen Holzgefäß umgeben, aus dem nur sein Kopf hervorragt, und vor eine vielbesuchte Restauration gesetzt. Bei Todesstrafe ist es allen Vorübergehenden verboten, ihn mit Speise und Trank zu erquicken. Durch den Duft der Speisen zur Verzweiflung gebracht, muß der chinesische Tantalus in dieser Lage verschmachten ...

Über eine solche Folterhinrichtung aus neuester Zeit (1924) in Haichau berichtet ein Hongkonger Blatt:

Der Gefolterte war ein junger Mann, der unter die Räuber gegangen war und verschiedene Menschen bei seinen Überfällen getötet hatte. Sein Vater versuchte vergebens, ihn durch Ermahnungen von dem Wege des Verbrechens abzubringen, und als er ihm einmal wieder Vorhaltungen machte, erschoß ihn der ungeratene Sohn kaltblütig. Nunmehr trat ein Familienrat zusammen und beschloß, den Vatermörder zu fangen und nach alter Weise auf die grausamste Art hinzurichten. Er wurde ergriffen, nach dem nächsten Militärlager gebracht und auf Bitten der Familien von dem Oberbefehlshaber zum Tode verurteilt. Die Hinrichtung wurde auf einen Festtag angesetzt, und viele Tausende strömten zusammen, um dem grausigen Schauspiel beizuwohnen. Der Verurteilte wurde, nur mit seinen Beinkleidern bekleidet, an den Füßen aufgehängt. Dann wurden die Beinkleider mit Petroleum getränkt und angezündet. Die Füße und Beine verkohlten so langsam. Zwei Stunden dauerte dieses langsame Verbrennen, aber die Qual brachte den Verbrecher nicht zur Einkehr, sondern um seinen Mut und seine Verachtung den anderen zu zeigen, stieß er beständig die schwersten Flüche und Verwünschungen gegen seine Familie aus. Die Familienmitglieder wurden durch seine Schimpfereien so in Wut versetzt, daß sie die Soldaten beschworen, ihm „den Mund zu stopfen". Die Henker schlitzten ihm daraufhin mit einem Messer die Backen auf, um der Flut von Flüchen Einhalt zu tun. Aber er schimpfte weiter, und so wurde schließlich ein Bund Stroh unter seinen Kopf gelegt und angezündet, so daß der Tod die Zunge verstummen ließ, die an dem Lebenden nicht zu zähmen war.

Wie der Bericht mitteilt, erregte dieses grausige Schauspiel im ganzen Gebiet Befriedigung. Allgemein wurde erklärt, daß ein Vatermord ein so schweres Verbrechen sei, daß keine Bestrafung dafür schwer genug sei.

Ähnliche Torturverfahren wie China hatte auch Indien unter seinen despotischen Nabobs aufzuweisen.

Aus Abessinien erzählt Professor Dr. Felix Rosen, der Teilnehmer der deutschen Gesandtschaftsreien an den dortigen Hof im Jahre 1904:

Die Leibesstrafen erscheinen uns Europäern natürlich barbarisch, namentlich das Abhauen von Hand und Fuß, das selbst bei verhältnismäßig kleinen Delikten verhängt werden kann. Nach Hentze wird die Exekution in der Art ausgeführt, daß man den Delinquenten die Adern kurz über dem Gelenk mit einem Riemen zuschnürt und dann das Glied mit einem kleinen Messer abtrennt und wegwirft. Der Verstümmelte löst den Riemen erst ab, wenn die Wunde eingetrocknet ist; der Heilungsprozeß soll fast stets rasch und ohne Komplikationen verlaufen — ein Effekt des trockenen Klimas. Die Betroffenen haben kein allzu hartes Schicksal, denn ihre Verstümmelung macht sie zu professionellen Bettlern, gegen die sich jedermann wohltätig erzeigt.

Fast noch schlimmer scheint das Auspeitschen mit der Nilpferdpeitsche zu sein.

Schon nach zehn Hieben ist der Rücken zerfleischt, und monatelang leiden die so Gestraften wahnsinnige Schmerzen, denn da die Unsauberkeit eine der Haupteigenschaften der Abessinier ist, kommt bald Schmutz in die Wunden, und diese fangen an zu eitern. Das abessinische Universalmittel, die Butter, verunreinigt das offene Fleisch nur noch mehr, und wie häufig kann man so gestrafte Bettler mit gekrümmtem Rücken sitzen sehen, die, wenn auch geheilt, doch furchtbar entstellt sind.

Torturen von Menschen, die zur Opferung auf den Altären der Gottheiten bestimmt waren, sind seltsamerweise in der Völkerkunde und der Kulturgeschichte überaus selten. Die Arier schlachteten ihre Opfer, die Baalanbeter stürzten sie in die Gluten, ohne sich vorher an den Qualen der Verdammten zu weiden.

Texcatlipoca, der Weltenschöpfer der Mexikaner zur Inkazeit, wurde geopfert und gegessen. Man kleidete zu diesem Zweck einen schönen Jüngling wie den Gott, nährte ihn zwölf Monate aufs beste, gab ihm vier ausgesucht schöne Mädchen als Gefährtinnen. Nach Ablauf des Jahres riß man ihm am Opferstein das Herz heraus. Der Körper kam als der Texcatlipocas auf die Tafel der Großen. Aus dem Blute des Geschlachteten kneteten die Priester ein Bild des Gottes, das in den Häusern als „teoqualo" (Gottessen) verteilt wurde.

Aber auch Torturen solch Unseliger treten auf, wie der Bericht von Richard Schmidt beweist.

Im Hinterlande von Orissa (Bengalisch-Indien) sitzen die Khand, von denen die englische Regierung 1836 die Kunde erhielt, daß sie die Hinschlachtung von Menschen zu Ehren der Gottheit mit größter Grausamkeit betrieben. Das Opfer hieß meriah und durfte weder ein Khand noch geraubt sein. Um jederzeit geeignete Opfer bereit zu haben, kauften die Khand Männer und Frauen, hielten sie gut und zogen deren Kinder auf, um sie später zu fürchterlichen Schlachtungen zu gebrauchen. Zehn Tage vor der Opferung wurden dem Opfer die Haare kurz geschoren, dieses selbst am bestimmten Tage an den für solche Opfer bestimmten Waldfleck geführt und an einen bereit gehaltenen Pfahl gebunden. Drei Tage lang wurde das unglückliche Wesen umtanzt und mit drohenden Pantomimen geängstigt. Am Abend des dritten Tages löste man die Fesseln (denn gebundene Opfer nimmt die Gottheit nicht an), brach aber dem Armen Füße und Hände, damit er nicht entfliehe. Der Zweig eines Baumes wurde niedergezogen, gespalten, und das Opfer in die Spalte gezwängt. Ein leichter Schlag des Opferpriesters mit dem Opfermesser nach dem Meriahmenschen war für die Umstehenden das Zeichen, sich auf den Unglücklichen zu werfen. Bei lebendigem Leibe wurde das Fleisch von Füßen und Armen geschnitten, der Oberkörper aber unberührt gelassen, und unter unsäglichen Schmerzen verblutete der Mißhandelte. Den nächsten Morgen verbrannte man den Leichnam. Die Asche knetete man mit Lehm und bestrich damit die Pfosten der Türen und der Vorratshäuser. Gegen diese barbarischen Sitten schritten die englischen Behörden mit Nachdruck ein. Im Jahre 1861 war der Widerstand der Khand gebrochen, die verborgensten Schlupfwinkel abgesucht, dem Meriahopfer gesteuert. Büffelstiere ersetzen jetzt die Menschen als Opfer an die Gottheit.

Vieles des im vorstehenden Angeführten rührt aus der jüngsten Vergangenheit her und scheint demnach verfrüht berichtet zu sein. Indes ist hier zu berücksichtigen, daß — wie schon erwähnt — in jenen Regionen Verhältnisse und Zustände seit Jahrtausenden schier sich kaum oder nur gering verändert haben und die Beispiele der Gegenwart uns auch ein Bild der Vergangenheit geben.

Fünftes Kapitel
Selbstfolterungen

Bevor die geschichtliche Entwicklung der Tortur weiterverfolgt wird, dürfte es geeignet sein, eine kurze Erörterung dessen vorzunehmen, was wir Selbstfolterung genannt haben. Am besten geschieht dies wohl in Verbindung mit der damit im Zusammenhang stehenden aktiven Lust an Peinigungen, der erotischen Tortur (Sechstes Kapitel).

Die Selbstpeinigung ist von alters her bei religiösen Schwärmern und Fanatikern keine seltene Erscheinung. Schon das antike Priestertum kannte die Selbstverstümmlung.

Atys, der Sohn von Nana, einer Tochter des Flußgottes Sangarios, ein schöner Jüngling, war Geliebter und Priester der Göttermutter Kybele. Er kam auf fürchterliche Weise um, wie Ovid in seinem Festkalender, 4, 221 ff. berichtet. Deshalb wurde sein Tod von den Kybelepriestern in Schmerzen gefeiert. Bei dem mehrtägigen Feste ihm und Kybele zu Ehren brachten sich bei rauschender Musik die Priester schwere Wunden bei und entmannten sich selbst mit einem scharfen Stein oder einem Scherben.

Es sei hier ferner an die indischen Fakire, mohammedanischen Derwische, die christlichen Säulenheiligen und Einsiedler erinnert, an Fanatiker wie Origenes, der, um die Sinneslust zu töten, an sich selbst die Kastration vornahm, an die Flagellatori in Italien, die Flagellants in Frankreich, die Geißler in Deutschland. Über die letztere seltsame Erscheinung schreibt Scherr:

Die namenlose Roheit der religiösen Vorstellungen, verbunden mit der Lockerheit der Sitten, welcher sich das höllische Strafgericht drohend in der Ferne zeigte, hatte die Kasteiung des Fleisches durch Geißelung, wie sie insbesondere durch die Bettelorden gangbar gemacht worden war, zu einem beliebten Sündentilgungsmittel erhoben. Es wurde zuerst in Italien in großem Stile angewandt, indem dort im Jahre 1260 lange Züge von Büßenden erschienen, welche bis zum Gürtel nackt, mit verhüllten Häuptern, unter Anstimmung von Bußpsalmen einherwandelten und sich bis aufs Blut geißelten. Der Beginn dieses Flagellantismus im großen, der Anfang der „Geißelfahrten" ist, wenn auch die ganze Erscheinung mit Wahrscheinlichkeit auf den 1231 gestorbenen heiligen Antonius von Padua zurückgeführt werden kann, wohl unzweifelhaft in das genannte Jahr 1260 zu setzen. Damals, wo Italien infolge der Kämpfe zwischen Kaiser und Papst zur Wüste geworden war, wo die furchtbare Zerrüttung aller sozialen und moralischen Verhältnisse eine schwärmerisch-religiöse Aufregung begünstigte, wo endlich die welfisch-päpstliche Partei nach den Siegen Manfreds und der Ghibellinen einem neuen Impuls mit Begierde nachkam, — damals ging von der welfischen Stadt Perugia der Ruf zur Buße und zu einer allgemeinen Geißelfahrt aus, und der Wahnwitz wilder Askese verbreitete sich rasch über die italischen Lande.

Bereits im ersten Jahre ihres Auftretens drangen diese Geißler nach Deutschland, wo sie besonders in Straßburg großen Zuzug fanden. 1296 war abermals eine solche Fahrt.

1349 kam dann die große Pest. Schon vor ihrem Einzug verbreiteten sich die Geißler: Ihre Bußfahrt sollte grade die drohende Gefahr abwehren, von deren Furchtbarkeit die Kunde sich rasch fortpflanzte. Und nun erschienen die Scharen im Frühjahr und Sommer 1349 überall in den deutschen Städten, zogen, ihr Kreuzlied singend, in Prozession in die Kirchen und geißelten sich dann auf den Kirchhöfen, die Menge zur Nachahmung begeisternd. (Steinhausen.) Fritsche Closener, der Chronist von Straßburg im Elsaß, erzählt von ihrem Aufzug mit Fahnen, ihren Mänteln über dem nackten Oberkörper, ihren Hüten mit roten Kreuzen, ihrem „leïs", dem Geißlerlied, ihrem Gottesdienst mit Niederfallen, Niederknieen und dreistündigem Gesang in der Kirche, über die mindestens zweimal täglich vorzunehmende Geißelung, bei der sie auch wieder sangen, über die nach der Geißelung von einem Laien verlesene Geißlerpredigt, einen „Himmelsbrief" ... Die Vermittlung der Kirche fiel bei ihnen fort. „Vom Himmel" kamen die zur Buße mahnenden Briefe, die religiösen Verrichtungen geschahen ohne Geistliche ... Das Volk begann „der Geißler Worten mehr zu glauben denn der Pfaffheit". Natürlich merkte die Kirche die Gefahr, überall wurden die Geißler von den „Pfaffen" bekämpft, und der Papst gebot ihre Unterdrückung als Ketzer.

Auf dem gleichen Stamme wie die Geißler wuchsen die Asketen. Ihr Leben war nur eine aus den härtesten Bußübungen zusammengesetzte Vorbereitung für das Jenseits, dessen sie sich durch die härtesten Selbstpeinigungen und Kasteiungen, vornehmlich durch Geißeln, wert zu machen suchten.

Christus der Herr war gegeißelt worden, also mußte es ein verdienstliches Werk sein, solche und noch größere Schmerzen um seinetwillen zu ertragen. Dies die eine Ursache der asketischen Geißelungen oder „Disziplinen", wie man sie später nannte; die andere war, daß man sein Gewissen ob einer begangenen Sünde beruhigen wollte, indem man sich selbst strafte. Dadurch entstanden, da es in den Klöstern an Sündern niemals gemangelt, wahre Geißelheroen, die den Gläubigen als Muster hingestellt wurden. So erzählt der Freund Gregors VII., Petrus Damiani († 1071), von dem Mönche Dominicus dem Gepanzerten, der stets, wenn er sich nicht geißelte, einen schweren Panzer trug, und der sich mit zwei Geißelbesen in sechs Tagen, mit beiden Händen hauend, 300 000 Hiebe versetzte. „Wenn es nicht anging, daß er sich an dem Orte, wo er übernachtete, gänzlich entkleiden und sich vom Kopf bis auf die Füße durchpeitschen konnte, so zerschlug er wenigstens seinen Kopf und seine Füße mit den größten Grausamkeiten." (Corvin.) Trotz dieser Mißhandlungen wurde Dominicus vierundachtzig Jahre alt.

Und das schwache Geschlecht? Eine ganze Zahl von Frauen hat sich zu Heiligen gegeißelt. Es seien nur die h. Brigitte von Schweden, die h. Hedwig, Herzogin von Polen, ein weiblicher Dominicus, genannt. Ein frommer Bewunderer schreibt von ihr:

Unter ihrer bleichen Haut, die durch die unaufhörlichen Geißelstreiche eine ganz eigene Farbe erhalten hatte und stets mit Striemen und Wunden bedeckt war, schienen nichts mehr als Knochen übrig zu sein; aber sie achtete nicht den Frost, der den Außenleib quälte, sie fühlte nur die heilige Liebe im Innern brennen. (Corvin.)

Zu den bedauernswertesten Geschöpfen unter diesen Heiligen muß Elisabeth von Thüringen gerechnet werden.

Sie war die Nichte der h. Hedwig, die Tochter des Ungarnkönigs Andreas II. und die Gattin des Landgrafen Ludwig von Thüringen und Hessen. Nur vierundzwanzig Jahre wurde die liebliche Frau alt, die von Jugend an dem zarten Leib mit Bußübungen aller Art zusetzte. Oft schlich sie nachts von der Seite des schönen und ritterlichen Gatten, um sich in einem abgelegenen Zimmer von ihren aus dem Schlafe geholten Frauen disziplinieren zu lassen. Als sie in die Fänge ihres Beichtvaters, des sadistischen Fanatikers Konrad von Marburg geriet, gegen dessen Blutdurst sich sogar 1233 Papst Gregor IX. aussprach, und der nur dadurch verhindert wurde die Inquisition in Deutschland einzuführen, daß ihn ein paar Stegreifritter 1233 totschlugen, wurde diese Blumenseele vollends zerbrochen. In der rohesten Weise ließ Konrad das zarte Weib, dem er jede Freude vergällte, der er das Baden als Sünde verbot, von seinem Laienbruder Gerhart bis auf das Blut züchtigen.

Die unerhörte Geistestyrannei der mittelalterlichen Kirche zwang Klerikern wie Laien die Geißel als einziges Mittel auf, den Qualen des Fegefeuers und der Hölle vorzubeugen. Gottvater und Sohn wie die Heiligen alle fanden Gefallen an den reuigen, sich selbst strafenden Sündern.

Derselbe Gedankengang treibt den Yoghi in Indien, sich Kasteiungen aufzuerlegen, die unsere Irrenärzte mit religiösem Wahnsinn bezeichnen. Diese Narreteien sind zu bekannt, als daß sie hier aufgezählt zu werden brauchen.

Weniger der Fall ist dies mit dem Hakenschwingen in Ostindien, das allerdings seit langem von den englischen Behörden nicht mehr geduldet wird. Dies hindert aber nicht, daß das Churuk Puja an abgelegenen Plätzen noch ebenso ausgeführt wird wie seit unvordenklichen Zeiten.

Nach den darüber vorliegenden Berichten drängten sich die Gläubigen geradezu zu dieser Schaustellung. Der Priester weihte der Reihe nach die Bittenden, die sich vor ihm mit entblößtem Rücken auf die Erde warfen, indem er ihnen mit seinem in einen Aschenhaufen getauchten Finger auf den Rücken grade unter die Schulterblätter zwei Zeichen schrieb, worauf sein Gehilfe an dieser Stelle das Fleisch in einer Falte hochhob und zwei große Haken durchstieß. Darauf erhoben sich die Opfer unter den Bewunderungsrufen der Menge und begaben sich zum Schwingpfosten, wobei sie, obwohl ihnen das Blut vom Rücken rieselte, stolz und ohne Schmerz zu äußern einherschritten. Möglicherweise waren sie vorher durch ein Mittel betäubt worden. Nachdem nun weiter die Haken an den Seiten der Schwingvorrichtung befestigt waren, wurden sie unter dem Geschrei der begeisterten Zuschauer und unter dem ohrenbetäubenden Lärm der Trommeln in die Höhe gezogen und in der Luft geschwungen. Ein loser Gurt, der ihnen um die Brust gelegt war, verhinderte die Haken, das Fleisch zu durchschneiden. (Buschan.)

In Altmexiko peinigten sich die Priester in Tlaxcala, Cholula und Yucatan zu Ehren des Gottes Quetzalcoatl dadurch, daß sie sich mit einem Obsidianmesser ein Loch in die Zunge bohrten und durch dieses unzählige scharfkantige, armlange Stäbchen nacheinander oder auch ein dornengespicktes Seil durchzogen. Der Gott Quetzalcoatl soll sich selbst so gepeinigt haben. (Lanterer.)

Die Schiiten, eine islamitische Sekte in Persien, treibt am Mohurrumtage in breitester Öffentlichkeit Selbstverstümmlung. Der Mohurrum oder Moharrem ist der erste Monat des Jahres. Das Fest selbst, also eine Neujahrsfeier, wird am zehnten Tag des genannten Monats gefeiert. Es ist aber kein Freudenfest, sondern ein Tag der Trauer über die Kirchenspaltung im Islam. Durch Jahrhunderte war es das Signal zu immer neuen Kämpfen zwischen den Sekten, in denen das Blut in Strömen floß. Hier die gekürzte Beschreibung eines Augenzeugen von einem schiitischen Neujahrfest in Konstantinopel vom Anfang dieses Jahrhunderts:

„Noch ist der Hof des Walidehans in Stambul — Walide ist die Sultan-Mutter — ziemlich leer und still. Es sind etwa fünfhundert Menschen anwesend. Langsam beginnt das Publikum anzuwachsen.

Ich gehe geradeswegs über den Hof und komme zu einem Tor, aus dem monotoner Betgesang und seltsames Geräusch erschallen — als schlüge eine mächtige Welle in regelmäßigen Zwischenräumen an felsiges Ufer. Ich folge dem Geräusch. Der Weg führt abwärts in einen langen Gang, der sonst ein Stapelplatz für Waren ist. Plötzlich fällt Licht in das Dunkel und erhellt ein seltsam Bild; auf einer großen Kiste stehen zwei schwarzgekleidete Büßer; der eine hat eine Hacke in der Hand, der andere ein Gebetbuch. Vor dieser Estrade stehen vierzehn Männer und Knaben von siebzig bis zu sieben Jahren herab. Brust und Rücken der vierzehn sind entblößt. Die linke Hand hängt schlaff herab, die Rechte aber hebt sich im Rhythmus des Liedes und fällt dann mit ungeheurer Wucht klatschend herab. Wie eine Maschine fliegt die rechte Hand auf und nieder und schmettert auf die wunde, blutende, geschwollene Brust.

Bald tritt eine Gruppe neuer Büßer hinzu; ebenfalls mit entblößten Oberkörpern, aber in den Händen tragen sie Ketten. Sie stellen sich vor der Estrade auf, und im Takt des Liedes heben sie die Ketten empor und werfen sie über ihre Schulter mit aller Wucht auf den Rücken. Im Nu sind die Rücken blau angelaufen, geschwollen, wund, blutend.

Ich trete ins Freie. Da sehe ich Männer mit Fahnenstangen, die Spalier bilden; durch dieses schreiten Kettenschläger und Brustschläger. Der Zug geht rund durch den Hof. Immerfort geißeln sich die Büßer, immerfort im Takt, das Lied des Festes begleitend mit den Rufen: Ali ha! Hassan ha! Hussein ha! Die Menge der Büßer wächst während des Rundganges. Sie ist auf tausend und noch mehr gestiegen.

Da und dort bleiben zwei der Büßer stehen, neigen sich gegen einander und feuern sich gegenseitig durch wilde Zurufe zu immer höherem Fanatismus an. Die Sonne brennt, sie fühlen nicht die Hitze und nicht die blutenden Wunden. Ich schaue zu wie traumumfangen.

Jetzt mit einem Male ein neues wildes Rufen. Und ein schauriges Bild entfaltet sich an der Spitze des Zuges: Ein Pferd mit blutiger Schabracke; der Kopf des Pferdes in rotem Gazeschleier. Ein zweites Pferd, ganz schwarz behängt, geführt von zwei schwarzgekleideten Derwischen, im schwarzen Sattel ein schwarzgekleideter achtjähriger Knabe mit einem breiten schwarzen Tuch um das bildhübsche Köpfchen. Ein drittes Pferd, schwarzbehängt, im schwarzen Sattel aber ein weißgekleidetes Kind von sieben Jahren mit rührendem Gesichtchen und entblößtem, rasierten Schädelchen. Von diesem kleinen Schädelchen fließt in breitem Strom Blut, wirkliches Blut. Und als die Gläubigen dieses süße Kind, dieses blutig gemarterte, dieses Ebenbild des ermordeten Kalifenkindes Hussein, sehen, da erfaßt sie namenloser Jammer, daß selbst der Fremde erschüttert wird. Ein Schluchzen aus zehntausend Kehlen zittert durch den Hof. Und der Knabe da oben auf dem Pferde hebt seinen kleinen Körper höher; mit einer glockenhellen Stimme ruft er: Ali ha! Hussein ha! Hassan ha! und hebt ein Schwertchen und martert von neuem sein Köpfchen, daß das Blut über Augen und Kinn flutet. In zwei Reihen folgen Hunderte von Büßern in weißen Gewändern, die Schädel blutend; mit der linken Hand klammert sich jeder an den Gürtel des Vordermannes, während die Rechte das Schwert schwingt. Dann die schwarzgekleideten, rückenentblößten Kettenschläger, endlich Hunderte von Brustschlägern. Rundum geht es einmal, dreimal, sechsmal. Immer entsetzlicher wird das Bild. Nach Dutzenden zählen jetzt auch die kleinen Knaben, die mitziehen und sich nach dem Beispiel der Väter peinigen.

Der Abend sinkt nieder. Tausende von Lampen und Lichtern werden angesteckt, in der Mitte des Hofes brennen Pechfackeln und Scheiterhaufen. War das Bild phantastisch im Lichte des Tages, so wird es unheimlich in dieser Beleuchtung. Es sind im Hofe wenigstens 20 000 Menschen eng zusammengedrängt. Die Luft wird schwül vom Atem der keuchenden Menge, von der Glut der Kerzen, Lampen und Gasflammen, die zitternden Glanz werfen auf den wie brausendes Wellengetriebe rundum flutenden Zug.

Plötzlich ein Stillstand. Hinaus eilt fast alles, über die Straße, in ein nebenan liegendes Haus, den Wesirhan, wo die blutigste Geißelung ohne Zuschauer stattfindet; die Öffentlichkeit dieser Zeremonie ist von den Behörden verboten worden.

Nach einer Stunde ertönt ein wildes Lärmen am Tor. Schreiend, wütend kommen die Schwertträger zurück. Wirre Musik, kreischend, drohend, jammernd. Die Messerleute im Kreise durch den Hof sich drehend, die Schwerter schwingend, von der Stirn bis zur Fußsohle blutbedeckt. Das ist kein Zug mehr. Das ist ein wilder Höllentanz. Jede Beschreibung bleibt unzulänglich. Man denke sich tausende Menschen mit blutigen Gewändern, blutigen Leibern, blutigen Schwertern stundenlang in rastloser wilder Flucht vorübereilend; man denke sich Tausende von Zuschauern, die Luft erfüllend mit Seufzern und Klagen." (Stern.)

Sechstes Kapitel

Tortur und Erotik

Nicht nur der Wahnwitz wilder Aszese, der Volksglaube, die Roheit und mißverstandene Strafrechtspflege griffen zu Geißel und Marterinstrumenten, sondern seit dem Erwachen einer krankhaften Sinnlichkeit in den ältesten Kulturstaaten, Hellas und Rom, vielleicht auch im Reiche der Pharaonen, bestimmt aber bei den einst so hochstehenden Völkern Asiens waren sie im Gebrauche zur Erregung der Sinnlichkeit und deren Steigerung.

Es liegt nicht im Rahmen dieses Werkes, eine Geschichte der beiden in Betracht kommenden Materien, die als Masochismus und Sadismus bezeichnet werden, zu bringen; erwähnt müssen sie aber unbedingt werden, da sie ohne Zweifel in das Gebiet der Tortur fallen.

An Quellenschriften über diese beiden Pestschäden einer dekadenten Gesellschaft ist wahrlich kein Mangel. Das Titelverzeichnis einer keineswegs vollständigen Angabe dieser Werke nimmt in der „Bibliotheca Germanorum erotica et curiosa" (von Hugo Hayn und Alfr. N. Gotendorf) 44 Großaktavseiten ein. Darin fehlen z. B. die scheußlichen Bücher Hermann Goedsches, dessen 35 Bände sogenannter historisch-politischer Romane eine ununterbrochene Kette von schauerlichen Sadismen bilden. Nur eine überreizte, perverse Einbildungskraft konnte derartige Szenen ersinnen, zur grausamen Lust des Erfinders und voll exhibitionistischen Behagens.

Unser Wegweiser auf dem Gebiete der Algolagnie, wie man zusammenfassend Sadismus und Masochismus nennt, sei das grundlegende Werk von Dr. Erich Wulffen „Der Sexualverbrecher", dem sich einige wenige, für unser Spezialfeld wichtige Arbeiten anreihen.

Die Algolagnie, die Schmerzlüsternheit, gehört, wenn man von ihren extremsten Äußerungen, wie dem Lust- oder Selbstmord aus Wollust, absieht, sicherlich zu den am meisten verbreiteten geschlechtlichen Verirrungen. „Die Liebe ist ihrer Natur nach Schmerz," heißt es schon im „Divan" des persischen Dichters Rûmi.

Die zwei Hauptarten der Algolagnie sind der Sadismus, genannt nach ihrem literarischen Vertreter, dem Marquis de Sade (1740—1810), und der Masochismus, der nach dem deutschen Schriftsteller Leopold von Sacher-Masoch (1836—1895) den Namen hat.

Der Sadismus, nach Schrenck-Notzing die aktive Algolagnie, ist das Bedürfnis, dem geliebten Teil körperlichen und psychischen Schmerz zuzufügen.

Die passive Algolagnie ist die Sucht, Schmerzen, Demütigungen und Erniedrigungen aller Art zum Zwecke der geschlechtlichen Erregung zu ertragen, wie es Sacher-Masoch predigt. Aber trotz der neuen Namen ist die Algolagnie keineswegs eine Errungenschaft der Neuzeit. Schon die Geschichte des Altertums weist eine stattliche Reihe von Sadisten in Reinkultur, männliche und weibliche Exemplare, auf.

Kleopatra, die ägyptische Königin, die sich die Umarmung mit dem Tode der Liebhaber bezahlen ließ (Victor), die Cäsaren Tiberius, Caligula, der winselnde, feige Wüterich Claudius, Sadist wie Masochist in einer Person, Nero, Galba, Otho, Commodus bis zu dem Meister der Unzucht Heliogabal, sie alle sind Marksteine in der Geschichte der Perversität. Sie alle gaben ihrem Zeitalter die Signatur durch den verheerenden Einfluß, den ihre bösen Beispiele ausübten. Ein von Machtfülle übersättigter Sinnentaumel hatte vornehmlich die Kreise der Bevorzugten erfaßt. Spiele der grausamsten Art, in denen Mensch gegen Mensch, Tier gegen Tier oder Mensch standen, Wehrlose den Tieren vorgeworfen wurden, peitschten die niedrigsten Instinkte auf. Menschenleben und -schicksale standen billig im Preise. Ein Heer von Sklaven, Frauen, Männer und Kinder, käufliche Ware, boten willenlose Objekte zur Betätigung krankhafter Gelüste. Das Peinigen wurde zur Gewohnheit, die alle zarteren Regungen erstickte und die vergessen ließ, daß man auch im Sklaven ein fühlendes Menschengeschöpf vor sich hatte; der Mord in seinen grausamsten Formen wurde zur Alltäglichkeit. Caligula ließ einem Sklaven, der sich bei einem Gastmahl eine Silberplatte angeeignet hatte, sofort beide Hände abhaun und sie ihm um den Hals auf die Brust hängen. In diesem Zustand wurde der Gerichtete an den Tafeln der Schmausenden herumgeführt. Dr. Adolf Stahr (1805—1876), dessen Sueton-Übersetzung diese Stelle entnommen ist, sagt in einer Anmerkung: „Ähnliche Strafbarbareien haben die Franzosen zu Anfang des 19. Jahrhunderts in Italien und noch später in Algerien verübt." Leben und Taten Caligulas und Neros, die eine ununterbrochene Folge von übermenschlichen Greueln bilden, sind zu bekannt, um mit ihnen den Raum zu belasten. Weit weniger ist dies der Fall mit Claudius, der zwischen Caligula und Nero regierte.

Wie sein Vorgänger und Nachfolger stand auch Claudius als ungelöstes Rätsel in der Geschichte. Erst dem modernen Sexualforscher gelang es, die Krankheitsgeschichte dieser „Übermenschen" klarzulegen. Der Schlüssel dazu war eben der Sadismus, die durch Vererbung erworbene und durch Machtfülle und Müßiggang verstärkte Sexualpathologie. Dämonen oder Verrückte nennt sie Gregorovius. Sie waren keines von beiden oder beides, wie man den Sadisten eben einordnen will.

Cassius Dio (155—229 n. Chr.) erzählt von ihm: Häufig gab er Gladiatorenspiele und liebte sie so leidenschaftlich, daß er gerechten Tadel darüber sich zuzog. Nur sehr wenige Tiere kamen dabei um, desto mehr aber Menschen, die teils im Kampfe mit einander das Leben verloren, teils von den Tieren zerrissen wurden ... Die Zahl der auf öffentlichen Plätzen Sterbenden war so groß, daß die Bildsäule des Augustus, die auf jenem Platze stand, anderswohin gebracht wurde, weil man es nicht geeignet fand, sie so häufiges Blutvergießen mitansehn zu lassen oder so oft verdecken zu müssen. Dadurch machte er sich allerdings lächerlich, da er an dem, was er die gefühllose eherne Bildsäule nicht wollte mitansehn lassen, sich selbst nicht satt sehn konnte. Besonderes Vergnügen machte es ihm, wenn er in den Stunden zwischen den Schauspielen, um die Zeit des Mittagessens, Leute zerreißen sah, ob er gleich einen Löwen, der Menschenfleisch zu fressen abgerichtet und deshalb ein Liebling der Menge war, umbringen ließ, weil ein solcher Anblick sich nicht für Römer zieme. Als jemand (bei einer Verhandlung) ausrief, dem Fälscher müsse man die Hände abhaun, gab er das leidenschaftliche Verlangen kund, den Henker mit Messer und Henkertische herbeizuschaffen. Unter seinen vier Frauen neben einer Unzahl von Beischläferinnen übertraf ihn seine vorletzte Gattin Messalina wie an Geist so auch an Grausamkeit und in Ausschweifungen. Juvenal nennt sie Meretrix Augusta. Sie ließ den Cajus Appius Silanus hinrichten, weil er sie verschmähte. Sie und die Günstlinge des Kaisers, Narcissus und andere Freigelassene hausten wie der Wolf im Schafstall. „Unter anderem stellten sie Sklaven und Freigelassene zu Angebern ihrer eigenen Herren auf, ließen die Angeber und die Freigeborenen, nicht nur Fremde, sondern auch Bürger, selbst Ritter und Senatoren, auf die Folter bringen. Auf solche Weise wurden Männer und Weiber, einige sogar im Kerker, hingerichtet. Wenn sie sterben sollten, so wurden auch sie (die Frauen) wie Kriegsgefangene gebunden, vor den Richterstuhl geschleppt und auch ihre Leiber auf die Gemonischen Stufen geworfen", d. h. den vom Forum zum Kapitol hinaufführenden Weg geschleift. „Messalina lebte nicht nur sehr ausschweifend, sondern zwang auch die anderen Frauen zu gleicher Unzüchtigkeit. Viele mußten sich im Palaste selbst im Beisein und unter den Augen ihrer Männer preisgeben. Männer dieses Gelichters liebte und schätzte sie und zeichnete sie durch Ehrenstellen und Ämter aus. Wer aber nicht darauf einging, war ein Gegenstand ihres Hasses und dem Tode verfallen."

Sie verröchelte unter Mörderfäusten.

Die Schreckenskammer der Verruchten auf dem Throne der Cäsaren sei mit Domitian (81—96 n. Chr.) geschlossen; er war der Erfinder einer neuen Folter, und deshalb sei er hier namhaft gemacht. „Er unterwarf viele Anhänger der Gegenpartei (im Aufstand des Antonius), um die verborgenen Mitwisser zu entdecken, einer neuen Art Folter, indem er ihnen die Schamteile mit Feuer verbrennen, einigen auch die Hände abhauen ließ." (Sueton.)

Die Überlieferungen der Cäsarenzeit pflanzten sich im Oströmischen Reich fort. Am Hofe zu Byzanz entwickelte sich ein Treiben, das aus Intrigen, Wollust und Grausamkeiten zusammengesetzt war. Aus einem Meer von Blut tauchen die Namen Justinian, Theodora und des Phokas auf. Die Mordsucht grassierte in unerhörter Weise. Der Henker war der vielbeschäftigtste Mann im Staate. Die Schlachtungen erfolgten im großen. Dreißigtausend politische Gegner wurden an einem Tage auf dem Sand der Arena niedergemacht.

Theodora, Gemahlin des oströmischen Kaisers Justinian I., Tochter eines Zirkusbeamten, war früher Tänzerin und Hetäre, dann die Geliebte und endlich die Gemahlin Justinians. Als dieser 527 n. Chr. den Thron bestieg, wurde auch sie gekrönt. Sie übte eine bedeutende Gewalt über den Kaiser aus und gab vielfache Beweise von Klugheit und Tapferkeit, aber auch von Hochmut, Herrschsucht und rachsüchtiger Grausamkeit. Bei dem 532 in Konstantinopel ausgebrochenen Nika-Aufstand verhinderte sie durch ihr unerschrockenes Auftreten die Flucht ihres Gemahls, der den Mut verloren hatte, und rettete so seinen Thron. Ihre vertraute Freundin war die sittenlose Gemahlin Belisars, Antonia, weswegen Theodora den Belisar begünstigte. Durch äußere Frömmigkeit und kirchliche Rechtgläubigkeit suchte sie später ihren bisherigen Lebenswandel zu sühnen. Sie starb, 40 Jahre alt, 548.

Dies der kurze, trockene Umriß des Lebens dieser außerordentlichen Frau. Sie glich dem Tiger, der, immer sprungbereit, im Düster des Dschungels lauerte und weitermordete, wenn auch sein Hunger längst gestillt war. Wehe dem Mann, auf den das begehrliche Auge des wollustgierigen Weibes fiel. Stunden heißer, verzehrender Liebe zahlte er mit dem Leben, denn der Tote plaudert nichts mehr aus.

Um dieselbe Zeit fast, da Theodora im Süden ihren Lüsten frönte, saß im Norden ein ihr gleichgeartetes Weib auf einem Merowingerthron.

Die Geschichte der Merowinger ist gleichfalls mit Blut geschrieben. Die Kinder Merovechs „waren hart und kalt wie Granit. Ihre Geschichte ist eine Anhäufung satanischer Greuel. Strick, Dolch, Gift waren rasch zur Hand, wenn es galt, ein Hindernis, Widersacher, Verwandte jeden Grades, Mann, Weib oder Kind zu beseitigen. Edelmütig schienen schon die, die ihre Opfer nur verstümmelten oder sie hinter Klostermauern begruben. Sie verstießen ihre Frauen, schändeten und raubten andere, zertraten um nichts Menschenleben sonder Zahl, kurz, Wollust und

Grausamkeit waren nirgend heimischer als an den Höfen der Merowinger". (Bauer, Frauenspiegel.)

Unter all den Menschen mit Stahlherzen jener Zeit des Gärens ragt Fredegunde turmhoch empor. Sie, das hörige Weib, das sich gleich Theodora bis zur Königin, zur Gattin des Königs Chilperich I., emporgemordet, sie schreckte nicht davor zurück, sich der eigenen Kinder zu entledigen, wenn es ihr Vorteil zu gebieten schien. (Gregor v. Tours.) Nur durch ein Wunder entging ihre Tochter Rigunthe einem hinterlistig-feigen Mordanschlag Fredegundes. Den Bischof Prätextatus ließ Fredegunde am Altar niederstechen. Wer ihre ehrgeizigen Pläne zu durchkreuzen suchte oder sich ihr in den Weg stellte, wurde vertilgt. Als eine Seuche ihre Söhne hinweggerafft hatte, wurde ihr Verdacht geweckt, daß ihr Stiefsohn Chlodovech durch Zaubereien den Tod der Kinder herbeigeführt habe. Eine Zwischenträgerin meldete ihr: „Er ist in die Tochter einer deiner Mägde verliebt, und von ihrer Mutter hat er durch böse Künste deine Kinder töten lassen." Da ließ die Königin, vom Zorn entflammt, das Mädchen, auf das Chlodovech ein Auge geworfen hatte, schwer geißeln, ihm das Haupthaar abschneiden und es an einem Pfahl vor der Wohnung des Chlodovech aufknüpfen. Dieser mittelbaren Rache an dem angeblichen Mordanstifter folgte nun die unmittelbare; da Chlodovech der Königin keine Mitschuldigen anzugeben wußte, ließ sie ihn im Kerker durch einen Dolchstoß töten; ihrem Gatten ließ sie mitteilen, daß sein Sohn durch Selbstmord geendet habe. Zugleich ergriff sie die Gelegenheit, gleich mit der ganzen Sippe des Stiefsohns reinen Tisch zu machen. Seine in ein Kloster verbannte Mutter Andovera wurde „grausam getötet", seine Schwester Basina ihrer Schätze beraubt und in ein Kloster gesperrt. (Gregor v. Tours.) Als ihr später die Ruhr ein einjähriges Kind hinwegraffte, beschuldigte Fredegunde einen Präfekten Mummolus, „der ihr schon längst verhaßt war", den Tod des Säuglings „durch Zaubereien und Besprechungen" bewirkt zu haben. Sie ließ einige Weiber aufgreifen, so lange peitschen, bis sie bekannten, Zauberinnen zu sein und viele Menschen getötet zu haben. „Auch deinen Sohn, o Königin, haben wir geopfert, um dem Präfekten Mummolus das Leben zu erhalten. Darauf verhängte die Königin noch schwerere Strafen über sie, ließ sie teils erwürgen, teils verbrennen, teils ihnen die Knochen brechen und sie dann auf das Rad flechten." Fredegunde ließ Mummolus mit auf den Rücken gebundenen Händen an einen Pfahl binden und foltern; in welcher Weise, wird nicht gesagt. Jedenfalls gestand er nicht, was er gestehen sollte. Da zog man schärfere Saiten auf. Gregorius von Tours schreibt: „Darnach wurde er auf den Bock gespannt und mit dreisträhnigen Riemen so lange gegeißelt, bis die Folterknechte müde waren. Dann wurden ihm spitze Pflöcke unter die Nägel an Händen und Füßen getrieben." Bald darauf erlag der Gepeinigte einem Schlaganfall.

Siebzehn Jahre nach ihrem Tode fiel ihre Todfeindin Brunichilde (Brunhilde), die Gattin des Königs Sigibert, in die Hände Chlotars II., Fredegundes Sohn. Ganz im Sinne seiner Mutter handelte Chlotar. Im Jahre 614 war's, im Lager zu Chalons, als die Greisin, eine Furie wie es Fredegunde gewesen, vor ihrem Richter stand; zehn Morde an Fürsten aus dem Stamme der Merowinger wurden ihr vorgehalten. Drei Tage hindurch währten die Torturen, bis Brunichilde das ihr vorgehaltene Schuldbekenntnis ablegte. Auf einem Kamel wurde dann das zerbrochene Weib durch die Lagerreihen geführt, ehe man das Urteil an ihr vollstreckte. Mit dem offenen Haar, einem Arm und einem Fuß wurde sie an den Schweif eines Hengstes gebunden, geschleift, von den Hufen zerstampft, bis ihr Glied für Glied abfiel:

> Der Hengst riß wiehernd aus; die Hinterhufe schlugen
> Das nachgeschleppte Weib; verrenkt in seinen Fugen
> Ward jedes Glied an ihr; um ihr entstellt Gesicht
> Flog ihr gebleichtes Haar; die spitzen Steine tranken
> Ihr königliches Blut, und schaudernd sahn die Franken
> Chlotars des Zürnenden erschrecklich Strafgericht.
>
> (Ferdinand Freiligrath.)

Das „distrahere equis", Schleifen durch Pferde, erscheint von da ab über das 12. Jahrhundert hinaus häufig in den französischen Chroniken. (Schultz.) Wenn es sich um einen Verräter handelte, wurde der Rumpf des zu Tode Gequälten an den Galgen gehängt. In einer der Kirchen von Schelklingen bei Blaubeuren in Württemberg zeigt eine Wandmalerei das Vierteilen eines Heiligen durch Pferde.

Der Avarenkönig Kakan war in das Gebiet des Langobardenherzogs Gisulf in Friaul eingefallen, besiegte dessen Heer und erschlug den Herzog. Die Herzogin Romilda war in die feste Stadt Forojuli geflohen, wo Kakan sie belagerte. Doch der Besieger und Totschläger ihres Gatten erregte die Begierden Romildas, und als er geschworen, sie zu seinem Weibe zu machen, übergab sie ihm die Stadt. Er hielt sein Versprechen. Eine Nacht lag er bei ihr, dann ließ er sie von zwölf seiner Krieger schänden, hierauf im freien Felde auf einen Pfahl spießen, indem er ihr zurief: „Das ist der Gatte, den du verdienst!"

Die Galerie der algolagnistischen Persönlichkeiten im Purpur ist so umfangreich, daß wir uns mit Stichproben begnügen müssen, wenn der

Raum nicht ungebührlich in Anspruch genommen werden soll. Nur die hervorragendsten Vertreter dieser Gattung können kurz erwähnt werden.

Den Reigen eröffne Königin Katharina von Medici (1519—1589). Diese bigotte, jesuitisch erzogene Fürstin gefiel sich darin, ihre jüngeren Hofdamen von Zeit zu Zeit zu entkleiden und diejenigen, denen sie ein Versehen nachweisen konnte, eigenhändig mit Ruten zu schlagen. Wenn es der Fürstin an Zeit gebrach, die Damen ganz auszukleiden, legte sie diese einfach über den Schoß, hob ihnen die Gewänder auf („car alors on ne portait pas de caleçons") und schlug sie mit der flachen Hand oder mit Ruten. (Rau.)

Ludwig XI. von Frankreich, der wirkliche und angebliche Widersacher zu Tode martern ließ, erscheint wie ein rauflustiger Knabe gegen den größten Wüterich, den die Geschichte der Menschheit kennt, gegen Iwan IV., der den Namen „der Grausame" trägt. „Ein fremdes Ungewitter, aus dem Abgrund der Hölle abgeschickt, Rußland zu verwirren und zu zerreißen," nannten ihn russische Chronisten, die wahrlich durch Milde und Gerechtigkeitsliebe ihrer Herrscher nicht verwöhnt waren.

Im Jahre 1530 geboren, besteigt er siebzehnjährig den Thron. In seinen ersten Regierungsjahren war er streng, aber gerecht, nur manchmal zeigte die werdende Bestie ihre wachsenden Krallen. Als er einmal erkrankt und man ihm eine vornehme und durch ihre Tugend bekannte Frau als Hexe nennt, die ihm die Krankheit angezaubert hat, läßt er sie und ihre fünf Söhne foltern und verbrennen. Das ist nur ein kleines Vorspiel. Seine Mordepoche beginnt mit dem Jahre 1560. In seiner Beichte bekennt er: „Ich bin ein stinkender Hund, ich war jederzeit in Trunkenheit und Hurerei, Unflaterei, Totschlag und Blutvergießen, Plündern, Rauben und jeglicher Schandtat." Ein seltsames Bekenntnis für einen Mann, der seine Zeit in der Kirche dazu benützt, neue Mordpläne auszuhecken; oft unterbricht er sich in der frommen Andacht, um seiner Leibgarde einen Mordbefehl zuzurufen. Nach der abendlichen Andacht macht Iwan regelmäßig eine Rundfahrt durch die stets gefüllten Gefängnisse, wo er sich an der Tortur der von ihm bezeichneten Gefangenen ergötzt. „Fürst Kurbskij wagt es als erster, sich gegen die Grausamkeiten des Zaren aufzulehnen; aus sicherer Entfernung hält er ihm schriftlich die Schandtaten vor. Dem Boten, der das Schreiben überbringt, stößt Iwan seinen spitzen Eisenstab durch den Fuß, stützt sich mit aller Wucht darauf und zwingt den Leibeigenen den Brief vorzulesen. Die Kühnheit des Fürsten Kurbskij müssen alle seine wahren und angeblichen Freunde mit dem Leben büßen. Damit das fortgesetzte

Köpfen die Zuschauer nicht ermüde, läßt der Selbstherrscher aller Reußen zur Abwechslung den Fürsten Dimitrij Schewürew auf einen Pfahl spießen. „Er lebte am Pfahl noch einen Tag und sang ein Loblied zu Ehren Christi," berichtet der Historiker.

Als rasseechter Algolagnist verbindet Iwan Grausamkeit mit Wollust.

„Im Juli 1568 befiehlt er seinen Henkern in die Häuser jener Kaufleute und Ratssekretäre einzubrechen, deren Weiber im Ruf außerordentlicher Schönheit stehen. Man schleppt die Frauen aus der Stadt hinaus auf einen Platz, wo der Zar für eine Nacht sein Quartier aufgeschlagen hat. Iwan wählt die Schönste für sein eigenes Lager aus, die übrigen überläßt er den Günstlingen. Zur Feier der Orgie werden alle Herrenhäuser der Umgebung niedergebrannt, auch das Vieh und Getreide vernichtet. Am andern Morgen bringt man die geschändeten Frauen in die Häuser ihrer Männer zurück." Und so geht es weiter in sinnloser, von tierischer Wollust immer wieder angefachter Zerstörungswut. „Durch die Totenstille von Moskwa scholl nur das fürchterliche Geheul der Henkersknechte." Wer seine Stimme zu erheben wagt — und die Zahl dieser Mutigen ist sehr klein — den durchbohrt der Zar mit seinem Eisenstab. Dem Zaren Iwan dankt das Wort Pogrom, das restlose Verwüsten von Mensch, Tier und Sache seine Aufnahme in den russischen Sprachschatz. In die Hunderttausende gehn die wider Gesetz, Recht und Menschlichkeit vollzogenen Hinrichtungen und Schlächtereien. Und keine Hand hebt sich, dem Rasen ein Ziel zu setzen. Als der greise Iwan seine Augen schließt, geht nicht ein Schrei des Jubels durch das Land, sondern von einem Ende bis zum andern erhebt sich laut und einmütig die Klage einer ganzen Nation um den Verlust eines großen Zaren. Ist das Verblendung oder Sklavenfurcht, die auch im Verstorbenen noch eine Macht sieht?

Unsere Darstellung ist Bernhard Sterns „Geschichte der öffentlichen Sittlichkeit in Rußland" gefolgt. Sie weist noch eine Fülle von Einzelheiten aus dem Rasen Iwans und ähnlicher Züge aus dem Leben anderer russischer Machthaber auf, die aus Raumgründen hier übergangen werden müssen.

Gehörte ein Blutbad zu den täglichen Bedürfnissen solch gekrönter Sadisten, so fehlt es in der Geschichte menschlicher Verworfenheit auch nicht an Adeligen, die ihren algolagnistischen Neigungen ungezügelt nachgingen. Die wütendste unter diesen ist die Gräfin Elisabeth Báthory, bekannt als „Blutgräfin" und „Tigerin von Csejthe".

Elisabeth Báthory, geboren im Jahre 1560, aus altem ungarischen Magnatengeschlecht, wird fünfzehnjährig die Gattin Franz Nádasdys.

Wie eine Fürstin thront sie auf den Schlössern und in den Burgen, die dem Gatten eigen sind, oder die sie ihm in die Ehe gebracht. Ihr Befehl ist allein entscheidend; sie beherrscht unbeschränkt den Gatten und das Gesinde. Immer rauh, heftig, keinem anderen Willen untertan wie nur dem eigenen, ist sie eine strenge Gebieterin. Doch erst nach dem Hinscheiden Nádasdys wird sie zur unermüdlichen Mörderin, immer darauf bedacht, neue Opfer herbeischaffen zu lassen. Ihr Witwensitz Csejthe war ein Marktflecken am Fuße des schwer zugänglichen Felsens, dessen Spitze das düstere Schloß gleichen Namens krönte. Dort befand sich auch das sogenannte Kastell, ein größeres Wohnhaus, das Elisabeth der sturmumbrausten Burg vorzog. In diesem Hause und seinem weitläufigen Keller häuften sich die Leichen der von Elisabeth und ihren Helferinnen zu Tode gemarterten Mädchen. Wie aus den Verhörsprotokollen ersichtlich, zog das geringste Vergehen den Martertod nach sich. Johannes Ficzkó, neben zwei Weibern der ständige Vollstrecker der Urteile Elisabeths, sagte aus, daß, wenn das Reisig zum Feueranmachen nicht gebunden war, das Feuer nicht zeitig genug in den Gemächern der Gräfin brannte, die Kleider nicht geplättet waren, die Mädchen, oft noch halbe Kinder, zu Tode gemartert wurden. Die Herrin selbst oder eines der alten Weiber verbrannte ihnen Mund, Nase und Lippen mit dem Plätteisen, riß ihnen mit dem Finger die Mundwinkel auf, zerschnitt ihnen mit einer Schere die Hände; „dann wurden sie so lange geschlagen, bis sie tot waren". „Wenn die Mädchen bis zehn Uhr abends mit den ihnen obliegenden Näharbeiten nicht fertig wurden, erfolgte sogleich das Martern. Vor Ficzkó und anderen jungen Burschen aus Csejthe standen mitunter vier, fünf nackte Mädchen, und die Burschen sahen zu, wie sie nähen oder Reisig binden mußten." Ganze Nächte lang mußten die Mädchen nackt in kaltem Wasser stehn, dann wurden ihnen die geschwollenen Körperteile mit einer Schere zerfleischt oder der Kopf mit Wasser begossen, bis es gefror und das Opfer starb. „Es ist auch geschehn, daß sie mit den Zähnen einzelne Stücke Fleisch den Mädchen herausgerissen hat. Sie hieb auch mit Messern auf die Mädchen ein, schlug und marterte sie überhaupt auf mannigfache Weise. Die Fatentin" — wohl eine Zeugin — „weiß und hat es selbst gesehn, wie die Herrin einem Mädchen die Schamteile mit einer brennenden Kerze versengte." Zu den summarischen Strafen zählte das Verhungernlassen usw. So zieht dieses Weib alle Register des Sadismus. Unerschöpflich ist ihre und ihrer entarteten Handlangerinnen Phantasie im Erdenken neuer Qualen und neuer Hinrichtungen. Wie viele junge Geschöpfe sie um das Leben gebracht, ist niemals genau festgestellt worden, da sie selbst und ihre Helfer längst das Zählen aufgegeben hatten. Doch nach den Zeugenaussagen und den Aufzeichnungen Elisabeths ist anzunehmen, daß sie in den Jahren 1604—1611, wo ihr endlich das Handwerk gelegt wurde, 650 Mädchen gemordet hat. Und ihre Strafe? Während den beiden Weibern Dorothea Szentes und Helene Jó vom Henker die Finger beider Hände als den „Instrumenten, mit denen gegen Christenblut gesündigt worden war", abgeschlagen, sie selbst verbrannt, Johannes Ficzkó enthauptet wurde, begnügte sich das Gericht ihrer dienstwilligen Standesgenossen mit Rücksicht auf die Gräfin selbst und ihre beiden Schwiegersöhne eine geradezu lächerlich leichte Strafe auszusprechen: Elisabeth Báthory wurde auf Lebensdauer in ihrem Schlosse zu Csejthe festgesetzt; außerdem durfte sie außer ihren ererbten Landgütern kein weiteres besitzen. Am 21. August 1614 verschied sie sanft und friedlich auf ihrem Schlosse, getröstet von zwei Domherren des Graner Metropolitankapitels, gepflegt von ihrer Tochter. (Elsberg.)

Als Gegenstück zu dieser Frau sei jenes Mannes gedacht, den man gewohnt ist, als Urbild des Ritters Blaubart anzusprechen. Es war der Baron Gilles de Rais, der zu Anfang des fünfzehnten Jahrhunderts im nördlichen Teil der Bretagne, am linken Ufer der Loire, auf seiner Herrschaft Rais hauste. Der Baron, „ein Mann von schöner eleganter Erscheinung und großer Gelehrsamkeit, verläßt im 27. Lebensjahr den Hof, die bisherige erfolggekrönte militärische Laufbahn, verstößt Weib und Kind, verschwindet auf sein einsames Schloß, treibt unsinnige Verschwendung, ergibt sich mystischen Studien, Teufelsbeschwörungen und ähnlichem, verfällt dann sexuellen Ausschweifungen, wird Päderast, Kinderräuber, Mörder, Sadist, Leichenschänder usw.". (Eulenburg.) Er lebt hinfort auf seinen Schlössern Machecoul, Tiffauges oder Champtocé, umgeben von einem Schmarotzertroß, aus dem er seine Spießgesellen wählt und mit fürchterlichen Eiden an sich bindet und zur Verschwiegenheit zwingt. Doch auch der Kupplerinnen, so einer gewissen Perrine Martin, bediente sich der Baron, um seinen Bedarf an Kindern beiderlei Geschlechts zu decken. Und dieser war sehr bedeutend. Gilles selbst, der die Zahl seiner Opfer am besten kennen mußte, erklärte später vor seinen Richtern wiederholt, daß sie so groß sei, daß er sie nicht im Gedächtnis behalten hätte. In der Anklageschrift heißt es: „Es waren nicht zehn, zwanzig, dreißig, vierzig, fünfzig, sondern hundert, zweihundert und mehr, sodaß sich mit Sicherheit die Zahl nicht feststellen läßt." (Krack.) Forscher sprechen auf Grund der Geständnisse des Barons und seiner Mordgesellen von 700, ja 800 Opfern, die aber keineswegs immer Kinder waren. Es ist erwiesen, daß er auch Jünglinge, junge

Frauen und Mädchen auf die entsetzlichste Weise hinschlachtete. Und die Art dieser Torturen und Tötungen war so grausig, daß die Richter in Nantes bei der Aussage Gilles' das Bild Christi auf dem Gerichtstisch verhängten. Henri Griart, genannt Henriet, ergänzte dieses Geständnis durch Einzelheiten, vor deren Wiedergabe sich die Feder sträubt. (Rau.) So viel kann aber gesagt werden, daß jeder Folter- und Mordakt von sexuellen Exzessen begleitet war. An denselben Abenden, an denen man die Kinder dem Marschall zugeführt, oder spätestens am nächsten Tage wurden sie gefoltert, gemordet, verbrannt und ihre Asche in die Winde gestreut.

Endlich schlug die Schicksalsstunde auch für den Grandseigneur. Das geistliche Gericht war es, das zuerst es wagte, gegen Gilles einzuschreiten. Am 25. Oktober 1440 wurde ihm das Urteil hinsichtlich seiner Verbrechen der Ketzerei, Abtrünnigkeit und Geisterbeschwörung gesprochen und der Bann über ihn verhängt, worauf er für seine anderen Taten dem weltlichen Gericht übergeben wurde. So gern ihn der Herzog von Brabant geschont hätte, weder er noch die Standesgenossen des Verbrechers wagten ihn zu schützen, denn dazu war das Aufsehn allzu groß gewesen, das sein Prozeß hervorgerufen hatte. Einige der Genossen Gilles' waren geflohn, nur zwei von ihnen, Henriet und Poitou, hatte man gefaßt. Wie ihr Herr sollten sie gehängt und zugleich lebend verbrannt werden. Unter dem mit dem Strick um den Hals am Galgen hängenden Gilles wurde ein Scheiterhaufen entzündet, seine Asche in alle Winde gestreut.

Erst in weitem Abstand von diesen beiden Sondererscheinungen, die — zu Ehren der Menschheit sei es gesagt — nur selten und ganz vereinzelt auftraten, sei der Graf von Charolais, in neuerer Zeit als Dramen- und Filmheld bekannt geworden, genannt (1700—1760). Schon sein Vater, der Prinz von Condé, hatte ein Vergnügen daran gefunden, Menschen zu vergiften. Seine perversen Neigungen vererbten sich auf seine beiden Söhne, den Herzog von Bourgogne und den Grafen von Charolais. Der Herzog hatte einmal in einem vornehmen Pariser Freudenhaus eine Gelegenheitsdirne „wie ein Hühnchen gebraten"; erst nach mehreren Jahren erholte sich die Verletzte von ihren schweren inneren und äußeren Brandwunden. (Dühren.) Charolais liebte es, Blut bei seinen Orgien zu sehen, und richtete die ihm zugeführten Kurtisanen in schmachvollster Weise zu. „Inmitten seiner Ausschweifungen mit seinen Mätressen war ihm nichts angenehmer, als mit seiner Flinte Dachdecker oder Passanten abzuschießen." (Moreau.)

Mit dieser Perversität hat er Schule gemacht. Bischof Ferdinand von Fürstenberg, der 1661—1683 in Paderborn regierte, ließ einen seiner nahen Verwandten hinrichten, der in Neuhaus, der Residenz des Bischofs, mutwillig einen Mann vom Dach heruntergeschossen hatte. (Vehse.) Der vorletzte Markgraf von Anspach, Karl Friedrich Wilhelm (1723 bis 1757), schoß, seiner Mätresse zum Spaß, einen Schornsteinfeger vom Dach des Bruckberger Schlosses. Sie hatte den Wunsch geäußert, den Mann herunterpurzeln zu sehn. Der seine Gnade anflehenden Witwe des Ermordeten gab der biedere Fürst fünf Gulden. (Kapp.)

Die Reihe dieser Entarteten sei mit Sultan Abdul Hamid II. beschlossen, dem am 27. April 1909 entthronten und bald darauf ermordeten Beherrscher der Gläubigen. Nach seinem Biographen George Dorys war Abdul Hamid vollendeter Sadist, der mit gleicher Wut gegen Männer wie Frauen vorging. Er soll in seinem Harem auf bisher ganz unbekannte Straf- und Foltermittel verfallen sein. Es wurden z. B. dort die zartesten, empfindlichsten Teile des menschlichen Körpers stufenweise heftiger und heftiger gequetscht, wodurch in vielen Fällen der augenblickliche Tod eintrat. Eine andere, ebenfalls neue Tortur bestand darin, daß man den Straffälligen bis zum Glühen erhitzte Eier unter die Achselhöhlen legte, eine Qual, die ihresgleichen nicht besitzt, den Organismus bis ins Mark zerrüttet und den Wahnsinn zur Folge hat. Ob es sich hier nur um Klatsch oder um geschichtliche Wahrheit handelt, mag dahingestellt bleiben.

Siebentes Kapitel

Sklavenlos

Auch die Germanen zählten zu den Sklavenhaltern.
Wie konnte die Sklaverei überhaupt bei unseren Urvätern entstehen? Vor allem durch Krieg und Kriegsgefangenschaft, sowie Zugehörigkeit zu einer unterworfenen Urbevölkerung. Jeder Kriegsgefangene hatte Leben und Eigentum verwirkt. In Ketten gelegt und mit der übrigen Beute verteilt, kam er in den Besitz irgend eines freien, anteilberechtigten Mannes und wurde von seinem Herrn entweder verwendet oder verkauft. In ganz frühen Tagen waren die Kriegsgefangenen meistens „den Göttern geweiht", d. h. abgeschlachtet worden, bis die zunehmende Gesittung und nicht zum wenigsten wohl die Idee vorteilhafterer Verwertung jenen Greuel abzuschaffen begann. Von fremden Händlern, die keinem noch so weitab wohnenden Barbarenvolk jemals ganz gefehlt haben, drang ins Innere Germaniens die Kunde, daß Kriegsgefangene ein sehr gangbarer Artikel wären und schönes Geld einzubringen vermöchten. Da aber die Privatwirtschaft unserer Ahnen einerseits nirgends vorgeschritten genug war, um der Sklavenarbeit in größerem Umfange zu bedürfen, anderseits die germanische Ehe zu rein, um die Ansammlung hübscher Sklavinnen in irgend einem Haushalt zu dulden, ergab sich der Sklavenmarkt als der gebotene Ausweg. Daß dem bei den Sueven so war, erhellt mit völliger Sicherheit aus der Bemerkung Cäsars im 4. Buch: „Handelsleuten öffnen sie ihr Land, aber nicht sowohl um etwas einzukaufen, als vielmehr um die gemachte Kriegsbeute an sie abzusetzen." Da Cäsar selbst im Lauf seiner gallischen Feldzüge kaum weniger als eine Million Menschen auf den Sklavenmarkt brachte, so werden wir auch diesmal nicht im Zweifel sein, was das Wort „Kriegsbeute" hier bedeutet. Wie jene verrufene „Sklavenküste" die offene Wunde war, aus der sich in späterer Zeit Afrika Jahrhunderte hindurch ausblutete, wie nach jedem Bruderzwist im Innern der Handel an der Küste schwunghaft und ganze Schiffe mit „schwarzer Ware" vollgepfropft wurden, so sind auch in jedem Sommer, sobald die Sueven ihre hermundurischen oder langobardischen Nachbarn wieder einmal über-

fallen hatten, lange Züge in Ketten geschlossener germanischer Männer, häufig genug wohl auch Frauen, Mädchen und Kinder fortgetrieben, um in der italischen Kultur zu verdorren, in ihre Laster eingeschmolzen zu werden. Die jungen kräftigen Männer wurden meistens zu Gladiatoren abgerichtet und verröchelten eines Tages in der Arena; andere mußten lernen, auf dem Latifundium irgend eines römischen Senators für drei zu arbeiten, andre schleppten Steine und Säcke, drehten Handmühlen, setzten Hebelwerke in Bewegung oder ruderten römische Galeeren. Wir wollen schweigen von dem abscheulichen Lose, das der goldlockigen zarten Knaben und Mädchen in den Badestuben verwahrloster Patrizier wartete. Schon seit der Zimbern und Teutonen Zeiten war dieser schmähliche Verbrauch edelsten deutschen Wachstumes der italischen Welt so geläufig und die tiefverachtete Klasse der Fechter mit germanischen Elementen derartig überfüllt gewesen, daß Cäsar den bekannten Sklavenaufstand, der sich kurz vor seiner gallischen Unternehmung abgespielt hatte, fast als rein germanischen Krieg empfindet.

Nur eine praktische Verwendung wußte man, solange der Bodenbau sich innerhalb kümmerlicher Grenzen hielt, für Sklaven in der Heimat: das Amt der Hirten. An diesen scheint es von Anbeginn nicht gefehlt zu haben. Auch sind die später so angesehenen Ämter des Marschalks und Mundschenken knechtischen Ursprunges gewesen; diese beiden natürlich nur an den Höfen der Großen; der schlichte Freie, der jedes Jahr vom Häuptling als dem Organ der Volksversammlung so viel Acker zugeteilt erhielt, wie zur Ernährung seiner Familie grade ausreiche, wird ungern hungrige Mäuler an seinem Herdfeuer durchgefüttert haben, Dort aber, wo der Boden reichlicher zur Verfügung stand, ließ der Germane den Sklaven sein eigenes Wohnloch in die Erde wühlen oder seine Lehmhütte aufrichten und überwies ihm, wie wir das bei Tacitus später bestätigt finden, zu eigner Bewirtschaftung ein Stück Land, von dessen Ertrag nur ein Zins zu zahlen oder eine Quote an den Herrn abzuliefern war. Und zugleich wurde auch der Neigung und Ehrbarkeit des Urgermanen Rechnung getragen: Der Sklave wurde nicht, wie innerhalb der antiken Kultur, zur Ehelosigkeit verurteilt; man gab ihm ein Weib, er durfte Kinder haben.

Erscheint somit das Los der Knechte in ihrem irdischen Dasein gerade noch erträglich, so hielt der Volksglaube sie doch dadurch für erniedrigt, daß ihnen das Jenseits vorenthalten blieb. Wenn die in rühmlichem Kampf gefallenen Freien von den Walküren aufgelesen und ohne weiteres in Odins Saal getragen wurden, um an der himmlischen Metbank fortan die Ehrenplätze einzunehmen, galt dies dem Sklaven für unerreichbar, weil er als solcher ja nie wieder Waffen in die Hand bekam. Einen eisernen Ring trug er als Zeichen seiner Schmach und die Haare kurz geschoren. Für Widerstand oder Vergehen erhielt er Schläge, ja die Entmannung war eine seiner Strafen; und fiel er unter dem Streich eines jähzornigen Herrn, so hatte keine Sippe Wergeld für ihn zu fordern. Jenseits des dunklen Tores aber grüßten ihn keine Schlachtjungfrauen; hinüber glitt er in das feuchtkalte Schattenreich der Hel. (Eccardus.)

Das Los der Sklaven im Altertum war überall ein schweres, oft nach dem Kulturstand ihrer Besitzer ein kaum erträgliches, Stock, Peitsche, Joch, härteste Strenge die Mittel, mit denen allein man sie regieren zu können glaubte.

Im Lande der Pharaonen türmte ein Heer von ihnen unter den Geißelhieben der Aufseher jene riesigen Steinpyramiden über Grabkammern auf, die heute noch, nach Jahrtausenden, ihre Spitzen aus dem Wüstensande strecken.

In den Schriftstellern aus Hellas findet sich wenig oder garnichts über die Behandlung von Sklaven, wenn man von der Tötung der Heloten als kriegerischer Übung der jungen Spartaner absieht. Es fehlte natürlich nicht an scharfen Gesetzen mit bezug auf das Sklaventum, durch die man seine Masse niederhielt.

Den Römern, vornehmlich in der Epoche der Entartung, galt der Sklave als Sache. Der Herr, dem er durch Geburt oder Kauf angehörte, konnte ihn verschenken, verkaufen, martern, töten. Erst die lex Petronia de servis verbot den Herren, ihre Sklaven zu Tierkämpfen herzugeben. Auch Antoninus Pius und mehrere Senatserlässe suchten die Willkür der Herren zu beschränken und ihnen das Recht zum Töten zu nehmen. Die den Herren freigegebenen Strafen waren: Züchtigungen mit Ruten oder Riemen, Brandmarkung, Kreuzigung, Abschlagen von Gliedmaßen. In Ketten wurden die Sklaven aus dem Ergastulum, dem Sklavengefängnis der Reichen, zur Feldarbeit getrieben, oder sie verrichteten, angeschmiedet im Pistrinum, der Privatmühle, die schwerste Arbeit, das Drehen der Mühlsteine. Mitleid mit dem Arbeitssklaven war ein unbekannter Begriff. Selbst Cato superior, der bitterste Feind Karthagos, ein Mann von altrömischem Schrot und Korn, von vorbildlicher Sittenstrenge und Biederkeit, wie uns Plutarch versichert, ließ seine alternden und kranken Sklaven nach einer der Tiberinseln bringen und dort verhungern.

Die römischen Damen gaben natürlich den Männern an kalter Herzlosigkeit nichts nach.

Man muß nämlich wissen, daß ein grausamer, blutdürstiger Eigensinn, sagt C. A. Böttiger, die gewöhnlichste Toilettenlaune der vornehmen Römerinnen war, die, an mörderische Folterspiele und Tierhetzen im Amphitheater und an blutige Exekutionen und Geißelungen des Hausgesindes von früh auf gewöhnt, jede fehlgeschlagene Hoffnung, jeden Verdruß des vorigen Tages oder der verflossenen Nacht am Morgen ihre Dienstmädchen und Sklavinnen entgelten ließen. Wehe diesen armen Geschöpfen, wenn das bewußte Liebesbriefchen nicht zur rechten Zeit eingehändigt wurde, wenn eine Bestellung im Isistempel unglücklich ablief, wenn ein verliebtes Abenteuer verunglückt war, oder wenn auch nur der niemals schmeichelnde Spiegel der Donna beim ersten Morgenblick eine rote Nase, ein neues Bläschen am Kinn oder andere Spuren nächtlicher Orgien und Ausschweifungen zurückstrahlte. Die armen Dienerinnen mochten dann noch so aufmerksam sein, sie mußten mit Tränen und Blut die Mißlaune und den Verdruß ihrer Gebieterin büßen. Darum gehörte es auch zum Kostüm dieser bedauernswerten Mädchen, daß sie im Ankleidezimmer bei der Toilette ihrer Domina bis an die Brüste völlig bloß und nackt erscheinen mußten, um jeder beliebigen Züchtigung, selbst mit Geißeln, die aus Draht geflochten und unten mit Knöchelchen oder metallnen Knöpfen verstärkt waren, ausgesetzt zu sein. Vorzüglich waren aber die mehrere Zoll langen, in eine geschliffene Spitze endigenden Schmucknadeln ein sehr bequemes Plage- und Marterinstrument für die armen Sklavinnen. Nichts war gewöhnlicher, als daß die Domina damit die Arme und Brüste der Haarschmückerin durchstach. Zuweilen flog wohl auch der Spiegel selbst, der das Versehen der Dienerin zuerst verriet, ihr an den Kopf. Weit schrecklicher war jedoch die Marter, wenn die Strafende einer zu diesem Henkersgeschäft besonders ausgebildeten Sklavin befahl, die Exekution zu vollziehen; dann wurde die Schuldige mit den zusammengebundenen Haaren an einen Türpfosten oder eine Säule aufgebunden und mit aus Rindsleder geschnittenen Riemen oder mit Knotenstricken auf den entblößten Rücken gepeitscht.

> „Während des Prügelns bestreicht sie gemächlich die Wangen und hört, was
> Plaudern Bekannte, besieht sich das Gold am gestickten Gewande,
> Und läßt prügeln. Sie liest weitläufige Spalten des Tagblatts
> Und läßt prügeln, bis daß ermattet die Prügler, und schallend:
> ‚Pack dich!' sie ruft, und so die Strafe ihr Ende erreicht hat."

heißt es in der sechsten Satire Juvenals, in der noch mehr von der Grausamkeit der Römerinnen gegen ihre Dienerinnen die Rede ist.

Bei den Germanen zur Zeit der Tyrannenherrschaft unter den Merowingern litten natürlich die Sklaven, die die weitgedehnten Güter des Adels bebauten, am schwersten, während der Adlige selbst sich nur dem Heer- und Hofdienst widmete. Sie waren mit Seele und Leib auch dann noch dem Herrn eigen, als der harte Name Sklave dem milderen Leibeigene und Hörige gewichen war. In welcher Weise Herrenübermut mit ihnen umsprang, geht aus einer Erzählung hervor, die Gregor von Tours überliefert:

Da war unter den Erben im Reiche von Chilperichs Sohn Chlotar ein Herzog Rauching, „ein Mann von höchst leichtfertigen Sitten, über alles Maß lüstern und nach fremdem Gute begehrlich, auf seinen Reichtum gewaltig stolz und so hochfahrend, daß er sich noch im Augenblick seines Todes (im Jahre 587) ein Sohn König Chlotars zu sein rühmte". Dieser Rauching ging mit seinen Untergebenen um, als ob keine Spur von Menschlichkeit in ihm wäre; über alles Maß menschlicher Bosheit und Unsinnigkeit wütete er gegen die Seinigen und führte abscheuliche Untaten aus. Wenn z. B. ein Diener, wie es beim Gelage zu geschehen pflegt, vor ihm eine brennende Fackel hielt, so ließ er ihm die Beine entblößen und die Fackel so lange darauf stoßen, bis sie erlosch, und wenn sie dann wieder angezündet war, setzte er es fort, bis die Beine des Fackelträgers völlig verbrannt waren. Wenn dieser aber schreien oder sich von der Stelle rühren wollte, zog er sogleich das Schwert blank, und während jener weinte, jauchzte er auf vor Freude. Es erzählen ferner manche auch dies: Er habe unter seinen Leuten damals einen Mann und ein Mädchen gehabt, die, wie dies häufig vorkommt, sich in einander verliebt hatten. Und als sich ihr Liebesverhältnis schon zwei Jahre oder länger hingezogen hatte, verbanden sie sich und flüchteten zusammen in eine Kirche. Da dies Rauching erfuhr, ging er zum Priester des Orts und verlangte, es sollten ihm seine Leute sofort wiedergegeben werden, er habe ihnen ihre Schuld verziehen. Darauf sprach der Priester zu ihm: „Du weißt, welche Ehrerbietung man den Kirchen Gottes weihen muß. Du wirst sie also nicht zurückerhalten können, wenn du nicht dein Wort gibst, daß du ihre Verbindung bestehen läßt und überdies versprichst, sie ohne alle körperliche Strafe zu lassen." Nachdem jener lange unschlüssig in seinen Gedanken geschwiegen hatte, wandte er sich zu dem Priester, legte die Hände auf den Altar und schwor: „Niemals sollen sie durch mich getrennt werden, sondern ich will vielmehr alles dazu beitragen, daß ihre Verbindung bestehe; denn obwohl ich es ungern sah, daß sie ohne Bewilligung von meiner Seite dies taten, ist es mir doch ganz lieb, daß mein Knecht nicht eines andern Magd und sie nicht eines andern Knecht genommen hat." Arglos glaubte der Priester dem Versprechen des Mannes und gab ihm die Leute unter der Bedingung der Straflosigkeit heraus. Nachdem jener sie aber erhalten hatte, dankte er und ging nach Hause. Und sogleich ließ er einen Baum schlagen, die Äste abhauen, den Stamm seiner Länge nach in der Mitte spalten und beide Hälften aushöhlen, drei oder vier Fuß tief die Erde ausgraben und die eine Hälfte des Stammes in die Grube senken. Nun ließ er das Mädchen hineinlegen gleich wie eine Tote und den Knecht oben darauf, brachte die andere ausgehöhlte Hälfte des Stammes als Deckel darauf, füllte die Grube wieder mit Erde und begrub sie so lebendig. „Ich habe meinen Schwur," sagte er dabei, „nicht verletzt, daß sie in Ewigkeit nicht getrennt werden sollen." Als dies dem Priester gemeldet wurde, lief er eilig herbei, und indem er auf den Herzog einfuhr, brachte er es mit Mühe dahin, daß sie wieder aufgedeckt wurden. Den Knecht freilich zog man noch lebendig heraus; das Mädchen fand man aber schon erstickt.

Diese Art der Hinrichtung, wohl ein Einfall des finsteren Rauching oder eines seiner Helfer, gemahnt entfernt an ähnliche Taten in der Schreckenszeit — 1793 —, als der Repräsentant Carrier in Nantes nicht nur die Guillotine spielen ließ, bis „der Scharfrichter und seine Diener niedersinken, von der Arbeit ermattet erklären, daß die menschlichen Muskeln nicht mehr vermögen". (Carlyle.) Alle Möglichkeiten der Menschenvernichtung erschöpfte dieser „Nero der Revolution". Man köpfte in Nantes, dann erschoß man, „Weiber, zum Teil mit Kindern an der Brust, und Kinder zu Hunderten, bis sogar die Jakobiner müde wurden und alles außer der Kompanie Marat Halt rief". Man ersäufte in Massen; durch die nächtliche Stille tönte das Geschrei der Frauen, denen die Rotmützen alle Gewandung vom Leibe gerissen, ehe sie sie in die Fluten stießen.

Allmählich erlebt man Noyaden, Ertränkungen, am hellen Tage; Männer und Weiber werden zusammengebunden, Füße an Füße, Hände an Hände, und ins Wasser geworfen; das nennt man mariage républicain, republikanische Hochzeit. (Carlyle.)

Wenn man mit dem Sklaven glimpflich verfuhr, so war dies nicht dem Mitgefühl zuzuschreiben, sondern der Rücksicht, die man sich selbst, d. h. seinem Eigentum, schuldig war. Diese Rücksicht fiel aber sofort weg, wenn der Sklave zum Freigelassenen geworden. Damit war er fernerhin durch ein nun loseres Dienstverhältnis an den Herrn geknüpft, dieser aber jeder Verpflichtung ledig. Wie weit dies ging, zeigt ein altes skandinavisches Guledingsgesetz. Es lautet: Hinterließ ein armer Freigelassener Kinder, so wurden sie zusammen in eine Gruft gesetzt, ohne Lebensmittel, daß sie verhungerten (Grabkinder). Das Längstlebende nahm der Herr wieder heraus und erzog es. (Grimm.) Also der Kindesmord in seiner grausamsten Form gesetzlich festgelegt.

„So schrecklich nun aber auch die Sklaven im Altertum behandelt worden sind, so ist doch diese Behandlung nichts gegenüber den Schicksalen der armen Negersklaven," sagt Hans Rau auf Grund von Tatsachen. Nirgend wo anders hat sich die Freude an grausamen Handlungen so unverhüllt gezeigt wie bei den Sklavenhaltern in den Südstaaten Amerikas und den Sklavenstaaten Südamerikas, besonders Brasilien, dann auch Kuba. Aus den niedersten Volksschichten hervorgegangene Pflanzer, von keinerlei Bildung beschwert, absolute, von keiner Macht kontrollierte Herren in ihrem Besitztum waren die Eigner des „schwarzen Viehs", dem sie jedes Menschentum aberkannten. Das Negerindividuum war nichts als eine käufliche Ware, sein Verlust eine leicht zu verschmerzende Geldausgabe. Wie dies gekommen ist, lehrt ein Streifblick über die Geschichte des Sklaventums in Amerika. Die Mehrzahl der Pflanzer in den Südstaaten und im lateinischen Amerika war die Nachkommenschaft der Konquistadoren, Eroberer, und zügelloser Abenteurer, die meist durch Gewalt und unlautere Mittel in den Besitz ihrer Güter gekommen waren. Außerstande, den Boden selbst zu bewirtschaften oder ihn von europäischen Arbeitern bebauen zu lassen, preßten sie erst Indianer als Arbeiter, das heißt als Sklaven.

In dem Privileg, das Karl V. 1528 den Welsern in Augsburg erteilte, Venezuela besiedeln zu dürfen, war das Recht verbrieft, solche Indianer zu Sklaven machen zu dürfen, die sich ihnen nicht freiwillig unterwerfen würden, ebenso Sklaven von den Eingeborenen kaufen zu dürfen, wenn dies „ordnungsmäßig" durch Vermittlung der der Welserschen Expedition beigegebenen Ordensgeistlichen und Erlegung von 4% des Kaufpreises an den König von Spanien geschehe.

Las Casas (1474—1566), als Knabe mit Kolumbus nach Westindien gekommen, war von 1502 bis 1510 selbst Pflanzer und Sklavenhalter gewesen, nach Spanien zurückgekehrt, Geistlicher, später Dominikaner geworden. Als solcher trat er für die Indianer ein, die, der schweren Arbeit auf den Pflanzungen ungewohnt, unter der harten Zucht der Europäer rasch dahinstarben. Er schlug als Ersatz Negersklaven vor. Bald entwickelte sich denn auch ein lebhafter Handel zwischen Afrika und Amerika mit Menschenfleisch, der mehr und mehr an Ausdehnung zunahm und bis tief in das neunzehnte Jahrhundert hinein währte. In Brasilien z. B. wurden erst 1888 alle Sklaven frei erklärt. „Der Sklavenhandel war mit der Zeit zu einem Gewerbe geworden wie andere, ohne daß man viel über seine Recht- oder Unrechtmäßigkeit grübelte. Wer sich damit abgab, hatte die Aussicht auf einen harten und beschwerlichen Dienst, aber auch auf leidlichen Gewinn," sagt Joachim Nettelbeck, der unsterbliche Kolberger Bürger, der als Seemann selbst mit Menschenfleisch gehandelt hatte. Wenn er weiter sagt: „Barbarische Grausamkeit gegen die eingekaufte Menschenladung war nicht notwendigerweise damit verbunden und fand auch wohl nur in einzelnen Fällen statt", so straft er sich im Verlauf seiner Lebensbeschreibung selbst Lügen, indem er von der Behandlung der gefesselten Neger auf den Schiffen in seiner anschaulichen Weise erzählt. Und wie es um das Jahr 1750, zu Nettelbecks Zeiten, war, blieb es, solange das Geschäft mit der schwarzen Ware blühte.

So schwer die Neger durch den Raub aus der Heimat, den Verkauf, den Transport auf den Schiffen litten, die Tragik ihres Schicksals erfüllte sich erst völlig nach ihrer Landung in Amerika, und damit wecken sie erst das volle Interesse des Geschichtschreibers der Tortur. Wie ein Damoklesschwert schwebte diese stets über ihrem Haupte.

Wieder ist es der Geschlechtstrieb, der dabei zutage tritt. Neger und Negerinnen sind von den Weißen zu der schändlichsten Unzucht benutzt worden. Wehe dem Ärmsten, der etwas dagegen einwenden wollte, der sich nicht den sinnlichen Trieben seines Herrn opferte. Er wurde langsam zu Tode gequält. Aber auch sonst bestrafte man das kleinste Versehn in der härtesten Weise, und es ist wohl zweifellos, daß dies den Herren sinnliches Vergnügen bereitete. Oftmals ließen Pflanzer zur Belustigung ihrer Gäste bei Tisch schöne Negerinnen auf das bloße Gesäß peitschen, daß bei jedem Hiebe die Haut aufsprang. Ein Neger, der sich bei Vollziehung eines Auftrages etwas verspätet hatte, wurde nach der Schilderung eines Reisenden an einem Krane an beiden Armen aufgehangen und mit Gewichten an den Füßen beschwert; in dieser Lage wurde er mit dornigen Ebenholzzweigen dermaßen gepeitscht, daß der ganze Körper am andern Tage geschwollen war und ein anderer Neger ihm die Stacheln aus dem Fleische ziehen mußte. In einer andern Plantage wurde, wer nicht rechtzeitig aufstand oder sonst ein Versehen beging, auf eine Leiter gebunden und erhielt von dem Aufseher 150 Hiebe mit der großen Lederpeitsche auf Rücken und Schenkel, die davon zerrissen wurden. Um den Schmerz noch zu vermehren, wusch man die Wunde mit Pfeffer und Salzwasser. In diesem Zustande mußte der Sklave auf das Feld, und wehe ihm, wenn er nicht wie ein Gesunder arbeitete. Manche Sklaven starben an den Folgen dieser Mißhandlungen. Glaubwürdige Reisende bezeugen, daß schwangere Frauen unter den Geißelhieben vorzeitig niederkamen. Einer von ihnen war gegenwärtig, als ein Oberaufseher in Surinam (Südamerika) eine Sklavin zu Tode peitschen ließ, weil sie sich nicht seinen Lüsten preisgeben wollte. Doch noch grausamer als die weißen Männer waren die weißen Frauen. Mit unverkennbarem Vergnügen wohnten sie oft derartigen Vollstreckungen an Personen beiderlei Geschlechts bei. Sie führten wohl selbst die Ochsenpeitsche, oft auch gegen den Aufseher, wenn er ihrer Meinung nach nicht kräftig genug zuschlug. Ein Reisender sah ein Negermädchen, dem ihre Herrin wegen eines unbedeutenden Versehens die Nasenflügel aufgeschlitzt hatte. Andere wurden mit Kopf und Füßen zusammengebunden und nun gepeitscht, wohin es gerade traf. Eine weiße Frau zerfleischte einer Negerin mit einem eisernen Haken den Kopf, dann preßte sie diesen in die Öffnung eines Abtritts und mißhandelte den Körper. Zuweilen zerschnitt man den Negerinnen das Fleisch und träufelte brennenden Siegellack in die Wunden. Neger, die sich etwa widersetzt hatten, wurden lebend in Ketten aufgehangen, sodaß sie den vollen Strahlen der Sonne ausgesetzt waren, und der Körper mit Honig bestrichen, um zahllose Insekten anzulocken. Dann ließ man die Unglücklichen allmählich von den Raubvögeln verzehren. Brandmarken, Nasen aufschlitzen, Ohren abschneiden, Augen ausreißen, die Kniee zerschmettern, lebendig braten, rädern und dergleichen gehörten schon zu den gewöhnlichen Strafen. (Nach Rau.)

Entwichene Sklaven wurden durch Bluthunde verfolgt. Auf Sklavendiebstahl stand der Tod. Wer sich mit solchem abgab, hatte das auch in Nordamerika von alters her beliebte „Federn" zu gewärtigen. Er wurde mit Teer bestrichen oder in eine andere zähe Flüssigkeit getaucht und in Federn gewälzt.

In Spanien nannte man das Federn „in Honig setzen" (puestas en dulce). Frauenzimmer von leichtfertigem Lebenswandel, besonders die Personen, die die Jugend verführten, wurden in Spanien auf eine eigentümliche Weise bestraft. Noch vor nicht gar langer Zeit (Mitte des neunzehnten Jahrhunderts) wurde ein Weib, wenn es überführt war, sich prostituiert oder eine andere dazu verführt zu haben, dazu verurteilt, eingefedert zu werden. Die Vollziehung des Urteilsspruches fand auf folgende Weise statt: Um elf Uhr morgens begab sich der Henker zu der Verurteilten, und unter dem Beistande seiner Knechte entkleidete er sie von dem Gürtel bis zum Halse; dann bestrich er ihren Körper mit einer dicken Lage Honig. War dies geschehn, so stülpte er ihr eine Caroza, d. h. eine spitze Mütze, auf. So angetan, wurde die Verurteilte auf einen Esel gesetzt; hier befestigte man ihr den Hals an einer Eisenstange, deren äußerstes Ende sich auf den Hals des Esels stützte. Darauf führte man sie langsam zwischen zwei Reihen von Soldaten und Polizisten und in Begleitung einer zahllosen Volksmenge durch die Straßen. Hinter der Verurteilten gingen zwei Knechte des Henkers, die einen großen Korb mit Hühnerfedern trugen, der öffentliche Ausrufer und der Henker selbst. Der Zug machte in den Hauptstraßen und auf den bedeutendsten Plätzen der Stadt halt, und bei jedem solchen Haltpunkte las der öffentliche Ausrufer mit lauter Stimme den Spruch vor, der die Verurteilte dazu verdammte, eingefedert zu werden. Indem er dies tat, endete er stets mit den Worten: „So muß der büßen, der solches getan hat!"

Sobald diese Worte gesprochen waren, nahm der Henker zwei Hände voll Federn aus dem Korbe und warf sie auf den Honig, mit dem der Körper der Verurteilten bestrichen war, die Federn blieben daran kleben, und das Weib bekam dadurch nach kurzer Zeit ein abschreckendes und lächerliches Aussehen. (Féréal.)

Achtes Kapitel

Deutschland bis zum zwölften Jahrhundert

Von den Versammlungen der Germanen, bemerkt Tacitus Absatz 12 seiner „Germania":

Erlaubt ist auch, vor der Landesgemeinde zu klagen und einen peinlichen Prozeß anhängig zu machen. Die Strafen richten sich nach dem Vergehen. Verräter und Überläufer hängen sie an Bäume; Feige, Kriegsscheue und an ihrem Leibe Gestrafte versenken sie in Moor und Sumpf und häufen Flechtwerk über sie. Die Verschiedenheit dieser Bestrafung deutet darauf hin, daß man Freveltaten durch die Strafe an das Licht bringen, Schändlichkeiten dagegen verhüllen wollte. Doch auch auf die leichteren Vergehen steht eine angemessene Strafe; die Überführten müssen mit einer bestimmten Zahl von Pferden und Schafen büßen. Ein Teil der Buße wird dem König oder der Gemeinde, der andere den Geschädigten selbst oder seiner Familie entrichtet ... Feindschaften, sei es des Vaters oder eines Angehörigen, ebenso wie Freundschaften derselben zu übernehmen ist Gesetz. Doch dauern sie nicht unversöhnlich fort; denn selbst der Totschlag wird mit einer bestimmten Zahl Rinder oder Schafe abgebüßt, und das ganze Haus gibt sich damit zufrieden.

Obgleich nun Tacitus die Verhältnisse der Germanen mit römisch gefärbter Brille betrachtet hat und manche seiner Angaben nur vom Hörensagen zu machen wußte, müssen wir ihn doch in diesen Dingen bei den geringen Überlieferungen, die uns sonst darüber überkommen sind, als Autorität betrachten. Von einer Anwendung der Tortur bei den Germanen weiß er uns nichts zu vermelden, ein Umstand, der jedoch keineswegs zu der Folgerung berechtigt, daß sie bei ihnen nicht vorgekommen sei. Tacitus könnte diese Sache, vom Standpunkt eines Römers, als zu geringfügig außer Betracht gelassen haben. Noch mehr wird die Vermutung, daß diese Peinigungsmittel den Germanen überhaupt nicht fremd geblieben sind, bestärkt durch eine Stelle in der Edda. König Geirrod ließ einen Fremden, namens Grimnir, der ihm verdächtig schien, weil die Hunde vor ihm zurückwichen, und der auf alle an ihn gerichteten Fragen keine Antwort gab, zwischen zwei Feuer setzen, um ihn zur Aussage zu nötigen. Grimnir ertrug acht Nächte lang schweigend diese Folter, und erst dann, als seine Kleidung Feuer fing, war er zu sprechen bereit. **Auf ähnliche Weise wurde nach der Halfssaga König Hjorleif gemartert.** (Gering.)

Johannes Scherr schreibt:

Die germanische Gerichtsverfassung blieb im wesentlichen von der ältesten bis zum Ende der karolingischen Zeit die gleiche. Daß nur Freie Ankläger, Zeugen und Richter sein konnten, ist schon erwähnt worden. Die Stätten, wo Gericht gehegt wurde, die Mallen, befanden sich im Freien bei geheiligten Bäumen und Quellen, was schon erraten läßt, daß die Schlichtung der Rechtshändel im Heidentum von religiösen Gebräuchen begleitet war und das Priestertum an der Rechtspflege seinen Anteil hatte. Anfangs waren die Priester selbst Richter, später wurden die Richter durch die Freien aus ihrer Mitte gewählt, und der Graf saß dem Gerichte vor.

Das Verfahren war ein öffentliches vor dem versammelten Volke, d. h. vor dem rechtsfähigen Teile desselben, woraus sich ergibt, daß die Urteile entschieden auf der öffentlichen Meinung ruhten. Dem uralten Rechtsgrundsatz: „Wo kein Ankläger, kein Richter" gemäß war die Form des Verfahrens die des Anklageprozesses. Das gangbarste Beweismittel von Schuld oder Nichtschuld war der Eid, abgelegt auf des Schwertes Griff oder Schneide, unter Anrufung dieses oder jenes Gottes. Männer schwuren auch auf ihren Bart, während die Frauen beim Schwören die Hand auf ihre Brust oder an ihren Haarzopf legten. Mit dem Eid war das eigentümlich germanische Institut der Eidhelfer verbunden. Bei den meisten deutschen Stämmen galt nämlich der Grundsatz, der Ankläger habe nicht die Schuld des Angeklagten, sondern dieser seine Unschuld zu beweisen. Deshalb mußte sich der Angeklagte vermittels eines Eides rein schwören, aber sein Wort allein genügte nicht, um das öffentliche Vertrauen zu ihm wiederherzustellen. Darum mußte er sich nach einer Anzahl Freunde umsehen, welche bereit waren, mit ihrem eigenen Eide zu bekräftigen, daß sie der Versicherung seiner Unschuld glaubten. Sie legten also nicht sowohl Zeugnis über den Tatbestand ab, als vielmehr über die Glaubwürdigkeit des Angeklagten, sie halfen ihm bei seinem Eide, daher die Bezeichnung Eidhelfer. Die Zahl derselben war je nach der Schwere des in Frage stehenden Verbrechens verschieden, bei den schwersten stieg sie bis auf 40, 70 und 80. Wenn aber der Ankläger dem Eide des Angeklagten und dem der Eidhelfer desselben nicht traute, so blieb ihm noch übrig, auf den gerichtlichen Zweikampf als auf ein Gottesurteil anzutragen. Auch der Angeklagte konnte sich, wenn er keine Eidhelfer fand, durch Zweikampf reinigen oder aber sich einer andern Art von Gottesurteil unterwerfen, nämlich der Wasser- oder Feuerprobe ... Einem angeklagten Freien war nur in zwei Fällen jedes Schutzmittel entzogen, wenn er nämlich von der ganzen Gemeinde auf handhafter Tat ergriffen wurde, oder wenn die ganze Gemeinde den Tatbestand zu seinen Ungunsten bezeugte.

Gegen überwiesene Unfreie lautete in Kriminalfällen von irgendwelcher Bedeutung das Urteil kurzweg auf Tod in mannigfachster Gestalt oder wenigstens auf grausame Verstümmelung. Über Freie jedoch konnte die Todesstrafe oder eine körperliche Strafe überhaupt nur dann verhängt werden, wenn sie durch Mord des Heerführers, durch Landesverrat und dergleichen mehr als unmittelbare Feinde und Schädiger des Gemeinwesens auftraten. Alle sonstigen Verbrechen, Mord nicht ausgenommen, büßte der Freie bloß durch Erlegung von Sühngeld (Wergeld, compositio), welches an die Familie des Beleidigten, Geschädigten oder Getöteten fiel. Solche Buße, deren Höhe sich nach der Schwere des Verbrechens bestimmte und gerichtlich festgestellt wurde, entrichtete man in Geld oder in Ermangelung desselben in Vieh oder anderer Habe; diese Bestimmung würde roher Willkür und Lasterhaftigkeit der Reichen allerdings Tür und Tor geöffnet haben, hätten nicht die ziemlich hohen Wergeldansätze einigermaßen einen Riegel vorgeschoben. Bei den Franken z. B., wo der Wert einer Kuh einem Solidus (Schilling) gleichstand, mußte der Mord einer wehrlosen Frau mit 600 Solidis oder Kühen gesühnt werden, und in diesem Verhältnisse wurden auch geringere Verletzungen und Beleidigungen, namentlich solche gegen weibliche Schwäche und Ehrbarkeit, gebüßt. Wer z. B. einer Frau in beleidigend unehrbarer Weise die Hand streichelte, mußte es mit 15 Schillingen oder Kühen büßen; streichelte er ihr den Oberarm, so hatte er es, natürlich bei erfolgter Klage und Überweisung, mit 35 Schillingen oder Kühen zu sühnen; wagte er gar, ihr die Brust zu betasten, so stieg die Buße auf 45 Schillinge oder Kühe.

Noch ist eine weitere wichtige Seite des germanischen Strafrechts hervorzuheben, das Faust- oder Fehderecht, welches einesteils in dem uralten Brauch der Blutrache seine Wurzel hatte, andernteils in der Auffassung des ganzen Rechtsverhältnisses von seiten unserer Vorväter als einer Sicherung des Friedens. Wer das Recht brach, brach damit auch den Frieden mit dem Verletzten und dessen Sippschaft. Der altgermanische Staat überließ es nun dem Beleidigten, falls dieser nicht bei den Gerichten Recht suchen wollte, sich selber Genugtuung zu verschaffen, zum Faust- oder Fehderecht zu greifen, das dem Geschädigten gestattete, mit seinen Sippen und Freunden gegen den Schädiger Fehde (Faida) zu erheben und den Bruch des Rechtsfriedens mit dem Blute des Friedenbrechers zu sühnen, wenn er dazu imstande war und nicht ein rechtzeitiges Übereinkommen das Äußerste verhütete. So bildete das Fehderecht zum Recht auf Wergeld eine Ergänzung; auch war es beschränkt, denn bei bloßen Zivilansprüchen durfte nicht zur Fehde gegriffen werden.

Das Fehderecht ist auch unter dem Namen Faustrecht bekannt, um dessen Beseitigung sich später mehrere deutsche Kaiser vergeblich bemühten. Die verkündeten „Landfrieden" fanden nur wenig Beachtung, obgleich die Übertreter zuweilen zu der schimpflichen Strafe des Hundetragens verurteilt wurden, so im Jahre 1185 selbst der Pfalzgraf Hermann und andere Grafen. Zorns Wormser Chronik gibt nach einer alten Quelle das Urteil ab: „Damals stunds in Deutschland und fürnehmlich am Rhein also, daß, wer der stärkste war, der schob den andern in den Sack, wie er konnt und möchte." Übrigens war das Faustrecht zu jener Zeit an gewisse Formen gebunden. Der Landfrieden vom Jahre 1187 fordert, daß die Fehde dem Gegner drei Tage vorher angekündigt werden mußte. Ebenso trat die Kirche wider diese Privatkriegführung auf und stiftete den Gottesfrieden (treuga Dei), nach dem von Mittwoch bis Montag und an andern geweihten Tagen jede Fehde ruhen mußte. Auch der „Sachsenspiegel" schreibt derartige „Friedetage" vor. Der Bruch des Gottesfriedens wurde mit dem Kirchenbann bestraft, dem, wenn er nicht in einer gewissen Frist gelöst wurde, die Reichsacht folgte. Der erwähnte Vorfall des Hundetragens scheint sich daher eigentlich auf Gottesfriedensbruch bezogen zu haben.

Diese Zustände eines allem Recht hohnsprechenden Faustrechts wurden in ganz Deutschland als eine wahre Landplage empfunden. Und doch währte solche Herrschaft roher Gewalt und kräftiger Fäuste bis gegen Ende des fünfzehnten Jahrhunderts, nur ein wenig gezügelt durch den ritterlichen Sinn, durch einzelne energische Kaiser, durch den Einfluß der Kirche und durch die Entwicklung der Städte.

So war es einem Verbrecher nur gar zu leicht möglich, sich den Gerichten zu entziehen und sogar auch ihnen offen zu trotzen, im Vertrauen auf seine Burg und auf seine und seiner Genossen Fäuste. Der Schwache und Wehrlose wurde unterdrückt und mußte alle Unbill über sich ergehen lassen. Inmitten dieser anscheinend unentwirrbaren Rechtlosigkeit und gegenüber der Ohnmacht fast aller Gerichte, sehen wir in Westfalen einfache Volksgerichte, von Ungelehrten, meist Bauern, besetzt, sich erheben, einen Hort des Rechts für jeden durch Verbrechen Geschädigten. Es sind dies die Femgerichte, welche bald mit unwiderstehlicher Macht ihrer Ladung und ihrem Richterspruch bis an die fernsten Grenzen des Deutschen Reichs Geltung zu schaffen wußten.

Immerhin aber war es ein ungesunder Zustand, wenn wegen Machtlosigkeit der einheimischen Gerichte der Freistuhl auf roter Erde auch von den in anderen Gauen des Reichs Verletzten angerufen werden mußte. Es galt daher das entartete Fehderecht völlig zu beseitigen. Dies geschah, zunächst freilich noch auf dem Papier, auf wiederholtes Andrängen der Reichsstände und Kaiser Maximilians I. im Jahre 1495 durch den sogenannten „Ewigen Landfrieden". Durch dieses Reichsgesetz wurde das Reichskammergericht, welches für Ordnung und Frieden im Reiche sorgen sollte, neu organisiert, das Fehderecht ganz aufgehoben und jede Fehde bei Strafe des Landfriedenbruchs verboten. Aber noch lange Zeit wurde das Verbot übertreten, sodaß es Sprichwort war: Man traue dem Landfrieden nicht.

Die Gerichte gelangten allmählich zu größerem Ansehen und ausreichender Machtstellung. Aber im Strafverfahren selbst vollzog sich eine tief einschneidende Änderung. An Stelle des alten Anklageverfahrens schritt man mehr und mehr von Amts wegen ein. Für diesen inquisitorischen Prozeß bildete sich ein geheimes und schriftliches Verfahren. Den Beweis der Schuld suchte man vorzugsweise durch Geständnis des Verdächtigen zu erbringen. Und hierbei geriet man auf die folgenschwerste Verirrung, das Geständnis durch die Folter zu erpressen. (Wächter.)

Diese Veränderung der Rechtszustände trat bereits Ende des zwölften Jahrhunderts ein, wo die zahlreichen in Deutschland geltenden Gesetze durch das römische unter Justinian zusammengestellte Recht verdrängt wurden. Es war nur zu selbstverständlich, daß die römisch-deutschen Kaiser, die sich gewissermaßen als die Nachfolger der Cäsaren betrachteten, in dem von ihnen beherrschten Reich auch die Satzungen der alten Weltbeherrscher zur Geltung zu bringen suchten. Freilich wollte man die alte Gepflogenheit nicht leicht aufgeben, und besonders die Städte waren später bemüht, ihre Rechte zu sammeln, wobei allerdings vieles „Römische" eindrang. Manche dieser Sammlungen, wie auch die ländlichen „Weistümer" für die niederen Gerichte, die allerdings erst im vierzehnten und fünfzehnten Jahrhundert häufiger vor-

kommen, sind uns überliefert worden und bilden, gesammelt von Jakob Grimm, beachtenswerte Zeugen der Vergangenheit.

Es ist überaus bemerkenswert, daß diese Rechtssammlungen in einer Zeit, wo das Lateinische die Sprache der Bildung war, die deutsche Muttersprache zur Geltung brachten. Schon die Aufzeichnung von Dienstrechten (Köln) oder Stadtrechten (Soest, Straßburg, Lübeck) in deutscher Sprache, wie sie uns im zwölften Jahrhundert — ein Bamberger Dienstrecht schon im elften Jahrhundert — entgegentreten, zeigt die zunehmende Rücksichtnahme auf die Interessen der Laien; ihr entspringt auch die praktische Anwendung der deutschen Sprache. In diesem Falle war aber nicht der höherstehende Süden der Ausgangspunkt, sondern Sachsen. Es war vor allem der um 1230 entstandene „Sachsenspiegel" Eikes von Repgowe, der dem Volke in seiner Sprache sein Recht kündete. Freilich war auch er ursprünglich lateinisch abgefaßt und erst auf Bitten des Stiftsvogtes von Quedlinburg, Grafen Hoyer von Falkenstein, von Eike selbst „zu allgemeinen Dank ins Deutsche gewandt" worden. Bald folgte ein Akt der Reichsgesetzgebung, der Mainzer Landfrieden von 1235, der dem Volke nicht nur in lateinischem Text, sondern auch in deutscher Übersetzung zugänglich war. Andere ähnliche Gesetze schlossen sich an, bis zu dem weitestverbreiteten allgemeinen Landfrieden Rudolfs von Habsburg, 1287. (Steinhausen.) Der Sachsenspiegel hatte bis ins siebzehnte Jahrhundert hinein Geltung. Im Kalenbergischen verfügte Herzog Friedrich Ulrich durch die Konstitution vom 6. Juli 1625 seine förmliche Aufhebung.

„Im Jahre 1275 legte auch das Parallelstück zum Sachsenspiegel, der Schwabenspiegel eines unbekannten geistlichen Verfassers, mit der Anwendung der deutschen Sprache den Grund zu seiner weiten Verbreitung." Der Schwabenspiegel verarbeitet überwiegend schwäbisches Recht, wenn auch in starker Anlehnung an sächsische Institutionen. Ein drittes Rechtsbuch, das in Nord- wie in Süddeutschland außerordentlich verbreitet war und große praktische Geltung besaß, ist das Kleine Kaiserrecht. Der unbekannte Verfasser sammelte das fränkische, speziell das hessische Gewohnheitsrecht. Die Entstehung der Sammlung fällt etwa in die Jahre 1325—1335. (Fehr.)

Eine Umarbeitung des Sachsenspiegels für Süddeutschland ist der Deutschenspiegel, Augsburg 1260, ein mißlungener Versuch, an Stelle eines Stammes- ein allgemeines Recht festzusetzen. (Gebhardt.)

Außerdem ist das alte alemannische Recht zu nennen, die älteste Gesetzsammlung, die im ursprünglichen germanischen Volksrecht ihre Wurzel hat. Später wurde es umgearbeitet, bei welcher Gelegenheit das kanonische Recht großen Einfluß auf dessen Umgestaltung nahm. Es enthält eine ausführliche Beschreibung aller damals vorkommenden Gesetzübertretungen nebst Bemessung der Strafen, die durchweg Geldstrafen sind: Wer einen Bischof insultierte, muß so büßen, als ob er einen Fürsten beleidigt hätte. Auf den Tod eines Priesters sind sechshundert, auf den eines Mönches vierhundert Gulden Strafe gesetzt, ein hoher Preis nach damaliger Währung. Dagegen wurde der Mord eines gewöhnlichen Mannes nur mit neun, eines Weibes mit achtzehn Gulden bestraft. Wer am Sonntag arbeitet, verliert ein Drittel seines Erbes, und wer nochmals betreten wird, der soll in die Leibeigenschaft gegeben werden. Weil er Gott zu Ehren nicht feiern wollte, soll er ewig dienstbar bleiben, begründet erbarmungslos das Gesetz seine Strafe. Auch die ehelichen Verhältnisse sind aus dem Gesichtspunkt des kanonischen Rechts aufgefaßt. Die Entführung einer Braut mußte mit zweihundert Gulden gebüßt werden. Ebenso wurde die Verstümmlung einzelner Gliedmaßen hart gestraft. Wenn das kanonische Recht, das auf Mosis Dekalog fußte, auf die Handhabung der Gerechtigkeit einen immerhin wohltuenden Einfluß übte, so hat es anderseits die Gesetzgebung mit einer Einrichtung belastet, die der Menschheit stets zur Schande gereichen wird, mit der Inquisition und dem Ketzergericht. Man wußte sehr geschickt die erste als eine politisch notwendige Anstalt zu deklarieren. Die katholische Kirche war Staatsreligion; wer gegen diese frevelt, ist nicht allein ein Abtrünniger und Feind der Kirche, sondern auch des Staates. (Wessely.)

Es ist stark in Zweifel zu ziehen, ob das kanonische Recht (Jus canonicum) einen heilsamen Einfluß auf die deutschen Rechtszustände ausgeübt hat. Indes ist es leicht erklärlich, daß zu einer Zeit, wo die Kirche, d. h. das Papsttum, zu einer Großmacht oder vielmehr Allmacht herangewachsen war, diese Institution auch bemüht war, dem wichtigsten Faktor im Leben jedes Volkes, der Rechtsprechung, ihr Gepräge zu geben. Zweifellos ist auch, daß erst die Inquisition die Tortur im großen Umfang zur Anwendung brachte, wobei eben die Machtbestrebungen des Papsttums und der bis zum Wahnwitz gesteigerte religiöse Fanatismus — in Verbindung mit anderen Motiven — entscheidend mitwirkten.

Irrig wäre es aber anzunehmen, daß das päpstliche Rom die Anwendung der Folter stets begünstigt hat, und daß die europäischen Staaten allzeit von dieser Seite her Anregung und Aufmunterung zur Anwendung dieser Marter erhielten. Es kam sogar vor, daß das Papsttum, wenigstens zur Zeit, als es sich noch nicht auch in politischer Richtung völlig als Herr der Welt gebärdete, gegen die Anwendung der Tortur entschieden auftrat. So wissen wir von Papst Nikolaus I. (858—867) — auch der Große genannt —, der durch Exkommunikation des Patriarchen von Jerusalem Photius die erste Spaltung der abendländischen und morgenländischen Kirche hervorrief und der fränkischen Kirche seine Oberhoheit aufzwang, ein Papst also, dem es keineswegs an Machtbewußtsein fehlte —, daß er den Fürsten der Bulgaren nachdrücklich zur

Unterlassung der Tortur ermahnte. Er schrieb ihm, dieses Vorgehen sei wider alle göttlichen und menschlichen Gesetze: „Und wenn ihr nun durch alle von euch angewandten Strafen kein Bekenntnis von dem Angeklagten erpressen könnt, schämt ihr euch dann nicht wenigstens und erkennt ihr nicht, wie gottlos ihr richtet? Gleicherweise, wenn einer durch die Marter dazu gebracht worden, sich dessen schuldig zu bekennen, was er nicht begangen, wird dann nicht die Schuld auf den fallen, der ihn zu einem solchen lügenhaften Bekenntnis zwingt? Verabscheut also von ganzem Herzen, was ihr bisher in eurem Unverstande zu tun pflegtet." (Neander.)

Wo die hergebrachten Gesetze Geltung hatten, war aber und blieb die Tortur überall nur eine vereinzelt auftretende Erscheinung, die sich auf ihre älteste und primitivste Form, das Prügeln, beschränkte. Wo hingegen das römische Recht seinen Einzug gehalten, da wurde auch die Tortur die ständige Begleiterin der Gesetzgebung. Bedienten sich die alten Gesetze durch die Ordalien der Hilfe der Gottheiten, um die Wahrheit zu ergründen, so schlug das römische Recht den Weg ein, durch Erregung von Schmerzen das Geständnis der Schuld zu erpressen. Da ohne solches Geständnis kein Urteil ergehen konnte, gab es denn auch bald kein Urteil ohne Folter.

Bereits im zwölften Jahrhundert begannen ernstere Versuche der Einbürgerung des in Italien bereits lebhaft gepflegten römischen Rechts. Es eroberte aber die kaiserliche Kanzlei erst eigentlich unter Karl IV., als dieser sie unter einen weltlichen Beamten stellte; aus ihr und bald auch aus den Gerichtsstuben der Fürsten bahnte sich jenes Recht seinen Weg. Die Befestigung der fürstlichen Macht war sein Hauptgesichtspunkt, und zwar jetzt nicht nur der Kirche, sondern auch den Untertanen gegenüber, die auf Grund der römischen Anschauungen rechtlich mehr belastet und schärfer besteuert werden konnten. (Steinhausen.) „An Stelle der Laienrichter, über deren Gerichtsstätte sich der freie Himmel wölbte, an der die Quellen und Bäche rauschten, die Baumkronen den Urteilern Schatten liehen," — wie Heinemann es schildert — „trat der gelehrte Jurist mit den den Volksrechten bislang völlig fremden Spitzfindigkeiten und künstlich geschaffenen Irrwegen des Rechtes. Diese Rechtsgelehrten übertrugen das kanonische Prozeßrecht unter Benutzung des römischen Zivilrechts auf weltliche Streitsachen, wodurch sie auch diese an sich rissen. Merkwürdig wenig bekannt ist es, daß vor dem Eindringen des kanonischen — also des unter kirchlicher Autorität entstandenen allgemeinen — Rechtes ein kirchliches Recht bestanden hat, das sich die sittliche Erziehung des Volkes zur Aufgabe machte.

Denn durch jedes Vergehen und Verbrechen erachtete die Kirche als Vertreterin Gottes auf Erden sich zugleich selbst als beleidigt und deshalb befugt zu strafen. Die Strafen, streng geregelt, waren in Buß- und Beichtbüchern aufgezeichnet. Diese Bücher werden in den ältesten deutschen Kirchengesetzen als unerläßliches Rüstzeug des Priesters bezeichnet, die den Segen und Verdammnis spendenden Geistlichen in jede Diözese und Parochie begleiteten; ihr Ursprung und Charakter ist nichtsdestoweniger in ein so dichtes Dunkel gehüllt, daß selbst der Fleiß bewährter Forscher es kaum zu erhellen vermocht hat. (Friedberg.)

Die Strafen der Bußbücher waren immer unblutige Sühnen, aber bei schwereren Vergehen Seelentorturen schlimmster Art; denn auch die Kirche wollte nicht bessern, sondern sühnen. Ergreifend und tiefwirkend wurde die Auferlegung der Buße gehandhabt. Jeden Mittwoch vor den österlichen Fasten saß der Bischof in seiner Kathedrale, um das reumütige Bekenntnis der Sünder entgegenzunehmen. Barhaupt, mit bloßen Füßen, den Leib in einen Sack gehüllt, fanden sie sich am Aschermittwoch an der Dompforte ein. Demütig warfen sie sich dort vor dem Bischof auf die Kniee und vernahmen ihr Urteil. Dann führte sie der Bischof in die Kirche. Nachdem sie in sieben Bußpsalmen Vergebung erfleht, verhüllte er ihre Häupter und rief ihnen das schwere Wort zu, daß, wie einst Adam aus dem Paradiese, so auch sie wegen ihrer Missetat aus der Kirche gestoßen seien. Der Kirchendiener entfernte sie auf sein Geheiß aus dem Dome, und nicht eher wurden ihnen die Pforten wieder erschlossen, bis die ihnen auferlegte Buße geleistet war. Eine Buße für Totschläger, wie sie Abt Reginald († 915) für den Trierschen Kirchenkreis festsetzte, zeigt anschaulich die ganze Disziplin.

Der Täter darf in den ersten vierzig Tagen die Kirche nicht betreten. Brot, Salz und Wasser sollen seine Nahrung sein. Barfuß, im härenen Gewande, ohne Beinkleider geht er einher. Fahren und reiten ist ihm verboten. Mit niemand soll er Gemeinschaft pflegen, selbst sein Eheweib meiden. Vor den Kirchentüren soll er Tag und Nacht um Vergebung flehn, ohne sich zu entfernen. Nach Ablauf dieser Zeit legt er Kleider und Schuhe wieder an, aber er kürzt sein Haar und fastet ein ganzes Jahr. Weder Fleisch, Käse, noch fette Fische darf er genießen; Bier, Wein und Met hat er nur an Festtagen zu sich zu nehmen oder auf der Reise, vor dem Feind, in Krankheit und nur, wenn er dafür einen Denar an die Armen spendet oder drei Arme speist. Nach Ablauf dieses Jahres empfängt er den Friedenskuß, gehört wieder der Kirche an; aber erst wenn er noch vier Jahre an bestimmten Tagen gefastet hat, ist er völlig entsühnt. (Friedberg.) Allerdings darf nicht vergessen werden, daß schon im siebenten Jahrhundert sich die Möglichkeit durchsetzte, die Fasten durch Geld und Gebete zu ersetzen.

Neuntes Kapitel

Das Zeitalter der Kreuzzüge
Ketzerei

Während der Kreuzzüge entstanden geistliche Ritterorden, von denen der der Tempelritter in der Geschichte der Tortur eine gewisse Rolle spielt, weshalb ein Abriß seines Werdens und Vergehns hier seinen Platz finden mag.

Im Jahre 1118 verbanden sich in Jerusalem die Ritter Hugo de Pagus und Geoffroy de Saint Omer mit sieben anderen Rittern zur Stiftung eines Ordens, der neben den drei Mönchsgelübden nach der Regel des heiligen Benedikt sich auch verpflichtete, stets die Ungläubigen zu bekämpfen und christliche Pilger zu schützen. König Balduin II. räumte ihnen in seinem neben den Ruinen des salomonischen Tempels belegenen Palast eine Wohnung ein, wovon sie später den Namen Ritter des Tempels, Templer, Tempelherren erhielten. Die Domherren des heiligen Grabes schenkten ihnen dann ein Grundstück in der Nähe des Palastes, worauf sie Kirche und Häuser bauten. Die Synode von Troyes bestätigte 1128 den Orden und erteilte ihm das weiße Ordenskleid der Zisterzienser, dem Papst Eugen III. 1146 ein rotes Kreuz auf der Brust zufügte.

Die Templer, schreibt Henne am Rhyn, welche in ihrer Stiftungsurkunde die „armen Genossen des Tempels in der Heiligen Stadt" hießen, hatten schon nach einem halben Jahrhundert ihres Bestehens ausgedehnte Besitzungen in Asien und Europa, die ihnen Könige und Fürsten aller christlichen Länder zu verleihen wetteiferten. In der ersten Zeit ihrer Gründung lebten sie noch bescheiden und mäßig, kleideten sich schlicht, vermieden allen Aufwand und Schmuck, jagten nur nach schädlichen Raubtieren und enthielten sich aller Unkeuschheit. Mit der Zeit jedoch, als sie reich wurden, nahmen Hochmut, Aufwand, Müßiggang, Liederlichkeit unter ihnen überhand, ja sie wurden vielfach ihrer Bestimmung untreu, gestatteten sich Gewalttaten und übten sogar während der Kreuzzüge oft Verrat an ihren Waffengefährten. Auch waren sie nicht mehr gewissenhaft in der Aufnahme neuer Mitglieder und ließen unter diesen eine Menge Leute von unlauterem Charakter und dunkler Vergangenheit zu.

Henne am Rhyn zählt dann ferner auf als Zugehörige: Servienten oder dienende Brüder, die Knechte und Soldaten der stolz gewordenen Ritter, Affiliierte, d. h. Männer und Frauen, die außerhalb im Interesse des Ordens wirkten und ihn oft als Erben einsetzten, Donaten, die sich freiwillig verpflichteten, dem Orden Dienste zu leisten, und Oblaten, die schon als Kinder von ihren Eltern zum Eintritt in den Orden bestimmt waren und demgemäß erzogen wurden. Die Klassen hatten unterschiedliche Kleidung, doch nannten sich alle „Brüder", was auch auf dem Ordenssiegel zum Ausdruck kommt, wo zwei gemeinsam auf einem Roß sitzende Ritter abgebildet sind. Der Verfasser fährt fort:

Ein Staatsgebiet hatten sie sich nicht zu verschaffen gewußt, denn das Königreich Aragon mit Navarra, das ihnen 1131 König Alfonso I. vermachte, konnten sie mit Ausnahme einiger fester Plätze nicht gewinnen, da das Testament nicht vollzogen wurde, und die Insel Zypern, die sie 1191 dem König Richard Löwenherz, der sie erobert hatte, um 100 000 Goldbyzantiner — etwa 6½ Millionen Goldmark — abkauften, verloren sie infolge ihrer Gewalttätigkeit gegen die Bevölkerung durch einen Aufstand von diesen. Besser verstanden sie sich auf Geldgeschäfte; im Jahre 1307 bezog der Orden, der damals 20 000 Ritter zählte, sechzig Millionen Goldmark (der König von Frankreich nicht ganz zwei Millionen!). Die Templer trieben Handels- und Wechselgeschäfte, liehen den Fürsten große Summen, vermieteten ihre Flotten und wagten Spekulationen aller Art. Aber weder für wohltätige Zwecke verwendeten sie ihre Kapitalien noch für Gastfreundschaft, ausgenommen gegen hohe Personen, die ihnen von Nutzen sein konnten, ja nicht einmal, wenn sie nicht dazu gezwungen wurden, zugunsten des Heiligen Landes. Das Gold war ihr Gott. Im Besitze solcher Macht, strebten die Templer nach keinem geringeren Ziele als nach einer Art von Weltherrschaft, die sie mit Hilfe des Papstes zu erreichen hofften, dessen Garde sie zu bilden, den sie aber in Wahrheit nur als ihr Werkzeug zu benutzen gedachten.

Durch diese Pläne wurde der Orden eine Gefahr für die politischen Staaten; er wurde aber auch eine solche für die Kirche, mit deren Hilfe er emporsteigen wollte. Denn er war, wenigstens in seinen Hauptteilen — besonders in Frankreich, wo er mächtiger war als anderswo — nicht nur nicht kirchlich gesinnt, sondern geradezu kirchenfeindlich.

Die Vergehen, die den Templern vorgeworfen wurden, und die sie teilweise auch — unter der Folter natürlich — eingestanden haben, stellen in der Tat die Ritter als Ketzer, Gotteslästerer und alles mögliche Sündhafte und Schlechte hin. Wenn man indessen in Betracht zieht, daß diese Beschuldigungen von Gegnern ausgingen, die sich die Güter der Templer aneignen wollten, so kann man getrost annehmen, daß die größte Schuld der Templer ihr Reichtum war, mag ihr Gebaren auch häufig wirklich unsittlich gewesen sein. Henne am Rhyn schreibt:

Nachdem (Ende des dreizehnten Jahrhunderts) die Erfolge der Kreuzzüge vollständig zunichte geworden waren und die Europäer auf dem Festlande Asiens keinen Fußbreit Boden mehr ihr eigen nannten, beschäftigten sich die Päpste mit der Frage nach der künftigen Aufgabe der geistlichen Ritterorden. Es waren aber die Tempelritter ohne eine andere Betätigung als die der Verwaltung ihrer weitausgedehnten Güter. Die meisten Ordensglieder ergaben sich einem müßigen Leben in ihren europäischen Besitzungen; nur der letzte Großmeister Jakob von Molay residierte mit seinen Beamten und dem Konvente zu Simissol auf der Insel Zypern.

Nun dachte damals der 1305 in Frankreich gewählte und in Avignon wohnende Papst Clemens V. an eine Vereinigung der bedeutendsten Ritterorden zu einem einzigen und an eine Wiederaufnahme der Kreuzzüge mit dessen Hilfe. Sein Bestreben stieß bei den Orden auf Widerspruch. Zugleich war Frankreichs König Philipp IV., der „Schöne", dem Tempelorden, dessen imperialistische Pläne er ahnte, ungnädig gesinnt; so sah er denn nicht ungern, daß bei der französischen Inquisition Klagen über die Ketzerei der Templer einliefen und der Inquisitor Imbert ihn zum Einschreiten aufforderte. Es ist nicht bekannt, ob Clemens damit einverstanden war, daß Philipp in der Nacht vom 12. zum 13. Oktober 1307 alle Templer in ganz Frankreich verhaften und ihre Güter mit Beschlag belegen ließ. Daß Philipp dabei vor allem den Reichtum des Ordens im Auge hatte, beweist der Umstand, daß er seine Wohnung sofort im Pariser Ordenshause, dem Temple, aufschlug, der den reichen Ordensschatz von 150 500 Goldgulden und zwölf Pferdeladungen Silbergeld barg. Er ahnte nicht, daß nicht ganz ein halbes Jahrtausend später in demselben Gebäude einer seiner Nachkommen, Ludwig XVI., vor seiner Hinrichtung als Gefangener sitzen werde.

Nunmehr begann der Prozeß gegen den Orden, dem man verschiedene Ketzerei und ausschweifendes Leben zur Last legte, wobei die Folter nicht gespart wurde. Dem Papst lag die Sache nicht recht, da er den Prozeß als in seine Kompetenz gehörend betrachtete; dann aber verständigten sich beide Potentaten, und der Papst ordnete die Verhaftung der Templer auch in den übrigen Ländern an. Seitdem war der Prozeß Sache des Papstes, der mit Milde verfuhr und die vom König verlangten Todesstrafen ablehnte; aber je weiter die Untersuchung ging, desto mehr verflüchtete sich diese Milde, und die Bischöfe, denen der Papst die Leitung übertragen, handhabten die Folter scharf. Die Haltung der Angeklagten sprach nicht sehr zu ihren Gunsten; sie verwickelten sich in viele Widersprüche, namentlich benahm sich der Ordensmeister Molay sehr schwankend, und er wie andere legten bald Geständnisse ab, bald widerriefen sie solche.

Während der Untersuchung starben 36 Templer im Kerker zu Paris. Am 12. Mai 1310 wurden ihrer 54, später noch 8 und in Reims 9, die ihre Geständnisse zurückgenommen hatten und ihre Unschuld beteuerten, verbrannt. Jetzt war es Clemens, der auf die äußerste Härte drang und 1312 auf Andringen des Königs den Orden aufhob, ohne das in Vienne versammelte Konzil zu beachten, vor dem Abgesandte der Ritter um Gnade baten. Viele Templer wurden lebenslänglich eingekerkert; viele aber, die der Verhaftung entgangen waren, irrten in Gebirgen und Wäldern umher oder traten zu den Johannitern über, denen der Papst die Güter des Tempels geschenkt hatte, während der König das Ordenshaus und den Schatz behielt. Das Trauerspiel gipfelte darin, daß der Großmeister Molay ohne gerichtliches Urteil auf Befehl des Königs am 11. März 1313 auf einer Insel der Seine bei langsamem Feuer verbrannt wurde.

Merkwürdig ist, daß in Spanien, Deutschland und England und sogar in der päpstlichen Stadt Avignon die Templer schuldlos befunden wurden und auch in

Italien kein Todesurteil gegen sie erfolgte. In Portugal waren die Ritter nicht nur nicht verhaftet worden, sondern es wurde nicht einmal die Auflösung des Ordens vollzogen; er nahm dort unter König Dionys den Namen des „Ordens Jesu Christi" an, blieb aber wie bisher von der Krone abhängig; und einer seiner Großmeister, Prinz Heinrich der Seefahrer, nahm hundert Jahre später die Güter des Ordens zu seinen wichtigen Entdeckungsfahrten in Anspruch, durch die die Auffindung des Seeweges nach Ostindien vorbereitet wurde. (Vgl. auch Dufour, Geschichte der Prostitution, Seite 232.)

Von der Macht des Tempelordens gibt am besten einen Begriff die Tatsache, daß der Orden zur Zeit seines Untergangs nicht weniger als 10 500 Ordenshäuser und Burgen besaß.

Den Kreuzzügen nach Osten gesellten sich und folgten andere Kreuzzüge in Europa. Zum Teil galt es hierbei gleichfalls den Kampf gegen Ungläubige, zum Teil auch gegen Abtrünnige, Ketzer. Was erstere betrifft, so handelte es sich um Bekehrung oder Ausrottung heidnischer Slaven, wie Wenden, Litauer und Preußen; zu ihrer Bekämpfung wurde der Deutsche Orden nach Preußen gerufen, wo er zu Macht und Reichtum, aber gleichfalls auch zu einem bösen Ruf gelangte. Ein schwedisches Kreuzheer unter König Erich dem Heiligen zog 1157 gegen die heidnischen Finnen, die nach langen Kämpfen zurückgedrängt wurden.

Bei all diesen Kriegsfahrten fehlte es nicht an Grausamkeiten, doch scheint hierbei kaum etwas vorgekommen zu sein, was als Anwendung der Tortur gelten könnte, wenn man von den drastischen Strafen absieht, durch die sich die Führer der Dirnenplage in den Kreuzheeren erwehren wollten. In großem Umfange war aber die Folter bei der zweiten Art von Kreuzzügen in Gebrauch, die gegen die sogenannten Ketzer geführt wurden, gegen Albigenser, Waldenser, Stedinger und andere. „Das Vorbild der Anklagen, die man gegen die Ketzer erhob, können wir nämlich im wesentlichen in dem finden, was einst Minucius Felix[1]) seinen Caecilius als Repräsentanten der heidnischen Volksmeinung gegen die christlichen Urgemeinden sagen ließ: Sie seien eine verworfene, verzweifelte und lichtscheue Rotte, zusammengesetzt aus verdorbenem Gesindel und leichtgläubigen Weibern, die gegen das Göttliche wütet, gegen das Wohl der Menschen sich verschwört und der Welt Verderben droht." (Soldan.)

Es würde zu weit führen, wollten wir aufzählen, was alles in den ersten christlichen Jahrhunderten und auch noch später für Ketzer und Ketzergenossenschaften gegolten hat. Es genügt wohl, sich mit der im

---

[1]) Minutius Felix, Rechtsanwalt und Philosoph in Rom, schrieb um 180 n. Chr. eine Verteidigungsschrift des Christentums unter dem Titel „Octavius".

elften Jahrhundert entstandenen Sekte der „Reinen", der Katharer, zu beschäftigen.

Sie verbreitete sich in dieser besonders unsittlichen Epoche von verschiedenen Punkten aus rasch über alle romanischen Länder und drang auch in Deutschland ein. Die Katharer, die ein ganz neues „Reich Gottes" herstellen wollten, in dem auch Satan eine bedeutsame Rolle spielte, gewannen nicht nur viele aus dem Volke für ihre Lehren, sondern auch Männer vom Adel und selbst Geistliche. Die Italiener nannten sie gazzari, woraus wahrscheinlich unser Wort Ketzer entstanden ist. Die Franzosen bezeichneten sie u. a. als Bougres, Bulgaren, d. h. Bogumilen, liederliche Menschen, oder auch Albigenser, von dem katharischen Bistum Alby in Südfrankreich. Am häufigsten aber wurde zu ihrer Bezeichnung der Name Manichäer gebraucht, nach der alten gnostischen Sekte. Die Katharer wurden schon frühzeitig verfolgt, hingerichtet oder lebendig verbrannt, besonders vom Erzbischof Heribert von Mailand um das Jahr 1035; es wurden ihnen die ärgsten Schändlichkeiten angedichtet. Trotzdem gewannen sie immer mehr Anhänger und wurden vom Volke — neben den Anhängern der verwandten, von Petrus Waldus um 1170 gegründeten Sekte der Waldenser — allgemein die „guten Leute" (bons hommes) genannt. Zu Beginn des dreizehnten Jahrhunderts zählte fast der ganze südfranzösische Adel zu den bons hommes.

Im Jahre 1198 wurde Innocenz III. Papst, einer der eifrigsten Kämpfer für die Macht des Papsttums, das er durch die Katharersekten bedroht sah. Er forderte zum Kreuzzug gegen diese auf, wobei er den Teilnehmern dieselben Begünstigungen verhieß, die den Kreuzfahrern nach dem Morgenland zuteil geworden waren. Wer die Güter des ketzerischen Adels eroberte, sollte sie als sein eigen betrachten können. Im Jahre 1209 begann dieser Verfolgungskrieg, der bis 1229 währte, auf das grausamste geführt wurde und mit der fast gänzlichen Vernichtung der Albigenser endete. Ebenso erging es den Waldensern, von denen sich nur ein geringer Rest in das Gebirge von Savoyen und Piemont rettete, wo sie sich, trotz aller späteren Verfolgungen, bis heute noch erhalten haben.

Indes der Bekämpfung der Albigenser folgte ein weiteres: Zu ihrer gänzlichen Vernichtung und zur Ausrottung aller antipäpstlichen Bestrebungen wurden nach Abschluß dieses Kreuzzuges erst zu Toulouse, dann nach an anderen Orten ständige Inquisitionsgerichte gebildet. Die Inquisition selbst bestand zwar schon früher, doch lag deren Ausführung bisher in den Händen der Bischöfe, die nur selten es gar zu arg damit trieben. Die ständige Inquisition aber machte die Tortur zu ihrer Hauptwaffe. Zwei Monarchen, Ludwig IX. von Frankreich und Kaiser Friedrich II., erniedrigten, durch die Macht des Vorurteils und der äußeren Verhältnisse bewogen, in einer Reihe von Edikten die weltliche Macht zur Schergin des geistlichen Despotismus. Die Ketzerei galt von jetzt an als eines der ärgsten öffentlichen Verbrechen, das bürgerliche Gesetz bestrafte sie mit Ehrlosigkeit, Kerker, Tod und Konfiskation der Güter. Die Obrigkeit verfolgte und verhaftete, das geistliche Gericht entschied über Schuld und Unschuld, und der weltliche Arm gab sich blindlings zur Vollstreckung her.

Auch Deutschland war, da ja die katharische Bewegung in seinen Gauen Eingang gefunden hatte, alsbald zum Schauplatz ihrer rohesten Verfolgung geworden. Schon 1052 wurden zu Goslar Katharer zum Tode verurteilt, 1163 kamen in Köln Verbrennungen vor. Im Jahre 1212 ließ der Bischof von Straßburg an einem Tage gegen hundert Personen verbrennen. Im Jahre 1232 erfolgte die Reichsacht gegen die Ketzer im Reiche. Schon vorher hatte Konrad von Marburg als Generalinquisitor (inquisitor generalis haereticae pravitatis) für ganz Deutschland seine Blutarbeit begonnen. Unter den Zeitgenossen herrschte über ihn nur eine Stimme. Wer ihm in die Hände fiel, so berichtet der Erzbischof von Mainz an den Papst, dem blieb nur die Wahl, entweder freiwillig zu bekennen und dadurch sich das Leben zu retten, oder seine Unschuld zu beschwören und unmittelbar darauf verbrannt zu werden. Daß Konrad ganz gegen die kirchlichen Gesetze die Probe des heißen Eisens vorzunehmen pflegte, erzählt Trettenheim. Konrads Gewalttaten hatten besonders im Elsaß, im Mainzischen und Trierschen ihren Schauplatz. Auch bei einem anderen Ereignis tritt er als mitwirkende Person auf. Es ist dies der Kreuzzug gegen die Stedinger. (Schminckius.)

Die Stedinger, im heutigen Oldenburg und Delmenhorst, lebten in Zwist mit dem Erzbischof Hartwig von Bremen und mißhandelten einige Geistliche, die den Zehnten einholen kamen, den die Stedinger nicht für berechtigt hielten. Der Erzbischof betrachtete diese Tat als Ketzerei und holte sich von Rom Erlaubnis zu einem Kreuzzug gegen die Bauern. Anfangs wurde der Kampf im kleinen und mit wechselndem Glück geführt. Im Jahre 1219 starb Hartwig, und Gerhard II. wurde sein Nachfolger. Zu dieser Zeit geschah es nun, daß eine vornehme Stedingerin einem Geistlichen einen Beichtpfennig gab, den jener als zu gering betrachtete; daher schob er beim Abendmahl der Frau statt der Hostie den Beichtpfennig in den Mund. Der Gatte dieser Frau, erbost über den ihm angetanen Schimpf, schlug den Geistlichen und wurde deshalb mit dem Bann belegt, worum sich aber weder der Betroffene noch die andern Stedinger kümmerten. Infolgedessen erneuten sich die Feindseligkeiten; bald fiel der Erzbischof mit verbündeten Herren in das Gebiet der Stedinger, wurde aber zurückgeschlagen. Nun wandte auch er sich an den Papst und stellte die Stedinger als arge Ketzer hin. Papst Gregor IX. erließ daher 1232 an die Bischöfe von Minden, Lübeck und Ratzeburg eine Bulle, die den Kreuzzug gegen diese Ketzer anordnete. Im nachfolgenden Jahre brach denn auch ein Kreuzheer in das Ländchen ein. Ein Teil der Bewohner fiel tapfer im Kampfe; die andern unterwarfen sich dem Erzbischof, der sie vom Banne lossprach.

Viel zum Vernichtungsbefehl des Papstes soll nun der Bericht Konrads von Marburg beigetragen haben. Auf dem Wege von Mainz nach Paderborn, auf der Haide bei Marburg, wurde er am 30. Juli 1233 von einigen Edelleuten erschlagen. Dieser Gewaltakt hatte zur Folge, daß die Inquisition in Deutschland erlosch, zumal sich niemand fand, der die Stelle des Ermordeten einzunehmen den Mut hatte.

Auf dem Konzil zu Verona — 1183 — wurde auch die Ketzerei in Südfrankreich erörtert und beraten, welche Mittel dagegen in Anwendung gebracht werden sollten. Noch in demselben Jahr ließ Papst Lucius III. durch den zum päpstlichen Legaten ernannten Erzbischof von Reims zahlreiche der Ketzerei angeklagte Personen verbrennen, ein Vorgang, den wir als Einleitung zu der Institution der Inquisition betrachten können.

Dieses Jahr 1183 kann als ein verhängnisvoller Wendepunkt in der Geschichte der Kirche angesehen werden. Von diesem Jahre an wurde nämlich allmählich der Begriff und das Strafverfahren der Kirche gegen die Ketzerei ein anderes. Beides geschah aber dadurch, daß sich das Papsttum in ganz neuer Weise als Prinzip alles Glaubens und Lebens der Kirche geltend machte.

Hinsichtlich der Auffassung der Ketzerei hatte man bisher in der Kirche den Gesichtspunkt festgehalten, von dem einst die römischen Kaiser in ihrer Strafgesetzgebung gegen Ketzerei ausgegangen waren: Man hatte zwischen den Irrlehren unterschieden und nur Ketzereien von größerer Bedeutung mit Strafen belegt. Jetzt aber ward der Gedanke zur Geltung gebracht: Jedes Dogma beruhe auf der Autorität der Kirche, auf dem Papsttum, daher sei auch die geringste Abweichung von der Kirchenlehre, als eine Verleugnung der Autorität des Papsttums, Ketzerei; mithin sei solche, in welcher Form sie auch auftrete, immer gleich fluchwürdig und gleich strafbar.

Als die dem Verbrechen der Ketzerei — das heißt des Abfalls von der Kirche, von Gott — allein entsprechende Strafe betrachtete man den Tod durch Feuer. (Hinzugefügt kann hier werden, daß der Grundsatz, die Kirche vergieße, „trinke" kein Blut: Ecclesia non sitit sanguinem, — neben der Gepflogenheit, dem weltlichen Gericht den Vollzug der Strafe zu übertragen — zur Wahl der Strafe des Verbrennens führte.)

Allerdings wurden noch im elften und im Anfang des zwölften Jahrhunderts viele Stimmen in der Kirche laut, die vor der Hinrichtung Irrgläubiger warnten. Ernste, fromme Kirchenmänner wie der Bischof Wazo von Lüttich, der Bischof Hildebert von Le Mans, Rupert von Deutz, der heilige Bernhard von Clairvaux und andere, erinnerten daran, daß ein solches Verfahren gegen Christi Willen sei, daß man dadurch nur die Heuchelei großziehe und die Kirche verhaßt mache. Allein der vom Papsttum vertretene Gedanke, daß die Ketzerei vom Teufel stamme, daß darum die Ketzer ausgerottet werden müßten, gewann in der Kirche immer mehr Anhang.

Der altkirchliche Gedanke, daß die Verfolgung der Ketzerei den Bischöfen zustehe, wurde bald vergessen. Seitdem nämlich das Papsttum das eigentliche Wesen der Ketzerei in der Verleugnung seiner Autorität sah, lag es nahe, daß dieses die Verfolgung und Bestrafung der Ketzerei als eine ihm ausschließlich zugehörige Sache ansah. Daher erhob sich jetzt das Papsttum, um auf Kosten der Bischöfe durch seine Legaten, die von ihm mit den ausgedehntesten Befugnissen ausgestattet waren, das Strafrecht der Kirche gegen die Ketzer selbst auszuüben. (Soldan.)

Anfangs freilich wurde das Recht der Bischöfe noch einigermaßen berücksichtigt. Auf dem vierten Laterankonzil ließ Innocenz III. (1198 bis 1216) den Beschluß fassen, daß jeder Bischof seine Diözese selbst bereisen oder durch einen geeigneten Vertreter bereisen lassen müßte, um an allen verdächtig scheinenden Orten einige Vertrauensleute oder auch die ganze Einwohnerschaft in Eid zu nehmen, daß sie ihm alle ihnen bekannten Leute von ketzerischer Gesinnung bekanntmachten. Eine Verweigerung des Eides sollte der Ketzerei selbst gleichkommen. Würde ein Bischof sich bei diesen Untersuchungen lässig zeigen, so wäre er seines Amtes zu entsetzen. Beaufsichtigt wurden die Bischöfe hierbei durch päpstliche Legaten.

Diese Maßregeln hatten aber weniger Erfolg, als angenommen wurde; denn das Volk war zu Denunziationen nicht sehr geneigt. Um nun die Sache mehr in Gang zu bringen, beschloß Papst Gregor IX., der Gegner der Hohenstaufen, der über Friedrich II. fünfmal den Bann aussprach und 1241 als fast Hundertjähriger starb, die Inquisition oder das heilige Offizium zu einer selbständigen Institution zu erheben, dem auch die Bischöfe und Fürsten unterworfen sein sollten. Die Ausführung wurde dem 1215 von dem Spanier Dominicus de Guzman zu Toulouse gegründeten Dominikanerorden überwiesen, der in der Folge auch — eine Zeitlang unterstützt von den Franziskanern — sein Amt ausübte. Südfrankreich, die Lombardei, Aragonien, Österreich und Deutschland wurden zuerst (1232) mit der „Inquisitio haereticae pravitatis" beglückt, bald folgten andere Länder nach. Portugal erhielt sie merkwürdigerweise erst 1557, und in England konnte sie überhaupt nicht eindringen; denn hier bildete die Magna Charta einen starken Schutzwall gegen obrigkeitliche und klerikale Willkür.

Zu den eifrigsten Verteidigern der Inquisition gehörte auch der Doctor angelicus, der fünfzig Jahre nach seinem Tode heilig gesprochene Scholastiker Thomas von Aquino (1225—1274), eine der Leuchten des Dominikanerordens, „der seit seiner Gründung eine seiner Hauptaufgaben in der Abwehr des Irrtums sah und sich diesem Zwecke seit der Zeit seiner Gründung namentlich gegen die Häretiker Südfrankreichs gewidmet hatte". (Endres.)

Diese und andere „Irrtümer" haben die Dominikaner durch die Flammen unzähliger Scheiterhaufen zu ersticken versucht. Dieser „Glaubensakt" der Verbrennung, erst lateinisch als actus fidei, später portugiesisch als Autodafé bezeichnet, fand gewöhnlich an einem Sonntag oder anderem Feiertag mit Festaufzügen statt. „Das Autodafé galt als die Verschönerung eines Freudentages, es wurde zu Ehren eines hohen Gastes veranstaltet, weil der Spanier darin die höchste Kundgebung der Frömmigkeit, eine Ehrbezeigung für Gott, einen Ruhm für das Land und eine Förderung der Frömmigkeit bei allen Teilnehmern erblickte." (Lea.)

Zuweilen waren die Patres milde und gestatteten, daß Verurteilte, die sich mit der Kirche ausgesöhnt, d. h. gestanden hatten, was man von ihnen hören wollte, vor dem Verbrennen erwürgt wurden; doch war dies nur eine ausnahmsweise gewährte Begünstigung. Um das Jammergeschrei des zum Feuertode Verurteilten zu verhindern, kam häufig die Würgbirne und die Foltermaske zur Anwendung, die, wie schon der Name besagt, hauptsächlich bei der Folterung benutzt wurden. Die Würgbirne war von Stahl oder Bronze. Dem Gemarterten in den Mund gesteckt, sprang sie durch Federkraft oder durch Schraubung in vier Teile aus einander, sperrte die Mundhöhle auf und verhinderte so das Schreien. Wir werden sie auch in deutschen Folterkammern wiedersehn. Die Foltermaske bestand aus einem eisernen Reifen, der um das Gesicht gelegt und im Genick geschlossen wurde. Das Kinn lag in einer muschelartigen Höhlung. Ein zungenförmiger Teil ragte in den Mund und verhinderte somit gleichfalls das Schreien.

Wie nun die Einsetzung der Inquisition als solche die willkürlichste Durchbrechung der bestehenden hierarchischen Ordnung der Kirche seitens des Papsttums war, so beruhte auch das gerichtliche Verfahren, das die Inquisitoren zur Anwendung brachten — der Inquisitionsprozeß —, auf vollständigem Bruche mit dem bisherigen Prozeßrecht und auf gänzlicher Nichtachtung des kanonischen Rechts.

Die Kirche hatte sich von Anfang an das von ihr vorgefundene römische Recht angeeignet, sowohl zur Regelung ihrer mannigfachen inneren und äußeren Verhältnisse, als auch für die Form ihres Rechtsverfahrens, insbesondere bei der Ausübung des Strafrechts. Daher kannte das alte kanonische Recht bis etwa zum Jahre 1200 ebenso wie das römische Recht keinen anderen Prozeß als den auf wirklicher Anklage beruhenden, — den Akkusationsprozeß. (Zachariä.) Wie im römischen, so galt auch im kanonischen Strafverfahren das vom Ankläger unterzeichnete schriftliche Protokoll oder eine von ihm eingereichte Anklageschrift als die eigentliche Grundlage des ganzen Prozeßverfahrens, die dem Prozeß seine bestimmte, nicht zu überschreitende Grundlage gab und zugleich die Verantwortlichkeit des Anklägers dem Angeklagten und dem Staate gegenüber begründete.

Allerdings war in der Kirche aus dem Bedürfnisse der kirchlichen Disziplin schon frühzeitig ein anderes Strafverfahren, das der inquisitio, erwachsen, das später insbesondere durch Innocenz III. und durch die Beschlüsse des Laterankonzils von 1215 bestimmter geregelt wurde. Es stellte sich nämlich heraus, daß den Geistlichen gegenüber der Akkusationsprozeß zur Handhabung des Strafrechts darum nicht völlig genügen konnte, weil im kanonischen Recht die Erhebung einer förmlichen Anklage gegen einen Geistlichen durch einen Laien oder gegen einen höherstehenden Geistlichen durch einen niederen ausgeschlossen war. Daher wurden die geistlichen Gerichte ermächtigt, namentlich in bezug auf Kleriker, bei offensichtlichen Verfehlungen von Amts wegen einzuschreiten, auch wenn kein Ankläger aufgetreten war. Doch konnte der Beschuldigte, wenn er sich schuldfrei wußte, sich eidlich reinigen. Weitere Bestimmungen über den Gang und die Formen dieses Strafverfahrens finden sich nicht vor.

Nach dem damaligen kanonischen Recht galt es daher als Regel: Erstens, daß der Anklageprozeß, der auf der Angabe eines fähigen Anklägers beruhte, das ordentliche Prozeßverfahren war; zweitens, daß das Prozeßverfahren (wie das römisch-rechtliche) öffentlich und mündlich und streng an die Anklageschrift des Anklägers gebunden war; drittens, daß das Geständnis, welches der Richter von dem Angeklagten zu gewinnen bemüht sein müsse, nur dann Wert habe, wenn dieses ein durchaus freiwillig abgelegtes und in keiner Weise mit Gewalt erpreßtes war. — In diesem Punkte wich also das Strafrecht der Kirche von dem römischen Recht ab, das bei Majestäts- und anderen Kapitalverbrechen die Anwendung der Folter zuließ.

Diese Normen konnten bei den Ketzerverfolgungen nicht genügen; der Anklageprozeß wurde daher durch den Inquisitionsprozeß ersetzt, alle Erwachsenen eidlich zur Denunziation von Ketzern verpflichtet, Geheimhaltung der Namen der Zeugen angeordnet, unter Innocenz IV. (1243—1254) die Folter als Mittel zum Geständniszwang eingeführt, endlich auch die Verurteilung zum Feuertod.

Die Inquisitoren hatten somit völlig freie Hand, anzuklagen, zu verhaften und zu verurteilen, und sie machten von diesen Befugnissen Jahrhunderte hindurch den eifrigsten Gebrauch, in einem Verfolgungseifer, der, wie schon erwähnt, neben dem Fanatismus auch der Habgier entsprang. Das eingezogene Vermögen der Verurteilten fiel anfangs teilweise, später gänzlich der Inquisition zu. Einen Verteidiger durfte der Angeklagte nicht wählen und auch keiner freiwillig für ihn auftreten, was übrigens dem Wagemütigen leicht teuer zu stehen gekommen wäre. Indes hatte die Inquisition, wenigstens in späterer Zeit, eine Zeugenbank aufzuweisen, auf die sich jeder setzen konnte, der bei der öffentlichen Verhandlung für die Unschuld des Angeklagten eintreten wollte, sofern dieser unter der Folter nicht schon gestanden hatte. Aber abgesehen davon, daß wenigstens zwölf Zeugen für die Unschuld eintreten mußten, fand der Inquisitor noch Mittel und Wege genug, die Glaubwürdigkeit eines Zeugen in Abrede zu stellen; und dann büßte der Kühne seine Absicht mit Verhaftung und Anklage der Ketzerei.

Als Belastungszeuge konnte jeder gelten, mochte Herkunft, Stand, Ruf noch so anrüchig sein. Die Namen dieser Zeugen wurden dem Beschuldigten niemals genannt, noch weniger bekam er sie zu Gesicht. Auch das Alter spielte bei den Zeugen keine Rolle. Die Aussage von Kindern in zartester Jugend war maßgebend, sofern sie nur gegen den Angeklagten lautete. Die Folterung von Zeugen war ein Mißbrauch, der allenthalben üblich war, wo die Folter Eingang gefunden hatte. Zwar verbot das römische Recht, jemand, der seine eigene Schuld bekannt hatte, als Zeugen gegen einen anderen zu vernehmen, und dieser Grundsatz ging durch die falschen Dekretalien in das kanonische Recht über; bei der Inquisition jedoch war eine Überführung des Ketzers nur die Vorstufe zur Anzeige von Mitschuldigen, und die erste päpstliche Erlaubnis, zu diesem Ende die Folter anzuwenden, stammt aus dem Jahre 1252. Paul IV. und Pius V. gaben den Inquisitoren hierfür freie Hand. (Lea.)

In der Bulle Innocenz' IV. „Ad exstirpanda" vom Jahre 1252, erneuert 1259 von Alexander IV. und 1265 von Clemens IV., wird der Gebrauch der Tortur kanonisch geregelt. Nur wenn andere Beweismittel vorhanden, war sie ausgeschlossen (regulariter non devenitur ad torturam nisi in defectum aliarum probationum), dann ihre Anwendung nicht bis zur Körperverstümmlung und Lebensgefahr zulässig. Das päpstliche Wohlwollen ging sogar so weit, über die Inquisitoren bei Verstümmlung und Gefährdung des Torturierten die Exkommunikation und die Irregularität — Amtsenthebung — zu verhängen. Um jedoch die Geistlichen bei der Ausübung der Peinigungen nicht zu hindern, verordnete 1261 Papst Urban IV., daß in solchem Falle die Inquisitoren berechtigt wären, einander zu absolvieren. Es ist begreiflich, daß unter solchen Umständen, bei Anwendung raffinierter Foltermittel, in den meisten Fällen von dem Beschuldigten alles, was seine Richter hören wollten, ausgesagt wurde; geschah es trotz alledem nicht, so galt er als verstockter Ketzer, seiner Schuld überwiesen, und wurde in dem einen, wie in dem anderen Falle verurteilt.

Zu Ehren der Menschheit kann gesagt werden, daß dieses Treiben überall verhaßt war, und daß sich selbst Bischöfe und fromme Fürsten, Päpste sogar darüber entrüsteten. Allerdings erfolglos, denn die Inquisition war bald zu einer Macht herangewachsen, der selbst die Päpste sich heimlich beugen mußten. Kennzeichnend ist es, daß in der sozusagen Berufssprache der Mitglieder der spanischen Inquisition der Großinquisitor „Gott" (Dios) genannt wurde. Die Sorbonne — Theologenschule zu Paris — führte Beschwerde über Anmaßungen der unwissenden Mönche. Parlamentsbeschlüsse schritten gegen das bisher unerhörte Rechtsverfahren ein. Königliche Edikte von Ludwig dem Heiligen, Philipp dem Schönen und Ludwig XI. ergingen in gleichem Sinne. Wiederholt kam es auch vor, besonders in Frankreich, Italien und Belgien, daß das Volk durch Ermordung der Ketzerrichter oder durch Aufstände seinem Groll gegen die Inquisition Luft machte. Außer dem schon erwähnten Konrad von Marburg (1233) wurden 1208 Peter von Castelnau, 1242 vier Inquisitoren zu Toulouse und noch andere erschlagen. 1234 fanden Aufstände gegen die Inquisition zu Narbonne und Albi statt, 1235 Vertreibung der Inquisitoren aus Toulouse und Narbonne, 1285 Aufstand zu Parma usf. Im Jahre 1243 baten die Dominikaner in Languedoc um die Enthebung von dem Amte der Inquisition, was jedoch Innocenz IV. um des Ansehens der Ketzerrichter willen abschlug. Je mehr aber diese sich bemühten, Opfer herbeizuschaffen, desto gründlicher war bald das Ketzerwesen ausgerottet und bot den eifrigen Dienern des „heiligen Dienstes" nicht mehr genügende Beschäftigung. Dem wurde jedoch leicht abgeholfen, indem der Begriff Ketzerei erweitert wurde, trotzdem schon die geringste Abweichung von der Kirchenregel dafür galt, und trotzdem es mit dem Beweis schon längst nicht mehr genau genommen wurde, besonders dort, wo es Befriedigung einer Privatrache oder Aneignung des Besitzes galt. Die Inquisition versuchte nun das ganze Zauberwesen und Hexentum und anderes noch als ketzerisch in ihren Wirkungskreis zu ziehen, der sich dadurch ungeheuer erweiterte; schon Papst Alexander IV. (1254—1261) sah sich genötigt, die Inquisitoren zu ermahnen, ihre Tätigkeit einzuschränken und Dinge, die nicht deutlich auf Ketzerei hinwiesen, den weltlichen Gerichten zu überlassen. (Sexti Decretalium Libri, Lib. V. Tit. II. cap. 8.) Die Inquisitoren lasen jedoch aus dieser päpstlichen Anordnung nur die Berechtigung heraus, die eigentliche Hexenverfolgung betreiben zu dürfen, was von nun an auch immer eifriger erfolgte.

Zehntes Kapitel
Die spanische Inquisition vom dreizehnten Jahrhundert ab

Durch Beschluß des Pariser Parlaments vom 2. Mai 1331 wurde die Inquisition in Frankreich zu einem königlichen Gerichtshof erklärt, was die Machtfülle dieser Institution nur vermehrte. Zu noch größerer Macht, der größten von allen Ländern, gelangte die geistliche Inquisition in Spanien. Im Jahre 1232 richtete Gregor IX. an den Erzbischof von Tarragona eine Bulle, in der er ihm die Einführung der Inquisition zur Unterdrückung der Ketzerei auftrug. Es geschah, und bald seufzte ein Teil von Spanien unter dem Joch der von den Dominikanern grausam ausgeübten Tätigkeit. Als Hauptketzerei galt die Zugehörigkeit zu den Mauren und Juden. In der Tat gab es auch viele Abkömmlinge dieser Völker in Spanien, die nach deren Vertreibung zurückgeblieben waren, weil sie oder schon ihre Vorfahren das Christentum angenommen hatten. Sie wurden Marranos, Moriscos genannt, eine Bezeichnung, die eigentlich nur den Maurenabkömmlingen galt, die selbst unter dem hohen Adel Spaniens vertreten waren. Freilich waren viele der Moriscos und der getauften Juden nur zum Schein zum Christentum übergetreten, um nicht gezwungen zu sein, die heimatliche Scholle verlassen zu müssen; heimlich hielten sie aber zum Glauben ihrer Väter. Gegen diese richtete sich vornehmlich der Eifer der Ketzerrichter, wobei aber die geistlichen Machthaber es bald nicht mehr genau nahmen und überall zugriffen, wo ihr Fanatismus Ketzerei witterte oder wittern wollte.

Im Jahre 1484 führte der Dominikanerprior von Segovia, Thomas de Torquemada, Beichtiger des Königs Ferdinand von Aragonien und seiner Gattin Isabella, die Inquisition in Aragonien und Kastilien ein, und nun begann ein Wüten, ein Morden, das Jahrhunderte fortwährte und erst 1808 mit dem Einmarsch der Franzosen in Spanien ein Ende fand. Schon vorher hatte die Inquisition in Spanien festen Fuß gefaßt, denn bereits am 6. Februar 1481 hatte in Sevilla das erste Autodafé stattgefunden, bei dem sechs Männer und Frauen verbrannt worden waren. Aber erst unter Torquemada als Großinquisitor loderten die Scheiterhaufen allerorten und ohne Ende auf, begann die Tortur ihr düsteres Werk und verschlang ein Fanatismus, wie ihn die Geschichte bis dahin nicht gesehen, Unschuldige sonder Zahl, vom unmündigen Kinde bis zum gebrechlichen Greise.

Sogar die Toten fanden keine Ruhe in ihren Gräbern, denn Torquemada schärfte 1485 den Gerichten die Verfolgung von Toten und deren Vermögenseinziehung besonders ein. Die Rückwirkung ging so weit, daß um 1525 die Gebeine eines Mannes ausgegraben wurden, der 1416 Christ geworden, als solcher gelebt und 1456 gestorben war. Seine Güter wurden prompt eingezogen.

Als Torquemada nach fünfzehnjähriger Tätigkeit in seinem Amte am 16. September 1498 die Augen schloß, hatte die von ihm verbreitete Saat längst Früchte getragen. In Aragonien war Pedro de Arbués, würdig seines Meisters, an der Arbeit. Ein Heer von gutbezahlten Angebern lieferte ihm die Schlachtopfer, durch deren Verurteilung der Säckel des Königs und die Truhen der Inquisitoren gefüllt wurden. Trotz des Panzers, den er immer trug, wurde Arbués am 15. September 1485 am Hochaltar von zur Verzweiflung getriebenen Männern ermordet. Sein Tod führte natürlich zur Entdeckung zahlreicher „Ketzer, die gebührend bestraft oder verbrannt wurden". (Lea.) Sein Wirken wurde belohnt; Papst Alexander VII. sprach ihn 1661 selig, und Papst Pius IX. im Jahre 1867 heilig.

Durch ihn und Torquemada erhielt die „heilige" Inquisition die Macht und das feste Gefüge, die dem Fortschritt durch Jahrhunderte trotzten.

Die Inquisition in Spanien verfügte über eine eigene Armee, sie führte eine eigene Fahne, hatte ihre eigenen Sprachausdrücke, ihre eigenen „heiligen Zeichen", woran die Eingeweihten einander geeignetenfalls erkennen konnten. „Miliz Christi" wurde die von Torquemada 1494 errichtete Garde der Inquisition genannt.

Diese seltsame Miliz war sehr zahlreich. Torquemada hatte sich so grausam gezeigt, so sehr Spionage und Verrat ermutigt, daß eine große Anzahl hoher Adeliger der Ansicht wurde, es wäre besser, der Inquisition selbst anzugehören, als früher oder später für „verdächtig" erklärt zu werden, daher sie sich freiwillig als Familiare — Diener der Inquisition — anboten. Das Beispiel der Edelleute und die Privilegien, die Ferdinand von Aragonien den Familiaren erteilt hatte, zog dann auch eine Menge aus dem Volke heran. Bald gab es so viel Familiare wie Personen, die zu städtischen Steuern verpflichtet waren; denn jeder, der zur Inquisition gehörte, war von ihnen befreit. Die bewaffneten Familiare bildeten das, was man die Miliz

Christi nannte, und diese Miliz bildete die Garde du Corps sowohl bei dem Generalinquisitor, wie auch bei den Provinzialinquisitoren. (Llorente.)

In der späteren Zeit war es schon minder leicht, unter die Familiaren des heiligen Offiziums aufgenommen zu werden. Das beste Mittel dazu war dann immer, einige hervorragende Personen als Ketzer zu denunzieren, vor allem reiche. Besondere Aufnahmebedingungen waren „Reinheit des Blutes", d. h. der Bewerber mußte nachweisen, daß er weder von Mauren, noch von Juden abstamme, ferner, daß keiner seiner Vorfahren von der Inquisition je bestraft wurde. Jährlich, einige Tage vor dem feierlich abgehaltenen Autodafé, fand gewöhnlich die Aufnahme der Familiaren im großen statt, wobei jeder Neugenommene ein Pergament empfing, das die vereinbarten Zeichen und Worte vermerkt enthielt. Die Ältesten der vornehmsten Grandengeschlechter bemühten sich um die Ehre, bei den Umzügen das Banner der Inquisition im Sattel vor sich hertragen zu dürfen.

Bei allen Feierlichkeiten hatte der Inquisitor den Vortritt vor dem Könige. Bei dem großen Autodafé und in der Kirche stand der Thronstuhl des Inquisitors höher als der des Königs von Spanien. Welchen Rang ersterer für sich beanspruchte, wird übrigens am besten durch die Tatsache charakterisiert, daß der Inquisitor Tavera den Erzpriester der Kathedrale zu Malaga zwei Jahre im Gefängnis der Inquisition in Haft behielt, weil dieser greise Priester, als er sich mit der heiligen Wegzehrung zu einer Sterbenden begab, nicht haltmachte und die Kavalkade des Inquisitors vor sich vorüberziehen ließ.

Diese Machtfülle der Inquisitoren wird leicht erklärlich, wenn man in Betracht zieht, daß bis auf den Papst und die hohen Würdenträger der Kirche alles ihrer Gerichtsbarkeit unterworfen war, sogar der König. Aber selbst diese Ausnahmen wurden illusorisch; denn der Papst fürchtete zu sehr die Männer dieses Blutgerichts, das die Hauptstütze seiner Macht war, und vermied es sorgsam, etwa entstehende Zwistigkeiten zwischen sich selbst und ihnen zu einem Punkte geraten zu lassen, wo die Feindseligkeit offen hervortreten mußte. Und was die hohen Würdenträger der Kirche betrifft, so kümmerten sich die Inquisitoren nicht viel um deren Unantastbarkeit, sondern griffen mehr als einmal gewaltsam in deren Reihen. So geschah es unter anderem mit den Bischöfen Aranda von Calahorra und dem 80jährigen Davila von Segovia. Diese beiden waren trotz ihrer hohen Kirchenstellung getaufte Juden und standen in allgemeiner Achtung. Torquemada leitete entgegen den päpstlichen Vorschriften die Untersuchung gegen sie ein. Sie begaben sich nach Rom, um an den Papst Alexander VI. zu appellieren. Dieser ließ die

Angelegenheit untersuchen, wobei die Entscheidung günstig ausfiel, und ernannte den einen zum Nuntius zu Neapel, den andern zum Nuntius zu Venedig. Torquemada gab aber seine Beute nicht so leicht frei. Er wußte einen neuen Prozeß wegen Ketzerei gegen die beiden einzuleiten; Davila starb darüber in Rom. Aranda wurde seiner Würden entsetzt, seiner Güter beraubt und starb 1500 als Gefangener in der Engelsburg. (Lea.)

Es wäre irrig, anzunehmen, daß die Spanier immer geduldig den Druck der Inquisition ertragen hätten. Wiederholt haben sie mit Worten und auch mit Taten dagegen angekämpft. Hervorragende Männer, darunter auch manch hochgeschätzter Geistlicher, mancher, der später heilig gesprochen wurde, traten als Gegner dieser Ketzergerichte auf, mußten es aber schließlich mit Anklagen und Verfolgungen büßen. Gegen den zweiten Generalinquisitor Deza (1498—1507) und gegen seinen Schützling Lucero, Inquisitor von Cordova, brach ein Aufstand los, der Philipp I. veranlaßte, Deza seines Amtes zu entheben. Doch nach dem bald darauf eingetretenen Tod dieses Königs wurde Deza wieder in seine Stellung eingesetzt und begann im Verein mit Lucero noch härter zu wüten als vorher. Von neuem aber erhob sich das Volk in Andalusien, erbrach das Gefängnis der Inquisition und befreite eine große Anzahl der Eingekerkerten. Lucero konnte sich nur durch die Flucht retten, und Deza, eingeschüchtert durch diese Vorgänge, legte freiwillig sein Amt nieder.

Wie Lucero — „ein außergewöhnliches Ungeheuer" nennt ihn Lea — jahrelang ungestraft gewirkt, spricht aller Menschlichkeit hohn. Hier ist keine Rede mehr von Fanatismus, der das Wüten eines Torquemada oder Arbués begreiflich erscheinen, wenn auch nicht entschuldigen läßt; hier sprechen nur Blutdurst und Geldgier ihre unwiderlegliche Sprache.

Lucero hielt einen Zeugen Diego fünf Jahre im Gefängnis zu Cordova, damit er stets zur Hand sei, wenn es irgend etwas zu beschwören galt. Dieser erfüllte seine Aufgabe so gut, daß bald die reichsten Opfer in Haft saßen. Mit Hilfe Diegos und reichlicher Anwendung der Folter auf die Zeugen wie auf die Angeklagten bekam das Gericht jeden gewünschten Beweis heraus. Besonders erfolgreich war dabei der Notar des Gerichts, Antonio de Barcena. Einmal sperrte er ein fünfzehnjähriges Mädchen in einen Raum, zog es nackt aus und peitschte es so lange, bis es sich bereit erklärte, gegen die eigene Mutter auszusagen. Ein Verurteilter, dem in der Folter die Füße bis auf die Knochen abgebrannt waren, wurde bei einem Autodafé auf einem Stuhl zum Brandstapel getragen, auf dem er und seine Frau lebend verbrannt wurden. Erst danach wurden zwei ihrer Sklaven gefangen gesetzt und zu Aussagen gezwungen, durch die die Hinrichtung gerechtfertigt wurde. (Lea.)

Wie die gefangenen Frauen behandelt wurden, geht aus folgendem hervor: Trotz eines Erlasses von Ximenez, dem Nachfolger Dezas, der jedem Wärter, der mit einer der Gefangenen Verkehr gepflogen hatte, den Tod androhte, kam 1590 ein solcher, den neunundzwanzig Zeugen belasteten, mit einer verhältnismäßig leichten Strafe davon.

Über die Zahl der Opfer der Inquisition läßt sich mit Bestimmtheit nichts angeben. Die von dem parteiischen Geschichtschreiber der Inquisition, Juan Antonio Llorente, angegebenen Zahlen beruhen auf übertreibenden Vermutungen, wie jüngst Lea nachgewiesen hat.

Auf Grund der noch vorhandenen Akten, die allerdings große Lücken aufweisen, ist die Zahl, so schauerlich hoch sie an sich auch ist, dennoch erheblich geringer als die von Llorente aufgegebenen.

Lea kommt auf Grund der Akten zu folgenden Ergebnissen. Es wurden in Spanien:

	Lebend verbrannt	Im Bilde verbrannt	Verurteilt
Toledo 1483—1501..........	297	600	6 200
(1502—1574 fehlen)			
Toledo 1575—1610	11	15	904
(1611—1647?)			
Toledo 1648—1794..........	8	63	1 094
Saragossa 1485—1502	124	32	458
Barcelona 1488—1498	23	430	5 122
Valencia 1485—1592	643	479	3 140
Valladolid 1485—1492	50	6	?
Mallorca 1488—1691.........	139	482	975
Sämtliche Gerichte 1721—1727 ...	77	74	811
	3 172	2 181	18 704

Das vorliegende Material genügt also nicht, um die wirkliche Summe auch nur erraten zu lassen. Wie dem auch sei, der Schwerpunkt liegt nicht, wie man glaubte, in der Zahl der menschlichen Wesen, die die Inquisition dem Scheiterhaufen überliefert, deren Gebeine sie ausgegraben, die sie im Bilde verbrannt, derjenigen, die sie ins Gefängnis geworfen oder auf die Galeeren gesandt, der Waisen, die sie infolge der Gütereinziehung in gänzlicher Armut in die Welt gejagt hat. Die Tatsachen sind grauenhaft genug, auch ohne in Zahlen ausgedrückt zu werden. Ihre Bedeutung liegt darin, daß es Männer gab, die all das gewissenhaft, nach bestem Können verrichteten, im Namen des Evangeliums des Friedens und dessen, der gekommen war, die Menschen die Brüderlichkeit zu lehren. (Lea.)

Ähnlich war ihr Walten auch in Portugal, wo die Inquisition erst 1557 eingeführt wurde. Dies erfolgte durch Juan Perez de Saavedra, genannt der „falsche Nuntius", der durch seine besondere Geschicklichkeit im Fälschen von Schriftstücken sich bekannt gemacht hatte. Die Einführung der Inquisition, wie auch die des Jesuitenordens brachte er durch Fälschungen von päpstlichen Bullen, Briefen Karls V. und des

Prinzen Philipp, nachmaligen Königs dieses Namens, zuwege. Er trat mit diesen Papieren als Abgesandter des Papstes auf, und seine Absicht gelang ihm. Der Biedermann fälschte sogar Staatsschuldverschreibungen und andere Schriften, die ihm Vorteil bringen konnten, so daß selbst die durch seine Spitzbübereien in Portugal zustande gekommene Inquisition gegen ihn einschreiten mußte. Seine Strafe war verhältnismäßig milde, denn sie lautete auf zehn Jahre Galeere, und es ist zweifelhaft, ob er diese Zeit abgebüßt hat. Später finden wir ihn, von Philipp II. berufen, in Madrid, wo er ein ansehnliches Amt einnahm und 1575 als reicher Mann starb.

Die von der Inquisition allgemein ausgeübte Tortur war dieselbe, die schon früher in Italien in Brauch war und sich vom alten Rom her fortgepflanzt hatte. Nur daß der Fanatismus noch manches daran „verbessert", das heißt die Grausamkeit noch verschärft hatte. Es herrschte dabei freilich die Meinung, daß der Gefolterte infolge seiner Verbindung mit dem Satan die Schmerzen, die er bei der Tortur eigentlich empfinden müßte, vermindern oder gar völlig beseitigen könnte. Der italienische Kriminalist Hippolyt de Marsiliis gibt im fünfzehnten Jahrhundert den Rat, den Gefolterten beständig durch Fragen zu unterbrechen, wenn er etwas vor sich hinmurmeln sollte, da dies doch nur eine Anrufung des Bösen sein könnte. Wie scharf übrigens bereits in den italienischen Staaten gegen Gefangene vorgegangen wurde, lehrt uns so manche historische Überlieferung. Es sei hier nur an die berüchtigten Gefängnisse unter den Bleidächern Venedigs erinnert, an den Hungertod Ugolino Gherardescos im Turm zu Pisa, ein Ereignis, das bekanntlich häufig poetisch behandelt wurde; so von Dante im XXXIII. Gesang seines „Inferno", eines Werkes, das überhaupt mancherlei Andeutungen über die Qualen gibt, die Gefangene auf italienischem Boden zu ertragen hatten.

Über die Gefängnisse der Inquisition ist durch Llorente und namentlich durch den vielgelesenen, sehr schlechten Hintertreppenroman von M. V. von Féréal „Die Geheimnisse der Inquisition und anderer geheimen Gesellschaften Spaniens" sehr viel gefabelt worden. Die Gerechtigkeit gebietet, zu erklären, daß diese Gefängnisse nicht schlechter und nicht besser waren als die z. B. in Deutschland um dieselbe Zeit. Wir werden solche Stätten noch kennenlernen. Anders steht es jedoch mit der Tortur, in deren Anwendung die Inquisitionsrichter vorbildlich gewesen sind. Die nackten, hierüber urkundlich verbürgten Tatsachen sind schauerlich genug, um auf alle Zutaten der Phantasie verzichten zu können.

Das Schreckliche bei der Inquisition lag nicht zum geringsten in der Heuchelei, in die das ganze Gerichtsverfahren gehüllt war. Sie begann schon mit der ersten Vernehmung. Der Angeschuldigte wurde bei Gott und der heiligen Jungfrau beschworen, die Wahrheit zu gestehen, nichts Falsches über sich und andere auszusagen. Ließ er sich dadurch nicht bewegen, das zu bekennen, was die Richter erwarteten, „so erging das von sämtlichen Richtern zu unterzeichnende und ihm vorzulesende Urteil, wonach er angesichts der gegen ihn aus den Zeugnissen sich ergebenden Verdachtsgründe so lange zu foltern war, wie sie es für gut hielten, damit er die Wahrheit der gegen ihn vorliegenden Aussagen bekräftige. Dabei wurde ihm bemerkt, daß, falls er in der Folter sterben, Blut vergießen oder verstümmelt werden sollte, dies nicht auf sie, sondern auf ihn fallen würde, weil er die Wahrheit nicht gesagt habe." (Lea.)

Der eigentlichen Folter ging vielfach die „Territion" voraus. Das Folterurteil wurde dem Beklagten vorgelesen, er vor die Folterbank geführt, entkleidet, vielleicht auch auf die Bank gebunden. Aber dabei blieb es vorläufig. Es gehörten starke Nerven dazu, die Instrumente zu besehen und ihre Anwendung zu erwarten, ohne jedes gewünschte Geständnis abzulegen.

Im Gebrauch waren der Wippgalgen (die Garrucha). Dem Gepeinigten wurden die Hände auf dem Rücken gebunden und er an einem um die Handgelenke gewundenen Strick an einer Rolle in die Höhe gezogen. Man ließ ihn ab und zu mit einem Ruck niederfallen, wobei die Arme aus den Gelenken gerissen wurden. Während des Schwebens sollen die Richter leise dreimal das Miserere beten. Gestehe er dann noch nicht, sollen ihm die Gewichte an die Füße gehängt werden und er für die Dauer zweier Miserere schweben bleiben. Das sei mit immer schwereren Gewichten, solange es nötig scheine, zu wiederholen.

Einfacher, aber ebenso hart war die Wassertortur. Das Opfer wurde auf die Escalera oder den Poltro, eine leiterförmige Bank mit scharfkantigen Sprossen gebunden. Sie war so gestellt, daß der Kopf tiefer lag als die Füße. Am unteren Ende war eine Senkung für den Kopf, der durch ein eisernes Band um die Stirne oder den Hals festgehalten wurde. Scharfe Stricke, die Cordoles, die in das Fleisch schnitten, waren von den Leiterbäumen aus um Arme und Beine gewunden, und andere Stricke, die Garrotes, mit Knebeln, wurden an den Ober- und Unterarmen, Schenkeln und Waden angezogen, damit die Hauptstricke fester einschnitten. Der Mund wurde durch ein eisernes Gerät, Bostezo, aufgesperrt. Ein Stück Linnen, die Toca, wurde hineingesteckt, um das aus einem Krug mit reichlich einem Liter Gehalt gegossene Wasser langsam einzuträufeln. Der Inquisit wand sich und schnappte nach Luft, und von Zeit zu Zeit wurde der Lappen entfernt, um dem Opfer Gelegenheit zur Aussage zu bieten. Diese Prozedur wurde manchmal mit sechs bis acht Krügen vorgenommen. In Mexiko stieg die Folter bis zu zwölf Krügen, bei viermaligem Lüften der Toca.

Die scharfen Stricke mit Knebeln, Cordoles mit Garrotes, wurden ohne den Poltro, die leiterförmige Bank, in drei verschiedenen Arten angewendet, dann die Vuelta de Trampa, die Mancuerda und das Ausrecken auf der Folterbank.

Der Gepeinigte wurde an einem Gürtel emporgehoben. Die Arme waren kreuzweis über der Brust befestigt und durch Stricke mit Ringen verbunden, die in der Mauer eingelassen waren.

Bei der Trampa oder Trampazo war in der Leiter zum Durchstecken der Beine eine Sprosse ausgenommen. Nach unten war eine andere scharfe Sprosse angebracht, und in dem engen Zwischenraum wurden die Beine durch ein Seil angezogen, das um die Zehen und einmal um die Knöchel lief. Drei Drehungen der Stricke genügten auch für den Stärksten, fünf galten als die schärfste Tortur.

Befand sich der Gepeinigte auf der wagerechten Leiter, kam die Mancuerda daran. Sie war ein um die Arme gewundenes Seil, das sich der Henker um den Leib band, um sich mit seinem ganzen Gewicht zurückzuwerfen, indem er sich mit den Füßen an die Leiter oder Bank stemmte. Das Seil schnitt in das Fleisch bis auf die Knochen, während der Leib des Opfers durch die Bewegungen und die Fußstricke ausgereckt wurde, indes der Gürtel unter dem Druck hin und her ging und viel zu der Qual beitrug.

Endlich wurde der Angeschuldigte auf die elf Sprossen der Leiter gelegt, sodaß die Fußknöchel fest an den Leiterbäumen gebunden waren und der tiefliegende Kopf durch ein Seil festgehalten wurde. Der Gürtel wurde gelockert. Um die Arme liefen je drei Stricke, die an den Leiterbäumen durch Ringe gingen und mit Knebeln zum Anziehen verbunden waren. Ebenso liefen Stricke um Knöchel und Waden, im ganzen zwölf, deren Enden in ein Hauptteil ausliefen, sodaß der Scharfrichter alle auf einmal anziehen konnte. Sie schnitten nicht nur ein, sondern gingen hin und her und rissen Haut und Fleisch weg. Früher wurde auch der Strick am Kopf gespannt, man gab dies jedoch auf, weil die Augen dabei herausquollen.

Die Folter des Kohlenbeckens zum Brennen der Fußsohlen und die der heißen Steine, die man auf gewisse Körperteile legte, gab man schon

Abbildung 5: Folterung

Holzschnitt aus Millaeus, praxis criminalis. Paris, Colinanus, 1541

früh auf, ebenso andere Torturarten, die nur dem Namen nach bekannt sind.

Zum Verständnis des Verfahrens sei ein Folterprotokoll mitgeteilt, das eine nur mäßige Folter schildert. Das angeführte Protokoll ist wortgetreu. Es handelt sich um Elvira del Campo, die 1568 in Toledo angeklagt war, das Schweinefleisch zu meiden und am Sonnabend die Wäsche gewechselt zu haben, wodurch sie sich der Zuneigung zum Judentum (Judaismus) verdächtig gemacht hatte. Sie leugnete nicht die Tatsachen, wohl aber die ketzerische Absicht. Die Niederschrift des Protokollführers, trocken und doch so hochdramatisch, lautet:

Sie wurde in die Folterkammer gebracht, wo ihr eröffnet wurde, daß sie die Wahrheit sagen müsse, worauf sie erwiderte, daß sie nichts zu sagen habe. Es wurde befohlen, sie auszukleiden, sie wurde abermals ermahnt und schwieg. Nachdem sie entkleidet war, sagte sie: „Ihr Herren, ich habe alles getan, was man von mir sagt, und ich zeuge falsch gegen mich selbst, denn ich mag mich nicht in diesem Zustand sehn. Bei Gott, ich habe nichts getan." Ihr wurde bedeutet, sie dürfe nichts Falsches über sich sagen, sondern nur die Wahrheit. Es wurde mit dem Binden der Arme begonnen, und sie sagte: „Ich habe die Wahrheit gesprochen; was muß ich sagen?" Ein Strick wurde um die Arme gezogen, und sie wurde ermahnt, die Wahrheit zu sagen; allein sie erklärte, sie habe nichts zu sagen. Dann schrie sie und sprach: „Ich habe alles getan, was man sagt." Aufgefordert, im einzelnen anzugeben, was sie getan, erwiderte sie: „Ich habe die Wahrheit schon gesagt." Dann schrie sie und sagte: „Sagt mir, was ihr wissen wollt, denn ich weiß nicht, was ich sagen soll." Es wurde ihr bedeutet, sie solle sagen, was sie getan habe, denn sie werde gefoltert, weil sie nichts gesagt habe. Eine weitere Drehung des Seiles wurde angeordnet. Sie schrie: „Laßt mich los, ihr Herren, und sagt mir, was ich sagen soll; ich weiß nicht, was ich getan habe. O Herr, habe Mitleid mit mir Sünderin!" Nach einer weiteren Drehung sagte sie: „Laßt mich ein wenig los, damit ich mich besinne, was ich zu sagen habe. Ich aß kein Schweinefleisch, weil es mich krank macht. Ich habe alles getan. Laßt mich los, und ich will die Wahrheit sagen." Es wurde wieder eine Drehung befohlen, und sie sprach: „Laßt mich los, und ich will die Wahrheit sagen, ich weiß nicht, was ich zu sagen habe — laßt mich los um Gottes willen — sagt mir, was ich sagen soll — ich habe es getan — sie tun mir weh, Herr, — laßt mich los, laßt mich los, ich sage es euch!" Es wurde ihr bedeutet, sie solle es sagen, und sie entgegnete: „Ich weiß nicht, was ich sagen soll — ich habe es getan, Herr — ich habe nichts zu sagen — o meine Arme, laßt mich los, und ich will es sagen." Auf die Frage, was sie getan, antwortete sie: „Ich habe es nicht gegessen, weil ich es nicht mochte." Befragt, warum sie es nicht mochte, sagte sie: „Ach! laßt micht los, laßt mich los — nehmt mich hier weg, und ich will es euch sagen, wenn ich hier weg bin — ich sage, daß ich es nicht aß." Es wurde ihr gesagt, sie solle reden, und sie sprach: „Ich aß es nicht, ich weiß nicht warum." Es wurde eine weitere Drehung befohlen, und sie sagte: „Herr, ich aß keins, weil ich es nicht mochte, laßt mich frei, und ich will es euch sagen." Sie wurde aufgefordert zu sagen, was sie unserm katholischen Glauben zuwider getan habe. Sie sagte: „Nehmt mich hier weg und sagt mir, was ich zu sagen habe — sie tun mir weh — o meine Arme, meine Arme!" was sie oftmals wiederholte. Und sie fuhr fort: „Ich entsinne mich nicht, sagt mir, was ich zu sagen habe, — o ich Unglückliche — ich will alles sagen, was man will, ihr Herren — sie brechen mir den Arm — laßt mich ein wenig los — ich habe alles getan, was man von mir sagt." Es wurde ihr bedeutet, im einzelnen wahr zu berichten, was sie getan habe. Sie sagte: „Was verlangt man, daß ich sagen soll? Ich habe alles getan, laßt mich los, denn ich erinnere mich nicht, was ich sagen soll — seht ihr nicht, was für eine schwache Frau ich bin? Oh, meine Arme brechen." Es wurden weitere Drehungen befohlen, und darüber sagte sie: „Laßt mich los, ich weiß ja nicht, was ich sagen soll — wenn ich es getan hätte, würde ich es sagen." Die Stricke wurden enger angezogen, und sie sagte: „Ihr Herren, habt ihr denn kein Mitleid mit einer sündigen Frau?" Es wurde ihr bedeutet: Ja doch, wenn sie die Wahrheit sage. Sie sprach: „Herr, sagt es mir, sagt es mir!" Wieder wurden die Stricke angezogen, und sie sagte: „Ich habe schon gesagt, daß ich es getan habe." Es wurde ihr befohlen, Einzelheiten anzugeben, worauf sie erwiderte: „Ich weiß nicht, wie ich es sagen soll, Herr, ich weiß es nicht." Darauf wurden die Stricke gelöst und gezählt, und es gab sechzehn Drehungen, und bei der letzten riß der Strick.

Es wurde nun befohlen, sie auf den Potro zu legen. Sie sagte: „Ihr Herren, wollt ihr mir nicht sagen, was ich zu sagen habe? Herr, legt mich auf den Boden. Habe ich nicht gesagt, daß ich es getan habe?" Sie wurde geheißen, es zu sagen. Sie sagte: „Ich erinnere mich nicht, — nehmt mich weg — ich habe getan, was die Zeugen sagen." Sie wurde geheißen, im einzelnen zu sagen, was die Zeugen gesagt hätten. Sie sprach: „Herr, wie ich es euch gesagt habe, ich weiß es nicht gewiß. Ich habe gesagt, daß ich getan habe, was die Zeugen sagen. Ihr Herren, laßt mich los, ich erinnere mich ja nicht." Es wurde ihr geboten, es zu sagen. Sie sagte: „Ich weiß nicht. Oh, oh! Sie reißen mich in Stücke — ich habe es gesagt, daß ich es getan habe — laßt mich gehen." Sie wurde geheißen, es zu sagen. Sie sagte: „Ihr Herren, es hilft mir nichts, wenn ich sage, daß ich es getan habe; und ich habe zugegeben, was ich getan habe, und was diese Qual über mich gebracht hat — Herr, ihr kennt die Wahrheit — um Gottes willen, habt Mitleid mit mir, ihr Herren, nehmt mir diese Dinge von den Armen — ihr Herren, laßt mich los, sie töten mich!" Sie wurde mit den Stricken auf den Potro gebunden und ermahnt, die Wahrheit zu sagen, und die Garrotes wurden angezogen. Sie sprach: „Herr, seht ihr nicht, daß diese Leute mich töten? Herr, ich habe es getan, — um Gottes willen, laßt mich gehn!"

Und so geht dieses sinnlose Fragen und Antworten noch etwa eine Stunde weiter, ohne daß die Priester in der Tortur nachlassen. Selbst der Schrei der Ärmsten: „Herr, sei mein Zeuge, daß sie mich töten, ohne daß ich imstande bin zu bekennen!" verhilft ihr nur nach dem Potro zur Wasserfolter. Das Protokoll schließt mit dem Satze: „Da der Inquisitor sie durch die Folter erschöpft fand, befahl er, diese zu unterbrechen", d. h. sie gelegentlich fortzusetzen. Man ließ vier Tage verstreichen, weil die Erfahrung gelehrt hatte, daß unterdes die Glieder steif und die Qual bei einer Wiederholung dadurch größer wurde. Elvira wurde nochmals in die Folterkammer geführt, ausgezogen, worauf sie bat, man möge ihre Blöße bedecken. Das peinliche Verhör ging weiter, ihre Aussagen waren verworrener als zuvor, und schließlich hatten die Inquisitoren die Genugtuung, ein — falsches — Bekenntnis zum Judentum mit der Bitte um Gnade und Buße aus ihr zu erpressen. (Lea.)

Angesichts eines solchen Dokuments klingt es wie Beschränktheit oder Fanatismus, dem jedes Fühlen und Denken fehlt, wenn Joseph von Görres schreibt:

„Die Vorsehung weckte in Innocenz III. und den beiden großen Ordensstiftern Franz und Dominikus die Männer, die den Gefahren der Zeit zu stehen die Kraft besäßen. Die Irrlehre wurde in den Albigenserkriegen in ihrem großen Waffenplatze angegriffen und besiegt und die beiden Orden bestimmt, das ihr abgewonnene Feld zu bebauen und zu bewahren. Das Recht des Priesters, Richter zu sein in Glaubenssachen, ein Recht, das sich an jenen großen Gerichtsakt knüpft, den nach dem Sündenfall Gott selbst mit den Schuldigen abgehalten, wurde nun auf eigene Inquisitionsgerichte übertragen und den beiden Orden, zumeist dem, den der hl. Dominikus gestiftet, übergeben. Durch sie wurde die furchtbare Häresie vollends ausgerottet."

Trotz all der unanfechtbaren Zeugnisse, die von dem Walten der Inquisition überliefert sind, hat diese noch immer Verteidiger gefunden, wie den klerikalen Historiker Johann Diefenbach. Er schreibt (1886):

„Bis zur Hälfte unseres Jahrhunderts verlangte es der Ton und erforderte es die Mode, daß jeder gebildet sein Wollende sich bei dem Worte ‚Spanische Inquisition‘ bekreuzte. Doch bei Gebildeten kann jetzt von solchen Schauermären keine Rede mehr sein. Wie Bischof Hefele in seinem Werke ‚Kardinal Ximenes‘ näher nachgewiesen hat, war die Handhabung der Folter vor dem Tribunal der spanischen Inquisition eine viel mildere und menschlichere, als jene, welche durch die Carolina erlaubt und bei den deutschen Zivilgerichten gebräuchlich war. Die Tortur durfte nicht wiederholt werden."

Das von uns mitgeteilte Torturprotokoll, eines von Tausenden und kaum das schlimmste, erhellt diese „Menschlichkeit" der Inquisitoren. Daß Laienrichter ebenso grausam waren, vielleicht noch härter, ist kein Zeugnis für die Milde der Diener der Religion der Liebe. Eine wissentliche Entstellung ist der Passus von der Wiederholung der Tortur. Die Inquisitoren sollten freilich die Folter nicht wiederholen; das taten sie auch niemals, aber sie brachen sie ab und setzten sie fort, und dies oft wochenlang, bis das Opfer geständig, wahnsinnig oder tot war.

Nachdem die Inquisition nur sieben Jahre weniger als sechs Jahrhunderte hindurch ihre Tätigkeit ausgeübt, wurde am 4. Dezember 1808 der erste Axthieb gegen den Baum ausgeführt. Napoleon hob am genannten Tage durch ein Dekret, gegeben in Chamartin bei Madrid, das heilige Offizium auf, das er als eine Beschränkung der Souveränität betrachtete. Als Josef Bonaparte König von Spanien wurde (1808), ließ er die Prozeßakten der Inquisition verbrennen, die wichtigsten ausgenommen. Ebenso blieben erhalten die Register der Staatsbeschlüsse, die königlichen Ordonnanzen, die Bullen und Breven der Päpste und noch manches andere. Fast alle Gebäude der Inquisition wurden damals durchsucht, was jedoch nicht ohne Mühe und Blutvergießen bewirkt wurde. Um ein Beispiel zu zitieren, geben wir hier das Wort dem polnischen Oberst Lumanusk, der von Marschall Soult beauftragt wurde, die Inquisition in Spanien aufzuheben:

Als ich mich 1809 in Madrid befand, erweckte meine Aufmerksamkeit das Gebäude der Inquisition. Napoleon hatte schon ein Edikt veröffentlicht, worin die Unterdrückung dieser Institution überall befohlen wurde, wohin seine siegreichen Waffen sich erstreckten. Ich berichtete dem Marschall Soult, damals Gouverneur, von diesem Dekret, worauf er mir befahl, die Inquisition aufzuheben. Ich machte ihn aufmerksam, daß mein Regiment, das neunte der polnischen Lanciers, für diesen Zweck nicht genügen würde, und bat, mir noch zwei Regimenter zur Verfügung zu stellen. Er tat es.

Eines dieser Regimenter, das 117., stand unter Befehl des Oberst de Lille. Mit diesen Truppen marschierte ich zur Inquisition. Das Gebäude war von einer sehr starken Mauer umgeben und von etwa 400 Soldaten bewacht. Bei der Mauer angelangt, wandte ich mich an eine der Schildwachen und ließ den Dominikanern sagen, daß sie sich der kaiserlichen Armee übergeben und die Tore öffnen mögen. Die Schildwache zog sich zurück, schien eine Weile mit jemand zu unterhandeln und gab dann Feuer auf uns, wodurch einer meiner Leute getötet wurde. Das war das Signal zum Angriff; ich befahl meinen Soldaten, auf jeden zu schießen, der sich auf der Mauer zeigen sollte. Bald wurde es klar, daß es ein ungleicher Kampf war. Die Mauern des Gebäudes waren voll von Soldaten des heiligen Offiziums. Es befand sich dort auch eine Deckung, hinter der sie sich verbargen und nur hervortraten, um ihre Flinten abzuschießen. Unsere Truppen befanden sich auf einer offenen Ebene, ausgesetzt dem Feuer der Rebellen. Wir hatten keine Artillerie, konnten die Mauern nicht überklettern, und die Tore widerstanden erfolgreich allen Bemühungen, sie zu zertrümmern. Ich sah, daß es nötig wäre, die Angriffsweise zu ändern, und ließ Bäume fällen, die herbeigebracht und als Sturmblöcke dienen sollten.

Zwei dieser Maschinen wurden nun von so viel Leuten bedient, wie für ihren Zweck angemessen war. Es wurden gewaltige Stöße gegen die Mauern geführt, unbekümmert um den Hagel von Kugeln, die auf uns niedersausten. Bald gaben unter den vereinten Anstrengungen die Mauern nach, eine Bresche entstand, und die kaiserlichen Truppen drangen ein.

Jetzt erhielten wir ein Beispiel jesuitischer Verlogenheit. Der Generalinquisitor und die Patres kamen, sobald wir uns Eingang verschafft hatten, aus ihrer Zufluchtsstätte heraus, in geistlicher Kleidung, die Arme über die Brust gekreuzt, die Finger auf den Schultern ruhend. Als hätten sie nichts von dem Lärm des Angriffs und der Verteidigung vernommen, erkundigten sie sich, was hier vorgefallen wäre, und wandten sich dann mit vorwurfsvollem Ton zu ihren Truppen mit den Worten:

„Warum schlagt ihr euch mit unseren Freunden, den Franzosen?"

Sie wollten uns offenbar glauben machen, daß sie keineswegs die Verteidigung befohlen hatten, und als unsere angeblichen Freunde die Tatsachen verschleiern, um in dem Durcheinander dann zu entwischen. Dieser Kunstgriff nützte ihnen jedoch nichts. Ich ließ sie bewachen und alle Soldaten der Inquisition gefangen nehmen. Dann begannen wir dieses Höllengefängnis zu untersuchen. Wir durchkreuzten Stube um Stube, fanden Altäre, Kruzifixe und Wachs im Überfluß, doch konnten wir nichts entdecken, was auf den Zweck dieses Gebäudes hingewiesen hätte, und was wir hier zu finden gemeint hatten. Man sah hier Schönheit, Glanz, Ordnung. Alles, Architektur und Einrichtung, war bewundernswert, voll Pracht und gefällig, wie geschaffen, um das Auge und einen kultivierten Geschmack zu erfreuen. Doch wo waren die Folterinstrumente, von denen man uns erzählt hatte? Wo die Gefängnisse, in denen Menschen lebendig begraben sein sollten? Wir suchten sie vergebens. Die würdigen Geistlichen versicherten uns, sie wären verleumdet worden, und wir hätten alles zu Gesicht bekommen.

Ich wollte schon meine Nachforschungen einstellen, überzeugt, daß diese Inquisition anders wäre als die, von denen man uns erzählt hatte. Doch der Oberst de Lille mochte nicht so leicht die Nachforschungen aufgeben und sprach zu mir: „Oberst, Sie haben heute die Führung, und Ihre Befehle sind maßgebend. Aber wenn ich einen Rat geben darf, prüfen Sie zuvor diesen Marmorfußboden, indem Sie Wasser darauf gießen lassen. Wir werden dann sehen, ob es nicht doch etwas Verborgenes hier gibt." Ich befahl, Wasser herbeizuschaffen. Die Marmorplatten waren groß und poliert. Nachdem zur großen Unzufriedenheit der Inquisitoren Wasser auf sie gegossen worden war, prüften wir sorgsam jeden Zwischenraum, um zu sehen, ob sich dort Wasser einsauge. Bald rief Oberst de Lille aus, er habe gefunden, was er suche. An eine Stelle zog das Wasser sehr rasch ein, als ob sich ein leerer Raum darunter befände. Alle Hände griffen nun zu, um mit Flinten und Säbeln diese Stelle bloßzulegen, während die Mönche über die Profanierung ihres schönen und heiligen Hauses jammerten. Plötzlich schlug ein Soldat kreuzweise auf die Platte, die sich erhob. Die Gesichter der Inquisitoren wurden bleich, und sie zitterten an allen Gliedern.

Wir blickten hinter die erhobene Platte und gewahrten eine Treppe. Ich trat an den Tisch und faßte nach einer der langen, brennenden Wachskerzen im Kandelaber, um unsere Entdeckung weiterzuverfolgen. Plötzlich legte aber einer der Inquisitoren seine Hand sacht auf meinen Arm und sprach devot: „Mein Sohn, Sie dürfen das nicht mit Ihren blutigen Händen berühren, das ist heilig." „Im Gegenteil," antwortete ich, „ich brauche eine heilige Kerze, um die Inquisition zu untersuchen. Ich nehme die Verantwortung auf mich." Ich ergriff die Kerze, stieg die Treppe hinab und entdeckte nun, warum das Wasser uns den Weg gewiesen hatte. Unter dem Marmorbelag befand sich eine dichtgefügte Wölbung, die Stelle ausgenommen, wo sich die Treppe befand. Daher der Erfolg der Untersuchung des Obersten de Lille.

Unten angelangt, betraten wir einen großen, viereckigen Raum, „Saal des Gefängnisses" genannt. In der Mitte befand sich ein kräftiger Block, auf ihm ein Stuhl. Hier pflegte der Angeklagte zu sitzen, angebunden an seinen Sitz. Auf der anderen Seite des Raumes stand ein zweiter erhöhter Sitz, genannt der Thron des Gerichts. Ringsum befanden sich weniger erhöhte Sitze für die Mönche, wenn es sich um eine Sache der heiligen Inquisition handelte. Von hier aus wandten wir uns nach rechts, wo sich längs des ganzen Gebäudes kleine Zellen befanden. Welch ein Anblick bot sich uns hier! Wie wurde hier die wohltätige Religion des Erlösers von Leuten ausgeübt, die sie zum Gewerbe herabgewürdigt. Diese Zellen dienten als Einzelgefängnisse, in denen die unglücklichen Opfer inquisitorischen Hasses eingeschlossen waren, bis der Tod sie von ihren Henkern befreite. Die Leichname blieben dort bis zur Zersetzung liegen, während die Zellen mit anderen besetzt wurden; damit dieser Zustand die Inquisitoren nicht belästige, waren genügend weite Abzugrohre für den Geruch der faulenden Leichen angebracht.

In diesen Zellen fanden wir die Überreste einiger Leute, die erst kürzlich gestorben sein konnten, während sich in anderen Zellen Skelette befanden, die am Fußboden angekettet waren. In einigen fanden wir auch lebende Opfer jeden Alters und Geschlechts, vom Jüngling und Mädchen bis zum siebzigjährigen Greis, alle nackt wie zur Stunde ihrer Geburt.

Unsere Soldaten beeilten sich, diese Gefangenen von ihren Ketten zu befreien, und gaben einen Teil ihrer eigenen Kleidung her, um die Unglücklichen zu bedecken. Sie wollten sie auch sofort hinausschaffen, sie gleich an das Tageslicht bringen, doch ich erkannte die Gefahr, die daraus entspringen würde, widersetzte mich daher dieser Absicht und befahl, daß man vor allem das Nötige für sie herbeischaffe und sie allmählich an die freie Luft gewöhne. Nachdem wir alle diese Zellen geöffnet hatten, wandten wir uns dem Raum zur Linken zu. Hier fanden wir sämtliche Folterinstrumente, die das Genie der Menschen oder der Dämonen erfinden konnte.

Bei ihrem Anblick war die Wut unserer Soldaten nicht mehr in Schranken zu halten. Sie schrieen, daß jeder der Inquisitoren, Mönche und Soldaten der Inquisition, der Tortur unterworfen werden müßte. Wir versuchten es nicht, sie zurückzuhalten, und sie begannen sofort damit bei den Patres. Ich sah vier verschiedene Arten der Tortur vornehmen, dann zog ich mich von diesem entsetzlichen Schauspiel zurück, das so lange währte, wie es noch einen Bewohner dieser Vorhölle gab, an dem die Soldaten ihre Rache ausüben konnten.

Sobald die armen Opfer aus ihren Zellen ohne Gefahr an das Tageslicht gebracht werden konnten — die Nachricht, daß eine große Anzahl Unglücklicher vor der Inquisition gerettet worden wäre, hatte sich schnell verbreitet —, kamen alle herbei, denen das heilige Offizium in letzterer Zeit Freunde entrissen hatte, in der Hoffnung, diese noch am Leben zu finden. Welches Wiedersehen gab es da!

Etwa hundert Personen, die jahrelang eingesargt gewesen waren, wurden nun der Gesellschaft wiedergegeben; viele fanden hier einen Sohn, eine Tochter, einen Bruder, eine Schwester. Manche erkannten ihre Freunde nicht wieder. Doch diese Szene läßt sich nicht beschreiben. Nachdem ich Zeuge hiervon gewesen, wollte ich das Werk ganz vollenden, begab mich nach der Stadt und nahm hier eine größere Quantität Schießpulver, das ich in den unteren Räumen jenes Gebäudes verteilte. Tausende von Zuschauern sahen uns gespannt zu, wie wir Feuer anlegten. Mauern und Türme dieses massiven Gebäudes flogen in Trümmern auf. Die Inquisition in Madrid existierte nicht mehr.

Der Schreiber irrt sich; die Inquisition wurde nach der Rückkehr der Bourbonen in Spanien wiedereingeführt, allerdings nur für kurze Zeit; denn den Anstrengungen der liberal gesinnten Parteien gelang es bereits 1820, sie von neuem zu beseitigen.

Die Inquisition bestand also amtlich in Spanien vom Jahre 1477, wo Kardinal Pedro Gonzales de Mandoza mit Genehmigung des Papstes Sixtus IV. sie zu einer königlichen Einrichtung gemacht hatte, bis 1820. In Portugal wurde sie um dieselbe Zeit von Johann VI. aufgehoben, in Italien erst 1859. Allerdings wird von manchen behauptet, sie hätte sich zu Rom noch bis zu dem 1870 erfolgten Einmarsch der italienischen Truppen erhalten.

Es mag, wie schon erwähnt, dahingestellt bleiben, ob die spanische Inquisition die dortigen weltlichen Gerichte in der Erfindung der Marterinstrumente übertroffen hat oder umgekehrt. Der Richter, der im Jahre 1612 drei Stunden lang Don Diego, den Herzog von Estrada, foltern ließ, um ein Geständnis wegen eines Mordes von ihm zu erhalten, ließ dazu die Wasserfolter, Mancuerda, Bock, Brennen der Fußsohlen mit glühendem Eisen, Steine für den Magen und das Gesäß, Garrotillos oder Knochenbrecher, die Trampa zum Ausrenken der Beine und die Bostezo zum Aufsperren des Mundes anwenden. Estrada erzählt, daß er nach der Tortur dem Henker 200 Dukaten für ein Mittel zahlte, nicht für immer Krüppel zu bleiben. Das Verfahren war auch eine Tortur, indem ihm alle Glieder eingerenkt und mit einer Salbe eingerieben wurden, die zu gleichen Teilen aus Menschen-, Schlangen-, Bären-, Löwen-, Vipern- und Froschfett bestand, alles zu gleicher Zeit über einem Feuer von süßen Mandeln, Balsam des Orients und anderem geschmolzen. Die Behandlung hatte Erfolg. (Lea.)

Elftes Kapitel

Hexenverfolgungen bis zum fünfzehnten Jahrhundert

Noch grausiger als bei den Ketzern zeigte sich die Inquisition bei der Hexenverfolgung, worunter das ganze vorgebliche Zauberwesen zu verstehen ist. Zwischen Ketzerei und Zauberei bestand insofern eine enge Verbindung, als die Kirche beide als Teufelswerk betrachtete und das eine — wenigstens im Mittelalter und in der folgenden Zeit — ohne das andere kaum gedacht werden konnte. Die Anklagen gegen Katharer, Albigenser, Waldenser, Stedinger und andere lauteten auch bereits auf Zauberei und Teufelsbündnis.

In einer 1233 an deutsche Bischöfe gerichteten Bulle beschuldigte Papst Gregor IX. die Ketzer:

Wenn ein Neuling aufgenommen wird, so erscheint ihm eine Art Frosch, den manche auch Kröte nennen. Einige geben ihr einen schmachwürdigen Kuß auf das Gesäß, andere auf das Maul und saugen die Zunge und den Speichel des Tieres in ihren Mund. Das Tier erscheint zuweilen in gehöriger Größe, manchmal so groß wie eine Gans oder Ente; meistens jedoch nimmt es die Größe eines Backofens an. Wenn nun der Neuling weitergeht, so begegnet ihm ein Mann von auffälliger Blässe mit kohlschwarzen Augen, so abgezehrt und mager, daß alles Fleisch geschwunden und nur noch die Haut um die Knochen zu hangen scheint. Diesen küßt der Novize und fühlt, daß er kalt wie Eis ist, und nach dem Kusse verschwindet alle Erinnerung an den katholischen Glauben bis auf die letzte Spur aus seinem Herzen. Hierauf setzt man sich zum Mahle, und wenn man sich wieder von ihm erhebt, so steigt durch eine Statue, wie sie in solchen Schulen zu sein pflegt, ein schwarzer Kater von der mittleren Größe eines Hundes rückwärts und mit zurückgebogenem Schwanze herab. Diesen küßt zuerst der Novize auf das Gesäß, dann der Meister und alle übrigen der Reihe nach, jedoch nur solche, die als würdig und vollkommen gelten; die Unvollkommenen aber, die sich nicht für würdig halten, empfangen von dem Meister den Frieden, und wenn nun alle ihre Plätze eingenommen, gewisse Sprüche hergesagt und ihr Haupt gegen den Kater gebeugt haben, so ... werden die Lichter ausgelöscht, und man schreitet zur abscheulichen Unzucht ohne Rücksicht auf Verwandtschaft. Findet sich nun, daß mehr Männer als Weiber zugegen sind, so befriedigen auch Männer mit Männern ihre schändliche Lust; ebenso verwandeln auch Weiber durch solche Verfehlungen mit einander den natürlichen Geschlechtsverkehr in einen unnatürlichen. Wenn aber diese Ruchlosigkeit vollbracht, die Lichter wieder angezündet und alle wieder auf ihren Plätzen sind, dann tritt aus einem dunkeln Winkel der Schule, wie sie diese Verworfensten aller Menschen haben, ein Mann hervor, oberhalb der Hüften heller und strahlender als die Sonne, wie man sagt, unterhalb aber rauh wie ein Kater, und sein Glanz erleuchtet den ganzen Raum. Jetzt reißt der Meister ein Stück vom Kleid des Novizen ab und sagt zu dem Glänzenden: „Meister, dies ist mir gegeben, und ich gebe es dir," worauf der Glänzende erwidert: „Du hast mir gut gedient und wirst mir noch mehr und besser dienen. Ich gebe dir in Verwahrung, was du mir gegeben hast." Und nach diesen Worten verschwindet er. — Auch empfangen sie jährlich um Ostern den Leib des Herrn aus der Hand des Priesters, tragen ihn im Munde heim und werfen ihn in den Unrat zur Schändung des Erlösers. Ferner lästern diese Unglückseligsten aller Elenden den Herrn des Himmels mit ihren Lippen und behaupten in ihrem Wahnwitz, daß er gewalttätig, arglistig und ungerecht Luzifer in die Hölle gestürzt hätte. Denn diesen beten die Elenden an und behaupten, er sei der Schöpfer des Weltalls und werde einst, nach dem Sturze des Herrn, zu seiner Glorie wieder zurückkehren. Von ihm und durch ihn erwarten sie auch ihre ewige Seligkeit.

Wenn dieser Wahnwitz nicht nur der Phantasie eines Mönchgehirns entsprungen ist, sondern sich auch nur teilweise auf Aussagen Angeklagter stützt, so liegt die Frage nahe: Wie müssen diese Ärmsten gemartert und gefoltert worden sein, um solche ihren Peinigern wohlgefälligen Angaben erfinden zu können?

Doch wenden wir uns nun dem Urprung jenes Wahnes zu, der unzählige schuldlose Menschen auf die Folterbank und auf den Scheiterhaufen brachte.

Der Unsinn von Zauberwesen und Hexentum ist alt wie die Menschheit selbst. Die uns überlieferte Geschichte der alten Völker enthält zahlreiche Belege über das Vorhandensein eines ausgebildeten Magiertums, und das, was wir von dem Leben der Naturvölker wissen, bekundet gleichfalls den Glauben an Zauberei.

Viele Stellen der Bibel weisen darauf hin, daß bei den alten Juden das Zauberwesen in seinen mannigfaltigen Formen Eingang gefunden hatte, und die strengen Vorschriften dagegen sind auch allzeit zur Rechtfertigung der Hexenverfolgungen angeführt worden, besonders Mos. II 22, 18: „Die Zauberinnen sollst du nicht leben lassen." Ferner finden wir ebenda III 20, 27: „Wenn ein Mann oder Weib ein Wahrsager oder Zeichendeuter sein wird, die sollen des Todes sterben, man soll sie steinigen, ihr Blut sei auf ihnen." Als des Todes wert wird V, 13, 5 auch der „Prophet oder Träumer" hingestellt, der zum Abfall von Gott verleiten will. Aus 1. Samuelis 28 erfahren wir, daß König Saul, der früher mit Wahrsagern und Zeichendeutern streng verfahren, selbst eines dieser Weiber aufgesucht hat. Merkwürdig ist es nun, daß die Schrift verzeichnet: Die Hexe von Endor habe tatsächlich vor Saul, so wie er es verlangt hatte, den Geist Samuels erscheinen lassen. Auch sonst ließen sich trotz des strengen Verbots Moses' zahlreiche Belegstellen für Zauberei anführen, und wie wir aus II. Könige ersehen, wurde schon damals Ketzerei und Zauberwesen in engste Verbindung gebracht.

Die Griechen waren gleichfalls in ihrer frühesten Kulturepoche der Magie ergeben, die später, namentlich durch den Verkehr mit asiatischen Völkern, noch mehr zur Geltung kam. Dasselbe läßt sich von den Römern sagen; schon die Etrusker galten in diesen Dingen für sehr erfahren, als Erben der Magie der Chaldäer und Babylonier. Kurz, überall finden wir den Aberglauben, den Glauben an Magie in mannigfaltigsten Formen und Arten verbreitet, und die zunehmende Kultur hat dem keineswegs Abbruch getan, sondern im Gegenteil ihn nur vermehrt und weiterausgebildet.

Was die alten Germanen betrifft, so finden wir in Tacitus' „Germania":

> Auf Zeichendeutung und heiliges Los halten sie so viel, wie nur irgend ein Volk. Sie haben nur eine Art zu losen. Sie zerschneiden einen von einem Fruchtbaum abgehauenen Zweig in kleine Späne und streuen diese, mit gewissen verschiedenen Merkzeichen versehen, regellos und wie es der Zufall will, über ein weißes Tuch aus. Dann betet bei öffentlichen Befragungen der Priester des Gaues, in Privatangelegenheiten aber der Familienvater, zu den Göttern, blickt zum Himmel empor, hebt so dreimal einen Span auf und deutet sie nach den eingeschnittenen Zeichen. Wenn sie ungünstig sind, so findet über diese Sache für diesen Tag keine Beratung mehr statt; sind sie günstig, so ist noch eine Bestätigung durch Vorzeichen erforderlich. Das ist ja auch hier bekannt, daß man die Stimmen der Vögel und deren Flug zu Rate zieht; dem Volke der Germanen aber ist eigentümlich, auch von Pferden Vorzeichen und Weisungen zu empfangen. Sie werden von der Gemeinde in Gehölzen und Hainen gehalten, weiß von Farbe und durch keine irdische Arbeit entweiht. Man spannt sie vor den heiligen Wagen, der Priester und der König oder das Oberhaupt der Gemeinde begleiten sie und beobachten ihr Wiehern und Schnauben. Keinem Wahrzeichen schenkt man größeren Glauben, nicht allein beim gemeinen Volke, sondern auch bei den Vornehmen und Priestern; denn sich selbst betrachten sie als Diener, jene aber als Vertraute der Götter. Es gibt noch eine andere Art, die Vorzeichen zu beobachten, durch die man den Ausgang schwerer Kriege vorher erkundet. Sie lassen aus dem Volke, mit dem der Krieg geführt wird, irgend einen Gefangenen, dessen sie sich bemächtigt haben, mit einem unter ihren Landsleuten erlesenen Manne, jeden in seinen landüblichen Waffen sich im Zweikampf messen. Der Sieg des einen oder des anderen wird als Vorentscheidung angesehen.

Abgesehen von der in den letzten Zeilen erwähnten eigenartigen Anwendung des Ordals, finden wir nichts, was nicht auch bei allen anderen Völkern anzutreffen ist und wovon uns die Edda und die Mythologie der alten Germanen noch mehr zu erzählen weiß. Wie überall sehen wir auch hier den Aberglauben genährt und ausgebildet durch die Priesterschaft, die Hauptvertreter des Glaubens.

Auch die alte christliche Kirche war von diesem Aberglauben nicht frei. Sie nahm nicht nur die Dämonenlehre des Heidentums an, sie erweiterte diese sogar, indem sie das Heidentum selbst als Dämonismus auffaßte und diese Lehre von ihrem Standpunkt aus fortsetzte und ergänzte. „Fassen wir nämlich," schreibt Soldan-Heppe, „zunächst die drei ersten Jahrhunderte der Kirche ins Auge, so finden wir, daß alle Kirchenväter, welche den Ursprung der Dämonen berühren, an die jüdische Theologie jener Zeit sich anschließend als biblische Grundlage der kirchlichen Dämonenlehre die Schriftstelle 1. Mose 6, 1—4 betrachten. Sie lautet — Luthers Übersetzung weicht hiervon ab —: ‚Da sich aber die Menschen begannen zu mehren auf Erden und ihnen Töchter geboren wurden, da sahen die Söhne Gottes die Töchter der Menschen, daß sie schön waren, und nahmen zu Weibern, die ihnen gefielen. — Zur selbigen Zeit waren Riesen auf der Erde; denn nachdem die Söhne Gottes den Töchtern der Menschen beigewohnt, gebaren diese ihnen (Söhne); das sind die Helden, die von alters her Männer von Ruhm gewesen.'" Nach allgemein herrschender Ansicht waren nämlich die „Söhne Gottes" Engel, die sich mit Töchtern der Menschen vermischt hatten; dadurch waren sie gefallen, von Gott verstoßen und zu Dämonen geworden und hatten Dämonen erzeugt. Das alles sollte auf Anstiften des Teufels geschehen sein, der seitdem (mit göttlicher Zulassung) das Haupt eines großen Dämonenreiches geworden war... Hiervon ausgehend, entwickelten nun die Väter der drei ersten Jahrhunderte eine Dämonenlehre, deren Hauptgedanken folgende sind:

Die Dämonen wohnen (nach Origenes u. a.) im dichteren Dunstkreise der Erde. Da sie Leiber besitzen, so bedürfen sie auch der Nahrung, die sie aus dem Qualm der heidnischen Opfer einsaugen. Ihre Körperlichkeit ist aber unvergleichlich feiner und dünner als die der Menschen, wodurch es ihnen möglich wird, in den Geist wie in den Leib der Menschen einzudringen; nach Tatian sind die Dämonenleiber luft- und feuerartig. Nach Tertullian ist der Dämon, wie jeder Geist, gewissermaßen ein Vogel und mit einer solchen Schnelligkeit der Bewegung begabt, daß er in jedem Augenblick an jedwedem Orte sein kann. Diese garnicht vorstellbare Schnelligkeit in der Bewegung der Dämonen ist auch eine der Ursachen gewesen, weshalb die Völker ihnen den Charakter der Göttlichkeit beilegten. An Macht und Wissen sind die Dämonen den Menschen unendlich weit überlegen, woraus Tatian folgert, daß sie nicht — wie Josephus annahm — für Seelen verstorbener böser Menschen zu halten wären.

Es steht für alle Kirchenlehrer der drei ersten Jahrhunderte ganz unzweifelhaft fest, daß die Götter der Griechen und Römer nichts anderes als Dämonen waren, daß sie es gewesen sind, die als vermeintliche Gottheiten sich mit Weibern vermischt haben, und daß sie daher als die eigentlichen Urheber des Heidentums mit seiner Mythologie und seinem Kultus gelten müßten. Die Dämonen taten, zur Begründung des Glaubens an ihre vermeintliche Gottheit, scheinbare Wunder; sie ließen ihre Stimme aus den Orakeln ertönen, drangen bei den Augurien in Vögel und andere Tiere ein; sie waren es, die sich in Tempelstatuen bargen und anbeten ließen, und die die Menschen zur Astrologie und Magie verführten.

Ferner wird erklärt, daß der Teufel und seine Dämonen stets bemüht sind, ihre Macht zu erweitern und die Menschen zu verderben, was ihnen jedoch nur bei den Gottlosen möglich sei. Die Christen wären gegen diese Verderber geschützt, und eben darum hassen diese die Kirche und bemühten sich, die Heiden wider sie aufzuhetzen, sie durch Erregung von inneren Streitigkeiten und Ketzereien zu schädigen. Als Feinde Gottes wären die Dämonen übrigens auch Feinde der Menschheit überhaupt, verursachten Pest, Mißwuchs und dergleichen, zu deren Ausführung sie gern gottlose Weiber benützten. Wir sehen daher, daß die alten Kirchenväter ganz ernstlich das Vorhandensein von Dämonen annahmen und auch das Hexenwesen gelten ließen, vor deren Wirken aber wahrhaftige Christen geschützt wären. Diese in den ersten drei Jahrhunderten der christlichen Zeitrechnung geltenden Anschauungen finden wir auch bei den Kirchenvätern der nachfolgenden Zeit, besonders bei Augustinus, der bekanntlich auf die Theologie der nachfolgenden Zeit mehr als jeder andere eingewirkt und in seinem „De civitate Dei" sich ausführlich über diesen Gegenstand ausgelassen hat. Hier ruft er aus (XVIII, 18): „Je größer die Gewalt über die irdische Welt ist, die wir den Dämonen verliehen sehen, je fester laßt uns an dem Erlöser halten, durch den wir uns aus dieser Tiefe nach oben hin erheben sollen."

Diese Lehren der Kirchenväter waren begreiflicherweise maßgebend für die Ansichten der ersten christlichen Kaiser, in deren Gesetzgebungen sie auch zum Ausdruck gelangen. Konstantin befahl, daß jeder Haruspex — der aus den Eingeweiden der Opfertiere den göttlichen Willen Erkundende —, der sich zu einem Bürger begebe, um dort Haruspizien vorzunehmen, verbrannt und des Bürgers Besitztum eingezogen werden soll. Ein zwei Jahre später erlassenes Gesetz beschränkt diese Strafe allerdings nur auf die, die mit ihrem Treiben die Gesundheit anderer schädigen oder bei Unverdorbenen Wollust zu erwecken suchen. Strenger dagegen sehen wir Constantius gegen das Magiertum auftreten, und manche seiner Maßnahmen verdienen sogar die Bezeichnung großer Härte. Auch Personen aus seiner nächsten Umgebung wurden, wenn sie an dergleichen Dingen sich beteiligten, gefoltert. Die Furcht vor Komplotten hatte ihren wesentlichen Anteil daran. Nach dem kurzen Wiederaufleben des Heidentums unter Julian (361—368) ehrte Valentinian I. (364—375) die alten Erinnerungen der Nation und selbst die noch gegenwärtigen Überzeugungen eines großen Teils von ihnen, indem er nach seinem allgemeinen Toleranzedikt noch in einem besonderen Reskripte erklärte, daß die Kunst der Haruspize an sich mit der Zauberei keinen Zusammenhang habe und nur dann einer Strafe unterliege, wenn man sie zum Schaden anderer mißbrauche. Freilich wurde der uralte Bauernkultus, die nächtlichen Opfer, und das mit ihm so oft verbundene Zauberwesen (magici apparatus) neuerdings verboten. Die von Valentinian tolerierten Übungen mußten aber seit Theodosius (379—395) wieder verschwinden. Honorius (395—423) behandelte die Sache schon mehr von dem kirchlichen Standpunkte. Er gebot den sogenannten Mathematikern, ihre Bücher vor den Augen der Bischöfe zu verbrennen und unter Verwerfung ihres Irrtums zu den Religionsgebräuchen der katholischen Kirche sich zu verpflichten; wer sich dessen weigerte, sollte aus den Städten verwiesen und im Wiederauftretungsfalle deportiert werden. So schwanken die Bestimmungen mannigfaltig, und die Justinianische Sammlung enthält noch kein Gesetz, in dem sich die den christlichen Kirchenlehrern eigentümliche Ansicht von dem Dämonischen der Zauberei vollständig aussprüche. Das geschieht erst in einer vom Kaiser Leo dem Philosophen erlassenen Verordnung (zwischen 887 und 893). Diese hebt in ihrem Eingange hervor: Man habe die Erfahrung gemacht, daß alle Zauberübungen den Menschen von Gott entfernen und dem Dienste greulicher Dämonen zuführen; Schaden am Seelenheil sei davon unzertrennlich. Es wurden daher alle Zaubereien ohne Unterschied verboten. Der Übertreter dieses Verbotes sollte als Apostat — Abtrünniger — den Tod leiden.

Soldan-Heppe gedenkt nun eines Zauberprozesses zu Antiochia unter Kaiser Valens (364—378), wo auch Majestätsverbrechen in Betracht kam. „Wegen seiner Ausdehnung, Willkürlichkeit und Grausamkeit des Verfahrens, der Habsucht und Arglist der Ankläger und Richter nimmt er unter allen ähnlichen Ereignissen des Altertums die erste Stelle ein und kann als ein würdiges Vorbild der späteren Hexenprozesse gelten." Es wurden mehrere angesehene Männer angeklagt, durch Zaubermittel den Namen des Nachfolgers des Kaisers erforscht und dabei gefunden zu haben, daß es ein sehr begabter Jüngling namens Theodorus sein werde. Aus einem Schreiben des Genannten läßt sich annehmen, daß es sich hierbei um eine Verschwörung wider den Kaiser handelte und das Orakel nur vorgespiegelt sein mochte, um Anhänger zu gewinnen. Tausende von Personen wurden in Haft genommen und der peinlichen Tortur unterzogen. Viele, darunter sehr angesehene Männer, wurden enthauptet, erdrosselt oder verbrannt, ihre Besitztümer eingezogen, ihre Bücher verbrannt, weil diese, wie behauptet wurde, nur sündhafte Zauberschriften waren. Zwei Männer, die in diesem Prozesse die Angeber waren, hatten dadurch die Gunst des Kaisers und große Reichtümer gewonnen. Um diese zu erhalten und zu vermehren, waren sie bemüht, weiter anzuschuldigen, was neue Verfolgungen hervorrief. Unter den Hingerichteten befand sich ein Jüngling, dessen ganzes Verschulden war, daß er im Bade unter Hersagung sämtlicher Vokale die Finger zwischen seiner Brust und der Marmorwand hin und her bewegte, ein Vorgang, der ihm gegen Magenschmerz empfohlen worden war, aber als gegen den Kaiser gerichtet gedeutet wurde; ein anderer wurde hingerichtet, weil bei ihm ein Horoskop — Schicksalsdeutung nach dem Stand der Gestirne bei der Geburt eines Menschen — auf einen gewissen Valens gefunden wurde, was gleichfalls als gegen den Kaiser Valens gerichtet galt, obgleich der Beschuldigte den Beweis anbot, daß dieses Horoskop seinen verstorbenen Bruder dieses Namens beträfe. Dagegen wurde der Kriegstribun Pollentianus begnadigt und in Würde und Besitz belassen, obgleich er überwiesen und geständig war, ein schwangeres Weib geschlachtet zu haben, um mit der ausgeschnittenen Leibesfrucht nekromantische — geisterbeschwörende — Befragungen über den künftigen Regierungswechsel vorzunehmen.

„Die Vorstellungen," schreibt Gustav Freytag in seinen „Bildern aus der deutschen Vergangenheit", „welche die ersten Kirchenväter von Person und Macht des Teufels hatten, wurden weiter umgeformt, als die germanischen Stämme das Gebiet des Römischen Reiches unterwarfen und das Christentum annahmen, — junge, kraftvolle Völker, deren charakteristische Eigenschaft war, mit einer einzigen Bildsamkeit fremde Kulturen in sich aufzunehmen und gerade an solcher fremden Habe, welche bis dahin allen Völkern langsamen Tod gebracht hatte, das eigene Empfinden zu vertiefen und die Lebenskraft zu stärken. Dieser Familie von Völkern ging die Fülle eigenen Lebens, deren höchster Ausdruck ihr alter Götterglaube gewesen, mit dem Christentum nicht verloren. Zwar die Namen der alten Götter verklangen allmählich; was dem neuen Glauben offenbar feindlich war, wurde durch den Eifer der Priester, durch Gewalt und fromme List, nach langer Arbeit beseitigt; aber unter der Hülle des neuen Glaubens erhielten sich unzählige heimische Gestalten, Gebräuche und Anschauungen. Ja, sie bestanden nicht nur, sie bildeten sich durch das Christentum in eigentümlicher Weise fort. Wie die christliche Kirche an die Stelle heidnischer Heiligtümer gebaut, wie an Donars Eiche das Bild des gekreuzigten Heilands oder der Name eines Apostels gehängt wurde, so traten auch die Gestalten der christlichen Mythologie in Mythen und Sagen an Stelle der alten Asengötter und ihrer Gegner. Keine von allen Gewalten des neuen Glaubens aber erhielt eine so große Erbschaft wie der Teufel. Sein Name und sein Bild verdüsterten zahllose heidnische Traditionen, welche zu fest im Volke lebten, um unterzugehen. Dabei wurde er selbst durch die alten Mythen, Sagen, Märchen, ja sogar durch die Sprache, in welche er eindrang, farbiger, vielseitiger, volkstümlicher, zuletzt gemütlicher. Zwar übertrug das Volk seine Erinnerungen an die hohen Gottheiten des Heidentums nicht nur auf ihn, lieber auf Kirchenheilige, Apostel, ja auf Christus selbst, aber auch der Heidenglaube hatte dunkle Gestalten gekannt und ein Gebiet, in welchem unheimliche Mächte walteten. Dieser umfangreiche Teil fiel ihm fast allein zu. Den Namen Teufel hatte er schon von den Griechen erhalten

(Diabolos, Tiufal), jetzt wurde er nach einem deutschen Gott Fol (vielleicht dem nordischen Baldur) Voland genannt, seine Raben und das wütende Nachttheer erhielt er von Wuotan, den Hammer von Donar; aber die schwarze Farbe, die Wolfs- und Bockgestalt, die Großmutter, die Hölle (Helja), die Bande, durch die er gefesselt gedacht wurde (‚der Teufel ist los‘) und viele sagenhafte Überlieferungen kamen ihm aus einem Kreise heidnischer Urgewalten, welche den herrschenden Menschengöttern feindlich gewesen waren ...

Und die Erinnerung an ihr heidnisches Wesen mischte sich mit einem wüsten Chaos fremden Aberglaubens, der fast aus allen Völkern der Alten Welt in dem heidnischen Rom, der großen Garküche jeder frommen Superstition, zusammengeflossen war und aus der antiken Welt in den christlichen Glauben eindrang. Die Strigen und Lamien, böse Geister des römischen Altertums, die vampirartig das innere Leben der Menschen aufzehren, Zauberweiber, die durch die Luft fliegen und in nächtlichen Zusammenkünften schändliche Orgien feiern, waren zu den Germanen gekommen und hatten sich hier mit ähnlichen, vielleicht nur urverwandten Vorstellungen verbunden. Uns aber ist nicht immer möglich zu erkennen, was ursprünglich deutsch ist, und was fremdem Volkstum angehört."

Ähnliches gilt aber auch von den slawischen Völkern des Altertums. Wir finden also zu jener Zeit den Glauben an den Bestand des Teufels und dem mit ihm verbundenen Zauberwesen und Hexentum überall verbreitet und durch die von den Kirchenvätern übernommene und erweiterte Dämonenlehre von Hellas und Rom in das junge Christentum eingeführt. So war überall der Boden wohl vorbereitet, aus dem die giftige Saat der Hexenprozesse üppig in die Halme schießen konnte.

Der heute bei uns noch nicht erstorbene Glaube an das Wettermachen war in Griechenland wie in Rom zu jeder Zeit zu finden. Von seiner Fortdauer im Mittelalter geben die sogenannten Leges barbarorum, namentlich die der Westgoten, mehrere Konzilienbeschlüsse und die fränkischen Kapitularien den besten Beweis. Die Dezemviralgesetze verboten das Herüberlocken fremder Ernten, ein Gedanke, der im neunten Jahrhundert in Frankreich so stark hervortrat, daß man von Zauberern träumte, die das Getreide durch die Luft massenhaft nach einem Fabelland Magonia entführten. Auch alle andern Arten von Zauberwesen und Aberglauben finden wir im Mittelalter allgemein geglaubt und gefürchtet, vor allem die Nachtfahrten der Hexen.

Eine besonders merkwürdige Stelle über den Glauben an die Nachtfahrten findet sich auch in der Sammlung des kanonischen Rechts. Es ist der vielfach besprochene und kommentierte, bald als Beweisstelle angerufene, bald in seiner Authentizität bestrittene und wieder verteidigte Canon Episcopi, auf den wir weiter unten noch eingehender zurückkommen werden. Es wird darin den Bischöfen zur Pflicht gemacht, auf die Ausübung magischer Künste ein wachsames Auge zu haben und die Schuldigen aus der Kirchengemeinschaft auszuschließen. Insbesondere habe man zu achten auf gewisse gottlose Weiber, die, vom Teufel und seinen Dämonen verblendet, sich einbilden und behaupten, daß sie zur Nachtzeit mit der Heidengöttin Diana, mit Herodias und einer Schar anderer Weiber, auf gewissen Tieren reitend, große Länderstrecken durchfliegen und in bestimmten Nächten des Befehls ihrer Herrin gewärtig sein müßten. Dieses alles sei heidnischer Unsinn und werde vom bösen Geiste nur ihrer Phantasie vorgegaukelt. (Soldan.)

Es ist begreiflich, daß mit der zunehmenden Macht des Christentums der Aberglaube und Wunderglaube sich immer kräftiger gestaltete. Es liegt im Wesen jeder Religion, daß deren Priester, auch ohne die Absicht zu täuschen, eine gewisse übernatürliche Kraft zu besitzen behaupten; dann geben sie an, mittels Gebet oder asketischer Übungen Heilungen und noch manches andere vornehmen zu können und entwickeln einen Reliquienkultus, neben dem auch Teufelstreiben und Zauberwesen selbst unwillkürlich immer deutlicher und entschiedener hervortreten müssen.

„Die abendländische Kirche" — wieder sei Freytag das Wort gegeben — „stand in der ersten Zeit des Mittelalters diesem Wust unheimlicher Vorstellungen reiner gegenüber; sie verurteilte ihn als teuflisch, aber sie strafte ihn im ganzen, wo er nicht zum bürgerlichen Verbrechen führte, mild und human. Doch seit die Kirche selbst zum hierarchischen System erstarrte, seit die maßlosen Ansprüche der Päpste starke Herzen in die Ketzerei trieben, seit vieles Volk unter der Herrschaft der Bettelmönche verdummte, entwickelte sich allmählich in der Kirche dieser Aberglauben zu einem borniertem System. In blutigen Verfolgungen ward vernichtet, was für teuflisch galt. Seit dem dreizehnten Jahrhundert, derselben Zeit, in der große Volksmassen aus dem Innern Deutschlands in die Slawenländer flüchteten, bildete sich durch fanatische Mönche der widerliche Glaube aus, daß der Teufel als Herr der Hexen sich in nächtlichen Zusammenkünften mit ihnen vermische; ein förmlicher Ritus der Adoration Satans durch verfluchte Männer und Weiber, die den christlichen Glauben abgeschworen hatten, ward erfunden und an zahlreichen Verdächtigen in Frankreich durch delegierte Inquisitoren mit Feuer und Folter verfolgt, am Rhein und im Stedingerland mit dem Tod bestraft."

Wir haben diese Ketzerverfolgungen bereits geschildert und wollen nun das Zauberwesen bis zum dreizehnten Jahrhundert in Betracht ziehen. Der Bischof Gregor von Tours erzählt von Wundern, die der Staub des heiligen Martins an ihm selbst in Krankheitsfällen vollbracht hatte, wo alle Kunst der Ärzte vergeblich war, und knüpft daran die Lehre, daß niemand, den der Himmel einmal gnädig geheilt, zum ärztlichen Wissen seine Zuflucht nehmen solle. Auch sonst finden wir bei Gregor zahlreiche Beispiele, die beweisen, daß der Aberglaube, der Glaube an Orakel und andere Unwesen, von der Geistlichkeit gefördert wurde, so daß die Konzilien daran denken mußten, Einschränkungen vorzuschreiben.

Schon früher sehen wir die Synoden gegen Wahrsagerei und Zauberwesen auftreten, die als Götzendienerei betrachtet wurden. Die Synode zu Laodicea, anfangs der zweiten Hälfte des vierten Jahrhunderts, sah sich genötigt, unter Androhung der Exkommunikation anzuordnen, daß Kleriker keine Zauberer, Beschwörer, Astrologen und dergleichen sein sollten, auch nicht Amulette anfertigen, die nur Fesseln für ihre eigene Seele wären. Das beweist immerhin, daß derlei Androhungen nötig waren. Auch die nachfolgenden Synoden nahmen Veranlassung, sowohl Klerikern wie Laien abergläubische Verrichtungen zu verbieten. Es fehlte dabei auch nicht an Stimmen, die das ganze Zauberwesen als nichtigen Teufelsspuk hinstellten und dem Höllenfürsten jene Allmacht absprachen, die er nach der Meinung vieler besitzen sollte. Die zweite spanische Synode vom Jahre 563 dekretierte im Kanon 6: „Wer da glaubt, daß der Teufel, weil er einige Dinge in der Welt hervorgebracht hat, auch aus eigener Macht Donner und Blitz, Gewitter und Dürre mache, der sei verflucht."

Die bürgerlichen Gesetze jener Zeit verfuhren ziemlich streng gegen Zauberei: Der Ostgote Theodorich verfügte dieselben Strafen, die in Rom für die Magier bestanden, wobei die Möglichkeit, Wetter zu machen und Krankheiten auf den Hals zu schicken angenommen und mit zweihundert Peitschenhieben, Abscheren der Haare, Verbannung oder Gefängnis bestraft wurde. Auch den Richtern wurde Strafe angedroht, wenn sie, wie es damals üblich gewesen war, mit Hilfe von Wahrsagern einen Rechtsfall aufzuklären versuchen würden.

Im bayerischen Gesetzbuch waren gegen die Zauberweihe der Waffen vor dem gerichtlichen Zweikampf (Wehadinc) und gegen die Verzauberung der Ernte auf fremdem Acker (Aranscati) Strafen festgesetzt. Noch strenger verfügt die Lex Salica, die von der Möglichkeit ausgeht, eine Hexe könnte einen Menschen innerlich aufzehren, ein Wahn, von dem wenigstens die Lex Rotharis sich bereits lossagt.

Strenger noch als unter den Merowingern, von denen schon die Rede war, wurde unter den Karolingern gegen das Zauberwesen vorgegangen. Das 742 unter Karlomann versammelte Concilium Germanicum befahl den Bischöfen, in ihrem Sprengel mit Beihilfe der Grafen, die Beschützer ihrer Kirchen wären, darauf bedacht zu sein, daß das Volk keine heidnischen Totenopfer, Losdeuterei, Wahrsagerei und dergleichen mehr betreibe. Das Konzil zu Paderborn (785) bestimmte die Todesstrafe sogar für alle, die an Zauberei glaubten, was von Karl dem Großen bestätigt wurde. „Zur Kennzeichnung der Stellung, die die Kirche in der nachkarolischen Zeit, im zehnten und zwölften Jahrhundert, zur Hexerei und zum Glauben an dieselbe einnahm, kommt vor allem der berühmte Canon Episcopi in Betracht, den wir mit Sicherheit zuerst um das Jahr 900 in der Kirche hervortreten sehen."

In diesem für die Kirchengeschichte so bedeutungsvollen Kanon wird den Bischöfen zur Pflicht gemacht, den Glauben an die Möglichkeit dämonischer Zauberei und an eine Möglichkeit von Nachtfahrten zu und mit Dämonen als Einbildung in ihren Diözesen und Gemeinden energisch zu bekämpfen und die ihm Ergebenen als Frevler am Glauben aus der Kirchengemeinschaft auszuschließen. Die Hauptstelle des Kanons lautet:

„Es gibt verbrecherische Weibsleute, die, durch die Vorspiegelungen und Einflüsterungen des Satans verführt, glauben und bekennen, daß sie zur Nachtzeit mit der heidnischen Göttin Diana oder der Herodias und einer unzählbaren Menge von Frauen auf gewissen Tieren reiten, über vieler Herren Länder heimlich und in aller Stille hinwegeilen, der Diana als ihrer Herrin gehorchen und in bestimmten Nächten zu ihrem Dienste sich aufbieten lassen. Leider haben nun diese Weibsleute ihre Unheil bringende Verkehrtheit nicht für sich behalten; vielmehr hat eine zahllose Menge, getäuscht durch die falsche Meinung, daß diese Dinge wahr seien, vom rechten Glauben sich abgewandt und der heidnischen Irrlehre sich hingegeben, indem sie annahmen, daß es außer Gott noch eine übermenschliche Macht gebe. Daher sind die Priester verpflichtet, den ihnen anvertrauten Gemeinden von der Kanzel herab nachdrücklichst einzuschärfen, daß alles dieses durchaus falsch und Blendwerk sei, das nicht vom Geiste Gottes, sondern von dem des Bösen herrühre. Der Satan nämlich, der sich in die Gestalt eines Engels verkleiden könne, wenn er sich irgend eines Weibleins bemächtige, so unterjoche er sie, indem er sie zum Abfall vom Glauben bringe, nehme dann sofort die Gestalt verschiedener Personen an und treibe mit ihnen im Schlaf sein Spiel, indem er ihnen hernach bald heitere, bald traurige Dinge, bald bekannte, bald unbekannte Personen vorführe. Dabei bilde sich dann der ungläubige Sinn des Menschen ein, daß dieses nicht in der Vorstellung, sondern in Wirklichkeit geschehe. Wer aber ist nicht im Traume so aus sich herausgefahren, daß er vieles zu sehen geglaubt hat, was er im wachen Zustand niemals gesehen hat? Und wer sollte so beschränkt und töricht sein, daß er glaube, alles das, was nur subjektives Erlebnis ist, habe auch objektive Wirklichkeit? Ezechiel hat Gott nur im Geiste und nicht mit dem Körper geschaut. Es ist daher allen Leuten laut zu verkündigen, daß derjenige, der solche Dinge glaubt, den Glauben verloren hat. Wer aber den wahren Glauben nicht hat, der gehört nicht Gott, sondern dem Teufel an."

Wir ersehen aus dieser Verdeutschung der Hauptstellen des Kanons, daß die Kirche damals das Hexenwesen für Wahngebilde betrachtete, und es sind immerhin für jene Zeit so vorgeschrittene Anschauungen, die hierbei zum Ausdruck gelangen, daß es verwunderlich erscheint, wie das Canon Episcopi als Grundlage des späteren Hexenwahns betrachtet werden konnte. Es gelangte zu hohem Ansehen in der Kirche und wurde später in das Corpus iuris canonici aufgenommen. Eine strenge Bestrafung abergläubischer Vorgänge war der Kirche des frühen Mittelalters fremd. Als strengste Synodalverfügung jener Zeit wird die der Synode von Riesbach und Freisingen (799) betrachtet, wo in Kanon 15 geboten wird, Zauberer und Zauberinnen einzukerkern und durch den Archipresbyter womöglich zum Geständnis zu bringen; doch dürfe ihnen am Leben nichts geschehen. Es kam sogar vor, daß Synoden und Päpste gegen die allzu strenge Bestrafung der Zauberei seitens des weltlichen Gerichts Einwände erhoben. Papst Gregor VII. z. B. forderte den König von Dänemark auf, zu verhindern, daß bei Seuchen und Wetterschaden unschuldige Frauen als Zauberinnen und Urheberinnen dieser Übel verfolgt würden. Übrigens kam ein blutiges Einschreiten gegen Zauberei auch seitens der weltlichen Behörden nur selten vor, und so manche dem widersprechende Angaben sind nicht erwiesen worden.

Das dreizehnte Jahrhundert mit seinen Verfolgungen der Ketzer, die, wie schon früher bemerkt wurde, hauptsächlich der Zauberei und des Teufelsbündnisses bezichtigt wurden, bildete einen Wendepunkt in der Geschichte des Zauberwesens und Hexentums zum Schlimmeren.

In den von den Katharern und von den Ketzern in Deutschland erzählten Greueln hatte sich die Phantasie ihrer Feinde noch keineswegs erschöpft; das Jahrhundert war im Fortschreiten. Der Vorwurf gemeiner Unzucht war bereits an den älteren Ketzern verbraucht worden. Den deutschen Ketzern hatte man dann schon das Verbrechen der Sodomie aufzubürden gewagt. Was blieb daher noch übrig als der Vorwurf des Geschlechtsverkehrs mit dem Teufel selbst? Von diesem gibt das große Autodafé, das 1275 zu Toulouse unter dem Inquisitor Hugo von Beniols gehalten wurde, vermutlich das erste Beispiel. Unter den lebendig Verbrannten war auch die sechsundfünfzigjährige Angela, Herrin von Labarethe. Man hatte sie gestehen lassen, allnächtlich fleischlichen Umgang mit dem Satan gepflogen zu haben; seine Frucht sei ein Ungeheuer mit Wolfskopf und Schlangenschwanz gewesen, zu dessen Ernährung sie in jeder Nacht kleine Kinder habe stehlen müssen. (Lamothe-Langon.)

Durch die Beschuldigung der fleischlichen Vermischung mit den Dämonen war ein entscheidender Schritt weiter getan; sie erscheint bald darauf wieder im Gefolge der Anklagen, unter denen der Templerorden erlag, und wiederholte sich in allen folgenden Hexenprozessen. Die Vorstellung von einem solchen Umgang war jedoch weit älter als ihre Anwendung.

Der Glaube an eine geschlechtliche Vermischung des Teufels mit Menschen, der besonders im dreizehnten Jahrhundert hervortrat, wird auf die mythologischen Erzählungen der Griechen und Römer zurückgeführt, deren Götter von den Theologen des Christentums als Dämonen ausgegeben wurden. So naheliegend auch diese Erklärung scheint, so wenig hält sie genauerer Untersuchung stand. Es dürfte sich hier vielmehr, wie bei der Tortur selbst, um einen jener ursprünglichen Gedanken handeln, die die Kulturentwicklung aller Völker aufweist. In diesem Gedankengang hat der Geschlechtsverkehr jederzeit eine bedeutende, vielleicht die bedeutendste Rolle gespielt, und es ist recht gut begreiflich, daß man dort, wo einmal die Existenz übermenschlicher guter oder böser Geister angenommen wurde, auch an ihre Vermischung mit den Erdenkindern glaubte. Daß Genesis 6 schon früher von frommen Kirchenvätern ähnlich ausgelegt worden, wurde bereits erwähnt. Das dreizehnte Jahrhundert nun bot derartigen, wohl nie ganz in Vergessenheit geratenen Fabeln einen um so günstigeren Boden, als die eingerissene Sittenlosigkeit solchen Anschauungen nur förderlich sein konnte. Thomas von Aquino hat die Lehre von der Teufelsbuhlschaft ausgebildet. Viele andere sind ihm darin gefolgt und haben mit Ernst und Gründlichkeit diese Sache erörtert.

Begreiflicherweise mußten die dem Teufel ergebenen Zauberer und Hexen der Kirche als Ketzer gelten, so wie diese wieder als Zauberer verschrieen wurden; in vielen Fällen geschah dies wohl nur, um ihre Gottlosigkeit und die Notwendigkeit ihrer Ausrottung dem Volke klarer und einleuchtender zu machen, als dies durch Erörterung theologischer Probleme hätte geschehen können. Mit Ausnahme Spaniens, wo die Überreste des Maurentums der neuerrichteten Inquisition genügend Material und Vorwand zu eigentlichen Ketzerprozessen bot, sehen wir, wie im übrigen Teil Europas, während die Verfolgung der Ketzerei sich abschwächte, die Hexenprozesse um so systematischer betrieben werden. In ihnen gewann jetzt der Inquisitor einen geschmeidigen, unerschöpflichen Stoff, weil nirgends mehr eine Grenze gezogen ist, sobald das behauptete Verbrechen in der Phantasie wurzelt und damit den Richter der Verpflichtung enthebt, den objektiven Tatbestand nachzuweisen. Nicht minder gewann hierdurch der Hexenprozeß an Popularität; denn er rechtfertigte die Grausamkeit seines Verfahrens durch die Größe der zu unterdrückenden Greuel und vertauschte die gehässige Rolle eines Verfolgers von Religionsanschauungen mit der dankenswerten eines Wohltäters, der die menschliche Gesellschaft von einer Rotte gefährlicher Bösewichte befreite, dem Furchtsamen schon auf bloße Denunziation anderer hin Schutz bot, wo der weltliche Richter die förmliche Anklage mit allen ihren Gefahren gefordert hätte. In dem

Hexenprozesse siegte endlich die Inquisition über alle Anfechtungen ihrer Kompetenz im Zauberwesen. Als Sünde hätte die Zauberei vor den Bischof, als Verbrechen — z. B. Tötung durch Zauberei — vor die Obrigkeit gehört; als Ketzerei aber war sie, mit Hintansetzung des ordentlichen Richters, der Inquisition verfallen. Alexanders IV. beschränkende Verordnung ist in der Tat zur privilegierenden geworden, indem sie den Scharfsinn der Inquisitoren darauf hinwies, in der Zauberei häretische — ketzerische — Elemente geltend zu machen. Diese Geltendmachung beginnt unmittelbar nach dem päpstlichen Erlasse, kämpft sich durch alle Einwände der Gerichte und der gesunden Vernunft durch und endigt damit, daß sie die Zauberer geradezu zur geschlossenen Sekte erhebt. Nur durch die Aufdrückung eines häretischen Charakters war es möglich, daß magische Vergehen, für die die Kirche von jeher nur disziplinäre Bestrafung gehabt und diese Beschränkung selbst noch im dreizehnten Jahrhundert bestätigt hatte, von nun an zum Scheiterhaufen führten. Nur hierdurch wird es erklärlich, wie in den Prozessen der Inquisitionsgerichte auch Mord, Ehebruch und andere der bürgerlichen Justiz unterworfene Verbrechen eine Stelle gefunden haben. Es wird aber auch bei dieser Verkettung der Magie und Ketzerei weiter begreiflich: Wenn die Inquisitoren den ordentlichen Gerichten gegenüber das Häretische der Magie hervorhoben, so war es auch ebenso leicht wie geraten, in Zeiten, wo die Ketzereien milder beurteilt zu werden begannen, das Volk mit dem Magismus der Häresie zu schrecken.

Im Schoße der Inquisition ist der Hexenprozeß erzeugt und großgezogen worden. Die Männer, die ihn durch ihre Schriften theoretisch begründet und im einzelnen weiter entwickelt haben, sind sämtlich Dominikaner und Inquisitionsrichter gewesen. Über zweihundert Jahre hat sich die Inquisition im fast ausschließlichen Besitze des Hexenprozesses behauptet, und als sie in den meisten Ländern zu Grabe getragen wurde, hat sie ihn den weltlichen Gerichten als ein trauriges Erbteil hinterlassen.

Schon zu Beginn des vierzehnten Jahrhunderts sehen wir Hexenprozesse im vollen Gang; im vorhergehenden Jahrhundert waren sie noch vereinzelte Erscheinungen. Manches zu dieser Zunahme dürfte der persönlichen Furcht zuzuschreiben sein, die Papst Johann XXII. (1316—1334) vor der Magie hegte. Möglich mochte es schon gewesen sein, daß ihm, wie er glaubte, mehrere Kardinäle nach dem Leben trachteten; aber immerhin war seine Furcht, vergiftet zu werden, berechtigter als sein Wahn, durch Zaubermittel zu enden. An Maßregeln gegen das vermeintliche Zauberwesen und an Aneiferung der Inquisition ließ er es nicht fehlen. Auch der französische König Philipp von Valois schloß sich dem an. In Carcassonne wurden 1320—1350 mehr als vierhundert Zauberer verurteilt, von denen über die Hälfte die Todesstrafe erlitt. Zu Toulouse wurden in derselben Zeit etwa sechshundert Urteile gefällt. Die nachfolgende Zeit hatte allerorten noch mehr Todesurteile wegen Zauberei aufzuweisen. Der Hexentanz findet bei einem Autodafé im Jahre 1353 zum ersten Mal Erwähnung.

Im Jahre 1390 erließ das Parlament zu Paris einen Beschluß, wonach die Hexenprozesse fortan nicht mehr von geistlichen, sondern von weltlichen Richtern abgeurteilt werden sollten, was immerhin eine Herabminderung dieser Prozesse zur Folge hatte. In Deutschland fanden sie erst um diese Zeit umfangreichere Anwendung, um später, unter weltlicher Justiz, zu einer schrecklichen Plage anzuwachsen. Daß es aber schon damals auch unter den Geistlichen an Männern nicht gefehlt hat, die das ganze Zauberwesen und Hexentreiben für heidnischen Aberglauben erklärten, ersehen wir aus den Beschlüssen des Provinzialkonzils zu Trier (1310) und zu Prag (1349).

Hinrichtungen wegen Zauberei werden in Deutschland erst aus der Mitte des fünfzehnten Jahrhunderts berichtet. Im Jahre 1446 wurden einige Frauen — natürlich unter Anwendung der Tortur zwecks Erpressung von Geständnissen — zu Heidelberg verbrannt, im folgenden Jahre gleichfalls ein Weib, das als die Lehrmeisterin der früher Hingerichteten galt. In Hamburg wurden 1444 zwei Frauen und 1458 eine verbrannt. Dann erfolgte dort eine längere Pause bis 1482, wo im Dorfe Eggendorf ein Weib unter der üblichen Beschuldigung, mit einer Hostie Unfug getrieben zu haben, den Feuertod erleiden mußte. Frankfurt a. M. scheint von der Seuche der Hexenverfolgung ziemlich frei geblieben zu sein; es wird nur gemeldet, daß 1486 ein Messegaukler als der Zauberei schuldig im Main ertränkt wurde.

In den Niederlanden gab es nach der dort vorherrschenden Meinung viel Zauberer und Hexen, doch scheinen die als schuldig Befundenen bis 1472 nur mit zeitweiliger Verbannung bestraft worden zu sein. Erst aus dem genannten Jahre wird ein Todesurteil wider eine der Hexerei beschuldigte Dienstmagd erwähnt. Später, unter spanischer Zwingherrschaft, gestalteten sich die Verhältnisse allerdings viel trüber.

Auch in der Schweiz kamen im vierzehnten und fünfzehnten Jahrhundert viel Beschuldigungen der Zauberei vor; doch wurden diese gewöhnlich nur gelinde bestraft, zumeist nur mit zeitweiliger oder dauernder Landesverweisung. Aus Basel wird die erste Hexe in dem Jahre 1451 erwähnt. Mehr Prozesse werden aus dem französischen Teil der

Schweiz berichtet. Diese sind „wesentlich Ketzerprozesse, zeigen aber, daß der ganze Wahnsinn, der aus den Hexen im siebzehnten Jahrhundert herausgefoltert wurde, auch den Ketzern im fünfzehnten Jahrhundert untergeschoben wurde, und daß die Hexerei als wesentliches Moment der Ketzerei galt. Die Inquisition lag hier in den Händen des bischöflichen Offizialats zu Lausanne, das sie durch Predigermönche im Waadtland und in den Landen von Freiburg und Neuchatel ausüben ließ ... Der erste Prozeß, über den wir Nachricht haben, gehörte dem Jahre 1430 an; im Jahre 1431 folgten ihm sechs andere nach. Seitdem scheinen solche in den genannten drei Landen in immer wachsender Zahl vorgekommen zu sein. Von der Anwendung der Folter ist in der Berichterstattung nicht die Rede, doch wäre ohne diese eine Erpressung der — den Geständnissen der Hexen im siebzehnten Jahrhundert ganz gleichartigen — Aussagen der ‚Ketzer' absolut unerklärlich. Die Urteile lauteten auf Tod durch Feuer, Tod mit Verstümmelung der Glieder usw. Das Vermögen der Hingerichteten wurde stets konfisziert; zwei Drittel erhielt der Fiskus, ein Drittel das Offizium der Inquisition". (Soldan.)

Hier wie überall finden wir also, daß die Ketzerprozesse unter dem Namen Hexenprozesse weitergeführt wurden, und daß anscheinend die Anwendung der Tortur bei diesen Untersuchungen so selbstverständlich und allgemein war, daß man es in vielen Fällen in den Berichten garnicht für nötig hielt, ihrer Erwähnung zu tun. Wir finden ferner, daß dort, wo der Zauberwahn vor bürgerliche Richter gestellt wurde, zumeist noch gelinde Strafen in Anwendung kamen, was auch von anderen Ländern gilt. In Ungarn gab es im fünfzehnten Jahrhundert noch keine Hexenverfolgungen. Das Ofener Stadtrecht vom Jahre 1421 bestimmt, daß Hexen und Zauberer, die zum ersten Mal ergriffen wurden, an einem Freitag öffentlich auf einer Leiter von Morgen bis Mittag ausgestellt werden sollten, einen Judenhut auf dem Kopfe, auf dem ein Engel abgebildet war. Dann sollten sie beschwören, von ihrem Irrtum abzulassen, und freigelassen werden. Man könnte hierin nur eine Bestrafung des Aberglaubens ersehen, wenn weiter nicht bestimmt wäre, daß die beschuldigte Person bei wiederholter Ergreifung wie ein Ketzer verbrannt werden solle. Verordnungen des Erzbischofs von Gran (Ungarn) aus dem Jahre 1447 und 1450 ergeben, daß unter den der Geistlichkeit unterworfenen Rechtsangelegenheiten wohl die Ketzerei, aber nicht die Zauberei erwähnt wird; man könnte daraus schließen, daß beides für eins gegolten, aber auch, was weniger Wahrscheinlichkeit für sich hat, daß dieser ungarische Kirchenfürst überhaupt nichts von der Zauberei hielt. Streng gegen vermeintliche Hexen wurde in Schottland vorge-

Abbildung 6: Befestigung auf einem Brett mit Pflöcken zur Hinrichtung
Kupfer aus dem 15. Jahrhundert vom Meister der Boccaccio-Illustrationen. P. II. 276. 8

gangen, wo — wie auch in England — diese Verfolgungen grausam ausarteten.

So arg auch die bisherigen Zustände in dieser Beziehung waren, so viel Unrecht und Grausamkeit dabei in Erscheinung trat: Es war dies alles doch nur der schreckliche Beginn einer geistigen Seuche, die sich noch durch Jahrhunderte fortpflanzen sollte.

Zwölftes Kapitel

Das sechzehnte Jahrhundert
Hexenverfolgungen — Der Hexenhammer

Eine neue Phase der Hexen- und Zaubererverfolgungen, besonders für Deutschland, trat mit Ende des Jahres 1484 ein. Scherr schreibt:

Bis gegen das Ende des fünfzehnten Jahrhunderts hin waren auch in Deutschland schon einzelne Zauberer (Hexenmeister) und Hexen verbrannt worden. Aber jetzt erst begann die Verfolgung derselben in großartigem Stile und wütete das ganze sechzehnte Jahrhundert und die drei ersten Viertel des siebzehnten hindurch mit brutalster Grausamkeit. Das Signal zu dem massenhaften Prozessieren und Hinrichten in Deutschland hat unstreitig die berüchtigte Bulle Papst Innocenz' VIII. gegeben. Diese Bulle ist datiert vom 5. Dezember 1484. Die Hauptstelle des Aktenstückes, woraus auch die bösen Handlungen, deren man die Zauberer und Hexen bezichtigte, ersichtlich sind, lautet so: „Gewißlich ist es neulich nicht ohne große Beschwerung zu unseren Ohren gekommen, daß in einigen Teilen des oberen Deutschland wie auch in den mainzischen, trierischen, kölnischen, salzburgischen Erzbistümern, Städten, Ländern, Orten und Diözesen sehr viele Personen beiderlei Geschlechts, ihrer eigenen Seligkeit vergessend und von dem katholischen Glauben abfallend, mit Teufeln, die sich als Inkubi und Sukkubi mit ihnen vermischen, Mißbrauch treiben und mit ihren Bezauberungen, Liedern und Beschwörungen und anderen abscheulichen aftergläubigen Handlungen, zauberischen Übertretungen, Lastern und Verbrechen die Geburten der Weiber, die Jungen der Tiere, die Feldfrüchte, das Obst und die Weintrauben, wie auch Männer, Frauen, Tiere und Vieh aller Art, ferner die Weinberge, Obstgärten, Wiesen, Weiden, das Getreide und andere Erzeugnisse des Bodens verderben, ersticken und umkommen machen und selbst die Menschen, Männer und Frauen und aller Arten Vieh mit grausamen sowohl innerlichen als äußerlichen Schmerzen und Plagen belegen und peinigen und die Männer verhindern, zu zeugen, und die Weiber zu gebären, und die Männer, daß sie den Weibern, und die Weiber, daß sie den Männern die ehelichen Werke leisten können; außerdem, daß sie den Glauben selbst, welchen sie beim Empfang der heiligen Taufe angenommen, mit eidbrüchigem Munde verleugnen und andere überaus viele Leichtfertigkeiten, Sünden und Laster durch Anstiftung des Feindes des menschlichen Geschlechtes zu begehen und zu vollbringen sich nicht fürchten, zur Gefahr ihrer Seelen, zur Beleidigung göttlicher Majestät und zu sehr vieler Ärgernis und schädlichem Exempel." Im Verlauf der Bulle wird dann den beiden Ketzermeistern und Professoren der Theologie Heinrich Institor und Jakob Sprenger, denen als dritter Johann Gremper sich gesellte, der Auftrag erteilt, „wider alle und jede Personen, wes Standes und Ranges sie sein mögen, das Amt der Inquisition zu vollziehen und die Personen selbst, die sie der vorbemeldten Dinge schuldig befinden, in Haft zu bringen und an Leib und Vermögen zu strafen".

Nun ist es bekannt, daß der Deutsche gern alles, sogar den Wahnwitz, mit Methode und, wenn man das Wort hier mißbrauchen darf, mit Wissenschaftlichkeit betreibt. Sprenger und Gesinnungsgenossen setzten sich daher vor allen Dingen hin und verfaßten in lateinischer Sprache ein dickes Buch, den „Malleus maleficarum" (Hexenhammer), der die Hexen gleichsam zusammenhämmern, zermalmen sollte. Dieses Buch, das bei den Hexenrichtern kanonisches Ansehen erlangte und nach Köppens Ausdruck „mit dem Eifer eines vor Fanatismus, Habsucht, Wollust und Henkerslust wahnsinnig gewordenen Mönchs" geschrieben ist, erschien mit einer — wie Joseph Hansen nachgewiesen — gefälschten Approbation der theologischen Fakultät von Köln zuerst im Jahre 1489 und erlebte rasch mehrere Auflagen. Der erste Teil dieses „liber sanctissimus" handelt von den drei Stücken, die bei der Zauberei zusammenkommen, dem Teufel, dem Zauberer oder Zauberin und der göttlichen Zulassung; der zweite Teil davon, wie man sich vor der Macht der Zauberei bewahren solle und alle ihre Folgen wieder aufheben könne; der dritte Teil enthält eine Anleitung für die geistlichen und weltlichen Richter hinsichtlich des Verfahrens beim Hexenprozeß. Hier wird auch die Kompetenzfrage dahin gelöst, daß an sich das Verbrechen der Hexerei vor die geistlichen und weltlichen Gerichte gehöre, insofern aber als Ketzerei mit dabei im Spiele sei, sollen die Hexen der Gerichtsbarkeit der Inquisition unterworfen werden. Man sieht, die Theologen wußten sich auf jeden Fall ihre Mitwirkung zu sichern. Was die rechtliche Seite der Sache überhaupt angeht, so wurde die Hexerei von den Verfassern des Hexenhammers und gleichgesinnten Juristen als das „ungeheuerlichste, schwerste und abscheulichste Verbrechen" erklärt und ferner als ein „außerordentliches" (crimen exceptum), woraus sich ergab, daß der Richter bei dessen Verfolgung sich nicht an den ordentlichen Gang der Kriminalprozedur zu halten habe, sondern „außerordentliche" Mittel anwenden dürfe und müsse, um der Wahrheit auf den Grund zu kommen. Der Hexenhammer fordert auch das Denunziantenwesen ausdrücklich auf, indem er sagt, man solle den Denunzianten, um ihnen Mut zu machen, zu verstehen geben, sie hätten nichts zu befürchten, auch wenn sie für ihre Anklagen nicht den geringsten Beweis beizubringen vermöchten.

Mit dem Hexenhammer in der Hand gingen nun seine Verfasser und ihre Kollegen an ihre Aufgabe, als deren Vorspiel die ersteren schon in den Jahren 1484—1489 achtundvierzig Hexenbrände in der Diözese Konstanz und in Ravensburg, ein anderer Ketzermeister, Cumanus, in dem einzigen Jahre 1485 sogar schon einundvierzig Hinrichtungen veranstaltet hatten. Man gewann die geistlichen und weltlichen Fürsten Deutschlands für den Hexenprozeß; jene, indem man ihnen einleuchtend machte, wie sehr dadurch dem hierarchischen Wesen gedient würde; beide zusammen, ebenso wie die kleineren Dynasten und Stadtobrigkeiten, indem man sie auf das Gewinnbringende des Geschäfts hinwies. Denn das Vermögen der Verurteilten wurde, wie schon gesagt, eingezogen und in der Regel so verteilt, daß zwei Drittteile davon dem Grundherrn, das letzte Drittel den Richtern, Schöppen, Geistlichen, Spionen, Angebern und Scharfrichtern zufiel, nach standesmäßiger Abstufung. Hexenrichter und Henker bereicherten sich gerade zur Zeit der größten Verarmung Deutschlands, während des Dreißigjährigen Krieges, ganz auffallend. Verdiente doch in dem einzigen Orte Coesfeld 1631 der Scharfrichter binnen sechs

Monaten durch seine Verrichtungen an den Hexen 169 Taler. Es ist daher nicht zuviel gesagt, wenn fast die Hälfte der Hexenprozesse auf Rechnung der Habsucht geschrieben wird; die andere Hälfte kommt auf Rechnung des Fanatismus und der gläubigen Einfalt; denn vom Ausgang des fünfzehnten Jahrhunderts an war es den Pfaffen allmählich gelungen, die ganze Weltanschauung, alles Fühlen, Glauben und Denken des deutschen Volkes so ganz und gar zu verteufeln, daß es immer und überall den Teufel sah, hörte, roch und schmeckte.

Die den beiden Ketzerrichtern Institoris und Sprenger für ihre Tätigkeit zugewiesenen Bezirke umfaßten so ziemlich ganz Deutschland, den nördlichen Teil ausgenommen. Sie entwickelten bei ihrem Henkeramte einen Eifer, der geeignet gewesen wäre, das ganze Reich zu entvölkern. Es wurden Stimmen laut wider diese Tyrannei, selbst aus kirchlichen Kreisen und aus dem allzeit glaubenseifrigen Tirol.

Von hier berichtet Soldan (I. 252), daß alle wegen Hexerei verdächtigen Personen auf die Folter gespannt und nach ihren Vergehen und ihren Mitschuldigen befragt wurden. Die Folge davon war, daß über zahlreiche Familien namenloses Elend kam. Selbst die eigenen Familienangehörigen wurden von den Gefolterten als Mitschuldige genannt, und sogar in das Haus des damaligen Regenten von Tirol, des Erzherzogs Sigmund, griff die Denunziation ein. Ein Sturm der Entrüstung ging durch das ganze Land. Die Folge davon war, daß der Bischof dem Inquisitor in sehr gemessener Weise befahl, das Land zu verlassen und in sein Kloster zurückzukehren. Auch die Stände des Landes wollten von Hexenverfolgungen durchaus nichts wissen. Auf dem Tiroler Landtag, der im August 1487 zu Hall im Inntale versammelt war, wurde dem Erzherzog Sigmund gegenüber laut darüber geklagt, daß in jüngst vergangener Zeit „viel Personen gefangen, gemartert und ungnädiglich gehalten worden seien, was doch merklich wider Gott und Sr. Fürstlichen Gnaden Seelen Seligkeit und wider den Glauben ist".

Der Erzherzog, der es weder mit der einen noch mit der anderen Partei verderben wollte, wandte sich an den berühmten Juristen Ulrich Molitoris zu Konstanz um Rat, was von dem Zauberwesen zu halten sei. Dieser, ein sehr kluger und aufgeklärter Mann, gab sein Gutachten in einer Schrift: „De Lamiis et pythonicis mulieribus" ab, in der er in Form eines Gespräches zwischen sich, dem Erzherzog — dem er schlauerweise alle vernünftigen Äußerungen in den Mund legt — und dem Schultheiß von Konstanz Konrad Schatz zu den Schlüssen kam, daß Hexen kein Unwetter hervorrufen könnten, daß den durch die Folter erpreßten Geständnissen kein Wert beizumessen sei, daß Gott Herr der Natur sei, daher der Teufel ohne seine Zustimmung nichts Böses verrichten könnte und noch andere vernünftige Ansichten. Trotz dieser Stellung — Molitoris mochte seine Gegner, deren Macht und Rachsucht gründlich gekannt und gefürchtet haben — bemerkt er am Schluß: „Obschon also dergleichen böse Weiber in der Tat nichts ausrichten, so müssen sie nichtsdestoweniger deshalb, weil sie von Gott abfallen und mit dem Teufel ein Bündnis eingehen, wegen ketzerischer Bosheit mit dem Tode bestraft werden." Endlich ermahnt er noch das weibliche Geschlecht, sich nicht dem Teufel preiszugeben und der Taufe eingedenk zu sein.

Fast gleichzeitig — 1489 — erschien auch der erwähnte Hexenhammer. Der Titel lautet: Malleus maleficarum, in tres partes divisus, in quibus concurrentia ad maleficia, maleficiorum effectus, remedia adversus maleficia et modus denique procedendi ac puniendi maleficos abunde continetur. — Coloniae 1489. Es dürfte wohl keine zweite Schrift geben, die von so finsterem Fanatismus diktiert wurde, so viel Torheit enthält und so verhängnisvoll gewirkt hat. Trefflich kennzeichnete sie in der ersten Hälfte des achtzehnten Jahrhunderts der schaumburg-lippesche Superintendent Hauber mit den Worten: „Alles, was man von einem Inquisitore der Ketzerei und von den damaligen Zeiten, da das Reich der Finsternis und der Bosheit auf das höchste gestiegen war, sich nur vorstellen kann, das findet sich in diesem Buche mit einander verbunden: Bosheit, Tumheit, Unbarmherzigkeit, Heuchelei, Arglistigkeit, Unreinigkeit, Fabelhaftigkeit, leeres Geschwätze." Und von dem Verfasser meint er, er hätte geschrieben „mehr wie ein Henker als wie ein Geistlicher, wie ein Kerl, der etliche Bordells ausgehuret hat".

Als Grundsatz des Hexenhammers sind die Worte hingestellt: „Haeresis est maxima, opera maleficarum non credere." Der Zweifel an dem Bestand der Hexerei gilt also für höchste Ketzerei — der bequemste Grundsatz, um jeden Widerspruch von vornherein unmöglich zu machen oder nur mit Gefahr verlautbaren zu lassen. Das Werk erlangte ein fast kanonisches Ansehen und wurde fortan zu allen Zeiten bei Hexenprozessen als ausschlaggebend betrachtet.

Nach dem Hexenhammer und andern kirchlichen Autoritäten in dieser Frage war die Zauberei ein crimen fori mixti, das sowohl vor das geistliche — den Inquisitor — wie vor das weltliche Gericht gehörte, weil Verbrechen dieser Art ebenso den Glauben wie auch Gesundheit und Eigentum von Personen schädigen. Der weltliche Richter konnte aber die Todesstrafe über die beschuldigte Person nur dann verhängen, wenn das geistliche Gericht die Sache geprüft und schuldbar befunden hatte. Der Beschuldigte mußte dem geistlichen Gericht auf dessen Aufforderung hin sofort ausgeliefert werden. Hatte dieses ein Schuldig ausgesprochen, so übergab es gewöhnlich den Verurteilten der Behörde, damit diese die Strafe vollstrecke. Die weltlichen Gerichte waren also in diesen Prozessen gewissermaßen die Büttel der geistlichen, eine Unterordnung, gegen die sie sich vergeblich aufzulehnen versuchten. Zur Anwendung gelangte dann, wie schon früher bemerkt, das kanonische Recht mit seinem Inquisitionsverfahren, das — besonders in Deutschland, wo ein Akkusationsverfahren seit alters her üblich war — nur schwer im Volke Eingang fand. Zur Verhaftung war der Inquisitor befugt, wenn eine Denunziation vorlag oder ein böser Ruf oder sonst ein Umstand, der Verdacht zu erwecken geeignet war, das heißt also, kurz gesagt: Der Inquisitor konnte nach Belieben verhaften lassen und anklagen. Leugnete der Beschuldigte, so wurde die Folter angewandt, er peinlich befragt, — „angegriffen", wie es später hieß. Kam der Inquisitor auf seinen Schreckenszügen nach einer Stadt, wo er seine Wirksamkeit ausüben wollte, so forderte er mittels Ankündigungen an den Türen der Kirchen, der Amtshäuser usw. die Bewohner auf, alle Personen anzugeben, gegen die sich der Verdacht der Hexerei richte. Ein absichtliches Verschweigen wurde mit Kirchenbann und anderen Strafen bedroht, das gottgefällige Denunzieren mit geistlichem Segen, aber auch mit Geld belohnt. Zuweilen befanden sich in den Kirchen Briefkasten, in die jeder seine Denunziation ohne Nennung seines Namens einwerfen konnte. Unter solchen Umständen, wo allen Leidenschaften und Lastern Tür und Tor geöffnet war, konnte es nicht verwundern, wenn gar bald die Hexenprozesse sich häuften und schließlich sich zu einer moralischen Seuche ausbildeten, die noch ärger und verderblicher wütete als der „Schwarze Tod" und andere Schrecken früherer Tage.

Nach dem Hexenhammer sollte das Verhör des — oder meist der — Beschuldigten mit der Frage eröffnet werden, ob sie glaube, daß es Hexen gäbe. Verneinte sie die Frage, so sollte weiter die Frage an sie gerichtet werden, ob sie demnach glaube, daß alle, die bisher verbrannt wurden, unschuldig diese Strafe erlitten hätten. Eine Bejahung dieser Frage war selbstverständlich das Ärgste, was sich die Angeklagte zufügen konnte. Schon diese Fragen zeigen, daß es darauf abgesehen war, die beschuldigte Person unter allen Umständen zu verdammen. Von anderen der Verdächtigten vorgelegten Fragen seien folgende herausgehoben: Wer sie die Hexerei gelehrt, ob der Teufel oder ihre Gespielinnen? Ob sie nicht etliche Hexen kenne? Was sie bewog, eine Zauberin oder Trut zu werden? Wann und um welche Zeit der Teufel mit ihr Hochzeit gehalten? Wie ihr Teufel heiße? Ob sie Gott und die Heiligen habe verleugnen müssen? Ob sie den Teufel angebetet, und was er nachher mit ihr vorgenommen? Ob sie der Teufel nicht anders getauft, und wer dabei gewesen? Wer sie aus der Taufe gehoben, und wie dieser heiße? Wie oft und an welchem Ort sie sich mit dem Teufel vermischt? Ob er in solchen unkeuschen Werken einem andern Mann gleich sei, oder wie es damit beschaffen? Ob ihr Buhlteufel zuweilen, unbemerkt von ihrem Manne, zu ihr nachts ins Bett schleiche? Ob sie auch von ihm Kinder bekommen? Wie oft sie auf der Gabel ausgefahren? Wie sie es gemacht, daß sie so fahren könne? Ob sie nicht jährlich dreimal an einen gewissen Ort sich zum Tanz habe einstellen müssen? Ob sie dort den bösen Geist, in einem Sessel sitzend, nebst ihren Gespielen hat anbeten und ihm posteriora sub specie faciei küssen müssen? Ob sie zuweilen Tiergestalt angenommen, um sich unkenntlich zu machen? Ob sie nicht auf den jährlichen Zusammenkünften samt ihren Gespielen Rechenschaft geben mußte, was jegliche in des Teufels Dienst für Schaden gestiftet? Ob sie nicht auch eines ihrer eigenen Kinder dem Teufel geopfert? Und wieviel sie sonst umgebracht, ihr Fleisch gegessen, ihr Blut getrunken, ihre Glieder und Knochen aber zur Zauberei gebraucht? Wie oft sie unschuldige Kindlein hat ausgraben helfen? Wieviel sie Wetter und Hagel gemacht? Ob sie jährlich gebeichtet, das Sakrament empfangen und genossen, und was sie damit angefangen? Ob ihr Buhle ihr nicht etwas angetan, daß sie ihre Sünden nicht bekennen konnte usf. Dem könnten noch zahlreiche andere Fragen angereiht werden, abgesehen von jenen, die für den Sonderfall berechnet waren; und alle würden gleichfalls nur eine schmutzige, krankhafte Phantasie bekunden. Konnte durch Drohungen, Folter und sonstige Mittel kein Geständnis erlangt werden, so wurden alle möglichen Überredungskünste aufgeboten. Der Richter versprach unter Mentalreservation — Hintergedanken — Gnade für den Fall eines Eingeständnisses und beteuerte, daß er keine Verurteilung aussprechen werde. Unter Gnade konnte er sich dabei denken: Erdrosselung vor dem Verbrennen; unter letzterem wieder, daß er das verdammende Urteil von einem anderen verkünden ließ, — Praktiken übrigens, die sich auch auf die spätere Zeit fortpflanzten. Ein Verteidiger nach freier Wahl durfte nach dem Hexenhammer im allgemeinen nicht zugelassen werden, wobei er sich auf eine Verordnung des Papstes Bonifacius VIII. (1294—1303) über das Verfahren in Glaubenssachen stützte. Allerdings konnte ein dem Richter genehmer Mann (vir zelosus) als Verteidiger zugelassen werden; auch dieser jedoch wurde feierlich gewarnt, sich nicht eine Förderung des Bösen zuschulden kommen zu lassen, eine Mahnung, die er wohl verstanden haben dürfte.

Die Feuerprobe (judicium ignis) wurde bei den Ketzerverfolgungen von Konrad von Marburg und anderen Inquisitoren oft angewandt, anfangs auch in Hexenprozessen, doch später nicht mehr, wohl auf die Autorität des Hexenhammers hin, der sich gegen sie ausspricht. Dagegen war die Wasserprobe, das Hexenbad (judicium aquae frigidae), dem ebenfalls ein hohes Alter zugesprochen werden kann, allgemein in Brauch. Von dem Laterankonzil im Jahre 1215 verboten, kam es in Abnahme, tauchte jedoch in den späteren Hexenprozessen wieder auf.

Schon frühzeitig fehlte es, wie bereits bemerkt, der Hexenverfolgung nicht an entschiedenen Gegnern. (Hansen.) Agrippa von Nettesheim gibt uns aus dem Jahre 1519 einen Bericht, der deutlich bekundet, wie damals ein Inquisitor haereticae pravitatis seinem Amtes waltete:

> Als Syndikus von Metz hatte ich einen harten Kampf mit einem Inquisitor, der ein Bauernweib um der abgeschmacktesten Verleumdungen willen mehr zur Ab-

schlachtung als zur Untersuchung von sein nichtswürdiges Forum gezogen hatte. Als ich in der Verteidigung der Angeklagten bewies, daß in den Akten kein genügendes Indizium vorliege, sagte er mir ins Gesicht: „Allerdings liegt ein sehr genügendes vor, denn ihre Mutter ist als Zauberin verbrannt worden." Ich verwarf ihm dies als ungehörig; er aber berief sich auf den Malleus maleficarum und die Theologie und behauptete, das Indizium müsse gelten, weil Zauberinnen nicht nur ihre Kinder sogleich nach der Geburt den Dämonen zuwiesen, sondern sogar selbst aus ihrem Umgang mit den Inkuben Kinder zu zeugen und so das Zauberwesen in den Familien zu vererben pflegten. Ich erwiderte ihm: „Hast du eine so verkehrte Theologie, Herr Pater? Mit solchen Hirngespinsten willst du unschuldige Weiber zur Folter schleppen und mit solchen Sophismen Ketzer verurteilen, während du selbst mit deinem Satze kein geringerer Ketzer bist als Donatus und Faustus? Angenommen, es wäre, wie da sagst: Wäre damit nicht die Gnade der Taufe vernichtet? Der Priester würde ja vergeblich sagen: ‚Ziehe aus, unsauberer Geist, und mache Platz dem Heiligen Geiste,' wenn wegen des Opfers einer gottlosen Mutter das Kind dem Teufel verfallen wäre..."

Doch schon damals waren es nicht immer geistliche Richter, die wider Recht und Vernunft bei Hexenprozessen vorgingen.

Die rücksichtslose Eilfertigkeit eines niederen bürgerlichen Richters, schreibt Soldan, im Kontrast mit der langsamen Förmlichkeit des Reichskammergerichts zeigt folgender Fall, den wir aus den Originalakten mitteilen. Er ist ohne Zweifel der erste, der im Punkte der Hexerei diesem höchsten Tribunal zur Entscheidung vorlag, und mag wohl, wie so viele Fälle nach ihm, ohne Ende geblieben sein.

Im Dezember 1508 klagte Anna Spülerin aus Ringingen vor dem Stadtammann zu Ulm gegen dreiundzwanzig Einwohner von Ringingen auf Entschädigung (Wandel, Abtrag und Bekehrung, angeschlagen auf zweitausend Gulden) für eine durch die Schuld derselben erlittene Unbill. Ihrer Erzählung zufolge, die in ihren wesentlichen Punkten durch spätere Zeugenverhöre bestätigt wurde, verhielt sich die Sache folgendermaßen: Als vor einem Jahre ihre Mutter nebst einigen anderen Weibern auf Anrufen der Einwohner Ringingens durch den Vogt von Blaubeuren als Zauberinnen eingezogen worden, seien ihr, der Tochter, Worte gerechter Entrüstung entfallen, infolge deren ihr Warnungen zugekommen, als wenn sie dadurch sich selbst verdächtig gemacht hätte. Eines Morgens habe sie einen großen Auflauf um ihr Haus bemerkt, und als sie, um der Gefahr zu entgehen, sich durch die Hintertür auf das Feld begeben, hätten die von Ringingen sie eingeholt und, ohne über ihre Absichten sich bestimmt auszusprechen, nach Blaubeuren abgeführt. Daselbst im Gefängnis habe sie erwartet, daß man sie baldigst etwa ihrer ausgestoßenen Reden wegen zur Verantwortung ziehen und dann wieder entlassen würde. „Aber nyemands were zu Ir komen annders, dann gleich abents ains Ersamen Rats hie zum Ulm zuechtiger und nachrichter, der hatte gegen Ir strengklich peenlich unmentschlich und unweyplich gehandelt und von Ir wissen wöllen, Sy were aine, das Sy sollichs bekennen söllte. Aber alls Sy sich sollichs frey und unschuldig gewißt, hatte Sy Ir selbs kain unwarheit auflegen, noch nichtzit bekennen wollen, sonnder Ir Hoffnung zu Gott dem Allmechtigen gesetzt. Nachgennds were Sy in ain annder fanngknus und gemach geführt und abermals nit ain zway drew viermal, Sonnder unmentschlich peenlich gemartert, alle Ire glüder zerrissen, Sy Ihrer vernunfft und auch Fünff Synn beraupt und entsetzt worden, dann Sy Ir gesicht und gehördt nit mer hette alls vor, So war Ir auch in sollicher großen Irer unmentschlichen marter begegnet, das Sy besorgte, wie wol Sy kain gründlich wissen, noch das, mangel halb Irer gesicht, nit wol erkennen noch sehen, das von Ir kommen were, das vielleicht darauß ein lebende Seel mugen hett werden, solliche Marter hett dannocht nit gnug sein, noch erschießen wolln, Sonnder were ain anderer Züchtiger von Tüwingen mit dem Vogt komen, da hett Sy der Vogt bereden wöllen auf sich selbs zubekennen, und Ir selbs ab der Marter zuverhelffen und gleich mit guten worten gesagt, Was Sy sich doch züge, Sy sollte der Sach bekennen, So Sy dann aus dieser Zeitt füre, So sollten und müßten die von Ringingen, nemlich yeder insunder Ir ain meß fromen lassen, Dartzu Sy geantwurt hette, daß sollte In diser danncken, dann Sy sich unschuldig gewißt hette. Als nun der Voigt nichtzit von Ir bringen mögen, hette er weytter angefanngen und gesagt, wie Ir Mutter auf Sy bekennt und verjehen haben sollte, das Sy auch aine were, daß hette Si widersprochen und veranntwurt, Sy wißte wol, das Ir Muter nichtzit args von Ir zu sagen wißte, auch sollichs von Ihr nit sagte, so wißte Sy sich auch ganntz unschuldig frey und ledig, were also für und für auf der warheit verharret und darab nit weychen wöllen. Alls Sy aber sollichs gesehen, hetten Sy weytter mit der Muter und mit viel troworten an Sy gesetzt und gesagt, Sy wollen Ir alle Adern im Leib zerryßen und wiewoln Sy mermaln gütigklich gesagt het, was Sy Sy doch zeyhen, ob Sy Sy von der warheit treyben wölltent, So hatte Sy doch sollich nit fürtragen, noch fassen mögen, Sonnder hetten Sy für und für gesagt und von Ir wissen haben wöllen, Sy were aine, und nie gennent ain unholden, bis zum letsten. Also hette Ainer unnder den widertailen, so yetzo gegenwürtig allda stünde, gesagt und von Ir wissen haben wöllen, wohin das Hempt von unnser lieben Frawen in der kirchen zu Ringingen komen were, dann Sy wißte, wer das zerschniten, hette Sy geanntwurt ob Sy es yemands beschuldigte, und alls der Vogt gesagt, Er hette des wissen und Im sein klains fingerlin gesagt, hette Sy wieder geanntwurt, Ir geschehe damit unrecht, Sy were deß unschuldig. Mit Erbiettung, wo sollichs ain Mensch von Ir, das Sy das getan hatte, sagte, wöllte Sy darumb den tod leiden aber nyemands hette Sy sollichs ferrer beschuldigen wöllen. Mit dem were Sy von ihr abgeschieden mit dem traw, Si wöllten enmordnens wider komen und mit noch hertter und strennger peen und marter gegen Ir handeln, und hetten Sy darauf in ein noch herrter und schwerer fanngkuns dann vor gelegt, in dem alls yedermann von Ir komen were Ir eingefallen und hette bedacht Ir zuflucht zu nemen zu dem, der Ir helffen mügen het, das were nämlich Got der Allmechtig und sein gepererin die himelkönigin Marie . . ." Und so geht es noch eine gute Weile fort, eine treffliche, wenn auch noch immer nicht die ärgste Illustration zu dem, wie ein „freiwilliges" Geständnis damals erzielt zu werden pflegte. Es gab dann einen Schriftenwechsel und das ob seiner Langsamkeit im Urteilsprechen berüchtigte Kammergericht verleugnete auch hier nicht seinen Ruf, denn noch 1518, zehn Jahre später, schwebte dort das Verfahren. Wie die Sache schließlich ausgegangen, ist unbekannt.

So sehr auch die bürgerlichen Gerichte bestrebt waren, nach Beispiel der geistlichen und im Sinne der Vorschriften des Hexenhammers peinlich zu befragen, so sehen wir doch zuweilen Ausnahmen, die jedoch zu ganz seltsamen Erkenntnissen führen, wenn wir sie näher betrachten. Im Jahre 1516 wurde ein Mädchen, Ulanda Dämerts, das einen ihren

Eltern nicht genehmen jungen Mann heiraten wollte, von ihnen in das Kloster Marienbaum bei Kalkar gesteckt. Hier galt sie bald als vom Teufel besessen und sollte damit auch andere Nonnen angesteckt haben. Sie entfloh aus dem Kloster, wurde aber im elterlichen Hause verhaftet und ins Gefängnis nach Dinslaken gebracht. Das wahrscheinlich hysterische Mädchen gestand hier, ohne daß bei ihr die Folter zur Anwendung gelangte, daß sie sich dem Teufel ergeben hätte, weil sie dem Geliebten hatte entsagen müssen. Sie gab auch zu, die ihr befreundeten Nonnen verzaubert, sowie sonstigen Unfug getrieben zu haben mit Hostien und dergleichen, Bezichtigungen, die bei Hexenprozessen üblich waren, und die ihr wohl so lange unter Drohungen eingeredet wurden, bis sie selbst daran glaubte. Sie wurde lange Zeit im Gefängnis gehalten, und ihr Schicksal ist unbekannt geblieben. Auf die Folter, wie gesagt, kam sie nicht, dagegen wurde sie während ihrer langen Haft (bis 1521) von dem Gefängniswärter zweimal geschwängert. Daß Frauen oder Mädchen derart genotzüchtigt wurden, war übrigens keine seltene Erscheinung, und der Henker tat dies zuweilen vor der Ausübung seines Schreckensamtes sozusagen auch von Amts wegen. Vielleicht, daß hierbei der alte, schon bei den Römern übliche Brauch irgendwie mitspielte, wonach der Henker vor der Hinrichtung einer Jungfrau diese schänden mußte, weil ein unberührtes Mädchen nicht hingerichtet werden durfte.

Überhaupt konnten Hexenvertilgungen auf deutschem Boden bis zur Zeit der Reformation nicht recht gedeihen. In umfangreicherem Maße fanden damals Hexenverfolgungen nur in Tirol statt. Die als schuldig Befundenen wurden verbrannt oder ertränkt, ihr Vermögen eingezogen.

In Frankreich hatte der Schrecken wider Ketzer und Zauberer schon frühzeitig gewütet; doch nachdem das Pariser Parlament 1390 den geistlichen Richtern die Hexenprozesse entzogen hatte, kamen solche selten vor und zeigten sich auch hier im vermehrten Maße erst nach der Reformation. Merkwürdig ist dabei, daß die Lykanthropie, der Glaube an Werwölfe, stark auftrat und 1573 sogar durch einen Parlamentsbeschluß den Bauern aus der Gegend von Dôle, Franche-Comté, Ermächtigung erteilt wurde, auf Werwölfe Jagd zu machen. Allerdings hatte Frankreich ganz besondere Gründe, dem Unfug der Hexenprozesse etwas mehr Aufmerksamkeit zu widmen, als es anderwärts geschah. Wurde doch seine Nationalheldin Jeanne d'Arc, die „Jungfrau von Orleans", ebenfalls 1431 als Ketzerin und Zauberin verurteilt und verbrannt, aber nicht, wie oft irrig geglaubt wird, von den Engländern, sondern von dem französischen Bischof Beauvais und der Inquisition, eine Tatsache, an der wenig ändert, daß 1456 ihr Prozeß revidiert und sie als unschuldig befunden wurde. Besonders belastend für sie war das Gutachten der Pariser Universität, die erklärte, daß die angeblichen Offenbarungen der Jungfrau nur von bösen Geistern ausgegangen und ihr Tun und Treiben als Götzendienst und Teufelsunfug zu strafen sei.

In Frankreich wie in den anderen romanischen Ländern wurde eben seitens der Kirche bei Verfolgungen dieser Art auch später noch der Schwerpunkt auf das Ketzerwesen gelegt, das ja mit Teufelsbündnis und Hexentum eng verbunden wurde. Aufsehen erregte 1459 einer dieser Ketzerprozesse, der mit der Verhaftung eines Weibes von Douai, namens Deniselle, begann, um bald, wie bei den meisten Prozessen dieser Art, immer weitere Kreise zu ziehen. Natürlich gestand sie auf der Folter, der Vauderie schuldig, d. h. eine Waldenserin zu sein, und machte auch, sobald man es von ihr forderte, verschiedene andere Personen namhaft, die gleichfalls zu dieser Sekte gehören sollten, darunter den Jean Lavite, genannt Abbé de peu de sens. Dieser nannte wieder unter der Folter angebliche Mitbeteiligte, darunter auch Geistliche und Vornehme, die alle in Haft genommen wurden und, falls der Tortur ausgesetzt, zweifellos noch weitere Beschuldigungen ausgesprochen hätten. Indes wurden Stimmen laut, daß der Sache nun schon genug wäre und der Prozeß niedergeschlagen werden sollte. Doch das geistliche Gericht sandte die Akten an Theologen zu Cambrai, und diese entschieden, daß die Angeklagten die Todesstrafe verdienten, sofern sie ihre Geständnisse aufrechterhielten. Dieses Urteil schien den geistlichen Herren zu milde, sie nahmen aufs neue Verhaftungen vor und setzten endlich den Tag der Urteilsfällung fest. Bei dieser wurden von den Angeklagten die scheußlichsten und lasterhaftesten Dinge behauptet, die sie, auf Befragen, ob das wahr wäre, auch zugaben. Das Urteil lautete auf Übergabe der Angeklagten an die weltliche Behörde — nämlich zur Vollstreckung der Todesstrafe — und auf Einziehung ihrer Besitztümer. Jetzt schrieen die Verurteilten auf. Sie wären betrogen worden, man hätte ihnen unter der Tortur, falls sie die Beschuldigungen eingestehen wollten, nur eine Pilgerfahrt als Buße verheißen, andernfalls aber mit der Todesstrafe gedroht. Sie wären keine Waldenser, wüßten gar nicht, was das zu bedeuten hätte. Sechs von ihnen wurden zu Arras verbrannt. Eine zweite Verurteilung überlieferte acht Personen dem Flammentod, und zwei andere wurden nur deshalb zur Kerkerstrafe verurteilt, weil sie „freiwillig" eingestanden hatten. Fast überflüssig ist es noch zu bemerken, daß nebenbei noch zahlreiche Personen verhaftet wurden, selbstverständlich nicht die ärmsten. Wer fliehen konnte, floh aus Arras; denn selbst die Beschuldigten, denen es gelang, Leib und Leben zu retten, mußten doch mindestens hohe Geldbußen und vor allem die bedeutenden Kosten des Verfahrens bezahlen. Wie dort mit der Tortur umgegangen wurde, besagt am besten die Tatsache, daß einer der Angeschuldigten ihr nicht weniger als fünfzehnmal unterzogen wurde. Der Herzog fand es nun nötig, eine Versammlung von Theologen zur Prüfung dieser Vorkommnisse nach Brüssel zu berufen, was wenigstens die Einstellung weiterer Verhaftungen zur Folge hatte. Schließlich kam die Sache vor das Parlament zu Paris, das die Unschuld der Verurteilten erkannte, worauf die noch Gefangenen freigegeben und die noch schwebenden Prozesse unter Vermittlung einiger Kirchenfürsten niedergeschlagen wurden. Dreißig Jahre später wurden die Prozesse von dem Parlament aufs neue einer Revision unterzogen, die Urteile kassiert, die Namen der Hingerichteten wieder zu Ehren gebracht, der Herzog, der Bischof und die Richter zur Rückzahlung der Kosten und einer Geldstrafe verurteilt und diese Beträge zu einer Stiftung verwendet, deren Zinsen zu einer Messe für die Hingerichteten verwendet wurden. Auch wurde auf königlichen Befehl dieses Urteil vor dem bischöflichen Palast zu Arras öffentlich verlesen, und der Tag, an dem dies geschah, galt für Arras als Feiertag.

Erwähnt zu werden verdient schließlich, daß im päpstlichen Rom selbst Verbrennungen von Ketzern und Zauberern, Hexen und dergleichen nicht stattgefunden zu haben scheinen.

Dreizehntes Kapitel

Das sechzehnte Jahrhundert
Deutsche Strafgesetze — Bambergische Halsgerichtsordnung — Carolina

Es wurde bereits einiges von gesetzlichen Bestimmungen über Tortur und wider Zauberwesen angeführt. Weiteres hierüber bis zum Beginn der Reformation sei im nachstehenden gebracht, und zwar — bei der Fülle des vorhandenen Materials — hauptsächlich das, was auf deutschem Sprachgebiet zur Geltung kam, zumal die romanischen Länder schon von Beginn an größtenteils unter dem Einfluß des römischen Rechts standen.

Im Sachsenspiegel (II, 13) finden wir die Stelle: „Welcher Christen-Mann oder Weib ungläubig ist, oder mit Zauberei umgehet, oder mit Vergiftnis, und deß überwunden wird, den soll man auf einer Horden brennen." Es ist dies die erste Andeutung, die wir in der germanischen Gesetzgebung über die Strafe des Verbrennens finden; dies weist jedoch keineswegs unbedingt darauf hin, daß diese Strafart bis dahin auf deutschem Boden unbekannt war, besonders nicht, weil doch der Sachsenspiegel eine Zusammenstellung schon geltender Rechtsbräuche war. Ausgeschlossen ist andererseits nicht, daß diese Bestimmung unter dem Einfluß der damaligen gemeingültigen Anschauungen neu aufgenommen wurde. Auch der etwa ein halbes Jahrhundert jüngere, etwa 1280 entstandene, im Süden Deutschlands zur Geltung gekommene Schwabenspiegel, der im ganzen und großen nur eine Kopie des ersteren ist, weist dieselbe Bestimmung auf: „Welcher Christmensch ungläubig ist, oder mit Zauber umgeht, oder mit Vergift, wird er dessen überführt, so soll man ihn auf einer Horden brennen, es sei Mann oder Weib." „Swelich christen mensche mit zouber umbe gêt oder mit vergift, den sol man uf der hürden brennen." (Gengler.) Spätere Abschriften enthalten Erweiterungen.

Ähnlich lauten auch die Bestimmungen der Stadtrechte von Hamburg, Lübeck, Bremen, Riga und anderer Hansastädte. Doch ist in dem

Abbildung 7: Leib- und Lebensstrafen. Holzschnitt aus Ulrich Tenglers Laienspiegel, Augsburg 1509

Erste Reihe, links nach rechts: Brandmarken, Ertränken, Verbrennen, Hängen; Mitte: das Herz herausreißen; unten: Stäupen, Köpfen, Rädern, Blenden und Handabschlagen

Hamburger Stadtrecht die Bedingung daran geknüpft, daß der Betreffende auf frischer Tat ertappt worden sei. Unter solchen Umständen war es natürlich sehr schwierig, zu Hamburg jemandem schuldbar die Zauberei nachzuweisen. Bestimmungen über Anwendung der Tortur kommen im Sachsenspiegel und im Schwabenspiegel noch nicht vor. Die von Kaiser Maximilian 1499 erlassene Halsgerichtsordnung, das älteste deutsche Strafgesetz dieser Art, weiß nichts von Zauberei, von Hexenwesen und der Tortur zu sagen, ebensowenig die späteren Landesordnungen von 1526 und 1532. Indes besagt eine 1514 von Maximilian aus Gmunden für die Landgerichte unter der Enns erlassene Verordnung, daß „die Zauberei in Rechten verpoten", was somit bekundet, daß unter seiner Regierung der Zauberwahn der Rechtsprechung nicht mehr fremd war.

Von besonderer Wichtigkeit ist die sogenannte Bambergische Halsgerichtsordnung, die die Grundlage zur Carolina ist und auch sonst als zweitältestes Strafgesetz für die ältere deutsche Gesetzgebung maßgebend wurde.

Die „Bambergische Halssgerichtsordnung" wurde 1507 vom Freiherrn Johann von Schwarzenberg verfaßt (1463—1528) und vom Fürstbischof Georg III. von Bamberg als Gesetz erlassen. Einige Jahre später, 1516, wurde sie auch in dem fränkischen Gebiet Kurbrandenburgs eingeführt. Die erste Auflage dieses Werkes erschien „jn vnser Stat Bamberg durch vnsere Bürger Hannsen Pfeyl daselbst gedruckt, vnd in sölchem Druck volendet, am Sambstag nach sandt Veyts tag. Nach Christi vnsers lieben herrn gepurt funfftzehnhundert vnd jm sibenden jare". Das Buch enthält auch zahlreiche Illustrationen — von denen eine (Abb. 8) hier Aufnahme gefunden hat — mit charakteristischen Spruchzetteln. Dieser Holzschnitt führt uns die „Vorbereitung" vor. Dem auf dem Boden sitzenden Beschuldigten werden die Hände auf dem Rücken zusammengebunden, wobei der vor ihm sitzende Richter auf ihn einspricht, wahrscheinlich ihn ermahnt, seine Schuld freiwillig zu bekennen. Ein Gehilfe des Henkers läßt die Kette des Folterwerkzeuges, „Zug" genannt, herab, an dem der Beschuldigte in die Höhe gezogen werden soll. Daneben liegt der Gewichtstein, der dem Gefolterten an die Füße oder auch an die großen Zehen gehängt wurde. Hinten sitzt ein Schöffe und der Gerichtsschreiber. Über der Darstellung befinden sich die Verse:

    Seyt sich auf dich erfunden hat
    Redlich anzeig der missetat
    Furstu mit verschuld auß nach radt
    Die peynlich frag sol haben stat.

Das Titelblatt enthält die Abbildung der damals üblichen Folterwerkzeuge sowie Galgen, Rad, Schwert und brennenden Scheiterhaufen.

Die „Brandenburgische Halsgerichtsordnung" ist ein ziemlich genauer Abdruck der bambergischen und wurde 1516 durch Jobst Gut-

Abbildung 8: Die peinliche Frage: Vorbereitung der Tortur
Holzschnitt aus: Bambergische Halsgerichtsordnung. Mainz 1508

knecht in Nürnberg gedruckt. Die vorhandenen geringen Textabweichungen sind zumeist nur durch den anderen Titel der Regenten bedingt. Sie ist, ebenso wie die dritte, 1582 von Mathias Pfeilschmidt zu Hof gedruckte Ausgabe, mit Illustrationen versehen, jedoch mit einer geringeren Anzahl und ohne Sprüche.

Trotz ihrer Wichtigkeit für die Geschichte des Strafverfahrens in Deutschland ist die Bambergische Halsgerichtsordnung viel weniger bekannt als die 1533 zum ersten Mal bei Ino Schöffer in Mainz gedruckte:

> Des allerdurchleuchtigsten großmechtigsten
> vnüberwindtlichsten Keyser Karls des fünff-
> ten: vnnd des heyligen Römischen Reichs
> peinlich gerichts ordnung, auff den Reichß-
> tägen zu Augspurgk vnd Regenspurgk,
> inn jaren dreiffig, vnd zwey vnd
> dreiffig gehalten, auffgericht
> vnd beschlossen.
>
> Cum gratia et privilegio Imperiali.

Es ist dies die sogenannte Constitutio Criminalis Carolina, gewöhnlich nur Carolina oder auch C. (C. C.) genannt. Sie wurde für das ganze Reich als Gesetz angenommen; allein der Zweck eines einheitlichen Reichsstrafgesetzbuches wurde dennoch nicht durch sie erreicht, weil die meisten Reichsfürsten von ihrer Gerechtsame auch bei Ausübung des Blutbannes nicht lassen wollten und die sogenannte salvatorische Klausel durchsetzten, die sich am Schlusse der Vorrede der Carolina befindet: „Doch wollen wir durch dise gnedige erinnerung Churfürsten, Fürsten vnd Stenden an jren alten wohlerbrachten rechtmessigen vnnd billichen gebreuchen nichts benommen haben."

Die Carolina ist übrigens nicht um 1533 plötzlich geschaffen worden. Es existiert noch ein handschriftliches Projekt aus dem Jahre 1521, dessen Verfasser Johann von Schwarzenberg war, ferner ein zweiter Entwurf aus dem Jahre 1529.

So interessant auch der Gegenstand ist, es würde zuviel Raum beanspruchen und überdies auch die uns gebotenen Grenzen stofflich überschreiten, wollten wir hier diese Gesetze und Entwürfe vollinhaltlich vergleichend anführen. Wir werden uns daher begnügen, die hauptsächlich uns interessierenden Abschnitte der Carolina anzuführen.

Von Richtern, vrtheylern, und gerichts personen.

I. Item erstlich: setzen: ordnen vnnd wöllen wir, daß alle peinlich gericht mit Richtern, vrtheylern vnd gerichtßschreibern, versehen vnd besetzt werden sollen, von frommen, erbarn, verstendigen vnd erfarnen personen, so tugentlichst vnd best die selbigen nach gelegenheyt jedes orts gehabt vnd zubekommen sein. Darzu auch Edeln vnnd gelerten gebraucht werden mögen. Inn dem allem eyn jede oberkeyt möglichen fleiß anwenden soll, damit die peinlichen gericht zum besten verordnet, vnd niemandt vnrecht geschehe, alßdann zu diser grossen sachen, welche des menschen ehr, leib, leben vnd gut belangen sein, dapffer vnd wol bedachter fleiß, gehörig, darumb dann in solcher vberfarung niemants mit rechtmessigem vortreglichem grundt seine verlassung vnnd hinlessigkeyt entschuldigen mag, sonder billich derhalb vermoge diser vnser ordnung gestrafft, des also alle oberkeyt, so peinlich gericht haben, hiemit ernstlich gewarnt sein sollen.

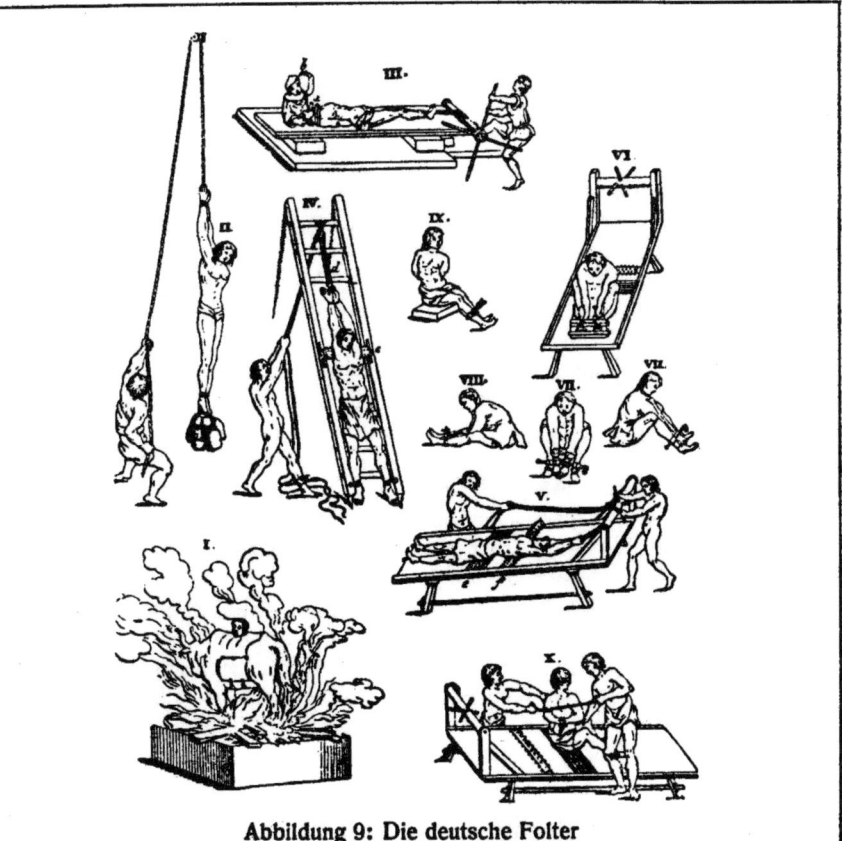

Abbildung 9: Die deutsche Folter
Gezeichnet von G. J. Arenhold. Nach alten Holzschnitten

I. Schmäuchen im metallenen Ochsen; II. Aufzugfolter, mit angehängten Gewichten; III. Strecken auf der Folterbank; IV. desgl. auf der Leiter mit gespicktem Hasen; V. wie III, mit unterlegtem Stachelbrett; VI. der „spanische Sitz" auf der Folterbank; VII. u. VIII. Fesselungen (mecklenburgisches Instrument, Hund, polnischer Bock); IX. Beinschrauben; X. „Schnüren" des auf dem Stachelbrett sitzenden Delinquenten (hannoversche Folter)

Annemen der angegeben übelthetter von der oberkeyt vnnd ampts wegen.

VI. Item so jemändt eyner übelthat durch gemeynen leumut, berüchtiget, oder andere glaubwirdige anzeygung verdacht vnd argkwonig, vnnd derhalb durch die oberkeyt vonn ampts halben angenommen würde, der soll doch mit peinlicher frage, nit angegriffen werden, es sei dañn zuvor redlich, vnd derhalb genugsame anzeygung vnnd vermutung von wegen derselben missenthat auff jnen glaubwirdig gemacht. Darzu soll auch eyn jeder richter, inn disen grossen sachen vor der peinlichen frag, souil müglich vnd nach gestalt vnd gelegenheyt eyner jeden sachen, beschehen kan, sich erkundigen, vnd fleissig nachfragens haben, ob die missethat darumb der angenommen berüchtiget vnnd verdacht, auch beschehen sei oder nit, wie hernach, inn diser vnser ordnung ferner erfunden wirdet.

VII. Item so die gemelten urteyler inn bestimpter erkanntnuß zweiuelich würden, ob des fürbrachten argkwons vnd verdachts zu peinlicher frage genugsam wer oder nit. So sollen, die deßhalben radts bei der oberkeyt; so der ende one mittel die peinlichen oberkeyt der straff hat, oder sunst an enden vnnd orten wie zu endt diser vnser ordnung angezeygt suchen, vnnd doch die selben oberkeyt inn solchem radtsuchen, aller vmbstende vnd gelegenheyt jres erfarens des verdachts eygentlichen inn schrifften berichten.

VIII. Item so die missethat eyner todtstraff halben kündtlich, oder aber deßhalb redlich anzeygung, wie dauon vor berürt ist, erfunden wirdt, So soll es der peinlichen frag vnd aller erkundigung halben, so zu erfindung der warheyt dinstlich ist, auch mit rechtfertigung auff das thetters bekennen, gehalten werden, wie klerlich hernach von den jhenen die auff ankleger einbracht werden, geschriben vnd geordnet ist.

IX. Item wolt aber eyn solcher gefangner der verdachten missethat one oder durch peinliche frag nit bekenntlich sein, vnd er doch des selben überwisen werden mocht, So soll es mit derselbigen weisung vnd rechtfertigung darauff, der todtstraff halben gehalten werden, wie auch klerlich hernach gesatzt ist von den jhenen die durch ankleger einbracht werden.

X. Item so aber eyn person, eyner genugsamen vnzweifenlichen überwunden, vnnd erfunden missethat halben, nach laut diser vnser vnd des heyligen Reichs ordnung, von der oberkeyt vnd ampts wegen entlich an jrem leib oder glidern gestrafft werden solte, also daß dieselbig straff nit zum todt oder ewiger gefencknuß fürgenommen würd, mit erkanntnuß solcher straff, imm hundert vnd sechs vnnd neunzigsten artickel anfahend. Item so ein person etc. angezeygt, erfunden wirt.

Von den sachen darauß man redlich anzeygung eyner mißhandlung, nemen mag.

XVIII. Item inn diser vnser vnnd des heyligen Reichs peinlichen gerichts ordnungen (als vor vnnd nach steht) ist gemeynem rechten nach annemens vnnd gefencklichs haltens, auch peinlicher frag halb der jhenen, so für mißthetter verdacht vnd verklagt werden, vnnd des nit gestendig sein, auff redlich anzeygung, warzeychen, arkwon, vnd verdacht, der mißhandlung gesetzt, die selben sach oder warzeychen, so eyn redlich gnugsam anzeygen arkwon oder verdacht geben, seindt nit müglich alle zubeschreiben, Damit aber dennoch die amptleut, richter vnnd vrtheyler, so sunst dieser sach nit bericht sein, desterbaß merken mögen, worauß eyn redlich anzeygung, argkwon oder verdacht, eyner mißhandlung kommen, so seindt deßhalben die nachuolgenden gleichnuß eyner redlichen anzeygung argkwons oder verdachts wie das eyn jeder nach seinem teutschen nennen oder erkennen kan, hernach gesetzt.

Von begreiffung des wörtlins anzeygung.

XIX. Item wo wir nachmals redlich anzeygen melden, da wöllen wir alwegen, redlich warzeichen, argkwon, verdacht, vnd vermutung auch gemeynt haben, vnd damit die überigen wörter abschneiden.

Das on redliche anzeygung niemant soll peinlich gefragt werden.

XX. Item wo nit zuuor redlich anzeygen der mißthat darnach man fragen wolt vorhanden, vnnd beweist wurde, soll niemants gefragt werden, vnd ob auch gleich wol, auß der marter die missethat bekant wurd, So soll doch der nit geglaubt noch jemants darauff verurtheylt werden. Wo auch eyniche oberkeyt oder richter in solchem überfüren, Sollen, die dem so also wider recht, on die bewisen anzeygung, gemartert wer, seiner schmach schmertzen, kosten vnd schaden, der gebüre ergetzung zuthun schuldig sein. §. Es soll auch keyn oberkeyt oder richter inn disem fall, keyn vrphede helffen, schützen oder schirmen, daß der gepeinigt sein schmach, schmertzen, kosten vnd schaden mit recht, doch alle thetliche handlung außgeschlossen, wie recht nit suchen möge.

Von anzeygung der die mit zauberei, warzusagen vnderstehn.

XXI. Item es soll auch auff der anzeygen, die auß zauberei oder andern künsten, warzusagen sich anmassen niemants zu gefencknuß oder peinlicher frag angenommen, Sonder die selben angemasten warsäger vnnd ankläger sollen darumb gestrafft werden. So auch der richter darüber auff solche der warsäger angeben, weither fürfüre, soll er dem gemarterten, kosten, schmertzen, iniurien vnd schaden, wie inn nechst obgesatztem articcel gemelt, abzulegen schuldig sein.

Daß auf anzeygung eyner mißthat, alleyn peinlich frag, vnd nit ander peinlich straff solt erkent werden.

XXII. Item es ist auch zumerken, daß niemant auff eynicherley anzeygung, argkwons warzeichen, oder verdacht, entlich zu peinlicher straff soll verurtheylt werden, sonder alleyn peinlich mag man darauff fragen, so die anzeygung (als hernach funden wirdet) gnugsam ist, dann soll jemant entlich zu peinlicher straff verurtheylt werden, das muß auß eygen bekennen, oder beweisung (wie an andern enden inn diser ordnung klerlich funden wirdt) beschehen, vnd nit auff vermutung oder anzeygung.

Wie die gnugsam anzeygung eyner mißthat, bewisen werden sollen.

XXIII. Item eyn jede gnugsame anzeygung darauff man peinlichen fragen mag, soll mit zweyen guten zeugen, bewisen werden, wie dann inn etlichen articceln darnach von gnugsamer beweisung geschrieben steht. Aber so die hauptsach der missethat mit eynem guten zeugen bewisen würd, die selb, als eyn halb beweisung, macht eyn gnugsam anzeigung als hernach inn dem dreissigsten articcel anfahend. Item eyn halb beweisung, als so eyner inn der hauptsach etc. funden wirdt.

Von gemeynen argkwonen vnd anzeygungen, so sich auff alle missethat ziehen.

XXV. Erstlich von argkwonigen teylen mit anhangender erklerung, wie vnnd wann die eyn redliche anzeygung machen mögen.

Item so man der anzeygung die inn vil nachgesatzten artickeln gemelt, vnd zu peinlicher frage gnugsam verordent sein, nicht gehaben mag, So soll man erfarung haben, nach den nachuolgenden vnnd dergleichen argkwonigen vmbstenden, so man nit alle beschreiben kan.

§ Erstlich ob der Verdacht eyn solche verwegene oder leichtfertige person, von bösem leumut vnd gerücht sei, daß man sich der missethat zu jr versehen möge, oder ob die selbig person, dergleichen missethat vormals geübt, vnderstanden habe, oder beziegen worden sei. Doch soll solcher böser leumut nit von feinden oder leichtuertigen leuten, sondern von vnpartheilichen redlichen leuten kommen.

§ Zum andern, ob die verdacht person, an geuerlichen orten, zu der that verdechtlich gefunden, oder betretten würde.

§ Zum dritten, ob eyn thetter in der thatt, oder die weil er auff dem wegdarzu oder dauon gewest, gesehen worden, und imm fall so er nit erkant were, Soll man auffmerckung haben, ob die verdacht person eyn solche gestalt, kleyder, waffen, pferde, oder anders habe, als der thetter obbemelter massen, gesehen worden.

§ Zum vierdten, ob die verdacht person, bei solchen leuten wonung oder geselschaft habe, die der gleichen missethat üben.

§ Zum fünfften, soll man in beschedigungen, oder verletzungen, warnemen, ob die verdacht person auß neidt, feindtschafft, vor geender trawe, oder gewartung eynicher nutz zu der gedachten missethat vrsach nemen möcht.

§ Zum sechßten, so eyn verletzter oder beschedigter, auß etlichen vrsachen jemant der missethat selbs zeihet, darauff stirbt oder bei seinem eyde betewret.

§ Zum sibenden, so jemant, eyner missethat halb flüchtig würd.

Zum achten.

XXVI. Item so eyner mit dem andern umb groß gut rechtet, daß darzu der merertheyl seiner narung, habe, vnd vermögens antrifft, der wirt für eynen mißgönner vnd grossen feindt seins widertheils geacht, Darumb so der widertheyl heymlich ermordet wirdet, ist eyn vermutung wider disen theyl; daß er solchen mordt gethan habe, vnd wo sunst die person jres wesens verdechtlich wer, daß er den mort gethon, die mag man wo er derhalb nit redlich entschuldigung hett, gefenglich annemen vnd peinlich fragen.

Eyn regel wann die vorgemelten argkwonigen theyl oder stück samentlich oder sonderlich eyn gnugsam anzeygen zu peinlicher frage machen.

XXVII. Item imm nechsten obgesatzten artickel werden acht argkwonigen theyl oder stück, von anzeigung peinlicher frag, funden, der selbigen argkwonigen theyl, oder stuck ist keynes alleyn zu redlicher anzeygung darauff peinlich frag mag gebraucht werden gnugsam. Wo aber solcher argkwonigen theyl oder stück etlich beieynander auff jemant erfunden werden So sollen die jhenen (den peinlicher frag halber zuerkennen vnnd zu handeln gebürt) ermessen ob die selben obbestimpten oder dergleichen erfunden argkwonigen theyl oder stück, souil redlicher anzeygung der verdachten missethat thun mögen, als die nachuolgenden artickel, der eyn jeder alleyn, eyn redlich anzeygung macht, vnd zu peinlicher frag gnugsam ist.

Aber eyn regel inn obgemelten sachen.

XXVIII. Item mer ist zu bedencken, wann jemant eyner missethat mit etlichen argkwonigen theylen oder stücken (als vorsteht) verdacht wirdet, das alweg zweyerley gar eben war genommen werden soll. Erstlich der erfunden argkwonigkeyt, Zum andern, was die verdacht person, gutter vermuttung, die sie von der missethat entschuldigen mögen, für sich hab. Vnd so dann darauß ermessen mag werden, daß die vrsachen des argkwons grösser seind dann die vrsach der entschuldigung so mag alßdann peinlich frag gebraucht werden. Wo aber die vrsachen der entschuldigung eyn merer ansehen vnd achtung haben, dann etliche geringe argwonigkeyt, so erfunden sein, So soll die peinlich frag nit gebraucht werden. Vnd so inn disen dingen gezweifelt würde, sollen die jhenen so peinlicher frag halber zuerkennen vnd zu handeln gebürt, bei den rechtuerstendigen vnnd an enden vnd orten wie zu ende diser vnser ordnung angezeygt, radts pflegen.

Gemeyn anzeygung der jetliche alleyn, zu peinlicher frag gnugsam ist.

XXIX. Item so eyner inn übung der thatt, etwas verleust oder hinder jm ligen oder fallen lest, daß man hernachmals finden vnd ermessen mag daß es des thetters gewesen ist, mit erkundigung, wer solchs am nechsten vor der verlust gehabt hat, ist peinlich zu fragen, er würde dann etwas dargegen fürwenden, wo es sich erfünde oder bewiesen würde, daß es bemelten argkwon ableynet, alßdann soll die selb entschuldigung, vor aller peinlicher frage zuerfaren fürgenommen werden.

XXX. Item eyn halbe beweisung, als so eyner inn der hauptsach die missethat gründtlich mit eynem eyntzigen guten tugentlichen zeuge (als hernach von guten zeugen und weisungen gesagt ist) beweiset, das heyst vnd ist eyn halb beweisung, vnd solche halbe beweisung, macht auch eyn redliche anzeygung, argkwon oder verdacht der missethat. Aber so eyner etlich vmbstende, warzeychen, anzeygung, argkwon, oder verdacht beweisen will, Das soll er zum allerwenigsten mit zweyen guten tüglichen vnuerwürfflichen zeugen thun.

XXXI. Item so eyn überwundner mißthetter, der inn seiner missethat helffer gehabt, jemant inn der gefengknuß besagt, der jm zu seinen geübten erfunden mißthatten geholffen haben, ist auch ein argkwonigkeyt wider den besagten, sofern bei solcher besagung nachuolgende vmbstende vnd ding gehalten vnd erfunden werden. §. Erstlich, daß dem sager, die beklagt person, inn der marter mit namen nit fürgehalten, vnnd also auff die selbig person sonderlich nit gefragt oder gemartert worden sei, sonder daß er inn eyner gemeyn gefraget, wer jm zu seinen mißthatten geholffen, den besagten von jm selbs bedacht vnd benant habe. §. Zum andern, gebürt sich daß der selb sager gar eygentlich gefragt werd, wie, wo, vnd wann, jm der besagt geholffen, vnd was geselschafft er mit jm gehabt habe, vnd inn solchem soll man den sager fragen, aller müglicher und nottürfftiger vmbstende, die nach gelegenheyt vnd gestalt jeder sach, aller best zu nachuolgender erfindung der warheyt dienstlich sein mögen, die alhie nit alle beschrieben werden, aber eyn jeder fleissiger vnd verstendiger selbst wol bedenken kan. §. Zum dritten gebürt sich zuerkunden ob der sager inn sonder feindtschafft, vnwillen, oder widerwertigkeyt mit dem versagten stehe. Dann wo solch feindtschafft, vnwillen oder widerwertigkeyt offentlich were oder erkündigt würde, so wer dem sager, solche sag, wider den besagten nit zuglauben, er zeygt dann, deßhalb sunst, so glaublich redlich vrsach vnd warzeychen an, die man auch inn erkundigung erfünde, die eyn redlich anzeygung machen. §. Zum vierdten, daß die besagt person also argwönig sei, daß man sich der besagten mißthat zu jr versehen möge. §. Zum fünfften, so soll der sager, auff der besagung, bestendig bleiben, jedoch so haben etlich beichtuätter eyn mißbrauch, daß sie die armen inn der beicht vnderweisen, jre sag so sie mit warheyt gethan haben, am letsten zu widerruffen, Das soll man souil das gesein kan, bei den beichtuätter fürkommen, wann niemant gezimpt, wider eynen gemeynen nutz den übelthättern jre boßheyt decken zuhelffen, die den vnschuldigen menschen zu nachtheyl kommen mag. Wo aber der sager sein besagung oder dargeben, am letsten widerrufft, die er doch vor mit guten erzelten vmbstenden gethan hett, vnd geacht mocht werden, er wolt seinen helffern damit zu gut handeln, oder daß er vielleicht des durch seinen beichtuatter als obgemelt ist, vnderwisen wer, alßdann muß man ansehen des sagers anzeygte vnd andere erkundigte vmbstende, vnnd darauß ermessen, ob die versagung eyn redlich anzeygung der missethatt, geb oder nit. Vnd in solchem ist sonderlich auch eyn auffsehens zuhaben vnd zuerfaren, den guten oder bösen standt vnd leumut des versagten, und was gemeynschafft oder geselschafft er mit dem versager gehabt habe.

XXXII. Item so eyner, wie vor von gantzer weisung gesägt ist, gnugsam überwiesen wirdet, daß er von jm selbs rums oder andere weiß, vngenötter ding gesagt hett, daß er die beklagten oder verdachte missethatt gethan, oder solche missethat vor der geschicht zuthun gedrohen hett, vnd die thatt auch darauff inn kurtzer zeit eruolgt wer, vnd es wer eyn solche person, daß man sich der selben thatt zu jr versehen mag, würd auch für ein redlich anzeygung der missethat gehalten, vnd ist peinlich darauff zufragen.

Von anzeygung: so sich auff sonderlich missethatten ziehen, vnd ist eyn jeder Artickel, zu redlicher anzeygung der selben missethat gnugsam, vnd darauff peinlich zu fragen.

Von mordt der heymlichen geschicht gnugsam anzeygung.

XXXIII. Item so der verdacht vnnd beklagt des mordts halber vmb die selbig zeit, als der mordt geschehen verdechtlicher weiß, mit blutigen kleydern, oder waffen gesehen worden, Oder ob er des ermordten habe, genommen, verkaufft, vergeben, oder noch bei jm hett, das ist für eyn redlich anzeygen anzunemen vnd peinlich frage zugebrauchen, er künde dann solchen verdacht mit glaublicher anzeyge oder beweisung ableynen, daß soll vor aller peinlicher frag gehort werden.

Von offentlichen todtschlägen, so inn schlahen oder rumoren vnder vilen leutten geschehen, das niemant gethan will haben, gnugsam anzeygung.

XXXIV. Item todtschleg, so inn offenbaren schlahen oder rumoren beschehen, des niemant thetter sein will. Ist dann der verdacht bei dem schlahen, auch mit dem entleibten widerwertig gewest, sein messer gewonnen, vnd auff den entleibten gestochen, gehawen, oder sunst mit geuerlichen streychen geschlahen hat, Solchs ist eyn redliche anzeygung, der geübten thatt halber, vnd peinlich zu fragen, vnd wirdt solcher verdacht noch mer gestercket, wo sein weehr blutig gesehen worden wer. Wo aber solcher oder dergleichen nit vorhanden, ob er dann gleich vngeuerlicher weiß bei dem handel gewesen, soll er peinlich nit gefragt werden.

Von heymlichem kinder haben, vnd tödten durch jre mütter, gnugsam anzeygung.

XXXV. Item so man eyn dirn so für eyn jungfraw geht, imm argkwon hat, daß sie heymlich eyn kindt gehabt, vnnd ertöd habe, soll man sonderlich erkunden, ob sie mit eynem grossen vngewonlichen leib gesehen worden sei, Mer, ob jr der leib kleyner worden, vnd darnach bleych vnnd schwach gewest sei. So solchs vnd dergleichen erfunden wirdet, wo dann die selbig dirnn eyn person ist, darzu man sich der verdachten thatt versehen mag, Soll sie durch verstendig frawen an heymlichen stetten, als zu weither erfarung dienstlich ist, besichtigt werden, würd sie dann daselbst auch argkwönig erfunden, vnd will der thatt dannocht nit bekennen, mag man sie peinlich fragen.

XXXVI. Item wo aber das kindtlein, so kürtzlich ertödt worden ist, daß der mutter die milch inn den prüsten noch nit vergangen, die mag an jren prüsten gemolcken werden, welcher dann inn den prüsten recht vollkommene milch funden wirdet, die hat deßhalb eyn starck vermutung peinlicher frag halber wider sich, Nach dem aber etliche leibärtzt sagen, daß auß etlichen natürlichen vrsachen etwann eyne, die keyn kindt getragen, milch in prüsten haben möge, darumb so sich eyn dirnn inn disen fellen also entschuldigt, soll deßhalb durch die hebammen oder sunst weither erfarung geschehen.

Von heymlichem Vergeben gnugsam anzeygung.

XXXVII. Item so der verdacht überwiesen würde, daß er gifft kaufft, oder sunst damit vmbgangen, vnd der verdacht, mit dem vergifften, inn vneynigkeyt gewest, oder aber vonn seinem todt, vortheyls oder nutz wartend wer, oder sunst eyn leichtfertig person, zu der man sich der that versehen möcht, das macht eyn redlich anzeygung der mißthat er kündt dann mit glaublichem schein anzeygen, daß er solch gifft zu andern vnstrafflichen sachen gebraucht hett, oder gebrauchen wöllen.

Item so eyner gifft kaufft, vnd des vor der oberkeyt inn läugnen stünd, vnd doch des kauffs überwiesen würd, macht auch gnugsam vrsach zu fragen, warzu er solch gifft gebraucht, oder brauchen wöllen.

Item es solle auch alle oberkeyten an jeden orten, die apotecker vnd ander, so gifft verkauffen, oder damit handtieren, inn glübd vnd eyde nemen, daß sie niemandts eynich gifft verkauffen, noch zustellen, on anzeygen, vorwissen vnd erlaubung der selben oberkeyt.

Von verdacht der räuber gnugsam anzeyge.

XXXVIII. Item so erfunden wirdet, daß jemandt der gütter, so geraubt sein, bei jm, oder dieselben verkaufft, übergeben, oder inn ander gestalt damit verdechtlicher weiß gehandelt, vnd seinen verkauffer vnd wermann nit anzeygen wolt, der hat eyn redliches anzeygen solchs raubs halber wider sich, dieweil er nit außfündig macht, daß er nit gewist, daß solch gütter geraubt seien, sonder die mit eynem guten glauben an sich bracht habe.

XXXIX. Item so reysig oder fußknecht gewonlich bei den wirten ligen, vnd zern, vnd nit solche redliche dienst, handtierung oder gült die sie haben, anzeygen konnen, dauon sie solch zerung zimlich thun mogen, die seindt argkwonig vnnd verdechtlich zuuil bösen sachen, vnd allermeyst, zu rauberey, als sonderlich auß vnserm vnnd des Reichs gemeynen landtfriden zumercken, darinnen gesatzt ist, daß man solche buben nit leiden, sonder annemen, hertiglich fragen, vnd vmb jre mißhandel mit ernst straffen soll, deßgleichen soll eyn jede oberkeyt auff die verdechtigen betler vnnd landtferer auch fleissig auffsehens haben.

Von gnugsamen verdacht der jhenen so raubern oder dieben helffen.

XL. Item so eyner wissentlich vnd geuerlicher weiß von geraubtem oder gestolnem gut, beut oder theyl nimbt, oder so eyner die thetter wissentlich und geuerlicher weiß etzt oder drenckt, auch die thetter oder obgemelt vnrecht gut gar oder zum theyl wissentlich annimpt, heymlich verbirgt, beherbergt, verkaufft oder vertreibt, oder so jemant den thettern, sunst in andere dergleichen weg, geuerlich fürderung, radt oder beistandt thut, oder inn jren thatten vnzimlich gemeynschafft mit jn hette, Ist auch eyn anzeygung peinlich zufragen.

Item so eyner gefangen heymlich helt, die jm entlauffen, vnnd anzeygen, wo sie gelegen seindt, mher so eyn verdechtlicher dem man inn der sach nit vil guts vertrawet, aber partheilig vnd auff der thetter seitten, auß guten vrsachen helt, one vorwissen des gefangen oberkeyt vertreg vmb schatzung macht, vnd die schatzung innimpt oder bürg darüber wirdet, dise ding alle, inn beyden obbemelten artickeln, samentlich vnd sunderlich, seindt warzeychen, die eyn redlich anzeygung der mißthettigen hilff halber machen vnnd peinlich zufragen.

Von heymlichem Prandt gnugsam anzeygung.

XLI. Item so eyner eyns heymlichen prandts verdacht, oder beklagt würde, wo dann der selbig sunst eyn argkwonig gesell ist, vnd man sich erkunden mag, daß er kürtzlich vor dem prandt, heliger vnd verdechtlicher weiß, mit vngewonlichen verdechtlichen geuerlichen feuerwercken, damit man heymlich zu brennen pflegt, vmbgangen ist, das gibt redlich anzeygung der mißthat, er künd dann mit guten glaublichen vrsachen anzeygen, daß er solchs zu vnstrafflichen sachen gebraucht hett oder gebrauchen wöllen.

Von verretterey gnugsam anzeygung.

XLII. Item so der verdacht heliger vngewonlicher vnd geferlicher weiß, bei denjhenigen, denen er verraten zu haben inn verdacht steht, gesehen worden, vnd sich doch stellet, als sei er vor denselben vnsicher, vnd ist eyn person darzu man sich solchs versehen mag, ist ein anzeygung zu peinlicher frag.

Von gnugsam verdacht der dieberrey.

XLIII. Item so der diebstal, bei dem verdachten gefunden oder erfarn wirdet, daß er den gar, oder zum theyl gehabt, verkaufft, vergeben, oder anworden habe, vnnd seinen verkauffer vnd wermann nit anzeygen wolt, So hatt der selbig eyn redlich anzeygen der missethat wider sich, dieweil er nit außfürt, daß er solche gütter, vngeuerlicher vnstrefflicher weiß mit eynem guten glauben an sich bracht habe.

Item so der diebstal, mit sondern sperr, oder brech zeugen, beschehen wer, so dann der verdacht am selben ende gewest, vnnd mit solchen geuerlichen sperr oder brech zeugen vmbgangen, damit der diebstal beschehen, vnd der verdacht eyn solche person ist, darzu man sich der mißthat versehen mag, ist peinlich frag zu brauchen.

Item so eyn mercklicher grosser diebstal geschicht, vnd jemant des verdacht wirdet, der nach der thatt, mit seinem außgeben, reichlicher erfunden wirdet, dann sunst ausserhalb des diebstals sein vermügen sein kan, vnd der verdacht nit ander gut vrsachen anzeygen kan, wo jm das angezeygt argkwonig gut herkommen, Ist es dann eyn solche person zu der man sich der missethat versicht, so ist redlich anzeygung der missethat wider sie vorhanden.

Von zäuberey gnugsam anzeygung.

XLIV. Item so jemandt sich erbeut andere menschen zauberei zu lernen, oder jemands zu bezaubern bedrahet vnd dem bedraheten dergleichen beschicht, auch sonderlich gemeynschafft mit zaubern oder zauberin hat, oder mit solchen verdechtlichen dingen, geberden, worten vnd weisen, vmbgeht, die zauberey auf sich tragen, vnd die selbig person des selben sonst auch berüchtigt, das gibt eyn redlich anzeygung der zauberey, vnd gnugsam vrsach zu peinlicher frage.

Von peinlicher frag.

XLV. Item so der argkwon vnnd verdacht eyner beklagten vnd verneynten mißhandlung, als vorsteht erfunden vnd für bewisen angenommen oder bewisen erkant würd, So soll dem ankleger auff sein begern, alßdann eyn tag zu peinlicher frage benant werden.

XLVI. Item so man dann den gefangen peinlich fragen will, von ampts wegen, oder auff ansuchen des klagers, soll der selbig zuuor inn gegenwurtigkeyt des Richters, zweyer des gerichts vnd des gerichtschreibers fleissiglich zu rede gehalten werden mit worten, die nach gelegenheyt der person, vnd sachen zu weitherer erfarung der übelthat oder argkwönigkeit allerbast dienen mögen, auch mit bedrohung der marter besprachr werden, ob er der beschultigten missethat bekentlich sei oder nit, vnnd was jm solcher mißthat halber bewüst sei, vnd was er alßdann bekent, oder verneint, soll auffgeschrieben werden.

Außführung der vnschuldt vor der peinlichen frage zu ermanen, vnnd weitherer handlung darauff.

XLVII. Item so inn dem jetzgemelten fall, der beklagt, die angezogen übelthat verneynt, so soll jm alßdann fürgehalten werden, ob er anzeygen kündt, daß er der auffgelegten missethatt vnschuldig sei, vnnd man soll den gefangen sonderlich erinnern, ob er kunt weisen vnd anzeygen, daß er auff die zeit, als die angezogen missethatt geschehen, bei leuten, auch an enden oder orten gewest sei, dardurch verstanden, daß er der verdachten missethat nit gethan haben kundt, Vnnd solcher erinnerung ist darumb not, daß mancher auß eynfalt oder schrecken, nit fürzuschlagen weist, ob er gleich vnschuldig ist, wie er sich des entschuldigen vnd außfüren soll. Vnd so der gefangen berürter massen oder mit andern dienstlichen vrsachen, sein vnschuldt anzeygt solcher angezeygten entschuldigung, soll sich alßdann der Richter auff des verklagten oder seiner freundtschafft kosten, auff das fürderlich erkundigen, oder aber auff zulassung des Richters die zeugen so der gefangen oder seine freund deßhalb stellen wolten, wie sich gebürt, vnd hernach von weisung an dem zwen vnd sechstzigsten artickel anfahendt. Item wo der beklagt nichts bekennen 2c. vnd inn etlichen artickeln darnach gesatzt ist, auff jr beger verhört werden, solche obgemelte kundtschafft stellung, auch den gefangen, oder seinen freundten auff jr begern on gut rechtmessig vrsach nit abgeschlagen, oder aberkant werden soll. Wo aber der verklagt, oder sein freundtschafft solchen obgedachten kosten, armut halber nit ertragen, oder erleiden mocht, damit dann nichts destminder das übel gestrafft oder der vnschuldig wider recht nit übereilt werde, so soll die oberkeyt oder das gericht den kosten därlegen, vnnd der richter, imm rechten fürfaren.

Item so inn der jetzgemelten erfarung des beklagten vnschuldt nit funden wirdet, so soll er alßdann auff vorgemelt erfindung redlichs argkwons oder verdachts peinlich gefragt werden inn gegenwertigkeyt des Richters, vnd zum wenigsten zweyer des gerichts vnd des gerichts schreibers, vnd wes sich inn der vrgicht oder seiner bekanntnuß vnnd aller erkundigung findet, soll eygentlich auffgeschriben, dem kleger souil jn betrifft eroffent vnd auff sein beger abschrifft gegeben, vnd geuerlich nit verzogen oder verhalten werden.

Wie die jhenen: so auß peinlichen fragen eyner missethat bekennen, nachuolgendts weither ausserhalb marter vmb vnderricht gefragt werden sollen.

Erstlich vom mordt.

XLVIII. Item so der gefragt der angezogen missethat durch die märter, als vorsteht, bekenntlich ist, vnd sein bekantnuß auffgeschriben wirdet, So sollen jnen die verhörer seiner bekantnuß halber gar vnderschiedlich (wie zum theyl hernach berürt wirdet) vnnd dergleichen so zu erfarung der warheyt dinstlich, fleissig fragen, vnnd nemlich bekent er eyns mordts, man soll jn fragen, auß was vrsachen er die thatt gethan, auff welchen tag vnd stundt, auch an welchem endt, ob jm jemandts vnd wer jm darzu geholffen, Auch wo er den todten hin vergraben oder gethan, mit was waffen solcher mordt beschehen sei, wie vnnd was er dem todten für schlege oder wunden geben oder gehawen, oder sunsten vmbbracht habe, was der ermordt bei jm gehapt von gelt oder anderm, vnd was er jm genommen, wo er auch solche nam hingethan, verkaufft, vergeben, onworden, oder verborgen habe, vnd solch frag ziehen sich auch inn vil stücken wol auff rauber vnd dieb.

So der gefragt verreterey bekent.

XLIX. Item bekent der gefangen verreterey, man soll jn fragen, wer jn darzu bestelt, vnnd was er darumb entpfangen, auch wo, wie, vnnd wann solchs beschehen sei, vnd was jn darzu verursacht habe.

Auff bekenntnuß von vergifftung.

L. Item bekent der gefragt, daß er jemandt vergifft habe, oder vergifften wöllen, Man soll jn auch fragen aller vrsachen vnd vmbstende (als obsteht) vnd des mher, was jn darzu bewegt, auch wo mit, vnd wie er die vergifftung gebraucht, oder zu brauchen vorgehabt, vnnd wo er solch gifft bekommen, vnd wer jm darzu geholffen, oder geraten habe.

So der gefragt eyn brandt bekent.

LI. Item bekent der gefragt eyn brandt, man soll jnen sonderlich der vrsach, zeit, vnd geselschafft halb (als obsteht) fragen vnnd des mer mit was feurwerk er den brandt gethan, von wem, wie, oder wo er solch feurwerk oder den zeug darzu zu wegen bracht habe.

So die gefragt person zäuberey bekent.

LII. Item bekent jemandt zauberey, man soll auch nach den vrsachen vnnd vmbstenden, (als obsteht) fragen, vnd des mer, wo mit, wie vnd wann, die zauberey beschehen, mit was worten oder wercken. So dann die gefragt person anzeygt, daß sie etwas eingraben, oder behalten hett daß zu solcher zauberey dinstlich sein solt, Mann soll darnach suchen ob man solchs finden kundt, wer aber solchs mit andern dingen, durch wort oder werk gethan, Man soll dieselben auch ermessen, ob sie zauberey auff jnen tragen. Sie soll auch zufragen sein, vonn wem sie solch zauberey gelernt, vnd wie sie daran kommen sei, ob sie auch solch zauberey gegen mer personen gebraucht, vnd gegen wem, was schadens auch damit geschehen sei.

Von gemeynen vnbenanten fragstucken, auf bekandtnuß die auß marter geschicht.

LIII. Item auß den obgemelten kurtzen vnderrichtungen kan eyn jeder verstendiger wol mercken, was nach angelegenheyt jeder sachen, auff die bekanten missethat des gefragten weither vnd mer zufragen sei, das zu erfarung der warheyt dienstlich ist, welchs alles zu lang zu beschreiben wer, Aber eyn jeder verstendiger, auß dem obgemeltem anzeygen wol vorsteht, wie er solche beifrag inn andern fellen thun soll, Darumb solch warzeychen vnnd vmbstende von dem jhenen der eyn missethat bekent hat, gefragt werden, die keyn vnschuldiger wissen oder sagen kan, vnnd wie der gefragt die fürgehalten vnderschiedt erzelt, soll auch eygentlich auffgeschrieben werden.

Von nachfrag vnd erkundung der bösen bekanten vmbstenden.

LIV. Item so obgemelt fragstuck auff bekantnuß die auß oder on marter geschicht gebraucht werden, So soll alsdann der richter an die end schicken, vnnd nach den vmbstenden, so der gefragt, der bekanten missethat halber erzelt hat souil zu gewißheyt der warheyt dienstlich, mit allem fleiß fragen lassen ob die bekantnuß der obberürten vmbstende war sein oder nit, dann so eyner anzeygt die maß vnnd form der missethat als vor zum theyl gemelt ist, vnd sich dieselben vmbstende also erfinden, so ist darauß wol zumercken, daß der gefragt die bekanten missethat gethon hat, sonderlich so er solch vmbstende sagt, die sich inn der geschicht haben begeben, die keyn vnschuldiger wissen kan.

Wo die bekanten vmbstende der missethatt inn erkundigung nit wahr erfunden würden.

LV. Item erfindet sich aber inn obgemelter erkundigung, daß die bekanten vmbstende nit wahr weren, solch vnwahrheit soll man dem gefangen fürhalten, ja mit ernstlichen worten darumb straffen, vnd mag jn alßdann mit peinlicher frag auch zum andern mal angreiffen, damit er die obangezeygten vmbstende, recht vnd mit der warheyt anzeyge, dann je zu zeitten die schuldigen die vmbstende der missethat vnwarlich anzeygen, vnd vermeynen sie wöllen sich damit vnschuldig machen, so die erkundigung nit wahr erfunden werden.

Keynem gefangen die vmbstende der missethat vor zusagen, sonder jn die gantz von jm selbst sagen lassen.

LVI. Item in den vordern articklen ist klärlich gesetzt, wie man eynen, der einer missethat die zweifellig ist, auß marter oder bedrohung der marter bekent, nach allen vmbstenden derselben missethat fragen, vnd darauff erkündigung thun, vnd also auff den grundt der warheyt kommen etc. solchs würdet aber etwa damit verderbt, wann den gefangen jn annemen oder fragen, die selben vmbstende der missethat vorgesagt vnd darauff gefragt werden. Darumb wollen wir daß die richter solchs fürkommen, daß es nit geschehe, sonder den verklagten nit anders vor oder inn der frag, fürgehalten werde, dann nach der weiß als klerlich inn den vorgeenden artickeln, geschrieben steht.

Item der gefangen soll auch zum minsten über den andern, oder mer tag nach der märter, vnnd seiner bekantnuß nach gutbeduncken des richters in die büttelstuben oder ander gemach für den bann richter, vnnd zwen des gerichts gefürt, vnd jm sein bekentnuß durch den gerichtschreiber fürgelesen, und alsdann anderwerd darauff gefragt, ob sein bekantnuß wahr sei, vnnd was er dazu sagt auch auffgeschriben werden.

So der gefangen vor bekänter missethat wider laugnet.

LVII. Item wo der gefangen der vorbekanten missethat laugnet, vnnd doch der argkwon, als vorsteht, vor augen wer, so soll man jn wider inn gefengknuß füren, vnd weiter mit peinlicher frage gegen jm handeln, vnd doch mit erfarung der vmbstende, als vorsteht, inn al weg fleissig sein nach dem der grundt peinlicher frage, darauff steht, Es wer dann daß der gefangen solche vrsachen seines laugnes fürwendet, dadurch der Richter bewegt würde, zu glauben, daß der gefangen solch bekantnuß auß irrsal gethan, alßdann mag der Richter den selben gefangen, zu außfürung vnd beweisung solchs irrsals zulassen.

Von der maß peinlicher frage.

LVIII. Item die peinlich frag soll nach gelegenheyt des argkwons der person, vil, offt oder wenig, hart oder linder nach ermessung eyns guten vernünfftigen Richters, fürgenommen werden, vnd soll die sag des gefragten nit angenommen oder auffgeschriben werden, so er inn der marter, sondern soll sein sag thun, so er von der marter gelassen ist.

So der arm, den man fragen will geuerlich wunden hat.

LIX. Item ob der beklagt geuerlich wunden oder ander scheden, an seinem leib hett, so soll die peinlich frag dermassen gegen jm fürgenommen werden, damit er an solchen verwunden oder scheden am minsten verletzt würde.

Eyn beschluß, wann der bekanntnuß, so auff peinliche trag beschicht, entlich zuglauben ist.

LX. Item so auff erfundene redlich anzeygung eyner missethat halb, peinlich frag fürgenommen, auch auff bekentnuß des gefragten, wie das selbig alles inn den vorgeenden artickeln klerlich gesatzt ist, fleissige mögliche erkundigung vnnd nachfrage beschicht, vnnd inn der selben, bekenter thatt halb solche warheyt befunden wirdt die keyn vnschuldiger also sagen vnnd wissen kundt, alßdann ist der selben bekentnuß vnzweiffelich bestendiger weiß zuglauben, vnd nach gestalt der sachen peinlich straff darauff zu vrtheylen, wie hernach bei dem hundersten vnd vierdten artickel anfahendt. Item so jemant vnsern gemeynen geschriben rechten nach etc. vnnd inn etlichen artickeln, darnach von peinlichen straffen erfunden wirdt.

So der gefangen auff redlichen verdacht mit peinlicher frag angriffen, vnnd nit vngerecht funden oder überwunden wirt.

LXI. Item so der beklagt, auff eynen solchen argkwon vnd verdacht der zu peinlicher frag, (als vorsteht) gnugsam erfunden, peinlich einbracht, mit marter gefragt, vnd doch durch eygen bekentnuß oder beweisung der beklagten missethat nit überwunden wirdt, haben doch Richter vnd ankleger mit obgemelten ordenlichen vnd inn recht zulessigen, peinlichen fragen, keyn straff verwürckt, dann die bösen erfunden anzeygung, haben der geschehen frag entschuldigte vrsach geben, wann man soll sich nach der sag der recht nit alleyn vor volbringung der übelthat, sonder auch vor aller gestaltnuß des übels, so bösen leumut oder anzeygen der missethätt machen, hütten, vnd wer das nit thett, der würde deßhalb gemelter seiner beschwerd selbs vrsach sein, Vnd soll inn disem fall, der anklager alleyn seinen kosten, vnd der beklagt dergleichen sein atzung, nach dem er seinem verdacht vrsach geben, auch entrichten, vnnd die oberkeyt die überigen gerichts kosten, als für den nachrichter vnd andere diener des gerichts oder gefengknuß halber selbs tragen. Wo aber solch peinlich frag, diser vnnd des heyligen Reichs rechtmessigen ordnung widerwertig gebraucht würde, so weren die selben richter, als vrsächer solcher vnbillicher peinlicher frag strafflich, Vnd sollen darumb nach gestalt vnd gelegenheyt der überfarung, wie recht ist, straff vnd abtrag leiden, vnd mögen darumb von jrem nechsten ordentlichen obergericht gerechtfertigt werden.

Von beweisung der missethat.

LXII. Item wo der beklagt nichts bekennen, vnd der ankleger, die geklagten mißhandlung beweisen wolt, damit soll er, als recht ist, zugelassen werden.

Weiterhin folgen Artikel der Carolina, die sich mit der Zusammensetzung des Gerichts und dem Verfahren beschäftigen.

Wann der beklagt offentlich inn den Stock, Pranger oder Halßeisen gestelt werden soll.

LXXXV. Item so wider den beklagten die vrtheyl zu peinlicher straff entlich beschlossen wirdet, wo dann herkommen ist, den übelthetter, dauor oder nach am margk oder platz, etlich zeit offentlich inn stock, pranger oder halßeisen zu stellen, die selbig gewonheyt soll auch gehalten werden.

Den beklagten für gericht zu füren.

LXXXVI. Item darnäch soll der Richter beuelhen, daß der verklagt durch den nachrichter vnnd gerichts knecht wol verwart, für das gericht bracht werde.

Von beschreien des beklagten.

LXXXVII. Item mit dem beschreien der übelthetter soll es imm selbigen stück auff gegenwertigkeit vnd beger des anklegers nach jedes gerichts guter gewonheyt gehalten werden, Wo aber der beklagt vnschuldig erfunden würde, aß ÿ daß der ankleger dem rechten nit nachkommen wolt, vnnd nit desterweniger der beklagt rechts begert, so wer solchs beschreiens nit not.

Von fürsprechen.

LXXXVIII. Item klegern vnd antwurtern, soll jedem theyl auff sein begern eyn fürsprech auß dem gericht erlaubt werden, die selben sollen bei jren eyden die gerechtigkeyt vnd warheyt auch die ordnung diser vnser satzung fürdern, vnd durch keynerley geuerlicheyt mit wissen vnd willen verhindern oder verkern, das soll jn also durch den Richter bei jren pflichten beuolhen werden, doch daß der selbig schöpff der also des anklägers fürsprech gewest, sich hinfürter schliessen der vrtheyl enthalt, vnd die andern richter vnd schöpffen nichts destominder volnfaren sollen, Doch soll inn der kläger vnd antwurter willen stehn jren redner auß den schöpffen, oder sonst zunemen, oder jn selbst zu reden, welcher aber eynen redner ausserhalb der geschwornen gericht schöpffen nimbt, der selb redner soll zuuor dem richter schweren, sich mit solchem seinem reden zuhalten, wie oben inn diesem artickel, der fürsprechen halb, so auß den schöffen genommen werden, gesatzt ist.

Item inn dem nechst nachgesatzten artickel, der klag, soll der fürsprech, wo erstlich eyn A. steht. des klagers namen, vnd bei dem B. des beklagten namen melden, fürther bei dem C. soll er die übelthat, als mordt, rauberey, dieberey, brandt, oder andere, wie jede that namen hat, auff das kürtzest anzeygen, Vnnd ist nemlich zu mercken, so die klag von ampts wegen geschehen, daß allwegen inn eyner jeden solchen klag zu sampt dem namen des anklagers, soll also gesetzt werden, Klag von der oberkeyt vnd ampts wegen.

Bitt des fürsprechen der von ampts wegen oder sunst klagt.

LXXXIX. Herr der richter A. der anklager, klagt zu B. dem übelthetter, so gegenwirtig vor gericht setht der missethat halb so er mit C. geübt, wie solch klag vormals vor euch fürbracht ist, vnd bitt daß jr derselben klag halb alle einbrachte handlung vnd außschreiben, wie das alles nach löblicher rechtmessiger Keyser Karls des fünfften vnnd des heyligen Reichs peinlichen gerichts ordnung vormals gnugsamlich geschehen, fleissig ermessen wöllet, vnnd daß darauff der beklagt vmb die überwunden übelthat, mit entlicher vrtheyl vnd recht peinlich gestrafft werde, wie sich nach ordnung gemelter gericht gebürt vnd recht ist.

Item wo der fürsprech die obgemelt klag und bitt müntlich nit reden künde, so mag er die schrifftlich inn das gericht legen, vnnd also sagen, Herr richter ich bitt euch, jr wöllet ewern schreiber des anklägers klag vnnd bitt, auß der eingelegten zettel offentlich verlesen lassen.

Was vnd wie der beklagt durch seinen fürsprechen bitten lassen mag.

XC. Item wo dann der beklagt der missethätt dauor bestendiger weiß bekentlich gewest, oder des gnugsam überwisen worden wer, wie vor von gnugsamer beweisung vnd solchem bestendigen bekennen klärlich gesatzt ist, So mag er nichts anders dann vmb gnad bitten oder bitten lassen, hett er aber der missethatt also nit bekent, oder wo er die angezogen thatt bekant, vnd derhalben solch vrsachen fürbracht hett, dardurch er verhoffet von peinlicher straff entschuldigt zu werden, so mag er durch seinen fürsprechen bitten lassen wie hernach volgt.

Item wo imm nechsten nachuolgenden artickel eyn B. steht, soll der beklagt, bei dem A. der klager, vnnd bei dem C. die beklagt übelthat, kurtz gemelt vnd verstanden werden.

Herr Richter, B. der beklagt antwurt zu der beklagten missethät, so durch A. als klager, wider jn geschehen ist, die er mit C. geübt haben soll, inn aller massen wie er vormals geantwurt hat, vnd gnugsam fürbracht ist, Vnd bitt, daß jr der selben beschehen klag vnd antwurt halb, alle handlung vnd auffschreiben, wie das alles nach löblicher rechtmessiger Keyser Karls des fünfften vnnd des heyligen Reichs peinlichen gerichts ordnung vormals gnugsamlich für vnd einbracht, fleissig wolt ermessen, vnd daß er auff sein erfundene vnschult mit entlicher vrtheyl vnnd recht, sampt erstattung des auffgangen gerichtßkosten vnd scheden ledig erkent werde, vnnd der anklager straff vnd abtrag halb nach laut diser peinlichen Keyserlichen gerichts ordnung zu entlichem außtrag vor dem gericht, als ob angezeygt, verpflicht werde.

Item wo der erlangt fürsprech dise obgemelte antwurt vnd bit müntlich nit reden kundt, mag er die schrifftlich für den Richter legen, vnd dise meynung sagen, Herr Richter ich bitt euch laßt des beklagten antwurt vnd bitt, auß diser eingelegten Zettel, ewern schreiber offentlich verlesen. Auff solche bitt soll der Richter dem gerichts schreiber beuelhen die gemelten eingelegten zettel zuuerlesen.

Von verneynnung der missethat die vormals bekent worden ist.

XCI. Item würd der beklagt auff dem entlichen rechttag der missethatt leucknen, die er doch vormals ordenlicher bestendiger weiß bekant, der Richter auch auß solchem bekentnuß inn erfarung allerhandt vmbstende souil befunden hett, daß solch leucknen von dem beklagten alleyn zu verhinderung des rechten würd fürgenommen, wie hieuor im sechß und fünfftzigsten articel, vnd inn etlichen articeln hernach biß auff den zwen vnd sechtzigsten articel, von bestendiger bekentnuß funden wirt, so soll der Richter die zwen geordenten schöpffen, so mit jm solche verleßne vrgicht vnnd bekanntnuß gehort haben auff jr eyde fragen, ob sie die verlesen vrgicht gehort haben, Vnd so sie jha darzu sagen, so soll der richter jn alwegen bei den rechtuerstendigen oder sunst an orten vnnd enden, als hernachmals angezeygt radts pflegen, vnnd nach dem solche zwen schöffen inn disem fall nit als zeugen, sonder als mitrichter handeln, sollen sie derhalb vom gericht oder der vrtheyl nit außgeschlossen werden.

Von vnnottürfftigen vnnützen geuerlichen fragen so vor gericht beschehen.

C. Item nach dem auch an vnß gelangt ist daß bißher an etlichen peinlichen gerichten, vil überflüssiger frag vnnd andingung gebraucht, die zu keyner erfarung der warheyt oder gerechtigkeyt not sein sonder alleyn das recht verlengern vnd verhindern, solche vnd andere vnzimliche mißbreuch, so das recht on not verziehen oder verhindern, oder die leut gefern, wöllen wir auch hiemit auffgehaben vnd abgethan haben, Vnd wo an die oberkeyt gelangt, daß darwider gehandelt wirt, soll sie das ernstlich abschaffen vnnd straffen, so offt das zu schulden kompt.

Eyn vorrede wie man mißthatt peinlich straffen soll.

CIV. Item so jemandt vnsern gemeynen geschriben rechten nach, durch eyn verhandlung das leben verwürckt hat, soll man nach gutter gewonheyt, oder nach ordnung eynes guten rechtuerstendigen richters, so gelegenheyt vnnd ergernuß der übelthatt ermessen kan, die form vnd weiß der selben tödtung halten vnd vrtheylen. Aber inn fellen darumb (oder derselben gleichen) vnser Keyserlich recht nit setzen oder zulassen, jemandt zum todt zu straffen, haben wir inn diser vnser vnnd des Reichs ordnung auch keynerley todtstraff gesetzet, aber inn etlichen mißthatten, lassen die recht peinlich straff am leib, oder glidern zu, damit dannocht die gestrafften bei dem leben bleiben. Die selben straff mag man auch erkennen vnd gebrauchen, nach guter gewonheyt eyns jeden lands, oder aber nach ermessung eyns jeden guten verstendigen richters, als oben von todten geschriben steht, Wann vnser Keyserlich recht, etlich peinlich straff setzen, die nach gelegenheyt diser zeit vnd land vnbequem, vnd eyns theyls nach dem buchstaben nit wol müglich zu gebrauchen weren, darzu auch dieselben recht die form vnd maß, eyner jeglichen peinlichen straff nit anzeygen, sonder auch guter gewonheyt oder erkantnuß verstendiger Richter beuelhen, vnd inn der selben wilküre setzen, die straff nach gelegenheyt vnd ergernuß der übelthatt, auß lieb der gerechtigkeyt, vnd vmb gemeynes nutz willen zu ordnen vnd zu machen. Aber sonderlich ist zu mercken, inn was sachen (oder der selben gleichen) vnser Keyserlich recht, keynerley peinlicher straff am leben, ehren, leib oder gliedern setzen, oder verhengen, daß Richter vnd vrtheyler darwider auch niemant zum todt oder sunst peinlich straffen. Vnd damit richter vnd vrtheyler die solcher rechten nit gelert sein, mit erkantnuß solcher straff destoweniger weder die gemelten rechten, oder gute zulessig gewonheyten handeln, so wirt hernach vonn etlichen peinlichen straffen, wann vnnd wie die gedachten recht guter gewonheyt, vnd vernunfft nach geschehen sollen, gesatzt.

Die Erörterung der festgestellten Strafen liegt bereits außerhalb des Gegenstandes unserer Abhandlung. Wir wollen uns daher begnügen, hiervon nur einiges weniges anzuführen.

Sträff der zauberey.

CIX. Item so jemandt den leuten durch zauberey schaden oder nachtheyl zufügt, soll man straffen vom leben zum todt, vnnd man soll solche straff mit dem fewer thun. Wo aber jemandt zauberey gebraucht, vnnd damit niemant schaden gethan hett, soll sunst gestrafft werden, nach gelegenheit der sach, darinnen die vrtheyler radts gebrauchen sollen, wie vom radt suchen hernach geschriben steht.

Folgende Artikel betreffen den Gerichtsschreiber:

Von eyner gemeynen bericht, wie die gerichtschreiber die peinlichen gerichtßhändel gentzlich vnd ordenlich beschreiben sollen, volgt inn dem nechsten vnd etlichen artickeln hernach.

CLXXXI. Item eyn jeder gerichtschreiber soll inn peinlichen sachen bei seiner pflicht alle handlung, so peinlicher klag vnd antwurt halb geschicht, gar eygentlich, vnderschiedlich vnd ordenlich auffschreiben, Vnd nemlich soll die klag des anklägers vor dem verbürgen, das über den beklagten beschicht, oder aber wo der ankleger nit bürgen hett, vnnd derhalben gefengklich bei dem beklagten verhefft wer, inn allweg zuuor auffgeschriben werden, ehe dann peinlich frag oder peinlich handlung gegen dem beklagten geübt würdet. Vnnd soll solchs alles zum wenigsten vor dem Richter oder seinem verweser vnd zweyen des gerichts beschehen, vnnd bemelte beschreibung durch den gerichtschreiber des selben gerichts ordenlich vnd vnderschiedlich gethan werden, darnach soll beschriben werden, ob vnd wie der ankläger seiner klag halb, laut diser vnser ordnung zum rechten verbürgt, oder wo er nit bürgen gehaben mag, ob vnd wie er sich vmb volfürung willen des rechten gefengklich hat legen lassen.

CLXXXII. Item weitter, was der beklagt zu solcher klag zu antwurt gibt, so er erstlich on marter derhalb bespracht würde, das soll auch nach derselben klag beschriben werden, vnd soll alwegen durch den schreiber jar, tag vnd stundt, darauff eyn jede, vor oder nach berürte handlung beschicht, auch wer jedes mal da bei gewest sei, gemelt werden, vnd er der schreiber soll sich, daß er solchs gehort vnd beschriben hab, mit seinem tauff vnd zunamen selbs auch vnderschreiben.

CLXXXIII. So aber der beklagt der klag inn seiner antwurt laugendt, vnd dem ankleger der beklagten missethatt halber redlich anzeygung (wieuor von solcher redlicher anzeygung gesetzt ist) für zubringen gebürt, was dann der anklager der selben antzeygung oder argwonung halber vor dem gericht oder verordenten schöpffen fürbringt, auch was solcher fürbrachten antzeygung halb noch laut diser ordenung bewisen wirt, soll alles eygentlich, wie vor gemelt ist, beschriben werden.

CLXXXIV. Wo dann nach laut diser vnser vnd des heyligen Reichs ordnung redlich antzeygung vnd verdacht der missethatt bewisen, erkant, vnd darzu kompt, daß man alßdann, laut diser vnser ordnung den gefangen erstlich on marter, vnd mit bedrawung der selben besprechen, auch außfürung seiner vnschuld ermanen soll, was dann daselbst gefragt, ermant vnd entlich geantwurt, auch was darauff alles nach laut diser vnser vnnd des Reichs ordnung erfaren vnnd erkündigt wirt, soll alles, wie obsteht, auch beschriben werden.

CLXXXV. Vnnd so es zu der peinlichen frag kompt, was dann der beklagt dardurch bekennet, auch was er bekanter that halb vnderschiedt sagt, die zu erfarung der warheyt (wie inn diser vnser ordnung dauon gesetzt) dienstlich vnd fürtreglich sein, vnnd wes fürter, auch nach laut diser vnser ordnung, von erfarung der warheyt darauff gehandelt vnd erfunden wirt, das alles vnd jedes innsonderheyt soll der gerichtschreiber ordenlich vnnd vnderschiedlich nach eynander beschreiben.

CLXXXVI. Wvrde aber der beklagt auff seinem verneynen der klag bestehn, vnd der anklager die hauptsach der missethatt nach laut diser ordnung weisen wolt, souil sich dann derhalb inn dem selben gericht zu handlen gebürt, das soll der gerichtschreiber auch wie obsteht, fleissig beschreiben. So aber deßhalb vorgemelte oberkeit Commissarien geben, die sollen das, so vor jnen gehandelt wird, auch alles vnd wie sich gebürt, beschreiben lassen.

CLXXXVII. Wo aber der beklagt der thatt bekennet, vnd doch solche vrsachen die jn von der thatt entschuldigen möchten, anzeygt, das selbig, auch alle urkundt, kundtschafft, weisung, erfarung vnd erfindung derhalb, soll auch souil sich inn dem selben peinlichen gericht zu handeln gebürt vnd sunst alles, wie obsteht, beschriben werden.

CLXXXVIII. Ob aber die klag vonn ampts wegen herkeme, vnd nit von sonderlichen anklägern geschehe, wie dann die klag an die Richter kommen, auch was der beklagt darzu antwurt, vnd was fürther inn allen stücken, nach laut diser vnserer ordnung, deßhalb gehandelt würdt, soll wie oben inn anderm fall, des anklägers halben gemelt ist, beschriben werden.

CLXXXIX. Vnd soll die beschreibung aller obberürten handlung, sie geschehe von ampts wegen oder auff ankläger, durch eynen jeden gerichtschreiber der peinlichen gericht, vorgemelter massen, gar fleissig vnd vnderschiedlich nacheynander vnd libells weiß geschrieben werden, vnd alweg bei jeder handlung, wann die geschehen ist, jar, tag, vnd stund, auch wer dabei gewest sei, melden, darzu soll sich der schreiber selbst, auch wie obsteht dermassen vnderschreiben, daß er solchs alles gehört vnd geschriben hab, damit auff solch formliche gründtliche beschreibung stattlich vnd sicherlich geurtheylt, oder wo es nott thun würde, darauß nach aller notturfft geradtschlagt werden möge, inn solchem allem soll eyn jeder gerichtschreiber bei seiner pflicht als vorsteht, allen möglichen fleiß thun, auch was gehandelt ist inn geheym halten, vnnd des alles nach laut seiner pflicht verbunden sein. Vnd soll solch gerichtsbuch, oder libell alweg nach endung des gerichts tag beschlossen vnd verwart gehalten werden.

Merckt die nachuolgenden beschluß eyner jeden vrtheyl.

Zum fewer.
§ Mit dem fewer vom leben zum todt gestrafft werden soll.

Zum schwert.
§ Mit dem schwert vom leben zum todt gestrafft werden soll.

Zu der viertheylung.
§ Durch seinen gantzen leib zu vier stücken zu schnitten vnd zerhawen, vnd also zum todt gestrafft werden soll, vnnd sollen solche viertheyl auff gemeyne vier wegstrassen offentlich gehangen vnnd gesteckt werden.

Zum rade.
Mit dem rade durch zerstossung seiner glider vom leben zum todt gericht, vnd fürter offentlich darauff gelegt werden sollen.

Zum galgen.
§ An den galgen mit dem strang oder ketten vom leben zum todt gericht werden soll.

Zum ertrencken.
§ Mit dem Wasser vom leben zum todt gestrafft werden soll.

Vom lebendigen vergraben.
§ Lebendig vergraben vnd gepfelt werden soll.

Vom schleyffen.
CXCIII. Item wo durch die vorgemelten entlichen vrtheyl eyner zum todt erkent, beschlossen würde, daß der übelthätter an die richtstatt gschleyfft werden soll, So sollen die nachuolgenden wörtlin an der ander vrtheyl, wie obsteht, auch hangen, also lautend, Vnd soll darzu auff die richtstatt durch die vnuernünfftigen thier geschleyfft werden.

Von reissen mit glüenden zangen.
CXCIV. Item würde aber beschlossen, daß die verurtheylt person vor der tödtung mit glüenden zangen gerissen werden solt, so sollen die nachuolgenden wörter weither inn der vrtheyl stehn, also lautend, Vnnd soll darzu vor der entlichen tödtung offentlich auff eynen wagen bis zu der richtstatt vmbgefürt, vnnd der leib mit glüenden zangen gerissen werden, nemlich mit N. griffen.

Formirung der vrtheyl eyns sörglichen manns inn gefengknuß zu verwaren.
CXCV. Avff warhafftige erfarung vnd befindung gnugsamer anzeygung zu bösem glauben, künfftigre übelthettiger beschedigung halber, ist zu recht erkant, daß B. so gegenwertig vor gericht steht, inn gefengnuß enthalten werden soll, biß er gnugsam vnd gebürlich caution vnd bestandt thut, damit landt vnd leut vor jm versichert werden.

Von leibstraff, die nit zum todt oder gefengklicher verwarnung, wie obsteht, geurtheylt werden soll.

CXCVI. Item so eyn person durch vnzweiffeliche entliche überwindung (die auch nach laut diser vnser ordnung geschehen) an jrem leib oder glidern, peinlich gestrafft werden soll, daß sie dannocht bei dem leben bleiben möge, solch vrtheyl der Richter doch nit anderst, denn mit wissentlichem radt oder beuelch seiner oberkeyt vnnd der rechtuerstendigen zum wenigsten mit vier auß den vrtheylern oder schöffen, die er für die tüglichsten darzu erfordert, die jm auch derhalb gehorsam sein sollen beschliessen, vnd von seins richterlichen ampts wegen an dem gericht eröffnen, vnd durch den gerichtschreiber, offentlich verlesen lassen, Es soll auch der Richter, inn obgemelten fellen, daran sein, daß der nachrichter sein vrtheyl volnziehen, die selben vrtheyl sollen, wie hernach uolgt, imm auffschreiben durch den schreiber formiert werden.

§ Inn formirung der nechst nachgemelten vrtheyl, soll der gerichtschreiber, wo imm selben articke eyn B. steht, des beklagten namen benennen, aber da das C. gesatzt ist, soll er die sach der übelthatt auff das kürtzest melden.

Einfürung der vrtheyl vorgemelter peinlicher leibsträff halb, die nicht zum todt gesprochen werden.

CXCVII. Nach fleissiger warhafftiger erfindung, so nach laut Keyser Karls des fünfften vnd des heyligen Reichs ordnung beschehen, ist zu recht erkant, daß B. so gegenwirtig vor dem Richter steht, der missethätigen vnehrlichen handlung halb mit C. geübt.

Merckt die nachuolgenden beschluß eyner jeden vrtheyl.

Abschneidung der zungen.

CXCVIII. Offentlich inn branger oder halßeisen gestelt, die zungen abgeschnitten, vnnd darzu biß auff kundtlich erlaubung der oberhandt auß dem landt verwisen werden soll.

Abhawung der finger.

§ Offentlich inn branger gestellt, vnnd darnach die zwen rechten finger, damit er mißhandelt vnd gesündigt hat, abgehawen, auch fürther des landts bis auff kundtlich erlaubung der oberkeyt verweist werden soll.

Oren abschneiden.

§ Offentlich inn branger gestelt, beyde oren abgeschnitten, vnnd des landts biß auff kundtlich erlaubung der oberkeyt verweist werden soll.

Mit rutten außhawen.

§ Offentlich inn branger gestelt, und fürther mit rutten außgehawen, auch deß landts biß auf kundtlich erlaubung der oberhand verweist werden soll.

§ Merck so eyn übelthetter zu sampt eyner auffgelegten rechtlichen leibstraff jemants sein gut wider zu keren, oder aber etwas von seinen eygen gütter zu geben verwirckt, wie deßhalb hieuor inn etlichen straffen Nemlich von falschlichem abschweren am hunderten vnd siebenden articke anfahend, Item welcher vor Richter oder gericht, auch der vnkeusch halben, so eyn ehemann mit eyner ledigen dirn übet, am hundert vnd zwentzigsten articke anfahent, Item so eyn ehemann eynem andern, vnd dann die bösen besteltnuß zwiuacher ehe betreffent, am hunderten vnd eyn vnd zwentzigsten artickel anfahend, Item so eyn ehemann eyn ander weib etc. gesetzt ist, dergleichen inn etlichen diebstelen, wie oben angezeygt etc. oder so sunst inn vnbenanten fellen dergleichen zuthun rechtlich erfunden würde, So soll solch widerkerung oder dargebung des guts mit lautern worten an die vrtheyl wie das geschehen solt, gehangen, beschriben vnd geoffnet werden.

Bemerkenswert ist auch der Schluß der Carolina:

Von mißbreuchen vnd bösen vnuernünfftigen gewonheyten, so an etlichen orten vnd enden gehalten werden.

CCXVIII. Item nach dem an etlichen orten gebrauchet vnd gehalten würdt, so eyn übelthetter mit gestolner oder geraubter habe betretten vnd gefengklich einkompt, das alßdann solch gestoln oder geraubt gut dem jhenen, so es also gestoln oder abgeraubt worden, nit widerumb zugestelt sonder der oberkeyt des orts eingezogen, Deßgleichen an vilen enden der mißbrauch so eyn schiffmann mit seinem schiff verferet, schiffbrüchig würde, daß er alßdann der oberkeyt des selbigen orts, mit schiff, leib vnd güttern verfallen sein solt, Item so eyn furmann mit eynem wagen vmbwürffe, vnnd eynen vnuersehenlichen tödt, das alßdann der selbig furmann der oberkeyt mit wagen, pferden vnd güttern auch verfallen sein soll. So werden auch an vilen peinlichen gerichten vnd der selben mancherley mißbreuch erfunden, als daß die gefengknuß nit zu der verwarung sonder mer peinigung der gefangen vnd eingelegten zugericht, Item daß durch die oberkeyt etwann leichtlich auch erbare personen on vorgeend berüchtigung, bösen leumut vnd andere gnugsam anzeygung angegriffen vnd inn gefengknuß bracht werden, vnd inn solchem angriff etwann durch die oberkeyt geschwindtlich vnd vnbedechtlich gehandelt, dardurch der angegriffen an seinen ehren nachtheyl erleidet, Item daß die vrtheyl durch den nachrichter vnnd nit den richter oder vrtheyler außgesprochen vnd eröffent werden. Item an etlichen orten, so eyn übelthetter außserhalb des lasters vnser beleidigten Majestet oder sunst in andern fellen, so der übelthetter leib vnnd gut nit verwirckt vom leben zum todt gestrafft, werden weib vnd kinder an bettelstabe, vnnd das gut dem herren zugewiesen, vnd die vnd dergleichen gewonheyt, Wollen wir, daß eyn jede oberkeyt abschaffen vnd daran sein soll, daß sie hinfürther nit geübt, gebraucht oder gehalten werden, als wir dann auß Keyserlicher macht die selben hiemit auffheben, vernichtigen vnnd abthun, vnd hinfürter nit eingefürt werden sollen.

Erklerung bei wem, vnd an welchen orten rath gesucht werden soll.

CCXIX. Vnnd nach dem vilfeltig hieuor inn diser vnser vnd des heyligen Reichs ordnung der peinlichen gericht von rath suchen gemelt wirdet, so sollen allwegen die gericht, so inn jren peinlichen processen, gerichts übungen vnd vrtheylen, darinn jnen zweiuel zufiel, bei jren oberhofen, da sie auß altem verirrtem gebrauch bißher vnderricht begert jren rath zu suchen schuldig sein, Welche aber nit oberhoffe hetten, vnd auff eyns peinlichen anklegers begern die gerichts übung fürgenommen wer, sollen inn obgemeltem fall bei jrer oberkeyt die das selbig peinlich gericht fürnemlich vnd on alle mittel zu bannen, vnd zu hegen macht hat, rath suchen. Wo aber die oberkeyt ex officio vnd von ampts wegen wider eynen mißhendlern, mit peinlicher anklag oder handlung volnfüre, so sollen die Richter, wo jnen zweiffeln zufiele, bei den nechsten hohen schulen, Stetten, Communen oder ändern rechtuerstendigen, da sie die vnderricht mit dem wenigsten kosten zu erlangen vermeynen, rath zu suchen schuldig sein. Vnd ist dabei nemlich zu mercken, daß inn allen zweiuelichen fellen, nit alleyn richter vnd schöffen, sonder auch wes eyner jeden solchen oberkeyt inn peinlichen straffen zu rathen vnd zu handeln gebürt, derhalb rechtuerstendiger vnd ausserhalb der partheien kosten radts gebrauchen sollen, es begeb sich dann, daß eyn peinlicher ankleger den richter ersuchte inn seinen peinlichen processen, handlungen vnd übungen der rechtuerstendigen radt zu suchen, Das soll auff des selben begerenden theyls kosten

Abbildung 10: Ausbrennen der Zunge
1576. Kupfer von Jan Luyken. München, Kupferstichkabinett

geschehen. Wo aber des beklagten herrschafft, freundt oder beistender jm dem gefangen zu gutem dergleichen rathsuchung bei dem richter begerten, so soll er auff des gefangen freundschafft oder beistender kosten jnen damit willfaren. Wo aber des selbigen gefangen freundtschafft jetztgemelten kosten auß armut nit vermöcht, so soll er auff der oberkeyt kosten solchen radt zu erlernen schuldig sein, Doch so fern der selbig richter nit vermerkt, daß die rathsuchung geuerlicher weiß zu verzug der sachen, auch mer kosten auffzutreibenn beschehe, welchs die obgedachten freundtschafft vnd beistender auch mit dem eyde erhalten sollen, vnd inn dem allem keynen müglichen fleiß vnderlassen, damit niemandt vnrecht geschehe, als auch zu disen grossen sachen grosser fleiß gehöret, darumb dann inn solchen überfarungen vnwissenheyt die jnen billich kündig sein soll, nit entschuldigen, des also Richter, schöffen vnd der selben oberkeyt hiermit gewarndt sein sollen.

Nach den Bestimmungen des kanonischen Rechts sollte der Verurteilung wegen ketzerischer Zauberei auch die Konfiskation des Vermögens folgen. Die ersten Ausgaben der Carolina drücken sich indessen über die Zulässigkeit der Konfiskation im allgemeinen so dunkel aus, daß es zweifelhaft bleibt, ob es außer dem Verbrechen der beleidigten Majestät noch andere gibt, auf die sie diese angewendet wissen will. Die Originalfassung des hierhergehörigen Art. 218 wurde in der Folge durch sinnverändernde Interpunktion und sogar durch Versetzung der Worte, Ausstreichung oder Verwandlung einer wesentlichen Negation auf das willkürlichste entstellt, sodaß der Gegenstand bis in die neuere Zeit streitig geblieben ist. So viel ist indessen gewiß, daß Karl V. die Gewohnheit der Gütereinziehung in weiterer Ausdehnung vorgefunden hat und in engere Grenzen zurückgewiesen sehen will. Auch war es im sechzehnten Jahrhundert Grundsatz der deutschen Juristen, die Konfiskation nur bei den Majestätsverbrechen, zum Teil auch bei Ketzerei zuzulassen. Nun war freilich ein weiterer Streit, ob die Zauberei vom Gesichtspunkt der Ketzerei aufzufassen sei; doch hat die Karolina die Ketzerei gar nicht unter die bürgerlichen Verbrechen aufgenommen, und wir erfahren durch Julius Clarus, daß der damaligen Gerichtspraxis zufolge die Einziehung der Hexengüter nicht stattfand.

Es ist jedoch hier nicht der Ort, auf eine textkritische Untersuchung der Carolina oder anderer Rechtsquellen einzugehen. Das aber sei hervorgehoben, daß Karls V. „Hals- oder peinliche Gerichtsordnung" im Grunde genommen nur eine, nicht einmal besonders stark veränderte Wiederholung der Bamberger ist. Wohl war die Carolina kaiserliches Reichsgesetz, doch hatte dieses kaum irgendwo volle Geltung, zumal bei dem Vorhandensein der erwähnten „salvatorischen Klausel". Selbst die Nachfolger Karls in der römisch-deutschen Kaiserwürde scheinen sich in ihren Verordnungen und Erlässen um die Carolina nicht viel gekümmert zu haben. Ferdinand I. erklärte in seinen Polizeiverordnungen von 1532 und 1552 Zauberei und Wahrsagerei als Betrug und Aberglaube, die gebührend bestraft werden sollen, wobei jedoch von der Todesstrafe noch keine Rede ist. Maximilian II. verordnete 1568, daß Zauberer und Wahrsager öffentlichem Spott und Hohn preisgegeben werden sollen und genötigt werden, ihre Künst darzulegen, sich unsichtbar oder „gefroren" zu machen; im dritten Betretungsfalle sollten sie des Landes verwiesen werden. In manchen Ländern wieder sind auf dergleichen Verfehlungen nur Geldstrafen gesetzt worden. Kurz, es herrschte auch in den Tagen nach der Reformation, trotz der Carolina, eine Verwirrung in der kriminalistischen Rechtsprechung, wie wir dies später noch aus den angeführten Stellen der sogenannten „Theresiana" und des bayrischen Kriminalkodex vom Jahre 1751 ersehen werden. Bemerkt sei jedoch schon hier, daß die bayrische Malefizordnung vom Jahre 1616 bei der Verurteilung zum Verbrennen sich schon etwas milder zeigt, als es sonst bei derlei Verurteilungen die Regel war, indem sie anordnet, daß „der arme Sünder nicht lebendig verbrennet, sondern zuvor an der Saul (am Pfahl) ertötet werde". Ebenso wurde nach Bestimmung des erwähnten Gesetzes von 1751 angeordnet, daß beim Vierteilen das Aushängen der „viertheyl auff die vier gemeynen wegstrassen zu Vermeidung ohnnötiger Kosten" fortan zu unterbleiben habe.

Die Todesstrafe des Verbrennens für Teufelsbündnis kommt in den deutschen Gesetzbüchern zuerst in der Kursächsischen Kriminalverordnung von 1572 vor, wo es heißt: „So iemants in Vergessung seines Christlichen Glaubens mit dem Teuffel ein Verbündniss aufrichtet, umgehet, oder zu schaffen hat, daß dieselbige Person, ob sie gleich mit Zauberey niemands Schaden zugefügt, mit dem Feuer vom Leben zum Tode gerichtet und gestrafft werden soll. Da aber ausserhalb solcher Verbündnissen jemand mit Zauberey Schaden tut, derselbe sey groß oder geringe, so soll der Zauberer, Manns- oder Weibs-Person, mit dem Schwert gestrafft werden." Dieselbe Vorschrift finden wir auch in dem zehn Jahre später erschienenen kurpfälzischen Landrecht, im Landrecht von Baden-Baden und anderen Sondergesetzen.

Schließlich sei noch bemerkt, daß das Strafverfahren, wo es das Leben galt, nach damaligem Sprachgebrauch ein Urteil auf „Hals und Haupt" oder auch auf „Hals und Bauch" genannt wurde; daher auch die Benennung: Halsgerichtsordnung.

Vierzehntes Kapitel

Die Bamberger Tortur

Dem Bistum Bamberg verdanken wir nicht nur die Halsgerichtsordnung, die trotz ihrer vielen Härten einen Fortschritt in dem peinlichen Rechtsverfahren bekundete; auch die Tortur selbst ist mit dem Namen dieses Bistums eng verbunden, und die sogenannte Bamberger Tortur gehörte in Deutschland und auch anderwärts zu den beliebtesten Mitteln, Geständnisse hervorzurufen. Sie galt als eine gelinde Art und bestand hauptsächlich in der schon bei den Alten als Folterungsmittel beliebten Auspeitschung, wobei der Mißhandelte auf einen hölzernen Bock gesetzt oder gelegt und gefesselt wurde und sein nackter Rücken mit Ruten, dem Staupbesen oder mit der Peitsche, der „Karbatsche", oder endlich auch mit dem Stock nach Belieben des Richters bearbeitet wurde. Auch kam es vor, daß hierbei der Körper gewaltsam gestreckt wurde. Obgleich diese Folter zu den milden gerechnet wurde, mochte sie doch sehr qualvoll gewesen sein. In einem Protokoll aus dem Jahre 1629, das später noch ausführlicher zitiert werden soll, kommt die Stelle vor: „Darauff sie abermal mit der Carbatschen jämmerlich zerhauen, und seye es hierbey ersten Tages verblieben, den andern Tag were man nochmal mit ihr durchgegangen, hette bißweiln mit der Peitschen zugehauen, aber nicht so sehr, wie den vorigen Tag, es were ein abscheulich Werck gewesen." Dieses Mittel wurde auch als Leibesstrafe angewandt, wobei, wie Bierdimpfl in dem amtlichen Katalog der Folter- und Strafinstrumente des Bayrischen Nationalmuseums schreibt, „der Übeltäter vom Büttel durch die Straßen gepeitscht wurde". Man gebrauchte dafür in der Gerichtssprache scherzweise verschiedene Umschreibungen, z. B. „über den Besenmarkt jagen" oder „die erste Weihe zum Galgen geben" und dergleichen mehr. Seit dem achtzehnten Jahrhundert kamen die Karbatsch- oder Stockstreiche häufig in Anwendung. Sie bildeten die Zugabe der öffentlichen Zwangsarbeiten usw. gegen einheimische Landstreicher, Bettler und dergleichen, die „mit wöchentlichen Karbatschstreichen zu überfahren sind". Bei Rückfall und anderen erschwerenden Umständen kam Aufziehung am „Reck" mit Anschlagung des Seiles — Schlag gegen das Seil, der den Schmerz erhöhte — dazu. Ähnliches galt auch in Österreich. Außer dieser Strafe gab es noch so manche nationale und provinzialen Foltersysteme und Folterinstrumente. Zu den Lobrednern dieses Bamberger Verfahrens gehörte der Weimar-Eisenachsche Amtmann Hieronymus Christof Meckbach im achtzehnten Jahrhundert, der darüber schreibt:

> Bey solchen zusammen rottierten, verruchten, versteckten und sehr gravierten Bösewichtern muß man auch kein Mitleiden haben, denn wenn man wider solche nicht hart genug verfahren ließe, würde endlich die allgemeine Sicherheit und Ruhe ganz umgestürzt werden. Dieser modus torquendi — Folterverfahren — aber, wofür sich auch die Bösewichter mehr fürchten, machet der bisher sich häufig hervorgethanen Zusammenrottierung, Raub- und Plünderung, gewaltsamen Einbrechen und Diebstählen und denen desfalls angestellten Inquisitionen eher ein End.

Es ist dies eine Begründung, wie sie zur Verteidigung der Folter, der Prügelstrafen und anderer grausamen Zwangsmittel früher und auch noch später sehr häufig vorgebracht wurde. Allerdings findet Meckbach auch eine Unannehmlichkeit bei der Sache — für den Zuschauer:

> Jedoch ist diese Peinigungs-Art für den Referenten ebenfalls eine kleine Marter, maßen demselben und andern bey dem Tisch sitzenden, so jedesmahl der zuführenden Direktion halber den Inquisiten in der Distanz von ohngefähr 7, 8, 10 oder 12 Schritt in dem Gesicht haben müssen, die von denen Ruthen abspringenden Spitzen, des sonstigen Ungemachs nicht zu gedenken, zum öfteren nach dem Gesicht fliegen, und mit Gegenhaltung des Huths oder in anderer Wege abgewendet werden müssen.

Bei einem Verbrechen, auf das die Todesstrafe gesetzt war — und diese stand auf gar vielem, was heute als Vergehen leicht bestraft oder als Aberglauben nur verspottet wird —, mußte, um ein Todesurteil fällen zu können, als Beweis der Schuld seit dem fünfzehnten Jahrhundert das Geständnis des Angeklagten vorliegen. Dieses war, wie schon bemerkt, durch die Tortur in den meisten Fällen zu erzielen. Zwar finden wir in der Carolina die Vorschrift, daß niemand ohne dringende und hinreichende Verdachtgründe gefoltert werden solle; indes, abgesehen davon, daß die Carolina nur dort Geltung hatte, wo man sie gelten lassen wollte, waren die in ihr getroffenen Bestimmungen sehr dehnbar, und es stand dem Untersuchenden völlig frei zu bestimmen, was er als dringenden und hinreichenden Verdacht auffaßte.

Sollte ein Beschuldigter peinlich gefragt werden, so mußte er zuvor von dem Richter in Gegenwart zweier Gerichtspersonen und des Gerichtschreibers ernstlich ermahnt werden zu bekennen. Erfolgte hierauf nicht das geforderte Geständnis, so wurde zur Territion (Einschüchterung) geschritten. Der Henker legte dem Angeklagten die Folterwerkzeuge vor und gab zu jedem eine ausführliche Erklärung ihrer Anwendung und aller Martern, die sie dem Gepeinigten bereiteten. Dazu pflegte er die Drohung auszusprechen: „Ich will dich so martern, daß die Sonne durch dich scheinen kann."

Waren diese Drohungen nicht vom gewünschten Erfolg begleitet, so wurde zur Realterrition geschritten, der Einschüchterung unter Anwendung der Marterinstrumente. Der Angeklagte wurde von dem Henker entkleidet, auf die Folterbank gelegt, die Hände in die Daumschrauben, kurz, das Mögliche getan, um ihn glauben zu lassen, daß es nun Ernst werde. Entschloß er sich auch jetzt noch nicht, die erwarteten Aussagen zu machen, dann wurde die wirkliche Tortur vorgenommen. Diese war in Deutschland und auch anderwärts in mehrere Grade eingeteilt, die — je nach Landesbrauch, nach Ortsbrauch oder auch nach Ansicht der Richter — verschieden waren. Am gebräuchlichsten waren in Deutschland im sechzehnten Jahrhundert und später: 1. die Daumenschrauben, 2. das Schnüren der Arme vorwärts oder rückwärts, 3. die Beinschraube, auch „spanischer Stiefel" genannt, 4. das Aufziehen oder das Strecken auf der Folterleiter, dem Streckbrett, 5. das Brennen. Näheres darüber und die hierauf sich beziehenden Abbildungen befinden sich bei der Erörterung der für die Geschichte der Tortur so wichtigen „Theresiana".

Was die Daumenschrauben betrifft, so gab es auch einen doppelten Daumenstock oder -schraube, das Mecklenburger Instrument, auch „spanischer Bock" genannt, von dem das Bayerische Nationalmuseum einige Exemplare aufzuweisen hat. Der Katalog fügt folgende Bemerkung dazu: „In den doppelten Daumenstock oder das Mecklenburger Instrument wurden die Daumen und großen Zehen kreuzweis" — also wohl die Daumen unten, die Zehen oben — „eingeschraubt, wodurch der Körper in stark gekrümmte Lage gebracht wurde, während man zwischen Arme und Beine einen eisernen Stab oder Stange durchsteckte. In dieser Stellung zog man den Delinquenten an Stricken in die Höhe und ließ ihn so hängen. Diese Positur war eine wunderliche anzusehen, weil der Leib dermaßen zusammengekrümmt wurde, daß man ihn gleich einem Ranzen an den Nagel hängen konnte."

Die einfachen Daumenschrauben waren zwei auf Holzblöcke befestigte Eisenplatten, die an zwei, zuweilen auch an drei Schraubenspindeln mittels Schraubenschlüssel zusammengedreht wurden, während die Daumen dazwischen lagen. Die Druckflächen waren gewöhnlich rautenförmig eingefeilt oder durch Einhauen mit dem Spitzeisen mit kleinen scharfen Spitzen unregelmäßig bedeckt. Zur Erhöhung der Schmerzen pflegte der die Tortur ausübende Henker nach dem Zusammenschrauben mit dem Schraubenschlüssel auf die Platte zu klopfen. Auch wurden häufig die Schrauben gelockert, um dann um so fester zusammengezogen zu werden. Und das war einer der geringsten Grade der Tortur.

Dem Schnüren, das besonders schmerzhaft und gefürchtet war, wurde eine besondere Aufmerksamkeit gewidmet, und die Henker suchten ihren Stolz darin, hierbei eine regelrechte Arbeit zu liefern. Im Jahre 1754 erschien sogar über diesen Gegenstand ein ziemlich umfangreiches Buch von Christ. Ulrich Grupen, „De applicatione tormentorum". Es wurden danach die Arme der gemarterten Person mit Haar- oder Hanfstricken sehr fest umgeschnürt, diese zuweilen auch sägeartig hin und her gezogen, daß sie das Fleisch bis auf die Knochen durchschnitten. Die Dresdner Schnürung wurde nach dem Protokoll der dortigen Scharfrichter vom 6. Mai 1754 in folgender Weise vorgenommen: Die hanfene Leine ist gewöhnlich 4—5 Ellen lang, 9 Faden, also etwa wie eine Federspule stark und an jedem Ende mit einem hölzernen Knebel versehen. Die Leine wird doppelt zusammengenommen und so auf dem Rücken des Inquisiten an beide Arme zugleich angeschleift, daß die Schleife oben zwischen beiden Armen steht; beide Teile der Leine werden von oben zwischen beide Arme gesteckt und auf jeder Seite ein Teil von ihnen von außen um die Arme wieder herum genommen und oben 2—3 Finger breit über der Schleife mit einfachem Knoten zusammengeschlungen, sodaß ein Teil der Leine herüber, und der andere Teil hinüber kommt. Dann nehmen beide Scharfrichterknechte die Knebel der Leine in die Hand und halten fest gegeneinander. Bei jeder Frage, wenn der Inquisit leugnet, wird von den Scharfrichterknechten einige Male stark hin und wieder gerückt, als ob einer den anderen umreißen wollte, auch wird auf jeden Arm 2—3mal geschlagen oder geprellt, sodaß die Knechte, einer um den anderen zuweilen die Leine schlapp läßt, aber mit „Force" und Geschwindigkeit wieder an sich zieht. Das stellte des Schnürens Anfang vor. Die Beschreibung läßt gewiß an Undeutlichkeit nichts zu wünschen übrig, die Scharfrichter haben dies auch wohl selbst empfunden, denn sie erklärten, man müsse diese Handgriffe eigentlich „oculariter", im Augenschein, vorzeigen, da sich das Verfahren unmöglich deutlich beschreiben lasse. Über das weitere Schnüren sagt das Protokoll wörtlich: „Bey dem vollkommenen Schnüren aber werden noch überdem 3, und nach Beschaffenheit und Leibeskonstitution des Inquisiten 4 neue Umschläge gemacht, und damit angedrohter massen gerücket und geschlagen, oder geprellet, jedoch mit der Vorsicht und in dem Maße, daß bey dem 3. und 4. Umschlage des

Inquisiten Arme, wovon man Exempel hat, durch übermäßige Force nach gar entzwey gerücket werden." (Quanter.)

Die Beinschraube, auch der spanische Stiefel genannt, bestand ebenfalls aus zwei Eisenplatten, die um Schienbein und Wade gelegt und in ähnlicher Weise wie die Daumenschraube zusammengedreht wurden. Die untere Platte war eben, die obere gebogen, zuweilen mit Einlage eines Stücks harten Holzes, das vierkantige scharfe Spitzen hatte. Auch hierbei führten der Henker und seine Gehilfen durch Klopfen und wiederholtes Anziehen der Schrauben eine verstärkte Wirkung herbei. Auch pflegte die Beinschraube häufig gleichzeitig mit dem Strecken verbunden zu werden.

Das am meisten zur Anwendung gelangte Torturmittel war das Strecken oder „Aufziehen", das verschiedenartig zur Anwendung kam. Der Delinquent wurde entweder frei aufgezogen und an die Füße schwere Steine oder Gewichte gehängt — der trockene Aufzug, in Bayern und Österreich auch „die schlimme Liesel" genannt —, oder die Streckung erfolgte auf der Leiter, dem Rollbrett oder dem Streckbrett, auch „Rutschbahn" geheißen. Die Anwendung dieser Instrumente ist aus den diesem Buche beigefügten Illustrationen zu ersehen. An manchen Orten pflegte bei der Streckung auch der „gespickte Hase" zur Anwendung zu kommen, eine hölzerne, mit zahlreichen Spitzen versehene Walze, die dem Gemarterten unter den Rücken gelegt wurde. Der „gespickte Hase" in Verbindung mit einem gleichfalls mit Holzstiften besetzten Brett bildete den in Bayern und auch anderwärts üblichen „Bock". Dem Delinquenten wurden mittels Bindschnüre die Daumen und großen Zehen in die Länge und Quere so stark zusammengezogen, wie ohne Beschädigung der Gliedmaßen nur möglich war. Hierauf mußte der Delinquent mit bloßem Leibe sich auf ein Brett mit Holznägeln setzen, dabei zog man ihm zwischen den beiden Armen und dem Rücken einen mit Nägeln gespickten „Prügel" durch und versetzte ihm 25—30 Streiche mit der Spitzrute, während der Prügel zwischen den Armen und Rücken öfter umgedreht wurde. (Bierdimpfl.) Was das Brennen betrifft, so wurden dabei Pech, Schwefel, Spiritus und später auch Unschlittkerzen verwendet.

In Hannover geschah nach dem Protokoll des Scharfrichters Göpel vom 7. August 1754 das Aufziehen entweder auf der Leiter oder auf der Folterbank, und zwar heißt es wörtlich: a) müssen die Füße erstlich unten gebunden und b) die Arme auf den Rücken gebunden, c) und das Kloben Seil angezogen an die Hände festgemachet werden, d) und alsdann gemächlich aufgezogen aufwärts, bis erstlich die Arme fast in die Höhe seyn, e) so muß gemächlich auf und niedergezogen werden, f) und wenn alsdann der Actus vorbey, so müssen allmählich die Arme, wie vorhin vorwärts wieder zurückgelassen werden.

Abbildung 11: Streckfolter
Aus Damhoudere, Praxis rerum Criminalium. 1554.

In Sachsen, speziell in Leipzig, war das Aufziehen auf der Folterbank nicht üblich; man dehnte dort die Inquisiten auf der Leiter. Im Protokoll vom 6. März 1754 heißt es: Bey der vollen Leiter wurde die Marter gebraucht, auf welche der Inquisit zwischen jeder Frage mit rückwärts gebundenen Händen mittels eines Clobens in die Höhe gezogen und jedesmal wieder etwas zurückgelassen wurde." Die Arme wurden dadurch so hoch nach rückwärts gezogen, daß sie über den Kopf ragten, doch müsse dies vorsichtig geschehen und darauf geachtet werden, daß die Arme nicht aus der Kugel gerenkt würden.

Im Waldeckschen kannte man weder Leiter noch Folterbank, sondern benutzte einen Flaschenzug und einen unter diesem stehenden Stuhl. Dem Inquisiten wurden die Hände auf dem Rücken gebunden, dann befestigte man an den Händen das Ende des vom Flaschenzug herabhängenden Strickes, und der Inquisit wurde allmählich hochgezogen. Die Wirkung war natürlich, da auch hierbei die Arme nach rückwärts hochgebogen wurden, dieselbe wie bei Leiter und Folterbank; aber da der Körper des Gepeinigten, nachdem er vom Stuhle hochgezogen war, völlig frei schwebte, mußte sehr darauf geachtet werden, daß der Gefolterte sich vor Schmerzen nicht allzusehr hin und her warf, wodurch er sich leicht hätte schweren Schaden tun können; es wurde deshalb in der Regel der Gepeinigte von zwei Henkersknechten festgehalten.

Im Paderbornschen sowohl als auch in der Grafschaft Pyrmont benutzte man ebenfalls weder Leiter noch Folterbank zum Aufziehen; man sparte sogar den Stuhl, der ja auch wenig oder keinen Zweck hat, sondern zog den Inquisiten einfach an den nach rückwärts gefesselten Händen mittels Flaschenzugs in die Höhe. Diese Folter konnte dadurch erheblich verschärft werden, daß man dem Gepeinigten schwere Gewichte an die Füße hing, wodurch der Körper so gedehnt wurde, daß man tatsächlich ein Licht durch den Leib scheinen sehen und die Eingeweide wahrnehmen konnte.

Bei dem Aufzug auf der Leiter war eine solche Erschwerung weder notwendig noch üblich; man konnte aber auch hier durch Einfügung des gespickten Hasen die Schmerzen erheblich vermehren. Es soll sogar mitunter ein Brett mit zollangen Stacheln untergelegt worden sein, sodaß beim Aufziehen dem Gemarterten förmlich die Haut abgezogen wurde. Diese Angaben scheinen aber stark übertrieben zu sein und sind auch nicht genügend verbürgt; wenigstens kann man als bestimmt bezeichnen, daß sie im achtzehnten Jahrhundert nicht mehr zutrafen.

Im Münsterlande soll man die Verrenkung der Arme durch das Rückwärtsziehen vermieden, dem Inquisiten dagegen einen Strick um den Körper unterhalb der Arme gelegt und hieran nach oben gezogen haben: Gut hat das natürlich auch nicht getan; es ist auch noch sehr die Frage, ob diese Art der Ausdehnung nicht ebenso grausam und schmerzhaft war.

In Dresden war der sogenannte Halskragen gebräuchlich; wenn

dieses Instrument dem Inquisiten um den Hals gelegt wurde, konnte er kaum mit den Zehen auf dem Erdboden stehen. Die Situation war also eine sehr peinliche, denn der Gemarterte, den das qualvolle Stehen natürlich schnell ermüden mußte, befand sich in Gefahr, erdrosselt zu werden. In Leipzig hat man während dieser Marter früher auch die Prozedur des Schnürens angewandt. Später wurde dort der Halskragen abgeschafft.

Der Sprenger war ein Instrument, in das Fuß- und Handgelenke zusammengeschraubt wurden. Die gebeugte Stellung war sehr qualvoll. Derselbe Erfolg wurde auch durch den sogenannten Hund erzielt; hierbei wurde der Körper wie eine Kugel zusammengebunden. Diese Marter ist aber auch nur in den frühesten Zeiten, zumeist im Altertum, angewendet worden.

Im alten Nürnberg ging man dem Inquisiten bei der Folter sehr scharf zu Leibe. Nach Dannenreuter teilte man die Folter in zwei Abteilungen ein. Er rechnet A. ad Territionem realem: 1. daß man die Verhören in loco torturae in Beywesend des Zeugs vornimmt, 2. den Kittel umwerfen, 3. Bande anlegen, 4. würcklich binden, 5. schärfer binden, 6. Mine zum wirklichen Aufziehen machen lässet; B. ad ipsam torturam: 7. die Daumenstöcke oder Beinschrauben appliciren, 8. wirklich, doch ohne Hebung des Steins aufziehen, 9. mit Hebung des großen und kleinen Steins aufziehen, 10. endlich aber mit Bedrohung des Wiederaufziehens, 11. aber auch ohne Bedrohung wieder herunter, 12. auflösen lässet. (Quanter.)

Von anderen Folterinstrumenten seien nur erwähnt: Der Folterstuhl oder Angststuhl, auch Jungfernsessel genannt, ein Lehnstuhl aus Holz, dessen Lehne, Armstützen, Sitz- und Trittbrett dicht mit etwa 3 cm langen konischen Holzstiften besetzt waren. Zuweilen war dieser Stuhl auch noch mit der Beinschraube versehen, und Brust und Arme wurden durch stachelbesetzte Eisenschienen auf den Holznägeln festgehalten. Als weiteres Instrument ist der „spanische Hosenträger" zu nennen. Das Bayrische Nationalmuseum weist deren zwei auf. Der Katalog bemerkt dazu: „Zwei eiserne Reifen, von denen der eine um die Brust, der andere um die Mitte des Leibes geht, sind durch zwei Eisenbänder verbunden, welche vorn vom untern Reif über die Schultern und am Rücken wieder hinabgehen wie die Bänder eines Hosenträgers; wird durch Charnire geöffnet und ist mit Hängschlössern versehen." Das zweite ist ein „ähnliches Strafinstrument aus massiven Eisenbalken. Es besteht aus einem ovalen Halsreif mit weiter Öffnung für den Kopf und einem gleichen um die Mitte des Leibes gehenden Reif, der hinten und vorn verschließbar ist. An dem Halsreif sind zwei längliche Achselblätter zum Auflegen auf die Schultern. Die beiden Reifen sind durch zwei senkrechte Balken, die über Brust und Rücken gehen, verbunden. Vom Leibring läuft eine starke Kette, die zwischen den Schenkeln durch und rückwärts wieder hinauf an den Leibring geht. An dieser Kette hängt ein doppelter, 2 cm dicker und 49 cm langer wagrechter Stock, der in zwei unbewegliche Handschellen ausgeht. Vorn am Leibringe hängen zwei weitere kurze Teile einer ehemaligen langen Kette; diese ging zu den Füßen hinab, wo sie ebenfalls einen horizontalen doppelten Balken mit Fußschellen zu tragen hatte. Wo die Verbindungen der einzelnen Teile nicht zusammengeschmiedet sind, wird der Verschluß an ihnen, sowie an den Schließen und Schellen durch starke Schrauben hergestellt, wozu zwei Schraubenschlüssel gebraucht werden. Das ganze Eisengerüst, dessen Balken und Reifen 6 cm breit sind, besteht in allen seinen Teilen aus 1 cm dickem Schmiedeisen und hat eine Schwere von mehr als sechzig Pfunden." Dieses größte Gewicht lastete auf den Schultern des derart Gefesselten, sodaß er weder Arm noch Fuß rühren konnte; er mußte es tagelang tragen. Der Katalog verzeichnet ferner ein Holzinstrument, dessen Anwendung und Namen jetzt unbekannt sind. Zwei flache Schenkel sind mit ihren Schneiden wie die Klingen einer Schere einander zugekehrt, gehen oben in einem Scharnier, unten schließt sie eine durchlaufende Schraube. Wir sehen auch eiserne „Foltergeigen"; ihre Töne bildete freilich das Wehgeschrei des Gemarterten, dessen Hände damit gefesselt und gepreßt wurden.

Wenn das Land der Kastanien zur Tortur nebst manchem noch die spanische Kappe und den „Stiefel" lieferte, so gab das Land der Kartoffel einer weiteren Kopfbedeckung den Namen. Die „pommersche Mütze" bewirkte durch Schraubung ein recht gefährliches Zusammenpressen des Kopfes, während der „polnische Bock" noch etwas derber war als sein erwähnter spanischer Namensbruder.

Welche Rolle der Sadismus bisweilen bei der Tortur und der Erfindung neuer Folterarten gespielt hat, geht aus der „Veglia" hervor. Den Namen Veglia, das ist italienisch Nachtwache, trug diese Tortur wohl deshalb, weil der Häftling fünf bis zehn Stunden, also oft mehr als eine Nacht hindurch, auf ihr zubringen mußte. Sie war eine Erfindung des Richters Girolamo Menghini in Siena unter dem Pontifikate Pius' V. (1565—1572) und wurde unter Zustimmung des damaligen Gouverneurs von Rom, Baldo Ferrantini, als fünfter und letzter Foltergrad eingeführt.

In der Mitte der Folterkammer stand eine aus drei Latten zusammengeschlagene Pyramide von eineinviertel Meter Höhe. Drei Sprossen gaben diesem Sockel Halt. An dem oberen Ende war eine Spitze festgenagelt, die einen scharfen Diamantsplitter trug. Ein schwerer Stein lag unten auf den Sprossen. Oberhalb des Bockes hing ein Strick nieder, der über eine Rolle lief, die sich unmittelbar unter dem Balken der Decke befand. An den vier Wänden saßen oben Haken, an denen Stricke hingen. Der Delinquent wurde in der Folterkammer völlig entkleidet und ihm sämtliche Haare am Kopf und Körper abgeschoren. Hierauf erhielt er eine breite Lederbinde um die Brust, oberhalb der Brustwarzen. Dieser Riemen hatte auf dem Rücken und an jeder Seite einen Ring. Die auf den Rücken geschnürten Hände wurden nun an den von der Rolle hängenden Strick gebunden. Die gespreizten Beine des Verdächtigen banden die Henkersknechte an die beiden Enden eines langen Stabes, die Mitte dieses Stabes wieder wurde an einen der vier Stricke aus der Ecke der Kammer festgemacht. Die Stricke der drei anderen Wände kamen durch die drei Ringe am Gurt, sodaß der Delinquent, Frau oder Mann, flach in der Luft hing. Nun begann die eigentliche Folter dadurch, daß der Körper durch den Strick an der Rolle und durch die gebundenen Arme so weit hoch gehoben wurde, bis der Bauch auf der Spitze des Schemels und dem Diamantsplitter lag. Nur ein Teil des Körpergewichts drückte auf diesen, da der Leib sonst durchbohrt worden wäre, wobei ihn die fünf Stricke im Gleichgewicht hielten. Ebenso verhinderten diese strammgezogenen Taue eine Bewegung des Körpers. In dieser fürchterlichen Stellung, bei der die verdrehten Arme das ganze Körpergewicht halten mußten, ließ man den Gefolterten fünf bis zehn Stunden, ja auch noch länger aushalten, was ganz im Belieben des Richters stand. Das Abscheren der Körperhaare, das doch garnichts mit der Folterart zu tun hatte, und die gespreizten Beine lassen vermuten, daß der sadistische Erfinder dieser Folter daran gedacht hat, sie bei Mädchen und Frauen anzuwenden. Dies geht auch daraus hervor, daß die bezaubernd schöne Beatrice Cenci (geboren 1577, hingerichtet in Rom 1599) sie mehrfach erleiden mußte. (Gopcevic.)

Noch zahlreiche Instrumente dieser Art ließen sich anführen, Beweise für die Grausamkeit und den Wahnwitz menschlicher „Gerechtigkeit".

In Württemberg kam die sogenannte Wippe als Torturmittel zur Anwendung. Es wurden dabei dem Delinquenten Hände und Füße zusammengebunden, worauf er an einem über eine Rolle laufenden Seil auf und nieder gezogen wurde. Bei dem zweiten Grad der Folter wurde dann ein Stein angehängt und bei dem dritten Grad noch ein schwerer

Stein, zuweilen vom Gewicht eines Zentners, was eine Verrenkung der Glieder zur Folge hatte. Stark in Brauch war auch das Eintreiben von in Schwefel getränkten Spänen hinter die Fingernägel, eine qualvolle Prozedur, deren Schmerzen noch vermehrt wurden, indem man die vorstehenden Hölzchen anzündete und abbrennen ließ. Dieses Mittel war besonders in England sehr beliebt, wo auch der gelehrte Narr und Hexenjäger König Jakob I. als Foltermittel das Abreißen der Fingernägel mit Schmiedezangen anordnete.

Üblich in dem Inselreich war ferner das alte tormentum insomniae, das besonders der berüchtigte Hexenfinder Matthäus Hopkins anwandte, damit die Gefangenen „keinen Zuspruch vom Teufel" erhielten. Bei dieser Tortur des Wachens wurden die Gemarterten in ihrem Kerker beständig herumgetrieben, bis sie wunde Füße hatten, in einen Zustand völliger Verzweiflung gerieten oder gar in Wahnsinn verfielen. Auch im Elsaß, im Kirchenstaat und wohl noch in anderen Ländern kam diese Foltermethode zur Anwendung.

Als spezifisch englische Folter sei schon hier des „Crank" gedacht, eines Kurbelapparates in den englischen Gefängnissen, der als Strafmittel angewendet wurde oder vielleicht noch im Gebrauch ist. Manolescu beschreibt ihn in seinen Memoiren. Er hatte ihn im Jahre 1895 als Gefangener kennengelernt.

Von verschiedenen Seiten wurde behauptet, daß das angebliche Hinrichtungsmittel, „die eiserne Jungfrau" genannt, eigentlich ein Foltermittel gewesen sein soll, bestimmt, Staatsverbrechern ein Geständnis zu erpressen. In Raritätenkabinetten, so auf der Nürnberger Burg, ist diese mysteriöse Jungfrau zuweilen zu sehen, doch ist kaum zweifelhaft, daß diese Instrumente nachträglich für Schauzwecke angefertigt worden und in Wirklichkeit überhaupt niemals zur Anwendung gelangt sind. Allerdings sind uns mancherlei Berichte über diesen Gegenstand überliefert worden, aber keiner von einem Augenzeugen, der diese „Jungfrau" selbst gesehen hätte und anders als von Hörensagen darüber zu berichten wüßte.

In seinem Werke „Die Sitten und Gebräuche der Deutschen und ihrer Nachbarvölker" gibt uns F. Nork einige Mitteilungen über diesen Gegenstand:

„In England bediente man sich eines Torturwerkzeuges im Tower zu London, ‚des Gassenkehrers Tochter' (the scavengers daughter). Dies erinnert an die ‚Jungfer', von welcher Campes Wörterbuch erläuternd sagt: ‚Ehemals befand sich an mehreren Orten in den Gefängnissen ein Werkzeug zur heimlichen Hinrichtung, in Gestalt einer Jungfer. Durch dieses Werkzeug hingerichtet werden hieß die Jungfer küssen.' Auch führt Eiselen in seiner Sammlung von ‚Sprüchwörtern und Sinnreden des deutschen Volkes' ein Sprichwort an, welches lautet: ‚Es ist nit allweg gut, die Jungfer zu küssen,' wobei er bemerkt: ‚Vormals bestand eine Todesstrafe darin, daß der Verurteilte einem weiblichen Automaten entgegenschreiten mußte, das ihn umarmte und in eine von Messern und Spießen starrende Untiefe warf. Das hieß man euphemistisch die Jungfer küssen.' Auch nannten die Schotten ihre Maschine mit dem Fallbeil ‚die Jungfer' (the maiden)." Bemerkt sei hier, daß die „Scotch maiden" älter als die französische Guillotine ist, wie überhaupt das Fallbeil schon vor Jahrhunderten auch in Deutschland zur Anwendung kam.

Nach den am meisten verbreiteten Erzählungen soll es ein künstlich zusammengesetztes Werk aus Eisen in Gestalt einer stehenden Jungfrau gewesen sein, mit beweglichen Armen und Schwertern in den Händen, welches in einem Gemach hinter einer mit einer Fallklappe verdeckten Öffnung im Fußboden stand, worunter eine Art Schacht in die Tiefe hinabging, der sich über einem hier durchfließenden Wasser befand. Wurde nun ein dem Tode Bestimmter genötigt, sich dieser Figur zu nähern und betrat er die Fallklappe, so setzte ein damit in Verbindung stehender Mechanismus die Arme der Figur in Bewegung; sie breiteten sich aus, schlugen die Schwerter zusammen und zerhieben und töteten das zwischen ihnen befindliche Schlachtopfer. Die Fallklappe hatte sich geöffnet, der Leichnam fiel durch den Schacht noch auf eine Menge an dessen Seiten befindlicher Messer oder Schwerter und kam dadurch, zu kleinen Stücken zerfetzt, in die Tiefe, wo diese vom Wasser weggeschwemmt wurden.

Die Gestalt gab diesem fürchterlichen Werkzeug den Namen; den Ort, wo diese Strafe vollzogen wurde, nannte man das „heimliche Gericht" und die Strafe selbst den „Jungfernkuß".

Der Nürnberger Jurist Sibenkees redet in seinen „Materialien" von solch einer Eisernen Jungfrau in Nürnberg, jedoch ohne sie gesehen zu haben:

„Unter dem Walle beim Bannerhause hat man bloß noch ihre unheimlichen Gänge und untersten Gemächer gefunden. Steigt man aus dem Bannerhause eine steinerne Treppe hinunter, so kommt man in einen halbrunden Raum, in dessen Halbkreis rechts ein steinerner Tisch mit zwei Bänken steht. Ein weiterer Gang biegt im Zickzack um und führt in das unheimliche Gemach, in dessen Gewölbdecke ein Loch (zur Rolle), an der Hinterwand vier Löcher, der Rolle gegenüber am Boden ein großes Falloch sich zeigt. Links davon steht noch die Fidel (d. i. das oben erwähnte Folterinstrument). Das Loch am Boden geht, nach unten sich erweiternd, in ein tiefes Gewölbe. In diesem sind noch Spuren eines Mordwerkzeuges, dessen gegen einander arbeitende Krebsscheren den von oben hinunterfallenden, von der Jungfrau erfaßten Leib wohl zermalmen mußten." Die angegebene Örtlichkeit weist fast mit Gewißheit auf eine Folterkammer hin, und was sonst vom Hörensagen darüber berichtet wird, ist nur von geringer Bedeutung.

Das Volk liebt es, dergleichen schauerliches Beiwerk um einen historischen Kern zu gruppieren, wie wir auch sonst aus vielen Fällen ersehen können. Ein gewisses Licht wirft aber eine an derselben Stelle beigefügte Fußnote auf die Sache. Es heißt da:

„In Florenz will man noch im Jahre 1814 ähnliche Werkzeuge gesehen haben, und ein Franzose, der unter der Regierung des Josef Bonaparte Aufseher über das Inquisitionsgebäude in Madrid war, erzählte im Jahre 1835 zu Lüttich, daß sich unter den in jenem Gebäude vorhandenen Marterwerkzeugen auch eine aus Holz und Eisen gemachte stehende Figur der Jungfrau Maria befunden habe, die ‚Mater dolorosa' geheißen und die als Werkzeug zum letzten und härtesten Grade der Tortur diente. Ihre Arme waren über die Brust gekreuzt gewesen, hatten aber durch eine Vorrichtung in Bewegung gesetzt werden können und an der gegen den Körper gekehrten Seite eine Menge Dolchspitzen gehabt. Vor dieses Gebilde führte man den Angeklagten Brust gegen Brust. Die geöffneten Arme hielten ihn umschlungen und fest gegen die Brust gedrückt, eine Fallklappe unter seinen Füßen öffnete sich dann, und so in Todesangst, über einem Abgrund schwebend, war er nachdrücklich zum Geständnis seiner Verbrechen aufgefordert worden, indes die Dolchspitzen an den Armen der Figur immer tiefer in seinen Körper eindrangen und ihn endlich töteten." So glaubhaft auch einiges in dieser Erklärung klingt, so vorsichtig ist sie doch aufzunehmen; denn es will scheinen, als ob sie von der Romantik jener Tage und deren Pfaffenhaß beeinflußt worden ist. Weiß doch keiner der Geschichtschreiber der Inquisition uns auch nur ein Wörtlein von der Anwendung dieses Instruments zu melden, und selbst der französische Offizier, der, wie wir bereits mitgeteilt, das Gebäude der Inquisition zu Madrid gewaltsam besetzte, teilt uns nichts von dieser rätselhaften Mordjungfrau mit.

Nach Mitteilungen sollen sich derartige Vorrichtungen noch befunden haben in Wien, Salzburg, Prag, Breslau, Dresden, Berlin, Wittenberg, Schwerin, Köln, Mainz, Frankfurt, sowie an verschiedenen Orten in den romanischen Ländern.

Bei den weltlichen peinlichen Gerichten in Deutschland war es später Vorschrift, ehe die Tortur eingeleitet wurde, die Akten an eine der Rechtsfakultäten der Universitäten zu schicken, die dann die Bestimmung zu treffen hatte, in welcher Weise die Folter an dem Beschuldigten vorgenommen werden sollte. Viel Wert hatte diese Art Rechtskontrolle nicht; denn abgesehen davon, daß die Schöppenstühle den Angeklagten nicht zu Gesicht bekamen, waren ja auch die Protokolle und sonstigen Akten ganz nach Belieben des Untersuchungsrichters gehalten. Der Bescheid der Rechtsfakultät lautete daher auch gewöhnlich, daß der Delinquent „ziemlicher Maßen", wie es üblich sei, peinlich zu befragen wäre. Damit konnte der Richter machen, was er wollte, oder vielmehr der Henker, — der Freimann, Meister Hans, Meister Hämmerling, Angstmann, Packan, Knöpfauf, Beynlein, Kurzab und wie noch sonst der Nachrichter amtlich oder vom Volke genannt zu werden pflegte. Allerdings mußte der Richter, wie aus der Bamberger H. G. O. zu ersehen, einen Eid darauf ablegen, auf die Vorgänge bei der Tortur genau zu achten, weil die Henker „insgemein unbarmherzige

Leute sind", und seltsam mutet die in solchen Bescheiden bisweilen ausgesprochene Fürsorge für den Gemarterten an; indes steht dergleichen, trotz seiner Wertlosigkeit oder vielleicht auch nur eben darum, nicht vereinzelt da. Wo wegen Schärfe der Tortur oder der Lebenskonstitution des Inquisiten „Bedenken obhanden" waren, mußte ein Arzt beigezogen werden; denn während man den Unglücklichen mit berechneter Grausamkeit die Knochen quetschte und die Glieder aus den

Abbildung 12: Folterungskammer mit kartenspielenden Peinigern
Kupfer von Jan Luyken 1592. München, Kupferstichkabinet

Gelenken drehte, affektierte man zugleich eine zärtliche Besorgnis für die Gesundheit des Gefolterten. Es durfte deswegen die Tortur stets nur an einem Werktag morgens früh vorgenommen werden, „wenn der Reus — der Angeklagte — nüchtern ist, denn wenn man dieselbe vornehmen wollte, wenn der Inquisit gegessen hat, würde ihm durch Umwendung des vollen Magens etc. nicht allein schwere Pein an seinem Leibe, sondern auch Schaden an der Gesundheit zugefügt". Deshalb, wenn die Tortur über Mittag dauerte, erhielt auch der Delinquent nichts zu essen oder zu trinken, sondern nur eine „Labung". Diese sonderbare

Sorgfalt für das Wohlbefinden eines Angeschuldigten gibt sich wiederholt kund bei den Anordnungen über Dauer und Beschaffenheit der Folter. Ihre Dauer war dem Ermessen, d. h. der Willkür des Inquirenten anheimgegeben, doch sollte der Gefolterte „nicht über eine Stunde in der Folter gelassen werden". Wer jemals Gelegenheit hatte, sich mit Akten von Hexenprozessen zu befassen, wird sich eines Gefühls des Abscheus nicht erwehren können, wenn er auf derartige Bestimmungen stößt. Sie wurden in der vollsten Überzeugung erlassen, daß sie niemals gehalten werden würden. Hierzu nur einige Beispiele: Drei- und vierstündige Folterungen waren die Regel. Ein der Werwölferei Angeklagter in Westfalen wurde zwanzigmal „mit der Schärfe", wie man die Tortur nannte, angegriffen. In Baden-Baden peinigte man eine Hexe zwölfmal und ließ sie nach dem letzten Akt noch 52 Stunden auf dem sogenannten Hexenstuhl schmachten. Ein Weib in Düren, das in wiederholter Tortur standhaft geleugnet, die Krautgärten durch Hagelschlag verwüstet zu haben, blieb, mit ungeheuren Beingewichten beschwert, an dem Seil hangen, während der Vogt zum Zechen ging; als er zurückkehrte, hatte ein gnädiger Tod die Frau von ihren Qualen erlöst. Der Vogt gebot nicht über die den Richtern nötige Nervenstärke. Er wurde wahnsinnig. (Soldan-Heppe.)

Deshalb klingt es wie Hohn, ist aber nichts als Scheinheiligkeit, wenn weiter dekretiert wird, die Folter sollte immer so beschaffen sein, daß der Beschuldigte „sei es zur Strafe, sei es zur Entlassung an seinen Gliedern und Gesundheit unverletzt bleiben möge". Der inquirierende Richter hatte daher die Art der Tortur so einzurichten, daß dem Delinquenten „einesteils nicht zu wenig und andernteils an seiner Gesundheit und den Gliedmaßen nicht zu viel geschehe". Weibspersonen oder Personen mit schwacher Leibeskonstitution oder chronischen Leiden behaftet dürften daher statt des Aufziehens nur mit dem Daumenstocke oder „proportionirlichen" Spitzrutenstreichen angegriffen werden, „anerwogen diese letztere Tortur zwar die empfindlichste ist, hingegen an Leib und der Gesundheit den wenigsten Schaden bringt".

Der Wortlaut einer der letzten dieser Torturvorschriften (Hannoversche Kriminalinstruktion von 1736) lautet:

Von der peinlichen Frage.

§ I.

Wenn auf die eingeschränkten Acta die Tortur erkant seyn solte, muß die Urthel dem Gefangenen nicht publiciret werden, sondern es ist derselbe in die Gerichts-Stube zu fordern, nochmals zum richtigen Bekänntnis beweglich und mit Vorhaltung der wider ihn vorhandenen Anzeigen zu ermahnen; allenfalls aber, da derselbe bey seinem halsstarrigen Leugnen verbleiben solte, ihm die Bedeutung zu thun, daß schärffere Mittel, um ihn zum Geständnis zu bringen, wider ihn erkant worden, welche nunmehro an Inquisiten vollstrecket werden solten.

§ II.

Wann aber alles dieses bey demselben nichts verfangen solte, ist er wieder an seinen Ort zu bringen und ihm eine Bedenkzeit von 1 oder 2 Tage zu geben, damit er binnen der Zeit annoch in sich gehen und durch richtiges Bekänntnis der Marter enthoben bleiben möge.

§ III.

Solte der Gefangene indessen mit seinem Defensore (Verteidiger) sich besprechen oder auch zu weiterer Ausführung seiner Unschuld zugelassen seyn wollen, soll das erstere in Gegenwart einer Gerichtsperson ihm verstattet werden, das letztere aber nicht anders als auf den Fall, da der Defensor auf seinen Advocaten-Eyd versichert, daß er glaube, annoch etwas näheres zu des Inquisiti Defension beyzubringen zu können.

§ IV.

Würde es nun bey dem vorigen Erkänntnis gelassen, so hat das Gericht die Peinigung nach der darin vorgeschriebenen Maaße zu vollstrecken, zufoderst aber des Zustandes des Gefangenen, sowol des Leibes als Gemühts, nochmals sich zu erkundigen, ... da denn, wenn es sich befünde, daß Inquisit krank worden, mit der Tortur bis zu seiner Genesung angestanden werden mus.

§ V.

Die Tortur soll allemahl frühe gegen den Tag in derer sämtlichen Beamten Gegenwart vorgenommen, uno actu (fortlaufend) und nicht stückweise vollführet, dem Gefangenen auch wenigstens 6 Stunden vorher keine Speise gereichet werden. Solte aber dem Inquisito ein dergleichen Zufall begegnen, daß die erkante Gradus Torturae (Torturgrad) nicht vollstrecket werden könten, soll mit der Peinigung angestanden, und ehe und bevor solche continuiret (fortgesetzt) wird, von den Ämtern an Unsere Justitz-Cantzleyen, nach vorgegangener pflichtmäßiger Untersuchung eines Medici und Chirurgi, Bericht erstattet und deren Verfügung erwartet werden. Es sollen auch die Gerichte dahin sehen, daß bey der peinlichen Frage keine unnöthige Intervalla (Pausen) gemacht, auch die Zeit der Tortur nach Beschaffenheit der Person gemäßiget, und wie damit nicht leicht unter einer halben, also auch nicht über einer gantzen Stunde zugebracht werde: maßen denn dazu eine Uhr, um die Zeit, wann etwa aus gewissen Ursachen mit der Tortur inne zu halten, daran bemerken zu können, jedoch dergestalt, daß der Inquisit solches nicht wahrnehmen möge, gebrauchet werden kann. Es wäre dann, daß wegen vorkommender schweren Umstände, und der That selbst und die Tortur in schärfern Gräd erkant wäre, da die Gerichte sich an die Zeit so eben nicht zu binden; jedoch soll auch selbigen Falls mit der Peinigung menschlicherweise, auch nicht ad infinitum (unbegrenzt), sondern nur eine mäßige Zeit über eine Stunde verfahren werden.

§ VI.

Ehe und bevor aber die Peinigung vorgenommen wird, ist der Gefangene nochmahls in der ordentlichen Gerichtsstube, ohne Vorzeigung des Nachrichters und der zur Peinigung gehörigen Instrumenten, zu ermahnen und ob er dadurch zum gütlichen Bekäntnis seiner Missethat zu bringen sey? zu versuchen. Und weilen auf die Art mancher Delinquent ohne Tortur zum Geständnis gebracht werden kan, so haben die Beamte sich hiebey für alle Nachlässigkeit, so lieb ihnen ihre Seele und Seeligkeit ist, möglichsten Fleißes zu hüten, mithin mit Vollführung dieses extremen und gefährlichen Mittels sich nicht zu übereilen, sondern vorhero alle Bemühungen anzuwenden ..., den Inquisiten durch allerhand Argumenta und Vorstellungen zum Bekänntnis zu bringen.

§ VII.

Wann aber der Gefangene diesen ohnerachtet zum Geständnis nicht zu bringen, mus zufoderst dem Nachrichter der Inhalt des Urthels und der Grad der Peinigung bekant gemachet, und derselbe, um in Verrichtung seines Amtes weder zu scharff, noch auch zu gelinde zu seyn, sondern das in der Urthel vorgeschriebene Maas vor Augen zu haben, ermahnet werden.

§ VIII.

Solchemnach mus der Gefangene von dem Ort, da er zuvor verhöret worden, in die Tortur-Cammer gebracht, demselben die Augen verbunden, und das Urthel an ihm vollzogen werden. Es soll aber der Scharfrichter dieses durch seine Knechte allein nicht verrichten lassen, sondern fleißig Acht haben, daß der Gefangene vorgeschriebener maaßen gepeiniget, doch mit denen Schnüren und Anlegung anderer Stücke der Tortur also verfahren werde, daß die Sehnen des Inquisiti dadurch nicht verletzet, oder derselbe nach ausgestandener Marter lahm bleibe, oder auch an seiner Gesundheit Schaden leide. Maßen, wann der Nachrichter hierunter sein Amt nicht genau beobachten und durch Verwahrlosung oder Exceß den Inquisiten solchergestalt, wie abstehet, beschädigen, oder auch, um das Gericht zu betrügen, mit dem Missethäter oder dessen Freunden in Geheim ein Verständnis, mit Anleg und Zuziehung der peinlichen Instrumenten nicht nach der erkannten Schärfe zu verfahren, gemacht haben solte, er dafür alles Ernstes angesehen und bestraft werden soll.

§ IX.

Keinem Scharffrichter soll erlaubet seyn, anderer Mittel der Peinigung, als dieser Orten gebräuchlich und in der Urthel beschrieben sind, sich zu bedienen, als worauf, imgleichen auf die gantze Vollstreckung der Tortur... dem Gerichte fleißige Achtung zu haben gebühret.

§ X.

Und damit man in diesen wichtigen Sachen desto sicherer gehen möge, soll kein Scharfrichter zu Vollstreckung einer dergleichen peinlichen Urtheil gebrauchet werden, der nicht zuvor beeydigt worden, daß er mit den Gefangenen anders nicht, als was Urthel und Recht erkant ..., verfahren ... wolle: Es wäre dann, daß er bereits vorhin auf diese Verrichtungen mit in Eyd und Pflicht genommen worden, als welchenfalls er mit anderweiter Eydesleistung verschonet werden soll.

§ XI.

Bey würcklicher Vollstreckung der TORTUR mus von dem ACTUARIO genau verzeichnet werden, wie mit Anlegung der INSTRUMENTEN Stück für Stück verfahren und jeder GRADUS TORTURAE vollstrecket, und wie lange Zeit damit zugebracht worden? was der INQUISIT geredet, und wie er sich dabey gebehrdet habe? Wie durch TORTUR der INQUISIT zum Bekänntnis, jedoch nur insgemein und ohne Vorhaltung absonderlicher Fragstücke, fleißig zu ermahnen ist. Und damit hierin desto accurater verfahren werde, soll der ACTUARIUS das Papier dergestalt in der Mitte (falten), daß auf der einen halben Seite des Nachrichters Vornehmen bey der TERRITION sowohl als bey jedem GRAD der TORTUR, auf der andern hingegen des INQUISITEN Bezeigen und Reden umständlich gesetzet werde.

§ XII.

Wann der Gefangene bey seinem Leugnen beständig verbleibet, und der in der Urthel vorgeschriebene GRAD der TORTUR an ihm vollstrecket worden, ist er loszulassen, und vom Scharfrichter, wo es nöhtig, mit Salben zu versehen, und wieder ins Gefängnis zu bringen.

§ XIII.

Daferne aber der INQUISIT sich erkläret, daß er bekennen wolle, mus die Peinigung nachgelassen, und der ACTUARIUS in seinem PROTOKOLL, unter welchem GRAD der Marter der INQUISIT diese Erklährung von sich gegeben, und wie sogleich damit nachgelassen worden, umständilch vermelden, das Gericht darauf den Gefangenen über die Fragstücke vernehmen und dessen Antwort fleißig ... nieder schreiben lassen.

§ XIV.

Wann aber derselbe, seinem gethanen Erbieten ohnerachtet, dennoch mit der Sprache nicht heraus wolte, sondern die Marter, und daß er dadurch zu der Erklährung gezwungen worden, vorschützet, ist mit der Tortur fortzufahren, und damit so lange, bis die anfangs determinirte und daran noch fehlende Zeit verlauffen, zu continuiren.

§ XV.

Thut aber der Inquisit, seinem Versprechen gemäs, nunmehro ein richtiges Bekänntnis, mus das Gericht denselben über die vorgeschriebene Articul (Verhör, bei dem der Angeklagte nur kurze Antworten zu geben hat) nach allen Umständen, der Personen, der Zeit, des Orts, der Ursachen, und sonst befragen, und auf diese Weise die rechte Beschaffenheit der That genau zu erforschen sich angelegen seyn lassen.

§ XVI.

Kein Gericht soll befugt seyn, weder in der Tortur noch gleich nach derselben den Inquisiten, ob er nicht mehr verbrochen, gestohlen oder geraubet habe? zu befragen, sondern es mus sich dasselbe desfals an der Urthel und denen dabey vorgeschriebenen Frag-Stücken genau binden: Es wäre dann, daß der Inquisit von selbst mehrere Übeltaten gestünde, oder ein öffentlicher Dieb, Räuber, Landläuffer, oder sonst vor der Inhafftierung eines üblen Gerüchts gewesen seyn sollte.

§ XVII.

Wann der Gefangene seine Aussage verrichtet, mus dieselbe ihm von Wort zu Wort wieder vorgelesen, auch ob er annoch etwas dabey zu fügen, oder daran zu ändern habe, errinnert, alles aber, imgleichen wie lange die TORTUR gedauret, unter welchem Grad der Marter der Gefangene sich zum Geständnis angeschicket, und wann das EXAMEN geschlossen, genau ad PROTOCOLLUM verzeichnet, der

INQUISIT aber sodann wieder ins Gefängnis, doch nicht bei andern Gefangnen gebracht werden.

§ XIX.

Im Fall der Gefangene, wän er zur RATIFICATION (Bestätigung) seiner Urgicht (Geständnis) vorgefordert worden, sein Geständnis revociren (zurücknehmen) und die Heftigkeit der Schmerzen oder ander Ursachen vorwenden solte, müssen diese letztere, wo sie nicht von offenbahrer Unerheblichkeit, aufs fleißigste untersuchet und alsdann die abgehaltene Protocolla an Unsere JUSTITZ-Cantzleyen zu fernerer Verordnung eingeschicket werden.

§ XX.

Wann der INQUISIT bey seinem in der TORTUR gethanen Geständnis verbleibet, lieget dem Gerichte ob, damit man erfahre, ob er die Wahrheit gesaget, oder ob er aus Heftigkeit der Schmerzen, aus Verzweiflung oder Ekel des Lebens sein Bekänntnis gethan, nach allen Umständen, so der Gefangene ausgesaget, und die dem Gerichte vorher nicht bekannt gewesen, genau sich zu erkundigen, ob dieselbe sich in der that also verhalten oder nicht? ... Solte nun nach solcher vorgenommenen Erkundigung sich ergeben, daß INQUISIT die Unwahrheit geredet, ist er, warum er solches gethan, und die Wahrheit nicht gesaget? zu vernehmen ...

§ XXI.

Ehe und bevornach vollstreckter TORTUR die abgehaltene PROTOCOLLA eingeschicket werden, ist dem DEFENSORI INSPECTIO (Einsicht) derselben zu verstatten.

Frei von der Folter waren Adelige, hohe Beamte, Geschlechter, Verstandesschwache, Kranke, Schwangere und alte Leute von 60 Jahren an; desgleichen durften Kinder unter 14 Jahren nicht peinlich gefragt werden „dann durch die Ruethen mit bescheydenheit".

Damit der Inquisiten Geschrei und Winseln „den wohnenden Leuten und Nachbarn nicht beschwer- und verdrießlich" sei, mußten die Orte, wo die Tortur vorzunehmen war, abgelegen und in „starken Gemäuern und Gewölben" sein. Die Folterkammern (Martergruben, Reckorte) waren daher häufig unterirdisch. Auch durch Anlegen der Würgbirne oder der Foltermaske suchte man das Schmerzensgeschrei zu dämpfen.

Das Protokoll über den jedesmaligen Akt der Tortur durfte nicht niedergeschrieben werden, so lange der Inquisit unter der Folter war. Erst in der Gerichts- oder Büttelstube wurde dasselbe ordnungsgemäß formuliert; „vnnd sol die sag (Aussage) des Gefragten nicht angenommen werden, so er in der Marter, sonder sol sein Sag thun, so er von der Marter gelassen ist".

K. A. Bierdimpfl, dem wir hier das Wort gegeben haben, bezieht sich damit allerdings auf die spätere Zeit, wo die Bamberger und die Carolina immerhin mäßigend und wohltätig auf die Ausübung der Tortur eingewirkt hatte. Früher pflegte man es dem Henker zu überlassen, verrenkte und zerbrochene Glieder der Gefolterten zu „heilen". Trotzdem kam es auch jetzt nicht selten vor, daß die gemarterte Person während der Folter oder auch bald darauf in der Zelle den Geist aufgab.

In diesem Falle — berichtet Soldan — war es Herkommens, daß der Scharfrichter den Hals des Unglücklichen herumgedreht fand, was dann ein Beweis dafür war, daß der Teufel selbst seiner Not ein Ende gemacht hatte, um ihn am Geständnis der Wahrheit zu hindern. Stand es doch sogar in der Henkerpraxis jener Tage fest, daß, wenn ein wegen Zauberei Angeklagter unter den Qualen der Tortur die Sprache verloren hatte, er zu demselben Zwecke vom Teufel stumm gemacht war. So heißt es z. B. in einem Protokolle eines zu Wasungen im Hennebergischen geführten Hexenprozesses vom 22. August 1668: „Als sie (die auf die Folter gelegte Angeschuldigte) nun eine Weile so gesessen, ist sie bedroht worden, wo sie gutwillig nicht bekannte, daß mit der Tortur fortgefahren werden sollte, auch darauf ein wenig in die Höhe gezogen. Aber als sie etwas, jedoch unvernehmlich geredet, und man vermeinet, sie würde weitere Aussage thun, bald wieder heruntergelassen worden, hat man vermerkt, daß es nicht richtig um sie sei. Daher der Scharfrichter sie mit nebenstehendem Weine angestrichen. Als aber befunden, daß das sonst starks Atemholen nachließ, ist sie auf die Erde auf ein Bett gelegt worden, da sie sich noch in Etwas geregt und bald gar ausgeblieben und gestorben. Es ist aber derselben, als der Scharfrichter sie erst besehen, der Hals oben im Gelenke ganz entzwei gewesen. Wie es damit hergegangen, kann niemand wissen. Die Tortur hat von früh acht Uhr bis zehn Uhr gewährt. Vermutlich hat der böse Feind ihr den Hals entzweigebrochen, damit sie zu keinem Bekenntnis kommen sollen." — Auf hierüber erstatteten Bericht reskribierte der Graf: „Uns ist aus Eurem Bericht vorgetragen worden, wie weit ihr mit denen verdächtiger Hexerei halber in Haft sitzenden Personen verfahren und wie Ihr wegen Paul Mopens Weibes, welche bei der Tortur verstorben, des Körpers wegen Verhaltungsbefehl erholen wollen. Dieweil nun Euerem Bericht nach von dem Scharfrichter kein Exceß in der Tortur begangen und gleichwohl wider diese Inquisition unterschiedliche Indicia, auch endlich ihr, wiewohl nur generaliter und zwar bei der Tortur auf Befragung des Scharfrichters getanes Bekenntnis vorhanden, auch aus denen bei ihrem Absterben sich ereignenden Umständen und vorhergegangenen Besichtigungen soviel abzunehmen, daß ihr von dem bösen Feind der Hals zerknickt sein muß, als habt ihr bei so gestalteten Sachen den Körper alsbald hinausschaffen und unter das Gericht einscharren zu lassen."

Wir ersehen demnach, daß, wenn einer gemarterten Person bei der Folter die Wirbelsäule zerbrochen wurde, oder wenn sie sonst unter den Qualen starb und der Henker der Toten den Hals umgedreht hatte, die Schuld dem Teufel in die Schuhe geschoben wurde. Ebenso war auch der Teufel und nicht irgend eine Gerichtsperson der Täter, wenn Frauen oder selbst noch unentwickelte Mädchen in ihren Zellen genotzüchtigt und halbtot aufgefunden wurden. Begreiflicherweise kam es zuweilen auch vor, daß die in Haft genommene Person Selbstmord verübte. Auch in solchen Fällen mußte natürlich der Teufel hier sein Spiel getrieben haben. So wird aus Lothringen berichtet, daß sich dort in einem Jahre fünfzehn Inquisiten entleibten.

Was die Pein der Tortur noch zu vermehren geeignet war, war der Umstand, daß sowohl Henker wie Richter einen Stolz darin setzten, das Geständnis des Beschuldigten herbeizuführen, und daher die Meinung hegten, sie übten ihr Amt nicht richtig aus, wenn es ihnen nicht gelänge, dieses Ziel zu erreichen. Ferner wirkte zu einer gesteigerten Härte auch die Tatsache mit, daß die Richter in den meisten Fällen von der Schuld des Angeklagten überzeugt waren, und daß ihnen Ungelegenheiten erwachsen konnten, wenn es sich herausstellte, daß jemand ungerechtfertigt der peinlichen Frage unterzogen wurde. Auch spielte dabei, wie bereits bemerkt wurde, Habsucht und Eigennutz eine Rolle, denn derartige Rechtsfälle waren für die Richtenden und Ausübenden mit beträchtlichen Sporteln verbunden. Die Urgicht, das auf der Folter abgepreßte Geständnis, zu erlangen, war daher die Hauptsache, die mit allen möglichen Mitteln erstrebt wurde. Besonders arg war das Verfahren gegen die als Zauberer und Hexen verdächtigten Personen. In Offenburg z. B. wurden einer unschuldig Verhafteten erst nach fünfzehnmonatiger Gefangenschaft die gegen sie vorliegenden Verdachtsgründe mitgeteilt, die aus nichts anderem bestanden als aus ihrem eigenen durch die Folter erpreßten Geständnisse. Dennoch schließt der Anklageakt: „Item wahr, und erfolgt aus Hieroberzähltem, daß offtermelter Magistrat der St. Offenburg ganz wohl befuegt, ja von Obrigkeit schuldig gewesen, die Hoffmännin in gefenkliche Haftung anzunehmen und obgesetztermaßen mit der tortur gegen ihro zu verfahren."

Mehrstündige Folterungen und Wiederholungen oder „Fortsetzungen", wie man es zu benennen beliebte, gehörten, wie erwähnt, nicht zu den Seltenheiten. Kam aber einmal der Fall vor, daß aus der beschuldigten Person kein Geständnis herausgepreßt werden konnte und sich auch sonst nichts bot, was Vorwand zu einer Verurteilung oder doch Gefangenhaltung gegeben hätte, so mußte sie natürlich freigelassen werden, zumeist unter Verbannung und Beschwörung der Urfehde. Irrigerweise wird diese von vielen heutzutage für das Gegenteil dessen gehalten, was sie in Wirklichkeit war, für eine sozusagen Kriegserklärung statt eines Eides, jede Feindseligkeit zu vermeiden.

Ein Entlassungsbescheid aus der Haft und Aufforderung zur Ablegung der Urfehde aus dem Jahre 1561 lautet:

Ihr drei Weiber, nachdem ihr sammt und sonders in der Fronfeste und das Gefängnis des Rats zu Eßlingen gekommen seid, aus wohlbefugten Ursachen, weil ihr euch lange Zeit her in mancherlei Weg bös, verdächtig und argwöhnisch gemacht habt, so daß der Rat wohlbefugt gewesen wäre mehr strenglich mit euch zu handeln, will er doch diesmal, angesehen euer selbst Bitten und euer Verwandten und Freunde vielfältig Ansuchen mit der erlittenen Turmstrafe ein Begnügen haben, und euch alle drei, doch auf euer künftiges Wohlverhalten, sammt und sonders solchen Gefängnisses in Gnaden erlassen; dergestalt jedoch, daß ihr euch hiefür zu allen Zeiten eueres Lebens in diesen Verdacht der fahrenden Frauen, Hexen oder Unholde nie mehr, weder mit Reden, Gedanken und Werken, noch sonst in anderer Weise öffentlich oder heimlich begeben, sondern Christlich und gottesfürchtig leben wollt. Auch sollt ihr schwören, daß ihr weder durch euch selbst noch durch jemand anders euretwegen eurer Gefangenschaft und was euch darin begegnete, gegen den Rat, dessen Zugehörige und Diener, auch gegen manniglich, so zu eure gefänglichen Einziehung Rat, Hilfe oder Fürschub tat, mit Worten oder Werken ahnden oder rächen wollt, weder vor weltlichen noch vor geistlichen Gerichtens. — Bemerkenswert ist hier, daß die Richter bemüht sind, den Gefolterten nicht nur jeden Rachegedanken zu verwehren, was ja schließlich noch anginge, sondern sie auch verhindern wollten, sich über mit Unrecht zugefügte Martern zu beschweren.

Urfehde dieser Art wurde in Deutschland noch bis Ende des achtzehnten Jahrhunderts geschworen; wir führen später den von der Theresiana vorgeschriebenen Text an. Wagte es jemand, trotz der geschworenen Urfehde zurückzukehren, und wurde er dessen überführt, so wurde er vor allem mit der Strafe des Meineides, Abhauen der Schwurfinger, bestraft und auch sonst noch hart mitgenommen. Wiederholter Bruch der Urfehde zog Todesstrafe nach sich.

Mit welcher Rücksichtslosigkeit und wie sehr gegen die gesetzlichen Vorschriften bei der Tortur vorgegangen zu werden pflegte, ersehen wir auch aus einer protokollarischen Darstellung aus dem Jahre 1631:

1) Der Scharfrichter hat der Delinquentin die Hände gebunden und auf die Leiter gezogen, hierauf angefangen sie zu schrauben und auf alle Puncta so geschraubet, daß ihr das Herz im Leibe zerbrechen mögen, und sey keine Barmherzigkeit da gewesen.

2) Und ob sie gleich bei solcher Marter nichts bekennet, habe man doch ohne rechtliches Erkenntniss die Tortur wiederholet und der Scharfrichter ihr, da sie schwangeres Leibes gewesen, die Hände gebunden, ihr die Haare abgeschnitten und auf die Leiter gesetzt, Branntwein auf den Kopf gegossen und die Kolbe (rund geschorener Kopf) vollends wollen abbrennen.

3) Ihr Schwefelfedern unter die Arme und an den Hals gebrannt.

4) Sie hinten hinauf rückwärts mit den Händen an die Decke gezogen.

5) Welches Hinauf- und Niederziehen vier ganze Stunden gewährt, bis sie (die Richter) zum Morgenbrote gegangen.

6) Als sie wiedergekommen, der Meister sie mit den Händen und Füssen auf den Rücken zusammengebunden.

7) Ihr Branntwein auf den Rücken gegossen und angezündet.

8) Darnach eben viele Gewichte ihr auf den Rücken geleget und in die Höhe gezogen.

9) Nach diesem sie wieder auf die Leiter geleget.

10) Ihr ein ungehöffelt Brett mit Stacheln unter den Rücken geleget und mit den Händen bis an die Decke aufgezogen.

11) Ferner hat der Meister ihr die Füße zusammengebunden, eine Klafterstütze, 50 Pfund schwer, unten an die Füsse niederwärts gehangen, daß sie nicht anders gemeinet, sie würde bleiben und das Herz ersticken.

12) Bei diesem ist es nicht blieben, sondern der Meister ihr die Füsse wieder aufgemacht und die Beine geschraubet, daß ihr das Blut zu den Zehen herausgegangen.

13) Bei diesem ist es auch nicht geblieben, sondern sie ist zum andernmal auf alle Punkte geschraubt worden.

14) Der (Henker) von Dreissigacker hat die dritte Marter mit ihr angefangen, welcher sie erstlich auf die Bank gesetzet. Als sie das Hemde angezogen, hat er zu ihr gesaget: ich nehme dich nicht an auf ein oder zween, auf drei, auch nicht auf acht Tage, auf vier Wochen, auf ein halb oder ganz Jahr, so lange du lebest, so lange du es doch nicht getreiben kannst, und wenn du meinest, daß du nicht bekennen willst, daß du sollst zu Tode gemartert werden, so sollst du doch verbrannt werden.

15) Hat sie sein Eidam mit den Händen aufgezogen, daß sie nicht athmen können.

16) Und der von Dreissigacker sie mit der Karbatschen um die Lenden gehauen.

17) Darnach sie in den Schraubstock gesetzet, darinnen sie sechs Stunden gesessen und

18) mit der Karbatschen jämmerlich zerhauen worden; bei diesem es den ersten Tag verblieben.

19) Den andern Tag, als sie wiedergekommen, ist die vierte Marter mit ihr fürgenommen worden und sie auf etliche Punkte geschraubet und sechs Stunden darin gesessen.

Pfaff teilt aus einem Torturprotokoll aus Eßlingen vom 14. September 1662 folgende charakteristische Stellen mit:

Wird gebunden, winselt: „Kann's nicht sagen, soll ich lügen? ... O weh, o weh, liebe Herren." Bleibt auf der Verstockung. Der Stiefel wird angetan und etwas zugeschraubt. Schreit: „Soll ich denn lügen, mein Gewissen beschweren? Kann hernach nimmer recht beten!" Stellt sich weinend, übergeht ihr aber kein Auge. „Kann wahrlich nicht und wenn der Fuß herab müßte!" Schreit sehr: „Soll ich lügen? Kann's nicht sagen!" Ob zwar stark angezogen, bleibt sie doch auf einerlei. „O ihr zwingt Einen!" Schreit jämmerlich: „O lieber Herr Gott!" Sie wollt's bekennen, wenn sie nur wüßte. Man sage doch, sie sollte nicht lügen! Wird weiter zugeschraubt. Heult jämmerlich: „Ach liebe Herren, tut mir nicht so gar weh! Wenn man euch aber eins sagt, wolt ihr gleich wieder ein anderes wissen" u. s. w.

Bevor es zur Tortur kam, hatten die Beschuldigten, besonders weiblichen Geschlechts, eine Fülle von Mißhandlungen, Beleidigungen und Erniedrigungen zu erdulden, die den Folterqualen fast als gleichwertig zur Seite gesetzt werden können und, abgesehen von den physischen Leiden, als moralische Tortur bezeichnet werden müssen. Dies gilt vor allem von den Hexenprozessen, die, besonders in Deutschland, den Kernpunkt des peinlichen Verfahrens bildeten. In erster Linie ist hier

das Gefängnis der Verhafteten zu nennen, die Hexentürme, Drudenhäuser, deren Überbleibsel an manchen Orten zu sehen sind. Allerdings muß bemerkt werden, daß derartige Bräuchlichkeiten erst in der nachreformatorischen Zeit in Deutschland zahlreich zu finden sind. Ein Augenzeuge, Anton Prätorius, schildert uns diese Gefängnisse folgendermaßen:

„In dicken, starken Thürmen, Pforten, Blockhäusern, Gewölben, Kellern oder sonst tiefen Gräben sind gemeinlich die Gefängnisse. In

Abbildung 13: Folterung der Schulmeisterin Ursel zu Mastricht 1570
Nach dem Kupfer von Jan Luyken

denselbigen sind entweder große, dicke Hölzer, zwei oder drei übereinander, daß sie auf und nieder gehen an einem Pfahl oder Schrauben: durch dieselben sind Löcher gemacht, daß Arme und Beine darin liegen können. Wenn nun Gefangen vorhanden, hebet oder schraubet man die Hölzer auf, die Gefangen müssen auf ein Klotz, Steine oder Erden niedersitzen, die Beine in die untern, die Arme in die obern Löcher legen. Dann lässet man die Hölzer wieder fest aufeinander gehen, verschraubt, keilt und verschließt sie auf das härtest, daß die Gefangen weder Bein noch Arm notdürftig gebrauchen oder regen können. Das heißt: in Stock liegen oder sitzen. Etliche haben große eisern oder hölzern Kreuz, daran sie die Gefangen mit dem Hals, Rücken, Arm und Beinen anfesseln, daß sie stets und immerhin entweder stehen oder liegen oder hangen müssen, nach Gelegenheit der Kreuze, daran sie geheftet sind. Etliche haben starke eiserne Stäbe, fünf, sechs oder sieben Vierteil an der Ellen lang, dran beiden Enden eisen Banden seynd, darin verschließen sie die Gefangen an den Armen, hinter den Händen. Dann haben die Stäbe in der Mitte große Ketten in der Mauern angegossen, daß die Leute stäts in einem Läger bleiben müssen.

Etliche machen ihnen noch dazu große, schwere Eisen an die Füße, daß sie sich weder ausstrecken noch an sich ziehen können. Etliche haben enge Löcher in den Mauern, darinn ein Mensch kaum sitzen, liegen oder stehen kann, darinn verschließen sie die Leute ohngebunden mit eisernen Türen, daß sie sich nicht wenden oder umkehren mögen. Etliche haben fünfzehn, zwanzig, dreißig Klafter tiefe Gruben, wie Brunnen oder Keller aufs allerstärkste gemauert, oben im Gewölbe mit engen Löchern und starken Türen, dadurch lassen sie die Gefangenen, welche an ihren Leibern sonst nicht weiter, gebunden, mit Stricken hinunter, und ziehen sie, wenn sie wüllen, also wieder heraus.

Solche Gefängnus habe ich selbst gesehen, in Besuchung der Gefangen; glaube wohl, es seye noch viel mehr anderer Gattung, etliche noch greulicher, etliche auch gelinder und erträglicher.

Nachdem nun der Ort ist, sitzen etliche gefangen in großer Kälte, daß ihnen auch die Füße erfrieren und abfrieren, und sie hernach, wenn sie loskämen, ihr Lebtage Krüppel seyn müssen. Etliche liegen in stäter Finsternuß, daß sie der Sonne Glanz nimmer sehen, wissen nicht, obs Tag oder Nacht ist. Sie alle sind ihrer Gliedmaßen wenig oder gar nicht mächtig, haben immerwährende Unruhe, liegen in ihrem eigenen Mist und Gestank, viel unflätiger und elender, denn das Viehe, werden übel gespeiset, können nicht ruhig schlafen, haben viel Bekümmernuß, schwere Gedanken, böse Träume, Schrecken und Anfechtung. Und weil sie Hände und Füße nicht zusammen bringen und wo nöthig hinlenken können, werden sie von Läusen und Mäusen, Steinhunden (Nerz, eine Art Wiesel) und Mardern übel geplaget, gebissen und gefressen. Werden über das noch täglich mit Schimpf, Spott und Dräung vom Stöcker und Henker gequält und schwermütig gemacht.

Summa, wie man sagt: alle Gefangen arm.

Und weil solches alles mit den armen Gefangen bisweilen über die Maßen lang währt, zwei, drei, vier, fünf Monat, Jahr und Tag, ja etliche Jahr: werden solche Leute, ob sie wohl anfänglich gutes Muths, vernünftig, geduldig und stark gewesen, doch in der Länge schwach, kleinmütig, verdrossen, ungeduldig, und wo nicht ganz, doch halb töricht, mißtröstig und verzagt.

O ihr Richter, was macht ihr doch? Was gedenkt ihr? Meinet ihr nicht, daß ihr schuldig seyd an dem schrecklichen Tod eures Gefangen?"

Gräfin Leonore Christine Ulfeldt, die 22 Jahre unschuldig im Blauen Turm des Kopenhagener Schlosses gefangen saß, hat in ihrem „Leidensgedächtnis" eine Beschreibung ihres Kerkers hinterlassen. Der Boden ihrer Kammer, die sie mit einer Dienerin bewohnte, bestand aus festgetretenem Menschenkot; nur einmal wöchentlich wurde der Nachtstuhl, der darin stand, geleert. Um das Talglicht mußte sie mit den hungrigen Ratten kämpfen, während sie selbst von Ungeziefer fast lebendig gefressen wurde. Welch ein Licht aber fällt auf die Zeit, wenn man erfährt, daß die Königin, die Kurfürstin von Sachsen, Prinzessinnen und Hofdamen die Gräfin besuchten, nur um sich zu erkundigen, ob sie außer von Flöhen auch von Wanzen belästigt würde? (v. Boehn.)

Noch zu Anfang des 19. Jahrhunderts hatte ein Amtsassessor über das Gefängnis zu Elbing amtlich berichtet: Die Gefängnisse sind in einem alten festen Thurm der ehemaligen Fortifikation. Gleich am äußeren Eingang kommt man auf einigen Stufen in den sogenannten Stock. Dies ist ein überwölbtes Gemach von 12 Fuß im Quadrat, 7½ Fuß hoch, in welches durch die 10½ Fuß dicke Mauer vermöge eines kleinen Loches nur ein Schimmerlicht fällt. In der Mitte des Gemaches befindet sich eine mit Eisen stark beschlagene Fallthür, die eine Oeffnung bedeckt, durch welche man in den sogenannten Grund hinabsteigen kann. Diese überwölbte Gruft hält 10 Fuß im Quadrat, ist 8 Fuß hoch und dem Zutritt der äußeren Luft gänzlich verschlossen. Vermittelst einer massiven Wendeltreppe, die größtentheils mit Schutt beschüttet, gelangt man in das Hauptgefängniß, den sogenannten Strumpf. Dieser Raum nimmt die ganze Höhlung des Thurmes bis unter das Dach ein, ist 19 Fuß im Quadrat groß, 52 Fuß hoch. Nothdürftiges Licht und Luft erhält er durch das zum Theil offene Dach und durch einige alte Schießlöcher, die sich in ansehnlicher Höhe befinden. Einige Nischen in dem starken Gemäuer dienen als Lagerkeller, und in einer derselben ist der Abort angebracht. Weder ein Ofen noch ein Kamin ist vorhanden, sondern bei sehr strenger Kälte machen sich die Gefangenen in der Mitte auf dem Fußboden ein Feuer, um nicht zu erfrieren. Die Arrestanten sind hier ganz sich selbst überlassen, indem der Gefängnißwärter einige Häuser von diesem Thurme entfernt wohnt. Bei Besichtigung des Gefängnisses fand ich im oberen Raum drei Männer, einen Burschen von etwa 14—16 Jahren und ein Dienstmädchen von 20 Jahren. — Nicht viel besser lautet die Schilderung eines Predigers über die Zustände im Zuchthause zu Magdeburg zur damaligen Zeit. Ein einziges Zimmer — so schildert dieser — faßte die Gefangenen, alte und junge, männlichen und weiblichen Geschlechts, 48 an der Zahl, in sich. Hier spannen sie Wolle, hier aßen sie, hier schliefen sie auch zum Theil, wenigstens die weiblichen Geschlechts, auf halbvermodertem Stroh, hier verrichteten sie ihre Nothdurft. Ein unerträglicher Gestank hatte sich über das ganze Gemach verbreitet. Der Fußboden war mit Schmutz überzogen, die Wände schwarz. Noch trauriger war der Behälter, in dem die Mannspersonen auf einem feuchten Erdboden die Nächte durchschliefen oder vielmehr durchwachten, denn das Ungeziefer, das unzählbar war, gestattete ihnen nicht zu schlafen. — Man versuchte damals, wie derselbe Geistliche mittheilte, mit dem Zuchthause mehrere Zwecke zu verbinden, man gebräuchte es zugleich als Waisenhaus, bald als freiwilliges Arbeits- oder Armenhaus, bald als Tollhaus, welches fast bei allen der Fall ist.

In solcher Umgebung sahen sich die Gefangenen dem Nachdenken über ihre Gegenwart und Zukunft überlassen. Der Hexenhammer gibt die Weisung, verstockte Personen nötigenfalls ein ganzes Jahr in diesem Zustande zu erhalten und dann ihnen die kanonische Reinigung mit zwanzig oder dreißig Eideshelfern aufzuerlegen; können sie diese nicht leisten, so soll das Verdammungsurteil erfolgen. Weltliche Richter, bei denen jenes kanonische Beweismittel nicht galt, haben die Haft zuweilen auf zwei, drei und vier Jahre ausgedehnt. Doch konnte dieses nur infolge ganz eigentümlicher Verhältnisse oder einer seltenen Untüchtigkeit der Gerichte eintreten. In der Regel wußte man schneller zum Ziele zu gelangen. Was nun in diesen finsteren Kammern von in Teufel umgewandelten Büttetln Unmenschliches, Barbarisches, Niederträchtiges, Gemeines verübt worden ist, das weiß nur Gott. Die meisten Prozeßakten existieren nicht mehr, und die vorhandenen geben die Einzelheiten nicht an, da alles „more consueto", nach Gewohnheit, herging. (Soldan.)

Damit war aber das Übel dieser Vortortur noch nicht erschöpft. Vor der Anwendung der Territion, die ja in manchem bereits eine wirkliche Tortur war, ist bereits die Rede gewesen. Hatten diese Einschüchterungsversuche keinen Erfolg aufzuweisen, und sollte zur eigentlichen „scharfen Frage" geschritten werden, so wurde die der Hexerei bezichtigte Frauensperson vollständig entkleidet, und der Peinmann begann einen genauen Augenschein nach etwa verborgenen Zaubermitteln vorzunehmen, mit denen die peinlich Befragte sich unempfindlich gegen die Schmerzen der Folter gemacht haben könnte. Es wurden dabei alle Haare vom Leibe abrasiert oder in der Mehrzahl der Fälle sogar abgesengt, ein Brauch, der wahrscheinlich in einem italienischen Mönchshirn seinen Ursprung fand, wenigstens finden wir diese Vorchrift auch in dem Malleus, der allerdings zum Lob der Deutschen zu sagen weiß, daß in einzelnen Teilen Deutschlands dieser Gebrauch des Rasierens, besonders an verborgenen Stellen, als unsittlich galt. In der nachfolgenden Zeit wurde aber auch in Deutschland in dieser Beziehung ebenso schamlos wie anderwärts vorgegangen, und der edle Jesuit Friedrich von Spee, der bekannte eifrige Gegner des Hexenwahns, fand Anlaß, auch diesen Brauch zu bekämpfen.

Dem folgte nun das Suchen nach dem Teufelsmal (stigma diabolicum). Es galt nämlich als ausgemacht, daß jede Hexe eine Stelle an ihrem Körper habe, die unempfindlich gegen Stich sei und auch kein Blut dabei abgebe. Der Freimann oder sein Gehilfe spähten nun, mit einem spitzen Instrument in der Hand, an dem nackten enthaarten Körper eifrig nach jeder Spur, die ihnen ein Hexenmal ankündigen mochte. Jede Warze, Leberfleck oder sonst eine geringe Abweichung von der normalen Beschaffenheit der Haut galt als verdächtig und wurde mit dem Stachel erprobt. Es soll vorgekommen sein, daß sich die Scharfrichter dabei eines Instrumentes bedienten, dessen Spitze unauffällig zurückgezogen werden konnte, oder daß sie andere Kniffe anwandten, die keine Verletzung und somit keinen Schmerz und keinen Blutverlust ergaben, wodurch natürlich das Bündnis mit dem Teufel erwiesen war. Ferner kam es vor, daß ihnen die Scharfrichter irgend ein mit unlesbarem Geschreibsel versehenes Stückchen Papier in die Geschlechtsteile hineinschmuggelten und diesen angeblichen Fund als Zeichen der Schuld vorwiesen. War es doch diesen Leuten — wiederholt sei es bemerkt — aus Eigennutz und aus Berufseitelkeit darum zu tun, Angeklagte zu überführen, sei es auch mittels der häßlichsten und betrügerischsten Kunstgriffe. Ließ sich trotz alledem kein Teufelsmal finden oder erfinden, so „hatte es der Teufel ausgelöscht".

Auch sonst wurden vor der Tortur verschiedene Vorkehrungen getroffen, um zu verhindern, daß die Inquisitin Beistand von ihrem vermeintlichen Buhlen und Herrn, dem Teufel, erhalte. Sie durfte bei der Tortur nicht ihre eigene Kleidung tragen, denn diese mochte verhindern, daß sie die ihr zugedachten Schmerzen empfinde. Oder sie wurde, aus demselben Grunde, mit einem Hemd bekleidet, das an einem Tage gesponnen, gewebt und genäht worden sein mußte. In katholischen Gegenden wurde sie mit Weihwasser besprengt, mit geweihten Kräutern geräuchert oder auch genötigt, einen geweihten Trunk zu sich zu nehmen.

Oft ließ man auch der Folter die sogenannte Tränenprobe vorausgehen. Hierbei legte ein Priester oder Richter der Angeschuldigten die Hand auf den Kopf und beschwor sie: „Bei den bittern Tränen, die der Heiland am Kreuz für unser Heil vergossen, bist du unschuldig, so vergieße Tränen, bist du schuldig, keine." Konnte die Hexe nicht weinen, so war der Beweis ihrer Schuld fertig; weinte sie aber, so hatte ihr der Teufel zum Schein Augen und Wangen angefeuchtet. Damit erklärt sich auch, warum in den Protokollen der Hexenprozesse so häufig hervorgehoben wird, die Angeklagte oder Gefolterte habe keine Tränen vergossen. Denn auch die wirkliche, vermeintliche oder auch nur erfundene Unterlassung dieser Schmerzensäußerung unter der Folter galt als Beweis der Schuld.

Der Tortur pflegten bei Hexen auch die Hexenproben vorauszugehen, Ordalien, wie wir sie größtenteils bereits geschildert haben. Die Feuerprobe kam bei Hexenprozessen nur in frühester Zeit vor, übernommen wahrscheinlich von den vorausgegangenen Ketzerprozessen, in denen sie nicht selten zur Anwendung gelangte. Der Malleus (III, 17) verwirft dieses Mittel, und die Autorität dieses Buches dürfte auch deren Verdrängung herbeigeführt haben. Weit gebräuchlicher war die Probe mit dem kalten Wasser, die man das Hexenbad nannte. Das Verfahren bestand darin, daß der Angeschuldigte an ein Seil gebunden und ins Wasser hinabgelassen wurde. Aufschwimmen war das Zeichen der Schuld, Untersinken das der Unschuld. Einige deutsche Weistümer aus dem vierzehnten und fünfzehnten Jahrhundert trafen jedoch die Entscheidung gerade umgekehrt. Im sechzehnten Jahrhundert begann man in manchen Gegenden Deutschlands, namentlich in Westfalen, diese Probe bei den Hexen zu gebrauchen. Man band ihnen die Hände mit den Füßen kreuzweise zusammen und ließ sie an einem Seil dreimal in einen Fluß oder Teich hinab, wobei das Aufschwimmen für die Schuld sprach. Als endgültiges Überführungsmittel ist die Wasserprobe zwar nirgends recht in Gebrauch gekommen, als vorläufige Prüfung aber erhielt sie sich sehr lange. Wurde sie genügend bestanden, so folgte entweder augenblickliche Freilassung oder kanonische Reinigung; wo nicht, so schritt man zur Tortur. Aus einem Schreiben des marburgischen Professors der Philosophie Scribonius an den Magistrat zu Lemgo ersieht man, daß die Wasserprobe in dieser Stadt erst 1585 nach dem Muster anderer Länder eingeführt, in den übrigen Teilen Deutschlands aber noch fast ganz unbekannt war. Scribonius suchte die Zweckmäßigkeit des Verfahrens mit Gründen darzutun und verwickelte sich in einen Streit mit den Ärzten Ewich und Neuwald, in dem er den kürzeren zog. Aus Westfalen verbreitete sich die Anwendung des Hexenbades nach Lothringen; gegen das Ende des sechzehnten Jahrhunderts finden wir es auch in Belgien und Frankreich, wo es indes vom Pariser Parlament verboten wurde, und um die Mitte des siebzehnten Jahrhunderts war es besonders in England stark im Gebrauch. Auch nach Ostindien ist es, wahrscheinlich durch die Engländer, gekommen. In Italien und Spanien dagegen kam es garnicht vor. Der Gerichtshof von Holland ließ sich in einem vorkommenden Falle 1594 von den Professoren zu Leyden ein Gutachten ausstellen, das gegen die Anwendbarkeit dieser Probe ausfiel. Im folgenden Jahre ward sie auch in den spanischen Niederlanden verboten.

Fragen wir nach der diesem Ordale zugrunde liegenden Vorstellung, so findet diese sich bei Hinkmar dahin erklärt, daß das Wasser, geheiligt durch die Taufe Christi im Jordan, keine Verbrecher aufnehme, wenn es darauf ankomme, sie zu überführen. Nach Ansicht König Jakobs I. weigerte sich das Wasser gemäß besonderer Anordnung Gottes, die Hexen darum in seinen Schoß aufzunehmen, weil sie in ihrer Lossagung von Gott und Christus das heilige Taufwasser von sich geschüttet hätten. Doch möchten wir glauben, daß man die ursprünglich für ganz andere Verbrechen angewendete und späterhin fast ganz vergessene Probe aus anderen Gründen wieder hervorsuchte, um sie speziell an den Hexen zu vollziehen. Man maß den Hexen eine sehr geringe spezifische Schwere bei, wie diese auch in ihrer Flugfähigkeit hervortritt, und es mußte wohl der Gedanke nahe liegen, daß man sie an diesem Merkmal zu erkennen vermöge. Mit Bestimmtheit läßt sich dieses freilich nicht nachweisen.

Eine zweite Hexenprobe war die sogenannte Hexenwage, auf der die Verdächtigte gewogen wurde und zum Beweis ihrer Unschuld schwerer sein mußte, als sie vorher eingeschätzt worden war. Die Entscheidung hing daher völlig von den Einschätzern ab. In besonderem Rufe stand die Stadtwage von Oudewater, deren Bescheinigung — wie es hieß, gemäß einem Privilegium Karls V. — überall Geltung hatte. Wer also nachweisen konnte, daß er auf dieser Stadtwage als vollgewichtig befunden wurde, konnte darauf rechnen, von der Beschuldigung der Hexerei entlastet zu werden. Bei Gewichtsproben dieser Art kam der Beschuldigten oft zugut, daß die lächerlichsten Annahmen über das Gewicht der Hexen herrschten. Wie Walter Scott mitteilt, wurde noch im Jahre 1707 ein als Hexe geltendes Weib, das die Wasserprobe schlecht bestanden hatte, vom Pöbel zur Hexenwage geschleppt. Zu ihrem Glück glaubten diese Leute, am richtigsten zu handeln, wenn sie das Weib gegen die zwölfpfündige Kirchenbibel abwogen. Natürlich wog es mehr, und die Verfolgung wurde eingestellt.

Auch sonst glaubte man noch verschiedene Kennzeichen für Hexen zu haben und wandte diese Mittel an. Als besonderes Kennzeichen einer Hexe galt, daß sie bei dem Hersagen des Vaterunsers an der sechsten oder siebenten Bitte anstieß und im Gebete nicht fortzufahren vermochte. Ebenso fand man das Laster der Hexerei konstatiert, wenn die oder der Beklagte im Verhör sich bestürzt zeigte, in der Rede stockte, die Zunge spitzte, sie krümmte und gegen den Untersuchungsrichter herausstreckte, wenn er nach unten oder auf die Seite sah und sich vergeblich zu weinen bemühte, oder sonst — infolge der Seelenangst, die den Unglücklichen namentlich beim Anblick der Folterwerkzeuge befiel — etwas Auffallendes in seinem Benehmen zeigte.

Es gab auch noch andere Proben sehr seltsamer Art. So wurde einst zu Nidda einem achtzehnjährigen Mädchen nach richterlicher Anordnung das Nasenbein eingeschlagen, um aus dem Blutflusse über Schuld oder Unschuld zu urteilen. Eine Art von offa judicialis, Gerichtsbissen, aus Brot wurde 1618 bei einer Hexe zu Lincoln (England) auf deren eigenes Verlangen angewendet; sie soll daran erstickt sein. Wenn letztere Behauptung wahr ist, haben wir es hier mit einem argen Zufall zu tun, wie er bei der Fülle der Ereignisse dieser Art oft vorgekommen sein mag und nur dazu beitragen konnte, den Aberglauben und sein schlimmes Gefolge zu kräftigen. Daß dieses Mädchen selbst das Ordal des geweihten Bissens beantragte, kann uns nicht wundernehmen. Kam es doch wiederholt vor, daß Frauen oder Männer, die verdächtigt wurden, ein peinliches Verfahren gegen sich beantragten, oder wenigstens eine Untersuchung; mit der Zeit hatte eben der Hexenwahn so fest Wurzel gefaßt, daß kaum jemand an dem Bestand von Teufelsbündnissen und dergleichen zweifelte. Ebenso kam es vor, daß schließlich Beschuldigte, beirrt und geistig verwirrt durch die Vorwürfe, die ihnen von Männern, die als klug und gelehrt galten, und durch die Martern selbst zu der Überzeugung gelangten, mit dem Teufel sich verbündet zu haben, und auch noch bei der Hinrichtung in irgend einer Zufälligkeit, in dem Kreisen eines Vogels oder dergleichen Anzeichen eine Hilfe erblicken wollten, die ihnen Satan bringe. Das sind eben Gedanken und Stimmungen, wie sie nur in der Verzweiflung und unter dem Druck der ganzen Lage entstehen konnten, vielleicht auch mußten. Wird doch sogar von dem lothringischen Hexenrichter Remy, der sich rühmte, in fünfzehn Jahren neunhundert Personen wegen Zauberei auf den Scheiterhaufen gebracht zu haben, behauptet, daß er schließlich selbst ein Hexenmeister zu sein glaubte und auf seine eigene Anzeige hin verurteilt wurde.

Wie schon früher bemerkt wurde, waren die mit dem peinlichen Verfahren verbundenen Kosten recht beträchtlich. Sie mußten in den meisten Fällen von den Freigesprochenen selbst getragen werden, während das Vermögen der Verurteilten ja ganz eingezogen wurde. Aus der älteren Zeit fehlen uns Belege über derlei Rechnungen, doch ist uns aus der späteren Zeit manches erhalten geblieben. Bierdimpfl schreibt über Henkerslohn aus Bayern:

Weil den Nachrichtern, wenn sie bei peinlichen Strafen „von jedem stück jrs werks" einen besonderen Lohn nehmen, das Sakrament des Altars versagt war, da man sich ihrer „in Erwartung dieses Lohns einer bösen Begierde in Vergiessung des menschlichen Blutes" versehen konnte, wurde ein „gemeiner jerlicher soldt" ausgesetzt, wie solcher bei dem „Cammermeister" verzeichnet war, um welchen Lohn die Scharfrichter alle Übeltäter zu „fragen und straffen" hatten, ohne noch mehr zu fordern oder zu nehmen. Für Vollzug einer Todesstrafe wurden 3 Gulden gewährt, bei den schweren Todesstrafen durch Feuer usw. wurde ein Gulden mehr berechnet; für Ausrichtung (Behandlung) einer Verstümmlung und Auspeitschen erhielt der Henker je einen Gulden.

Dem Richter aber war nicht gestattet, von einem Übeltäter eine besondere „Belohnung" anzusprechen oder zu nehmen, „wie an etlichen enden mißbraucht werde", da solches ganz „wider das ampt vnd wirdt (Würde) eyns Richters, auch das recht vnd alle billicheyt ist", und ein solcher Bannrichter auch „nichts besser (dann der Nachrichter, so von jedem stück sein belonung hat) möcht geacht werden".

Das Handwerk des Henkers wurde im siebzehnten und achtzehnten Jahrhundert eine Quelle reichlichen Einkommens für seinen Meister und gewährte ihm Entschädigung für den Makel, der auf seinem Stande haftete, ihn aus dem Kreise seiner Mitmenschen ausschloß, ihn selbst dem Missetäter gegenüber ehrlos machte, — ihn und jeden, den er berührte.

Die Kerker waren gefüllt von schuldigen und schuldlosen Gefangenen; Ketzer, Zauberer, Hexen, Räuber und sonstige Übeltäter befanden sich allerorten in der Gewalt der Justiz. Der Henker hatte Arbeit vollauf, und jeder Handgriff brachte ihm klingenden Lohn. Nur einige Beispiele aus einer Scharfrichtertaxordnung des achtzehnten Jahrhunderts mögen hierfür als Beleg — außer den oben angeführten Gebühren — hier ihren Platz finden:

Die Leiter an den Galgen anlehnen 1 fl.
Stricke und Bänder 30 kr.
Den Scheiterhaufen aufrichten 1 fl.
Die Asche eines Verbrannten in fließendes Wasser zu werfen, ebensoviel, desgleichen in Bock spannen (ohne Ruthenstreiche).
Spitzruthen etc. jeder Streich 8 kr.
Jedem Knecht gebühren 30 kr.
Für Schnüre zum Bockspannen, leer aufziehen, Gewichte anhängen, die Stricke anziehen, Beinschrauben anlegen, auf den Pranger führen, je 30 kr.
Mit glühenden Zangen reißen, jeder Griff 15 kr.
Eine Ruthe in das Genick stecken ebensoviel.
Vor die Kirche mit brennender Kerze stellen 12 kr.
Ausrufung des Friedbots 15 kr.
Salben zum einschmieren bei der Tortur 30 kr.
Der Hexenbrand 4 fl.

In der Kostenliquidation eines Hexenprozesses (1617) ist angeführt:
Für 14 mal leer aufziehen, 2 mal mit dem Stiefel, 4 mal mit Ruthen gestrichen, 4 mal auf die Rollbank, 2 mal mit Schwefel, Pech und Branntwein gebrannt,

mit Ruthen hauen, dann Schwefel und Pech „auf den Schmerzen tropfen lassen", 28 Fragen, für jede Frage 30 kr., thut 8 fl. 40 kr. (das sind 28 Peinigungen an einer einzigen Weibsperson). Weiter kommt vor: für Brennen und die Glieder ausreissen, dann wieder „geschmierbt und gesäubert", ferner für Rauchwerk und Schwefel, Branntwein und Pech 4 fl. Schließlich wurden für die Mahlzeit des Henkers mit seinen Knechten 20 fl. liquidirt.

Nach der weimarischen Taxordnung vom Jahre 1582 erhielt der Scharfrichter für Vornahme der Tortur „zwölf Groschen Tag und Nacht Zehrung vor sich und seinem Knecht". Nach den Taxordnungen der kleineren sächsischen Fürstentümer aus der Mitte des siebzehnten Jahrhunderts: für Territio und Schrecken fl. 1 —, für Tortur fl. 1, Groschen 15, für Zehrung Tag und Nacht Groschen 10, Pf. 6. Im Kurfürstentum wurde dem Scharfrichter zu dieser Zeit für die Vornahme der Tortur fl. 2 und fl. 1½ Zehrung, sowie auch ein Betrag für seine Gehilfen und für die Verpflegung seines Pferdes gegeben. Bei Bemessung dieser Beträge müssen wir den damaligen Wert des Geldes vor Augen halten. Auch ließen sich sonst noch durch verschiedene Vornahmen und Mittelchen Beträge in Anrechnung bringen. Übrigens trafen die Bamberger Halsordnung sowie die Carolina gleichfalls Anordnungen über den Lohn des Scharfrichters bei Vornahme der Tortur.

Fünfzehntes Kapitel
Das Zeitalter der Reformation
Hexenverfolgungen

Kunst und Wissenschaft blühten im fünfzehnten Jahrhundert auf, eine kräftige Opposition machte sich gegen das korrumpierte und korrumpierende Papsttum geltend, was allerdings manche, Huß 1415, Savonarola 1498, u. a. mit dem Leben bezahlen mußten. Das Bürgertum war erstarkt; aber in Deutschland war die Kaisermacht geschwächt und die Rechtsprechung im argen, auch nach dem 1495 geschaffenen Reichskammergericht, das sich nur durch eine endlose Verzögerung in der Urteilsfällung auszeichnete. In anderen Staaten Europas war es in dieser Beziehung nicht besser. Sie waren größtenteils von inneren Kämpfen erschüttert, und im Osten erhob sich nach dem Fall Konstantinopels (1453) bedrohend die Türkenmacht. Die von Luther angebahnte, neben ihm auch von Zwingli und Calvin hervorgerufene Reformation schuf zwar einen kräftigen Damm wider die vom Klerus stammende sittliche Verderbnis, aber sie wirkte nicht verbessernd auf die Rechtszustände. Im Gegenteil, die Tortur kam von diesem Zeitpunkt an mehr und stärker in Anwendung. Der Hexenwahn artete epidemisch aus; in dieser Beziehung wurde in gleicher Weise von katholischer, wie von reformatorischer Seite gewütet.

Nicht wenig trug dazu bei, daß Luther, trotz seiner hohen geistigen Begabung, an Zauberei und Hexenwesen glaubte. Er stand zu festgewurzelt im Aberglauben seiner Zeit, um nicht alle Wahnideen über Hexentum unter Berufung auf „hervorragende Autoren" gläubig nachzusprechen. Er war ein frommer Mann, zu fromm, um an dem zu zweifeln, was heilige Männer, vor allem aber die Bibel erklärt hatte; und in ihr stand das strenge Wort (Ex. 22, 18): „Die Zauberinnen sollst du nicht leben lassen!" Deshalb erklärte er auf der Kanzel: „Man töte sie! Es ist ein sehr gerechtes Gesetz, daß die Hexen getötet werden; sie richten vielerlei Schaden an!" Es unterliegt keinem Zweifel, daß Luthers Hexenglaube, seine Urteile in Wort und Schrift, der Hexenverfolgung mächtigen Vorschub geleistet haben. Er, der die Hexen und ihren satanischen Buhlen aus Herzensgrund haßte, sollte Milde gegen sie walten lassen, wo er hinsichtlich der aufständischen Bauern ausrufen konnte: „Man soll sie zerschmeißen, würgen und stechen, heimlich und öffentlich, wer da kann, wie tolle Hunde!"? — Gustav Freytag schreibt:

„Da kam Luther und die Reformation. Wie jedermann in Deutschland wurde auch der Teufel in den großen Kampf des Jahrhunderts hineingezogen. Das lebende Geschlecht wurde religiös, es wurde viel gebetet, viel gepredigt, viel disputiert und gezankt. Die häufige und angelegentliche Beschäftigung mit der Hierarchie des Himmels zwang auch den Teufel, wie ihm schon öfter begegnet war, wieder einmal vorzugsweise zum Höllenfürsten zu werden und sich mit dem düstern Apparat seines schrecklichen Reiches zu umgeben. Er wurde raffinierter, finsterer, grausamer, so lange der Eifer und Haß gegen ihn mächtig donnerte. Dem Katholiken wurde er Chef der gesamten Ketzereien, der Evangelische sah ihn in volkstümlicher Gestalt mit einem großen Blasebalg hinter dem Papst und jedem Kardinale stehen und diesen Angriffe gegen die gereinigte Lehre einblasen. So erhielt der Teufel in dem frommen und eifrigen Jahrhundert große Arbeit . . .

Zunächst war Luther ein deutsches Bauernkind. In den Erinnerungen seiner Kindheit, wie sie in dem Kreise der Tischgenossen zu Wittenberg lebendig wurden, hat der Teufel ein sehr altertümliches, ja heidnisches Gepräge. Er macht noch die schädlichen Stürme, die Engel aber die guten Winde, wie einst die Riesenadler vom Weltenrande her durch ihren Flügelschlag taten. (Winde sind nichts anderes, denn gute und böse Geister. Tischreden.) Er sitzt als Nix unter der Brücke und zieht Mädchen ins Wasser, mit denen er in Ehe lebt. Er dient als Hausgeist im Kloster, bläst als Kobold das Feuer an, legt als Zwerg seine Wechselkinder in die Wiegen der Menschen, betört als Nachtmahr die Schlafenden, auf das Dach zu steigen, und tobt als Poltergeist in den Kammern. Zwar der Tintenfleck auf der Wartburg ist nicht zur Genüge beglaubigt, aber von einem unerfreulichen Geräusch, welches Satan ebendaselbst bei nächtlicher Weile mit einem Sack Haselnüsse angestellt hat, wußte Luther wohl zu erzählen. Auch im Kloster zu Wittenberg polterte der Teufel, als Luther bei Nacht im Rempter studierte, unter ihm in der Kirchenhalle so lange, bis Luther sein Büchlein zusammenraffte und zu Bette ging. Später ärgerte er sich, daß er dem Hanswurst nicht getrotzt hatte.

So fest stand Luther in dem alten Volksglauben . . . Die Folge solchen Glaubens war, daß Teufelserscheinungen auch in der neuen Kirche ganz gewöhnlich wurden. Der Schwärmer erblickte den Satan im Kampfe mit dem Schutzengel, selbst den Argen begegnete, daß sie ihn da sahen, wo er am unbequemsten war. Soviel wir dadurch vom Aussehen des Teufels erfahren, erschien er zuweilen als bleicher Mann in dunkler geistlicher Tracht, zuweilen in der alten volkstümlichen Maske oder in den phantastischen Formen, welche durch die Erfindung der Maler und Holzschneider geläufig wurden, nicht selten aber auch in modernem Anzug, in blauem Hut mit adliger weißer Feder, oder z. B. einem exaltierten Hutmächer zu Spandau 1594 als finsterer Mann in einem Wolfspelz. Die Anfechtung des Spandauers machte — nebenbei bemerkt — großes Aufsehen und veranlaßte kurfürstliche Dekrete, in denen zur Buße gemahnt und vor der Hoffart gewarnt wurde. Der Kampf zwischen Engeln und Teufeln ging in diesem Falle vorzüglich gegen die Kleiderpracht und die großen Halskrausen . . ."

Sehen wir einerseits Luther im Teufelsglauben tief befangen, so finden wir anderseits wieder, daß seine Gegner ihn wie alle „Ketzer" mit dem Teufel in enge Verbindung brachten und die albernsten Fabeln darüber erfanden. Dergleichen sehen wir übrigens auch später noch gebräuchlich, und die gegenseitige Beschuldigung der Teufelsbünde gehörte zu den unentbehrlichen Kampfmitteln religiöser und auch sozialer Verbindungen; und diese allgemeine Anwendung zeigt am klarsten, wie groß die Macht dieses Gedankens war und wie sehr er die Gemüter zu beeinflussen vermochte. Es liegt übrigens in den Verhältnissen selbst, daß in religiös bewegten Zeiten, wo die Leidenschaften hochauf fluten, der Aberglaube und sein Gefolge kräftiger denn je hervortreten. Gefühl und berechnende Absicht vereinigen sich da, um solche beklagenswerte Ereignisse zu zeitigen, wie wir sie besonders Ende des sechzehnten und im siebzehnten Jahrhundert in den epidemisch gewordenen Hexenprozessen auftreten sehen. Daß Deutschland, der Hauptpunkt der Reformation, auch zu einem der Hauptpunkte der Hexenprozesse wurde, ist demnach begreiflich, und man braucht zur Begründung dieser Tatsache nicht erst die Veranlagung des Volksgemütes, Charakter und Glauben der alten Germanen anzuführen. Daß ferner bei diesen Prozessen die Tortur unmenschlich zur Anwendung gelangte, kann teilweise aus denselben Ursachen erklärt werden, teilweise wieder aus der zu einem gefühllosen Formalismus erstarrten Judikatur und den Sonderinteressen, die sich dabei geltend machten.

Eine bedeutende Rolle in der schaurigen Tragödie des Hexenwahns spielte die schwäbische Reichsstadt Nördlingen, wo schon 1573 die Hexenbrände begannen, im Jahre 1589 aber der Bürgermeister Georg Pferinger im Verein mit den rechtsgelehrten Doktoren Sebastian Röttinger und Konrad Graf, sowie dem Stadtschreiber Paul Majer die Stadt von Hexen zu säubern beschlossen. Die ersten drei verhafteten Frauen waren trotz der angewandten Tortur zu keinem Geständnis zu bringen und mußten schließlich freigelassen werden. Der Superintendent der Stadt, Wilhelm Lutz, griff nun auf der Kanzel den Rat an, weniger aus überquellender Menschlichkeit ob der grausamen Verfolgungen, als vermutlich aus verletzter Eitelkeit, weil der Rat ohne seine Mitwirkung bei diesen Hexenverfolgungen vorgegangen war. Er gab der Besorgnis Ausdruck, daß man wohl die eigentlichen Schuldigen unbehelligt gelassen und nur einige arme Weibsbilder der Marter unterzogen habe. Diesen Vorwurf wollte sich der Rat nicht gefallen lassen, er erteilte dem Superintendenten einen Verweis und beschloß nun mit aller Strenge, ohne Rücksicht auf Stand und Verhältnisse der Verdächtigen vorzugehen.

Es wurden auch eine Menge Frauen verhaftet, darunter die Witwen von Ratsherren, und der Folter unterzogen. Letzteres geschah so kräftig, daß kurzer Prozeß gemacht werden konnte und bereits im Mai 1590 drei angebliche Hexen, im Juli wieder drei und in den nachfolgenden Monaten fünf verurteilt und verbrannt wurden.

Rührend sind die Briefe zu lesen, die an eine Angeklagte, Rebekka Lemp, gerichtet bzw. von ihr geschrieben sind. Sie wurde auf die herausgefolterten Aussagen anderer Frauen hin in Abwesenheit ihres Gatten, des Zahlmeisters Peter Lemp, gefangen genommen.

Ihre Kinder schickten ihr folgenden Brief zu: „Unseren freundlichen, kindlichen Gruß, herzliebe Mutter! Wir lassen dich grüßen, daß wir wohlauf sind. So hast du uns auch entboten, daß du wohlauf seiest, und wir vermeinen, der Vater wird heute, will's Gott, auch kommen. So wollen wir dich's wissen lassen, wann er kommt, der allmächtige Gott verleihe dir seine Gnade und heiligen Geist, daß du, Gott woll', wieder mit Freuden und gesundem Leibe zu uns kommst. Gott woll', Amen. — Herzliebe Mutter, laß dir Beer kaufen und laß dir eine Salfan backen und Schnittlein und laß dir kleine Fischlein holen und laß dir ein Hühnlein holen bei uns, und wenn du Geld (haben) darfst, so laß holen; hast's in deinem Säckel wohl. Gehab dich wohl, herzliebe Mutter. Du derfst nicht sorgen um das Haushalten, bis du wieder zu uns kommst."

Als sie erfuhr, daß ihr Gatte heimgekehrt war, schrieb sie ihm: „Mein herzlieber Schatz, bis (sei) ohne Sorge. Wenn auch ihrer tausend auf mich bekenneten, so bin ich doch unschuldig, oder es kommen alle Teufel und zerreißen mich. Und ob man mich sollt' strenglich fragen, so könnte ich nichts bekennen, wenn man mich auch in tausend Stücke zerriß. Vater, wenn ich der Sach' schuldig bin, so laß mich Gott nicht vor sein Angesicht kommen immer und ewig. Wenn ich in der Not muß stecken bleiben, so ist kein Gott im Himmel. Verbirg doch dein Antlitz nicht vor mir; du hörst ja meine Unschuld, um Gottes willen, laß mich nicht in der schwülen Not stecken ..."

Zweimal überstand das arme Weib die Tortur, ohne das von ihr verlangte Geständnis von Taten zu machen, die ihr fremd waren. Erst bei der dritten Folterung war sie genugsam mürbe gemacht worden, um einige der Beschuldigungen anzuerkennen. Doch diese schienen den Richtern zu einer Verurteilung noch nicht ausreichend, und es wurde eine vierte Tortur vorgenommen, wobei sie, verzweifelnd in der Peinigung, wieder etwas zugab. Es gelang ihr damals, ihrem Gatten heimlich einen Brief zukommen zu lassen, in dem es heißt: „Mein auserwählter Schatz, soll ich mich so unschuldig von dir scheiden müssen, des sei Gott immer und ewig geklagt! Man nötigt eins, es muß eins ausreden, man hat mich so gemartert, ich bin aber unschuldig, als Gott im Himmel. Wenn ich im wenigsten ein Pünktlein um solche Sache wüßte, so wollte ich, daß mir Gott den Himmel versagte. O du herzlieber Schatz, wie geschieht meinem Herzen! O weh, o weh meine armen Waisen! Vater, schick mir etwas, daß ich sterb; ich muß sonst an der Marter verzagen. Kommst heut nicht, so tue es morgen. Schreib mir von Stund an. O Schatz, deiner unschuldigen Rebekka! Man nimmt mich dir mit Gewalt! Wie kann's doch Gott leiden! Wenn ich ein Unhold bin, sei mir Gott nicht gnädig. O, wie geschieht mir so unrecht. Warum will mich doch Gott nicht hören? Schick mir etwas, ich möchte sonst erst meine Seele beschweren ..." (Soldan.)

Dieser schlichte und doch herzdurchdringende Verzweiflungsruf der gemarterten Unschuld, die um Gift bittet, weil sie sonst gezwungen sein würde, mit einem unwahren, schändenden Eingeständnis ihre Seele zu beschweren, erklärt uns zur Genüge, wie solche Geständnisse hervorgerufen wurden; aber er erklärt uns nicht, wenn wir auch noch so sehr den Wahnsinn jener Tage berücksichtigen, wie sich ehrliche und auch nur mit einem Funken Vernunft begabte Männer finden konnten, die in solchen Fällen ihr schreckliches, zum Feuertod verdammendes Schuldig sprechen konnten.

Der Gatte wankte nicht im Glauben an die Unschuld seines Weibes und richtete mehrere Gesuche an den Rat, von denen sich eines — wohlgemerkt, zwischen den überlieferten Akten der vorgenommenen siebenten und achten Tortur — vorfindet. Dieses Bittgesuch lautet: „Ehrenveste, fürsichtige, ehrsame, vielweise, großgünstige, gebietende Herren! Längst verschiedener Zeit habe ich wegen meiner lieben Hausfrau eine dehmütige Supplikation übergeben, darin ich um Erledigung meines lieben Weibes gebeten, mir aber damals eine abschlägige Antwort erfolgt: Daß auf diesmal mein Bitt und Begeren nicht statt habe." Er wiederholt nun seine Bitte und beantragt auch, daß sein Weib mit den Angeberinnen konfrontiert werde, ein Verlangen, dessen Erfüllung so selbstverständlich ist, daß man sich nur verwundern kann, es nicht längst schon vorgenommen zu sehen. Er fährt fort: „Ich hoffe und glaube und halte es für gewiß, daß mein Weib alles, dessen man sie bezichtet, nicht einmal Zeit ihres Lebens in Gedanken gehabt, viel weniger denn, daß sie solches mit Werk und in der Tat sollte jemals auch nur im geringsten getan haben. Denn ich bezeuge es mit meinem Gewissen und mit vielen guten, ehrlichen Leuten, daß mein Weib zu allen Zeiten gottesfürchtig, stets züchtig, ehrbar, häuslich und fromm, dem Bösen aber jederzeit abhold und feind gewesen. Ihre lieben Kinder hat sie gleichfalls, neben und samt mir, treulich und fleißig nicht allein in ihrem Katechismo, sondern auch in der heiligen Bibel, insonderheit aber in den lieben Psalmen Davids unterrichtet und unterwiesen, also daß, Gott sei Dank! ich, ohne Ruhm zu vermelden, kein durch Gottes Segen mit ihr erzeugtes Kind habe, das nicht etliche Psalmen Davids auswendig wüßte und erzählen könnte. Überdies kann aber auch niemand — niemand, sage ich — mit Grund und Wahrheit dartun und erweisen, daß sie irgend einmal einen Menschen auch nur den kleinsten Schaden am Leibe oder sonst hätte zugefügt, oder man deshalb eine Vermutung auf sie gehabt hätte..." Doch diese und noch manche andere sehr vernünftige und beherzigenswerte Worte des Gatten waren erfolglos; die Tortur wurde noch härter gegen die Unglückliche angewandt, bis sie alles, was man nur wollte, zugab und mit zwei anderen Hexen am 9. September 1590 verbrannt werden konnte.

Doch damit war nur erst der Anfang der Schreckenszeit in Nördlingen gemacht. Neue Verhaftungen und Verurteilungen erfolgten; es herrschte ein Schrecken ohne Ende.

Im Oktober 1593 wurde Maria Holl, die Gattin des Gastwirts zur Krone, auf die Angaben einer Gefolterten hin verhaftet und gleichfalls der Tortur unterzogen. Sie zeigte dabei eine einzig dastehende Festigkeit, denn trotz der Verschärfung der Peinigung, die an ihr im Verlauf von etwa vier Monaten, nach glaubhaften Berichten, nicht weniger als sechsundfünfzig Mal „mit der ausgesuchtesten Grausamkeit" (Janssen) vorgenommen wurde, trotzdem ihr wiederholt verlogenerweise beizubringen versucht wurde, daß ihr Gatte und ihre ganze Familie sie für schuldig des Teufelsbündnisses halten, war sie doch nicht zu bewegen, das von ihr geforderte Bekenntnis abzulegen. Der Rat geriet nun in Verlegenheit; verurteilen konnte er die Angeklagte nicht, und als unschuldig freilassen wollte er sie nach so vielen Martern noch weniger, zumal der Unwille des Volkes über die verübten Gewalttätigkeiten endlich laut wurde. Zudem kam noch, daß die von den — aus Ulm gebürtigen — Verwandten der Frau angerufene Ulmer Gesandtschaft zu Regensburg für die Beschuldigte eintrat und ihre Freigebung forderte. Der Rat wandte sich an den Rechtsgelehrten Sebastian Röttinger um ein Gutachten, und dieses ging dahin, daß die Beschuldigte, da sie nicht noch mehr gefoltert und auch nicht dauernd im Gefängnis gehalten werden könne, unter verschiedenen Einschränkungen von der Instanz entbunden werden möge, was zwar keine Freisprechung, aber doch eine Entlassung aus dem Gefängnis bedeutete. Sie sollte auch Urfehde schwören und sich verpflichten, ihr Haus weder Tag noch Nacht zu verlassen. Sie willigte in diese harten Bedingungen ein und vertauschte damit das Gefängnis mit dem allerdings viel milderen Hausarrest. Ein später von der Ulmer Gesandtschaft auf ihre Bitten hin vorgenommener Versuch, den Rat zur Aufhebung auch dieser Einschränkungen zu bewegen, scheint erfolglos geblieben zu sein.

Der plötzliche Tod der beiden Hauptführer der Hexenverfolgungen zu Nördlingen und wohl auch der nunmehr entschiedener zum Ausdruck gelangende Unmut der Bevölkerung machte diesem Wüten ein Ende. Immerhin waren aber im Verlauf von vier Jahren in diesem Städtchen fünfunddreißig Frauen lebendig verbrannt worden.

„In den katholischen Stiften und Bistümern", schreibt O. Wächter, „fallen die meisten Verurteilungen in die Zeit der Gegenreformation. Im Trierschen blieben unter dem Bischof Johann bei einem großen Hexenprozeß im Jahre 1585 in zwei Ortschaften nur zwei Personen am Leben, und es erlitten aus den 22 Dörfern in der Nachbarschaft von Trier von 1587 bis 1593 überhaupt 368 Personen den Tod. Im Stift Paderborn wurde seit 1585 die Hexenverfolgung betrieben; die Stadt Lemgo erwarb sich von 1580 bis 1670 durch ungemein viele Hexenprozesse den Beinamen ‚das Hexennest'. In dem Stiftsland Zuckmantel, dem Bischof von Breslau gehörig, wurden schon 1551 nicht weniger als acht Henker gehalten. Im Bistum Bamberg begannen die Hexenprozesse im Jahre 1625. Hier wurden 600 Menschen als Hexen, Zauberer und Teufelsbanner verbrannt; dies meldet eine 1659 mit bischöflicher Genehmigung zu Bamberg gedruckte Schrift. Unter den Hingerichteten werden angeführt: ‚Der Cantzler und Doktor Horn, des Cantzlers Sohn, sein Weib und zwo Töchter, auch viele vornehme Herren und Ratspersonen, sonderlich etliche Personen, die mit dem Bischof über der Tafel gesessen ... Es sind etliche Mägdlein von 7, 8, 9 und 10 Jahren unter diesen Zauberinnen gewesen; deren 22 sind hingerichtet und verbrannt worden, wie sie denn auch Zetter über ihre Mütter geschrieen, die sie solche Teufelskunst gelehrt haben. Und hat die Zauberei so überhand genommen, daß auch die Kinder in Schulen und auf der Gassen einander gelehrt haben."' Der letzte Satz zeigt zur Genüge, wie weit im siebzehnten Jahrhundert, das man die klassische Zeit der Hexenverfolgungen nennen könnte, dieser Wahnsinn gediehen war.

Unter den deutschen Fürsten des sechzehnten Jahrhunderts zeichnete sich im Gegensatz hierzu besonders vorteilhaft der Landgraf von Hessen Philipp der Großmütige (1509—1567) aus. Zwar war auch er nicht frei von dem Glauben an Hexerei, doch schränkte er bei Prozessen dieser Art die Anwendung der Tortur ein, was wohl zur Folge haben mochte, daß unter seiner Regierung kein Todesurteil wegen Hexerei erfolgt sein soll. An den Amtmann Lichtenberg, der bei ihm anfragte, was mit einem Weibe, das — vermutlich unter Anwendung der Tortur — ein Geständnis abgelegt hatte, geschehen sollte, verfügte 1526 der junge Landgraf u. a.: „Darum so wollest du die Frau, die noch in Haft ist, nochmals in der Güte, ohne Pein, auf alles ihr getanes Bekenntnis fragen lassen, und wo sie es also bekennt, ihr alsdann ihr Recht widerfahren lassen. Und dieweil sie auch noch mehr Leute bekannt hat, wo dann solche Personen deshalb etwas ruchbar und in einem bösen Leumund sind, so wollest du die auch in Haft nehmen und sie in dem Gefängnis gütlich, auch ernstlich mit Bedräuung, ohne Pein anreden und fragen, daß sie ihnen selbst zu Gute die Wahrheit bekennen und sich vor weiterer Pein und großer Marter verhüten wollen, damit nicht etwa ein Unschuldiger möchte gepeinigt und unverdienter Sache gestraft werden." Es geziemt dabei auch in Betracht zu ziehen, daß noch 1564 in demselben Lande die Juristenfakultät von Marburg ihr Gutachten dahin abgab, daß eine Frau, die unter der Folter sich zur Verbindung mit dem Teufel bekannte und dieses Geständnis dann zurücknahm, als Hexe zu verbrennen wäre.

Noch milder als Philipp dachte sein ältester Sohn Wilhelm der Weise (1567—1592) über derartige Dinge, und wie unter seinem Vater, so kamen auch unter seiner Regierung in Hessen-Kassel keine Hexenverbrennungen vor. Soldan sagt: „Allerdings war auch er von den Vorstellungen seiner Zeit abhängig. Als im Jahre 1591 zu Allendorf a. d. Werra durch verdächtige Weiber an einem Knaben allerlei Gaukeleien verübt worden waren (sie brachten aus seinem Auge Fliegen, Kalk und große Stücke Holz hervor), und Landgraf Wilhelm deshalb den damals als Humanist und Naturforscher vielgenannten Joachim Camerarius um Rat fragte, übersandte ihm dieser eine Abhandlung über die Erforschung der Dämonen, tadelte die Folterung vermeintlicher Zauberinnen als abergläubisch und grausam und erklärte die Wasserprobe für durchaus unsicher. Allein Landgraf Wilhelm antwortete: Er müsse das Recht ergehen lassen und könne nach dem Beispiel benachbarter Obrigkeiten die Wasserprobe nicht ganz verwerfen. Denn wenn er gleich nicht verstehe, wie es zugehe, daß solche Zauberinnen nicht untergingen, so schienen doch die von ihnen verübten Gaukeleien übernatürlich zu sein. Es gebe noch mehr Geheimnisse, wie die Wirkungen des Magnets, die er Gott anheimstelle. Diese Antwort des Landgrafen gab nun Camerarius Veranlassung, ihn in ernstester Weise vor den Greueln der Hexenverfolgungen und Hexenverbrennung zu warnen, wozu er ihm insbesondere das Geschick einer unglücklichen Frau zu Ellwangen vorhielt, die darum, weil ihr dem Trunk und Spiel ergebener Sohn behauptet, daß der Teufel ihr Geld gebracht habe, durch die grausamste Tortur zu einem falschen Geständnis getrieben und hingerichtet worden sei. Wie es scheint, blieben diese Vorstellungen auch nicht ohne Erfolg. Wenigstens war, solange Landgraf Wilhelm regierte, in Hessen-Kassel von Hexenverfolgungen nicht die Rede." Doch schon unter seinem Sohne und Nachfolger in Hessen-Darmstadt, Landgraf Georg, wurden zu Darmstadt am 24. August 1582 zehn Weiber verbrannt, „und ist ein Knab von 17 und ein Maidlein von 13 Jahren darunter gewesen". 1583 wurde einer Frau gleichzeitig mit ihren beiden Töchtern das Leben abgesprochen, und 1585 wurden dreißig Personen wegen Hexerei in Haft genommen, wovon siebzehn hingerichtet wurden. Eine zog es vor, Selbstmord zu begehen, sieben kamen mit Ausweisung fort, und nur fünf erhielten wieder die Freiheit, allerdings in einem Zustande, wie ihn nur die peinliche Frage hervorbringen konnte.

In Hamburg wurde bereits 1444 eine mulier divinatrix (Weissagerin) und eine andere incantatrix (Zauberin) verbrannt. Auch aus dem Jahre 1458 wird die Verbrennung eines Weibes erwähnt. Die nächste Hinrichtung eines Zauberweibes fällt in das Jahr 1482. Später ist bis zum Jahr 1524 nur ein einziger Fall bekannt, bei dem statt des richtigen Prozeßverfahrens ein Willkürverfahren stattfand; es betrifft die Hinrichtung des ersten Märtyrers der Reformation, Heinrich von Zütphen, der am 11. Dezember 1524 verbrannt wurde. Anders wurde es, als die Tortur in Hamburg ihren Einzug hielt. Sogleich begannen die Hexenverfolgungen und Hinrichtungen. Der erste Fall, wo in der Elbestadt die Tortur zur Anwendung kam, war zugleich der erste Fall einer größeren Hexenverfolgung. Von vierzehn in Haft genommenen Hexen wurden zwei zu Tode gemartert. Vier wurden lebendig verbrannt, was später noch häufig vorkam. Aus Lübeck werden nur drei Fälle aus den Jahren 1551, 1581 und 1591 gemeldet. Besonders wütete der Hexenschrecken im Elsaß. Am 15., 19., 24. und 28. Oktober 1582 wurden in Straßburg nicht weniger als 134 Frauen verbrannt, und in dem Städtchen Thann allein von 1572 bis 1620 136 Frauen, darunter Greisinnen von 90 und 92 Jahren. Einzelne Verurteilte wurden auf dem Wege zur Richtstätte alle 100 oder 1000 Schritte mit glühenden Zangen gezwickt oder an dem Schweif junger Pferde zum Scheiterhaufen geschleift. Wie sich die Henkerarbeit hier mit der Zeit entwickelte, bekundet die Tatsache, daß von 1615 bis 1635 im Bistum Straßburg 5000 Hexen den Tod fanden. Ebenso ging es in Flandern zu, und überall wurden mittels der Tortur die Aussagen erpreßt.

Mit besonderem Eifer wurde in der Schweiz die Hexenverfolgung betrieben, hauptsächlich in den romanischen Kantonen. Das von dem strengen Calvin am mächtigsten beeinflußte Genf nahm hierbei die erste Stelle ein. Die nach Calvins Weisungen aufgestellten blutigen Gesetze waren „kaum anwendbar auf fehlbare Menschen dieser Erde".

Namentlich zu Anfang des Jahres 1545 häuften sich die Verhaftungen und Prozesse in erschreckendem Maße. Der Kerkermeister erklärte am 6. März dem Rate, daß jetzt alle Gefängnisse der Stadt überfüllt seien und er fernerhin Verhaftete nicht mehr unterzubringen wisse. Dabei war das gegen die Verhafteten angewandte Verfahren ein entsetzliches. Man zwickte sie mit glühenden Zangen, man mauerte sie ein und ließ sie verschmachten, wenn sie kein Geständnis ablegten, und ersann zu diesem Behufe alle möglichen anderen Torturmittel. Es ist vorgekommen, daß Angeklagte neunmal die Marter der Estrapade (Wippgalgen) ertragen mußten. „Aber welche Pein man ihnen auch antat," klagt das Ratsprotokoll einmal, „so wollten sie die Wahrheit doch nicht bekennen". Mehrere der Unglücklichen endeten während oder bald nach der Tortur unter Beteuerung ihrer Unschuld; andere gaben sich, um den furchtbaren Qualen der Kerkerhaft und der Tortur zu entgehen, aus Verzweiflung selbst den Tod, „auf Eingebung des Satans", wie oft hinzugesetzt wird. Der Arm des Henkers ermattete unter der Last der Arbeit, die, wie er am 18. Mai 1545 dem Rat erklärte, eines Mannes Kraft überstieg. Wurden doch in den wenigen Monaten vom 17. Februar bis 15. Mai 1545 einunddreißig jener Unglücklichen — und unter ihnen des Scharfrichters eigene Mutter — durch Schwert, Scheiterhaufen, Galgen und Vierteilung vom Leben zum Tod gebracht. Und dabei gingen der eigentlichen Exekution meist noch grausame Verstümmlungen des Körpers vorher. (Soldan-Heppe.)

Ähnliche Vorgänge finden wir auch in dem von den Bernern eroberten Waadtland, wo die eingesetzten Beamten so arg wüteten, daß die Regierung sich 1543 veranlaßt fand, ein Edikt an ihre Amtsleute ergehen zu lassen, in dem gesagt wird:

Wir vernehmen, wie die Edelleute und Twingherren in deiner Verwaltung und anderswo in unserem neugewonnenen Lande mit den armen Leuten, so der Unhulde und Hexerei verdächtigt und verleumdet werden, ganz unweislich grob seien und unrechtförmig handeln, als daß gesagte Twingherren (Gerichtsherren) oder Seigneurs-banderets (Bannerherren, Befehlshaber der Berner Miliz) auf ein jedes schlechtes Läumden, Angeben oder einzigen Prozeß unerfahrener Sachen die verzeigten, verargwohnten Personen mit großer ungebräuchlicher Marter (als mit dem Feuer und Brand an den Füßen, Strapaden und dergl.) zu Bekennung und Verjahung unverbrachter Sachen bringen und ohne weiteren Rat vom Leben zum Tod richten. Daran wir in diesem gefährlichen Fall der Hexerei besonderes Mißfallen haben.

Ein Jahr später sah sich der Rat zu Bern sogar veranlaßt, in der Waadt jede Hinrichtung zu untersagen, bevor diese nicht von ihm genehmigt wurde; trotzdem aber wurde auch fernerhin mit größter Willkür und Härte vorgegangen. Die Regierung zu Bern bekundete überhaupt in dieser Frage eine Mäßigung und Einsicht, wie sie damals nur selten zu finden waren. Im Jahre 1600 entschloß sie sich, eine Revision der Prozeßordnung in Hexensachen vornehmen zu lassen, und setzte eine Kommission ein; diese arbeitete einen Entwurf aus, der auch vom Rat bestätigt wurde. Er hatte folgenden Inhalt:

Im Eingang spricht die Regierung wegen des Überhandnehmens der Hexerei im Waadtland ihr Bedauern aus und kommt dann auf die aus den Akten geschöpfte Wahrnehmung zu sprechen, daß die Hexen sich oft gegenseitig angäben, als hätten sie einander zu ihren „gleichwohl vermeinten" Versammlungen erblickt, zusammen gegessen usw. Dadurch sähen sich dann gewöhnlich die Amtleute, Twing- und Bannerherren veranlaßt, alsbald solche angegebenen Personen aufzugreifen und mit der Tortur gegen sie zu verfahren. Es sei aber zu besorgen, der Teufel, der ein Feind der Lügner vom Anfang sei, möchte den Denunzianten die Gestalt ehrlicher Leute vortäuschen, wodurch diese in große Gefahr gerieten, zumal wenn man alsbald mit großer Marter gegen sie vorgehe. Um dem allen vorzubeugen, werde daher folgende Ordnung festgesetzt: Erstlich solle kein Amtmann oder Gerichtsherr eine wegen Hexerei verdächtige Person gefänglich einziehen, „sie sei denn in dreien unterschiedlichen Prozessen angegeben und verzeigt". In diesem Falle und sofern es sich darum handelt, daß die angeklagte Person in der „Sekte" (d. h. bei dem Hexensabbath) gewesen, ohne etwas Tätliches vollbracht zu haben, sei sie allerdings zu verhaften, jedoch nicht sofort zu torquieren, sondern nur mit strengen undrohenden Worten zu befragen, und außerdem habe man sie zur Ermittlung etwaiger Malzeichen sorgfältig zu untersuchen. Lege sie nun kein freiwilliges Bekenntnis ab, so habe man über ihren Wandel genaue Information einzuziehen, und wenn diese verdächtig ausfalle, die „ziemliche" Folter anzuwenden oder höheren Orts sich Bescheid einzuholen. Kämen dagegen Malefizien so zur Anzeige, daß sich bei genauer Untersuchung der Sache die Anzeige als begründet erweise, so habe man zur strengeren Folter zu schreiten, immerhin jedoch nur durch dreimaliges Aufziehen mit dem fünfzig-, hundert- oder auch hundertfünfzigpfündigen Steine. Die zu Lausanne immer noch gebräuchlichen ungesetzlichen Folterwerkzeuge sollten gänzlich abgetan werden. Die Kosten der Exekution sollten aus dem Nachlasse der Hingerichteten gedeckt werden, indem es ein „ungereimt Ding" sei, daß die Gerichtsherren denselben einzögen und die Regierung die Kosten trage. (Soldan-Heppe.)

Wir finden in dieser für Zeit und Verhältnisse immerhin milde zu nennenden Verordnung, genau betrachtet, doch nur dieselben Redewendungen, wie sie in allen vernünftigen Äußerungen über diese Frage bis dahin anzutreffen sind, dieselben allgemeinen Ausdrücke, die der Willkür der Richter weiten Spielraum gewähren, sowie durch die Einziehung des Vermögens zugunsten der Gerichtsherren dieselbe Gefahr einer von Habsucht beeinflußten Gerechtigkeit. Zwar bewirkte die Berner Verordnung eine Einschränkung der Hexenprozesse und deren fast unvermeidlichen Todesurteile im Waadtlande, aber nur für kurze Zeit; bald erneuten sich diese Vorfälle mit der früheren Häufigkeit und erstreckten sich auch auf das bis dahin vom Hexenwahn noch ziemlich verschont gebliebene deutsche Gebiet des Berner Landes. Eine erneute Verordnung von 1609, die die Zulässigkeit der Verhaftung noch mehr einschränkte, hatte die gleiche Wirkung von anfänglicher Verringerung und nachfolgender Steigerung der Hexenprozesse. Auch hatte der Rat noch wiederholt Gelegenheit, die Gerichtspersonen wegen unmäßiger Anwendung der Tortur zu tadeln. Human scheint Basel in dieser Sache vorgegangen zu sein; erst spät und nur einmal, 1624, wurde eine der Hexerei beschuldigte Frau hingerichtet. Auch wurde hier in Hexenprozessen die Tortur nur bis zum Jahre 1643 angewendet.

Minder Günstiges läßt sich von den Niederlanden sagen, wo bereits Mitte des sechzehnten Jahrhunderts die Hexenverfolgungen stark im Gange waren. Allerdings muß bemerkt werden, daß einzelne Provinzen lange Zeit oder auch gänzlich von diesem Übel verschont blieben, das besonders unter der Herrschaft Philipps II. von Spanien (1556—1598) arg wütete; aber auch aus den vom spanischen Joch frei gewordenen Provinzen läßt sich in dieser Beziehung nur wenig Gutes sagen. Eine starke Ausdehnung der Anwendung der Tortur sehen wir unter spanischer Herrschaft besonders in der Zeit des sogenannten achtzigjährigen Unabhängigkeitskampfes, wo wie in den Hexen- und Ketzerprozessen auch politische Prozesse und Untersuchungen dieses Mittel in Anwendung brachten. Herzog Alba und seine Nachfolger kannten auch in diesem Punkte weder Maß noch Milde, und selbst auf spanischer Seite fand das in den Niederlanden geübte Verfahren scharfen Tadel. Von den Hexenprozessen der Niederlande sei hier besonders der 1613 zu Roermond durchgeführte erwähnt, der zur Folge hatte, daß in ungefähr drei Wochen vierundsechzig Personen nach Folterung verbrannt oder gehenkt wurden.

In den romanischen Ländern, vor wie nach der Reformation, traten Hexenverfolgungen weniger stark hervor als auf germanischem Gebiete, trotzdem der Aberglauben dort noch stärker vorhanden war und — wie uns das Beispiel des romanischen Teils der Schweiz zeigte — sich auch zügellos geltend zu machen wußte. Vieles zu dieser auffälligen Zurückhaltung mag, wie schon bemerkt wurde, die Tatsache beigetragen haben, daß in den romanischen Ländern die Ketzerverfolgung ungehindert und tatkräftig betrieben wurde; eine Ablenkung auf das volksvertraute Zauber- und Hexenwesen, soweit dieses nicht schon in der Ketzerei enthalten war, brauchte daher nicht vorgenommen zu werden. Das Hexenwesen wurde demgemäß von Kirche und Staat wenig beachtet, und fast alles, was darüber zu berichten wäre, ist in dem Schreckenswort Inquisition einbegriffen. Nur in Frankreich äußerte sich die Hexenseuche etwas selbständiger und in ähnlicher Weise wie in Deutschland.

Aus England ist bis zum Tode Elisabeths wenig von Hexenprozessen zu melden, obgleich es an ihnen nicht fehlte, besondern nicht in Schottland. Die Tortur mag schon frühzeitig hierbei zur Anwendung gelangt sein, obzwar sie gesetzlich nie Geltung hatte, besonders die Wachfolter (tortura insomniae), die oft als englische Tortur bezeichnet wird. Ärger wurden jedoch die Zustände, als Jakob I. zur Regierung kam. Er war ein fanatischer Gegner der Hexen und Zauberer, gegen die er auch schriftstellerisch zu Felde zog. Auf einer Rückkehr von Schottland überfiel sein Schiff ein Sturm, den er Hexenkünsten zuschob. Dieser Sturm wurde der Grund zu einer der schauderhaftesten unter den vielen schrecklichen Untersuchungen in Schottland.

Auf einen Dr. Fian fiel der Verdacht, den Wind erregt zu haben. Die Tortur entriß ihm auch das Geständnis, das er aber fast unmittelbar darauf widerrief. Alle Arten der Folter wurden vergeblich zur Überwindung seiner „Verstocktheit" angewandt. Die Beinknochen wurden ihm in den spanischen Stiefeln in kleine Splitter zerbrochen, kurz, alle Torturen an ihm erprobt, die das schottische Recht kannte. Zuletzt fiel dem König (der persönlich den Vorsitz bei den Torturen führte) eine neue List ein. Dem Gefangenen, der während der Beratung weggeführt worden war, wurden, nach dem Bericht eines Zeitgenossen, „die Nägel auf allen Fingern gespalten mit einem Instrument, das im Schottischen ein Turkas und in England eine Kneifzange (a payre of pincers) heißt, abgerissen, dann unter jeden Nagel zwei Nadeln bis zum Kopf hineingetrieben". Trotz alledem war der „Teufel so tief in sein Herz eingedrungen", daß er nichts gestand und ohne Geständnis verbrannt werden mußte. (Lecky.)

Sechzehntes Kapitel

Die Tortur in den Kriegen der Vergangenheit

Die schlimmste unter den Erinnyen, den furchtbaren Göttinnen des zürnenden Fluches und der rächenden Strafe, ist die Kriegsfurie. Sie ist von allen ihren Schwestern die unerbittlichste, dabei die erfindungsreichste im Ersinnen immer neuer Qualen der von ihr gehetzten Menschen. Ihren Spuren in die Vergangenheit zu folgen sei unsere Aufgabe.

Von den ältesten Zeiten her war das Los der Kriegsgefangenen fürchterlich. Entweder wurden sie den Göttern geopfert, als Sklaven verkauft oder aus Rache für die eigenen Kriegsopfer in grausamster Weise verstümmelt oder gemordet.

Als die Franken im Jahre 539 in Italien eingefallen waren und den Po bei der Stadt Ticinum überschritten hatten, „schlachteten sie die gotischen Kinder und Weiber, deren sie habhaft wurden, und stürzten ihre Leichname als Erstlingsopfer des Krieges in den Fluß", meldet Procopius im 25. Kapitel des II. Buches seines „Gotenkrieges". Es waren dies Menschenopfer, wie sie die Germanen nach der Schlacht im Teutoburger Walde gleichfalls darbrachten.

Gregor der Große verzeichnet vom Jahr 590, wie die Langobarden Klöster plünderten, Kirchen anzündeten, Mönche folterten und an Bäumen aufhingen, vierhundert Personen gefangennahmen. Als sich diese weigerten, mit ihnen ihrem Gotte zu opfern, wurden sie enthauptet. (Grupp.)

Wenn auch im fortschreitenden Mittelalter die Opfer aufhörten, so wurde die Behandlung der Gefangenen dadurch nicht glimpflicher. Friedrich Barbarossa ließ 1161 sechs gefangenen Mailändern je ein Auge ausreißen, sechs anderen die Nasen bis zur Stirn abschneiden und ein Auge ausstechen, sechs weitere völlig blenden. Richard Löwenherz, der vielbesungene romantische englische Herrscher, konnte gegen Franzosen sehr ungnädig werden. Bei einem Gefechte waren fünfzehn französische Ritter in des Königs Hände gefallen. Auf seinen Befehl wurden vierzehn der Herren ganz geblendet. Der fünfzehnte verlor nur ein Auge, damit er seine Gefährten ins französische Lager geleiten konnte. Der Franzose Philipp August revanchierte sich, indem er fünfzehn Engländern beide Augen ausstechen ließ. Im Jahre 1170 ließ nach einem Gefechte mit den Iren der englische Ritter Raymund le Gros siebzig Gefangene durch ein Mädchen enthaupten, d. h. abschlachten.

Als die durch die Kriegsnot verzweifelten Bauern die unerhörten Drangsale gemildert oder aufgehoben haben wollten, setzte ein Strafgericht gegen sie ein, bei dem Markgraf Kasimir von Brandenburg, seit 1515 Mitbeherrscher der beiden Markgrafenschaften Ansbach und Kulmbach, den Rekord schlug. In Kitzingen unterwarfen sich ihm Aufständige auf Gnade und Ungnade, nachdem er ihnen allen das Leben zugesichert hatte. Das hinderte ihn aber nicht, achtundfünfzig Kitzinger Bürgern an einem Tage die Augen ausstechen zu lassen. Nach dem Bericht des Ritters Michel Groß von Trockhau, eines Augenzeugen, waren es zweiundsechzig, „davon zwölf kurz nacheinander am nächsten Tag gestorben sind".

Nicht eigentlich als Kriegsgreuel sind die gräßlichen Methoden anzusprechen, durch die Stegreifritter und Buschklepper Lösegeld von ihren Gefangenen erpreßten; denn dies war bekanntlich keine Schande, da es die Edelsten im Lande taten.

Aber System in die Tortur durch die Soldateska kam erst auf, als das Söldnerwesen überhandnahm und die alte Art der Heeresfolge verdrängte.

Das abenteuerliche Leben des handwerksmäßigen Kriegsmannes, auf den leidenschaftlichen Genuß des Augenblicks gestellt, unsicher nicht bloß vor dem Feind, steigerte die Lasterhaftigkeit, das hemmungslose Austoben ins ungeheuerliche. Was lag ihm, der sein Leben und seine geraden Glieder dem Meistbietenden anbot, an dem Leben und der Gesundheit anderer, wenn er sich durch ihre Preisgabe einen Vorteil verschaffen konnte. Darum wurden Schändlichkeiten aller Art unzertrennlich von allen Söldnerscharen, auch den deutschen, zu deren Ehre aber hervorgehoben sei, daß sie erst von Fremdlingen diese Ausartung des Kriegerhandwerks gelernt hatten, die sie aus dem Süden nach Deutschland brachten. Wie die Spanier des kaiserlichen Heeres im Schmalkaldischen Kriege in Deutschland gehaust, erzählt Bartholomäus Sastrow zum Jahre 1547 in seiner Lebensbeschreibung:

Dan den andern tag beilangweges / den doch der Keiser zog / liegen die todten corper nicht wenig; hielten auch vbel haus (sprangen übel um) mit Weibern, Jungfrawen, auch Mans (Männern), verschonten, Vnzucht zu treiben, kein Weibsperson. Den Mannspersonen bunden sie ein Merling (penis) achter und umb die Virilia (hinter und um die Testikel) hingen sie darbei auff vber die Erde, und peinigten sie so, das sie sagen mochten, wo sie ihr Gelt vnnd Geltswert hatte; wen sie von ihnen erhalten, was sie wolten, so schnitten sie vor den Marlinge hart am Leibe den Kerll losz.

Die Mehrzahl der so Verstümmelten mag verblutet sein. Solch böse Beispiele fielen auf fruchtbaren Boden, denn die Entartung des Söldnerwesens machte von Jahr zu Jahr größere Fortschritte. Zu Anfang des sechzehnten Jahrhunderts hatte sich noch die Blüte der Nation unter den Fahnen der Landsknechte zusammengefunden. Wie anders sah es schon um seine Mitte aus! „Ein jeder Oberst, Rittmeister oder Hauptmann weiß, daß ihm keine Doktoren, Magister oder sonst gottesfürchtige Leute zulaufen, sondern ein Haufen böser Buben aus allerlei Nationen und seltsames Volk, das Weib und Kind, Nahrung und alles verläßt und dem Kriege folgt" (Liebe, Der Soldat). Kurz und bündig charakterisiert eine 1601 erschienene Schrift „Der Kriegsleut Weckuhr" den Söldner dahin: „Wer am besten freibeuten, rauben und stehlen kann, der wird für den tapfersten Kriegsmann gehalten." Landgraf Philipp von Hessen, von dem der Ruf ging, daß er seine Leute in Zucht und Ordnung hielt, sprach es gelassen aus, daß ein barmherziger Soldat und ein gottesfürchtiger Buhler schwerlich zum Ziele kommen.

Doch all das waren nur Vorspiele zu den unerhörten Dramen, die das dreißigjährige Ausmorden Deutschlands inszenierte. Eccardus, wohl der geistreichste Historiker unserer Zeit, schreibt in seiner leider viel zu wenig gekannten „Geschichte des niederen Volkes in Deutschland": „Man würde den Dreißigjährigen Krieg mißverstehen, wenn man die Leiden allein auf die Feldzüge mit ihren Schlachten und Belagerungen zurückführen wollte; das weit Schlimmere war der dreißig Jahre hindurch nie ruhende Krieg aller Bewaffneten gegen alle Nichtbewaffneten, die unglücklichen, insonderheit ackerbautreibenden Bewohner." Mit diesem Kampfe allein haben wir es hier zu tun; und zwar soll dies in Berichten von Augenzeugen geschehen.

Hans Michael Moscherosch, geboren 1601 und nach einem vielbewegten und gesegneten Leben 1669 gestorben, hat in seinem dem Spanischen nachgebildeten, aber nur deutsche Verhältnisse behandelnden Roman „Philanders von Sittewald wunderliche und wahrhaftige Gesichte", zuerst 1640 in Straßburg erschienen, ein „Gesicht" dem Soldatenleben seiner Zeit gewidmet, aus dem ein Bruchstück abgedruckt sei. Philander fällt marodierenden Soldaten in die Hände, die schon eine

Anzahl Gefangene gemacht haben. Einige von diesen haben bereits Lösegeld zugesagt, andere konnten oder wollten nichts versprechen.

„Da solte man Jammer gesehen haben, wie grausame Marter einem vnd dem andern angethan worden. — Dem eenen wurden beede Hände auff den Rücken gebunden vnnd mit einer durchlöcherten Ahle ein Roßhaar durch die Zunge gezogen, welches, so man es nur ein wenig an oder auff vnd ab gezogen, dem elenden Menschen solche Marter verursachet, daß er offt den todt geschryen, aber vmb jeden Schrey vier Streich mit der Karbatsche auff die Waden halten muste; ich glaube, der Kerls hätte sich selber entleibet, wo er seiner Hände gebrauchen können, nur deß Schmertzens zu entkommen. — Eim andern wurde ein Seyl mit vielen Knöpffen vmb die Stirn gebunden, vnd mit einem Knebel hinden zu, ober den Nacken, zusammen geträhet, daß ihm das helle Blut zu der Stirne, zu Mund vnd Nase, auch zu den Augen außflosse vnd der arme Mänsch als (wie) ein Besessener außsahe." Ein Bauernknecht, der sich unter die Söldner einreihen ließ, suchte seinem gefangenen Meister 50 Reichstaler und ein Pferd zu erpressen. Er band dem Bauern „die Finger mit Treibschnüren zusammen, so vest er vermöchte, vnd darnach mit einem Lad-Stecken auß einem langen Rohr, fuselte (strich, fuhr) zwischen den Fingern so lang auff vnnd ab, biß die Haut abgieng vnd das rohe Fleisch erhitzet (und) als (wie) ein Fewr hinweg verzehrete biß auff das Bein (den Knochen)."

Jede Frau war Freiwild. Wehe ihr, wenn sie in Soldatenhände fiel.

„Zu Preusach (Breisach) gehets erbärmlich zu / dann kein ehrlich Weibspersohn sich darff sehen lassen / es wird eine Wirtin schon 8 Tag in einer Kisten verhalten / welche von jhren Kindern gespeist wird / begeben sich auch viel in Mans Kleidern heraus / sonst treiben die Soldaten allenthalben großen Muthwillen", steht in einer Aviso-Relation aus Nürnberg von 1620. Die wöchentliche Ordinari Zeitung No. 38 vom 21. August 1634 enthält ein Schreiben aus Höchstadt folgenden Inhalts: „Den 12. disz hat General Isolani ein Trouppen Polacken vnd Cosaggen (Kosaken) anhero für die Statt commandiert / welche dieselbe auffgeforderet / darneben aber / alsbald so Papistische als Evangelische die Thor zu eröffnen hingangen / sie die Thor aufgehawen / vnd fewr geben / vnd in die Statt etlich tausend kommen / die alles außgeplündert / vnd nachfolgende abscheuwliche Thaten begangen: die meiste Weibsbilder jämerlich zu todt geschändet / Manns- vnd Weibspersonen kalt vnd warm Wasser / Essig vnd Mistlachen eyngegossen / mit ketten vnd stricken biß auf den todt gereitlet (gerieben, geschunden) / etlichen Stöck angelegt / bey den Gemächteren (Geschlechtsteilen) auffgehenckt / vnd dareyn mit Nadlen gestochen etc. / auff den Schinbeinen mit Sägen hin vnd wider gesäget / mit scheiteren (Holzscheitern) die füß bisz auff die bein gerieben / die füßsolen zerquetscht vnd zerschlagen / bisz dasz sie von füssen abfallen / die Arm auff den rucken gebunden / vnd hinder sich auffgehenckt / sehr viel gantz nackend in der Statt an stricken hin vnd wider geführet / mit Beylen vnd Hämmeren die Leiber dermassen zerschlagen / zerfetzet vnd verwundet / daß viel Menschen nicht anderst / als weren sie gantz schwartz geferbt / anzusehen / sehr viel mit Seblen (Säbeln) dermassen gemetzlet / daß man viel todt gefunden / mit 250 tödtlichen stich vnd wunden / menniglich hat vmb das todtschiessen gebätten; den Spittalmeister hat man gebraten / kein Stand noch Alter ist verschonet worden.

Über das hier erwähnte Wassereingießen schrieb Narciß Schwelin in seiner 1660 gedruckten „Württembergische kleine Chronica etc.": Es ist nicht genugsam zu beschreiben, wie grausam die unbarmherzigen gottlosen Kriegsgurgeln mit den armen Leuten in Württemberg umbgangen, allein Geld zu erpressen, und vielen den schwedischen Trunk, wie er genandt war, gegeben haben, indem sie dieselbe auff den Boden geworfen, ihnen Händ und Füß gebunden, das Maul aufgerissen und aufgespreizt und durch einen Trichter, oder wie sie gekonnt, allerley unflätug Wasser eingegossen, bis der Mensch aufgeloffen und gantz gefüllt gewesen; viel seynd alsbald daran gestorben, was aber bey Leben blieben, haben solchen Trunk ihr Lebenlang empfunden.

Die Plünderungen der Soldaten und die damit verbundenen Grausamkeiten waren nicht ausnahmslos gewohnheitsmäßige Roheitsakte dem Schwächeren, Wehrlosen gegenüber, wenigstens nicht auf dem Lande. Sehr oft war der Hunger die Triebfeder, und nicht Geld und Kleinodien das Heißbegehrte, sondern irgend ein Nahrungsmittel. So schrieb am 31. März 1648 General Gronsfeld an den Kurfürsten Max von Bayern, daß sich 140 000 Personen des bayrischen Heeres auf eigene Faust ihre Nahrung suchen müssen. Es gäbe keinen einzigen Ort, wo der Soldat, wenn er Geld habe, etwas kaufen könne. Er sage das nicht, um „Exorbitantien zu approbieren", sondern nur zur Nachricht, daß nicht alles aus Übermut geschehe, sondern viel aus lauter Hunger. Das erklärt, aber entschuldigt nicht die Bestialität der Soldaten, die, wenn sie sich satt gegessen, niemals das Plündern vergaßen. Im IV. Kapitel des Simplizissimus von Grimmelshausen heißt es:

> Nachdem die Soldaten angefangen zu metzgen, zu sieden und zu braten, daß es sahe, als solte ein Panquet gehalten werden, so waren andere, die durchstürmten das Haus unten und oben, ja das heimliche Gemach war nicht sicher, gleichsam ob wäre das gölden Fell von Colchis darinn verborgen. Was nicht brauchbar schien, wurde vernichtet, alles andere war gute Beute. Und die Personen? Unsre Magd ward im Stall derart tractirt, dasz sie nicht mehr daraus gehen konte, welches zwar eine Schande ist zu melden. Den Knecht legten sie gebunden auf die Erde, steckten ihm ein Sperrholtz ins Maul und schütteten ihm einen Melckkübel voll garstig Mistlachen-Wasser in Leib das nanten sie einen Schwedischen Trunck, der ihm aber garnicht schmeckte, sondern in seinem Gesicht sehr wunderliche Minen verursachte, wodurch sie ihm zwungen, eine Parthey anderwerts zuführen, allda sie Menschen und Viehe hinweg namen und in unsern Hof brachten, unter welchen mein Knän (Vater), meine Meuder, und unsere Ursele auch waren.
>
> Da fieng man erst an, die Steine von den Pistolen, und hingegen an statt deren der Bauern Daumen aufzuschrauben, und die armen Schelmen so zu foltern, als wann man hätte Hexen brennen wollen, massen sie auch einen von den gefangenen Bauren bereits in Backofen steckten und mit Feuer hinter her waren, unangesehen er noch nichts bekant hatte. Einem andern machten sie ein Sail um den Kopf und

raitelten es mit einem Bengel zusammen, dasz ihm das Blut zu Mund, Nas und Ohren herauszsprang. In Summa, es hatte jeder seine eigne Invention, die Bauren zu peinigen, und also auch jeder Baur seine sonderbare Marter.

So steigerte der Krieg die tollwütige Roheit und machte sie zum Gemeingut. Im Jahre 1637 berichten die Niederhessisehen Landstände an den Landgrafen Wilhelm IV., „daß das Weibsvolk ohne unterschied des Alters ehelichen und ledigen Stands geschändet, darbey sie auch der Hochschwangern und Kindbetterin nicht verschont, ihnen die Brüste abgeschnitten, wie die wilden Tiere in die Kinder gefallen, sie gesäbelt, sie gespießet und in den Backofen gebraten, Kirchen und Schulen zu Kloaken gemacht". Die „Unparteiische Frankfurter Zeitung" meldet von dem Durchmarsch der Kaiserlichen durch Thüringen unter dem 11./12. Februar 1637:

Der Schaden, den die Kaiserlichen sonst verursacht hatten, wäre noch zu verschmerzen, wenn sie nur nicht mit den armen Weibspersonen so schrecklich umgegangen wären ... sogar, daß die Kleinen und Halbgewachsenen nicht ungeschändet davon kommen; den armen Mannspersonen haben sie die Fußsohlen aufgeschnitten, Pflöcke in den Mund geschlagen, daß sie im Nacken wieder herausgangen und hernach aufgehängt, andere unmenschliche Taten, so sich nicht schreiben lassen zu geschweigen. Und das waren Freunde! Bei einem Überfall zu Salzkotten in Westfalen durch Schweden und Hessen wurden vornehme Frauen entkleidet, mit Teer überstrichen, gefedert, nahe an das Feuer gebracht und dadurch zum Geständnis über den Verbleib ihrer Wertsachen gezwungen.

Alle solche Schandtaten wurden zu sadistischen Blutorgien, wenn die Belagerer eine genommene Stadt besetzten. Wie Tilly mit seinen Scharen im eroberten Magdeburg gehaust, ist allbekannt. Als Heidelberg 1622 von demselben Tilly eingenommen wurde, „gieng ein jämmerliches Zetergeschrey an, durchs Morden, Plündern und Geldherauspressen und martern, mit Daumeln (dieses ist wohl dasselbe wie das erwähnte Daumenschrauben an die Pistolen), Knebeln, Prügeln, Peinigen, Nägelbohren (Eintreiben und Einbohren von Pflöcken unter die Nägel), Sengen an heimlichen Orten, Aufhenken, Brennen an den Fußsohlen, mit Schändung und Wegführung der Frauen und Jungfrauen, und andern unmenschlichen ja mehr als barbarischen Thaten mehr", erzählt Johann Peter Kayser.

Andere Gewährsleute berichten noch von Spießen und Pflöcken (d. h. Hölzer oder Spieße durch den After eintreiben), Riemenschneiden, Entmannen, Verbrühen und vielen anderen Unmenschlichkeiten mehr. Diese aber um besonders raffinierte vermehrt zu haben, bleibt das Verdienst der Franzosen!

In „Selecta Historica variorum Casuum" von A. Silberkorn ist über die Einnahme von Utrecht im Jahre 1673, also ein Menschenalter nach dem Dreißigjährigen Krieg, durch die Franzosen zu lesen:

Man hat ihnen (den Holländern) brennende Lunten in den Hals gesteckt und sie mit Urin gelöscht, hat sie mit Öl, Pech und Schwefel über den ganzen Leib beträufelt, Nadeln, Hechelzähne, Zwecken, hölzerne Pflöcklein zwischen die Nägel an Händen und Füßen geschoben, die Fußsohlen kreuzweise aufgeschnitten, die Haut über den ganzen Leib wie einen Schweinebraten gekerbt und ihnen hernach Salz, Pfeffer und Gurkenkerne hineingetrieben . . . etlichen das männliche Glied bis auf die Kniee herausgezogen, dabei an Stangen gebunden und vor die Häuser gehenkt . . . Kleine zarte Mädchen hat man an vier in die Ecken geschlagene Pfähle gebunden und zu Tode geschändet. Nach vollbrachter Schändung hat man etliche ersäufet, erschossen, am Feuer gebraten, etlichen den Busen voll Pulver geschüttet, die Brüste mit glühenden Eisen durchstochen, etlichen gar abgeschnitten, und mit den Ladstöcken an den Karbienern in den vorderen Leib so lange hin und her gestoßen, bis sie in solchen unsäglichen Schmerzen gestorben . . . Schwangere Weiber haben sie mit Händen und Füßen auf die Erde gespannt, ihnen den Leib aufgeschnitten, die Leibesfrüchte herausgerissen . . . Die ganz kleinen Kinder haben sie an die Wände geschlagen und mit den Beinen von einander gerissen.

Aus der Vergangenheit ein Sprung in die Gegenwart.

Von chinesischen Räubern sagt ein im „Berliner Tageblatt" vom 8. April 1925 veröffentlichter Artikel: Die Räuber pflegen eine Stadt nicht zu verlassen, ohne eine Anzahl vornehmer Geiseln mitzunehmen. Sie schrecken, um das verlangte Lösegeld zu erpressen, vor keinem Mittel zurück. So erhielt ein Vater einen Brief. In dem Brief befand sich das Ohr seines Sohnes und ein Zettel mit der Mitteilung, daß das andere Ohr bald nachfolgen würde, wenn das Geld nicht käme.

Über die Praktiken, die die Räuber beim Erpressen von Lösegeld anwenden, hat der holländische Missionar van Praet, der ein ganzes Jahr lang von den Räubern gefangen gehalten wurde, vor kurzem einen charakteristischen Bericht erstattet. Die Geiseln werden, wie er schreibt, von den Räubern selber höhnisch die „Götter des Reichtums" genannt, und es vergeht kein Tag, ohne daß der eine oder andere der gefangenen Geiseln aufs grausamste gemartet wird. Je brutaler die Folterung, je qualvoller die Schreie des Opfers, um so besser die Wirkung auf das anwesende Familienmitglied. Wenn es irgend geht, läßt man nämlich ein Mitglied der Familie Zeuge der Folterung sein. Man weiß, daß die Familie dann alles aufbieten wird, um das verlangte Lösegeld aufzubringen. Ist man sich über die Summe einig geworden, dann schreibt ein schriftkundiges Mitglied der Bande einen offiziellen Brief an die Familie, daß die Summe an dem und dem Tage an einer bestimmten Stelle zu zahlen sei. Nichtzahlung habe den sofortigen Tod des Gefangenen zur Folge.

Und das ist keine leere Drohung. Nicht selten geschieht es, daß eine Familie, durch die Folterqualen des Schlachtopfers zur Verzweiflung gebracht, den Räubern eine Summe verspricht, die sie beim besten Willen nicht aufbringen kann. Man versucht dann in der Not alles, was man an Wert besitzt, zu verkaufen. Aber die Nachbarn, die genau wissen, daß zu jedem Preis verkauft werden muß, bieten lächerliche Summen, und so kommt es, daß oftmals der ganze Erlös nicht zum Bezahlen der von den Räubern geforderten Summe genügt. Und dann hört man von Zeit zu Zeit, daß die Räuber wiederum eine der Geiseln totgeschossen haben.

Siebzehntes Kapitel

Das siebzehnte und achtzehnte Jahrhundert

Politische Prozesse in Frankreich — Ravaillac — Damiens

So bedeutsam auch das Drama der Hexenverfolgung für die Entwicklung der Tortur ist, so wenig dürfen wir außer acht lassen, daß dieses Untersuchungsmittel auch bei anderen wirklichen und vermeintlichen oder nur geplanten Verbrechen zur Anwendung gekommen ist. Wie dies in Deutschland geschah, erfahren wir größtenteils aus der Bamberger H. G. O., der Carolina und anderen Rechtsbüchern, von denen manches noch im nachfolgenden angeführt werden soll. Nicht minder hart, oft sogar noch viel härter, wurde in Frankreich und anderen Ländern verfahren, und zwar besonders in den zahlreichen politischen Verbrechen und Verfolgungen. Sie sind mit der Geschichte der Tortur eng verknüpft, da die Folter vor allem auch an den Königsattentätern angewandt wurde. Jacques Clement, der Mörder Heinrichs III. (1589), entging zwar solcher Peinigung durch den Tod, den er unmittelbar nach der Tat durch die herbeigeeilten Edelleute erlitt. Dieser fanatische junge Dominikaner, das Werkzeug der Liguisten, soll unter ihren Todesstößen ausgerufen haben: „Ich preise Gott, daß ich so sanft sterbe; denn ich dachte nicht, auf diese Weise und so wohlfeilen Kaufes loszukommen." Immerhin wurde noch gegen den Toten der Prozeß angestrengt und dieser auch dazu verurteilt, von vier Pferden zerrissen, dann verbrannt und die Asche in den Fluß gestreut zu werden.

Mit Heinrich III. endete in Frankreich die Herrschaft des Hauses Valois, und mit Heinrich IV. kam das Haus Bourbon zur Regierung. Auch dieser König endete bekanntlich 1610 durch die Mörderhand des François Ravaillac, der gleichfalls ein religiöser Fanatiker war, dem aber keine Verbindung mit anderen nachgewiesen werden konnte. Nachdem er verhört worden war und dabei in Abrede gestellt hatte, Mitschuldige zu besitzen, erhob sich, wie im „Neuen Pitaval" mitgeteilt wird, der Präsident des Gerichtshofes und sprach feierlich:

„Der Gerichtshof wird jetzt nach Angoulême schicken, um deinen Vater und deine Mutter holen zu lassen. Man wird sie in deiner Gegenwart grausam zu Tode martern, weil du nichts bekennen willst. Die menschlichen und göttlichen Gesetze autorisieren zu einer solchen Härte, wo es sich um ein so entsetzliches Verbrechen, wie das deine, handelt."

Ravaillac erwiderte: Etwas dem Ähnliches sei doch noch nicht vorgekommen. Er schien sehr bestürzt über die Drohung, machte aber auch keine Miene, etwas zu bekennen.

Der Jesuit, Pater d'Aubigny, dem Ravaillac zuletzt gebeichtet hatte, wurde ebenfalls verhört. Er beantwortete die ihm vorgelegten Fragen nur mit den Worten: „Ich erinnere mich niemals dessen, was man mir in der Beichte gesagt hat." Alle Anstrengungen, mehr von ihm zu erlangen, waren umsonst.

So mußte man zur Folter schreiten.

Man beriet, welche Tortur die schmerzhafteste sei. Ein Scharfrichter schlug vor, ihn lebendig zu schinden. Von den Richtern wollten einige, daß man die Folterwerkzeuge und das Genfer Verfahren in Anwendung bringe, weil es das allerschärfste sei; diesen Qualen könne kein Verbrecher widerstehen. Einige Patrioten waren dagegen; man brauche nicht zu ausländischen Werkzeugen seine Zuflucht zu nehmen; auch Frankreich habe derer, um den Verbrechern den Mund zu öffnen.

Man schwankte. Da erhoben sich andere Räte zur Unterstützung der Opposition, doch aus ganz anderen Gründen: Sei es auch, daß die Folter von Genf die beste von der Welt wäre, so könne man sich doch christlicherweise ihrer nicht bedienen, weil sie von Ketzern herrühre.

Diese Ansicht gab den Ausschlag. Aber die französische Folter erpreßte nichts aus ihm als die Versicherung, daß er nichts mehr zu sagen habe.

Man hat auch sonst nichts Tatsächliches über Mitwisser oder Urheber seines Verbrechens, weder vor noch nach seinem Tode, ermittelt. Alles, was man darüber gesagt hat, beruht auf Vermutungen, die freilich nahe genug lagen, aber auch ebenso täuschen konnten.

Das Urteil der Grand'chambre, einer Abteilung des Parlaments von Paris, ward Ravaillac am 27. Mai 1610 verkündet. Er mußte es auf seinen Knieen anhören.

Alles erwogen, so hat der Gerichtshof erklärt und erklärt hiermit besagten Ravaillac als mit Recht und Ordnung bezichtigt und überführt des Verbrechens der Majestätsbeleidigung, so der menschlichen wie göttlichen, begangen am Oberhaupt (au premier chef), von wegen des sehr niederträchtigen, sehr verabscheuungswürdigen und sehr verwerflichen Meuchelmordes, begangen an der Person des seligen Königs Heinrich IV., besten und lobenswerten Gedächtnisses. Zur Sühnung dessen er ihn verdammt hat und verdammt, eine Ehrenbuße zu tun vor dem Haupttor der Kirche Notre Dame zu Paris, wohin er auf einer Armensünderkarren zu führen; — demnächst daselbst, nackt, im Hemde, eine brennende Kerze, zwei Pfund im Gewicht, in Händen haltend, zu sagen und zu erklären, daß er unglückseligerweise und verräterischerweise begangen besagten niederträchtigen, verabscheuungswürdigen und verwerflichen Meuchelmord, und getötet den besagten König und Herrn mit zwei Messerstichen in seinen Körper, worüber er Reue empfindet und um Gnade bittet Gott, den König und die Justiz; — daß er von da geführt werde auf den Grèveplatz und auf ein Schafott, das aufzurichten, und dort mit Zangen gekniffen an den Brustwarzen, Armen, Schenkeln und Waden; daß darauf seine rechte Hand, in der er das Messer halten muß, mit dem er besagten Fürstenmord begangen, verbrannt werde in Schwefelfeuer, und auf die Stellen, wo er gezwickt worden, geschmolzenes Blei geträufelt werde, auch kochendes Öl und brennendes Pech, desgleichen Wachs und Schwefel zusammengerührt; — worauf dann sein Körper soll zerrissen und geteilt werden durch vier Pferde, seine Glieder und sein Leib aber vom Feuer verzehrt, zu Asche verbrannt und in die Winde verstreuet. — Erklärt fernerhin alle seine Güter dem Könige verfallen. Verordnet auch, daß das Haus, in dem er geboren, der Erde gleich gemacht werde, nachdem der, dem es gehört, vorher entschädigt worden, dergestalt, daß auf dem Grund und Boden, wo es gestanden, niemals wieder ein Haus gebaut werden darf; — sowie daß vierzehn Tage nach Publikation vorliegenden Urteils unter Trompetensignalen und öffentlichem Ausruf in der Stadt Angoulême sein Vater und seine Mutter auswandern und das Königreich verlassen, mit dem Verbot, jemals dahin zurückzukehren, widrigenfalls sie gehängt werden sollen und erdrosselt, ohne daß irgend vorher ein Prozeß wider sie anhängig gemacht würde. — Verbieten wir des weiteren seinen Brüdern und Schwestern, seinen Oheimen, Basen und anderen, von nun ab den Namen Ravaillac zu führen, und heißen wir sie, unter denselben Strafen, einen andern Namen anzunehmen; — und dem Substitut des Generalprokurators gegenwärtiges Erkenntnis zu veröffentlichen und auszuführen unter Verwarnung, daß wir ihn hierfür verantwortlich machen; — endlich ist vor der Hinrichtung besagter Ravaillac von neuem auf die Folter zu spannen, um von ihm seine Mitschuldigen zu erpressen.

Ravaillac ward demgemäß nach Anhörung des Urteils sofort auf das Folterbett gestreckt; doch ließ man ihn vorher noch einmal schwören, die Wahrheit zu sagen. Dann ermahnte man ihn: Noch könne er der Tortur vorbeugen, wenn er erkläre, wer ihn zur begangenen Gottlosigkeit verführt und mit wem er darüber gesprochen. So wahr Gott ihn verdammen möge, rief er, er habe zu keinem Manne, zu keiner Frau davon gesprochen, noch zu irgend wem.

Auf der Folterbank schrie er zu verschiedenen Malen auf:

„Mein Gott! mein Gott! Mitleid mit meiner Seele! Vergebung für mein Vergehen! — Aber vergieb mir nicht, wenn ich einen Mitschuldigen habe und ihn nicht angebe. — Bei meinem Eidschwur, bei allem, was ich Gott schuldig bin und der Gerechtigkeit, ich habe kein Wort gesagt von meinem Vorhaben, — nicht meinem Beichtvater — niemandem!" Man schraubte schärfer. Sein Schreien war entsetzlich.

Der Scharfrichter führte ihn sodann in die Kapelle, um ihn durch kräftige

Speisen für die Qualen der Hinrichtung zu stärken. Die Doktoren Filesac und Gamache strengten hier vergebens ihre Überredungskunst an, um ihn zu einem Geständnis zu vermögen.

Das Urteil ward am gleichen Tage vollzogen. In einem Karren ward Ravaillac vor Notre Dame zur Bußerklärung gebracht, von da nach dem Grèveplatz. Der Zug langte hier gegen vier Uhr an; aber nur mit größter Mühe gelang es, den Verurteilten bis zum Schafott zu bringen, so groß war die Menschenmenge auf diesem Platze und in den angrenzenden Straßen.

Nach dem Herkommen hätte er eigentlich auf einer Schleife dahin gezogen werden müssen. Aber man durfte es nicht wagen; das wütende Volk hätte sich auf ihn gestürzt und ihn zerrissen.

Anderen Nachrichten zufolge wäre Ravaillac, als er den Haß des Volkes gegen seine Person gewahrte, erstaunt gewesen. Er hatte nicht geglaubt, daß sie mit solcher Liebe an dem — ursprünglich im protestantischen Glauben erzogenen — Ketzerkönig hingen.

Die Prinzen des Hauses Guise sahen aus den Fenstern des Rathauses dem Schauspiel zu. Außer den benötigten Truppen hatten sich noch mehrere hundert Edelleute zu Pferde freiwillig eingefunden, um das Schafott zu sichern.

Auch die beiden Beichtväter des Verurteilten hielten zu Pferde am Richtplatz und boten ihre Überredungskunst auf, um Ravaillac zur Nennung seiner Mitschuldigen zu veranlassen. Später stiegen sie selbst auf das Gerüst.

Trotz der unerhörten Leiden schien Ravaillac ruhig und gefaßt. Als er auf der Plattform des Schafotts angekommen, verrichtete er ein kurzes Gebet und übergab sich seinen Henkern. Diese legten ihn auf den Rücken und banden ihm den Leib zwischen zwei kleinen Pfosten; die Füße und die Hände wurden schon jetzt an vier Pferde befestigt.

Einer der Priester stimmte das Salve Regina an; aber er ward augenblicklich vom Volke unterbrochen. Von allen Seiten erhob sich ein Geschrei: „Kein Gebet für den Verfluchten! Zur Hölle mit dem Judas!"

Die Zangen glühten schon rot auf einem Feuerbecken. Der Henker ergriff sie und zwickte damit Ravaillac an allen im Urteil bezeichneten Teilen seines Leibes. Darauf ward seine rechte Hand, in die man das Mordmesser preßte, über das Feuer gehalten und langsam bis zur Handwurzel abgebrannt. Erst als die Hand ganz bis auf die Wurzel verzehrt war, goß der Henker in die Wunden, die die Zangen gerissen, kochendes Öl, siedendes Pech und zusammengeschmolzenes Wachs und Schwefel.

Während dieser langen Marter ward Ravaillac andauernd mit der Ermahnung geplagt, seine Mitschuldigen zu nennen. Die Protokolle sagen: Er habe bei klarem Verstande mit derselben Ruhe und Fassung fortwährend auf die Frage nach seinen Mitschuldigen geantwortet, daß er keine habe.

Jetzt peitschte man die Pferde an. Sei es, daß man minderwertige gewählt oder daß die Zähigkeit seines Körpers so stark war, wie die seiner Seele, — sie konnten ihn nicht zerreißen. Man peitschte und peitschte, und eine Stunde ging darüber vergeblich hin.

Und auch jetzt noch hatte Ravaillac sein Bewußtsein nicht verloren. Der halb Zerrissene und Verbrannte empfahl laut seine Seele Gott.

Da sprang einer der Edelleute, die die Wache hielten, als er gewahrte, daß eines der Pferde seine Kräfte völlig erschöpft hatte und trotz der furchtbarsten

Peitschenhiebe nicht mehr ziehen wollte, von seinem Roß, schirrte das ermattete Pferd los und spannte seines ein. Er selbst trieb.

Auch dies half nicht. Der Henker mußte endlich zu einem Hackmesser greifen, um den Körper völlig aus einander zu trennen.

Jetzt flogen die Pferde mit ihrer blutigen Beute aus einander. Aber das Volk hatte noch nicht genug. Auch die Teile noch riß es in Stücke und verschleppte die Trophäen triumphierend in verschiedene Stadtteile. Doch man ließ sie ihnen nicht; nach wenigen Stunden waren sie wieder eingesammelt und bald darauf zu Asche verbrannt.

Ravaillacs Vater hat den Tod seines Sohnes überlebt. Auch die ihn angehende Bestimmung des Urteils trat also in Kraft.

Etwa anderthalb Jahrhundert später sehen wir in Frankreich wieder einen „Königsmörder-Prozeß" verhandeln, der trotz seiner barbarischen Sühne einen possenhaften Charakter trägt. König Ludwig XV. war von Robert François Damiens, dem Bedienten eines russischen Herrn, am 5. Januar 1737 gleichfalls aus religiösen, verworrenen Gründen in Versailles angefallen und mit einem Messer geritzt worden. „Man hat mir einen furchtbaren Stoß versetzt," rief Ludwig aus. „Dieser Mensch da hat mich gestochen. Man verhafte ihn, aber tue ihm nichts Böses an." Sehr gütige Worte, die aber, wie wir gleich sehen werden, nicht befolgt worden. Ludwig hielt sich schon für verloren, Ärzte und Geistliche wurden herbeigeholt, doch konnte man nur eine unbedeutende Hautverletzung feststellen.

Zuerst von einem Diener des Königs ergriffen, berichtet der „Neue Pitaval", wurde Damiens in die Hände der Gardes du Corps überliefert. Diese führten ihn in ihren Saal. Man zog ihn aus und fand das Messer. Es hatte zwei Klingen; die eine war ziemlich breit, lang und scharf, wie bei einem gewöhnlichen Taschenmesser, die andere glich der eines Federmessers. Dieser letzteren hatte er sich bedient. Sie war nicht einmal mit Blut befleckt. In seinen Taschen fand man 36 Louisdor, einiges Silbergeld und ein Buch, betitelt: „Instructions et prières chrétiennes", Christliche Anleitungen und Bitten. Er sagte, er habe es von seinem Bruder in Saint-Omer erhalten.

Sobald er sich in den Händen der Gardes du Corps sah und man verschiedene Fragen an ihn richtete, rief er mehrere Male aus: „Man bewache nur den Dauphin" — den Thronfolger — „gut! Daß der Herr Dauphin heut nur nicht ausgehe!"

Man drängte ihn, seine Mitschuldigen zu nennen. Er erwiderte: „Sie sind weit von hier. Man würde sie nicht mehr finden. Wenn ich sie nennen wollte, so wäre alles zu Ende."

Man hoffte, durch den Schmerz ihn auf der Stelle zu weiteren Geständnissen zu bringen. Wo das Gesetz noch die große Tortur zuließ, glaubten die Gardes du Corps sich zu einer kleineren auf eigene Faust in ihrem Wachtlokal berechtigt. Man brachte ihn ans Kaminfeuer und kniff ihn mit den glühend gemachten Feuerzangen an den Füßen. Der Gerichtsherr, der hinzukam, entriß ihn dieser Marter und ließ ihn ins Gefängnis bringen, wo er ordnungsmäßig vernommen und die Untersuchung gegen ihn eingeleitet ward.

Nach mehreren Verhören übergab er nach dem am 9. Januar 1757 abgehaltenen dem Grandprévôt folgenden für seinen Geisteszustand bezeichnenden Brief an den König:

„Sire!

Ich bin sehr betrübt, daß ich das Unglück gehabt, mich Ihnen zu nähern; aber wenn Sie nicht die Partei Ihres Volkes nehmen, dann, ehe einige Jahre vergehen, werden Sie und der Herr Dauphin und einige andere noch umkommen. Es wäre betrübend, wenn ein so guter Fürst, der den Geistlichen so großes Wohlwollen bezeigt und ihnen sein ganzes Vertrauen schenkt, seines Lebens nicht sicher wäre. Und wenn Sie nicht die Güte haben, hier eben Ordnung zu schaffen, und zwar binnen kurzem, dann werden sehr große Unglücksfälle eintreten. Ihr Reich ist nicht mehr in Sicherheit. Das ist ein Unglück für Sie, daß Ihre Untertanen Ihnen Ihre Entlassung gegeben haben, und daß diese Maßregel nicht von Ihrer Seite ausgegangen ist. Und wenn Sie nicht die Güte haben, für Ihr Volk (zu befehlen?), daß man ihm die Sakramente im Todesfalle verabreicht, was Sie verweigert haben seit dem von Ihnen abgehaltenen Gerichtstag, worauf der Gerichtshof die Möbel des geflüchteten Priesters verkaufen ließ, dann, wiederhole ich Ihnen, ist Ihr Leben nicht mehr in Sicherheit. Diese begründete Warnung, nehme ich mir die Freiheit, Ihnen durch den Beamten zustellen zu lassen, der gegenwärtiges Schreiben Ihnen überbringt, und in den ich mein ganzes Vertrauen gesetzt habe. Der Erzbischof von Paris ist die Ursache aller Verwirrung wegen der Sakramente, die er hat verweigern lassen. Nach dem grausamen Verbrechen, das ich gegen Ihre geheiligte Person begangen habe, läßt mich das aufrichtige Bekenntnis, das ich mir die Freiheit nehme Ihnen zu machen, auf Euerer Majestät Güte und Gnade hoffen.

D a m i e n s.

Ich vergaß, mir die Ehre zu geben, Euerer Majestät vorzustellen: Trotz der von Ihnen gegebenen Befehle, als Sie sagten, daß man mir nichts Böses antun möchte, hat dies Monseigneur den Herrn Siegelbewahrer nicht abgehalten, zwei Feuerzangen im Saale der Garde du Corps glühend zu machen und, indem er mich selbst hielt, zweien Garde du Corps zu befehlen, daß sie mir die Beine verbrennten. Und das wurde in der Art ausgeführt, daß er ihnen Belohnung versprach, indem er den beiden Garden sagte, sie sollten zwei Reisigbündel holen und sie ins Feuer werfen, um mich dann hineinzustoßen, und daß ohne Herrn Leclerc, der ihr Vorhaben verhindert hat, ich nicht die Ehre gehabt haben würde, Sie von dem Obigen zu unterrichten. D a m i e n s.

Der Gerichtsherr befahl folgende Personen zu verhaften: einen Julien Guermays, mit dem Damiens in Arras gelebt, und der sich zufällig in Paris befand; Damiens' Frau und Tochter; seinen Bruder Louis und dessen Frau; eine Demoiselle Maré, Kammermädchen der Dame Ripandelly, die Damiens in Abwesenheit seiner Frau aufgenommen. Auch gegen Damiens' Vater, seinen Bruder Joseph Antoine, dessen Frau und die Witwe Colet, seine Schwester, wurden Verhaftsbefehle nach Arras und Umgegend gesandt.

Am 15. Januar verordnete der König durch einen offenen Brief, daß die Instruktion des Prozesses von der Grande chambre des Parlamentes zu Paris geführt werde; alle bisherigen Akte des Gerichtsherrn zu Versailles wurden als zu Recht bestehend erkannt. In die Untersuchungskommission wurden berufen de Maupeou, erster Präsident, Molé, zweiter Präsident, und die Räte Savert und Denis Louis Pasquier.

Ein ganzes Garderegiment mußte den Königsmörder am 18. Januar von Versailles nach Paris eskortieren; so sehr war man in Sorge, daß seine Tat kein vereinzeltes Wagestück eines Desperado, sondern das Werk einer großen Verschwörung sein könne.

Die Vorsicht, mit der man diesen Menschen zu behüten suchte, damit nicht allein jeder Befreiungs-, sondern auch jeder Selbstmordversuch verhütet wurde, übersteigt alles bisher Vorgekommene. Von außen umgab man die Zugänge zur Conciergerie — dem Parlamentsgefängnis — mit zwei Reihen Palisaden. Hundert Mann Garde hielten Tag und Nacht innerhalb dieser Wache; sie wurden alle vierundzwanzig Stunden abgelöst. Auf jedem Treppenabsatz stand ein Posten, und die Patrouillen suchten unaufhörlich die Höfe, Gänge und Treppen der Conciergerie ab.

Im ersten Stockwerk des Turmes von Montgomery war die Zelle, in die man Damiens gesetzt hatte. Sie war 12 Fuß — à 32,5 cm — im Durchmesser, 12 Fuß hoch und durch zwei Maueröffnungen, 3 Fuß hoch und ¾ Fuß breit, erhellt. Ein doppeltes Gitter verschloß sie; statt des Glases hatten sie geöltes Papier. In der Zelle war kein Kamin, sie wurde indes genügend erwärmt durch den eisernen Ofen, der in dem Wachtzimmer darunter fortwährend glühte, sowie durch die große Zahl Lichter, die Tag und Nacht in der Zelle selbst brannten. Anfänglich hatte man Talglichter benutzt; da diese aber, nach der Ansicht der Ärzte, Damiens' Gesundheit schaden konnten, wurden sie mit Wachskerzen vertauscht.

Die Beschreibung des Bettes, auf dem Damiens lag, nimmt in allen Berichten über den Prozeß mehrere Seiten ein.

Das Kopfende befand sich gegenüber der Tür, 3 Fuß von der Außenwand entfernt. Das Bett selbst war auf einem Aufbau angebracht, der sich 6 Zoll — 16 cm — über den Fliesen des Bodens erhob. Alles Holzwerk daran war mit Matratzen tapeziert, namentlich die Kopflehne, die mittels einer gekerbten Eisenstange derart eingerichtet war, daß er den Kopf höher oder niedriger legen konnte.

In diesem Bette lag nun Damiens befestigt in einem netzförmigen Geflecht von starken Riemen aus ungarischem Leder, deren jeder 2½ Zoll — etwa 7 cm — breit war. Zwei dieser Riemen, mit eisernen Ringen an dem Boden befestigt, hielten rechts und links die Schultern fest, zwei andere die Arme, gleichlaufend mit einem, der seinen Leib umschlang und in zwei Handschlingen auslief, die ihm so weit freie Bewegung ließen, daß er mit der Hand den Mund erreichen konnte. Desgleichen schnallten ihm zwei solche Riemen die Schenkel fest, dergestalt, daß von jeder Seite des Bettes drei Riemen den Körper an den Fußboden fesselten. Vom Gurt, der seinen Leib umschloß, ging aber noch ein senkrechter zu seinen Füßen herab und war hier wieder durch einen Eisenring am Boden befestigt. Gleichermaßen ging von den Riemen, die seine Schultern niederhielten, ein Gurt über die Kopflehne und war draußen am Boden mit einem Ringe befestigt. Sorgsamerweise hatte man aber alle diese Ringe und Riemen, wo an Armen und Händen eine Reibung und damit Entzündung hätte entstehen können, mit Rehleder ausgefüttert, damit Damiens für die Qualen gesund erhalten werde, die man für ihn vorbereitete.

Außerdem hatte man aus der Garde zwölf der intelligentesten und erfahrensten Sergeanten gewählt, die Tag und Nacht bei ihm Wache halten mußten; immer je vier, die alle vier Stunden abgelöst wurden, unter Führung eines Offiziers, der jede Stunde wechselte; die übrigen acht verweilten während ihrer Freizeit in einem oberen

Gemache, jeden Augenblick bereit, auf das geringste Geräusch hinunterzustürzen. Diese zwölf Sergeanten verließen erst den Turm mit Damiens selbst; sie allein waren es, die ihn sehen und mit ihm reden durften. Doch war ihnen aufgetragen, ihn lieber selbst sprechen zu lassen, als sich mit ihm zu unterhalten.

Die Brandwunden, die man ihm durch die ungesetzliche Tortur in Versailles beigebracht, waren beträchtlicher, als es anfangs schien. Mehr als zwei Monate banden sie ihn fest an das Bett, das er nur im Notfall verließ. Außer den zwölf Sergeanten hatte man ihm daher zur Pflege noch vier Sanitätssoldaten bestellt, die ihn keinen Augenblick außer acht ließen und während der ganzen Zeit mit niemand außer den zwölf Sergeanten in Berührung kamen.

Auch zum Essen war ihm ein eigener Beamter bestellt, der nach Vorschrift der Ärzte die Speisen zurichtete und sie ihm eingab. Vor jeder Mahlzeit mußte sie aber ein Arzt kosten, der zu diesem besonderen Zwecke Tag und Nacht im Gefängnis blieb. Außerdem besuchten ihn täglich dreimal die zu seiner Gesundheitspflege vom Parlament Bestellten: der Arzt Boyer und der Wundarzt Foubert. Der letztere verband seine Wunden. Beide mußten alle Morgen dem ersten Präsidenten Bericht über seinen Gesundheitszustand abstatten.

In dieser Zelle, vielleicht in Gegenwart der vier bewachenden Sergeanten, wurden von den vier Kommissaren fünf Verhöre mit Damiens abgehalten, vom 22. Januar bis 17. März 1757, deren einige bis sechs Stunden dauerten.

Am 22. Januar hatte man eine große Entdeckung zu machen geglaubt. Im Hause der Dame Ripandelly war beim Auskehren in der Küche ein Sack mit Metall aus dem Rauchfang gefallen, der bei näherer Untersuchung 1206 Livres in Louisdors enthielt. Man hoffte dabei zugleich geheime Schriften zu finden, aber es stellte sich heraus, daß der Sack nur Gold enthielt, den Rest des von Damiens seinem russischen Herrn gestohlenen Geldes, das er an jenem Orte verborgen hatte.

Die Geschichte des Prozesses selbst vor dem Großen Parlamentshofe, dem auch die Prinzen beiwohnten, ist ohne besonderes Interesse, aber von einer krankhaften Begierde getragen, den Fall möglichst aufzubauschen. Auch die Angeberlust gesellte sich dazu. Ein verkümmerter Abbé, der längst durch Enthüllungen drohender Verschwörungen sich wichtig zu machen bestrebt gewesen war, versuchte seine phantastischen Denunziationen auch auf Damiens' Tat zu beziehen und setzte mehrere vornehme Personen dadurch in Aufregung. Indes war man so vernünftig, nicht darauf zu achten. Auch andere Verbrecher, Diebe, die in Untersuchungshaft saßen, hofften auf Rettung oder ein besseres Los, indem sie von Verschwörungen sprachen, in die man auch sie hatte einweihen wollen; die Spur verlor sich aber oder zeigte sich bald als eine rein ersonnene. Ebensowenig führte die Gegenüberstellung des Damiens mit sämtlichen Zeugen zu anderem Ergebnis.

Der Generalprokurator schloß seinen Anklageakt mit dem Antrage, Damiens mit derselben Strafe zu belegen, die den Königsmörder Ravaillac getroffen, und ihn zuvor, gleich diesem, zur Nennung seiner Mitschuldigen auf die Folter zu bringen.

Bevor man das Urteil gegen Damiens aussprach, fand in der Sitzung eine sehr gelehrte Beratung darüber statt, nicht ob man die Folter überhaupt, sondern welche Folter man in Anwendung zu bringen habe. Man übergab dem Generalprokurator alle Berichte und Schriften über diesen Gegenstand und zog auch die unterrichtetsten Ärzte zu Rat. Ihr Gutachten ging nun dahin, daß unter allen Torturarten, derer der menschliche Geist in den vergangenen Jahrhunderten eine so reiche Auswahl ins Leben gerufen, eine unbedingt den Vorzug verdiene, sowohl weil sie das Leben des Gefolterten am wenigsten gefährde, ihn zufälligen Einwirkungen am mindesten aussetze und zugleich die größten Schmerzen verursache. Dies sei aber zugleich die, derer sich das hohe Parlament schon immer bedient habe; sie führe den französischen Namen: Question des brodequins, deutsch: Spanische Stiefel.

Die Spanischen Stiefel wurden aber in doppelter Art angewandt. An einigen Orten fertigte man von Pergament eine Art Stiefel oder Schuhe, die man anfeuchtete und dann dem Beine des Inquisiten anlegte; alsdann ward das Bein ans Feuer gebracht, und das an der Wärme trocknende Pergament schrumpfte allmählich dermaßen zusammen, daß der Schmerz kaum zu ertragen war.

Trotzdem war dies die sanftere Art und deshalb weniger im Gebrauch. Anderen Ortes und in der Regel nahm man vier schmale Eichenbretter, die mit starken Stricken umwickelt wurden; zwei dieser Bretter wurden an die inneren Seiten der beiden Unterschenkel des Verbrechers gelegt, die andern an die äußeren. Diese Bretter mit den Beinen dazwischen schnürte man fest zusammen, dergestalt, daß die inneren Bretter sich berührten, doch nicht so hermetisch geschlossen, daß man nicht von oben die Spitze eines Keils hätte dazwischen klemmen können. Auf diesen Keil ward gehämmert, bis entweder die Beine in eine unerträgliche Pressung kamen, oder die Bretter zersprangen und mit ihnen die Knochen der Unterschenkel. Der Schmerz soll den, den die zusammentrocknende Haut verursachte, noch übertroffen haben. Bei der Zuerkennung auf Tortur ward auch zugleich auf die Zahl der Keile, die in die Spanischen Stiefel zu treiben wären, erkannt. Eine gewöhnliche Folter bestand aus vier, eine außerordentliche auch acht Keilen.

Die Ärzte und Wundärzte hatten noch ihre eigenen Bemerkungen und Ratschläge hinzugefügt: In welcher Art man die Schmerzen des Gefolterten verlängern und doch zugleich noch empfindlicher gestalten könne, ohne Gefahr zu laufen, daß der Gefolterte sterbe oder auch nur auf dem Folterbett die Besinnung verliere.

Des außerordentlichen Falles wegen ging man auch von der Regel ab, die einem Verbrecher solcher Art einen Beichtvater erst dann gewährt, wenn er zum Tode abgeführt werden soll. Man schickte ihm vielmehr bereits jetzt einen solchen in der Person des Dr. Gueret von der Sorbonne, Pfarrer in Paris, der ihn schon vor der gerichtlichen Folter ermahnen sollte, seine Mitschuldigen zu nennen.

Am Sonnabend, dem 26. März 1757, erschien Damiens zum ersten und auch letzten Male vor dem Gericht des Parlamentshauses. Auf seinem Armesünderstuhl saß er ziemlich unbefangen der hochansehnlichen Versammlung gegenüber; er erkannte mehrere seiner Richter und soll sogar leichten Humor gezeigt haben. Von acht Uhr morgens bis gegen Abend dauerte die Sitzung. Noch einmal wurde er über alle Hauptpunkte vernommen. Um sieben Uhr abends wurde das Urteil vom Pariser Parlamente publiziert, das fast Wort für Wort dem über Ravaillac gefällten glich, bis auf die Schlußformel, die diesmal lautete: „Gegeben im Parlament, in der versammelten Grande chambre, am 26. März 1757. Richard."

Am Montag, dem 28. März, ward Damiens morgens sechs Uhr in die Folterkammer gebracht. Seine militärische Wache übergab ihn nunmehr dem Kommandanten des Gefängnisses Chatelet.

Der Greffier — Protokollführer — Lebreton ließ ihm hier sein Urteil noch einmal vorlesen. Er hörte es aufmerksam und unerschrocken an und sagte nur: „Das wird heute ein heißer Tag werden."

Von diesem Gerichtsschreiber Lebreton ist uns eine Schrift überliefert, die aufs eingehendste alle Begebenheiten dieses Prozesses mit allen Einzelheiten der Tortur berichtet. Einige wörtliche Auszüge aus dem Protokoll über diese mögen hier folgen:

„Im Jahre 1757, Montag, den 28. März, sechs Uhr morgens, sind wir Alexander André Lebreton usw., begleitet von usw., in die Folterkammer gestiegen, haben hier aus den Gefängnissen der Conciergerie François Robert Damiens, den Angeschuldigten, herausbringen und vor uns führen lassen und haben ihm nun auf den Knieen liegend, das am 26. gegenwärtigen Monats gegen ihn ergangene Erkenntnis vorlesen lassen, lautend .... Und ist augenblicks darauf der Verurteilte ergriffen und vom Henker gebunden worden. Worauf wir, unterzeichneter Protokollführer, gegangen sind, um den beauftragten Herren Präsidenten und Räten des Hofes Bericht abzustatten.

Auf diese Nachricht sind wir, René Charles de Maupeou und Mathieu François Molé, Ritter, Miglieder des Staatsrates, erster und zweiter Präsident des Parlamentshofes, Aimé Jean Jacques Savert und Denis Louis Pasquier, Referenten Jean Baptiste Cerentin Lambelin und Pierre Barthelemi Rolland, Räte des Königs in seinem Parlamentshofe, der Grande chambre, ernannte Richter in dieser Sache, hinaufgestiegen in die Folterkammer, begleitet von bemeldetem Lebreton, allwo wir besagten Robert François Damiens, den Verurteilten, vor uns kommen ließen, der, auf den Knieen liegend, schwur, daß er die Wahrheit sagen wolle, die Hand auf dem Evangelium ...

Aufgefordert, zu erklären, zu welchem Zeitpunkt er das Vorhaben gefaßt, seine mörderische Hand anzulegen an den König, hat er gesagt: Es sei die böse Aufführung des Herrn Erzbischofs der Anlaß, und daß er schon vor drei Jahren den Gedanken gefaßt.

Befragt, ob der Entschluß ihm von jemand anderem eingegeben worden, hat er gesagt: Ihm sei es eingegeben von aller Welt, die er darüber sprechen gehört.

Befragt, ob er nicht zu Playoust gesagt, am Orte Poperingue — Westflandern —, daß er sich an diese Gegend nicht gewöhnen könne, daß er nach Frankreich zurück müsse, und ob er nicht auch gesagt: ‚Ja, ich werde dahin zurückkehren und werde daselbst sterben. Aber der Größte wird auch sterben,' hat er erwidert, daß er diese Worte gesprochen.

Befragt, was er sich dabei gedacht, hat er erwidert, daß das Bezug gehabt auf sein Vorhaben, und daß ihm dieses nicht mehr aus dem Kopfe fortgewollt.

Befragt, was ihn denn von Arras nach Paris zurückgeführt, da er doch gewußt, daß er wegen seines Diebstahls am Sieur Michel bei der Justiz angegeben worden, und ob der Grund nicht gewesen, daß er sein Verbrechen begehen wollte, hat er geantwortet: Er sei gekommen, um sein Verbrechen auszuführen, da er es schon lange im Sinne gehabt.

Befragt, ob kein weltlicher oder kein Ordensgeistlicher ihm den Gedanken eingegeben, hat er gesagt, daß ihm niemand den Gedanken eingegeben, daß er aber viele der geistlichen Herren übel habe reden hören.

Befragt, worin denn das Böse bestanden, was diese Geistlichen gesprochen, hat er geantwortet: Er habe von ihnen gehört, daß der König große Gefahr laufe, wenn er nicht der bösen Aufführung des Herrn Erzbischofs Einhalt tue.

Hat man ihm vorgestellt, daß die Menschen solche gefährliche Reden nicht vor Leuten führen, die sie nicht kennen, daß er also Verbindungen mit ihnen gehabt haben müsse, er solle sie also nur nennen, hat er geantwortet, daß er keine anderen

Verbindungen mit ihnen gehabt, außer daß er sie alle Tage gesehen, und daß er ihre Namen nicht wisse.

Befragt, was er denn unter den in seinem Briefe an den König gebrauchten Worten verstehe: ‚Das ist ein Unglück für Sie, daß Ihre Untertanen Ihnen Ihre Entlassung gegeben haben, und daß diese Maßregel nicht von Ihrer Seite ausgegangen ist,‘ hat er geantwortet, daß diese Angelegenheit nichts mit dem Parlamente zu tun habe, sondern mit dem Erzbischof, der die Sakramente verweigert habe.

Hat man ihm vorgestellt, wie das, was von seiten des Herrn Erzbischofs geschehen, niemals einen Menschen seines Schlages betimmen könne, sein Verbrechen zu begehen; hat er darauf gesagt, daß er nichts anderes zu sagen wisse, außer daß, wenn jener die Sakramente nicht verweigert hätte, auch seine Tat nicht geschehen wäre.

Befragt, ob ihm selbst etwa das Sakrament verweigert worden wäre oder einem seiner Verwandten und Freunde, hat er geantwortet: Nein, er habe sich garnicht darum bemüht.

Und wurde nun der Verurteilte auf dem Schemel festgebunden."

Dieses Verhör hatte eine und eine halbe Stunde gedauert. Damiens' Festigkeit war keinen Augenblick gewichen. Jetzt klemmte man seine Beine in die Stiefelbretter und schnürte die Stricke so fest zu, wie es bisher nie geschehen war. Damiens stieß wilde Schmerzensschreie aus. Er schien in Ohnmacht zu fallen; aber Arzt und Wundarzt erklärten, es sei keine wirkliche Ohnmacht. Damiens forderte zu trinken. Man gab ihm Wasser. Er wünsche es mit Wein vermischt: „Ich brauche hier Kraft." — Wir fahren im Protokoll fort:

„Und nachdem er den Eid geleistet und befragt worden, wer ihm sein Verbrechen eingegeben, hat er gesagt, daß der Erzbischof schuld sei durch alle seine schlimmen Maßnahmen, und hat gerufen: ‚Herr, ich flehe um deine Gnade!‘

Befragt, wer seine Mitschuldigen seien, hat er gesagt, er sei es allein.

Hat man ihm vorgestellt, wie dies nur der Anfang seiner Schmerzen wäre, daß er sie lindern könne, wenn er seine Hintermänner nenne, und hat er aufgeschrieen: ‚Dieser Schuft von Erzbischof!‘"

Diese Vortortur hatte etwa eine halbe Stunde gedauert, bis man zur Einhämmerung des ersten Keiles schritt. Auch diese Verzögerung war nicht ohne medizinische Berechnung. Das Fleisch der Beine sollte inzwischen durch die Pressung anschwellen und sich entzünden, damit es desto empfindlicher für den weiteren Schmerz werde. Als der erste Keil nun wirklich hineinschmetterte, stieß der Gefolterte zwar einen Schmerzensschrei aus, es geschah aber ohne den Ingrimm, den er bei den früheren Aussagen gezeigt. Das Protokoll fährt fort:

„Befragt, wer ihn denn bewogen, sein Verbrechen zu begehen, hat er gesagt, daß jedermann davon gesprochen, und daß man ihm gesagt: Den König umbringen, damit hätte das alles ein Ende; und daß ein gewisser Gautier, ein Geschäftsmann, wohnhaft bei Monsieur de Ferrières, rue des Maçons, solche Reden seinerzeit geführt.

Befragt, wo er denselben gesprochen, hat er gesagt: ‚In der rue des Maçons, in Gegenwart des Sieur de Ferrières, seines Herrn.‘"

Dies war das erste Mal, daß er diese beiden Männer nannte. Augenblicklich wurden Beamte ausgesandt, um beide Männer herbeizuführen. Inzwischen wurde die Tortur fortgesetzt.

Beim vierten Keil schrie er auf: „O Herr des Himmels! Meine Herren!"

Weiter nichts. Es wurde der fünfte Keil, der erste der außerordentlichen Folter, hineingetrieben.

„Aufgefordert, seine Mitschuldigen zu nennen, hat er gesagt: Wie er des Glaubens gewesen, ein dem Himmel wohlgefälliges Werk zu verrichten, und alle Priester, die er im Palais gehört, hätten dasselbe gesagt.

Aufgefordert, die Namen dieser Priester zu nennen, hat er gesagt, daß er sie nicht kenne."

Es kam der sechste Keil an die Reihe.

„Hat man ihm vorgestellt, daß seine allgemeinen Ausrufungen zu nichts dienten, und daß er persönlich seine Mitschuldigen zu nennen habe, hat er gesagt: Er habe keine."

Der achte und letzte Keil.

„Befragt, wer denn mit seiner Geistesschwäche Mißbrauch getrieben und ihn verführt, das Verbrechen zu begehen, hat er gesagt, daß er es allein sei.

Hat man ihm vorgestellt, daß das garnicht sein könne; da hat er mehrmals aufgeschrieen: ‚Herr, mein Gott!'

Und auf den Wink, den uns die Gerichtsärzte und Chirurgen gegeben, daß der Verurteilte nunmehr in Gefahr für sein Leben sei, da die Folter schon einundeine halbe Stunde angedauert, ist er losgebunden und auf die Matratze gelegt worden.

Aufgefordert nochmals, die Namen derer zu erklären, welche ihn zu der Tat gereizt, hat er gesagt, daß es der benannte Gautier sei, rue des Maçons, und die anderen, die er reden gehört.

Nachdem ihm nun dieses Protokoll vorgelesen worden, hat er in allem, ernstlich ermahnt, dabei beharrt, daß es der Wahrheit gemäß sei, und hat nichts hinzufügen wollen, und hat erklärt, daß er nicht lesen und schreiben könne."

Gautier wurde vorgeführt. Man las ihm Damiens' Erklärung vor; er zeigte außerordentliches Erstaunen und leugnete alles entschieden. Da aber Damiens ebenso auf seiner Erklärung bestand, befahl die Untersuchungskommission sofort Gautiers Verhaftung.

Bald darauf ward auch Lemaistre de Ferrière eingeliefert. Dieser leugnete ebenso bestimmt, bei einem Gespräche gegenwärtig gewesen zu sein, das Gautier mit Damiens gehalten haben sollte. Da Damiens in bezug auf diesen schwankender zu sein schien, ließ die Kommission de Ferrières wieder los.

Noch hoffte man durch geistlichen Zuspruch von dem Zermarterten etwas zu erpressen. Der Pfarrer von Saint-Paul ward ihm zugeführt, und Damiens blieb mit ihm in der Folterkammer beinah eine Stunde allein. Alsdann ward er in die Kapelle der Conciergerie hinuntergeschafft und den Ermahnungen des theologischen Doktors der Sorbonne de Marcilly übergeben. Nach einer Stunde kam auch noch der Pfarrer von Saint-Paul zum zweiten Mal hinzu, um den geistlichen Zuspruch fortzusetzen. Hierauf heißt es im Protokoll:

„Und besagten Tages — 28. März 1757 — ein Uhr nachmittags, sind wir, unten benannter Protokollführer, in Beistand bemeldeter Gerichtsdiener des Hofes, in die Kapelle der Conciergerie hinabgestiegen; und nachdem wir uns bemeldetem Verurteilten genähert, haben wir ihn gefragt, ob er keine Aussagen weiter zu machen habe, und gesagt, daß bemeldete beauftragte Richter bereit seien diese entgegenzunehmen. Hat derselbe Verurteilte nur darauf erwidert, daß er keine Erklärungen weiter zu geben habe, als wovon ich dem Herrn Präsidenten und den Kommissaren bereits Meldung erstattet. Und nachdem ich darauf in die Conciergerie zurückgekehrt bin, um die Anordnungen zur Exekution zu erteilen, auch die Bitten gesungen und die Benediktion des heiligen Sakramentes in besagter Kapelle gegeben worden, wurde der Verurteilte an das Tor der Conciergerie geführt, allwo ich ihm das Urteil des Gerichtshofes, in Gegenwart des Volkes, vorlesen ließ, nachdem der Exekutor vorher mit lauter Stimme Achtung geboten. Von da ist er in einem Karren vor das Haupttor der Kirche von Paris geführt worden, und nachdem er angekommen und abgestiegen, hat er die Ehrenbuße getan und die Worte gesprochen, wie das Urteil sie festsetzt. Nachdem er dann wieder auf den Karren gestiegen, ist er auf den Grèveplatz geführt, wo ich wiederum das Urteil in Gegenwart des Volkes verlesen ließ. Und indem ich mich nochmals besagtem Verurteilten genähert, habe ich ihm gesagt, daß es jetzt Zeit sei, zu zeigen, daß er von den heilsamen Ratschlägen Vorteil gezogen, die die weisen Pfarrer und Doktoren dort in der Kapelle der Conciergerie ihm erteilt, indem sie ihm in seiner letzten Stunde beistanden; — daß für ihn, Verurteilten, der seine blutigen und mörderischen Hände an den Gesalbten des Herrn gelegt, an den besten der Könige, die grausamen Martern, deren Werkzeuge er jetzt vor sich sähe, kaum ausreichten, um der menschilchen Gerechtigkeit genugzutun; — daß die göttliche Gerechtigkeit ihm ganz andere größere und ewige Martern aufspare, wenn er in seiner hartnäckigen Weigerung verharre, seine Mitschuldigen anzugeben; — daß er endlich gestehen möge, um sein Gewissen zu entlasten, um Buße zu tun vor der Gerechtigkeit und der Wahrheit, und die Ruhe und den Frieden im Staate herzustellen, dessen Heil in der geheiligten Erhaltung Seiner Majestät bestehe. — Und habe ich ihm zu verstehen gegeben, daß der Herr Präsident und die Herren beauftragten Richter sich in das Stadthaus begeben, um seine Erklärungen entgegenzunehmen. Und da Verurteilter mir nun erklärte, daß er mit den Herren Präsidenten und Beisitzern zu sprechen habe, habe ich ihn vor sie führen lassen."

Schon seit mehreren Tagen hatte man für den großen Augenblick, in dem man seit hundertundfünfzig Jahren wieder einen Königsmörder in Paris zu Tode martern konnte, die Vorbereitungen getroffen. Auf dem Grèveplatz war ein Raum von hundert Fuß im Geviert mit Palisaden abgesteckt worden. Er hatte nur zwei Eingänge, einen in einer Ecke, durch den der Delinquent hineingebracht werden sollte; der andere, gleichfalls palisadiert, ging in das Stadthaus. Von innen und außen war dies Viereck stark mit Soldaten besetzt. An allen Zugängen zum Grèveplatz standen an den Straßenecken Abteilungen der Garde; desgleichen auf dem ganzen Wege von der Conciergerie nach der Notre-Dame. Überhaupt waren alle Plätze in Paris militärisch besetzt, um einem möglichen Aufstande vorzubeugen, der sich zugunsten des Mörders erheben könnte.

Im Stadthause saßen schon gegen drei Uhr nachmittags die Untersuchungskommissare mit den erwähnten Geistlichen. Sie ermahnten nun noch einmal den armen Sünder, den letzten Augenblick zu benutzen, um alles auszusagen, was er wisse. Ununterbrochen reichten ihm dabei die Doktoren der Sorbonne das Kruzifix, und er küßte es jedesmal mit Respekt.

„Und nachdem ihm nun der Eid abgenommen, daß er die Wahrheit sagen wolle, hat er gesagt: Er halte sich, um sein Gewissen zu entlasten, verpflichtet, zu erklären, daß er den Herrn Erzbischof beleidigt habe, daß dies ihm leid tue, und daß er ihn deshalb um Verzeihung bitte; daß er uns seine Familie empfehle, die ganz unschuldig sei. Zugleich verharrte er hartnäckig dabei, daß es weder ein Komplott gebe, noch daß er Mitschuldige habe. Und das ist alles, was er, wie er gesagt, uns zu erklären hatte."

Nachdem das Kollegium der Richter der Überzeugung geworden, daß es nichts mehr erpressen konnte, sandte es sein Opfer auf den Grèveplatz. Trotz aller Folterqualen war Damiens durch die vorangegangene und sie begleitende ärztliche Behandlung und körperliche Pflege so gekräftigt, daß dem Henker zu neuen Qualen ein menschliches Wesen überliefert wurde, das leiblich und geistig vollkommen für diese empfänglich war.

In einzelnen Schriften findet sich die Angabe, daß man Damiens beim Hinuntersteigen vom Stadthause einen Becher mit schnell wirkendem Gifte auf das Treppengeländer gestellt habe. Wer die Wohltäter gewesen, wird nicht gesagt. Der Vorwand war: Ein letzter Labetrunk vor dem letzten Gange. Er verstand den Liebesdienst nicht und ging vorüber. In den aktenmäßigen Mitteilungen ist nichts vermerkt.

Damiens mußte am Fuße des Schafotts noch eine geraume Zeit warten. Der Scharfrichter war mit seinen Vorbereitungen noch nicht ganz fertig. Es kostete ihn einige Tage Gefängnis.

Das Schafott selbst war 8—9 Fuß — nicht ganz 3 m — lang und breit, etwa 3½ Fuß — 1 m — über der Erde in der Mitte des Platzes erbaut.

Als man den Delinquenten entkleidete, will man bemerkt haben, daß er alle seine Glieder mit Aufmerksamkeit betrachtete. Festen Blickes sah er sich nach der Menge des Volkes um, das den Platz, die Fenster und die Dächer füllte.

Mit Eisenringen an Armen und Schenkeln wurde er von den sechs Henkern auf das Schafott befestigt.

Der Scharfrichter mußte Schweigen gebieten, worauf dem Volke noch einmal das Urteil verlesen wurde.

Als Damiens die Hand in der vorgeschriebenen Weise abgebrannt wurde, stieß er einen so fürchterlichen Schrei aus, daß man ihn in den entferntesten Gassen hörte. Einen Augenblick darauf hob er den Kopf und betrachtete eine Weile die brennende Hand, ohne doch seinen Schrei zu erneuern, auch ohne Verwünschungen oder Bitten.

Es heißt ferner im Protokoll:

„Da haben wir uns dem Verurteilten genähert und haben ihn von neuem ermahnt, seine Mitschuldigen anzugeben, und haben ihm zu verstehen gegeben, daß die Herren Präsidenten und Kommissare des Hofes sich gern bereit finden würden, seine Aussage entgegenzunehmen, wenn er solche zu machen hätte. Welcher Verurteilte uns aber erklärt, daß er keine Mitschuldigen habe, auch keine weiteren Erklärungen zu machen. Im selben Augenblick wurde besagter Verurteilter an den Brustwarzen, Armen, Schenkeln und Waden gezwickt und auf die bezeichneten Stellen demnächst geschmolzen Blei, kochendes Öl, brennendes Pech, Wachs und Schwefel, zusammengeschmolzen, geträufelt, während welcher Leiden der Verurteilte zu mehreren Malen geschrieen hat: ‚Mein Gott! Kraft, Kraft! — Herr, habe Mitleid mit mir! — Herr, mein Gott, was ich leide! — Mein Gott, schenke mir Geduld!'

Bei jedem Zuschnappen der Zange stieß er einen Schmerzensschrei aus; aber wie er beim Verbrennen der Hand getan, betrachtete er darauf jedesmal die Wunde, und der Schrei hörte auf, sobald die Zange zurückgezogen war."

Endlich schritt man dazu, die Arme, Beine und Schenkel an die Pferde zu befestigen. Diese Vorbereitung dauerte lange. Da die notwendigerweise fest geschnürten Stricke in die frischen Wunden schnitten, entlockte ihm das neue Schmerzenslaute. Dennoch hinderte dies den Unglücklichen nicht, sich immer mit derselben Neugier zu betrachten.

Die gepeitschten Pferde zogen an. Es war der entsetzlichste Schrei, den man aus dem Munde des Opfers gehört. Die Glieder wurden zu einer unglaublichen Länge gedehnt; aber sie rissen nicht. Die Tiere waren jung und stark, eigens dazu ausgesucht, aber obwohl sie sich mehr als eine Stunde bemühten, wollte der Körper nicht auseinander. Nun spannte man sechs Pferde vor. Auch dies war vergeblich.

Da traten die Ärzte und Wundärzte zusammen und erklärten, die Kraft der Pferde würde die Glieder ins Unendliche und Unförmliche recken und dehnen, ohne daß sie doch stark genug wären, ihn wirklich auseinanderzureißen, falls man sich nicht entschließe, die Hauptsehnen zu durchschneiden.

Präsident und Kommissare traten zusammen und berieten. Das Gutachten der Ärzte war nicht zu widerlegen. Zudem wurde es schon dunkel. Es war ein Schauspiel, das jeder sehen sollte, zur Abschreckung und Warnung; in der Nacht hätte man das nicht vermocht. Sie erteilten also den Befehl, mit Stahlmessern die Trennung zu erleichtern. Darauf zerschnitt man die Sehnen an den Schultern und Hüften.

Damiens war noch nicht tot. Seine gläsernen Augen stierten auf die neue Operation. Er behielt noch das Bewußtsein, wird uns berichtet, bis die beiden Schenkel und ein Schultergelenk durchschnitten waren. Zum Schreien schien ihm die Lungenkraft ausgegangen zu sein. Man spannte die Pferde an, und zuerst löste sich ein Schenkel. Das Volk klatschte in die Hände. Erst bei der Trennung des zweiten Armes vom Rumpfe verschied er.

Das Protokoll schließt:

„Zogen darauf die Pferde, und nachdem sie mehrmals angespornt, ist er zerrissen worden, und nachdem seine Glieder und der tote Rumpf auf den Scheiterhaufen geworfen worden, haben wir den Herren Präsidenten und Kommissaren Meldung hiervon erstattet und sind auf besagtem Grèveplatz bis zur vollkommenen Vollstreckung des Urteils geblieben. Und dieses ist das Protokoll, das von uns über besagte Hinrichtung aufgenommen ist. Geschehen am Tage und Jahre wie oben, und von uns unterzeichnet. Lebreton."

So mußte Robert François Damiens sterben, weil er einen König mit einem Federmesser geritzt hatte.

Noch unerhörter als die grauenhafte Hinrichtung dieses Halbnarren waren die Begleiterscheinungen, die sich während ihrer abspielten. Ein Anonymus schreibt:

„Der Zusammenfluß von Menschen in Paris an diesem Tage war unbeschreiblich. Die Bewohner der benachbarten Dörfer und der entfernten Provinzen, sogar Ausländer waren wie zu der glänzendsten Lustbarkeit herbeigekommen. Nicht allein die Fenster nach dem Gerichtsplatze zu, sondern auch die Dachfenster und Bodenluken wurden mit rasenden Preisen bezahlt; Kopf an Kopf war auf den Dächern zu sehen. Am meisten erstaunt man über die hitzige Begierde der Frauenzimmer, die sonst so gefühlvoll, so mitleidig sind, diesem gräßlichen Schauspiel nachzugehen, sich daran zu weiden und es mit all seiner Schrecklichkeit bis ans Ende

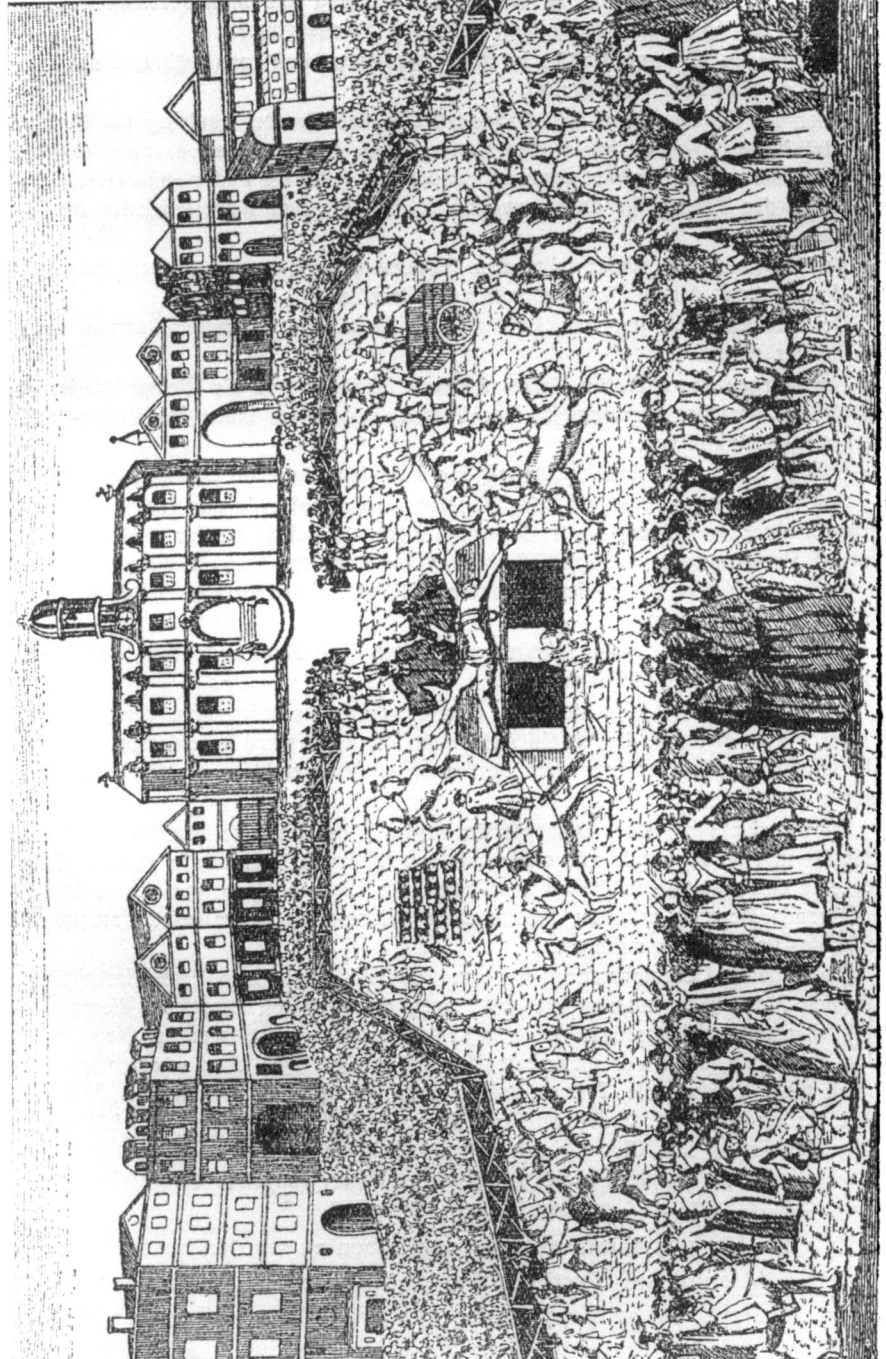

Abbildung 14: Damiens' Hinrichtung. Nach einem unbekannten Stecher

tränenlos und ohne Rührung zu betrachten, während alle Mannspersonen schauderten und ihr Gesicht wegwandten." (Mouffle d'Angerville.)

Madame du Hausset erzählt in ihren Memoiren, daß man während der Hinrichtung gespielt habe. (Barthold.)

Aber das Schauerlichste teilt Casanova mit, der für drei Louisdor ein Fenster gemietet hatte. Was er im dritten Bande seiner Erinnerungen darüber erzählt, nochmals hier wiederzugeben, dagegen sträubt sich selbst die Feder eines Geschichtschreibers der Tortur, die doch gewöhnt ist, Greuelszenen fürchterlichster Art zu erzählen.

Und Ludwig XV. selbst teilte den fremden Gesandten mit großem Behagen alle Einzelheiten „der Hinrichtung seines Mörders" mit.

Bei Nachtanbruch war das Schauspiel zu Ende. Die Zuschauer konnten noch ins Theater gehen.

Am Morgen des nächsten Tages, um neun Uhr, sah man die Richter wieder in der Grande chambre versammelt. Der Protokollführer las ihnen das Folter- und Exekutionsprotokoll vor.

Darauf ward das Urteil bezüglich der Familienmitglieder Damiens gefällt.

Sein Vater, seine Frau und seine Tochter wurden auf ewig aus dem Königreich verbannt unter Androhung der Todesstrafe, wenn sie sich je wieder blicken ließen. Der alte Vater um den verlorenen Sohn, das Weib um den Mann, der sie verlassen, die Tochter um den Vater, den sie kaum gekannt, verdammt, am Bettelstab über die Grenze zu wandern.

Seine Brüder und seine Schwestern mußten ihre Namen ändern; das Haus, wo er geboren, ward niedergerissen.

Dann beschäftigte man sich mit Gautier, dem Geschäftsmann, den Damiens auf der Folter genannt. Durch ein Arrêt vom 23. April ward beschlossen, daß ein Jahr hindurch gegen ihn inquiriert werden solle. Währenddessen sollte er im Gefängnis bleiben.

Ein Geschichtschreiber, Dampmartin, sagt: „Diese traurige Angelegenheit des Attentats machte im Lande nur einen mäßigen Eindruck. Der König, tief gekränkt über eine Gleichgültigkeit, die so sehr gegen die Liebe abstach, von der er früher so rührende Beweise erhalten, bekam einen Widerwillen gegen seine Untertanen, die er des Leichtsinnes anklagte."

Ein anderer Geschichtschreiber sagt: „Überall fragte man nach Neuigkeiten über den Monarchen, man wollte gern auch die kleinsten Umstände dieses unglaublichen und unglückseligen Vorfalls kennenlernen; aber es war nur Neugierde, keine Teilnahme. Man war mehr betroffen als betrübt. Das Herz wurde von dem Vorfall nicht berührt, die Tränen flossen nicht, die Kirchen waren leer. Welche Lehre für Ludwig XV., wäre er für solche zugänglich gewesen, und hätte die Schmeichelei nicht sein Ohr vor den wahren Gefühlen seines Volkes verschlossen! Vom Messer eines Damiens nicht getroffen, mußte er, von einer seiner Odalisken im Hirschpark angesteckt, an den Pocken sterben."

Es war dies, wie kaum erst hervorgehoben zu werden braucht, nicht das letzte Attentat auf fürstliche Persönlichkeiten und nicht der letzte Königsmörderprozeß in Frankreich. Die nachfolgende Zeit hat bis zu dem 1870 erfolgten Ende der Monarchie in Frankreich eine stattliche

Reihe solcher Vorkommnisse zu verzeichnen. Ob und in welcher Weise auch bei diesen die Tortur zur Erzwingung von Geständnissen angewandt wurde, ist freilich unbekannt geblieben; von der Hand zu weisen sind aber solche Vermutungen nicht. Der Tod Pichegrus z. B., der sich 1803 mit Cadoudal zur Ermordung Napoleons I. verbunden hatte und am 28. Februar 1804 im Gefängnis erdrosselt aufgefunden wurde, läßt annehmen, daß selbst nach der vielgepriesenen großen Revolution von den Machthabern in Frankreich keine Mittel gescheut wurden, die geeignet schienen, gefährliche Feinde zu beseitigen oder von Verdächtigen oder Beschuldigten die Nennung ihrer Mitschuldigen und noch andere Angaben zu erzwingen.

Achtzehntes Kapitel
Das siebzehnte Jahrhundert
Tortur in Deutschland

Wenden wir uns wieder der Betrachtung der Torturverhältnisse Deutschlands im Ausgang des sechzehnten Jahrhunderts zu. Wenn hier auch die Carolina nur in beschränktem Maße zur Geltung kam, so diente sie doch zumeist als Norm für die zahlreichen Schriften, die in der nun literarisch und wissenschaftlich reger gewordenen Zeit erschienen, zumeist von Juristen verfaßt, die es für nötig hielten, auch zu dem peinlichen Verfahren ihr Licht leuchten zu lassen. So manches, was uns da breitspurig mitgeteilt wird, ist allerdings überflüssige Wiederholung bereits bekannter und bis zum Überdruß erörterter Dinge, Flachheiten, die nicht verdient haben, künftigen Tagen überliefert zu werden; manches aber ist wiederum recht gut geeignet, Zeit und Verhältnisse in dieser Beziehung zu charakterisieren, uns Aufklärung über die Anwendung des peinlichen Verfahrens, besonders der damit verbundenen Tortur zu geben. Einige Schriften dieser Art besitzen wir von dem Rechtsgelehrten Abraham Saur; etliche Stellen aus ihnen seien angeführt. Der Titel der ersten dieser Schriften lautet:

„Peinlicher Proceß Das ist: Gründtliche vnd rechte Vnderweysung Wie man in Peinlichen Sachen heutiges tages nach allgemeinen Geistlichen vnd Weltlichen Rechten, Auch nach etlichen besonder verordneten Gewohnheiten, Opinionen, Reichs vnd Landtsordnungen, etliche Mündtliche vnd Schrifftliche Producta, vnd Receß halten, stellen, schreiben vnd prociren sol... Durch den Ehrnhafften, Wohlgelehrten, vnd Rechts erfahrnen M. Abraham Sawrn, Hessischen verordneten Procuratorem &c. beschrieben, vnd zum Vierdten mal Correct an Tag geben 1593."

Als Muster von Nebenurteilen finden wir angeführt:

Beiurteil.

„In der fiskalischen Sachen wider N. N. von N. den Beklagten, erkennen die Schöpffen dieses fürstlichen Halsgerichts, daß Beklagter nach Gestalt der Sachen argwöhnig und verdächtig, und deswegen mit peinlicher Frage anzugreifen sei, in Maßen sie den B. (Beklagten) mit diesem ihrem Urteil zur peinlichen Fragen weisen und erkennen. Actum 3. September Anno &c. 74."

Ein anderes Beiurteil.

In der peinlichen Rechtfertigung zwischen dem Fürstlichen Hessischen Fiskal als Ankläger an einem, und Hans N. von Nordenstett, Beklagten andernteils, erkennen die Schöpffen des peinlichen Halsgerichts auf die bis anhero gepflogene Gerichtshandlung und geführte Beweisung, daß er, der B., mit peinlicher scharfer Fragen um Erkündigung der Wahrheit anzugreifen, und vermittelst derselben auf die Klage zu fragen sei, wie ihn dann Richter und Schöpffen dazu hiermit schuldig erkennen. Pronunc. 9. die May, Anno &c. 72."

Ein anderes, de repetitione torturae.

„In peinlicher Sachen Fürstlichen Hessischen Fiskals Anklägers in einem, entgegen und wider N. N. den Beklagten am andern Teil, erkennen die Schöpffen dieses hohen peinlichen Gerichts auf alles Vorbringen, auch heut getanen Rechtssatz zu Recht, daß Beklagter, weil er seine vorige Verzicht revocirt, auch wankelmütige und unbeständige Rede von sich gibt, abermals zur Erkündigung der Wahrheit, mit scharfer, strenger Frage anzugreifen sei, wie dann ermelte Schöpffen tuen den B. abermals hiermit zu scharfer peinlicher Frage verdammen, von Rechtswegen. Public. 19. May, Anno &c. 86."

Als generalia quaedam indicia (einige allgemeine Verdachtsmomente) werden angeführt:

1. Als wenn einer begangener Missetat halber angeredet wird, und er mit seiner Rede in der Antwort erzittert, erbleicht und die Augen niederschlägt.
2. Item, wenn einer an gefährlichen Orten zu der Tat verdächtig gefunden und betreten wird.
3. Item, wenn die verdächtigte Person in der Nacht gleich dem Täter gesehen und geredet hätte.
4. Item, wenn die verdächtigte Person auf die beschädigte Person Drohworte geführt, dieselbe auch habe vollbringen können etc.
5. Item, wenn die verletzte Person jemand der Missetat selbst geziehen, darauf gestorben oder bei dem Eid beteuert hätte.
6. Item, wenn sich einer der Missetat gerühmt hätte.
7. Item, wenn einer der Tat bekenntlich gewesen und flugs wieder geleugnet hätte.
8. Item, wenn einer auf Aufforderung der Obrigkeit ungehorsam ist.
9. Item, wenn sich einer verbirgt und in die Flucht begibt.
10. Item, wenn die Tat durch einen glaubwürdigen Zeugen bewiesen wird.
11. Item, wenn die verdächtigte oder besagte Person also argwöhnig sei, daß man sich der besagten Missetat wohl zu ihr versehen möge, so mag man dieselbe (wo dagegen nicht redliche Entschuldigung vorgewandt werden) gefänglich annehmen und peinlich fragen. Doch merke, daß dieser XI jetzt erzählten argwöhnigen Stücke, keins allein zur Tortur genügsam sei, wo ihrer nicht etliche zusammen concurriren, iuxta versiculum: Et si non prosunt singula, multa iuuant.

Apud nos in Hassia talis observata consuetudo: Wenn B. auf vorgehende redliche Anzeigung per sententiam iudicis wirklich ist ad torturam condemnirt worden, so unterstehen doch die Indices ante torturam im Beisein des Scharfrichters, den B. mit Drohung der Tortur erstlich gütlich zu fragen, ob vielleicht er also zu gewinnen wäre etc. und man der peinlichen Frage nicht bedürfe . . . Wo er aber nicht wäre zu gewinnen, so wird er nach ausgesprochenem Beiurteil aufgezogen, peinlich verhört und seine Aussage wird auch damals beid gütlich und peinlich geschehen, eigentlich notirt und aufgeschrieben, in Verfassung des Urteils sich haben danach zu richten.

Ferner erfahren wir: „Die peinliche Frage soll nach Gelegenheit des Argwohnes der Person viel, oft, oder wenig hart oder linder, nach Ermessen eines vernünftigen Richters gebraucht werden. Und soll die Aussage des Gefragten nicht angenommen oder aufgeschrieben werden, so er in der Marter, sondern soll seine Aussage tun, so er von der Marter gelassen wird. — Der Richter soll dem Gefangenen, welchen er peinlich fragen will, nicht vorsagen, ob er die Tat also, nämlich auf dem oder dem Weg etc. habe ausgerichtet, da solches mehr instruirt denn gefragt heißt, sondern soll in genere (allgemein) fragen, wie die Sache geschaffen, wie es zugegangen. Die peinliche Frage hat nicht allein in peinlichen, sondern auch etwan in bürgerlichen Fällen und Händeln, wo man die Wahrheit sonst nicht erkünden kann, statt und Platz.

Welche Personen nicht sollen torquirt werden: Erstlich werden die Minderjährigen ausgenommen, welche die Rechte nicht wollen peinlich gefragt haben, wenn sie unter vierzehn Jahren sind. Doch mag man sie wohl bedrohen, auch wohl mit Ruten bestreichen. Ja, ich wollte, daß man diese Plage mit Ruten, als die dem Leib weniger Schaden tut und welche, ich weiß durch Erfahrenheit, daß sie gemeiniglich zu Bekenntnisse mehr als andere gütliche Peinigung ausgerichtet, vor andern Dingen versucht, so es von Nöten ist und man sonst die Wahrheit nicht erfahren kann.

Fürs andere werden alte abgelebte Leute bedacht und mit der peinlichen Frage verschont. Und heißen solche Alte decrepiti, die „auff der Gruben gehen" und des letzten Alters sind.

Zum dritten, die in hohen Ämtern sitzen, als die Landrichter, Ritter, Ratsherren, Schöppen und dergleichen und ihre Kinder. Doch werden diese in etlichen Fällen, als in crimen laesae Majestatis (Majestätsverbrechen) und wenn sie Verräter sind des Vaterlandes etc. nicht verschont, sondern müssen auch herhalten.

Zum vierten soll man auch schwangere Weiber mit peinlichen Fragen verschonen, so lang, bis sie der Frucht entledigt werden.

Zum fünften soll man die peinliche Frage nicht vornehmen in notoriis et manifestis delictis. Et torqueri non debet, contra quem sunt plenae probationes (in offenkundigen, handgreiflichen Verbrechen). Sondern es mag der Richter ohne Solennitäten des Prozesses et sine Indicii strepito (lautes Verhör) wider den Täter mit der Strafe fortfahren. Und der Sachs spricht: „Wen man in handhafter Tat ergreift, über den soll man also bald richten."

Wie wenig dergleichen immerhin menschlich zu nennende Regeln beachtet wurden, ist aus den überlieferten Akten und Berichten zur Genüge zu ersehen.

In einem anderen Werke desselben Verfassers, „Straffbuch", gegen

Schluß „folget ein nützlicher Tractat von den scharpffen Fragen, wie darinn sich ein Richter halten sol, auff daß er jar in der Sach nicht zu viel oder zu wenig thue, etc. Auß den Doctoribus gezogen". Die Vorrede schließt: „Actum Marjury, den 1. Augusti Anno 1579." Von den eingestreuten Quellennachweisen im Text sehen wir ab.

Der Verfasser stellt zwölf Fragen auf, die er in folgender Weise zugleich beantwortet:

Zu der ersten Frage, wie der Anfang der scharfen Frage sein soll, und ob die ohne Vermutung geschehen mag, ist nach Ordnung der Rechten zu antworten: Auf daß ein Richter zu der scharfen Frage greifen mag, ist von Nöten, daß zweierlei vorhanden sei: Zu dem ersten, daß die Wahrheit der Tat, darum einer befragt wird, sonst ohne Bezwang des Leibes durch Beweisung oder andere Wege nicht möge an Tag geführt werden. Denn die scharfen Fragen sind allein zu einer Hilfe und Steuer in Mangel der Wahrheit erfunden, und darum, wo die durch andere Wege mögen erkundet werden, hat diese Frage kein statt. Zu dem andern, auf daß ein Richter zu der scharfen Frage greifen mag, ist von Nöten, daß vor dieser Tat, darum der Gefangene soll gefragt werden, genugsame Anzeigungen und Vermutungen wider ihn gehen, die den Richter zu der Frage ursachen mögen. Denn das Recht ordnet, daß kein Richter einen zu der scharfen Frage ziehen mag, es ziehen ihn denn die Vermutung dazu. Hieraus folgt, daß sich ein Richter wohl vorsehe, daß er keinen peinigen lasse, wo die Tat beweislich ist, oder wo genugsame Vermutungen nicht vorhanden sind, denn sonst wird er sträflich, wie hier unten in der letzten Frage zu sehen steht.

Zu der anderen Frage, was und wie viel Vermutungen sich zu der scharfen Frage gebührt und wie die geschickt sein sollen zu antworten: Die Rechte und Doctores sagen, daß zweierlei Vermutungen sind. Einesteils sind sie gewiß und unzweifelhaftig, andernteils ungewiß und zweifelhaftig. Von den ersten Vermutungen zu sagen, als den ungezweifelten und gewissen, die derselben also genannt werden. Nachdem die Rechte bewähren und approbiren, die da wollen, daß durch diese Vermutung nicht allein ein Richter mag zu dieser scharfen Frage greifen, sondern auch den Beklagten dadurch endlich verurteilen, das dann mehr ist.

Zu der dritten Frage, wie die scharfe Frage geschehen und der Richter für eine Ordnung darin halten soll, wenn er ihrer viel zu fragen hat: Hierauf ist zu antworten, daß die scharfe Frage soll geschehen mit Maß und Vernunft. Welche Maß und Vernunft ein jeglicher Richter bei dreien Dingen und Sachen halten und betrachten soll. Erstlich soll ein jeder Richter bedenken, ob die Sache, darum gefragt werden soll, groß oder klein ist, denn die Frage wird härter in einer peinlichen großen, schweren Sache, als in einer kleinen, leichten. Und schwerer wird gefragt vom Todschlag, als von Dieberei, und schwerer in der Lästerung kaiserlicher Majestät, als in einem Falsch, und schwerer wider einen Räuber, als wider einen Dieb etc. Zum andern soll in der scharfen Frage der Richter ansehen die Eigenschaft der Person, die gefragt werden soll. Denn härter zu fragen sind die eigen Knechte und harte Leute, als die, die freien und subtilen Leibes sind. Und härter ist zu fragen eine schnöde Person, als ein ehrlicher Mann. Und das wird mit Recht eine leichtfertige Person genannt, die eine merkliche Übertretung und Missetat vollbracht hat. Zum dritten soll ein Richter in der scharfen Frage auf die Schärfe an ihr selbst Achtung haben. Also wo er merkt, daß eine geringe, kleine Frage genug ist, soll er der schwinden und harten nicht gebrauchen. Denn als das Recht sagt, daß eine kleine Frage sei keine Frage, also ist auch ein klein Fieber kein Fieber. Also daß ein Richter bei den Fragen ein subtiles und fleißiges Aufsehen haben soll, und also auch einen Unmündigen ehe nur mit einer Rute stäupen, denn daß er die Schärfe an ihm gebrauchen lasse, und wird also in des Richters Erkenntnis die Mäßigung der scharfen Frage gänzlich gesagt.

Aber auf dem andern Punkt dieser Fragen, was für eine Ordnung der Richter halten soll, wenn ihrer zu viel zu fragen sind, an welchem er anheben soll etc. Darauf ist zu antworten: wenn ein Richter viel Übertreter in einer Mißhandlung sitzen hat, soll der Richter an dem Übertreter am ersten mit der Frage anfangen, von welchem er sich vermutet, am ersten die Wahrheit zu erkunden. Hat aber der Richter diese Vermutung nicht, und weiß von ihrer einen nicht mehr als vom andern die Wahrheit zu erfahren, so soll er am ersten den Anfang machen an dem, der in der Übertretung am größten verdächtig ist. Wo aber die Gefangenen einer nicht mehr noch weniger als der andere dem Richter verdächtig, so soll er anheben bei dem Schwächsten. Und so Vater und Sohn zugleich sitzen, soll er am Sohn anheben, in Gegenwart des Vaters, der da mehr für den Sohn fürchtet, als für sich selbst. Wo Mann und Weibsbild zugleich sitzen, soll ein Richter erstlich am Weib lassen anfangen. Das Weib ist schwächer zu tragen die Schärfe als der Mann.

Und wiewohl zu Zeiten Weiber gefunden werden, stärkerer Natur als die Männer, zur Zeit, da Nero regierte, ist ein Weib, Epiteris genannt, gewesen, die hat der Richter mit keiner Marter überwinden können. Aber dies geschieht selten, und die Rechte appliciren sich auf die Fälle, die gemeiniglich und nicht selten geschehen. Und bei der Auflegung der scharfen Frage sagt Baldus in einem Ratschlag, den er über diesen Fall die Zeit einem Herzog von Mailand gemacht hat, daß es gut und nützlich wäre, so der Richter ein Arzt auch wäre, oder Ärzte bei sich hätte, die der Leute Complexion erkennen, damit der Richter wüßte, wenn er hart oder lind fragen lassen sollte.

Zu der vierten Frage, ob der Richter die scharfe Frage möge erneuern lassen, also, wo er einen hat gefragt, der da nicht bekennet, ob er ihn um dieser Tat willen von neuem möge fragen lassen: hierzu ist zu antworten, daß die Doctores halten, so einer einmal genugsam gefragt wurde, soll er ohne neue Vermutung und Anzeige nicht weiter gefragt werden.

Das ist zu merken wider die ernste Richter, die täglich peinigen und die Fragen erneuern und haben dazu keine neue Indicien noch Vermutungen. Denn um jegliche scharfe Frage, die ein Richter aus Betrug und ohne Ursach vornimmt, hat er sein Haupt verloren.

Und wiewohl etliche Lehrer sagen, daß die Richter solches in Ordnung nicht halten, sondern sie pflegen die Fragen nach ihrem Gefallen zu erneuern. Dawider sagt Angelus: daß die Richter übel daran tun und mögen der Strafe hierin nicht entgehen. Und vermahnt einen jeden Richter, daß er ja sorgfältig sei und die Frage ohne neue Vermutung nicht vornehme. Welches aber in diesem Falle eine Vermutung genannt wird, sagen die, die mit den ersten Vermutungen, auf welchen der Richter gefragt, nicht übereinkommen, sondern von denselben ganz gesondert sind. Also wo einer auf einen Todschlag, den er sollte begangen haben, darum befragt und der Richter hätte dazu die Vermutung gehabt, daß der diese Zeit des

Mordes im Hause entgegen gewesen, oder daß wider ihn ein Gerücht gegangen, daß er den Mord sollte getan haben, daß dann der Übeltäter auf diese Vermutung in der Frage nichts bekannt, weshalb der Richter mit der Frage abgelassen, und hernach dem Richter dieses Todschlags halben neue Vermutungen kommen, also daß er Feindschaft mit dem Ermordeten gehabt und sei mit einer mörderlichen Wehre gesehen worden, welche Vermutung mit dem ersten nicht übereinkommen, und möchte also ein Richter aus Kraft dieser neuen Vermutung von neuem um den Todschlag fragen.

Und auf den Fall, wo ein Richter einen um Missetat auf etliche Vermutung genugsam befragt, der nichts bekannt und ihn der Richter nicht weiter fragen darf, nachdem er neue Vermutung nicht hat, läßt aber den im Gefängnis liegen, giebt ihm weder Essen noch Trinken und will ihn also verderben, ob das nicht für eine Marter und scharfe Frage erachtet werde. Also wo er etwa darin bekennt, daß es ihn möchte schaden: Dazu sagen die Doctores, daß ihn solche Bekenntnis nicht schädigt, es sei denn, daß er darin verharret nach der Quälung des Hungers und Durstes. Und tun übel diese Richter, die den Gefangenen gesalzenes Fleisch zu essen und dabei nichts zu trinken geben, denn damit peinigen sie den Beklagten und wird nicht anders erachtet, als ob sie von neuem und ohne Vermutung die Frage erneuerten. Und sind also dieselben Richter verpflichtet und sollen gestraft werden. Dies ist zu vernehmen von der Erneuerung der scharfen Frage, wenn einer allzeit vor und nach der Frage Nein sagt.

Aber wenn einer in der Frage sich zu der Übertretung bekennt und nach der Frage Nein sagt, er habe das in der Marter bekennen müssen — ob in diesem Fall die scharfe Frage zu erneuern: Hierauf ist zu antworten, daß ein Richter in diesem Fall mag die Frage erneuern, denn das Bekenntnis, das in der Marter geschieht, gibt eine Vermutung, die eine halbe Beweisung wider den, der da bekennt, welche halbe Beweisung genugsam ist zu einer scharfen Frage, und mag also wieder aufs Neue befragt werden. Es wäre denn, daß Beklagter in seinem Bekenntnis geirrt hatte und diesen Irrtum bewiese, dann sollte er von neuem ohne neue Vermutung nicht gefragt werden. Und wenn er diesen Irrtum nicht bewiese und würde also aus Kraft des ersten Bekenntnisses abermals gefragt, und er abermals nach der Marter Nein sagte, er hätte es in der Marter bekennen müssen, dann halten etliche, daß ihn der Richter zum Dritten mal ohne andere neue Vermutung nicht soll fragen.

Und soll also der Beklagte mit Gelübden oder Bürgen losgegeben werden, als ob die Vermutung, worauf er befragt würde, aufgehoben und purificirt worden, oder soll von der Übertretung an ihr selbst durch ein Erkenntnis nicht losgegeben werden, denn es müßte sich mit der Zeit begeben, daß neue Vermutungen vorkämen, derenthalben er von neuem möchte befragt werden.

Zu der fünften Frage, ob ein Richter in einer Frage, zu der er Vermutung gehabt, mag nach anderen Übertretungen auch fragen, wozu er keine Vermutung hat? Hiezu sagen die Doctores, daß dieser Fall täglich vorkomme, daß einer aus Vermutung wird befragt und in der Marter die Übertretung der Dieberei oder anderes bekennt, und würde doch um andere Dieberei und Übertretung, die sich begeben auch gefragt, dazu der Richter keine Vermutung wider diesen hat, das soll nach Bewährung der genannten Lehrer nicht geschehen.

Ferner wird bemerkt, daß auch die Frage, ob gegen den die Tortur zur Anwendung gelangen darf, der von einem Torturierten beschuldigt

wurde, daß solches nicht zu geschehen hätte, auch wenn der nunmehr Beschuldigte von üblem Lebenswandel oder sonstwie im bösen Gerücht wäre. Allerdings folgt dann noch, es wäre denn, daß noch andere Vermutung vorhanden wäre, die die Beschuldigung ergänzte. Es wird überhaupt der Rat gegeben, bei der Folterung nicht nach Mitschuldigen zu fragen, ausgenommen in einigen Fällen, wie Straßenraub, im Auftrag anderer verübte Mißhandlung und dergleichen. Zu der sechsten Frage, ob ein Richter alle Personen befragen lassen dürfe, werden die bereits erwähnten Ausnahmen angeführt.

Zum siebenten, ob das Bekenntnis, das einer in der scharfen Frage tut, genugsam sei zu urteilen, daß darauf ein Richter urteilen möge? Hierzu ist zu antworten: daß das Bekenntnis, das in der scharfen Frage geschieht, wird in allem verglichen mit dem Bekenntnis, das da aus Furcht der scharfen Frage geschieht. Also wo der, der da gefragt werden soll, würde an die Leiter geführt und seine Hände auf den Rücken gebunden, und der Richter sagt es ihm, es sei denn, daß du bekennest, will ich von Stunde an den Scharfrichter über dich lassen. So einer in dieser Weise oder anderen, die der scharfen Frage nahe ist, befragt wurde und er also etwas bekennet, wäre solches Bekenntnis aus Furcht vor Pein geschehen und vergleichet sich mit dem Bekenntnis der scharfen Frage.

Zum achten, was für ein Recht und Wirkung das Bekenntnis der scharfen Frage hat und ob es andere beschädige? Hierauf ist zu antworten: wo einer sich zu einer Missetat bekennt, die da peinlich ist, tut er solches Bekenntnis außerhalb der scharfen Frage oder Furcht vor dieser, soll er aus Kraft solchen Bekenntnisses von dem Richter nicht bald verurteilt werden. Sondern der Richter soll ihn nach einigen Tagen von Neuem fragen, ob er noch bei seinem Bekenntnis bleiben will und wenn er Ja sagt, so wäre solches Bekenntnis genugsam zum Urteil.

Und darum sagen etliche, daß das Bekenntnis außerhalb der Marter in peinlichen Sachen unterschiedlich mit dem, das da geschieht in bürgerlichen Sachen, da es bald angenommen und darüber geurteilt wird. Und wiewohl der benannte Doktor — Albert von Gent — an der genannten statt mehr diesen Weg hält, wo einer in peinlichen Sachen außerhalb der scharfen Frage bekennt, daß er ohne weitere Frage möge verurteilt werden. Dennoch ist dem Richter nicht unbequem den ersten Weg zu halten, weil der der sicherste ist. Aber so einer in der scharfen Frage oder aus Furcht davor in peinlichen Sachen bekennt, dem würde solch Bekenntnis wo stund zu dem Urteil nicht genugsam, der Beklagte bliebe denn in solchem Bekenntnis beharren. Davon ist in der nächsten Frage hieroben gesagt. Ob aber solches Bekenntnis auch andere möge schädigen? Oben in der fünften Frage wird von dem Bekenntnis gesagt, das da geschieht aus der Frage, die ein Richter nicht hätte stellen sollen, allhie von dem wozu der Richter Vermutung gehabt. Hierzu ist zu sagen: So einer nicht um ein Tun, daß er selbst soll begangen haben, auch sonst von seinen Gesellen, sondern sonst von andern befragt würde, wo nun bei diesem Bekenntnis andere Vermutungen sind, so mag der Richter den, auf den bekannt ist, fragen lassen. Denn das endliche Bekenntnis ohne andere Vermutung ist nicht genug zu der Frage. Wenn aber einer um sein Eigentum und Mißhandlung, wovon er wissen müßte, befragt würde, der soll über anderes, besonders über seine Mithelfer nicht befragt werden. Denn so das also mit der Tat geschähe, oder auf einen andern nicht befraget würde, und gleichwohl auf einen andern bekennet, dann hätte dieses Bekenntnis nicht auf ihm, ausgeschlossen in etlichen Fällen, wovon hier oben in der fünften Frag gesagt ist.

Frage neun erörtert, in welchen Sachen ein Richter peinlich fragen darf. Es werden die bereits bekannten Ausnahmen und Zulässigkeiten angeführt. Merkwürdig ist die Erörterung, „ob diese Frage auch zu einer Peen und nicht allein zur Erforschung der Wahrheit geschehen mag? Daß, wiewohl die scharfe Frage am meisten um Erforschung der Wahrheit erfunden ist: Doch dennoch dieselbe auch zu einer Peen geschehen mag. Also wo dem Richter die Übertretung offenbar ist, läßt er den Übertreter darum an einer Leiter oder sonst bei den Corden aufziehen."

Zum Zehnten, ob auch einem Richter zieme besondere Erforschung und Experiment bei dem Befragten zu haben, so auch zu fürchten sei, daß der Tod daraus erfolgen möchte? Hierauf ist zu antworten: Wo ein Richter wider den Übertreter genugsam Erforschung hat des Todes, ob er nun mit ihm eine weitere Erforschung in derselben Übertretung wider andre haben will und derselbe, der sonst des Todes schuldig, ehe er rechtlich verurteilt wird, stirbt, ist der Richter des ohne Wandel. Also wo der Richter bei dem Befragten findet, daß er des Todes würdig, der in fernerer Frage auf etliche tapfere Leute bekennet, und doch der Richter nicht gewiß ist. Auf daß er auf die Wahrheit käme läßt er den Befragten zum Schein zu Tod verurteilen und an das Gericht führen und fragt ihn ob er, da er nun sterben muß, die rechte Wahrheit sagen wolle? Wo nun der B. aus Furcht des Todes stürbe, als zu Zeiten erfahren wird, ob er gleich zum Tod rechtlich nicht verurteilt, sondern nur, daß er in letzten Nöten die lautere Wahrheit sage, wäre darum ein Richter nicht zu strafen.

Die elfte Frage behandelt die Verpflichtung „durch Pakt oder Kontrakt" sich selbst der Folter zu stellen. Die zwölfte und letzte Frage beschäftigt sich mit den Strafen, die den Richter treffen, der ohne Ursache oder zu hart fragen läßt. Die Beantwortung entspricht den in der Carolina, Artikel 61 und 99, gegebenen Vorschriften.

Wie aus all diesen klugen und geklügelten Vorschriften zu ersehen ist, war der richterlichen Willkür genügender Spielraum gelassen. Trotzdem aber wurden die meisten dieser und anderer dem Gesetze entsprechenden Regeln nur gehalten, wenn es dem Richter eben beliebte.

Der „ehrenhafte, wohlgelehrte und rechtserfahrene M. Abraham Sawr, Advokat und Hofgerichtsprokurator zu Marpurg in Hessen", hat uns neben seinen eigenen strafrechtlichen Schriften auch einige Übersetzungen und Bearbeitungen hinterlassen, darunter auch: „Torturalis Quaestio", das ist: Gründtliche und rechte Vnderweysung von Peinlichen Fragen usw. Gedruckt zu Franckfurt am Mayn, durch Nicolaum Basseum M.D.XCIII (1593).

In diesem Werke wird von den Kriegsleuten bemerkt:

Was nun die Kriegsleute dieser Zeit anlangen tut, so einer fragt, ob dieselben auch mögen mit peinlicher Frage angegriffen werden, wird geantwortet, ja. Denn dieweil sie jezt den alten Kriegsbrauch nicht halten und sich weder mit Leben oder nach Kriegshandlung wie die Alten erzeigen, derwegen sie auch der Privilegien, so von Alters her die Kriegsleute gehabt, nicht zu erfreuen haben.

Dieweil ich aber eben auf die Kriegsleute kommen bin, muß in ein wenig klarer hierher setzen, was Oldendorpius, ein berühmter Jurist, davon schreibt und hält, und was sie für Privilegien haben.

Und ist zu wissen, daß die alten Gesetzgeber die Kriegsleut nicht vergebens für anderes bedacht haben, dieweil sie durch ihre große Mühe und Kriegsarbeit, auch ihre teure Mannheit das gemeinsame Vaterland vor den ausländischen Feinden beschützen müssen, und deswegen mehr auf ihre Kriegsrüstung und -Übung, als auf die Wissenschaft des Rechts haben Acht geben müssen. Da sie nun heutigen Tags solche disciplinam militarem und Kriegsübung und Gebrauch halten, sind sie solcher Privilegien wohl würdig. Was sie aber für gottlose Leute zum großenteil sind, und wie sie das Vaterland beschützen, das ist am Tag und erscheint aus ihren Händeln. Nämlich, daß es ihnen eben gleich gilt: sie streiten wider das Vaterland oder wider die Ausländischen, wer nur Geld giebt, es sei gleich, der Teufel oder seine Frau Mutter, also daß ihrer viel befunden werden, die keine Scheu tragen, wider Gottes Wort zu fechten.

Als Kriegerprivilegien werden angeführt, daß der Beklagte gewöhnlich von seinem Vorgesetzten abgeurteilt werde. Doch habe er bei gemeinen, außerhalb des Kriegs begangenen Verbrechen, wie Diebstahl, Raub, Mord, Ehebruch etc., sich keines Privilegiums zu erfreuen.

Fürs dritte, so ein Kriegsmann aus Irrtum oder Unwissenheit des Rechts seine exceptiones und anderes Nötige in einer Rechtfertigung vergessen oder ausgelassen, so ist zu Recht versehen, daß er auch nach ergangenem Urteil, doch für angestellter und ergangener Hilfe damit zugelassen werden soll. Aus welchem zwei Dinge geschlossen werden können, nämlich, daß die Unkenntnis des Rechts die Kriegsleute entschuldigt, zweitens daß exceptiones peremtoriae nach gesprochenem Urteil mögen vor Gericht eingewendet werden, welch beides sonst wider das gemeine geschriebene Recht ist.

Die Privilegien der Kriegsleute erloschen nach des Autors Anführungen, 1) sofern einer wollte „fremde Händel annehmen", 2) sofern sich ergiebt, daß er rechtskundig wäre, aber das Recht nicht respektieren wollte, gestützt auf seine Privilegien. 3) „Ob es wohl an dem, daß die Kriegsleut nach gesprochenem Urteil ihre allegationes mögen vorbringen, so kann doch solches nach geschehener Hilfe und Execution nicht geschehen." Ferner wird bemerkt, daß diese Vorrechte sich nicht auch auf die Ritter erstreckten, nicht etwa weil sie deren nicht würdig wären, sondern weil sie gewöhnlich verständige, tapfere, wissende und erfahrene Leute und nicht schlichte arme Landsknechte. „Aus welchem folgt, daß auch die Rechtsgelehrten, als Doctores und Advokaten, so man auch milites nennt, obgedachter Privilegien der Kriegsleute nicht fähig sind, denn es wäre ja eine Schande, daß sie das Recht, mit dem sie täglich umgehen und andere desselben berichten, nicht wissen sollten. Item die Pfaffen dergleichen. —

Hernach folgen etliche notwendige Fragen, so in und bei der Tortur pflegen vorzufallen, die auf Grund der Quellen in bekannter Weise beschrieben werden. Bemerkenswert ist jedoch, wie sich auch bei diesen Autoren und Juristen der Wahn geltend macht, es gäbe Leute, die die Folterschmerzen nicht empfänden: „Es werden aber ihrer viel unter den Gefangenen gefunden, die so starken Leibes sind, auch so unerschrocken, daß sie sich vor keiner Peinlichkeit fürchten noch entsetzen, fühlen auch weder Wehtagen noch Schmerzen, wenn sie gleich hundertmal aufgezogen, gestreckt und gefoltert werden. Solche Stärke haben sie in ihren Gliedmaßen. Etliche sind so gelenk in ihren Armen, daß ihnen die Glieder gar leichtlich und sonder Schmerzen auseinandergehen, daß sie die Arme hinterwärts über den Kopf zusammenschlagen können und doch wenig oder gar keine Schmerzen empfinden, wie ich dem oft gesehen und erfahren habe."

Saur erzählt hierzu folgende Geschichte:

Allhie kann ich dem Leser ungemeldet nicht lassen, daß ich wohl vor dreißig oder vierzig Jahren, als ich noch zu Leipzig gewesen, glaublich berichtet worden, daß zu einer Zeit Einer ist gefänglich (weiß nicht, welcher groben Mißhandlung halber) eingezogen, und als man denselben mit der peinlichen Frage angegriffen und er nicht bekennen wollte, auch so lang, ungeachtet was man für Indicia wider ihn gehabt, verhalten, daß ihn der Richter mit Brand aufs heftigste habe angreifen lassen, so daß der Scharfrichter gesagt, er wisse dieses mal weiter nichts gegen den armen Menschen vorzunehmen, hat auch die Hand voll Licht, womit er ihn gebrannt, auslöschen und wegtun wollen. Wie aber der Gefangene, der noch auf der Leiter gelegen, solches vernommen, hat er ihn zu sich, mit den Lichtern also brennend, gerufen und mit diesen Worten gesprochen: „Lieber Meister, ich hab noch da hinten etliche Haare, die wollet mir heraussengen," welches sich der Scharfrichter gar nicht versehen, weil er ihn so hart mit dem Brand angegriffen. Hat ihn deswegen gefragt, ob es sein Ernst sei, worauf er geantwortet: „Ja." Und als er ihm das Licht an den Ort gehalten und gebrannt, daß es gestunken, hat der Gefangene gesagt: „Da recht, lieber Meister, da recht, da juckt es mich. Dank hab, lieber Meister!" Und also den Richter mit seinem Notario und den Henker wieder abziehen lassen. Ob nun wohl solches unglaublich, so sieht man doch aus den vorgehenden Exempeln und erfährt sonst täglich, was sich solche Leute und böse, verwegene Buben nicht unterstehen dürfen. Gleichwohl will ich den Leser dabei und nebenbei erinnert haben ... wie die Vögte und Richter darauf kommen, daß sie so leichtlich die armen Gefangenen, wenn sie nicht bald bekennen wollen, so bald mit dem Brand angreifen. Man soll fürwahr also geschwind mit den armen Leuten (es wollte denn die äußerste Not solches erfordern) nicht umgehen. Wiewohl ich daneben auch dies sagen und bekennen muß, daß man von Alters sich des Brandes in peinlichen Fragen auch gebraucht, wie aus Cicerone in Topicis zu verstehen, da er saget, was diejenigen, so peinlich durch Feuer und Schläge gemartert, bekennen, das wird für die Wahrheit gehalten. Ausgeschlossen was einer von seinem Freund sagt, das ist so leichtlich nicht zu glauben, aber auch nicht gar zu verachten, sondern will von Nöten sein, fleißige Erkundigung zu nehmen, ob sich's dermaßen verhält oder nicht, davon ich auch eine Histori, so wahrhaftig geschehen, hier erzählen will: Ein böser Bube ist zu einem Schuhmacher in einer Stadt gekommen und hat ein Paar Schuhe von ihm begehrt. Als ihm aber der Schuster die begehrten Schuhe ohne Geld nicht geben wollte, ist der Bube zornig davon gegangen und hat mit

Drohung gesagt, er wolle es ihm gedenken. Wie aber derselbe Bube darnach einer Mordtat halben, die er auf der Straße begangen, ist ergriffen und unter anderm peinlich gefragt worden, wer ihm zu solcher Mordtat geholfen, hat er straks auf den Schuster bekannt, der dann auf solches Bekenntnis hin gefänglich eingezogen und flugs darauf gefragt worden, auch so lange gestreckt, bis daß er aus Marter bekennen hat müssen, daß er die angezeigte Mordtat hat vollbringen helfen. Darauf man sie dann beide ausgeführt und sie mit dem Rad hinrichten wollen, wie dann geschehen. Es hat aber der Bube, damit er seinen gefaßten Neid im Werk vollbracht vor seinem Tod sehen möchte, aufs heftigste gebeten, der Richter wolle den Schuster zuerst richten lassen, was der Richter auch bewilligte. Wie man nun dem armen unschuldigen Mann Arm und Bein mit dem Rad entzwei gestoßen, hat der Bösewicht dem Henker zugeschrieen, er solle inne halten und weiter an den Schuster keine Hand anlegen, denn er wäre der Tat unschuldig. Als er aber von dem Richter gefragt worden war, warum er den armen Mann geziehen, so übel an ihm getan und ihn unschuldiger Weise also bezichtet und martern habe lassen? hat er geantwortet, er hatte ihn einmal um ein Paar Schuhe angesprochen, welches er ihm versagte, das hätte er ihm vergelten müssen. Wenn ich nun ein Richter wäre und hätte mich von einem solchen Bösewicht betrügen lassen, daß ich seinen Worten geglaubt hätte, und mich weiter nicht umgesehen, auch nicht gebührliche Inquisition und Nachforschung gehabt, so würde ich das die Tage meines Lebens nicht vergessen können. Derwegen bitte und vermahne ich alle Richter und was in der Obrigkeit ist, um des jüngsten Gerichts willen, sie wollen ja nicht eilen mit den Gefangenen, sondern sich wohl und aller Umstände erkundigen, ehe sie einen richten lassen, damit sie nicht unschuldig Blut vergießen.

Der Autor fährt fort:

Etliche werden gefunden, die durch Zauberei und Teufelswerk und böse Künste sich dermaßen bewahren und rüsten, wenn sie gleich mit peinlicher Frage angetastet und scharf genug gefragt werden, daß sie doch nichts bekennen und sagen können. Etliche, wenn sie auf die Leiter kommen, oder aufgezogen werden, die erschlaffen so bald, daß sie auch keine Schmerzen empfinden ... So hab ich auch ihrer viel gesehen, die durch mancherlei Wort und seltsam Instrument sich haben versucht von dem Bekenntnis der Wahrheit in der peinlichen Frage aufzuhalten, ist ihr auch angegangen. Wie es aber zugeht ist nicht von Nöten hier zu erzählen, weil solches ohne Ärgernis und Mißbrauch des göttlichen Namens nicht zugehen noch geschehen kann. Es sollen auch Richter und Vögte sich lassen gesagt sein, wenn sie dergleichen Zauberei und Teufelswerk erforschen (wie zuweilen sich zuträgt, wenn sich die Buben lange wehren, sie doch leztlich bekennen), daß sie dasselbe bei Leib nicht auskommen lassen.

Wiewohl Albertus Magnus (1193—1280) in lib. de secretis naturae schreibt, daß in der Stadt Mesis, im Orient, ein Stein gefunden werde, welcher Mesites genannt, und so er zerstoßen und in einem Wein mit Wasser gemengt getrunken wird von einem, der peinlich gestreckt werden soll, daß derselbe keine Pein noch Marter fühle.

Die andern pflegen diese Verse zu sprechen: Imparibus meritis tria pendent corpora tamis, Dismas et Gestas, in medio est divina potestas, Dismas damnatur, Gestas ad astra levatur. Item aus dem Psalm: Eructavit cor meum verbum bonum veritatem nunquam dicam Regi. Item Jesus autem transiens per medium illorum ibat, und was des teuflischen Mißbrauchs mehr ist, so von Grillando allhier erzählt wird, welche ich für Gaukelei gehalten, und daß sie wider die peinliche Frage nicht wirken noch helfen könnten, also daß sie mehr zu verlachen als zu glauben seien.

Diese Zweifel verhindern aber den gelehrten Saur nicht, den Aberglauben mit weiteren Beispielen zu kräftigen. Es folgt nämlich „ein feiner Tractat, von peinlicher und gestrenger Frage. Aus dem VII. und VIII. Kapitel des peinlichen Prozeß Johanns Arnoldi von Dorn-Eck, beider Rechten Licentiaten etc. gezogen." Bemerkenswert ist hier die Klage über die mangelhafte Ausbildung der Richter:

Und es ist diese Lehre den Richtern in Deutschland, um welcher Willen denn dieses Buch vornehmlich zusammengetragen und geschrieben, hoch von Nöten. Sintemal es wieder in den schändlichen Mißbrauch geraten, daß beide, bürgerliche und peinliche Gerichte an mehreren Orten Deutschlands mit gemeinen, ungelehrten und unerfahrenen Leuten, oftmals aus Mangel und Gebruch gelehrter Leute, zum großen Teil aber aus Verachtung derselben, besetzt und bestellt werden. Welche denn so gar klug und naseweis sind, daß ihnen aus großer Vernunft und Weisheit das Haupt viel zu klein ist, finden alles in ihren natürlichen Rechten so fest gegründet und tief gewurzelt, daß es alle Welt nicht umreißen kann. Wissen in ihrem Sinn nicht anders, als dieser ihr Wahn und Rat sei der allerbeste, beruhen und verharren darauf, ungeachtet, ob es gleich oftmals den göttlichen Geboten, den Rechten und aller natürlichen Billigkeit zuwider sei. Mögen von niemand Einrede dulden, geschweige denn, daß sie sich gelehrter und verständiger Leute Rat und Meinung untergeben und sich von denselben des Rechtens besagen lassen sollten, sondern denselben ihren Narrendünkel und Bauernstolz muß vorgehen. Gott geb' es, biege oder breche, treff' oder fehle.

So geht die Auslassung noch eine gute Weile fort.

Aus dem Folgenden seien einige Artikel aus der Fürstlich Hessischen Halsgerichtsordnung des sechzehnten Jahrhunderts hier angeführt:

XII. Item, es soll auch auf die Anzeigen, die aus der Zauberei oder andern Künsten wahrzusagen sich vermessen, niemand zu Gefängnis der peinlichen Frage genommen, sondern dieselben angemaßten Wahrsager und Ankläger sollen darum gestraft werden. So auch der Richter darüber auf solcher der Wahrsager Angebung weiter fortführe, soll er dem Gemarterten Kosten, Schmerzen, Injurien und Schaden abzulegen schuldig sein.

XIII. Item, es ist auch zu merken, daß niemand auf einiger Anzeigung, Argwohns, Wahrzeichen oder Verdacht endlich zu peinlicher Strafe soll verurteilt werden, sondern allein peinlich mag man darauf fragen, so die Anzeigung genugsam ist. Denn soll jemand endlich zu peinlicher Straf verurteilt werden, das muß aus Eigenem Bekennen oder Beweisung (wie an andern Enden in dieser Ordnung klärlich funden wird) und nicht auf Vermutung oder Anzeigen.

XIV. Item eine jede genugsame Anzeigung, darauf man peinlich fragen mag, soll mit zweien Zeugen bewiesen werden, wie denn in etlichen Artikeln darnach von genugsamer Beweisung geschrieben steht. Aber so die Hauptsach der Missetat mit einem guten Zeugen bewiesen wurde, dieselbe als eine halbe Beweisung macht eine genugsame Anzeigung. So machen auch andere mehr Argwohn, hernach gesatzt, genugsame Anzeigung zur peinlichen Frage. Aus diesem nachgesetzten

Artikeln, von Argwohn und Anzeigung der Missetat sagend, soll in Fällen, so darinn nicht benannt sind, Gleichnis genommen werden. Wenn nicht möglich ist alle argwöhnige und verdächtige Fälle und Umstände zu beschreiben.

XV. Erstlich, ob der Verdächtigte eine solche verwegene oder leichtfertige Person, vom bösen Leumund oder Gerücht sei, daß man sich der Missetat zu ihr versehen möge, oder ob dieselbe Person dergleichen Missetat vormals geübt unterstanden habe oder geziehen worden sei. Doch soll solcher böser Leumund nicht von Feinden oder leichtfertigen Leuten, sondern von unparteiischen redlichen Leuten kommen.

Zum andern, ob die verdachte Person an gefährlichen Orten zu der Tat verdächtig gefunden oder betreten worden sei.

Zum dritten, ob ein Täter in der Tat, oder dieweil er auf dem Weg dazu oder davon gewesen, gesehen worden. Und im Falle, so er nicht erkannt wäre, soll man aufmerken, ob die verdächtige Person eine solche Gestalt, Kleider, Waffen, Pferd oder anderes habe gehabt als der Täter und also gesehen worden sei.

Zum vierten, ob die verdächtige Person bei solchen Leuten Wohnung oder Gesellschaft habe, die dergleichen Missetat üben.

Zum fünften soll man in Beschädigungen oder Verletzungen wahrnehmen, ob die verdächtige Person aus Neid, Feindschaft, vorgehender Drohung oder Gewartung einigen Nutzen zu der gedachten Missetat Ursach genommen haben möchte. Und ob diese Dinge die verdächtige Person also argwöhnig machen.

Zum sechsten, so ein Verletzter oder Beschädigter aus etlichen Ursachen jemand der Missetat zeihet, darauf stirbt, oder bei seinem Eid beteuert.

Zum siebenten, so jemand einer Missetat halber flüchtig würde.

Zum achten, so einer mit dem andern um großes Gut rechtet, daß dazu der größte Teil seiner Nahrung, Habe und Vermögen betrifft, der wird für einen Mißgönner und großen Feind seines Widerteils erachtet, darum, so der Widerteil heimlich ermordet wird, ist eine Vermutung wider diesen Teil, daß er solchen Mord getan habe. Und wo sonst die Person ihres Wesens verdächtig wäre, daß er den Mord getan, die mag man, wo er derhalb nicht die redliche Entschuldigung hätte, gefänglich annehmen und peinlich fragen.

XVI. Item im nächsten abgesatzten Artikel werden acht argwöhnige Teile oder Stücke von der Anzeigung peinlicher Fragen gefunden. Derselben argwöhnigen Teil oder Stück ist keines allein zur redlichen Anzeigung, darauf peinliche Frage mag gebraucht werden, genugsam. So aber solcher argwöhniger Teile oder Stücke etliche auf einander auf jemand befunden werden, so sollen die (welche in peinlichen Fragen zu erkennen und zu handeln gebührt) ermessen, ob dieselben obbestimmten und dergleichen befundenen argwöhnigen Teil oder Stück, soviel redlicher Anzeigung der verdachten Missetat tun mögen, als die nachfolgende Artikel, der ein jeder allein eine redliche Anzeigung macht, und zur peinlichen Frage genugsam ist.

XVII. Item, mehr ist zu bedenken, wenn jemand einer Missetat mit etlichen argwöhnigen Teilen oder Stücken (als vorsteht) verdächtigt wird, daß allweg zweierlei gar eben wargenommen werden sollen. Erstlich, die befundene Argwöhnigkeit, zum andern, was die verdächtigte Person, guter Vermutung, die sie von der Missetat entschuldigen mögen, für sich habe. Und so dann daraus ermessen werden mag, daß des Argwohnes Ursachen größer sind, als die Ursachen der Entschuldigung, so mag alsdann peinliche Frage gebraucht werden. Und so in diesen Dingen gezweifelt würde, sollen diejenigen, so peinlicher Frag halber zu erkennen und zu handeln gebührt, bei den Rechtverständigen und an Enden und Orten, wie zu Ende unserer Ordnung angezeigt, Rats pflegen.

XVIII. Item, so einer in Übung der Tat etwas verliert oder hinter sich liegen oder fallen läßt, daß man hernachmals finden und ermessen mag, daß es des Täters gewesen ist, mit Erkundigung wer solches am nächsten vor dem Verlust gehabt habe, ist peinlich zu fragen, er würde denn etwas dagegen einwenden, wo es sich erfinde oder bewiesen wurde, daß es bemeldeten Argwohn ablehnt, alsdann soll diese Entschuldigung vor aller peinlichen Frage zu erfahren vorgenommen werden.

Item, eine halbe Beweisung, als so einer in der Hauptsache die Missetat gründlich mit einem einzigen guten, tauglichen Zeugen beweist, das heißt und ist eine halbe Beweisung, und solche halbe Beweisung macht auch eine redliche Anzeige, Argwohn oder Verdacht der Missetat. Aber so einer etliche Umstände, Wahrzeichen, Anzeigung, Argwohn oder Verdacht beweisen will, das soll er zum allerwenigsten mit zwei guten, tauglichen, unverwerflichen Zeugen tun.

Item, so ein überwundener Missetäter, der in seiner Missetat Helfer gehabt, jemand in dem Gefängnis besagt, der ihm zu seiner geübten, befundenen Missetaten geholfen habe, ist auch ein Argwohn wider den Besagten, sofern bei solcher Besagung nachfolgende Umstände und Dinge gehalten und befunden werden.

Erstlich, daß dem Sager die beklagte Person in der Marter mit Namen nicht vorgehalten und also auf dieselbe Person sonderlich nicht gefragt oder gemartert worden sei. Sondern daß er in einer gemein gefragt, wer ihm zu seiner Missetat geholfen, den Besagten von ihm selbst bedacht und benannt habe.

Zum andern, gebürt sich, daß derselbe Sager gar eigentlich befragt werde, wie, wo und wann ihm der Besagte geholfen und was für Gesellschaft er mit ihm gehabt habe. Und in solchem soll man den Sager fragen, aller möglichen und notdürftigen Umstände, die nach Gelegenheit und Gestalt jeder Sache allerbest zur nachfolgenden Auffindung der Wahrheit dienstlich sein mögen, die allhier nicht alle beschrieben werden, aber ein jeder Fleißiger und Verständiger wohl bedenken kann.

Zum dritten, gebührt sich zu erkunden, ob der Sager in sonder Feindschaft, Unwillen oder Widerwertigkeit mit dem Besagten stehe. Denn wo solche Feindschaft, Unwillen oder Widerwertigkeit öffentlich wäre oder erkundet wurde, so wäre dem Sager solcher Rede wider dem Besagten nicht zu glauben, er zeige denn, deshalb sonst, so glaublich, redlich Ursache und Wahrzeichen an, die man auch in der Erkundung fände und die eine redliche Anzeige machen.

Zum vierten, daß die besagte Person so argwöhnig sei, daß man sich die besagten Missetat zu ihr versehen möge.

Zum fünften, so soll der Sager auf die Besagung beständig bleiben. Wo aber der Sager seine Besagung oder Dargebung am lezten widerruft, die er doch zuvor mit guten erzählten Umständen getan hat, und erachtet werden möchte, er wolle seinem Helfer damit zu gut handeln, oder daß er vielleicht durch seinen Beiständer unterwiesen wäre, alsdann muß man ansehen des Sagers Anzeige und andere erkundete Umstände, und daraus ermessen, ob dies Gesagte eine redliche Anzeige der Missetat ergebe oder nicht. Und in solchem ist besonders auch ein Aufsehens zu haben und zu erfahren, den guten oder bösen Stand und Leumund des Besagten und welche Gemeinschaft oder Gesellschaft er mit dem Besager gehabt hat.

Item, so einer, wie zuvor von einer ganzen Beweisung gesagt wurde, genugsam überwiesen wird, daß er von ihm selbst Ruhms und „andere weiß ungenöther Ding gesagt hatt", daß er die angeklagte oder verdächtigte Missetat getan, oder solche

Missetat vor dem Geschehen zu tun gedroht hat, und die Tat auch darauf in kurzer Zeit erfolgt wäre, und es wäre eine solche Person, daß man sich derselben Tat zu ihr versehen mag, wird auch für redliche Anzeige der Missetat gehalten und ist peinlich darauf zu fragen.

Es folgt dann Artikel XIX—XXX, „Von Anzeigen, so sich auf sonderliche Missetaten beziehen, und ist ein jeder Artikel zur rechtlichen Anzeigung derselbigen Missetat genugsam und darauf peinlich zu fragen". Bei heimlichem Mord (XIX) genügte zur Vornahme der Tortur, daß der Beschuldigte zur Zeit des Mordes mit blutigen Kleidern oder Waffen gesehen worden wäre, es sei denn, er könnte diesen Verdacht in glaubwürdiger Weise ablehnen. Bei Totschlägen, die bei Schlägereien vorkamen (XX), und deren Täter nicht erwiesen war, genügte zur Vornahme der Tortur, wenn der Beschuldigte und bei der Schlägerei Anwesende mit dem Getöteten nicht in bester Freundschaft lebte, auf ihn losgehauen oder losgestochen hatte. Verstärkt wurde der Verdacht noch, wenn er mit blutiger Waffe gesehen wurde.

XXI. Item, so man eine Dirne, so für eine Jungfrau gehet, in Argwohn hätte, daß sie heimlich ein Kind gehabt und getötet habe, soll man sonderlich erkunden, ob sie mit einem großen, ungewöhnlichen Leib gesehen worden sei, mehr, ob ihr der Leib kleiner geworden, und darnach bleich und schwach gewesen sei. Solches und dergleichen gefunden wird, wo dann dieselbige Dirne eine Person ist, dazu man sich der verdachten Tat versehen mag, soll die durch verständige Frauen an heimlichen Stätten, als zur weiterer Erfahrung dienstlich ist, besichtigt werden. Würde sie dann daselbst auch argwöhnig befunden und will die Tat dennoch nicht bekennen, mag man sie peinlich fragen.

Wo aber das Kindlein, so kürzlich getötet worden ist, daß der Mutter die Milch in den Brüsten noch nicht vergangen, die mag an ihren Brüsten gemolken werden; welcher dann in den Brüsten rechte, vollkommene Milch gefunden wird, die hat deshalb eine starke Vermutung peinlicher Frage wider sich. Nachdem aber etliche Leibärzte sagen, daß aus etlichen natürlichen Ursachen etwa eine, die kein Kind getragen, Milch in den Brüsten haben mag, darum, so sich eine Dirne in diesen Fällen entschuldigt, soll deshalb durch die Hebamme oder sonst weiter Erfahrung geschehen.

Bei heimlicher Vergiftung (XXII) galt als genügender Verdacht, wenn jemand Gift gekauft hatte oder sonst damit umgegangen wäre und mit dem Vergifteten in Feindschaft gelebt oder von seinem Tod Nutzen erwarten konnte oder auch als leichtfertige Person galt, der diese Tat zuzutrauen war, es sei denn, daß sie nachweisen konnte, das Gift zu anderen unsträflichen Zwecken gebraucht oder gewollt zu haben. Auch wer den Kauf eines Giftes leugnete und dessen überwiesen wurde, konnte gefoltert werden, um aus ihm herauszubringen, wozu er das Gift gebraucht hatte oder gebrauchen wollte. Als Verdacht des Raubs, Diebstahls und Mitwirkung zu diesen (XXIII, XXIV und XXVII) wurde so ziemlich das angesehen, was heute noch dafür gilt. Indes konnten auch diejenigen der Tortur unterzogen werden, welche im allgemeinen „in ihren Taten unziemliche Gemeinschaft mit ihnen hätten". Immer wieder aber, wie auch bei Brandstiftung (XXV), Verräterei (XXVI), kann die Marter auch gegen Personen angewendet werden, „darzu man sich solches versehen mag", womit, wie noch mit manchem anderen, der Willkür Tür und Tor geöffnet wurden.

Der nachfolgende Artikel ist ein Hexenartikel:

„XXVIII. Item, so jemand sich erbeut andere Menschen Zauberei zu lehren, oder jemand zu bezaubern bedroht und dem Bedrohten dergleichen geschieht, auch sonderliche Gemeinschaft mit Zauberern oder Zauberinnen hat, oder mit solchen verdächtigen Dingen, Gebärden, Worten und Wesen umgeht, die Zauberei auf sich tragen, und dieselbe Person derhalben auch sonst berüchtigt, das giebt eine redliche Anzeige der Zauberei und genugsame Ursache zur peinlichen Frage.

XXIX. Item, so der Argwohn und Verdacht einer beklagten und vermeintlichen Mißhandlung, als bevor steht, befunden und für erwiesen angenommen oder erwiesen erkannt wird, so soll dem Kläger oder Fiscal auf sein Begehren alsdann von Tag oder Stund zum allerförderlichsten zur peinlichen Frage benannt werden.

Item, so man dann den Gefangenen peinlich fragen will von Amts wegen, oder auf Ansuchen des Klägers, soll derselbige zuvor in Gegenwart des Richters, zweier des Gerichts und Gerichtschreibers fleißiglich zur Rede gehalten werden mit Worten, wie nach Gelegenheit der Person und Sache zur weiteren Erfahrung der Übeltat oder Argwohnigkeit allerbest dienen möge, auch mit Bedrohung der Worte angesprochen werden, ob er der beschuldigten Missetat bekenntlich sei oder nicht, und was ihm solche Missetat bewußt sei, und was er alsdann bekennt oder verneint soll aufgeschrieben werden.

XXX. Item, so in dem jetzt gemeldeten Fall der Beklagte die angezogene Übeltat verneint, so soll ihm alsdann vorgehalten werden, ob er anzeigen könnte, daß er der auferlegten Missetat unschuldig sei, und man soll den Gefangenen sonderlich erinnern, ob er könnte wissen und anzeigen, daß er zur Zeit als die angezogene Missetat geschehen bei Leuten, auch an Enden und Orten gewesen sei, dadurch verstanden, daß er der verdächtigten Missetat nicht getan haben könnte. Und solche Erinnerung ist darum Not, daß mancher aus Einfalt oder Schrecken nicht vorzuschlagen weiß, ob er gleich unschuldig ist, wie er sich des entschuldigen und ausführen soll. Und so der Gefangene berührter maßen, oder mit andern dienstbaren Ursachen seine Unschuld anzeigt, solcher angezeigten Entschuldigung soll sich alsdann der Richter auf des Verklagten oder seiner Freundschaft Kosten förderlich erkundigen, oder aber auf Zulassung des Richters die Zeugen, so der Gefangene oder seine Freundschaft deshalb stellen wollten, wie sich gebührt, auf ihr Begehr verhört werden, solche obgemeldete Kundschaftstellung auch dem Gefangenen oder seinen Freunden auf ihr Begehren ohne gute rechtmäßige Ursache nicht abschlagen oder aberkannt werden. Wo aber der Verklagte oder seine Freundschaft solche obgedachten Kosten Armut halber nicht ertragen oder erleiden möchten, damit dann nicht desto minder das Übel gestraft oder der Unschuldige wider Recht nicht übereilt werde, so soll die Obrigkeit oder das Gericht die Kosten darlegen und der Richter im Rechte fortfahren.

Item, so in der jetztgemeldeten Erfahrung des Beklagten Unschuld nicht gefunden wird, so soll er alsdann auf vorgemeldetes Befinden redlichen Argwohns oder Verdachts peinlich gefragt werden, in Gegenwart des Richters und zum wenigsten zweier des Gerichts und des Gerichtschreibers, und was sich in der Verzicht oder seinem Bekenntnis und aller Erkundigung findet, soll eigentlich aufgeschrieben, dem Kläger, so viel ihn betrifft, eröffnet, und auf sein Begehr Abschrift gegeben, und gefährlich nicht verzögert oder verhalten werden."

Die nachfolgenden Artikel beschäftigen sich damit, „Wie die jenigen, so auß peinlichen Fragen eine Missetat bekennen, nachfolgends weiter außerhalb Marter umb Vnterricht gefragt werden sollen", wovon nur Stichproben hier angeführt werden mögen:

XXXV. Item, bekennt jemand Zauberei, man soll auch nach den Ursachen und Umständen, als obsteht, fragen, und das mehr, womit, wie und wann die Zauberei geschehen, mit was Worten oder Werken. So dann die gefragte Person anzeigt, daß sie etwas vergraben oder behalten hätte, das zu solcher Zauberei dienstlich sein soll, man soll darnach suchen, ob man solches finden könnte. Wer aber solches mit andern Dingen, durch Wort oder Werk getan, man soll dieselben auch ermessen, ob sie Zauberei auf sich tragen. So soll auch zu fragen sein, von wem sie solch Zauberei gelernt und wie sie daran gekommen sei, ob sie auch solche Zauberei gegen mehrere Personen gebraucht und gegen wen, was Schadens auch damit geschehen sei.

Wie so manche der bereits angeführten Artikel unterscheiden sich auch die nun nachfolgenden nur wenig von anderen Vorschriften. Wir können uns daher begnügen, nur noch zwei Artikel anzuführen.

Ein Beschluß, wann dem Bekenntnis, so auf peinlicher Frage geschieht, endlich zu glauben ist, bildet:

XLIII. Item, so auf befundener redlicher Anzeige einer Missetat halber die peinliche Frage vorgenommen, auch auf Bekenntnis des Gefragten, wie dasselbe alles in vorgehenden Artikeln klärlich gesetzt ist, fleißige, mühelige Erkundigung und Nachfrage geschieht, und in derselben bekannter Tat halber solche Wahrheit befunden wird, die kein Unschuldiger also sagen und wissen konnte, alsdann ist derselben Bekenntnis unzweiflich beständiger Weise zu glauben und nach Gestalt der Sachen peinliche Strafe darauf zu urteilen.

XLIV. So der Gefangene auf redlichen Verdacht mit peinlicher Frage angegriffen und nicht ungerecht befunden oder überwunden wird. — Item, so der Beklagte auf einen solchen Argwohn und Verdacht der zur peinlichen Frage (als vorsteht) genugsam befunden, peinlich eingebracht, mit Martern befragt, und doch mit eigenem Bekenntnis oder Beweis der beklagten Missetat nicht überwunden wird, haben doch Richter und Ankläger mit obgemeldeten ordentlichen und mit Recht zulässigen peinlichen Fragen keine Straf verwirkt, denn die böse erfundene Anzeige hat der geschehenen Frage entschuldigte Ursache gegeben. Denn man soll sich nach der Sag der Rechten nicht allein vor Vollbringung der Übeltat, sondern auch vor aller Gestaltung des Übels, so böser Leumund oder Anzeigen der Missetat machen, hüten, und wer das nicht tut, der wird deshalb gemeldeter seiner Beschwerde selbst Ursache sein. Und soll in diesem Fall der Ankläger aller seiner Kosten und der Beklagte dergleichen seine Atzung, nachdem er seinem Verdacht Ursache gegeben, auch entrichten. Wo aber solch peinliche Frage auf Anregung eines Klägers dieser Ordnung widerwertig gebraucht wird, so werden diese Richter als Ursache solcher peinlicher Frage sträflich. Und sollen darum nach Gestalt und Gelegenheit der Überfahrung, wo recht ist, Strafe und Abtrag leiden, und mögen darum vor unseren Gerichten gerechtfertigt werden.

Kehren wir wieder zu den Prozessen zurück, die wider der Zauberei und der Hexerei beschuldigte Personen geführt und durch Anwendung der scharfen Frage zumeist auch mit einem den Anklägern beliebigen Geständnis endeten. Von dem Wüten in den geistlichen und weltlichen Fürstentümern Deutschlands ist manches bereits dargelegt worden, und was im siebzehnten Jahrhundert — der Zeit, in der der Hexenwahn seinen Siedepunkt erreicht — noch folgte, ist noch betrübender und schmählicher. Besonders arg ging es im Bistum Würzburg unter dem Bischof Philipp Adolf von Ehrenberg (1623—1631) zu, der selbst über einen ihm verwandten Knaben, Ernst von Ehrenberg, das Todesurteil wegen Teufelsbündelei aussprach, und dem erst die Augen aufgingen, als einige Beschuldigte unter der Folter ihn selbst und seinen Kanzler als Mitschuldige nannten. Die Totenfeier, die er nun zum Gedächtnis der vielen unschuldig Getöteten anordnete, konnte freilich an den Tatsachen nichts mehr ändern.

Im Fürstentum Fulda wurde vom Fürstabt Balthasar von Dernbach einer seiner Diener, Balthasar Ruß, allgemein Balzer Roß genannt, 1603 zum Zentgrafen und Malefizmeister ernannt, der in der unerhörtesten Weise wütete und von 1603 bis 1605 etwa zweihundertundfünfzig Personen grausam foltern und hinrichten ließ, sodaß selbst die ihm beigeordneten Schöffen sein Vorgehen für unmenschlich erachteten und ihre Mitwirkung versagten. Auch in einem Mandat des Reichskammergerichts vom 27. Juli 1603 wurde sein und der Schöffen Vorgehen scharf getadelt und mit Strafe bedroht. Es heißt da, nachdem von einer Frau bemerkt wird, daß ihre Lebensführung musterhaft war: „Das alles hintangesetzt, habt Ihr, Zentgraf, Schöffen und Richter, sie ohne einigen Grund für eine Hexe unter dem Vorwand erklärt, weil drei derselben Untat beschuldigte Weiber sie dafür angesehen haben sollen; und ohne fernere Erkundigung habt Ihr sie gewalttätig angegriffen, in ein abscheuliches Gefängnis, in einen Hundestall am Backhause des Fuldaer Schlosses einsperren, in grausamer Weise an Händen und Füßen fesseln lassen, und sie genötigt durch ein niedriges Loch auf allen Vieren wie ein Hund zu kriechen, worin sie dann gekrümmt und gebückt, elendiglich hockend, sich weder regen, bewegen, aufrecht stehen, noch des leidigen Ungeziefers erwehren kann. — Obwohl nun außer dem Zeugnisse der drei heillosen Weiber nicht die geringste Indicia der Zauberei gegen sie vorliegen, und deswegen ihr Ehewirt ihre Unschuld in Rechten darzutun, auch eine Kaution zu stellen sich erboten und um Erleichterung der Haft dieser ehrbaren, vermutlich schwangeren Person, und um Zeit zur Defension gebeten, so habt Ihr ihm diese Bitte nicht gewährt, und die Klägerin hat hienach nichts Gewisseres zu erwarten, als daß Ihr zur unerträglichen Tortur forteilen und ihr demnächst einen schmählichen Tod unzweifelhaft antun werdet." Das Kammergericht wies daher an, „bei Pön von zehn Mark lötigen Geldes sofort der Klägerin ein mildes, leidliches Gefängnis zu geben, ohne erhebliche, in Rechten zugelassene Indizien sie nicht zu torquieren und den zu ihrer Defension und Verantwortung erforderlichen Zutritt zu gestatten. Auch habe sich dsa Gericht über die zur Klage gebrachten Nullitäten zu verantworten". Ob dieses immerhin lobenswerte Mandat des Kammergerichts Erfolg hatte, wird nicht gemeldet. Malefizmeister Ruß pflegte in der Regel kurzen Prozeß zu machen, und schon wenige Tage nach Verhaftung und unerhörter Tortur den Scheiterhaufen auflohen zu lassen. Gewöhnlich soll er auch, wenn er ein „Geständnis" heraustorquiert hatte, der Gemarterten noch zugerufen haben: „Besinne dich, ob in der und der Gasse nicht noch etliche wohnen, die Zauberei treiben. Zeige mir sie an und schone sie nicht. Andere haben dich auch nicht geschont. Die Reichen tanzen so gern wie die Armen!" und dergleichen mehr. Er hatte zu dieser Aufmunterung, und besonders zu dem Hinweis auf die Reichen seinen triftigen Grund, denn die Hexenprozesse waren für ihn unter allen Umständen eine ergiebige Geldquelle. Sie brachten ihm in den drei Jahren seines unheilvollen Wirkens die für damalige Zeit riesige Summe von 5393 Gulden ein. Nach dem Tode seines Gönners liefen bei dessen Nachfolger, dem Fürstabt Johann Friedrich von Schwalbach, die Klagen über Ruß' Erpressungen und sonstige Mißbräuche so zahlreich ein, daß dieser ihn verhaften und anklagen ließ. Dieser Prozeß währte nicht weniger als dreizehn Jahre, die Ruß in schrecklicher Haft zubrachte. Sie endete 1618 mit der Enthauptung des Angeklagten.

Ähnliche Zustände finden wir auch in den anderen geistlichen Fürstentümern, zu Münster, Mainz usw., wobei mittels der Tortur die tollsten Selbstbeschuldigungen und auch Beschuldigungen anderer herausgepreßt wurden. Kam es doch nicht selten vor, daß die Beschuldigten angaben, Kinder oder Vieh ihrer Nachbarsleute mittels Hexerei getötet oder krank gemacht zu haben, was — trotzdem es sich bei den Nachforschungen ergab, daß sich bei den Bezeichneten nicht der geringste Unfall ereignet habe — geglaubt wurde und zu Verurteilungen führte.

Ein Bild von der Anwendung der Tortur in jenen Tagen finden wir auch in einem Torturprotokoll vom 2. Oktober 1627 aus Seligenstadt:

„Weil dieselbe (die Verhaftete) nicht gestehen wollte, sondern auf dem Leugnen halsstarrig bestand, als ist sie auf dem einen Schenkel mit dem Krebs beschraubt worden. Sie hat aber immerdar gerufen, es geschehe ihr Unrecht etc. und sich erzeigt, gleichsam sie einigen Schmerz nicht empfinde. Und ob der Meister auf ein Holz schraubte, auch mit aufgesperrtem Mund in einen Schlaf geraten. Und als man ihr Weihwasser in den Mund geschüttet, hat sie dasselbe jedesmal wieder ausgespieen und abscheuliche Gebärden von sich gegeben. Derentwegen, nachdem sie wieder zu sich selbst gekommen, dieselbige ausgezogen, geschoren, mit dem Folterhemd angelegt und auf dem andern Schenkel auch beschraubet worden, wobei sie sich mit Entschuldigungen, Rufen, Schreien, Schlafen wieder wie zuvor gebärdet, auch das Weihwasser abermals ausgespieen. Auf welche beharrliche Halsstarrigkeit und Verleugnen sie ungefähr ein zwei Vaterunser lang aufgezogen, und mit ihr ein großer Stein an beide große Zehen gehängt worden. Sie hat aber wie zuvor einig empfindliches Zeichen nicht von sich gegeben, sondern gleichsam sie tot wäre sich gestellt, derhalben man sie herabgelassen und zur vorigen Custodia, nachdem sie sich wieder erholt, hinführen lassen."

Arg gewütet wurde auch in der Erzdiözese Köln. In einem Schreiben des Pfarrers Duren zu Alfter an den Grafen Werner von Salm wird berichtet:

„Solche (Opfer des Scheiterhaufens) sind aber mehrerteils Hexenmeister dieser Art. Es geht gewiß die halbe Stadt drauf. Denn allhier sind schon Professores, Candidati juris, Pastores Canonici und Vicarii, Religiosi eingelegt und verbrannt. Ihre Fürstliche Gnaden haben siebzig Alumnos (des Priesterseminars), welche folgends Pastores werden sollten, von welchen quidam insignis musicus (einer ein hervorragender Musiker) gestern eingelegt; zwei andere hat man aufgesucht, sind aber ausgerissen. Der Kanzler sammt der Kanzlerin und des geheimen Secretarii Hausfrau sind schon fort und gerichtet. Am Abend unserer lieben Frauen (7. September) ist eine Tochter allhier, so den Namen gehabt, daß sie die schönste und züchtigste gewesen von der ganzen Stadt, von neunzehn Jahren, hingerichtet, welche von dem Bischofe selbst von Kind an auferzogen. Einen Domherrn mit Namen Rotenhahn habe ich sehen enthaupten und folgends verbrennen sehen. Kinder von drei bis vier Jahren haben ihren Buhlen (d. h. Buhlteufel), Studenten und Edelknaben von neun, zehn, von elf, zwölf, dreizehn, vierzehn Jahren sind hier verbrannt. Summa, es ist ein solcher Jammer, daß man nicht weiß, mit was Leuten man conversiren und umgehen soll."

So beklagenswert auch diese Zustände waren, aus ihren Einzelheiten sowie auch noch aus so manchen andern Tatsachen ergibt sich der Beweis, daß die von mancher Seite erhobene Behauptung, die Hexenverfolgungen in den katholischen Stiften seien damals einzig aus dem Bestreben hervorgegangen, das reformatorische Bekenntnis auszurotten, wenigstens nicht völlig auf Wahrheit beruht. Es mag eben auch manche böse Nebenabsicht dabei im Spiel gewesen sein. So z. B. wurde 1627 eine junge schöne Dame, Katharina von Henoth, die das Hauswesen ihres Bruders leitete, der Propst und Domherr war, von einer hysterischen‚ Nonne als Hexe bezeichnet und demgemäß ins Gefängnis geworfen. Bald wurden die schlimmsten Beschuldigungen gegen sie laut und auch geglaubt. Zwei Pfarrer, die an einer sehr „unkirchlichen" Krankheit litten, mit der Beschuldigten übrigens nie im Verkehr gestanden hatten, behaupteten, durch eine Hexe zu diesem Leiden an den geheimsten Stellen ihres Körpers gekommen zu sein, und daß diese Hexe keine andere als die Beschuldigte sein könne. Sie wurde dreimal durch alle Grade hindurch gefoltert, bis daß die „Sonne sie durchschien", ohne jedoch zu gestehen. Nichtsdestoweniger wurde sie zum Feuertod verurteilt. Im Erzbistum Salzburg tobte von 1677 bis 1681 der sogenannte Zauberjackl-Prozeß, ein Verfahren gegen die Räuberbande des Jakob Koller, genannt Zauberjackl, das sich schließlich zu einem reinen Zauber- und Hexenprozeß gestaltete. Die Aussage von zwei blutjungen Räubern brachte im Jahre 1678 allein 115 Personen, Kinder, Frauen und Männer auf die Folter und zum Teil auf das Schafott; ein blinder Bettler, seine Frau und seine vier kleinen Kinder, die alle in gar keiner Verbindung mit den Räubern standen, gehörten durch die erfolterten Geständnisse der achtjährigen Urschel und der elfjährigen Lisi zu den Opfern. Lisi wurde erwürgt. (Soldan-Heppe-Bauer.) Übrigens muß gesagt werden, daß es auch Kirchenfürsten gab, die diesem entsetzlichen Wüten abgeneigt waren und es zu verhindern oder doch zu mäßigen strebten.

Was die weltlichen Fürstentümer Deutschlands aus jener Zeit betrifft, so berichtet Soldan: „In Kurbrandenburg sehen wir die Hexenverfolgung bis zur Regierung des Großen Kurfürsten ihren ungestörten Fortgang nehmen. Unter diesem staatsklugen Fürsten tritt jedoch eine Wendung zum Bessern ein. Allerdings dauerten die Prozesse noch immer fort. Aufsehen machte hier namentlich ein Prozeß, der drei Jahre lang gegen ein 1662 im Dorfe Jagow in der Uckermark verhaftetes Weib geführt wurde. Die ganze uckermärkische Ritterschaft hatte auf den Prozeß gedrungen. Endlich erkannte der brandenburgische Schöffenstuhl auf Tortur. Das Weib überstand diese jedoch, ohne sich ein Geständnis abmartern zu lassen. Daher urteilte ein weiteres Erkenntnis des Schöffenstuhls, bei der Tortur müsse ihr der Teufel Hilfe geleistet haben. Und da sich inzwischen in Jagow allerlei seltsame Dinge zugetragen hatten, so erging ein Endurteil der Juristenfakultät zu Frankfurt auf Landesverweisung, das der Kurfürst bestätigte. Das Weib mußte Urfehde schwören und wurde dann durch den Nachrichter unter Zuziehung des uckermärkischen Hof- und Landrichters des Landes verwiesen. — Seitdem endeten die Hexenprozesse gewöhnlich mit Verweisung in das

Spinnhaus oder mit Verbannung aus dem Lande. Doch hatte der einsichtsvolle Monarch viel mit den Vorurteilen seiner Patrimonialgerichtsherren zu kämpfen, die noch immer der Hexerei durch Verbrennung der Hexen ein Ende machen zu müssen glaubten. Daher sah er sich zum öfteren genötigt, gegen deren Verfahren Untersuchung einzuleiten oder die Urteile der Gerichte zu kassieren." Bemerkt sei hierzu, daß diese Milderung der Urteile nur im geringen Grade auch mit einer Milderung in der Anwendung der Folter verbunden war. Auch die gesetzgeberische Tonart war schärfer geworden, wie die Vorschriften für die Richter beweisen, von denen wir eine wiedergeben:

Herzog Johann Casimirs von Sachsen-Koburg „Gerichtsordnung die Hexerei etc. betreffend" vom Jahre 1629:

„Wie und was maß inn dem Laster der Hexerey zu inquiriren (untersuchen).

Die Weil das Laster der Hexerey heimlich Vollbracht, also gar, daß zum öfftermahl die Haußgenossen davon nichts Verdächtiges anzuzeigen wissen, alß wirdt dergleichen Perschonen zu erforschen grosser Fleiß, darmit man etwas bestendiges in erkundigung bringen möchte, vndt darneben behuttsambkeitt erfordert, daß nicht ehrlicher Unschuldiger Leutt Leumuth, vndt gutter Nahme in Gefahr gesetzt werde, derhalben der Centgraff darob sein solle, das hierunde bedachtsamb vndt fürsichtig gegangen, vnd da ihme Vonn ein, vndt der andern Perschonn waß Verdächtiges Vorkommet, nicht allein des Gerüchtes halben, nachgeforschet, vndt die ienige Perschonn, darauf ein vndt der ander Zeug sich berufft, gleichfalls abgehörtt, sondern auch, do das gerücht oder auch ein Verdächtiges Factum Von einem Zeugen bejahet, derselbe, wegen der vmstände Vff das fleißigste befraget werde, alß zum Exempel, Wann ein Zeug deponirt, vndt bezeuget, Wie ein gemein geschrey, das INQUISIT eine Zauberin oder Hexe sei.

Soll als dann der Inquisitor fragen:

1) Vonn weme Zeug solches gehöret, vndt wie lange es seye?
2) Ob auch dieselbige leutt, von deme Zeug es gehöret, oder der inquisita feindt gewesen seyen, oder noch seien?
3) Auf waß Vrsachen, vndt Verdacht solch gemein geschrey von inquisitin auß kommen seye, Wenn vndt wo?
4) Ob sie Vielleicht iemandt Zauberey lernen wollen.
5) Ob sie iemand betrohet, vndt demselben darauff, waß sie getrohet, begegnet seie?
6) Ob sie mitt Hexen vndt Zaubern gemeinschafft gehabtt, vndt mitt welchen leutten Sie am meisten umbgehe vndt zu thun habe.
7) Ob sie mit Verdechtigen Dingen umbgehe, vndt waß daselbe für Verdechtige Ding sein?
8) Waß inquisitin sonsten für ein leben führe?

Do aber ein Zeug Vff ein Verdechtiges factum befraget worden, vndt solches bejahet, als das inquisitin einem getrohet vndt darauff seie derselbe oder sein Viehe krank worden, soll befraget werden.

1) Was es für trohe (Droh-) reden?
2) Ob inquisitin solche geredet habe?
3) Wer es mehr gehöret?
4) Ob Zeug nicht dafür halltten thue, daß solches nur Weiber vndt Zorn reden?
5) Ob solche Reden zu andern mehr geredet, gegen weme, wann, wo und wie?
6) Was für eine Krankheit es gewesen?
7) Ob Zeug solche für ein Natürlich oder aber eine Zauberische Krankheit gehalten?

ITEM.
Wegen des Viehes.

9) Ob denn das Viehe dieselbe nacht gestorben vndt ob es nicht zuvor krank geweßen?
10) Ob nicht domahlen der Zeit vndt Leuffte nach ein gemeine sucht vnter dem Viehe doselbsten, vndt ander ortten vmgegangen?
11) Ob im abdecken vndt besichtigen etwas Verdechtiges darbey befunden?

Dergleichen vmstände sollen bey andern thaten auch befraget werden, Welch der Centhgraff selbsten, nach gelegenheit eines ieden fals, informiren wissen wirdt, Sintemahl Vnmöglich, alle vorzuschreiben, Worbey dann iedesmahl in acht zu nehmen, vndt zu registrieren, auch die Zeugen wohl darauff zu fragen.

1) Wie altt vndt reich Zeug sey?
2) Was seine Handthierung?
3) Ob er inquisitin feind sey?

Waß nuhn die Zeugen aussachen, das soll der Gerichtsschreiber, nicht nach seinem Guttdünken, oder eignen Sinn stylisiren, noch mit Lateinischen vundt hohen Worten fassen, sondern vonn Wortten zu Wortten wie die zue Zeugen solche geredet, doch soll das ienige, so der Zeug in prima Persona redet, in tertia Versetzet, als wenn er saget, Ich hab diß vndt Jenes Vonn M. gesehen, gehöret. p. Soll die Aussag also niedergeschrieben werden: Zeug habe dießes oder jehnes gesehen vndt gehöret, denn obwohl Jeder Centgraf, oder Gerichtsschreiber für sich wissen soll, wie sie die Aussag der Zeugen niederschreiben sollen, so hatt man doch Vielfelttiges darunder enderung Vonn nöthen, erfahren, wie vngeschickt die darinn geweßenn. Zum andern, Soll man den Zeugen ieder Zeit ihre Aussage, ehe sie dimittiret werden, zuvor wiederumb deuttlich Vorleßen, Damitt man gewiß sey, ob solche recht verzeichnet, vndt ihre meinung geweßen vndt alsdann ihnen daß stillschweigen. darauff auch der Zeugen Aydt gerichtet sein soll, Vfferlegt werden.

Zeugen Aydt.

Ihr sollet schwehren, vndt zu Gott einen leiblichen Aydt, Mitt auffgereckten fingern, /: oder, so es ein Weibs Perschonn, an die brust gelegten fingern :/ thun, das ihr in dießen so ietzt gefragt werden solt, darinn niemandts Verschonen, niemand zu lieb, etwas Verschweigen, auch keinen auß Haß oder neidt etwas zuwieder, so nicht wahr, berichten, vndt solches alles bey euch verschwiegen haltten wollett, So wahr euch Gott helfe.

Vonn dem Ortt, do die verdechtige Hexen Perschonen gefengklich gehalten werden sollen.

Die gefangene Perschonen sollen absonderlich gehalten, Ihnen ein Wächter zugeordnet vndt zu ihnen sonsten niemandt, außer der büttel, so er dessen bevelch, oder sonsten bey ihnen zu verrichten gelassen werden.

Vonn Güttlicher verhör der gefangenen

Denn gefangenen sollen durch den Centhgraffen, in beysein der Gerichts Perschonen wegen der Verdechtigen sachen, so wieder sie streiten, articulus weiß Vorhaltung gethann, vndt ihre antwortt allermaßen wie nechst bey der Zeugenaußsage gemeldet, Vonn dem Gerichtsschrieber auffgezeichnet werden, darbey aber Centhgraff wohl in acht zu nehmen, vndt die gefangene Perschonn oder Zeit vndt bey allen puncten befragen soll, was sie zu ihrer Vnschuldt anzugeben, Ingleichen bei der Zeugen Confrontation die Verhaffte erinnern, ob ein oder ander Zeug ihr feindt, vndt auß was Ursachen sie, oder waß sie sonst vor Mengel an Demselben.

Vonn CONFRONTATION der Zeugen.

Wann die Confrontation der Zeugen erkandt, soll solche mitt allem fleiß verrichtett, die Zeugen denn gefangenen vorgestellet, vndt örcdentlich Puncts weiß gefragt, vndt waß darauf die Zeugen bejahen, auch der Verhaffte antworttet, alles mitt fleiß, neben den frag Punkten, gegen einander vbergesetzt vnd örcdentlich durch den Gerichtsschreiber Verzeichnet, vndt registriret werden, damit mann darauf in decidendo (bei der Urteilsfällung) desto sicherlicher gehen könne.

Vonn Scharffer frag, oder Peinlichen Examination.

Dieweill die Scharffe frag, zu erforschung der Wahrheit, solche aber wegen gemeinen nutzes, vndt Ehre Gottes geschicht, als soll ein Richter darob sein, das darmitt nichts aberglaubisch Vorgenommen, der Deuffel durch den Deuffel ausgetrieben, sonderlich aber Gottes wortt nicht mißbrauchet werde, vndt obwohl dem Centhgraffen vndt Peiniger, in hoc genere delicti (in diesem besonderen Fall), Wenn die scharffe frag bloß erkandt Zumessigen obliegt, Was der Verhafften Perschonn Leibscreffte leiden mögen, vndt wie hardt dieselbe anzugreifen, so soll doch der Judex (Richter) Vornehmlich achthaben, daß kein Exceß begangen werde, vndt hatt man darneben auß der Erfahrung so viel eingenommen, das, wenn mit der tortur gradatim (allmälich) gegangen, am allersichersten vndt mehrer Würckung, alß do Vff einmahl alle quall, vndt marter angelegtt werden, Dann die Verhaffte Perschonn so der Marter, also zu reden, gleichsam gewohnet, inn ihrem Vorhaben außzutauern, ehe zu verharren pflegen, als sonst, erstlich sie territ folgendes leniter (milde) angegriffen, vndt wann dieselbe nochmals recht geprüfet, vndt ferner angegriffen werden soll, entweder auß furcht derselben, ohne angrieff, oder doch, do sie Würcklichen mit der Pein zum andern mahl beleget werden, Viel ehe bekennen könntten, derhalben die eingezogne Hexenperschonen, so ad torturam condemniret (zur Marter verurteilt), denn ersten tagk leniter, als erstlich mit Vorleguung des Scharffrichters instrument mit bindung der Händt, oder detractione vestium (Entziehung der Kleider), vndt mit der Peinschrauben etlichmal, iedoch daß sie bey Kräfften bleibe, denn andern tag aber ferner mit der beinschrauben, mit dem Kloben und bock, abschneidung der Haar, Jedoch daß gleichfalls solches ohne Aberglaube geschehen, zu bekenndtnus der Wahrheit, angetrieben werden.

Vonn denn articul, vndt fragen,
darüber die Verhaffte Perschonn peinlich zu fragen.

Die articul, darüber die Perschonn peinlich zu befragen, sind zweyerley: Generales et speciales, Wie wohl es nun in arbitrio Judicis (in das Ermessen der Richter gestellt ist), ob diese oder Jene Vorgehen, So mag doch, weil es bishero alßo gehalltten worden, erstlich in genere, oder in specie, vff die facta gefräget werden.

Vonn denn General Fragstücken.

Die General: oder gemeine Fragstück, darauff iede Hexerei Verdechtige Perschonn examinieret werden kann vndt, bestehen in dießen:

Ob Verhaffte oder Verhafftin, mit der Hexerei behafft?

Wann sie nun solches bekennet, denn der erste muß von vorn bekennet sein, alsdann zu fragen:

Vonn weme sie solches gelernet?

Wann es geschehen, vndt wie lange es sey, daß sie solches gekönntt?

Was sie dazu verursachet?

Welcher gestaldt sie solches gelernet? Wie es darmitt hergangen, ördentlich nach einander zu erzehlen.

Alß, do die Verhaffte Perschonn dits Laster Vonn einem andern gelernet,
Wie sie zu solcher Perschonn, oder dieße zu ihr Kommen?

Mitt waß wortten dieselbe sie angeredet?

Waß sie dazu gesagett?

Ob sie dann bewilligt?

Do sie bewilliget, waß iene gethan oder geredet?

Waß sie darzu gethan oder geredet?

Do aber iemand bekennet, daß er die Hexerei vom Deuffel selbsten gelernet, werden obige stück außgelassen vndt ferner gefragett:

Wo der Teuffel zu ihr kommen?

In was gestaldt vndt Kleidt?

Mit waß für einen Nahmen er sich genennet?

Waß er gesagtt?

Waß Verhaffter oder Verhaffte darauf geäntwortet?

Ob sie so baldt gewilliget?

Was nach der bewilligung mitt ihr Vorgenommen?

Was er ihm oder ihr gegebenn?

Ob er nicht ihm oder ihr Salben gegeben?

Wo sie zu Hauß stehe?

Ob er ihm oder ihr (ein) Pulfer gegeben?

Wo solches zu Hauß stehe?

Ob sie Gott Verleugnen müssen?

Wie sie Gott Verleugnen müssen, wie die Wortt gelautet?

Ob er sie hierauff getaufft?

Von Hexendäntzen, vndt ihren Versamblunggen.

Ob sie auch die Hexendänze besucht?

Wie viele Jahr langk sie solche besucht?

Wie viel Dänzs in einem Jahr gehaltten?

Ob sie alle Dänzs besucht?

Wo solche gehalten?

Wie es Vff dem Danzs zugangen, ob sie erstlich gessen, vndt gedruncken, vndt hernachen gedanzs oder wie es gewesen?

Waß Sie gessen? Waß sie gedruncken? Wie es geschmeckt?

Wie sie solches genommen?

Wie es mitt dem Danze gewesen, Vff was ärth sie gedanzet?
Wer mitt ihr gedanzet?
Wer forne an gedanzet?
Wer fur ihr gedanzet?
Wer nach ihr gedanzet?
Wie es Vff dem ort, do sie gedanzet, beschaffen, ob sie licht oder tunckel?
Wer geleuchtet?
Welche vndt was für Spielleuth sie gehörtt?
Ob sie solche gekennet?
Waß sie ferner fur gehabt? Ob sie nicht den Teuffel doselbsten anbeten müssen?
Wie es domit hergangen?
Was sie darauf berathschlaget?
Was für gesellen sie gehabtt, vndt wie viel derselben?
Ob sie gekannt, vndt wer sie gewesen, solche anzuzeigen? Bey diesem Punct muß ein sonderlicher ernst gebraucht werden.
Wie sie Vff die tänze kommen v. wieder davon?
Ob sie gemercket, daß sie in die Lufft fahren?
Wie es ihnen gewesen, alß sie gefahren.
Vonn Schaden, so sie gethan.
Waß sie denn leuthen für Schaden gethann? (Schriften.)

Denselben Fanatismus in der Hexenverfolgung finden wir auch in allen andern Ländern Deutschlands, nur selten durch die Einsicht der Höherstehenden oder Höchststehenden gemildert. Der Glaube an dergleichen Prozeduren, an Zauberwesen und Teufelsbündelei hatte so tiefe Wurzeln geschlagen, daß er nicht nur in der Anschauung des Volkes, bis zu den höchsten Gesellschaftsschichten hinauf, unausrottbar festsaß, sondern sogar die Beschuldigten selbst — in Wirklichkeit, und nicht nur, um der Folter zu entgehen — schließlich oft überzeugt zu sein schienen, die wider sie erhobenen Anklagen wären nicht völlig aus der Luft gegriffen, und sie hätten sich tatsächlich mit dem Teufel verbunden.

„In ‚Tirol‘," berichtet Soldan, „faßte die Regierung zu Innsbruck im September 1637 den Entschluß, gegen das Hexenwesen ernstlicher einzuschreiten. Indessen war man sich über die Gesichtspunkte, von denen man dabei auszugehen, und über die Grundsätze, nach denen man zu verfahren habe, nicht recht klar, weshalb die Innsbrucker Regierung damals den erzfürstlichen Vormundschaftsrat und Kammerprokurator zu Innsbruck, Dr. Volpert Mozel, aufforderte, ein Gutachten über das Zauberwesen und über die Frage zu verfassen, wie es ‚mit Constituierung der in Kriminal- und Hexereisachen gefangenen Personen und ihrer Complices gehalten werden solle‘. Infolgedessen arbeitete Mozel seine neun Abschnitte umfassende Schrift ‚Instruktion und Conclusiones, mit was Umbständen die Hexen-Persohnen konstituirt werden khinnen,‘ aus. Diese bewegt sich allerdings ganz und gar auf dem Boden des

Hexenhammers, enthält aber dabei doch mancherlei, wodurch sie sich von der bei den meisten Gerichten üblichen Praxis und von den Anschauungen vieler Rechtslehrer zu ihrem Vorteil unterscheidet. Mozel will z. B., daß der Untersuchungsrichter es nie versuchen soll, die Angeklagten mit Vertröstung einer Begnadigung zum Geständnis zu bringen. Haben Inquisiten die Tortur überstanden, ohne ein Geständnis abzulegen, so sind sie freizugeben. Die Tortur soll nicht zu lange, wenigstens nicht leicht eine Stunde lang dauern, und niemand soll öfters als dreimal gemartert werden. Ferner soll der Untersuchungsrichter nur die nach der Marter, nicht aber die auf der Folter gemachten Aussagen protokollieren. Nach den Komplicen soll der Richter erst fragen, wenn der Inquisit ein Geständnis abgelegt hat. Weil aber auf die Aussage einer der Hexerei überführten Person wenig zu geben ist, so soll sie der Richter nach gemachter Denunziation noch mit einer ‚geringen Marter angreifen' und sie dabei erinnern, daß sie durch falsche Angaben sich unzweifelhaft die ewige Verdammnis zuziehen würde. Sollte dann die gefangene Person auf der Folter ihre Aussage widerrufen, so habe man ihren Geständnissen keinen erheblichen Wert beizulegen. Man sieht, daß Mozel doch einigermaßen bestrebt gewesen ist, den Forderungen der Vernunft und Humanität wenigstens hin und wieder zu ihrem Rechte zu verhelfen." Nach diesen Vorschriften wurde nun eine stattliche Anzahl von Hexenprozessen geführt, die zumeist mit Todesurteilen endigten.

Besonders arg wütete der Hexenwahn im Gebiet des heutigen Bayerns. In Offenburg, im Breisgau war man im Hexenfang so eifrig, daß 1628 sogar eine „Fanggebühr" von zwei Schilling für jede eingebrachte Hexe ausgesetzt wurde, eine Zusage, die allerdings schon nach vierzehn Tagen zurückgezogen werden mußte, weil sich zuviel Leute fanden, die darauf Anspruch machen wollten. Mehr oder minder wütende Verfolgungen fanden zu jener Zeit in allen Gauen Deutschlands statt, zumeist unter Mitwirkung von Rechtsgelehrten und juristischen Fakultäten. Eine rühmliche Ausnahme machte in einem bekannten Falle die Mainzer Fakultät, die unter dem 15. Juni 1674 an das Gericht zu Burkhardfelden in Hessen-Darmstadt schrieb. Es handelte sich um eine Else Schmidt, die beschuldigt war, Mäuse gemacht, einen Knaben zur Hexerei verführt und andere durch Sauerkraut und Branntwein behext zu haben. Die Mainzer Rechtsgelehrten erkannten:

> Wir Senior und übrige Professores etc. befinden — die Acta — nicht also beschaffen, daß mit der vom Herrn Fiscal begehrten zweiten, und zwar völligen Tortur gegen die peinlich Beklagtin prozedirt werden könne: und hätte ihrer auch mit der ersten harten Tortur verschonet und dero Defensional-Articuln keineswegs

verworfen werden sollen, aus folgenden Ursachen ... Und tut im übrigen wenig zur Sache, daß die löbliche Juristenfakultät zu Gießen die Beklagtin Elisabeth zu der ersten Tortur condemnirt habe; dero rationes decidendi (Entschlußgründe) sind nicht apud acta (bei den Akten). Und ist daran Unrecht geschehen, daß dieses arme alte Weib, nach Ausweis des Protokolls, zwei ganze Stunden lang mit den Beinschrauben und an der Folter so überaus hart gepeinigt worden. Noch unrechter aber ist darin beschehen, daß der Herr Fiscal, ohnerachtet, daß die verba finalia illius protocolli (Schlußworte des Protokolls) so viel geben, daß sie, Elisabeth, nach ausgestandener so erschrecklicher Tortur absolvirt worden sei (nimirum ab ulteriore tortura, besonders von weiterer Tortur), nichts desto weniger in seiner also intitulirten Confutation (Widerlegung) und Gegensubmissionsschrift, wie auch endlichen Gegenschlußschrift die reiterationem torturae contra istam miserimam decrepitam mulierem (Wiederaufnahme der Folter gegen dies arme, schwächliche Weib) so stark urgirt hat, gleichsam dieses alte Weib propter suspicionem hominum quovis modo (wegen des Verdachts der Leute auf jeden Fall) hingerichtet und verbrannt werden müsse, sie sei gleich eine Zauberin oder nicht ...

Gut wäre es, wenn die unschuldig beklagte Elisabeth durch glimpfliche Mittel dahin bewogen werden könnte, daß sie den Ort ihrer jetzigen Wohnung verändern und sich anderswohin begeben täte, angesehen sie ohne Ärgernis, Widerwillen und continuirliche Unruhe des Orts Untertanen nicht wird wohnen können. Dafern das von ihro, wie zu besorgen, in Güte nicht zu erhalten, so ist nötig, daß die Obrigkeit öffentlich verbiete, daß niemand, bei Vermeidung wohlempfindlicher Geld- und anderer Strafen sich gelüsten lassen solle, sie, Elisabeth, und die ihrigen an ihren Ehren mit Worten oder Werken anzugreifen oder auch von dem wider sie bisher geführten peinlichen Hexenprozeß mit andern Personen etwas zu reden ... Und damit sie, Elisabeth, desto leichter bewogen werden möge, ihro gegen den Herrn Fiscal habende schwere Actionem injuriarum, item ad expensas litis, damna et interesse (Klage wegen Rechtsverletzungen, Klagekosten, Bußen und sonstigen Nachteils) fallen und schwinden zu lassen, so ist ratsam, daß die Obrigkeit sie, Elisabeth, alsbald ihrer Haft erlasse, mit der Vertröstung, daß man den Herrn Fiscal zur Zahlung der Prozeßkosten anhalten, auch an allen Orten der Buseckischen Obrigkeit bei hohen Geld- und anderen harten Strafen ernstlich verbieten wolle, daß niemand sie, Elisabeth, oder auch ihre Kinder an ihren Ehren angreifen soll ... Und daß aller obiger Inhalt den kaiserlichen Rechten gemäß sei, wird mit unserer Fakultät zu Ende aufgedrucktem gewöhnlichen Insigel beurkundet.

Ein im Stadtarchiv zu Marburg aufbewahrtes Torturprotokoll aus dem Jahre 1672, betreffend eine Frau Lips zu Betziesdorf in Oberhessen, gibt ein erschütterndes Bild von den damaligen Zuständen. Es lautet wortgenau, doch in heutiger Schreibweise:

Hierauf ist ihr nochmals das Urteil vorgelesen worden und erinnert worden, die Wahrheit zu sagen. Sie ist aber beständig bei dem Leugnen geblieben, hat sich selber herzhaft und willig ausgezogen, worauf sie der Scharfrichter mit den Händen angeseilt, hat wieder abgeseilt, peinlich Beklagtin hat gerufen: „O wehe! O wehe!" Ist wieder angeseilt, hat laut gerufen: „O wehe! O wehe! Herr im Himmel! Komme zu Hilfe!" Die Zehen sind angeseilt worden, hat um Rache gerufen und ihre Arme brechen ihr. Die spanischen Stiefel sind ihr aufgesetzt, die Schraube auf dem rechten Bein ist zugeschraubt, ihr ist zugeredet worden, die

Wahrheit zu sagen. Sie hat aber darauf nicht geantwortet. Die Schraube auf dem linken Bein auch zugeschraubt. Sie hat gerufen, sie kenne und wüßte nichts, hat um das Jüngste Gericht gebeten, sie wüßte ja nichts, hat sacht in sich geredet, sie wüßte und kenne nichts. Die linke Schraube gewendet. Peinlich Befragte ist aufgezogen, sie hat gerufen: „Du lieber Herr Christ, komme mir zu Hilfe!" Sie kenne und wüßte nichts, wenn man sie schon ganz tot arbeite. Ist höher aufgezogen, ist still worden und hat gesagt, sie wäre keine Hexe. Die Schraube auf dem rechten Bein zugeschraubt, worauf sie „O wehe!" gerufen. Es ist ihr zugeredet worden, die Wahrheit zu sagen. Sie ist aber dabei blieben, daß sie nichts wüßte, ist wieder niedergesetzt worden, die Schrauben sind wieder zugeschraubt, hat geschrieen: „O wehe! O wehe!" Wieder zugeschraubt auf dem rechten Bein, ist stille worden und hat nichts antworten wollen, zugeschraubt, hat laut gerufen, wieder stille worden und gesagt, sie kenne und wüßte nichts. Nochmals aufgezogen, sie gerufen: „O wehe! O wehe!", ist aber bald ganz stille worden. Ist wieder niedergesetzt und ganz stille blieben, die Schrauben aufgeschraubt. Es ist ihr vielseitig zugeredet worden, sie ist dabei blieben, daß sie nichts kenne und wüßte. Die Schrauben höher und zugeschraubt, sie laut gerufen und geschrieen, ihre Mutter unter der Erde sollte ihr zu Hilfe kommen. Ist bald ganz still worden und hat nichts reden wollen. Härter zugeschraubt, worauf sie angefangen zu kreischen und gerufen, sie wüßte nichts. An beiden Beinen die Schrauben höher gesetzt, daran geklopft, sie gerufen: „Meine liebe Mutter unter der Erde, o Jesu, komm mir zu Hilfe!" Am linken Bein zugeschraubt, sie gerufen und gesagt, sie wäre keine Hexe, das wüßte der liebe Gott, es wären lauter Lügen, die von ihr geredet worden. Die Schraube am rechten Bein härter zugeschraubt, sie anfangen zu rufen, aber stracks wieder ganz stille worden. Hierauf ist sie hinausgeführt worden von dem Meister, um ihr die Haare vom Kopf zu machen. Darauf er, der Meister, kommen und referiert, daß er das Stigma gefunden, in welches er eine Nadel übers Glied tief gestochen, welches sie nicht gefühlt, auch kein Blut herausgegangen. Nachdem ihr die Haare abgeschoren, ist sie wieder angeseilt worden an Händen und Füßen, abermals aufgezogen, da sie geklagt und gesagt, sie müßte nun ihr liebes Brot heischen, hat laut gerufen, ist wieder ganz stille worden, gleich als wenn sie schliefe. Indem fing sie hart wieder an zu reden. Die Schraube am rechten Bein wieder zugeschraubt, da sie laut gerufen, die linke Schraube auch zugeschraubt, wieder gerufen und stracks ganz stille worden und ihr das Maul zugegangen. Am linken Bein zugeschraubt, worauf sie gesagt, sie wüßte von nichts, wenn man sie schon tot machte. Besser zugeschraubt am rechten Bein, sie gekreischt, endlich gesagt, sie könne nichts sagen, man sollte sie auf die Erde legen und totschlagen. Am linken Bein zugeschraubt, auf die Schrauben geklopft, härter zugeschraubt, nochmals aufgezogen, endlich ganz wieder losgelassen worden. (gez.) J. Jacob Blanckenheim. (gez.) Friedrich Bauod. (gez.) J. Hirschfeld. (gez.) M. F. Rang.

Meister Christoffel, der Scharfrichter, berichtet, als sie peinlich Beklagtin die Haare abgeschnitten, habe sie an seinen Sohn begehrt, daß man sie doch nicht so lange hängen lassen möge, wenn sie aufgezogen wäre. (Soldan-Heppe-Bauer.)

Das arme Weib, das so tapfer all diese entsetzlichen Qualen ausgestanden hatte, mußte entlassen werden. Doch das „Auge des Gesetzes" wachte. Nach Verlauf von etwa einem Jahre glaubte man neue Beweise gegen sie erlangt zu haben. Wieder wurde sie gefangen genommen und

in noch ärgerer Weise gemartert — viermal aufgezogen, sechzehnmal geschraubt —; aber dieses Weib bewies eine unglaubliche Seelenstärke und war nicht dahin zu bringen, das ihren Peinigern gefällige „Geständnis" zu machen. Die fürstlichen Räte zu Marburg, die an die Landgräfin über diesen Fall Bericht zu erstatten hatten, glaubten allerdings, daß die Standhaftigkeit der Gemarterten nur ein Werk der Zauberei sein könne. Einen besseren Eindruck scheint jedoch dieser Fall auf die Landgräfin selbst gemacht zu haben, denn sie befahl, „das Gericht ernstlich dahin anzuweisen, daß dasselbe in dergleichen Hexenprozessen mit sonderbarer Zirkumspektion und Behutsamkeit verfahre, insbesondere auf bloße Denunziation und andern geringen Argwohn, wenn nicht das Corpus delicti notorie und andere starke und triftige Umstände vorhanden, nicht so leicht jemanden zu Haften zu bringen, weniger denselben ohne vorhergehende Kommunikation mit den Räten peinlich vorstelle". Dieser Befehl scheint auch von wohltuender Wirkung gewesen zu sein. Die Hexenprozesse nahmen ab, ohne jedoch vorerst ganz aufzuhören. Der letzte Hexenprozeß in Hessen fand 1711 statt, jedoch wurde der Fiskal mit seinem Antrage, die Tortur vornehmen zu lassen, abgewiesen und die beschuldigte Anna Elisabeth Ham aus Geismar von der Instanz entbunden.

In Hamburg, wo das Übel der Hexenprozesse überhaupt keine besondere Ausdehnung gefunden hatte, soll die letzte Hinrichtung einer „Hexe" im Jahre 1643 stattgefunden haben.

Aus einem Torturprotokoll vom Jahre 1674 aus dem thüringischen Tambach, wo der Amtsschösser Benedikt Leo ein fanatischer Hexenverfolger war, erfahren wir folgendes:

Die erste Tortur brachte nicht das erwünschte Geständnis.

Hierauf ist sie wieder auf die Leiter gestellt und sind die Riemen angezogen, ihr auch die Beinschrauben angelegt worden. Aber hat alles nichts gefruchtet bis nach zehn Uhr, da sie den Kopf hängen lassen, die Augen sperrweit aufgemacht, diese verdreht, sich gebäumt, das Maul verdreht, geschäumt und so abscheulich ausgesehen, daß man sich nicht genug zu entsetzen und fürchten gehabt; worauf, wie sonst öfters wechselweise geschehen, der Nachrichter sie herunter gelassen, ihr zugerufen und gebetet: „Christe, du Lamm Gottes etc." und andere Passionsgesänge: „O Lamm Gottes etc.", ihr auch Wein in den Mund gegeben und auf allerlei Weise gesucht, sie zum Geständnis zu bringen; aber alles vergebens. Denn sie dagestanden wie ein Stock. Gegen elf Uhr, da sie ganz wieder zurecht, ist nach treufleißiger Erinnerung wieder ein Versuch mit ihr gemacht worden; da sie dann, ehe der Nachrichter sie recht angegriffen, abermals die Augen verkehrt, das Maul gerümpft und sich so schrecklich gestellt, daß man augenscheinlich spüren und merken müssen, es gehe mit ihr von rechten Dingen nicht zu, sondern Satanas habe sein Werk mit ihr. — Weil man nun bei dieser ihrer Verzuckung nicht anders gemeint, als Satanas habe ihr, weil Kopf und alles geschlottert, den Hals gebrochen, oder was noch nicht geschehen, würde noch geschehen, also hat man sie aus der Stube an ihren Ort gebracht, ob Gott auf andere Weise und Wege ihre Bekehrung suchen werde, und also ist sie ohne Geständnis fernerer Tortur entkommen. Unter diesem Protokoll steht verzeichnet: Notitur: Als ungefähr eine Stunde nach der Tortur ich mit der andern Inquisitin zu tun gehabt im Nebenstüblein, und man nicht anders gemeint, Wiegandin täte kein Auge auf und läge gleichsam in ecstasi, hat sich auf einmal in ihrem Gefängnis groß Gepolter erregt. Da man nun zugelaufen, hat sich befunden, daß sie von ihrem Ort, allwo sie ausgestreckt gelegen, hinweg und außerhalb dem Türlein des Gatters, welches doch ziemlich niedrig und schmal, vorm Ofen auf einem Klumpen gelegen, da man sie dann mit vieler Mühe wieder an ihren Ort bringen müssen; alsdann jedermann davon gehalten, es ginge von rechten Dingen nicht zu, der Satan müsse sie hinausgerissen, und ihr seinen Dank, daß sie sich so wohl gehalten, gegeben haben. — Johann Benedikt Leo.

Wie man mit der Folter Geständnisse erpreßte, zeigt ein zu derselben Zeit und an demselben Ort gegen die achtzigjährige „Sachsen-Ursel" geführter Prozeß. Soldan-Heppe berichten hierüber:

Sie wird „ein baar Stunden" mit Daumenstöcken, spanischen Stiefeln und Aufziehen an die Leiter gefoltert, leugnet aber hartnäckig, eine Hexe zu sein. Man foltert daher in gräßlicher Weise weiter und redet der Gefolterten beweglich zu. Hat sie endlich gewehklagt und gesagt: Der Nachrichter soll sie doch herunterlassen, dem wir aber widersprachen und begehrten, sie sollte zuvor sagen, wann, wie und wo sie zur Hexerei gekommen. — Ad quod illa: Man sollte sie herunterlassen, sie wollte sterben als eine Hexe und sich verbrennen lassen. Nos: ob sie denn eine Hexe sei? Illa: Nein, so wahr, als sie da stünde, wäre sie keine Hexe. Sie wüßte nichts und könnte nichts, man möchte mit ihr machen, was man wollte. — Nos: Sie möchte sagen, was sie wollte, es wären so schwere Anzeigen wider sie da, welche machten, daß man ihr sogleich nicht glauben könnte. — Haec begehrt nochmals, man möge sie heruntertun, die Arme täten ihr wehe, man sollte ihr zu trinken geben. — Nos: Wenn sie gleich zu bekennte, so soll sie gleich heruntergelassen und ihr, was sie begehre, gegeben werden. Ob nicht wahr, daß sie eine Hexe sei? — Haec: Sie müßte etwa vom Teufel heimlich sein verführt worden. — Nos: Ob sie denn verführt worden? wann und wo? — Haec: „Ja, nu, nu, ich mich erst besinnen." Er müßte in Kohlholz zu ihr gekommen sein, da sie vielleicht nicht gebetet oder sich Gott nicht befohlen haben würde. — Nos: Wann es geschehen? — Haec: Als ihr Mann noch gelebet, mußte er (der Satan) etwa am Nesselberg zu ihr gekommen sein, als der Amtsverweser noch da gewesen, müßte er sie am Nesselberge mit Listen so bekommen und sie in Essen und Trinken verführt haben. — Nos: Es gelte und heiße hier nicht „es mußte, es müßte usw.", sondern sie sollte pure antworten, entweder Ja oder Nein. Sie sollte sagen, ob sie nicht das Hexen gelernt, wo, wie und wann? — Nota: Weil man an ihr gemerkt, daß sie auf gutem Wege sei, hat man sie von der Leiter gelassen, sie von allem ledig gemacht, sie auf einen Stuhl niedergesetzt und sie zum Geständnis beweglich und umständlich ermahnt. Haec: Sie wolle es sagen, ja, sie sei eine Hexe usw. . . . Die Unglückliche wurde verbrannt, doch vorher wahrscheinlich erdrosselt.

Der Hexenwahn schonte, wie schon berichtet, weder dreijährige Kinder noch achtzigjährige Greise. In Neiße, das dem Breslauer Bischof zugehörte, hatte der Magistrat einen Ofen erbauen lassen, in dem 1651 zweiundvierzig weibliche Personen verbrannt wurden. Wie es damals im Städtchen Coesfeld zuging, erfahren wir aus der Rechnung des dortigen Scharfrichters. Es heißt hier unter anderem:

Gertruth Niebers viermal verhort worden baven uff den Süstern Torn, von jeder Tortur drey Rthlr., machet 12 Rthlr.

Den 16. Julii Gertruth Niebers des Morgens twischen 3 und 4 Slegen das Haupt abgeslagen, davon mich zukumpt viff Rthlr. Darnach verbrandt worden, davon mich ooch zukumpt viff Rthlr.

Den 18. Julii Johan Specht, anders Dotgrever, uff der Valkenbruggen porten verhort, davon mich zukumpt drey Rthlr.

Den 19. Julii Johan Specht uff der Valkenbrugger porten verhort worden, davon mich zukumpt drey Rthlr.

Demselbigen dito Greite Pipers uff den Wachtorn verhort worden, davon mich zukumpt drey Rthlr.

Den 23. Julii Johan Specht under im Süster Torn verhort, davon mich zukumpt drey Rthlr.

Den 2. Augusti Johan Specht erstlich gestrangulerth uff ein Ledder (Leiter), davon mich zukumpt viff Rthlr. Darnach verbrandt worden, davon mich och zukumpt viff Rthlr.

Und so weiter, vom Juli bis Dezember 1631. Die Rechnung betrifft nur Hexenprozesse und beträgt im ganzen 169 Reichstaler.

Ein Beispiel von dem Wüten der kleinen Herren lieferte Christof von Rantzow im Holsteinischen, der 1686 auf einem seiner Güter an einem Tage achtzehn Hexen verbrennen ließ. Allerdings wurde er deswegen zu einer Geldstrafe von 2000 Rthlr. verurteilt.

Wie schauerlich man in dem kleinen Lippe gegen „Teufelsbrut" verfuhr, geht aus nachstehendem Auszug hervor.

So hatte im Juni 1653 — nach Clemen — zu Lemgo ein siebeneinhalbjähriges Mädchen Kathrinchen in der Stadt erzählt, daß ihm ihre bisherige Pflegemutter, die Frau des Seidenmachers Krevesiek, das Hexen beigebracht hätte; sie habe sie nach dem Kuhstall geführt und dort aufgefordert Gott zu verleugnen, und als sie das getan, sei sogleich ein kleines, schönes Männchen mit roten Kleidern und rotweißen Federn auf dem Hut erschienen und habe ihr die Hand gereicht. Die Krevesiek hätte dem Mädchen grünes Kraut gereicht und das Männchen ihm darauf befohlen, dies den Gräfinnen auf dem Lippehofe vorzuwerfen, dann würden sie fallen und den Hals brechen; dasselbe Männchen habe dann Kathrinchen auch des Nachts häufig besucht. Nun war nachgewiesen, daß das Mädchen wegen allerhand Unarten im Kuhstall von der Krevesiek gezüchtigt, letztere aber von ihrem Mann, mit dem sie nicht allzu friedlich lebte, mehrfach Hexe geschimpft worden war. Die Krevesiek wurde angeklagt und bestätigte unter der Folter die Aussagen des Kindes; sie bekannte sich als Hexe und wurde in der Sandkuhle verbrannt, nachdem sie noch im Zwange der Tortur allerhand andere Bewohner Lemgos der

Zauberei verdächtigt hatte. Auch diesen erging es ebenso. Im genannten Jahre wurden neun Hexen und zwei Zauberer, im folgenden sechzehn Hexen und vier Zauberer hingerichtet. Unter den Angeschuldigten befand sich auch der Lehrer Hermann Beschorn, der in den Folterqualen aussagte, daß seine Lehrmeisterin, die Witwe des Kaufmanns und Ratsieglers Böndel, eine wohlhabende und angesehene Frau, die schon aus erster Ehe drei erwachsene Kinder hatte, auf dem Hexenplatz gewesen sei. Der älteste Sohn der also Verdächtigten, Dr. juris Arnold Sprute, Rektor am Gymnasium zu Lemgo, hörte von der Einleitung des Verfahrens und veranlaßte seine Mutter, sich sofort aus Lemgo zu entfernen und vorläufig in Bremen Zuflucht zu suchen, bis er für sie beim Magistrat ein sicheres Geleit unter Gerichtshand und Siegel ausgewirkt habe. Nachdem dies geschehen, kehrte Frau Böndel nach Lemgo zurück, wo alsbald die Anklage auf Hexerei gegen sie erhoben wurde. Diese stützte sich auf allgemeine Gerüchte, und zwar, daß selbst Kinder auf der Straße Frau Böndel als Hexe bezeichnet hätten — natürlich hatten die Eltern zu Haus des öfteren über die Sache gesprochen —, dann hätte ein Nachbar an den früheren fröhlichen Gesellschaften im Böndelschen Hause Anstoß genommen und gemeint, daß da gewiß Hexerei mit im Spiel wäre; ferner sei die Beschuldigte jetzt schüchtern im Wesen und blaß im Gesicht, auch habe Beschorn bis zu seinem Tode dabei verharrt, daß sie ihm das Zaubern beigebracht; ferner hätten acht hingerichtete Hexen behauptet, die Böndel bei den Hexentänzen gesehen zu haben, und schließlich sei auch ihre Flucht sehr verdächtig. Damit nicht genug, behauptete man auch auf die ganz törichte Aussage einer Aufwärterin, daß Frau Böndel ihren Ehemann vergiftet habe, trotzdem zahllose Zeugen auftraten, daß sich Frau Böndel gegen den ersten wie zweiten Mann, gegen die Kinder und das Gesinde wie gegen die Nachbarn so gut betragen hätte, daß man überall mit Liebe und Verehrung von ihr gesprochen.

Der Magistrat sandte die Anklageschrift behufs weiterer Entscheidung an die juristische Fakultät der Universität Rinteln, und diese erkannte unter dem 26. Oktober 1657, daß die Anschuldigungen gegen Frau Böndel auf Gehässigkeiten beruhten, und daß die Aussagen der Hexen, die Frau Böndel bei den Hexentänzen gesehen, ein Blendwerk des Teufels sein könnten, wodurch oft schon vornehme und unschuldige Personen ins Gerede gekommen wären; demnach wären die Verdachtsgründe nicht hinreichend, die Angeklagte der scharfen Frage zu unterziehen.

Frau Böndel war somit diesmal einem furchtbaren Schicksal entgangen, hauptsächlich wohl auf das energische Betreiben des Rektors Dr. Sprute hin; dieser zog sich hierdurch die Feindschaft des Bürgermeisters, eines fanatischen Hexenrichters und -brenners, zu, dem eins seiner Opfer entgangen war, und der nur auf die Gelegenheit wartete, seine Rachsucht auszuüben. Und diese Gelegenheit sollte kommen, und zwar nach Verlauf von acht Jahren. Im Mai 1665 sagt ein siebzehnjähriges Mädchen vor Gericht aus, sie sei vor drei Wochen mit auf dem Hexentanzplatz gewesen und habe neben vielen anderen Teilnehmerinnen dort auch die Witwe Böndel bemerkt. Neue Verhaftungen werden vorgenommen, verschiedene der gefolterten Frauen bezichtigen Frau Böndel der Hexerei. Diese wird vor den Magistrat geladen, dessen Vorsitzender der Bürgermeister Dr. Kerkmann ist, und ins Gefängnis gebracht, ungeachtet aller sehr begründeten Beschwerden ihres Sohns und des früher zugestandenen freien Geleits. Die Ärmste wird so eingeschüchtert, ihr werden so oft die sie belastenden Aussagen der vorhin erwähnten Hexen vorgehalten und ihr mit der Tortur gedroht, daß sie bei vollständigem geistigen und körperlichen Zusammenbruch gütlich, wie das Protokoll berichtet, gesteht, sie könne zaubern und hätte eine jener Hexen, eine Frau Sünnedt, das Zaubern gelehrt. Sie wisse, daß damit ihr Ende besiegelt ist, und bitte nur, sie nicht der Tortur zu unterziehen und sie in aller Stille hinzurichten: „denn sie sei des Lebens von Herzen müde und habe, welches Gott bekannt, seit elf Jahren ein geängstigtes Gemüt gehabt" — was durchaus zu verstehen ist, da ja vor elf Jahren die erste Anklage gegen sie eingeleitet worden war. Mit diesem Geständnis gab sich jedoch der Magistrat nicht zufrieden. Nach der Prozeßordnung mußte die Geständige auch sagen, von wem sie das Zaubern gelernt habe. Aus den Aussagen der Gepeinigten geht ihre völlige geistige Verwirrung hervor; denn bald beschuldigt sie ihre Mutter, daß diese ihr als Kind von sieben Jahren das Hexen beigebracht, bald andere Frauen, die teils in Haft, teils schon hingerichtet waren. Sie gibt auf stetes Drängen auch noch verschiedene weitere Genossen, unter ihnen den Oberstleutnant Abschlag und Genossinnen an, mit denen sie bei den Hexenfesten zusammen gewesen. Wie bei zahllosen ähnlichen Aussagen spielt auch hier ein Knabe in bunten Kleidern eine große Rolle. Er sei, nachdem Gott verleugnet worden, plötzlich erschienen, habe sie geküßt, ihr Geld gegeben, das sie wieder verloren, und ein schwarzes Pulver, dessen tödliche Wirkung sie an Kühen und Tauben erprobt habe.

Eine gleichzeitig mit Frau Böndel Eingekerkerte sagte aus, sie hätte von ihr jenes schwarze Pulver bekommen und damit ein Pferd vergiftet, und Frau Böndel gesteht in Abwesenheit des Scharfrichters — sie wußte, was dessen Erscheinen bedeutete! —, daß sie mit jenem Pulver auch fünf von ihr namhaft gemachte Personen vergiftet habe. Als man sie fragt, wem sie, außer den zwei von ihr schon früher genannten Personen, das Zaubern beigebracht habe, schweigt sie, um nicht andere Unschuldige zu verdächtigen; da kommt der Scharfrichter und sein Knecht mit den Folterwerkzeugen in die Zelle, und aus Furcht vor der entsetzlichen Marter bezichtigt Frau Böndel fünf Personen, die sie das Hexen gelehrt, und dreizehn Gefährten, unter denen sie wiederum den Oberstleutnant Abschlag nennt. Wenige Tage später nimmt sie ihre Aussagen gegen verschiedene der Genannten zurück; da unterwirft man sie der Tortur, und in den unerträglichen Schmerzen nennt sie mehr als 30 Personen als ihre Hexengenossen, darunter sogar nahe Verwandte und Bekannte. Wiederum nimmt sie dies kurz danach zurück, wiederum foltert man sie, und sie bekennt sich zu den schlimmsten Sachen, wie Vergiftung und Kindermord. Und auch all das widerruft sie, nachdem sie zur Besinnung gekommen, und klagt sich aufs bitterste an, daß sie in ihren Schmerzen frühere Freunde, darunter zwei Geistliche und Verwandte, bezichtigt. Ihre Seelenschmerzen äußern sich in so heißem Jammern und Klagen, daß ihre Wächter erklären, sie können es bei ihr nicht länger aushalten. Sie hat nur einen Wunsch, bald „das Schwert zu bekommen", und dieser Wunsch geht an einem der letzten Dezembertage des Jahres 1665 in Erfüllung.

Der zweite Zauberprozeß, den wir hier berichten wollen, betrifft den Oberstleutnant Johann Abschlag. 1604 in Lage geboren, war er mit achtzehn Jahren in ein kaiserliches Regiment eingetreten, hatte im weiteren Verlauf des Dreißigjährigen Krieges unter Tilly und Wallenstein gedient und war bis zum Oberstleutnant emporgestiegen. Als solcher nahm er seinen Abschied und lebte mit seiner Gattin in guten Verhältnissen in Lemgo, dessen Bürgerrecht er 1653 erworben hatte, und wo er sein eigenes Haus am Markte bewohnte, auch noch andere Grundstücke besaß. Er war ein lustiger Kumpan, oft dort zu finden, wo es vergnügt herging, spielte gern Karte und Dambrett, besuchte jedoch die Kirche und hielt sein Haus in Ordnung, war kein Raufbold, wußte aber, wenn man ihm zu nahe trat, auf Pistole und Säbel zu pochen, wie er auch, noch in aktiven Diensten, im Zweikampf einen Kameraden, einen Rittmeister, erschossen hatte.

Es ist weiter oben schon erwähnt worden, daß neben andern der Hexerei Angeklagten Frau Böndel auch den Oberstleutnant als Hexenmeister angegeben hatte, und zwar sollte er in seinem grauen Überrock und ledernen Koller, den Rohrstock in der Hand, bei ihren nachts auf dem Markte in Lemgo stattgefundenen Hexenfesten das Kommando geführt haben, ohne sich am Tanz zu beteiligen. Dafür hätte er den Wein aus dem Ratskeller herbeischaffen lassen und wäre auch öfter mit dem Teufel in vertraulicher Unterhaltung auf und ab geschritten. Am 11. August 1654 wurde der Prozeß durch Vernehmung mehrerer Zeugen gegen ihn eröffnet, von denen ein Ratsherr aussagte, er hätte gerüchtweise erfahren, Abschlag habe Degen und Pistole neben seinem Bett hängen, er sei nicht mehr so munter wie früher und suchte auch nicht mehr so häufig fröhliche Gesellschaft auf. Der ehemalige Reitknecht des Oberstleutnants und zwei seiner einstigen Reiter behaupteten allerhand Törichtes, daß Abschlag schußfest sei, und daß man in der Stadt erzählte, er könne zaubern. Das genügte, daß man die Anklage gegen ihn erhob, ihn beschuldigend, er sei ein offener Hexenmeister, Zauberer und Kommandant der Hexen. Als sehr verdächtig wurde hervorgehoben, daß wenige Tage zuvor der Angeklagte mit anderen Bürgern in der lemgoschen Apotheke zuerst Bitterwein und dann Franzwein in solchem Maße getrunken hätte, daß sie samt und sonders betrunken gewesen wären; in diesem Zustand hätte Abschlag geäußert, ob man sich nicht scheue, mit ihm Dambrett zu spielen, da er als Zauberer leicht gewinnen könne. Er habe sich des ferneren beklagt, daß man ihm seinen im Kriege erworbenen ehrlichen Namen abschneiden wolle, er ließe sich das nicht gefallen, lieber werde er vier oder fünf von den Lemgoer Herren eins vor den Kopf schießen und dem Bürgermeister Kerkmann gelegentlich eins hinter die Ohren geben. Dann ward hervorgehoben, daß der im selben Monat wegen Zauberei verbrannte Lehrer Beschorn ausgesagt, der Oberstleutnant hätte den Hexenfesten auf dem Markt beigewohnt und sie alle verpflichtet, nichts auszusagen und sich dem Bürgermeister zu widersetzen; wer das nicht täte, den sollte der Teufel holen.

Am 19. Januar 1655 forderte man Abschlag vor Gericht, angeblich wegen seiner Weigerung, die Viehsteuer zu bezahlen, und nahm ihn sofort in Haft; der Verhaftete wies entrüstet alle Beschuldigungen zurück und bemerkte wegen seiner im Rausch getanen Äußerungen: Ihrer vier hätten neunzehn Maß Wein getrunken, und da könne man sich wohl vorstellen, in welchem Zustande sie gewesen. An einem der nächsten Tage wurde er einer Zeugin gegenübergestellt, die ihm ins Gesicht sagte, sie hätte ihn bei den Hexenfesten gesehen, er hätte oben am Tisch gesessen, jeder hätte ihm gehorchen müssen. Der erzürnte Oberstleutnant rief ihr ein paar Schmeichelworte zu, die in keinem Komplimentierbuch standen, und meinte, es wäre das dümmste Zeug der Welt. Andere Zeugen, hauptsächlich ehemalige Kriegskameraden, sagten bloß Gutes über ihn aus, und daß sie nie etwas Unehrliches von ihm gehört; nur einer bemerkte, daß, als er mit Abschlag auf Wache gewesen und er seiner Gewohnheit nach den Abendsegen gelesen und geistliche Psalmen gesungen, Abschlag darüber unwillig geworden sei und ihn gebeten hätte, dies zu lassen, weil er darüber nicht schlafen könne. Trotz alledem wurde die öffentliche Anklage erhoben und darin hervorgehoben, daß bei einem so schwer zu erweisenden Verbrechen, wie der Magie, auch schwache Anzeigen und Mutmaßungen zu berücksichtigen seien, und es wurde der Antrag auf die Tortur gestellt. Der Verteidiger Abschlags reichte eine 53 Bogen starke Gegenschrift ein, in der er nachwies, daß zur Verhängung der Folter genugsame Anzeigen glaubwürdig gemacht sein müßten, was hier nicht der Fall sei. Die Akten gingen an die Juristenfakultät der Universität Leipzig, die verfügte, daß Abschlag mit der scharfen Frage zu verschonen sei, und daß, wenn er den Reinigungseid leiste und die Urfehde, er aus der Haft entlassen werden könnte.

Dies geschah sehr gegen den Willen des Bürgermeisters Kerkmann und seines Gerichtschreibers, die alsbald zwei neue Verdachtsgründe gegen Abschlag anführten, und zwar die bereits von ihm widerlegten Beschuldigungen zweier bösbeleumundeter Frauenspersonen, die als Hexen im Gefängnis saßen. Die Akten gingen diesmal nach Rinteln, von wo ein Bescheid eingegangen sein muß, das Verfahren nicht fortzusetzen, denn es findet sich nichts Weiteres in den Archiven vor.

Überhaupt scheinen in den nächsten Jahren die Hexenverfolgungen nachgelassen zu haben.

Dann brach 1665 der Hexenwahn mit neuer Erbitterung aus und richtete sich unter anderen gegen Abschlag. Ein am 19. Mai des genannten Jahres im Lemgoer Rathause verhörtes siebzehnjähriges Mädchen sagte aus, sie sei vor drei Wochen noch mit dem Oberstleutnant auf dem Hexenplatz gewesen, er sei mit vornehmen Frauen aus einer gläsernen Kutsche gestiegen, habe die Reihen geordnet, mit ihr getanzt und, da sie nicht nach seinem Gefallen getanzt, sie zu schlagen gedroht; auch hätte er mit den andern vornehmen Leuten Wein getrunken. Von neuem wurde nun im Volksmund Abschlag als Zauberer bezeichnet, und es war nicht zu verwundern, daß eine ganze Reihe von der Hexerei angeklagten Frauen ihn jetzt gleichfalls bezichtigten. So sagte eine Dienstmagd, die vor neun Jahren im Abschlagschen Hause gedient, aus, daß sie der Oberstleutnant in der Küche das Zaubern gelehrt habe. Er habe ihr Branntwein zu trinken gegeben, worauf sie gefühlt, daß der Heilige Geist von ihr gewichen sei, und nachdem sie drei Schritt zurück getan und Gott und die Sterne verleugnet, sei der Teufel erschienen, der sich sehr zutunlich gegen sie benommen. Am 8. August 1665 wurde, nachdem der Magistrat von der Juristenfakultät in Rinteln ein Gutachten eingeholt, der Oberstleutnant Abschlag, der zu der ersten Vernehmung nicht erschienen war — man hatte den Vorwand gebraucht, wegen der Viehsteuer mit ihm verhandeln zu wollen, aber Abschlag kannte diese Ausflucht —, durch vier Stadtdiener in seinem Hause überfallen, gewaltsam ergriffen, in Gegenwart vieler Menschen aufs Rathaus geschleppt und dort verhaftet. Der Angeklagte wurde nun zwei Zeugen gegenübergestellt, die mit ihm auf dem Hexenplatz gewesen sein wollten; wieder fuhr der alte Soldat sie zornig an und gab seiner Empörung über ihre Torheiten derben Ausdruck. Man warf ihn in ein dunkles, feuchtes Loch und schloß ihn mit zwei Ketten an; alle Eingaben seines Verteidigers und seiner Familie gegen das gesetzwidrige Verfahren waren nutzlos, auch das Anerbieten der Stellung einer Kaution von zweitausend Talern wurde abgewiesen.

Den Kommissaren gegenüber, die, wie üblich, mit zwei Geistlichen bei ihm erschienen, beteuerte Abschlag fortgesetzt seine Unschuld. Man stellte ihn dann der verhafteten Frau Böndel gegenüber, und sie sagte ihm ins Angesicht, aber erst, nachdem ihr der Richter ähnliche Fragen vorgelegt: Sie hätte Abschlag wiederholt abgeholt und wäre mit ihm in einer mit zwei schwarzen Pferden bespannten und von einem vermummten schwarzen Kutscher gefahrenen Kutsche nach dem Hexenplatz gefahren, wo Abschlag nur mit ihr getanzt. Er hätte das Kommando geführt und auch bestimmt, wann sie wieder zusammenkommen wollten. Der Angeschuldigte war außer sich über diesen Wahnsinn, er konnte vor Empörung kaum reden.

Abermals gingen die Akten an die juristische Fakultät nach Rinteln, die verfügte, daß gegen Abschlag die „scharfe Frage", jedoch, wie hinzugesetzt wurde, „menschlichermaassen" anzuwenden sei. Am 5. September wurde der Oberstleutnant im Gefängnis der Tortur unterworfen, in der er aussagte, er hätte seinen Vater und seine Mutter, seine Kinder und Schwester ermordet, er hätte gestohlen und geraubt. Frau Böndel hätte ihn das Zaubern gelehrt, und zwar vor achtundzwanzig Jahren in ihrem Hause; sie hätte ihm Branntwein zu trinken gegeben und ihm vorgesagt, er solle Gott und seine lieben Englein verleugnen. Als er dies getan und drei Schritte zurückgetreten, wäre ein Weibstück in grünen Kleidern, namens Katharine, zu ihm gekommen, hätte ihm einen Taler geschenkt und sei sehr zutunlich zu ihm gewesen. Auf immer neue Fragen seiner Peiniger, unter Anwendung der Folter, sagte er, daß er Vieh und Menschen, ja vor fünfundzwanzig Jahren sein eigenes Kind vergiftet und verschiedenen Lemgoern, die er mit Namen nannte, das Zaubern beigebracht hätte. Wie furchtbar müssen die Folterungen gewesen sein, daß dieser abgehärtete Kriegsmann auch in den nächsten Tagen einen Teil seiner erpreßten Geständnisse aufrechterhielt! Abschlag bestand darauf, die Wasserprobe abzulegen, was am 12. September geschah, und zwar schwamm er bei allen drei Versuchen auf dem Wasser, was ja nach der Auffassung jener Zeit für seine Schuld gesprochen hätte, was aber auch mit einem Trick des Scharfrichters in Verbindung stehen konnte. Wiederum begab sich die Folterdeputation zu ihm ins Gefängnis, ihn verhöhnend, da ja jetzt vor aller Welt seine Hexenkünste klar geworden, und ihm neue Geständnisse abnötigend, widrigenfalls ihm abermals die Tortur bevorstände. Der, wie es scheint, kaum noch Zurechnungsfähige sagte die wahnsinnigsten Dinge aus, trotzdem erpreßte man ihm immer neue Ungeheuerlichkeiten durch die Folter. Dann ließ man ihn noch mehrere Monate in dem jammervollen Loch schmachten, bis am 19. Januar 1666 das Urteil gesprochen wurde, das auf den Tod durch das Schwert lautete; sein Rang und eine Zahlung von 200 Talern bewahrten ihn vor dem Scheiterhaufen. Auf dem Marktplatz zu Lemgo ward die Hinrichtung vollzogen.

Wie es in jenen Zeiten in den Folterkammern zuging, davon noch ein Beispiel aus einem gleichzeitigen Zeitungsbericht:

Celle, vom 20. Februar 1699. Von denen allhie sitzenden Dieben ist noch keiner executiret worden, weil man in der Meynung steht, daß die in Braunschweig in diser Messe ertappete Diebe, so dasige Thum-Kirche bestohlen, mit in die Bande gehören. Vorgestern ist einer Namens Möller, vnd zwar einer von den allerboßhafftesten vnd gottlosesten Buben gefoltert worden, vnd ist an seinem Leibe geobserviret, daß er schon zum öftern auff der Tortur, auch der eine Arm mit denen härinen Seilern das Fleisch bies auff den Knochen durchschnitten gewesen, jedoch ist die hiesige Tortur so penetrant, daß er endlich nach zweytägiger Marter alles gestanden vnd zugleich Diebstähle bekandt, so in diser Stadt geschehen vnd sonst noch keiner etwas davon entdecket. Man verwundert sich sonsten zum höchsten, das das von Braunschweig gebrachte Weib auff der Tortur sich zum 10ten Mahl angreiffen lassen, ehe sie was bekandt hat, welches sonst fast keiner von allen hat solange auszhalten können.

Ich übersende ihm hierbey das jenige, was vorgestern in der Tortur Cammer vorgefallen, er wird daraus ersehen, was der Delinquent vor ein Ertz-Schelm ist. Nunmehro aber dörffte ehister Tagen von einer Execution zuhören sey. Der kleine Leopold sitzet mit den Dieben in Hildesheim, der große aber ist noch nicht ertappet. Sonsten hat man gantz neue Inventiones, die Diebe zu peinigen, welche auch solchen Effect thun, daß auch die jenige, so die Tortur schon 4mal auszgehalten, endlich alles beichten müssen. So viel ich erfahre, hat Nicolaus List von der güldenen Tafel participiret 180 Specie Ducaten vnd 100 RThlr. species, von dem Diebstahl in Braunschweig 100 RThlr., von dem in Hamburg 80 RThlr., von der Frau von Kettewig 1500 RThlr.

Bey Aufsetzung der Daumen-Schrauben ist Möller gefraget worden, erstlich: Frage: Auff was vor Oerter er gereiset von Leipzig nach Hamburg? Antwort: Auff Städte und Dörfer. Fr.: Wie selbe hieszen? Antw.: Das wüste er nicht. Fr.: Ob er Gefährten bey sich gehabt? Antw.: Nein. Fr.: Wo er in Hamburg logiret? Antw.: Im Wirtshause. Fr.: Wie selbiges hiesze? Antw.: Es hieng ein Schild vor der Thüre. Fr.: Was darauff stunde? Antw.: Das wiste er nicht. Fr.: Wo selbiges gelegen? Antw.: In der Stadt an der Gasse. Fr.: Warumb sie damals den Diebstahl im Dohmb nicht verrichtet, sondern wider weg gereiset? Antw.: Die Nächte waren zu kurz gewesen. Fr.: Ob die dann in Leipzig nicht gewuszt, wie lang die Nächte währen, oder ob die Nächte in Hamburg kürtzer als in Leipzig? Antw.: Das wüste er nicht. —

Hierauff ist er zum andern Mal torquiret vnd befohlen worden, weil er als ein verstockter Böszwicht nur spottete, nach der Schärfe mit jhm zu verfahren, da hat er sich nach groszem Geschrey erbotten, auffrichtig zu bekennen, vnd darauff alle Fragen mit Ja beantwortet.

Darauff ist befohlen worden, ihn wider auff die Pein-Bank zu bringen vnd die Spanischen Stiffeln anzuziehen. Fr.: Wer bey jhm auff der Reise gewesen von Leipzig nach Hamburg? Antw.: Der große und kleine Leopold, Nicolaus List, der Jäger usw. Fr.: Warumb sie den Diebstahl damals nicht verrichtet? Antw.: Weil sie gewust, daß ihnen selbiges allemal gewiß genug. Fr.: Wo sie hernach geblieben? Antw.: Sie wären nach Zell gereiset. Fr.: Was sie daselbst gemacht? Antw.: Sie hätten der Wittwen Schenkinne Geld gestohlen. Fr.: Wer ihnen den Anlaß geben? Antw.: Der Jud Namens der große Leopold. Fr.: Wo sie ferner hin gereiset? Antw.: Nach Hannover, vmb den Juden Leffmann Berens zu bestehlen. Fr.: Warum sie solches nicht verrichtet? Antw.: Es hätten die andern Juden es widerrathen, weilen er Correspondentz durch gantz Europa hätte und sie nirgends sicher vor ihm seyn. Fr.: Ob er Madame von Ziehnen wol kennte? Antw.: Ja, es hätte selbige ihm einen Brieff mit gegeben an den Regiments-Quartiermeister Perman. Fr.: Was darin gestanden? Antw.: Sie könnten leicht gedenken, daß er versigelt gewesen. Fr.: Ob er in Lüneburg gewesen wäre? Antw.: Nein. Fr.: Ob er die güldene Taffel wol ehmals gesehen? Antw.: Nein. Fr.: Ob das Geld in Braunschweig stehlen helfen? Antw.: Er wüste davon nichts, vnd was er sagte, thäte er nur auß Angst vnd Furcht vor der großen Marter.

Hierauf ist er wider angekleidet vnd jhme bedeutet worden, sich gegen morgen besser zu bedenken, man würde sonst das zum Ende neu verfertigte Instrument an jhm probiren, welches man ihm auch gezeiget vnd sonst der gespickte Hase genannt wird. Folgenden Tags ist er mit den neuen Instrumenten gefoltert worden. Was darbey seine Außsage gewesen, weiß man nicht. Es sollt vil Moerd vnd Diebstähle herauß gekommen seyn. (Hannoverland, Jahrg. 1916, S. 46 ff.)

Als besonders bemerkenswert verdient hervorgehoben zu werden, daß inmitten der gräßlichen Hexenverfolgungen, denen auch beinahe des großen Keplers Mutter 1621 in Weil im Württembergischen zum Opfer gefallen wäre, eine schwedische Königin den Versuch machte, ihre deutschen Besitzungen von diesem Schrecken zu befreien. Christine, die Tochter und Nachfolgerin Gustav Adolfs, erließ 1649 ein Reskript, wonach „alle fernere Inquisition und Prozeß in dem Hexenwesen aufzuhören habe, die diesfalls allbereits Captivirten wieder relaxirt und in integrum zu restituiren seien, weil diese und dergleichen weitaussehende Prozesse allerlei Gefahrlichkeiten und schädliche Consequentien mit sich führen, und aus denen an anderen Orten fürgelaufenen Exempeln kundbar und am Tage ist, daß man sich in dergleichen Sachen je länger je mehr vertieft und in einem inextricablen Labyrinth gesetzet". So lobenswert diese Maßregel auch war, so sehr aus ihr bereits der Geist einer neuen Zeit leuchtete, viel nützte diese Maßregel doch nicht, und nach dem Regierungsrücktritt der Königin geriet diese Mahnung gar bald in Vergessenheit. Besser erging es auch ähnlichen Bestrebungen kleiner deutscher Herren nicht. Ein Menschenalter später, 1683, erschien zu Mecklenburg ein herzogliches Reskript, das, von ähnlichem Geist beseelt, streng befiehlt, daß „hinfüro in den peinlichen Gerichten bei angestelltem, scharfen Verhör der wegen Zauberei inhaftirten und der Tortur untergebenen Delinquenten so wenig von den zu der peinlichen Befragung abhibirten Richtern und Beisitzern gefragt werden sollte, ob reus oder rea auf dem Blocksberg gewesen und daselbst gegessen, getrunken, getanzt oder anderes teuflisches Gaukelwerk getrieben und diese oder jene Person mitgesehen und erkannt habe, noch auch, so der Gepeinigte von selbst alles erzählen und für Wahrheit berichten sollte, desselben Bekenntnis einigen Glauben beilegen, noch zu Protokoll bringen und des Beklagten Namen verzeichnen lassen sollen, zumal alle dergleichen denunciationes ex fonte malo (aus böser Quelle) herfließen und also billig zu abominiren (verabscheuen) und zu keinem Grunde rechtschaffener Beweisung zu legen seien".

Zumeist finden wir am Ende des siebzehnten Jahrhunderts den traditionellen Hexenwahn bereits im Widerspruch mit einer aufgeklärteren neuen Zeit, wenn auch jener noch lange nicht verdrängt werden konnte und — die Tortur im Gefolge — noch manchen Schrecken entfaltete. In der auf Befehl des Großen Kurfürsten vom Professor Johann Brunnemann zu Frankfurt a. d. O. ausgearbeiteten „Anleitung zu vorsichtiger Anstellung des Inquisitionsprozesses" finden wir als einen zu beseitigenden Mißbrauch hingestellt, „daß die Leute so lange torquirt werden, bis sie etwas bekennen, welches absonderlich bei denen, so der Hexerei beschuldigt worden, gebräuchlich ist". Für die vorzunehmende Tortur wird angeordnet, daß sie nicht länger als eine Stunde währen soll, einen Zeitraum, den der Richter mit einer vor ihm stehenden Sanduhr abzumessen habe. Sie soll mindestens fünf Stunden nach dem Essen oder frühmorgens, noch besser nachts vorgenommen werden. Zu vermeiden sei auch, wenn der Beschuldigte mit einer Krankheit behaftet, die Tortur bei einer „Mondverwechslung" vorzunehmen, weil da Krankheiten kräftiger in Erscheinung träten. Ferner soll dem nicht ganz gesunden Inquisiten vor der peinlichen Frage von dem Arzt ein Präservativ gegeben werden, um seine Krankheit möglichst zurückzuhalten. Der Richter sollte auch im Protokoll die angewendeten Torturmittel verzeichnen, damit die Rechtsgelehrten, denen die Akten dann zur Prüfung vorgelegt würden, erkennen mögen, ob die Folterung ordnungsgemäß vorgenommen worden sei. Geständen Hexen, einen Schaden angerichtet zu haben, so sollten sie auch gefragt werden, woher sie wüßten, daß sie diesen Schaden verübt hatten. Und wenn sie andere Personen als Mitschuldige angäben, so wäre nachzuforschen, ob diese Denunziation begründet und nicht teuflische Verblendung sei.

Im Gebiet der heutigen Schweiz wurde auch im siebzehnten Jahrhundert die Hexenverfolgung eifrig betrieben. Die Tortur soll dabei in jedem Prozeß nur einmal angewendet worden sein, wobei es jedoch an Grausamkeiten aller Arten nicht fehlte. In der Grafschaft Valangin kam der Fall vor, daß ein Richter eine auch unter den furchtbarsten Martern ihre Unschuld beteuernde Inquisitin, über diese „Hartnäckigkeit" aufgebracht, in ihrem Kerkerloch einmauern ließ. Aufgeklärter als manche andere zeigte sich der Rat von Bern, der wiederholt Gerichtsbeamte wegen ungebührlicher Anwendung der Folter zu Geldstrafen verurteilte. Auch ließ er 1651 bei Juristen und Geistlichen Gutachten über das Hexenwesen einholen; die eingelaufenen Antworten lauteten ziemlich aufgeklärt. Die Berner Geistlichkeit meinte u. a., „daß die verdächtigen Personen und Beklagten mit mitleidigem Ernst erforscht werden, nicht alsbald mit der peinlichen Tortur durch die Scharfrichter, welche zu Zeiten blutdürstige Leute sind und mit Künsten umgehen, dadurch sie einen Teufel mit dem andern sich unterstehen zu fahen; sondern durch gelehrte und erfahrene Männer, die aus Gottes Wort mit ihnen nach einem eifrigen Gebet reden, ob sie zum freien Bekenntnis ihrer Missetat und herzlicher Begierde aus den Klauen des höllischen Löwen erledigt und hingegen des himmlischen und seligen Lebens teilhaftig zu werden mögen bewegt werden". Wie den Theologen, fehlte auch den Juristen und Medizinern der Glaube an das Hexenwesen nicht; doch sprachen auch sie sich gegen die mißbräuchliche Anwendung der Tortur aus, und der Rat wies die Amtsleute an, bei Verhafteten, die der Hexerei verdächtig wären, die Folter nicht mehr anzuwenden, sondern vom Rat Bescheid einzuholen. Eine neue Prozeßordnung, die am 29. Dezember 1651 erlassen würde, ordnete an, daß nur in Fällen besonderer Wahrscheinlichkeit, wo zwingender Verdacht vorläge und der Beschuldigte dennoch nicht gestehen wolle, die Folter maßvoll angewendet werden dürfe. Dabei wird das Aufziehen auf dreimal und das anzuhängende Gewicht auf höchstens hundert Pfund beschränkt. So wenig Wert im Grunde genommen diesen Bestimmungen beizumessen war — zumeist blieb es doch dem Gutdünken des Richters überlassen, zu beurteilen, ob ein genügender Verdacht vorhanden sei —, übten sie doch eine wohltätige Wirkung aus, und die Tortur gelangte nunmehr in Hexenprozessen seltener und bedächtiger zur Anwendung. In ähnlicher Weise gestalteten sich die Verhältnisse auch in den anderen Kantonen der Schweiz.

Neunzehntes Kapitel

Das siebzehnte Jahrhundert
Die Tortur im übrigen Europa

Wenn auch, wie schon früher bemerkt, der Hexenwahn in Frankreich nicht so arg tobte wie in Deutschland, so trat er doch oft genug grausam in Erscheinung, und die Tortur, die bei politischen und anderen Verbrechen reichlich Anwendung fand, fehlte auch hier nicht. Merkwürdigerweise hat auch die vielgerühmte Regierung Heinrichs IV. viel des Schreckens dieser Art aufzuweisen. Manche wollen den Grund dazu in dem Umstand suchen, daß der Vorgänger des Béarners, Heinrich III., selber als Verbündeter des Teufels gegolten; auch Clement, sein Mörder, soll durch diese Annahme zu seiner Tat angeregt worden sein. Im Jahre 1609 wurde auf Befehl des Königs eine Untersuchung über Zauberei und Hexerei unter den Basken von Labourd (Pyrenäen) vorgenommen, wobei mehr als sechshundert Personen nach angewandter Tortur zum Feuertod verurteilt wurden.

Unter Ludwig XIII. erregten zwei einander ähnliche Prozesse großes Aufsehen, beide gegen Geistliche geführt und beide in Verbindung mit einem Ursulinerinnenkloster. Was den ersten betrifft, so heißt es bei Soldan-Heppe darüber:

Louis Gaufridy, Benefiziatpriester an der Kirche des Accoules zu Marseille, galt, wie ein Bericht seiner Feinde sagt, für den frömmsten Mann auf Erden. Er sah seinen Beichtstuhl besonders vom weiblichen Geschlecht umdrängt. Plötzlich hörte man von Exorzismen (Beschwörungen), die der Dominikaner Michael, Prior von St. Maximin, an einigen Nonnen des Ursulinerinnenklosters vornehmen mußte. Die Teufel Beelzebub, Asmodeus, Leviathan u. a. redeten aus ihnen, weissagten vom Antichrist und vom Jüngsten Tag und erzählten ganz besonders vom Priester Gaufridy schreckliche Dinge. Dieser, sagten sie, habe sich mit Leib und Seele dem Teufel verschrieben, um Ansehen und Weibergunst zu erlangen. Er wäre König der Zauberei in Hispanien, Frankreich, England, in der Türkei und in Deutschland, und sein Hauch bezaubere die Frauen, wenn er sie mißbrauchen wolle. So hätte er die jüngste unter den Nonnen, Magdalene de la Palud, verführt, zum Hexentanz mitgenommen und zum Abfall bewogen; als sie aber reumütig ins Kloster zurückgekehrt, hätte er ihr und ihren Gefährtinnen Plageteufel zugesandt, um sie zu besitzen und zu martern. Nun gab es zwar in Marseille nur eine Stimme, daß Gaufridy lediglich aus Mißgunst vom Pater Michael verschrien werde; dennoch kam der Fall vor das Parlament von Aix, wo Magdalene, nachdem der Präsident ihr das Leben zugesagt, ein umständliches Bekenntnis über die zauberischen Schändlichkeiten Gaufridys ablegte. Dieser wurde verhaftet, von einigen Amtsärzten in Gegenwart des erzbischöflichen Vikars der Nadelprobe unterworfen und mit Magdalene konfrontiert, die sich nunmehr bei fortdauernden unkeuschen Angriffen der Teufel, des geistlichen Beistands der Dominikaner und Kapuziner erfreute. Gaufridy schwur bei Gott und den Heiligen, daß er falsch angeklagt sei. Magdalene bekam daraufhin neue, noch heftigere Anfälle, und die Teufel Beelzebub und Verrine bezeugten aus der Besessenen, daß Gaufridy als Fürst der Zauberer weit schlimmer gewesen sei als der Teufel selbst. Hierin fand das Parlament genugsamen Grund, dem Angeklagten das Leben abzusprechen; er wurde, um die Nennung seiner Komplicen zu erpressen, die man als Hunde und Eulen scharenweise um das Gefängnis heulen und krächzen hörte, gefoltert, dann seiner geistlichen Würde entkleidet und am 30. April 1611 auf dem Dominikanerplatze zu Aix lebendig verbrannt.

Noch schlimmer stellt sich der Prozeß Grandier (1634—1637) dar, der 1843 Willibald Alexis Stoff zu einem Roman gab.

Zu den Zeiten Richelieus lebte in der Stadt Loudun (südwestlich Tours) ein Geistlicher von ausgezeichneten Eigenschaften, derer er sich zu seinem Unglück bewußt war. Urban Grandier, aus Niedermaine gebürtig, war ein Zögling der Jesuiten in Bordeaux gewesen. Seine Lehrer hatten ihrem wohlgeratenen Schüler die einträgliche Pfarrei zu St. Peter in Loudun und noch eine Pfründe an der dortigen Kollegiatkirche zum heiligen Kreuz verschafft. Diese Bevorzugung eines Fremden in einer Stadt, wo er gar keine Verwandtschaften hatte, sowie seine Talente, sein Stolz und sein Lebenswandel erweckten den Neid gegen ihn. Er selbst, im Vollgefühl seiner Kraft und seines Ansehens, nährte ihn durch die Verachtung, mit der er auf seine Neider herabsah. Aus dem Neide wurde Todfeindschaft, die sich in unvermeidlichen Verfolgungen Luft machte und endlich einen Prozeß hervorrief, der an Gehässigkeit, Aberwitz und Grausamkeit zu den Wahrzeichen des finstersten Fanatismus gehört.

Urban, ein bedeutender und witziger Kanzelredner, hatte Schwächen, die seinen Feinden die Waffen in die Hand gaben. Mit einem Stolz, der an Übermut grenzte, benahm er sich gegen sie; zum Verzeihen fühlte er keine Neigung, und wenn er einen Rechtssieg erstritten, verfolgte er ihn mit unerbitterlicher Härte. Auf diese Weise hatte er sich zwei Todfeinde erworben: den Priester Mounier und den Kanonikus Mignon. In einem Wortwechsel behandelte er eines Tages den Präsidenten des Steueramtes in Loudun, Barot, mit so viel Verachtung, daß auch die Gelassenheit selbst nicht hätte unempfindlich bleiben können. Barot war sehr reich, er war Mignons Oheim und hatte Vettern und Basen in großer Anzahl in der Stadt, die sich alle vor dem Oheim und der Erbschaft beugten. Durch diese Sippschaft war die halbe Stadt im Bunde gegen Urban; er stand fast allein und bewarb sich in seinem Selbstbewußtsein um keine Verbündeten.

Urban verband mit seinem unbeugsamen, stolzen Charakter einen entschiedenen Geschmack an Liebeshändeln. Er galt für unwiderstehlich. Die Eifersucht minder glücklicher Nebenbuhler, der Haß von Ehemännern und Vätern gegen ihn, der kraft seines Amtes in allen Häusern Zutritt hatte, die Weiber bezauberte und dadurch ins Gerede brachte, vermehrte die Zahl seiner Feinde. Es hieß, daß auch die schöne Tochter des königlichen Prokurators — etwa Landrat — Trinquant sich ihm ergeben und ein Kind von ihm gehabt habe. Der Vater, vom Zorn verblendet, strengte deshalb einen Prozeß an, der, da er weder Urbans noch seiner Tochter Schuld feststellte, auf ihn selbst das ganze Gewicht der Lächerlichkeit warf. Den Fehltritt der Tochter hätte Trinquant vielleicht vergeben, die eigene Niederlage nicht.

Seine Feinde versammelten sich bei dem Steueramtspräsidenten Barot; verstärkt durch den königlichen Advokaten Menuau, der gleichfalls Urban im Verdacht des Umganges mit seiner Gattin hatte. Sie beschlossen alles anzuwenden, um den gemeinschaftlichen Feind zu verderben oder wenigstens aus Loudun forttzutreiben.

Zwei verkommene Burschen mußten bei den Gerichten Klage dahin gegen den Priester erheben, daß er mit Weibern und Mädchen Unzucht getrieben und sogar in seiner eigenen Pfarrkirche eine Frau gemißbraucht habe. Während dieser Prozeß gegen Urban vor dem Zivilleutnant Chauvet verhandelt wurde, erlaubte sich einer der Verschworenen, ein reicher Edelmann, Duthibaut, den Priester auf offener Straße zu insultieren, als dieser im Chorhemd zur Kirche ging, um das Hochamt abzuhalten; allerdings hatte Urban ihm, gewiß sehr unpassend für den Moment, mit seiner gewöhnlichen hohen Art die Verunglimpfungen vorgeworfen, die jener gegen ihn ausgestoßen habe. Statt einer Antwort schlug ihm Duthibaut mit seinem Stock mehrmals über den Kopf.

Urban eilte nach Paris zum König und erflehte für diese einem Priester zugefügte Beleidigung Genugtuung, die ihm der entrüstete Monarch auch versprach. Anklage und Widerklage kreuzten sich; wir können aber in Kürze hierüber weggehen, da beide Untersuchungen nur Vorspiele der Verfolgung sind, der Urban später erlag. Seine Feinde waren stärker als der gute Wille des Königs, dem beleidigten Priester Recht zu verschaffen. Der Bischof von Poitiers, Urbans unmittelbarer geistlicher Vorgesetzter und von seinen Feinden gegen ihn gewonnen, ließ es schon bei dieser Untersuchung nicht an Willkürlichkeiten fehlen. Urban mußte zwei Monate in einem traurigen, feuchten Gefängnis schmachten, in das ihn der Bischof werfen ließ, während die Zeugen vor dem geistlichen Gerichte furchtbare Dinge gegen ihn aussagten; und so sicher waren die Verbündeten ihres Erfolges, daß sie jetzt schon einen der Barotschen Vettern, unter Zustimmung des Bischofs, in den Besitz der Grandierschen Pfründe setzten.

Inzwischen rief der Verklagte das Pariser Parlament an, und die Untersuchung ging an die weltlichen Richter über. Jetzt, wo der Zivilleutnant von Loudun in kommissarischem Auftrag die Untersuchung führte, gaben die Zeugen andere Antworten, als die geistlichen Richter sie zu Protokoll genommen hatten; einige widerriefen geradezu und legten freiwillig das Bekenntnis ab, sie wären verführt und bestochen worden, besonders vom Prokurator Trinquant. Ja, es fanden sich unleugbare Beweise, daß man bei dem geistlichen Gerichte Aussagen zu Protokoll gebracht, die den Zeugen garnicht in den Sinn gekommen waren. Zwei Priester protestierten klar und feierlich, daß man ihre Bekundungen durch und durch verfälscht hätte.

Der Mut seiner Feinde war gebrochen, auch war ihnen das Geld ausgegangen. Sie sollten noch mehr enttäuscht werden. Der Erzbischof von Bordeaux, dem der Bischof von Poitiers unterstellt war, kam in die Nähe von Loudun. Er untersuchte den Prozeß selbst und sprach — am 22. November 1631 — Urban Grandier von allen ihm zur Last gelegten Verbrechen völlig frei, setzte ihn wieder in sein Amt ein und stellte ihm anheim, auf Schadenersatz zu klagen.

Der Erzbischof war ein umsichtiger Mann; er erkannte die Gefahr, die dem vereinzelten Priester mitten in einer Stadt unter so erbitterten Feinden drohte. Deshalb gab er ihm den freundschaftlichen Rat, seine Pfründe zu vertauschen, und versprach, ihm in Anerkennung seiner Fähigkeiten anderswo eine angemessene Stellung zu verschaffen. Aber Urban Grandier lehnte das Anerbieten mutig ab.

Urban Grandier aber tat noch mehr. Um seine Gegner zu reizen, veranstaltete er bei seiner Rückkehr nach Loudun einen förmlichen Triumphzug und trug hierbei einen Palmenzweig in der Hand. Seine Freunde bedauerten diese Überhebung, seine Feinde freuten sich und sannen auf neue Rache. Das Parlament hatte den Prozeß Grandiers gegen Duthibaut bis nach Abschluß der Untersuchung gegen ersteren vertagt; jetzt setzte Grandier diesen Prozeß mit allem Eifer fort und gewann ein obsiegendes Urteil, das er in aller Strenge ausführen ließ. Duthibaut mußte einen öffentlichen schimpflichen Verweis mit entblößtem Haupte über sich ergehen lassen und wurde in mehrfache Geldbußen und die Erstattung aller Kosten verurteilt. Damit nicht zufrieden, schickte der vielfach gereizte Priester sich an, auch seine sonstigen geheimen Angeber und Widersacher beim Parlament zu verfolgen und reichte Entschädigungsklagen gegen sie alle ein.

Einige Jahre vor diesen Ereignissen hatte sich ein Ursulerinnenkonvent in der Stadt Loudun gebildet. Junge Mädchen aus den ersten französischen Familien hatten sich als Nonnen darin aufnehmen lassen. Es befanden sich unter ihnen Basen des allmächtigen Richelieu, des Erzbischofs von Bordeaux und anderer vornehmer Staatsmänner; die Priorin war die Tochter eines Marquis von Cose und nahe verwandt mit dem Staatsrat von Loubardemont. Dennoch war das Kloster arm und die Mittel der neuen Konventualen so beschränkt, daß sie in einem Privathause zur Miete wohnten und ihren eigentlichen Lebensunterhalt durch Unterricht und Aufnehmen von Pensionärinnen gewinnen mußten.

Ihr erster Beichtvater, Moussaut, ein kluger, aufgeklärter Geistlicher, war um diese Zeit gestorben. Bald darauf hieß es, in dem Hause, wo sie wohnten, ginge es um. Es sei der abgeschiedene Geist des Beichtvaters. Einige der jüngeren Nonnen und Kostgängerinnen belustigte das Gerücht, und sie beschlossen, es zu einem Spaß zu benutzen. Sie standen heimlich des Nachts auf und ließen Türen und Fensterladen klappern, Stühle rutschen und Fässer rollen. Die Furcht ihrer Mitschwestern war so heftig und aufmunternd für sie, daß sie nur noch dreister in dem Spiele fortfuhren.

Der Kanonikus Mignon, als Urban Grandiers erbittertster Feind, wurde nach Moussauts Tode zum Beichtvater der jungen Ursulerinnen erwählt. Er wußte das Herz der alten und jungen Nonnen zu gewinnen, und zwar in einem Grade, daß letztere ihn zum Vertrauten ihres Mutwillens machten. Mignon verbot ihnen weder dieses Spiel, noch verriet er den Erschreckten die Ursache des Spuks. Als kluger Mann ließ er einer Sache ihren Lauf, die ihm vorläufig ohne Bedeutung schien, ihm aber doch vielleicht nützlich werden konnte.

Aber der Schreck war einigen unter den älteren Nonnen stark auf die Nerven gegangen. Die einen mochten Visionen haben; andere waren hysterisch, d. h. sie litten unter den Angstsymptomen, denen unverheiratete und in strenger Keuschheit lebende Frauen oft unterworfen sind. Ihr Gewissensrat erklärte ihnen, das seien untrügliche Merkmale des Teufels, der seinen Wohnsitz in ihnen aufgeschlagen habe. Er nahm Beschwörungen mit ihnen vor. Es war ihnen natürlich bekannt, welche Schmerzen der böse Geist bei Anrufung des Namens Gottes oder bei Annäherung heiliger und geweihter Dinge empfindet, und es lag nahe, daß der Teufel diese Schmerzen dem Körper, in dem er wohnte, mitteilt. So fühlten sie denn bei den Beschwörungen ein Drücken, Stoßen und Reißen, das erklärlicherweise Zuckungen zur Folge haben mußte.

Dieses Besessensein wurde ansteckend. Die Priorin war für den Ruf ihres Klosters besorgt; aber Mignon machte ihr begreiflich, daß die Heiligen ihm kein besseres Geschenk hätten senden können. Fromme und mitleidige Herzen würden, gerührt durch das Unglück der armen Mädchen, sie mit milden Gaben überschütten und das ganze Kloster dadurch berühmt werden. Seine Weissagung ging wirklich später in Erfüllung, nachdem die Priorin auch ihrerseits alles getan, dem Segen des Himmels den Weg zu bahnen.

Mignon erteilte den Nonnen nun Unterricht in der Wissenschaft des Besessenseins und erwähnte als Tatsache, daß der Teufel niemals in den Leib eines Menschen fahre, wenn er nicht ausdrücklich durch einen Zauberer hineingeschickt worden. Bei diesen Worten fuhr der Kanonikus plötzlich auf. Er hatte den Zauberer gefunden. Urban Grandier mußte das sein, der ruchlose Bösewicht, der verabscheuungswürdige Priester, der durch seine Ausschweifungen die vornehmsten Familien der Stadt entehrte, die Stadt in Uneinigkeit und Unruhe brachte und dem ganzen Lande das größte Ärgernis war! Wer anders könne die Nonnen behext haben als dieser wollüstige Priester? Doppelt Preis dem Herrn, wenn diese Behexung und ihre Austreibung zugleich die Wirkung habe, diesen Schändlichen zu entlarven, das Land von ihm zu befreien und ihn selbst vielleicht zur Buße und zur Rückkehr zu Gott zu vermögen.

Die Priorin und die vertrauenden Nonnen gingen im besten Glauben und in der besten Absicht auf alles dies ein. Während das Gerücht von den besessenen Mädchen sich durch die Stadt verbreitete, wurden im Innern des Klosters die nötigen Vorbereitungen getroffen, um mit dieser Besessenheit vor die Augen der Welt zu treten. Mignon nahm im Innern des Klosters regelmäßige Beschwörungen vor, bei denen schon jetzt einzelne Einwohner von Loudun zugezogen wurden, um den beabsichtigten Schrecken über die Stadt zu verbreiten. Und plötzlich erschien auch ein Kanonikus Barre aus Chinon in feierlicher Prozession an der Spitze seiner Parochialen vor den Toren zu Loudun.

Barre war in Sinnesart und Neigungen Mignon nahe verwandt; nur daß er mit noch düsterer Glut und unersättlichem Ehrgeiz dem Namen eines Heiligen nachstrebte. Vierzehn Tage lang bearbeiteten beide insgeheim die Besessenen, um mit ihnen vor den Augen des Publikums erscheinen zu können; dazu gehörte aber die Zustimmung des auf seine Rechte sehr eifersüchtigen Bischofs von Poitiers. Dieser hatte einen Günstling, den Pfarrer Granger von Venier, der ein übelwollender, harter Charakter, von den Verbündeten aber hinzugezogen war, weil er mit Urban in nicht unfreundschaftlichen Verhältnissen stand, also kein Verdacht der Parteilichkeit auf ihn fiel. Der Versuch, den Bischof durch diesen Granger zu bearbeiten, gelang um so leichter, als der Bischof in seinem Vorgehen gegen Grandier durch die Entscheidung des Erzbischofs ja eine schwere Schlappe erlitten hatte, die er ihm nicht vergeben konnte.

Durch Granger wurde am 11. Oktober 1632 dem Bailli (Justizamtmann) der Landschaft, Guillaume von Cerisey, und dem Zivilleutnant (Stellvertreter des Oberrichters zu Paris) Chauvet die offizielle Anzeige von zwei im Ursulinerkloster ohne Zweifel vom Teufel besessenen Nonnen gemacht. Beide Beamte wurden aufgefordert, von Amts wegen einen Fall zu untersuchen, der in seinem Verlauf das größte Aufsehen erregen müsse.

Die beiden obrigkeitlichen Personen begaben sich in das Kloster, an dessen Türe sie Mignon, mit dem Chorhemd und der Stola angetan, empfing. Nach seinem Bericht wären die armen Nonnen vierzehn Tage lang durch Gespenster und fürchterliche Erscheinungen sehr geplagt worden, und endlich hätten die bösen Geister sich in den Leibern der Priorin und zweier Nonnen festgesetzt. Zwar habe er mit Unterstützung des Kanonikus Barre und einiger Karmeliter den bösen Geistern dermaßen durch Beschwörungen zugesetzt, daß sie auf acht bis zehn Tage ihren Abzug nehmen mußten; allein in der vergangenen Nacht seien sie zu der Priorin und einer Laienschwester zurückgekehrt, und beide wären in diesem Augenblick vollständig besessen. Soviel er ermittelt, sei diese neue Besessenheit infolge eines Paktes, dessen Symbol einige Rosen wären, erfolgt; das Symbol des älteren Bundes wären drei schwarze Dornen gewesen. Der Teufel, der sich der Priorin bemächtigt, heiße Astaroth, der bei der Laienschwester Jubilon.

Schon wollten die Beamten wieder fortgehen, da Mignon ihnen sagte, die armen Mädchen schliefen in diesem Augenblicke. Aber eine Nonne kam schnell heruntergelaufen und sagte: Sie seien wieder erwacht, und ihre Anfälle wären aufs neue erfolgt. Man verfügte sich in eine obere Kammer mit sieben Betten, in deren einem die Priorin, in einem anderen die Laienschwester lag. Die übrigen Nonnen, der Kanonikus Rousseau und der Wundarzt Manouri waren zugegen.

Die Priorin galt für eins der schönsten jungen Mädchen; kaum aber erblickte sie die beiden Beamten, als ihre Züge sich so entstellten, daß ihr Anblick ein gräßlicher und fürchterlicher war. Sie quiekte wie ein Schwein, warf sich wie eine Rasende im Bette umher. Mignon steckte zwei Finger in ihren Mund, ohne Furcht, vom Teufel gebissen zu werden, und nach verschiedenen, vom Ritual vorgeschriebenen Beschwörungsformeln begann er mit dem Teufel im Leibe der Priorin das Verhör, auf das der Dämon, sobald die Beschwörung ordnungsgemäß erfolgt war, antworten mußte. Das Verhör ist im Original lateinisch.

Frage: Aus welcher Ursach' bist du in den Leib dieser Jungfrau gefahren? Die Stimme des Teufels: Aus Haß. Fr.: Unter welchem Bundeszeichen? St(imme): Blumen. Fr.: Was für Blumen? St.: Rosen. Fr.: Wer sandte sie? St.: Urbanus. Dies Wort ward mit einigem Stocken ausgesprochen, als wäre dies Geständnis wie durch die äußerste Kraft des Exorzismus hervorgelockt. Fr.: Nenne den Zunamen. St.: Grandier. Auch dieser Name kam nur mit großer Überwindung heraus. Fr.: Nenne seinen Stand. St.: Priester. Fr.: An welcher Kirche? St.: Sankt Peters. Auch dies kam schwer heraus. Fr.: Was für eine Person hat die Blumen gebracht? St.: Eine teuflische. Nach dieser Antwort kam die Priorin wieder zu sich und verlangte zu essen.

Als man darauf der Laienschwester, die sich nicht minder gräßlich verdrehte, dieselben Fragen vorlegte, machte sie mit der Hand eine abwehrende Bewegung und rief: „Der anderen, der anderen!" Ihr Teufel fühlte sich vermutlich nicht so sicher in der Latinität, um auf die Fragen immer korrekt zu antworten.

Die Vorgänge wurden genau protokolliert, wobei auch festgestellt wurde, daß sie schon früher mehrere Mal Wort für Wort sich ebenso abgespielt hatten, und zwar in Gegenwart des Bürgermeisters der Stadt und des Prokurators Trinquant.

Die beiden Beamten schienen von allerlei Zweifeln erfüllt. Als sie am folgenden Tage wieder in das Kloster kamen, stellten sie Mignon vor: Bei dem Aufsehen, das die Sache errege, sei es durchaus nötig, daß die Beschwörungen künftig nur in Gegenwart der Obrigkeit und durch von dieser erwählte Exorzisten vorgenommen würden. Mignon schien diesen Befehlen der weltlichen Obrigkeit ganz willig nachzukommen; dafür trat nun aber der Kanonikus Barre auf und berichtete von unerhörten Dingen, die ihm die arme Priorin in einer Privatbeschwörung vertraut. Demnach waren nicht weniger als sechs Teufel in ihrem Leibe, die alle Urban Grandier hineingeschickt. Als die Beamten am gleichen Tage nachmittags zu den Besessenen traten, geriet die Priorin wieder in heftige Zuckungen, streckte die Zunge aus dem Hals, geiferte und schäumte.

Anfänglich hatte Urban Grandier die Beschwörungen als eine lächerliche Komödie betrachtet, die mit Schimpf und Schande ihrer Urheber endigen würde. Als er aber den Ernst sah, mit dem man vorging, übergab er am 12. Oktober 1632 ein Memorial an den Bailli, worin er die ganzen Vorgänge als Betrug und das Werk Mignons darstellte, den er schon in einer anderen Sache der schwersten Verleumdung überführt hätte. Er trug deshalb darauf an, daß man die vorgeblich Besessenen an einem abgesonderten Ort unter genauer Aufsicht halte, sie von einander getrennt befragen lasse, und wenn man fände, daß die Teufelsaustreibung nötig wäre, andere Exorzisten von anerkannter Ehrlichkeit und nicht so verdächtige Leute wie Mignon und seine Anhänger dazu nehme. Aus des Bailli Antwort: Daß Barre die Beschwörungen auf Befehl des Bischofs von Poitiers vorgenommen, ersah er, daß man ihn an diesen verweise. Aber der Bischof empfing ihn weder persönlich, noch nahm er seine Beschwerden an, sondern stellte ihm anheim, sich an die königlichen Beamten zu wenden, die ihm alle Gerechtigkeit widerfahren lassen würden. Urban sah nun wohl ein, daß sich ein Wetter über seinem Haupte zusammenzog, das mit jedem Tage fürchterlicher zu werden drohte. Selbst der Bürgermeister von Loudun, ein Edelmann Renatus Memin, reich und von großem Einfluß, ein besonderer Schützling des Kardinals Richelieu, hatte sich zur Partei seiner Feinde geschlagen. Der Verfolgte erhob also eine neue Klage bei der weltlichen Obrigkeit, dem Bailli, wegen der ihm zugefügten Beschimpfungen und bat, ihn unter königlichen Schutz zu stellen. Der Bailli entschied auch, daß seinem Gesuche gewillfahrt und jedermann untersagt werden soll, ihn mit Wort oder Tat zu kränken.

Mignon protestierte feierlich dagegen. Er erkenne die Zuständigkeit des Bailli in dieser Sache nicht an. Grandier sei Priester und Kanonikus so gut wie er, beide gehörten einem Sprengel an und könnten daher keinen anderen Richter haben als ihren gemeinsamen Bischof. Er scheue das Licht durchaus nicht und sei zum Beweis dessen bereit, sich zwecks gerichtlicher Untersuchung in das Gefängnis des geistlichen Gerichtes zu stellen. Er fordere seinen Gegner auf, sich ebenfalls dorthin zu begeben.

Der Bailli, ein verständiger, pflichttreuer Mann, ließ sich, so lange keine höheren Rücksichten ihn hemmten, durch die Energie der Ankläger nicht abhalten, mit Umsicht und Gerechtigkeit den heiklen Fall zu untersuchen. Ihm und allen Vernünftigen mußte es auffallen, daß der Kanonikus Barre beim Exorzismus am 12. Oktober den Beamten versprach: Wenn sie am folgenden Tage wiederkämen, würde der Teufel verständlicher reden. Wie konnte der Beschwörer Ereignisse voraussehen, die von der Laune des Teufels abhingen? An diesem folgenden Tage ließ er die Beamten erst eine Stunde in einem gegenüberliegenden Hause warten, angeblich, weil die Nonnen mit den Vorbereitungen für die Kommunion beschäftigt wären. Inzwischen hatte er, gegen das Verbot des Bailli, die Besessenen privatim exorzisiert und, wie er behauptet, den Teufel ausgetrieben. Der Bailli drückte ihm sein höchstes Erstaunen über die Keckheit aus, die Obrigkeit in corpore eine Stunde warten zu lassen und während dieser Zeit etwas zu tun, was deren direktem Befehl entgegen war und den Verdacht einer Täuschung aufs neue errege. Barre hatte keine andere Entschuldigung, als daß alles, was er getan, auf die Verherrlichung des Namens Gottes abziele. Er stellte dafür in acht Tagen ein bedeutsames Ereignis in Aussicht, das allen Zweifel entfernen würde sowohl hinsichtlich der Besessenen wie des Zauberers; der Teufel werde sich dann zweifellos bereit zeigen, seinen Befehlen zu gehorchen.

Aber der Teufel war anderer Meinung; er zeigte sich acht Tage, ja einen ganzen Monat überhaupt nicht. Erst am 22. November meldete er sich wieder, worauf sich denn auch der Kanonikus Barre von neuem zu den Beschwörungen in Loudun einfand. Als aber der Bailli ihm ausdrücklich verbot, die beiden Besessenen über Dinge zu befragen, die Grandier oder einem anderen zur Schande gereichen könnten, protestierte jetzt auch Barre feierlich gegen diesen Übergriff der weltlichen Obrigkeit in Dingen, in denen nur sein geistlicher Oberer ihm zu befehlen habe.

Der Fall Grandier artete jetzt in einen heimlichen Kampf der bürgerlichen und der geistlichen Obrigkeit aus.

Inzwischen wurden die Beschwörungen in der bisherigen Weise und in Gegenwart der Zivilbeamten fortgesetzt, ohne andere Resultate jedoch, als daß das Latein des Teufels immer verdächtiger wurde. Zu den zwei Hauptbesessenen waren nun noch einige andere gekommen, die in der Bezichtigung Grandiers als Urhebers ihrer Qualen übereinstimmten und seinen Namen zugleich mit Verwünschungen und unsittlichen Wünschen verbanden. Auffällig war, daß alle Besessenen in den Antworten auf Fragen stockten, die ihnen auf Veranlassung der Beamten vorgelegt wurden, dagegen erfolgten sie wie am Schnürchen, sobald der Exorzist nach eigenem Ermessen fragte.

Man hatte den gesetzlichen Vorschriften gemäß die angesehensten Ärzte der Stadt bei der letzten Beschwörung hinzugezogen. Ihr Bericht ging dahin: Daß sie zwar an der Priorin heftige konvulsivische Bewegungen bemerkt, eine Beobachtung jedoch nicht hinreichend sei, um festzustellen, ob die Ursachen natürliche oder übernatürliche wären. Um genau und nach den Anforderungen ihrer Wissenschaft die Diagnose zu stellen, müsse ihnen ermöglicht werden, Tag und Nacht sich bei den Besessenen aufzuhalten; auch dürfe niemand außer den notwendigsten Nonnen und Beamten zu denselben gelassen werden. Endlich müßten sie allein ihnen Speise und Getränke reichen, niemand die Nonnen anrühren noch sonst sich mit ihnen in Beziehung setzen. Erst dann wären sie imstande, das Ergebnis ihrer Beobachtungen mit Sicherheit festzustellen.

Es stand nicht mehr in der Macht des Bailli, dieses vernünftige Ansinnen, das auch Grandier auf das eifrigste befürwortete, durchzusetzen.

So wogte der Kampf zwischen den beiden Gegnern, Grandier und seinen Beschützern und den haßerfüllten anderen Priestern und ihrem Anhang, mit wechselndem Glück. Die Pfaffen, weibliche und männliche, boten ein ganzes Zeughaus unheimlichster Waffen auf, den Gegner zur Strecke zu bringen. Schöne junge Mädchen wurden durch die „Teufel, die in ihnen saßen", veranlaßt, sich vor Zuschauern wie gemeine Straßendirnen zu benehmen, und die geistlichen Satansbanner wurden nicht müde, neue Verdachtsgründe zu ersinnen. Sie fühlten sich stark genug, der Wissenschaft und dem König zu trotzen. Schließlich hätte aber doch wohl die Wahrheit gesiegt, wenn nicht der mächtigste Mann Frankreichs zum Beschützer der Gegner Grandiers sich aufgeworfen hätte.

Kardinal Richelieu konnte durch keinen Widerstand, durch keine Schwierigkeit aus seiner Ruhe gebracht werden, wohl aber durch Spott und Schmähung. Nun war, als Richelieu einst in Ungnade gefallen, eine beißende Satire gegen ihn erschienen, „Die Schusterin von Loudun" (La cordonnière de Loudun) betitelt. Richelieu war darin als girrender Schäfer lächerlich gemacht worden, der in einer schwachen Stunde seiner Geliebten die anzüglichsten Anekdoten aus seinem Leben anvertraut. Der Kardinal hatte sich vergebens bemüht, den Verfasser zu ermitteln. Durch Vermittlung des berühmten Kapuzinerpaters Joseph wurde nun Richelieu die Mitteilung: Es sei nicht allein ausgemacht, daß Urban Grandier der Verfasser jener Schmähschrift sei, sondern auch, daß er in heimlichem Schriftwechsel mit des Kardinals Gegnerin, der Königin-Mutter, stehe. Eine Frau niederer Herkunft aus Loudun, die Hamon, die sich des vollen Vertrauens der Königin erfreue, sei die Mittelsperson; sie habe dem Priester im Auftrage der hohen Frau alle die kleinen Geheimnisse mitgeteilt, die die Würze jener Satire ausmachten.

Richelieu, nie unentschlossen, war es ganz gewiß nicht, wo es einen Feind zu züchtigen galt. Er schien ja auch in den Maßregeln, die er schnell ergriff, vollkommen durch das gerechtfertigt, was aus Loudun verlautete. Außer der Priorin und der Schwester Ebra waren noch fünf andere Nonnen besessen (possédées), sechs mit teuflischen Anfechtungen geplagt (obsédées) und drei behext (maléficiées). Aber auch außerhalb des Klosters, in der Stadt, waren sechs Mädchen besessen, zwei geplagt und noch zwei behext, alles Beichtkinder des Kanonikus Mignon. Auch in Chinon, der Parochie des Exorzisten Barre, hatten sich zwei Teufel bei zwei Betschwestern einquartiert.

Richelieu griff zu. Das Konseil, der Staatsrat, erteilte dem Herrn von Loubardemont den Spezialauftrag, dem Kanonikus Grandier und seinen Mitschuldigen den Prozeß wegen Zauberei, Bundes mit dem Teufel und all seiner anderen Verbrechen zu machen. Dabei sollte er sich durch keinen Widerspruch irremachen lassen; vielmehr werde ihm völlige und unbeschränkte Macht über die Person besagten Grandiers erteilt und alle Behörden angewiesen, ihm, nötigenfalls mit bewaffneter Macht, beizustehen.

Mit dieser Vollmacht erschien Herr von Loubardemont am 6. Dezember 1633 abends in Loudun. Nur Grandiers Feinde erhielten Nachricht und Zutritt. Dem Leutnant des Prevôts — Polizeichef — wurde der Auftrag, den Pfarrer Grandier in aller Frühe des nächsten Morgens zu verhaften. Der Leutnant, ein Herr de la Grange, gehörte nicht zum Komplott. Er fand Mittel, den Priester zu warnen. Grandier dankte ihm für seine Großmut, erklärte aber: Er vertraue auf seine Unschuld und auf Gottes Barmherzigkeit und werde nicht fliehen.

Vier Monate mußte Grandier im Schlosse von Angers sitzen. Hier waren seine Beschäftigung nur Gebete und geistliche Betrachtungen. Er bekannte seinem Beichtvater seine wirklichen Vergehen und äußerte seine vollkommene Ergebung in den Willen Gottes. Dieser Beichtvater, Kanonikus Bacher, äußerte sich auf das vorteilhafteste über Urbans Seelenzustand, ein Zeugnis, das Grandiers Richter indessen unberücksichtigt ließen.

Unter seinen Schriften beschlagnahmte man alle diejenigen Dokumente, die zu seiner Verteidigung hätten dienen können. Mit dem Verhör der Zeugen wurde gleichfalls in heftiger, voreingenommener Art vorgegangen. Der königliche Prokurator Richard schlich sich um Mitternacht in ein Haus, um zwei Weiber zu verleiten, gegen Grandier ein Zeugnis abzulegen, das er ihnen genau mitteilte; Richards eigener Schwiegersohn, der Advokat Fournier, der bei der Kommission die Stelle eines königlichen Prokurators vertrat, war darüber so entrüstet, daß er sein Amt niederlegte. Weder dieser Zwischenfall noch Schritte von Grandiers Bruder, einem Gerichtsrat in Loudun, trugen dazu bei, den Richtern das Unbillige und Ungesetzmäßige ihres Verfahrens klarzumachen. Loubardemont ging ganz offen nur mit den Feinden des Verklagten um und suchte den einseitigen Verhandlungen nicht einmal mehr den Schein des Rechtes zu geben. Auch der Bischof von Poitiers verfuhr geistlicherseits mit derselben Ungerechtigkeit; er unterfing sich, sogar gegen seinen geistlichen Oberherrn, den Erzbischof, aufzutreten, alle in dessen Erlaß gegebenen Maßregeln aufzuheben.

Am 2. Februar 1634 wurde Grandier durch Loubardemont und den Stellvertreter des Bischofs in Angers vernommen. Sieben Tage dauerte das Verhör. Der Verklagte widersprach sich nicht ein einziges Mal. Das einzige, was er einräumte, war die Autorschaft einer Schrift gegen das Zölibat (Eheverbot für Priester). Darauf reiste Loubardemont nach Paris ab, ließ den Prozeß ruhen und den Angeschuldigten ohne Verhör im Gefängnis schmachten. Nach zwei Monaten brachte er einen neuen Beschluß des Konseils mit, durch den alle und jede Berufung verboten und allen Parlamenten sowie jedem anderen Richter aufs strengste untersagt wurde, sich in den Prozeß zu mischen.

Loubardemont, nunmehr unumschränkter Herrscher über Urbans Schicksal, ließ ihn nach Loudun bringen und in ein seinem Todfeinde Mignon gehöriges Haus einsperren, wo er bei Tag und bei Nacht durch die Frau des Gerichtsdieners Bontem belauscht wurde.

Die besessenen Nonnen, es waren jetzt schon ihrer neun, wurden in Häusern untergebracht, wo sie von Teilhabern und Freunden des Komplotts umgeben wurden. Alle Einsprüche Grandiers gegen dieses Verfahren, das ihm nicht unbekannt blieb, waren vergebens. Auch die zum Schein jetzt hinzugezogenen Ärzte waren neben unwissenden Dorfbarbieren Kurpfuscher und sonst anrüchige Charaktere. Einer der Wundärzte, Manouri, war Mignons Neffe und der Schwager einer der Besessenen. Der zur Beschaffung der Arzneien für die Nonnen von Loubardemont beauftragte Apotheker Adam war einer der früheren Ankläger Grandiers und als solcher wegen bewußter Verleumdung durch das Parlament zur Kirchenbuße verurteilt worden. Dieser Adam verwechselte, wie später erwiesen, die Medikamente und gab den Nonnen statt beruhigender Mittel Verzückungen erregende.

Grandiers Wärterin hatte ihm am 25. April abgelauscht, daß er sich beim Brotschneiden am linken Daumen geritzt hatte; die Priorin brachte darauf ein Stückchen Papier mit Blutstropfen zum Vorschein, als Zeichen eines neuen Bundes, durch den Urban den Teufel Asmodi wieder in ihr mächtig gemacht habe. Loubardemont eilte sogleich nach Grandiers Gefängnis, konnte aber kaum die geringe Verletzung an dem Daumen des Verhafteten entdecken. Dafür erklärte der Teufel durch den

Mund der Priorin, daß er an Urbans Leibe fünf verschiedene Merkmale angebracht habe, die denselben an den Stellen, wo sie wären, ganz unempfindlich machten. Folgenden Tags, am 26. April, wurde Urban untersucht. Man schor ihm alle Haare ab. Der Wundarzt Manouri besichtigte mit einer Sonde, die an dem einen Ende rund, am anderen spitz war. Wollte er zeigen, daß Grandier an einer Stelle des Leibes unempfindlich sei, so gebrauchte er das runde Ende; so viel er auch stieß, das Fleisch widerstand und drängte die Sonde zurück. Sollte eine Stelle aber empfindlich sein, so wußte er die Sonde geschickt in der Hand umzuwenden und stach mit dem spitzen Teil durch das Fleisch bis auf die Knochen. Zu dieser Komödie waren Zuschauer gelassen worden.

Der 13. Juni 1634, bis zu welchem Tage seit dem 20. Mai bei den „Besessenen" nichts vorgefallen war, wurde durch ein Wunder verherrlicht; der Teufel spie einen Federkiel von Fingerslänge aus dem Munde der Priorin und am 18. Juli einen seidenen Knopf.

Mitte Juli kam der Bischof von Poitiers selbst nach Loudun, um den Beschwörungen die letzte Weihe zu geben. Nicht um die Besessenen zu untersuchen, sei er gekommen, erklärte der Prälat, sondern um alle, die noch zweifelten, zu überzeugen. Von dieser Zeit an durfte sich niemand mehr merken lassen, daß er an der Wahrheit der behaupteten Tatsachen und an den Zauberkünsten des Grandier zweifle, wollte er nicht Gefahr laufen, für mitschuldig zu gelten.

An einem heißen Sommertage wurde Urban Grandier endlich selbst zur Konfrontation mit den Besessenen in die Kirche zum heiligen Kreuz geführt. Er benahm sich mit der vollen Würde eines christlichen Priesters, besonders, als man ihm allerhand törichte und widrige Gegenstände als die Bundeszeichen vorlegte, mittels derer er seine Teufel in die Nonnen gejagt hätte. Er antwortete ruhig, ihm seien alle diese Gegenstände fremd; wenn es wirklich in der Welt einen Teufelsbund gäbe, so verstehe er für seine Person nicht die Kunst, ihn zu schließen.

Nun kamen die Besessenen, elf an der Zahl, in das Chor der Kirche, mit ihnen ein Schwarm von Kapuzinern, Karmelitern und Franziskanern. Sobald die Mädchen den Pfarrer erblickten, liefen sie auf ihn zu, bezeigten ihre Freude, ihn zu sehen, nannten ihn ihren Meister und machten tausend wilde Sprünge um ihn her. Ein Franziskaner, Pater Lactantius, mahnte mit feierlicher Stimme die Umstehenden, zerknirschten Herzens die Wunder anzusehen, die Gott zum Siege seiner Kirche durch die Teufel selbst bewirken werde, und zugleich für die Erlösung der armen Nonnen zu beten. Dann wandte sich Lactantius an Urban: „Du bist zur Zeit noch ein geweihter Priester und Pfarrer. Deine Pflicht erfordert daher, zur höheren Ehre Gottes die Besessenen zu beschwören, daß ihre Qual endlich aufhöre. Versuche es, wenn der hochwürdige Bischof dir die Erlaubnis gibt und den Bann, der auf dir liegt, so lange aufheben will."

Der Bischof nickte Gewährung. Grandier empfing die Stola und das Ritual, warf sich vor dem Bischof auf die Kniee, küßte seine Füße und erhielt von ihm den Segen.

Er wollte den Anfang mit dem Exorzismus bei der Schwester Katharina machen. Aber die übrigen Besessenen schrieen zu furchtbar. Der Versuch bei einer anderen wurde auf dieselbe Weise vereitelt. Dann wollte er die Priorin beschwören, aber als er zu fragen anhub, erhoben alle Besessenen wieder ein solches Geschrei und Geheul, krümmten, wanden sich, schossen Purzelbäume, stürmten auf Grandier los, schrieen ihn als Urheber ihrer Leiden an und drohten ihn zu erwürgen.

Er verriet nicht die geringste Furcht. Scharf sah er die Besessenen an, beteuerte, er sei an diesen Anfällen unschuldig, und bat Gott, diese seine Unschuld ans Licht zu bringen. Er flehte darauf inständigst den Bischof und die Kommission an, sie möchten zur Verherrlichung der göttlichen Ehre und zur Befestigung des Ansehens der Kirche den Teufeln befehlen, ihm auf der Stelle den Hals umzudrehen, als sicherstes Zeichen, daß sie Macht über ihn hätten. Allein man ging nicht darauf ein, um das Ansehen der Kirche nicht den listigen Anschlägen des Höllenfürsten auszuliefern, da dieser vielleicht im voraus dem Pfarrer die Zusicherung gegeben, daß er ihm nichts tun werde.

Als nun die Besessenen aufs neue auf Grandier losstürzen wollten, um ihn zu erdrosseln, erwiderte er ruhig: „Ich bin weder euer Meister noch euer Knecht; aber woher kommt es, daß ihr mich in demselben Augenblick töten wollt, in dem ihr mich für euren Meister erklärt?" Diese Gelassenheit steigerte nur die Erregung der Besessenen. Sie schleuderten ihm ihre Schuhe an den Kopf. Nur den Anstrengungen der Zuschauer gelang es, den Rasenden ihr Opfer zu entreißen und Urban ungefährdet in sein Gefängnis zurückzubringen.

Hätte noch etwas die furchtbare Verfolgung hemmen und die Bosheit der Verfolger zuschanden machen können, so war es der Zwischenfall, der wenige Tage später eintrat. Die Schwester Clara, zum Exorzismus in die Kirche gebracht, fing dort bitterlich an zu weinen und erklärte frei und öffentlich: Alles, was sie ausgesagt, wären Unwahrheiten und Lästerungen, die ihr vom Pater Lactantius, von Mignon und den Karmelitern vorgeschrieben worden, und wenn man ihr Schutz und Sicherheit verspreche, wolle sie noch mehr ans Licht bringen.

Satan ist in ihr mächtig, hieß es. Sie wurde augenblicklich fortgebracht und daheim zum Widerruf bearbeitet. Durch ihr Beispiel bewogen, zeigte auch Schwester Agnes heroischen Mut. Sie legte laut das nämliche Bekenntnis ab und bat alle Anwesenden flehentlich, sie von der schrecklichen Sündenlast zu erlösen, unter der sie erläge. Man wollte ihr das Abendmahl aufzwingen. Sie sträubte sich, sie sei zu der heiligen Handlung nicht gesammelt genug. „Der Teufel redet aus ihnen!" riefen die Exorzisten einstimmig und schafften auch sie fort.

Selbst die Priorin verfiel in diese Gewissensangst. Am Tage nach einem ihrer furchtbaren Wutausbrüche lief sie im Hemd, mit bloßem Kopfe, einen Strick um den Hals und eine Kerze in der Hand in den Hof des Klosters, blieb beim heftigsten Regen dort zwei Stunden stehen, und als endlich die Tür des Sprechzimmers geöffnet wurde, wo der Exorzist eine andere Nonne verhörte, stürzte sie hinein, fiel ihm zu Füßen und schrie, sie wolle das Unrecht büßen, das sie begangen. „Ich habe Grandier unschuldig angeklagt." Sie lief dann in den Garten und hätte sich erdrosselt, wären nicht die übrigen Nonnen noch zu rechter Zeit hinzugesprungen.

Nun schien es doch fast, als sollte ein Rückschlag eintreten, als staue sich der Strom der Torheit und Wut an einer Gegenströmung. Aber dieser Rückstrom kam zu spät. Man erklärte eiligst die Untersuchung für geschlossen. Ein Kommissionsgericht wurde zur Fällung des Urteils niedergesetzt. Die Beisitzer waren Räte von verschiedenen Landgerichten. Bevor man zum Urteilsspruch schritt, der längst bei den Richtern feststand, sah man einen jeden von ihnen schon einige Tage vorher sich durch Religionshandlungen dazu vorbereiten. Es wurden öffentliche Umgänge und Messen gehalten, die Sakramente ausgesetzt, kurz, nichts vergessen, was dem Volke Sand ins Auge streuen und es glauben machen konnte, daß das Interesse der Religion und der Kirche die einzige Triebfeder des Verfahrens sei.

Im Karmeliterkloster, am 18. August 1634, war die feierliche Sitzung, in der das Erkenntnis abgefaßt wurde. Es lautete: Da Urban Grandier des Verbrechens der Zauberei und vieler anderer Verbrechen zur genüge überführt, solle er mit bloßem Haupte, einen Strick um den Hals, in der Hand eine brennende Kerze, an zwei Kirchtüren Kirchenbuße tun, auf den Knieen Gott, den König und die Obrigkeit um Verzeihung bitten, demnächst auf einen Scheiterhaufen gesetzt, an einen Pfahl gebunden und mit allen noch vorhandenen Zauberbundeszeichen und Charakteren, samt der Handschrift der von ihm verfaßten Abhandlung wider den ehelosen Stand der Priester lebendig verbrannt und seine Asche in die Luft gestreut werden. Von seinem einzuziehenden Vermögen solle eine Kupferplatte gekauft, dieses Urteil darauf gestochen und die Tafel in der Kirche der Ursulinerinnen an einem erhöhten Platze zum ewigen Andenken aufgehängt werden. Auch solle Grandier, vor Vollstreckung dieses Urteils, auf die ordentliche und außerordentliche Tortur gebracht werden, um ein Bekenntnis seiner Mitschuldigen abzulegen.

Sobald dies Urteil unterzeichnet war, sandte Loubardemont seine Leute zum Abholen des Gefangenen und schickte zugleich einen Wundarzt mit. Es war nicht Manouri, der ihn bei der Aufsuchung seiner Hexenmale gequält, vielmehr ein fremder Arzt, um bis zum Ende den Schein der Unparteilichkeit vorzutäuschen. Aber Manouri ging mit. Als Urban ihn erblickte, rief er: „Kommst du, Henker, mir vollends das Leben zu nehmen? Hast du mich nicht genug an meinem Leibe gemartert? Nun, so zerfleische mich ganz."

Wiederum mußte der Wundarzt dem Gefangenen alle Körperhaare abscheren. Als aber einer der Richter verlangte, er solle ihm auch die Augenwimpern abnehmen und die Nägel abreißen, erklärte der Chirurg Forneau, keine Gewalt auf Erden solle ihn dazu zwingen.

Nachdem man ihn entkleidet, noch einmal nackend durchsucht und zerstochen und ihm einen alten schmutzigen Kittel übergezogen hatte, wurde Grandier in einem Gefährt in das Gerichtshaus gebracht. Auf den Stühlen der Richter saßen vornehme, zu diesem Schauspiele geladene Damen, Loubardemonts Gattin voran. Die Richter standen hinter den Lehnen, nur der königliche Kommissar selbst saß auf dem Stuhle des Sekretärs.

Der furchtbare Zauberer — denn das war Urban Grandier, dessen Erscheinung allein, ein Blick seiner tiefdunklen Augen Mädchen das Blut in Wallung gebracht, bei ehrbaren Frauen sündhafte Wünsche erweckt, und der mit dieser bewiesenen Zauberei zehnfach den Tod verdient hatte —, jetzt kniete dieser Zauberer mit gebundenen Armen, im alten zerrissenen Kittel, blaß, abgemagert, entstellt, ein Bild des Erbarmens vor dem Kreise stolzer Schönheiten und bezauberte keine mehr. Mit einem Fußtritt stieß ihm der Sekretär den Hut vom Kopfe, da er ihn nicht mehr mit der Hand abnehmen wollte. Der Pater Lactantius und die Franziskaner beschworen Luft, Erde und den knieenden Sünder selbst.

Man schritt, da Urban keine Mitschuldigen angeben konnte, sogleich zur Folter, legte beide Beine Urbans zwischen zwei starke Bretter und schnürte diese mit Stricken, so fest es nur irgend möglich war, zusammen. Hierauf wurden mit einem großen Hammer Keile zwischen Beine und Bretter eingetrieben. Loubardemont schienen die Keile nicht stark genug. Er schalt auf den Scharfrichter, drohte ihn zu strafen, wenn er nicht stärkere herbeischaffe. Mit vielen Schwüren beteuerte der Henker, es gäbe keine stärkeren Keile. Hierauf fingen die Franziskaner und Kapuziner an, die Marterwerkzeuge zu beschwören; und da sie behaupteten, dem Teufel sei es ein leichtes, einem unheiligen Weltmenschen, wie dem Scharfrichter, zu widerstehen, rissen sie ihm den Hammer aus der Hand und schlugen aus vollen Kräften auf die Keile. Grandier sank mehrere Male in Ohnmacht. Verdoppelte Schläge weckten ihn wieder. Seine Henker ließen nicht eher nach, die acht Keile tiefer und tiefer einzutreiben, bis beide Beine völlig zerschmettert waren und das Mark aus den Röhren floß. Grandier äußerte trotz des entsetzlichen Schmerzes keine Verwünschung, keine Klage. Noch während der Marter hatte er ein Gebet gesprochen, dessen Inbrunst den Leutnant des Prevôts so ergriff, daß er es nachschrieb. Loubardemont verbot ihm, es irgend jemand zu zeigen. Man drang in Grandier, zu bekennen. „Ich bin kein Zauberer, kein Gottesverächter." Seine fleischlichen Vergehungen, zu denen er sich habe hinreißen lassen, gestand er; er setzte jedoch hinzu, er habe sie gebeichtet und gebüßt; kein Schmerz, keine Drohungen konnten ihn bewegen, die Namen der Frauen zu nennen, mit denen er Umgang gepflogen.

Drei bis vier Stunden blieb der Zerschmetterte auf Stroh im Ratszimmer in diesem elenden Zustande liegen. Niemand kümmerte sich um ihn. Nach 4 Uhr abends legten ihn die Büttel auf eine Trage und trugen ihn an die Türe des Gerichtshauses. Mit unbefangenem Blicke grüßte er die Umstehenden und bat jeden, den er kannte, ihn in sein Gebet einzuschließen. Als er vor seiner Kirche St. Peter angekommen war, befahl Loubardemont, ihn von der Trage herunterzunehmen, um niederzuknieen und noch einmal sein Urteil anzuhören. Der arme Mann konnte sich seiner zerschmetterten Beine nicht mehr bedienen; er fiel der Länge nach hin. Ohne ein Zeichen von Ungeduld oder Unwillen wartete er, bis man ihn aufhob.

Da näherte sich ihm der Pater Grillau, sein Freund, umarmte ihn, weinte und sprach: „Erinnere dich, daß Jesus Christus durch Marter und Kreuzestod zu Gott, seinem Vater, erhoben wurde. Sorge, edler Mann, nur für deine Seele. Ich bringe dir den Segen deiner alten Mutter. Sie bittet mit mir Gott, daß er dir Barmherzigkeit widerfahren lasse und dich in sein Paradies aufnehme."

Am Scheiterhaufen angelangt, bat er die Mönche, seine Begleiter, um den Kuß des Friedens. Der Leutnant des Prevôts bat ihn um Verzeihung. „Sie haben mich nicht beleidigt, Sie taten nur Ihre Pflicht," erwiderte er.

Der Platz war übervoll von Zuschauern aus allen Provinzen; ja aus fernen Ländern waren sie gekommen, dem Flammentod des Hexenmeisters mit anzusehen. Kaum konnten die Gerichtsknechte für die Beamten Platz machen.

Mit einem eisernen Ringe ward Grandier an den Pfahl befestigt. Die Mönche exorzisierten Luft und Holz des Scheiterhaufens.

Grandier bat die Zuschauer um ein Salve Regina und ein Ave Maria. Noch einmal fragten ihn die Exorzisten: „Willst du in dich gehen und bekennen?" — „Ich habe alles bekannt und vertraue auf Gott und seine Barmherzigkeit."

Auf den Wink des Leutnants wollten die Büttel mit dem dazu bestimmten Strick den Gerichteten erdrosseln; der Strick war zu kurz; die Mönche hatten heimlich so viele Knoten hineingemacht, daß er zu diesem Zweck unbrauchbar war. Ein zweiter fehlte. Die Franziskaner, die Karmeliter, die Dominikaner brüllten: „Feuer! Feuer!"

„Ist's das, was man mir versprochen?" rief Grandier dreimal auf. Er griff selbst nach dem Strick und wollte sich eine Schlinge um den Hals legen. Da fuhr der Pater Lactantius mit einem brennenden Strohwisch dem Todgeweihten unter das Gesicht: „Willst du noch nicht dem Teufel entsagen? Nur noch einen Augenblick hast du zu leben." — „Ich kenne den Teufel nicht; Gott verleihe mir Barmherzigkeit!" rief Grandier.

Der erbitterte Mönch übernahm, ohne Befehl des Leutnants, das Amt des Henkers. Er zündete selbst den Scheiterhaufen vor den Augen seines Opfers an. „Ach, Pater Lactantius!" sagte Urban. „Wo bleibt die Liebe? Es ist ein Gott im Himmel, der dich und mich richten wird. Ich lade dich vor ihn binnen heut und einem Monat." Die Mönche spritzten ihm von neuem Weihwasser ins Gesicht. Das Volk schrie den Büttel zu: „Erdrosselt ihn!" Es war zu spät. Die Flamme nahm zu sehr überhand. Die Büttel konnten nicht mehr zu ihm dringen. „Deus, ad te vigilo, miserere mei, Deus!" waren Urban Grandiers letzte Worte. Er wurde lebendig verbrannt.

In diesem Prozeß mit seiner Folter finden wir weltliche und geistliche Behörden vereint wirken. Aber auch, wo solches gesondert erfolgte, wurde, wie bereits früher erwähnt, von der Folter der rücksichtsloseste Gebrauch gemacht.

Unter Ludwig XIV. sehen wir eine gewisse Milde in der Auffassung der Zauberei und des Hexenwesens eintreten; Untersuchungen werden auf Befehl des Königs eingestellt, trotz des Widerspruchs der Parlamente.

So arg auch der Hexenwahn in England wütete, für die Geschichte der Tortur bietet das Inselreich außer dem bereits Angeführten nur noch wenige Daten. Das Schlimmste ist aus Schottland unter Jakob VI., dem späteren König Jakob I. von England, zu melden, von dem bereits die Rede war. „Dieser König," berichten Soldan-Heppe, „schürte mit der reformierten Geistlichkeit das Feuer um die Wette; er selbst bildete sich ein, um seines Religionseifers willen vom Teufel verfolgt zu werden, und sein Argwohn traf darum besonders die schottischen Katholiken als dessen Werkzeuge."

Wie in dem schon (Seite 232) berichteten Falle des Dr. Fian, so wohnte der König auch sonst den Verhören persönlich bei, ließ sich mitunter von den Verhörten die Melodieen vorspielen, mit denen die Teufelsprozessionen begleitet wurden, freute sich, wenn der Teufel französisch von ihm gesagt haben sollte: ‚Il est un homme de Dieu', — er ist ein Gottesmann — oder er sei der größte Feind, den der Satan in der Welt habe. Er bedrohte die Geschworenen mit einer Anklage wegen vorsätzlichen Irrtums, wenn sie im Verurteilen nicht eifrig genug waren.

Es ist leicht begreiflich, daß dieser König, nachdem er den Thron Alt-Englands bestiegen hatte, seinen Wahn auch auf dieses Land übertrug und hier ähnlichen Schrecken entfaltete, während sich Schottland nach seiner Abreise etwas beruhigen konnte. Noch schlimmer wurden diese Greuel zur Zeit des Bürgerkrieges. Im Jahre 1645 durchzog

Matthias Hopkins aus Essex, als Witch-Finder-General — Generalhexenfinder — einen Teil Englands und bot sich den Ortsbehörden als untrügliche Autorität gegen gute Bezahlung an. Seine Dienste wurden auch an vielen Orten in Anspruch genommen und mehrere hundert Personen durch diesen Menschen zum Tode verurteilt. Bei den Prozessen kam gewöhnlich die landesübliche Wachfolter (tortura insomniae) zur Anwendung, derer schon früher gedacht wurde. Die Beschäftigung eines Hexenfinders scheint damals in England recht einträglich gewesen zu sein, so daß sich viele zu diesem Beruf drängten; freilich war er auch mit einiger Gefahr verbunden, denn Hopkins z. B. wurde selbst vom Volk der Wasserprobe ausgesetzt, schuldig befunden — auch er schwamm und ging nicht unter — und getötet.

Eigentümlich waren die Torturmittel, die man im siebzehnten Jahrhundert in Schottland zur Anwendung brachte. (Buckle.) Um eine hartnäckige Hexe zu zähmen, band man ihr einen eisernen Kappzaum oder Reif mit vier Zacken, die in den Mund hineinragten, um das Gesicht, und dieser Kappzaum wurde hinten an der Mauer in einer solchen Weise befestigt, daß die Unglückliche sich nicht niederlegen konnte. In dieser Stellung mußte sie oft mehrere Tage und Nächte hindurch verbleiben, während derer sie von Zeit zu Zeit zu Geständnissen aufgefordert wurde. Gleichzeitig wurde an ihr mit der tief ins Fleisch eindringenden Nadel zur Ermittlung des Hexenmales experimentiert. Ihre Qual wurde noch dadurch gesteigert, daß man sie ihren Durst ertragen ließ, ohne ihr einen Schluck Wasser zu gönnen. Es soll vorgekommen sein, daß einzelne diese Marter — einschließlich der tortura insomniae — fünf, sogar neun Tage und Nächte hindurch ertragen mußten.

Außerdem wurde aber besonders „Verstockten", die auf diesem Wege nicht zum Geständnis zu bringen waren, mit noch anderen Torturmitteln zu Leibe gegangen. Hartpole Lecky berichtet darüber: „Die drei vorzüglichsten Folterungen waren die Pennywinkis, die spanischen Stiefel und die Caschielawis. Erstere waren eine Art Daumenschraube, die zweiten sind bekannt, die dritten waren eine eiserne Form, die von Zeit zu Zeit über einer Kohlenpfanne erhitzt und um den Leib gelegt wurde; manchmal wurde zugleich der Körper des Opfers mit Schwefelfäden gebrannt. In einem Aktenstück aus jener Zeit lesen wir von einem Mann, der achtundvierzig Stunden unter der Tortur in den Caschielawis gehalten wurde, und von einem anderen, der in derselben Maschine elf Tage und Nächte lang blieb, dem vierzehn Tage lang die Beine alltäglich in den spanischen Stiefeln zermalmt und der so gegeißelt wurde, daß ihm die Haut vom Körper gerissen wurde. Wieviel Geständnisse durch diese Mittel erpreßt wurden, läßt sich nicht mehr ermitteln. Zwar ist uns eine große Anzahl von solchen und Zeugenaussagen aufbewahrt, allein diese stammen nur von einem einzigen Gericht her. Wir wissen, daß 1662 von diesem mehr als hundertfünfzig Personen der Hexerei angeklagt und daß im selben Jahre vierzehn Untersuchungskommissionen eingesetzt waren.

Ein Graf Mar erzählt, wie einst mehrere Weiber mit gellendem Geschrei schon halbverbrannt sich dem langsam sie verzehrenden Feuer entwanden, einige Augenblicke mit verzweifelter Kraftanstrengung vor den Augen der Zuschauer kämpften, aber bald unter lautem, gotteslästerlichem Angstgeschrei und wilden Unschuldsbeteuerungen in Todeskampf in die Flammen zurücksanken.

Auch in Schweden sehen wir nach dem Dreißigjährigen Kriege den Hexenwahn im Vereine mit der Tortur auftreten und seine Ernte halten. Berühmt oder vielmehr berüchtigt ist der Hexenprozeß, der sich 1669 in den Kirchspielen Mora und Elfdale in Dalekarlien abspielte und eine gewisse Verwandtschaft mit den Kinderkreuzzügen und anderen Epidemieen dieser Art aufweist. In den erwähnten Ortschaften kam es damals nämlich vor, daß Kinder in Ohnmachten und Krämpfe fielen und dann, wieder zu Bewußtsein gelangt, die sonderbare Mär von einem Hexensabbat zu erzählen wußten, der an einem mystischen Ort, Blakulla, stattgefunden habe, und zu dem sie von Hexen mitgenommen worden seien. Hier hätten sie zuweilen vom Teufel Prügel erhalten, was die Ursache ihrer Krankheit sei. Selbstverständlich erregten diese Mitteilungen großes Aufsehen. Das Volk wütete gegen die vermeintlichen Hexen, und die Regierung ordnete eine Untersuchung an. Die Behörde ließ eine Menge Weiber verhaften und verhörte gegen dreihundert Kinder, die die tollsten, teilweise auch sehr unzüchtigen Angaben machten. Die Eltern der Kinder erklärten allerdings, daß diese in den Nächten, in denen sie angeblich von den Hexen zu ihren Versammlungen mitgenommen waren, zu Hause ruhig in ihren Betten gelegen hätten; doch dieses Faktum wußten sich die weisen Herren von der Gerichtskommission sehr leicht zu erklären: Die Kinder waren eben geistig entführt worden. Alles übrige bewirkte die Tortur. Viele gestanden, was man wollte, und es wurden schließlich vierundachtzig Erwachsene und fünfzehn Kinder verbrannt, sechsunddreißig Kinder verurteilt, ein Jahr lang jede Woche einmal an den Kirchtüren ausgepeitscht zu werden, und zwanzig der jüngsten Kinder nur an drei aufeinanderfolgenden Tagen hart gezüchtigt. Siebenundvierzig Personen wurden von der Instanz entbunden. Natürlich enthalten die Geständnisse Ausgeburten der tollsten Phantasie, und König Karl XI. meinte später dem Herzog von Holstein gegenüber, er wäre nicht imstande zu entscheiden, ob die eingestandenen Handlungen wirklich Tatsachen oder nur die Wirkung zügelloser Einbildungskraft wären. Seltsam bleibt es immerhin, daß einige hundert Kinder ziemlich übereinstimmende Aussagen machten, ein Rätsel, das sich wohl nur durch Suggestion erklären läßt. Bei den Untersuchungen wirkten Juristen und Geistliche vereint, und wie meist auch anderwärts war hier die Geistlichkeit das treibende Element.

Zwanzigstes Kapitel

Der Kampf für und gegen die Tortur bis zum achtzehnten Jahrhundert

Wie bereits früher bemerkt, hatten Hexenwahn und Tortur ihre Verteidiger und ihre Gegner. Als erster, der mit Entschiedenheit gegen diese Mißbräuche von Recht und Vernunft auftrat, ist Stefan Lanzkranna, Propst zu St. Dorotheen in Wien, zu nennen, der 1484 gegen den Hexenwahn Front zu machen suchte. Seine Stimme verhallte ebenso ungehört wie die seines großen Geistesverwandten, des Generaladvokaten von Metz, Cornelius Heinrich Agrippa von Nettesheim (1486—1535). Er war einer der erleuchtetsten Geister seiner Zeit, dessen 1527 zu Köln erschienenes Buch „De incertitudine et vanitate scientiarum" eine scharfe Satire auf den damaligen Stand der Wissenschaften bildet. Gegen den Hexenwahn ist seine 1531 zu Paris erschienene Schrift „De occulta philosophia" gerichtet, die ihn selbst in den Verdacht der Teufelsbündelei brachte.

Erfolgreicher als Agrippa wirkte sein Schüler Johann Weyer (1515 bis 1588), auch Wierus und Piscinarius genannt, Leibarzt des Herzogs Wilhelm von Cleve. Er veröffentlichte 1563 seine fünf Bücher „De praestigiis daemonum et incantationibus ac veneficiis", wozu später noch einige ähnliche Schriften kamen, die alle großes Aufsehen erregten. Allerdings war auch er von dem Glauben an den Teufel und an böse Geister nicht frei, aber er trat immerhin gegen die scheußlichen Hexenprozesse auf, und seinem leider nur nicht nachhaltigen Wirken ist manches Gute auf diesem Gebiete zuzuschreiben. Auch er wurde, als Herzog Wilhelm geisteskrank geworden, der Zauberei angeklagt und mußte zu seiner Rettung fliehen.

Zu den Gegners Weyers, also den Verteidigern der Hexenprozesse, zählte der zu seiner Zeit berühmte französische Philosoph Jean Bodin (1530—1596), dessen 1580 zu Paris erschienener „Traité de la démonomanie des sorciers" lange Zeit in ganz Europa autoritative Geltung hatte.

Ein anderer Franzose dagegen, der berühmte Philosoph Michel de Montaigne (1533—1592), bekundete auch in diesem Punkte den Geist der Aufgeklärtheit, der durch alle seine Essays leuchtet. Noch entschiedener gegen den Hexenwahn trat der Geistliche Pierre Charron (1541—1603), Hofprediger der Königin Margarete, auf. Ein anderer katholischer Geistlicher, Cornelius Loos, latinisiert Callidius, geb. 1546, Kanonikus in seiner Vaterstadt Gouda, Holland, der nach der Einführung der Reformation nach Trier flüchtete, wollte eine Schrift wider Hexenverfolgungen veröffentlichen. Die Schrift wurde jedoch konfisziert, Loos eingesperrt und am 15. März 1592 durch den Generalvikar der Diözese Trier, Peter Binsfeld, zum Widerruf gezwungen. In diesem Widerruf heißt es u. a.:

> Erstens widerrufe, verdamme, verwerfe und mißbillige ich, was ich wiederholt schriftlich und mündlich von vielen Leuten behauptet und als Hauptregel meiner Schrift aufgestellt habe, daß nur Einbildung, eitler Aberglaube und Erdichtung sei, was von der leiblichen Ausfahrt der Hexen mitgeteilt wird, sowohl weil dies völlig ketzerischer Bosheit gleicht, wie auch, weil diese Meinung Hand in Hand mit Empörung geht und daher als Majestätsverbrechen zu gelten hätte.
>
> Zweitens widerrufe ich, was ich durch heimlich an gewisse Leute abgesandte Briefe wider die Behörden grundlos behauptet habe, daß die Hexenfahrt Einbildung und Unwahrheit sei, und daß die armen Weiber durch die Bitterkeit der Tortur gezwungen werden, zu gestehen, was sie nie getan haben, daß durch grausame Mordtaten unschuldig Blut vergossen werde, und daß mittels einer neuen Alchymie aus Menschenblut Gold und Silber gemacht werde.

Loos hatte nämlich letzteres wörtlich behauptet, womit er jedoch gesagt haben wollte, daß diese Menschenopfer vielfach nur zu Zwecken der Bereicherung dienten. Später widerrief er seinen Widerruf und wurde wieder eingekerkert. Auf erneuten Widerruf entlassen, schien er abermals ins Schwanken geraten zu sein. Sein 1593 erfolgter Tod entzog ihn den Verfolgungen seiner geistlichen Vorgesetzten.

Peter Binsfeld trat schriftstellerisch als Verteidiger der Hexenverfolgungen auf, und seine Schrift genoß eine gewisse Autorität in maßgebenden Kreisen. Mehr noch läßt sich dies von der „Dämonolatrie" des um dieselbe Zeit in Lothringen als Oberrichter wirkenden Nikolaus Remigius sagen, der, wie schon früher bemerkt wurde, von sich rühmen konnte, in sechzehn Jahren achthundert Personen wegen Zauberei zum Tode verurteilt zu haben; eine mindestens ebenso große Zahl bestand aus denen, die zu ihrem Glücke noch Gelegenheit fanden zu flüchten, oder die trotz angewendeter Tortur nicht der Schuld überführt werden konnten. Remigius, ein gar frommer Mann, ganz nach dem Herzen seiner geistlichen Oberen, hatte sich am Ende seiner Laufbahn nur eine Unterlassungssünde vorzuwerfen, die an seinem Gemüte nagte. „Einst hatte er nämlich, dem Mitleiden seiner Kollegen nachgebend, siebenjährige Kinder, die beim Hexentanz gewesen waren, nur dadurch bestraft, daß er sie, völlig nackt, dreimal um den Platz, wo ihre Eltern den Feuertod erlitten hatten, mit Ruten herumhauen ließ." (Soldan.)

Der Klassiker unter den Verfechtern der Hexenprozesse war der von spanischen Eltern zu Antwerpen geborene Jurist Martin Delrio (1551—1608), dessen 1599 erschienene „Inquisitiones magicae" allgemein maßgebend für die Hexenprozesse wurden.

Merkwürdigerweise waren es drei Jesuiten, die in Deutschland gegen Hexenwahn und Tortur im siebzehnten Jahrhundert am entschiedensten und auch mit ziemlichem Erfolg auftraten: Adam Tanner, Paul Leymann und der auch als Dichter bekannte Friedrich von Spee. Adam Tanner (1572—1632), Professor der Theologie in seiner Vaterstadt Innsbruck, war ein gelehrter und erfahrener Mann, dessen Hauptwerk „Universa Theologia scholastica, speculativa, practica" sich mit den Hexenprozessen beschäftigt. Er erklärt hier, daß die mittels Tortur erpreßten Geständnisse wertlos wären und die darauf beruhenden Urteile ungültig. Er verwirft die damals geltende Ansicht, daß eine einfache Denunziation genüge, um die peinliche Frage vornehmen zu können, verlangt vielmehr bestimmte Indizien. Logisch schließt er, daß den Denunziationen der selbst der Zauberei angeklagten Personen überhaupt nicht zu trauen sei. Denn entweder stehen die Aussagenden wirklich im Bund mit dem Bösen, dann dürfte man ihren Worten nicht trauen, oder es sei überhaupt nicht wahr, daß sie Zauberer und Hexen wären, dann könnten sie auch keine Mitschuldigen haben. Besonders betont er, daß das Gerichtsverfahren durch klare Bestimmungen der richterlichen Willkür entzogen werden sollte, bei der Tortur Maß gehalten und alles vermieden werden müßte, was das Schamgefühl zu verletzen geeignet wäre. Selbstverständlich wurde Tanner ob dieser vernünftigen Bemerkungen stark angefeindet, und er hätte sie wahrscheinlich bitter büßen müssen, wenn ihn sein Tod nicht vor allen Anfeindungen bewahrt hätte. Erklärten doch zwei Inquisitoren nach dem Lesen seiner Schrift, sie würden ihn, wenn er in ihre Hände geriete, ohne Säumen der Folter unterziehen.

Paul Leymann, der zweite des edlen Jesuiten-Trifoliums, ein Innsbrucker gleich Tanner, wurde 1575 geboren und starb, nachdem er in München und Dillingen Professor des kanonischen Rechts gewesen war, 1635 zu Konstanz an der Pest. In seinem Hauptwerk „Theologia moralis" (1625) trat auch er gegen Hexenprozesse und Tortur auf; doch fand seine Stimme nur wenig Beachtung, zumal sie bald von den kraftvollen Worten des Dritten im Bunde, Friedrich von Spee, übertönt wurde, der, 1592 zu Kaiserswerth geboren, 1635 zu Trier starb.

Im Jahre 1631 erschien dessen „Cautio criminalis", ein Buch, das bald große Verbreitung fand, wiederholt aufgelegt und in andere Sprachen übertragen wurde. Vorsichtigerweise ließ er es anonym erscheinen, und erst später wurde durch Leibniz der Name des Verfassers bekannt.

Dieser große Mann, schreibt der Verfasser der „Theodizee", verwaltete in Franken das Amt eines Beichtvaters, als im Bambergischen und Würzburgischen viele Personen wegen Zauberei verurteilt und verbrannt wurden. Johann Philipp von Schönborn, später Bischof von Würzburg und zuletzt Kurfürst von Mainz, lebte damals in Würzburg als junger Kanonikus und hatte mit dem älteren Spee vertraute Freundschaft geschlossen. Als nun einst der junge Schönborn fragte, warum wohl der ehrwürdige Vater graueres Haar habe, als seinen Jahren gemäß sei, antwortete dieser, das rühre von den Hexen her, die er zum Scheiterhaufen begleitet habe. Hierüber wunderte sich Schönborn, und Spee löste ihm das Rätsel folgendermaßen: Er habe durch alle Nachforschungen in seiner Stellung als Beichtvater bei keinem von denjenigen, die er zum Tode bereitet, etwas gefunden, woraus er sich hätte überzeugen können, daß ihnen das Verbrechen der Zauberei mit Recht wäre zur Last gelegt worden. Einfältige Leute hätten sich auf seine beichtväterlichen Fragen aus Furcht vor wiederholter Tortur anfänglich allerdings für Hexen ausgegeben; bald aber, als sie sich überzeugten, daß vom Beichtvater nichts zu besorgen sei, hätten sie Zutrauen gefaßt und in ganz anderem Ton gesprochen. Unter Weinen und Schluchzen hätten alle die Unwissenheit oder Bosheit der Richter und ihr eigenes Elend bejammert und noch in ihren letzten Augenblicken Gott zum Zeugen ihrer Unschuld angerufen. Die häufige Wiederholung solcher Jammerszenen haben einen so tiefen Eindruck auf ihn gemacht, daß er vor der Zeit grau geworden.

Zeit, Verhältnisse und Stand in Betracht gezogen, kann es uns nicht wundern, daß auch Spee, wie seine vorgenannten Berufsgenossen, die Existenz von Hexen annahm, „was von niemand ohne Leichtfertigkeit und groben Unverstand geleugnet werden könne", trotzdem sich auch Stimmen katholischer Gelehrter gegen diese Annahme erhoben, und trotzdem er selbst in seiner Eigenschaft als beobachtender Beichtiger derartigen Zweifeln ausgesetzt war. Er will indes nicht glauben, daß es deren je so viel gegeben habe, wie „unter dem Vorwand dieses Lasters in die Luft geflogen", d. h. verbrannt wurden. Die von ihm selbst aufgestellte Frage, ob es in Deutschland mehr Zauberer, Hexen und Unholde gebe als anderwärts, beantwortet er dahin, daß er es nicht wisse; aber man sei allgemein dieser Ansicht, weil es in Deutschland an allen Orten rauche. Soldan führt (II, 192ff.) einige Stellen der „Cautio" an: „Ein anschauliches Gesamtbild des damaligen Hexenprozesses gibt Spee in der Einundfünfzigsten Frage: Nun sage mir die Summa und kurzen Inhalt des Prozesses im Zaubereilaster, wie derselbige zu dieser Zeit gemeiniglich geführt wird." Nachdem die Hexe bis zur Folterkammer begleitet worden, fährt er fort:

„§ 6. Wenn sie sich nun über Nacht bedacht hat, stellt man sie des folgenden Morgens wieder vor, und da sie bei ihren gestrigen Antworten bleibt, so liest man ihr das decretum torturae vor, nicht anders, als ob sie gestern nicht geantwortet noch die Indicia im geringsten widerlegt hätte. Ehe sie aber gefoltert wird, führt sie der Henker auf die Seite und besieht sie allenthalben auf dem bloßen Leib, ob sie sich etwa durch zauberische Kunst unempfindlich gemacht hätte. Damit ja nichts verborgen bleibe, schneiden und sengen sie ihr die Haare allenthalben ab, auch an dem Ort, den man vor züchtigen Ohren nicht nennen darf, und begucken alles aufs genaueste, haben jedoch bisher dergleichen noch wenig gefunden. Und zwar sollen sie solches den Weibern nicht tun, da sie doch der geistlichen Priester hierinnen nicht schonen? Und zwar der geistlichen Bischöfe und Prälaten Inquisitores sein in diesem Falle die besten Meister, und achtet man die päpstliche Bullam Coenae, so Päpstliche Heiligkeit gegen die ausgelassen, welcher ohne Ihrer Heiligkeit Spezialbefehl gegen die Geistlichen prozedieren, für Blitz ohne Donnerschläge, und damit ja fromme Fürsten und Herren dasselbe nicht erfahren, und also dergleichen Prozeß einen Zaum anwerfen, wissen Inquisitores dasselbe fein zu verhehlen.

§ 7. Wenn nun die Gaja gesengt und enthaart ist, so wird sie gefoltert, daß sie die Wahrheit sage, d. i. sich schlecht für eine Zauberische bekennen soll. So mag anders sagen, was sie wolle, so ist es nicht wahr und kann nicht wahr sein. Man foltert sie aber erst auf die schlechteste Manier, welches du also verstehen mußt, als ob sie gleich zum Schärfsten torquiert wird, so heißt es doch die schlechteste Art in Respekt und Erwägung deren, die nachfolgen sollen. Bekennt nun die Gaja auf solche Manier, so geben sie vor, sie habe gutwillig und ohne Folter bekennet. Wie kann denn ein Fürst oder Herr vorüber, daß er diejenige Person nicht für eine Hexin halten sollte, die so gutwillig und ohne Tortur bekennet hat, daß sie eine sei? Und macht man sich demnach keine ferneren Gedanken oder Beschwerungen, sondern man führet sie zum Tode, wie man doch würde getan haben, wenn sie schon nichts bekennet hätte, sintemal, wenn der Anfang des Folterns gemacht ist, so ist das Spiel gewonnen, sie muß bekennen, sie muß sterben. Sie bekenne nun, oder bekenne nicht, so gilt es gleich. Bekennet sie, so ist die Sache klar und wird sie getötet, denn widerrufen gilt hier nichts; bekennet sie nicht, so torquiert man sie zum zweiten, dritten und vierten Mal, denn bei diesem Prozesse gilt, was nur dem Commissario beliebt, da hat man in diesem exceptio crimine nicht zu sehen, wie lang, wie scharf, wie oftmalig die Folter gebraucht werde, hier meint niemand, daß man etwas verbrechen könne, davon man hiernächst Rechnung geben müsse. Verwendet nun etwa die Gaja in der Folter vor Schmerzen die Augen, oder starrt mit offenen Augen, so sind das neue Indicia; denn verwendet sie dieselben, so sprechen sie: Seht, wie schaut sie nach ihrem Buhlen um. Starret sie dann, so hat sie ihn ersehen. Wird sie dann härter gefoltert und will doch nicht bekennen, verstellt ihre Gebärden wegen der großen Marter, oder kommt gar in Ohnmacht, so rufen sie: Die lacht und schläft auf der Folter, die hat etwas gebrauchet, daß sie nicht schwatzen kann, die soll man lebendig verbrennen, wie dem unlängst etlichen widerfahren. Und da sagt männiglich und auch die Geistlichen und Beichtväter, die habe keine Reue gehabt, habe sich nicht bekehrt, noch ihren Buhlen verlassen, sondern demselben Glauben halten wollen. Begibt sich's dann, daß eine oder die andere auf der

Folter stirbt, so sagt man, der Teufel habe ihr den Hals gebrochen. Derohalben, so ist dann Meister Hans Knüpfauf her, schleppt das Aas hinaus und begräbt es unter dem Galgen.

§ 8. Kommt aber die Gäja auf der Folter davon und ist etwa der Richter so nachdenklich, daß er sie ohne neue Indicia nicht weiter torquieren, auch nicht unbekennet hinrichten lassen darf, so läßt man sie dennoch nicht los, sondern legt sie in ein härteres Gefängnis, da sie denn wohl ein ganzes Jahr liegen und gleichsam einbeizen muß, bis sie mürbe werde. Denn hier gilt kein Purgierens durch die ausgestandene Tortur, wie zwar die Rechte wollen, sondern sie muß des Lasters einen Weg, wie den andern schuldig bleiben; denn das wäre den Inquisitoren eine Schande, daß sie eine Person, so sie einmal zur Haft gebracht hätten, loslassen sollten. Welchen sie einmal ins Gefängnis gebracht, der muß schuldig sein, es geschehe mit Recht oder Unrecht. Inmittelst schickt man ungestüme Priester zu der Gefangenen, welche ihr oft verdrießlicher sind, als der Henker selbst. Die plagen dann das arme Mensch so lang und viel, bis sie bekennen muß, Gott gebe, sie sei eine Hexe oder nicht, rufen und schreien, daß, wenn sie nicht bekennen werde, so könne sie nicht selig oder der heiligen Sakramente teilhaftig werden. Und darum hüten sich die Herren Inquisitores mit allem Fleiß, daß sie keine solchen Priester bei diesen Sachen und Prozeß gebrauchen, die etwa sittsam seien, Verstand im Herzen und Zähne im Munde haben, wie ingleichen, damit ja niemand bei das Gefängnis komme, der diesen Gefangenen guten Rat mitteile, oder den Fürsten von dem Handel unterrichte. Denn ihnen ist vor nichts mehr bange, als daß etwa ihre Unschuld auf eine oder andere Weise zu Tage kommen möchte."

Diese klugen und lobenswerten Äußerungen fanden zwar große Beachtung; dennoch kann nicht gesagt werden, daß sie unmittelbar auch von großer Wirkung waren. Erst einer späteren Zeit sollte es vorbehalten bleiben, die Wahrheit dieser Worte zu erkennen und ihre Lehre in die Praxis umzusetzen.

Auf protestantischer Seite ist diesem Dreigestirn von Jesuiten nichts gegenüberzustellen, so oft es auch versucht worden ist. Hingegen ist ein Mann anerkennend zu nennen, der wohl nicht unmittelbar gegen den Hexenprozeß, aber — was uns hier noch mehr interessiert — gegen die Einrichtung aufgetreten ist, mit der dieser stehen und fallen mußte, gegen die Folter. (van Slee, IX, 647 ff.)

Es war dies der Prediger Johannes de Greve, aus dem klevischen Orte Büderich gebürtig, der 1605 Pfarrer zu Arnheim geworden war, aber als Schüler des Conrad Vorstius und Anhänger des Arminius die Dogmatik der Dortrechter Synode nicht anerkennen wollte, weshalb er seines Amtes entsetzt und des Landes verwiesen wurde. Er begab sich nach Emmerich, von wo aus er heimlich die Glaubensgenossen in Kampen zu besuchen und ihnen zu predigen pflegte. Darüber wurde er jedoch ertappt, in Emmerich verhaftet und zuerst nach dem Haag, dann nach Amsterdam geführt, wo er anderthalb Jahre lang in einem entsetzlichen Kerker zusammen mit gemeinen Verbrechern schmachten mußte. Mit Hilfe treuer Freunde gelang ihm endlich ein kühner Fluchtversuch. Herzog Friedrich von Schleswig-Holstein gab dem Verfolgten eine Zufluchtsstätte, und zum Dank dafür widmete de Greve oder Grevius ihm am 12. Januar 1624 sein Werk über die Folter, das „Tribunal reformatum".

Während seiner Kerkerhaft hatte de Greve sich fast ausschließlich mit dem Gedanken beschäftigt, daß die Folter einer der größten Schrecken sei, unter denen die Menschheit zu leiden habe. Unmittelbar nach seiner Freilassung (1621) arbeitete er daher ein sehr ausführliches Werk aus, worin er nachwies, daß die Folter dem deutschen Rechtsverfahren von Haus aus fremd, daß sie mit dem Naturrecht und mit dem Gesetz der christlichen Liebe durchaus unverträglich, daß sie, wie man namentlich an der englischen Kriminaljustiz sehen könne, völlig unnütz und entbehrlich und durchaus trügerisch und verderblich sei. Zur Begründung seiner Sätze teilt de Greve eine ganze Anzahl von Prozessen mit. Die Schilderungen de Greves von den gebräuchlichen Folterungen sind Entsetzen erregend. „Es gibt jetzt mehr Arten von Foltern als Glieder am menschlichen Leibe," sagt er. „Oft kommt es vor, daß man sie an einem Menschen fast alle zusammen in Anwendung bringt." De Greve erwähnt von den Arten der Folter: Anbrennen des ganzen Körpers; Einschließen in den sogenannten ehernen Stier, der glühend gemacht wurde; Einschütten großer Mengen von Urin in den Mund des Delinquenten; erzwungene Schlaflosigkeit; Quälen des bereits gefolterten Körpers durch Bienen- und Wespenstiche; Auflegen von Essig, Salz und Pfeffer auf die Wunden; Schwefeleinguß in die Nase; Ablecken der mit Salzwasser bestrichenen Fußsohlen durch eine Ziege. (Janssen.) Doch damit sind die verschiedensten Folterungen keineswegs erschöpft. Zahlreiche Juristen setzen einen Stolz darein, neue Torturen zu erfinden, wie auch Henker nicht müßig sind, neuerdachte Torquierkünste an wehrlosen Opfern zu zeigen. Im Jahre 1622 erschien die mit großem Geschick und in schönem Latein abgefaßte Schrift im Druck und machte natürlich großes Aufsehen; aber wirklichen Erfolg konnte sie erst nach Ablauf eines Jahrhunderts haben, wo sie aufs neue — im Jahre 1737 zu Wolfenbüttel — aufgelegt wurde.

In seinem Kampf gegen die Folter hatte de Greve Vorgänger, die den Krebsschaden am Körper der Justiz erkannten, ohne ihn beseitigen zu können.

Schon Geiler von Kaisersberg (1445—1510), sonst so finster, wie nur ein Sohn seiner Zeit sein konnte, zürnte über „die Schmach und Torheit, daß man immer noch zur Erforschung der Wahrheit die Folter anwendet". (Lorenzi.) Der Jurist Petrus von Ravenna befürwortete 1511 die Abschaffung der Tortur. Ludwig Vives, der berühmte spanische Humanist und Gottesgelehrte († 1540), eiferte gegen die „heidnische" Tortur. „Es gibt viele wilde Völker, die es für grausam und unmenschlich erachten, einen Menschen zu foltern, dessen Verbrechen noch im Zweifel steht. Wir aber, geschmückt mit aller Bildung, die eines Menschen würdig ist, wir quälen die Menschen, damit sie nicht unschuldig hingerichtet werden, in einer Weise, die sie bemitleidenswerter macht, als wenn sie hingerichtet würden." Vives faßt seine Ansicht in die Worte zusammen: „Sehr gewichtig sind alle Gründe, die man gegen die Folter vorbringt; was man indes zu ihrer Verteidigung sagt, ist nichtig, eitel, haltlos." (Janssen.)

Zu den entschiedensten Anhängern der Tortur gehörte der berühmte Rechtsgelehrte Benedikt Carpzov (1595—1666) zu Leipzig, der von sich rühmen konnte, zwanzigtausend Todesurteile in Hexenprozessen unterschrieben zu haben, und dessen Aussprüche von größter Autorität waren, sowohl bei Katholiken wie bei protestantischen Theologen. Sein Hauptwerk ist „Practica nova rerum criminalium Imperialis, Saxonica in tres partes divisa, Viteberg 1635." Was die Anwendung der Tortur betrifft, so meint er, der Richter habe unter sorgfältiger Erwägung der Art des Verbrechens völlig nach Gutdünken zu entscheiden. Dabei rechtfertigt er aber die Bestimmung des sächsischen Rechts, daß bei den schwersten Verbrechern die Tortur zum drittenmal wiederholt werden könne, durch den Grundsatz, daß bei solchen Verbrechen eben wegen ihres enormen Charakters schärfere Mittel zur Erfindung der Wahrheit anzuwenden seien. Dieses bezog er dann namentlich auf die Hexerei, bei der der Richter auch noch deshalb eine härtere Tortur anwenden könne, da die Hexen durch alle möglichen Teufelsmittel sich gegen die Qualen der Tortur zu schützen wüßten. Zur Verhängung der zweiten und dritten Tortur sollten freilich neue Indizien ermittelt werden. Mit welcher Leichtfertigkeit und Grausamkeit seines Denkens Carpzov aber auch diese Bestimmung zu umgehen und ein fortgesetztes Foltern zu rechtfertigen wußte, geht aus zahlreichen seiner Urteilssprüche hervor. So heißt es in einem Urteil:

Weil aus den Akten so viel zu befinden, daß der Teufel auf der Tortur der Margarethe Sparrwitz so hart zugesetzt, daß sie, als sie kaum eine halbe Stunde an der Leiter gespannt, mit großem Geschrei Tods verfahren und ihr Haupt gesenkt, daß man gesehen, daß sie der Teufel inwendig im Leib umgebracht, inmaßen denn auch daraus abzunehmen ist, daß es mit ihr nicht richtig gewesen, weil sie bei der

Tortur garnichts geantwortet: so wird ihr toter Körper unter dem Galgen durch den Abdecker billig vergraben.

In den von Carpzov zusammengestellten Urteilen des Leipziger Schöppenstuhl kommen überhaupt die seltsamsten Dinge vor. So heißt es z. B. No. XXI von einer Beschuldigten:

> Wenn sie mit ihrem Buhlen (dem Buhlteufel Lucas) zu schaffen gehabt, hätte sie weiße Elben und derselben allzeit zehn bekommen, so gelebt, spitzige Schnäbel und schwarze Köpfe gehabt und wie die jungen Raben hin und wieder gekrochen, welche sie zur Zauberei gebrauchet, ihr Buhle ihr auch etliche gebracht, ehe sie mit ihm gebuhlt. Sie hat auch der Matthes Güntherin Kind ein bös Gesicht gemacht, indem sie es angesehen und angehaucht, dazu sie die Worte gebrauchet: ‚Ich wollte, daß du blind wärst'; welches ihr Buhle Lucas ihr also geheißen, und sie es in ihres Buhlen Lucas und des Teufels Namen tun müssen. Ferner habe sich auch die weißen Elben mit schwarzen Köpfen in den Branntwein getan und darin zergehen lassen, dieselben auch klein gerieben in Kuchen gebacken und solches auf ihres Buhlen Lucas Befehl, welcher gesagt, wenn sie zu jemand Feindschaft hätte, sollte sie demselben die Kuchen oder Branntwein beibringen, darauf er an Gliedern und Leib übel würde geplagt und gemartert werden. Hierüber hat Inquisitin bekannt, daß sie auf des Pfarrherrn von Rotenschirmbach Acker mit ihrem Messer einen Ring gemacht und drei Elben da hinein versteckt und vergraben, zu dem Ende, daß, wer darüber ginge, lahm werden und Reißen in den Gliedern überkommen sollte, welches dem vorgenannten Pfarrherrn von Rotenschirmbach gegolten, weil er sie auf der Kanzel öffentlich für eine Zauberin ausgeschrieen.

Wir ersehen daraus, was eben durch die peinliche Frage zum Geständnis gebracht werden konnte, und welcher Unsinn in den Schädeln der gelehrten und beamteten Herren jener Zeit sein heilloses Wesen trieb. In einem anderen Urteil, Nr. XVI, heißt es dann im November 1599 an die Richter und Schöffen in Budissen (Bautzen):

> Hat die Gefangene W. Brosii Bärschen seinen Jungen begossen, daran derselbe blind worden ... und endlich, als man ihr Gnade zugesagt, freiwillig bekannt, daß sie zu dem Guß die Worte gesagt: „Der Junge soll verblinden in Teufels Namen" etc. Da ihr euch nun eigentlich erkundigt hättet oder nochmals erkundigen würdet, daß der Junge bald nach empfangenen Guß blind worden, und die Gefangene würde auf ihren getanen Bekenntnis vor Gericht freiwillig verharren, oder des sonsten, wie recht überwiesen: so möchte sie von wegen solcher begangenen und bekannten Zauberei, nach Gelegenheit dieses Falls, weil ihr von euch Gnade versprochen, und über ihr gütliches Bekenntnis mit der Tortur wider sie verfahren worden, mit dem Schwert vom Leben zum Tode gestraft werden.

Hier finden wir wieder mittels Lüge und Trug seitens des Richters eine arme Gequälte veranlaßt, den behaupteten Unsinn einzuräumen, um dann, der versprochenen „Gnade" teilhaft, enthauptet zu werden.

Carpzovs Rechtslehre war, wie bemerkt, lange Zeit maßgebend und vorbildlich. Es ist dies um so mehr zu beklagen, als der Einfluß der Rechtskundigen immer bedeutsamer wurde und in diesen Fragen bald den der Theologen übertraf. Als Anhänger und Gegner des Hexenwesens und der Tortur kommen überhaupt nur Männer der Kirche und solche des Rechts in Betracht. Allerdings treten auch Ärzte für oder wider auf — es sei nur an Weyer erinnert —, indes war ihr Einfluß im allgemeinen nicht so groß wie der der anderen; auch mochte es sehr leicht sein, einen Arzt, der diesen Mißständen gegenübertrat, als Teufelsbündler in Verruf zu bringen, wie es ja nur zu oft geschehen ist. Die meisten aber waren selbst vom Hexenwahn angesteckt und voll von Aberglauben. Auch bei den Juristen war es übrigens nicht besser, wohl sogar schlimmer, und wie Carpzov selbst gingen sie von vornherein von der Annahme des Vorhandenseins von Teufelsmacht und Hexenwesen, von Zaubererumtrieben und dergleichen aus, sodaß schließlich die strenge Stellungnahme der meisten von ihnen sehr begreiflich ist. So manche mögen auch, von Beispielen gewarnt, es für besser gefunden haben, sich dem zur Geltung gelangten Wahn anzuschließen, sich nicht der Gefahr auszusetzen, ihre Stellung und vielleicht noch mehr für Recht und Wahrheit einzusetzen, — Tatsachen, die wir heutzutage noch so oft beobachten müssen, daß wir wohl annehmen können, es sei in früheren Tagen ebenso gewesen. Und wieder Erfahrungen aus Zeit und Zeiten bekunden uns, daß der kühler Überlegung entstammte Eifer für eine Sache in der Regel noch viel fanatischer aufzutreten pflegt als der Fanatismus selbst. Auch darf immer wieder nicht vergessen werden, daß das Hexenwesen für viele eine ergiebige Einnahmequelle war, auf die sie nicht so leicht verzichten mochten, wie aus vielen Beispielen im vorhergehenden nachgewiesen wurde. Endlich ist auch zu bedenken, daß dieser Wahn ein recht bequemes Mittel war, die Mißgunst und das Rachegefühl zu befriedigen, ein Mittel, von dem selbst im Volke ein ausgiebiger Gebrauch gemacht wurde, oder vielmehr, mit dem ein ausgiebiger Mißbrauch getrieben wurde.

Ähnliche Ansichten wie bei Carpzov finden wir später auch bei dem Innsbrucker Professor der Rechte Joh. Christoph Frölich von Frölichsburg (1657—1729), der in seinem „Commentarius" zu Kaiser Karls V. Halsgerichtsordnung ganz auf dem Boden Carpzovs steht, den er an schwärzestem Aberglauben mindestens erreicht, wenn nicht gar überragt; er ist einer jener Rechtsgelehrten, die am Buchstaben hängen und das als unbedingte Wahrheit hinnehmen, was irgend eine Autorität einmal für recht befunden hat. Man könnte über ihn zur Tagesordnung übergehen, wenn nicht sein Buch von größtem Einfluß auf die Rechtsprechung in Österreich gewesen wäre. Wichtiger als das, was er über den Hexenprozeß sagt, sind für uns seine Ansichten über die Tortur.

Er schreibt darüber im dritten „Titul" des dritten Buches: Dann ob zwar die peinliche Frage gar eine gefährliche Sache / und eine Zubereitung zum Tode ist / wie Oldekoppius saget / wordurch so bald ein Unschuldiger wegen erleydender Schmertzen verdammet und hingerichtet / als ein Schuldiger wegen Härtigkeit des Gemüths der Ordinari-Straffe entlediget werden kan; So ist doch die Tortur eine dem gemeinen Besten sehr nützliche / ja nothwendige Sache; dann wann die Böszwichte wissen solten / daß sie im Fall nicht geschehener Überweisung / so mehrmalen gar schwer zu überkommen / anderwärts zu Erhaltung der Wahrheit nicht / gepeiniget würden / sondern als unschuldig entlassen werden müßten / würde die Welt mit unzahlbaren Böszwichtern und Delinquenten / dem gemeinen Wesen zum Nachtheil höchsten / angefüllt werden. Zudeme ist fast unmüglich / daß / wann alle und jede Umstände / so zu Vorkehrung einer Tortur von Rechtswegen erfordert werden / in fleißige Erweg- und Beobachtung recht gezogen werden / ein gantz Unschuldiger mit der Tortur geplaget werden solte.

Also ein Justizmord gehört für ihn zu den Undenkbarkeiten.

Als die bedeutendste und einflußreichste Stimme, die sich wider Hexenwahn und Tortur erhob, ist aus dem siebzehnten Jahrhundert Balthasar Bekker (1634—1698) zu nennen, ein niederländischer reformierter Theologe, dessen „De betoverde Wereld" 1691 erschien und zunächst den Erfolg hatte, daß der Verfasser seines Amtes als Pastor zu Amsterdam entsetzt wurde. In diesem Werke, das bald fast in alle europäischen Sprachen übersetzt wurde, leugnete er entschieden, wie es bis dahin noch keiner getan hatte, die Macht des Teufels. „Ich will beweisen, daß der Teufel kein Reich, das gegen Gott, noch unter Gott angestellet, noch wider das Christentum oder davon unterschieden, noch weniger darinnen, weder in dem meisten, noch in dem geringsten hat, noch haben kann," ruft er II. Kapitel 34, § 4, aus.

Noch wirksamer und bedeutender für die Sache der Gerechtigkeit und der Vernunft, besonders was die Einschränkung der Folter betrifft, war bald nach Bekker der berühmte deutsche Rechtsgelehrte und Universitätsprofessor — erst zu Leipzig, dann zu Halle — Christian Thomasius (1655—1728), der, beiläufig bemerkt, auch als erster seine Vorlesungen in deutscher Sprache hielt. Anfangs war er selbst ein Anhänger der Hexenprozesse und der Folterung.

Er schreibt darüber, mit Beziehung auf einen Fall, in dem er als Referent der Juristenfakultät die Vornahme der Tortur beantragt hatte, diese jedoch von seinen Kollegen abgelehnt wurde: Dieser gegenwärtige Casus wurde auch Anno 1694 in unsere Fakultät geschickt im Monat September, und war ich damals mit der gemeinen Meinung von dem Hexenwesen so eingenommen, daß ich dafür geschworen hätte, die in der Carpzovii Praxi criminali befindlichen Aussagen der armen Gemarterten, oder mit der Marter doch bedrohten Hexen bewiesen den mit den armen Leuten pacta machenden und mit den Menschen buhlenden, auch mit den Hexen Elben zeugenden und sie durch die Luft auf den Blocksberg führenden Teufel überflüssig, und könnte kein vernünftiger Mensch an der Wahrheit dieses Vorgebens zweifeln. Warum? Ich hatte es so gehört und gelesen und der Sache nicht ferner nachgedacht, auch keine große Gelegenheit gehabt, der Sache weiter nachzudenken. Dieses waren die ersten Hexenakten, die mir zeitlebens waren unter die Hände gekommen, und also exzerpierte ich dieselben mit desto größerem Fleiß und Attention ...

Nachdem ich den bisher erzählten Extract ex actis ad referendum verfertigt, bemühte ich mich zur Überlegung und Abfassung meines voti die criminalia Carpzovii, ingleichen den Malleum maleficarum, Torreblancam, Bodinum, Delrio, und was ich für Autores de magia mehr in meiner wenigen Bibliothek antraf, zu konsultiren; und da fiel mir freilich nach dieser Männer ihren Lehren der Ausschlag dahin, daß die Inquisitin, wo nicht mit der Schärfe, doch zum wenigsten mit mäßiger Pein wegen der beschuldigten Hexerei anzugreifen wäre. Und dachte ich dannenhero mit diesen meinem voto in der Fakultät Ehre einzulegen. Aber meine Herren Kollegen waren ganz anderer Meinung, und mußte ich dannenhero das Conclusum facultatis auf folgende Art entwerfen:

Daß wider Barbaren Labarentzin in Ermangelung anderer Indizien ferner nichts vorzunehmen, sondern sie ist nunmehr nach geleisteten Urpheden der gefänglichen Haft zu erlassen; jedoch seynd diese Acta wohl zu verwahren, und ist auf ihr Leben und Wandel fleißig Acht zu geben. Sie ist auch die auf diesen Prozeß ergangenen Unkosten nach vorhergegangener Liquidation und richterlicher Ermäßigung zu erstatten schuldig. V. R. W. (Von Rechts wegen.) Nun verdrosse es mich aber nicht wenig, daß bei diesem ersten mir unter die Hände geratenen Hexenprozeß mein Votum nicht hatte wollen attendiert werden; aber dieser Verdruß war nicht sowohl gegen den damaligen Herrn Ordinarium und meine übrigen Herren Kollegen, als wider mich selbst gerichtet. Denn da ich allbereit in der Ausarbeitung meiner deutschen Logik gelehrt hatte, daß ein weiser Mann die beiden Haupt-Präjudicia menschlicher Auctorität und der Übereilung meiden müßte, verdroß es mich auf mich selbst, daß mein Votum auf nichts als die Auctorität obiger, und zwar offenbar größtenteils parteiischer, unvernünftiger Männer und auf deren übereilte und unzulängliche rationes sich gründete, fürnehmlich darauf, daß die justifizierte Hexe es der Inquisitin in die Augen gesagt, daß sie von ihr hexen lernen und umgetauft worden, auch bei ihrer Aussage bis in ihren Tod beständig verharrt wäre. Ja, es verdroß mich noch mehr auf mich, daß ich, sobald ich die rationes contrarias meiner Herren Kollegen nur hörte, alsbald von deren Wichtigkeit convinciret wurde und nichts darauf antworten konnte.

So wurde aus einem Saulus ein Paulus. Zwar glaubte auch Thomasius an das Vorhandensein des Teufels, aber er leugnete „hinwiederum, daß Hexen und Zauberer gewisse Verträge mit dem Teufel aufrichten sollen und bin vielmehr versichert, daß alles, was diesfalls geglaubet wird, nichts anders als eine Fabel sei, so aus dem Juden-, Heiden- und Papsttum zusammengelesen, durch höchst unbillige Hexenprozesse aber, die sogar bei den Protestierenden (d. h. Protestanten) eine Zeithero gebräuchlich gewesen bestätigt werden." Selbstverständlich fehlte es auch Thomasius nicht an Gegnern, zumal er die Streitbarsten der Streitbaren, Juristen und Theologen, ausdrücklich angegriffen hatte. Doch der Geist einer neuen Zeit ließ sein Schwingenrauschen bereits vernehmen: Die Hexenprozesse verfielen der Lächerlichkeit, und damit fand auch die Tortur ihre Einschränkung. Ganz verbannt wollte freilich auch Thomasius die Folter nicht aus der Rechtspflege wissen; aber es traten gegen diese von anderer Seite bald zahlreiche und kräftige Gegner auf, besonders im achtzehnten Jahrhundert und vor allem auch in Frankreich, England und anderen Ländern. Der berühmte Montesquieu (1689—1755) schreibt über die Tortur: „Tant d'habiles gens, et tant de beaux génies ont écrit contre l'usage de la torture, que je n'ose parler après eux. J'allais dire qu'elle pourrait convenir dans les gouvernements despotiques . . . mais j'entend la voix de la nature qui crie contre moi."

Friedrichs des Großen aufgeklärter Ausspruch über die Tortur ist dem Vorwort zu diesem Werke vorangestellt.

Einer der hellsten Köpfe unter den Rechtsgelehrten des achtzehnten Jahrhunderts, Cesare de Beccaria-Bonesana (geb. 1735 oder 1738 in Mailand, † 1794 ebendort als Professor des Staatsrechts), sprach 1764 in seinem Hauptwerk: „Dei delitti e delle pene" seine Meinung über die Mißbräuche der damaligen Kriminalrechtspflege aus. Voltaire nannte die Arbeit „das Gesetzbuch der Menschlichkeit". Er wie Diderot kommentierten das Buch. „Unterstützt von dem ganzen Gewicht der französischen Philosophen flog das Werk triumphierend über Europa und beschleunigte gewaltig die Bewegung, die es erzeugte."

In welcher Weise es Propaganda gegen die Tortur gemacht, Einsicht geweckt und gestärkt, sei durch einige Sätze aus dem § 16, „Von der Marter", verständlich gemacht:

Ein Mensch kann nicht vor der Verurteilung durch den Richter schuldig genannt werden, und die Gesellschaft kann ihm nicht den öffentlichen Schutz entziehen, solange es nicht entschieden ist, daß er die Gesetze verletzt hat, deren Schutz ihm zusteht. Worauf also, wenn nicht auf Gewalt, gründet sich das Recht, das einem Richter die Macht gibt, einen Bürger zu bestrafen, solange es noch zweifelhaft ist, ob er schuldig oder unschuldig ist? Entweder ist das Verbrechen nachgewiesen oder nicht. Ist es nachgewiesen, so kommt dem Täter keine andre Strafe zu als die von den Gesetzen bestimmte, und unnütz sind die Qualen, weil das Geständnis des überführten Angeklagten unnütz ist; ist das Verbrechen nicht nachgewiesen, so darf der Verdächtige nicht gefoltert werden, weil er vor dem Gesetz ein Unschuldiger ist, solange ihm sein Verbrechen nicht bewiesen ist.

Aber ich füge noch hinzu, daß es willkürlich ist und alle Begriffe verwirrt, wenn man verlangt, daß ein Mensch zu gleicher Zeit Angeklagter sei und sich selbst anklage, daß der Schmerz der Schmelztiegel der Wahrheit sein soll, gleichsam als ob die Wahrheit ihre Beweise in den Muskeln und Nerven der Unglücklichen berge. Es gibt kein sichereres Mittel, um kräftige Schuldige freizusprechen und schwache Unschuldige zu verurteilen.

Der Ausgang der Folter variirt in jedem Menschen im Verhältnisse zu seiner Schwäche und Empfindsamkeit, so daß ein Mathematiker diese Frage besser als ein Richter lösen würde. Die Stärke der Muskeln und die Empfindlichkeit der Nerven eines Unschuldigen ist gegeben, und der Grad des Schmerzes ist zu berechnen, der ihn veranlassen wird, sich eines gegebenen Verbrechens für schuldig zu erklären.

Die peinliche Befragung eines Angeklagten geschieht, um die Wahrheit zu erfahren. Aber wenn diese Wahrheit sich schon nur schwer in den Mienen, Gesten und der Physiognomie eines ruhigen Menschen offenbart, wieviel weniger wird sie sich bei einem Menschen zeigen, in dem die Zuckungen des Schmerzes alle die Symptome verändert haben, durch die die meisten Menschen auch wider ihren Willen der Wahrheit die Ehre geben. Jede gewaltsame Handlung verwirrt und läßt auch die letzten Unterschiede verschwinden, durch die sich sonst Wahrheit und Lüge unterscheidet.

Diese Wahrheit wird auch von denen unklar gefühlt, die sie bekämpfen. Nichts gilt das während der Folter abgelegte Geständnis, wenn es nicht durch einen Eid nachträglich bekräftigt wird; bestätigt es aber der Angeklagte nicht, so soll er von neuem gefoltert werden. Einige Gelehrte und Völker gestatten diese entsetzliche petitio principii nur dreimal, andere überlassen die Zahl der Willkür des Richters: sodaß von zwei gleich unschuldigen oder schuldigen Menschen der starke und mutige freigesprochen, der schwache und furchtsame hingegen nach dem folgenden, bündigen Schlusse verurteilt wird: „Ich, der Richter, soll euch eines solchen Verbrechens für schuldig finden; du, Starker, hast dem Schmerze zu widerstehen verstanden, und deshalb spreche ich dich frei; du, schwacher Sünder, hast ihm nachgegeben, und deshalb verdamme ich dich. Ich weiß zwar, daß das dir von der Folter entrissene Geständnis keine Kraft hat, aber ich werde dich von neuem martern, falls du das nicht bestätigst, was du ausgesagt hast."

Eine sonderbare Folge, die notwendigerweise aus dem Gebrauche der Folter entspringt, ist, daß der Unschuldige sich in einer schlimmeren Lage als der Schuldige befindet; denn wenn beide auf die Folter gespannt werden, so hat der erste alles gegen sich: Gesteht er das nicht begangene Verbrechen, so wird er verurteilt, bleibt er bei seiner Unschuld, so hat er die unverdiente Strafe der Folter erlitten; der Schuldige hat hingegen einen günstigen Fall für sich: Sobald er nämlich entschlossen der Folter widersteht, wird er als unschuldig freigesprochen und hat eine größere Strafe gegen eine geringere ausgetauscht. Deshalb kann der Unschuldige nur verlieren und der Schuldige gewinnen. („Des Herren Marquis von Beccaria unsterbliches Werk von Verbrechen und Strafen." Breslau 1778.)

Als den bemerkenswertesten Gegner der Tortur im achtzehnten Jahrhundert haben wir den Wiener Professor der Staatswissenschaften und Hofrat Josef von Sonnenfels (1732—1817) zu betrachten, dessen Bemühungen es auch zu verdanken ist, daß in Maria Theresia schließlich Zweifel über die Zulässigkeit der von ihr in der sogenannten „Theresiana" — von der noch ausführlich die Rede sein soll — angeordneten Folterungen aufstiegen. Sie ließ eine Kommission zusammentreten, die sich mit dieser Frage beschäftigen sollte und sich auch für die Beibehaltung der Tortur aussprach, Sonnenfels ausgenommen, der seinen

Widerspruch in ein Votum separatum kleidete, das 1775 veröffentlicht wurde.

„Über die Abschaffung der Tortur" betitelt sich diese kleine Schrift, in der es heißt: „Eine Reihe trauriger Erfahrungen hat den Zweifeln, welche schon in verflossenen, und mehr noch in gegenwärtigen Zeiten gegen die Folter oder die sogenannte strenge Frage aufgeworfen worden, ein neues Ansehen erteilt und die allerhöchste Verordnung veranlaßt, bei den Länderstellen und Gerichten in Überlegung zu nehmen

I. Ob die peinliche Frage nicht ganz aufzuheben?
II. Bei welchen Verbrechen dieselbe etwann beizubehalten?
III. Und was in dem Falle der Aufhebung an ihre Stelle zu setzen sein möge?

Ich sehe also zum Teil denjenigen Wunsch in Erfüllung gehen, den ich mir neulich zu dem Fuße des Trones erlaubt habe; und diese Verordnung setzt mich als Rat in das Recht ein, das dem Lehrer zweifelhaft gemacht werden sollte, die Gründe mit bescheidener Freimütigkeit vorzutragen, welche bei einer Frage von solcher Wichtigkeit, die Entscheidung bis hierher, wenigstens ungewiß machen konnten ... Um dem Vorwurf keinen Platz zu geben, daß die Widersacher der Folter beständig nur das Herz angreifen, weil sie gegen den Verstand zu kurz fallen dürften, begebe ich euch aller Vorteile, welche mir die Empfindung zur Erregung des Mitleids für die leidende Menschheit leihen würde, und behandle diese Frage mit der kalten Gleichgiltigkeit eines Rechtsgelehrten, der seine Blicke von den Zuckungen der Gepeinigten abwendet, sein Ohr vor ihren Wimmern verschließt, und bei dieser ganzen Untersuchung mehr nicht als eine Streitfrage vor sich sieht ..."

Sonnenfels ist, begreiflicherweise, für die Aufhebung der Tortur, glaubt jedoch, daß sie bei einem zweifellosen Verbrecher zur Herbeiführung des Geständnisses seiner Mitschuldigen noch angewandt werden könne, wobei aber jene zweifellose Feststellung nicht durch die Folter selbst herbeigeführt worden sein darf. Anstelle der Tortur wünscht er eine genaue, sorgfältige Untersuchung, die über Schuld oder Unschuld Klarheit bringen müßte.

In einer an die Kaiserin Maria Theresia gerichteten Schutzschrift sagt Sonnenfels: „Eure K. K. Apostol. Majestät geruhten durch Dekret vom 22. August allergnädigst zu verordnen, daß ich künftig in meinen Sätzen die peinliche Frage und Todesstrafe nicht mehr berühren sollte. Die Grundsätze meines Lehramtes sowohl, als meines Herzens, haben mir von jeher die Folgsamkeit gegen die Gesetze zur unverletzbaren Pflicht gemacht, und jeder Ausspruch, der den geheiligten Namen Eurer Majestät an der Stirne trägt, ist mir ein Gesetz.

Aber diese Pflicht, von der ich nicht weniger auf dem Lehrstuhl als in meinen Schriften stets mit aller Wärme des Gefühls gesprochen, die ich bei meinen Zuhörern immer zur Grundlage der gesellschaftlichen Rechtschaffenheit gemacht, und von ihnen gleichsam als das Unterscheidungszeichen der Sonnenfelsischen Schule gefordert habe, diese Folgsamkeit streitet gänzlich wohl mit der Freiheit einer ehrbietigen Vorstellung, zu welcher ich mich vor dem Throne Eurer Majestät durch mehr als einen Bewegrund berechtigt glaube.

Die allerhöchste Verordnung enthält nicht bloß einen Befehl an mich, sie schließt zugleich über einen mir zur Schuld gelegten Ungehorsam, und einen nicht nur ungereimten, sondern anstößigen Satz, als die Veranlassung des Befehls, einen Verweis in sich, den es mir weniger empfindlich sein würde empfangen als verdient zu haben.

Die eigentlichen Worte, auf die ich ziele, sind: Es sei vorgekommen, daß noch immerfort einige Sätze aus den politischen Wissenschaften, welche den publizierten höchsten Gesetzen schnurstracks zuwiderlaufen und in sich selbst anstößig sind, als z. B. Sätze, worin die Tortur verworfen, und andere, worin alle Todesstrafen gegen alle göttliche und menschliche Gesetze gemißbilligt werden, ungeachtet solche schon vor einigen Jahren geahndet und abgeändert worden, dennoch gelehrt und gedruckt werden.

Ich habe also nach dem Inhalt dieser Stelle

I. Sätze, die den publizierten höchsten Gesetzen schnurstracks zuwiderlaufen,
II. Sätze, die in sich selbst anstößig sind, gewagt; ich habe
III. Die Tortur und alle Todesstrafen gegen alle göttliche und menschliche Rechte gemißbilligt, und dieses,
IV. Ungeachtet diese Sätze vor einigen Jahren geahndet und abgeändert worden.

Es kann mir nicht gleichgiltig sein, in den Augen Eurer Majestät als ein unbiegsamer Untertan und unbedachtsamer Lehrer zu erscheinen. Es kann mir auch nicht gleichgiltig sein, als ein solcher in den Augen der Nachwelt zu erscheinen, die, wenn sie einst dem merkwürdigen Zeitpunkt der Regierung Theresiens ihre Aufmerksamkeit widmen und, unter andern wichtigen Begebenheiten die Vorschreitung der Wissenschaft und des Geschmacks betrachten wird, vielleicht auch einen Blick auf diejenigen werfen dürfte, deren sich die Fürstin als der Werkzeuge dieser Veränderung bedient hat. Und ich halte meine Hoffnung, unter diesen mitgenannt zu werden, und meinen Wunsch nicht ganz geheim, meinen Namen ohne Vorwurf auf diese Zeiten hinüberzubringen."

Sonnenfels versucht ferner, sich eingehend zu rechtfertigen und schreibt dann gegen Schluß:

„Später um ein Jahr als mein Lehrbuch, erschien das von Hofrat von Martini auf Ew. Majestät Befehl entworfene Ius civitatis, welches von der Tortur folgende Lehre enthält: Hinc tortura generatim remedium veri eliciendi ineptum est, adeoque etiam illicitum (§ 158). (Daher ist die Tortur als ein Mittel zur Wahrheitserforschung überhaupt nicht geeignet, ja sogar unstatthaft.) Dieser Satz, mit so unverkleideter Freimütigkeit er ausgedrückt ist, wurde nicht als Hindernis angesehen, ein Buch, das die Ausländer mit nicht weniger Beifall aufnahmen, als es unter uns fand, zum Vorlehrbuch des allgemeinen Staatsrechts allen Lehrstühlen der K. Erbländer anzuweisen.

Wenn ich daher dem Heiligtume der erhabenen Absichten Ew. Majestät näher zu treten und die Zukunft durch das Licht der Mutmaßung aufzuklären wagen darf, so deucht mich, ich sehe Ew. Majestät mit dem Entschlusse beschäftigt, die Folter einst aus einem Gesetzbuch zu verweisen, dessen notwendige Strenge der grenzenlosen Güte Ihres Herzens so viel Überwindung gekostet hat. Und diese, Ihren Lehrern anbefohlene Freimütigkeit ist gleichsam die Vorbereitung der Denkungsart zu einer Veränderung, der sich zur Zeit noch geheime Umstände entgegensträuben mögen.

Ich danke Theresien, und meine Mutmaßung wird zur Gewißheit; und ich fühle mich in dem Entschlusse bestätigt, neben meiner Verantwortung nun noch für die seufzende Menschheit das Wort zu nehmen und die Beschleunigung dieser Veränderung herbeizuwünschen. Sie schreit nicht über Ungerechtigkeit; sie dringt nicht ungestüm gerade auf die Abschaffung eines lange üblichen Verfahrens; sie nimmt nicht den Bösewicht in ihren Schutz; sie zittert nur für den Unschuldigen, den die Marter, den schon der Anblick, schon der Gedanke der Marter sich um das Leben zu lügen zwingt, da den Bösewicht so oft seine starke Sehnen der verwirkten Strafe entziehen. Sie fleht um mehr nicht, als ihre Sachführer zu hören und das Gewicht ihrer Gründe auf die Wagschale der Untersuchung zu legen.

So viel berühmte Namen aller Zeiten, ein Grotius, ein Montesquieu, ein gekrönter Friedrich, ein Beccaria, das Verfahren des alten Roms, die Nachfolge mehrerer Gesetzgeber unsers Jahrhunderts, und der Beifall, womit Europa sie gekrönt; so viele, wo nicht unwiderlegbare, wenigstens noch unwiderlegte Schriften dieser letzten Jahre, sollen diese nicht zum mindesten einen gegründeten Zweifel erwecken, und nach dem ewigen Gesetze der Religion und Sittenlehre der Ausübung so lange Stillstand gebieten, bis die Sache von einer oder der andern Seite entschieden ist?

Nie war eine Frage wichtiger, um selbst unter dem Vorsitze des geheiligten Ansehens der Regenten behandelt zu werden. Es ist hier um keine müßige Grübelei, nicht um eine eitle Schulfrage zu tun, bei der es gleichviel sein mag, welche Partei ergriffen werde: Häufig vergossenes Blut der Unschuld kann die Folge der vielleicht irrig gewählten Meinung sein. Die Welt, die ihren Blick sorgfältig auf die bewunderte Fürstin heftet, wird aus ihrem Mund willig die Entscheidung eines Zweifels annehmen, der beinahe nur darum noch im Zweifel zu sein scheint, weil Gründen und Ansehen immer noch das Gesetzbuch Theresiens entgegengestellt werden kann.

Allerdurchl. Monarchin! Ich habe die ehrfurchtsvolle Zuversicht, Ew. Majestät bei dem geheiligten Namen der Unschuld, und bei der Fühlbarkeit Ihres Herzens, das stets die bescheidene Zufluchtsstätte der Unschuld ist, zu beschwören:

Geruhen Sie zur Erörterung der beiden Sätze eine Untersuchung anzuordnen, wobei die Vertreter der Folter und Todesstrafe, wer sie immer sind, ihre Gründe vorlegen, und dasselbe dann auch mir erlaubt sein möge. Das Ziel dieser Untersuchung sei kein anderes, als die Wahrheit, die Überführung auf einer oder der andern Seite, und die Beruhigung Ew. Majestät. Es sei daher aus den Schriften, worinnen die Sache behandelt wird, wie aus dem mündlichen Vortrag alle Spitzigkeit, alle Hartnäckigkeit, aller Haß verbannt. Derjenige, der in seiner Meinung zu kurz fällt, teilt immer den Ruhm mit dem Sieger, weil er zur Aufklärung einer so wichtigen Streitfrage mitgewirkt hat . . ."

Über die Ausbildung der Tortur bemerkt er in dem genannten Schriftchen:

Die Unterdrückung, die Religionswut, die Mordsucht, die Raubbegierde, die in der Wahl der Mittel niemals zärtlich sind, haben den Gebrauch dieser gräulichen Erfindung erweitert. Sie waren scharfsinnig, die Dauer der Schmerzen zu verlängern, sie empfindlicher, unwiderstehlicher zu machen. Sie waren unerschöpflich derselben Arten zu vervielfältigen. Man hafte seinen Blick auf die Martern, durch welche in den Frühzeiten der Kirche die Verfolgung versuchte die Standhaftigkeit der Gläubigen zu erschüttern und sie zum Abfall zu nötigen! Der nach Gold, nach Blut dürstende Eroberer von Peru verfiel darauf, einen unglücklichen Inka an der Seite seines Lieblings auf glühende Kohlen hinzustrecken, um den Ort zu erfahren, wo seine Schätze aufbewahrt sind. Das waren die Urbilder, denen die Richterstühle nachher ihre Untersuchungsart abgeborgt haben; aber sie hofften den Schandflecken einer so abscheuwürdigen Herkunft durch den Nutzen zu verlöschen, welchen das gemeine Wohl daraus schöpfen würde.

Interessant ist auch folgende Stelle:

Die tragische Geschichte, welche in Genf die Veranlassung gewesen, daß die Folter auf beständig abgeschafft worden, ist bekannt. Ein junger Mensch vom Lande kam abends in die Stadt, seine Schwester aufzusuchen, die daselbst diente. Da es zu spät war, um sie zu finden, und der Landfremdling hier wenig Bescheid wußte, lagerte er sich unter einer Laube, nahe bei den Kaufbuden, wo er die Nacht hinbringen konnte. Er entschlief. Ein Soldat, der sonst schon mehrmal gestohlen hatte, erbrach eben in dieser Zeit und Gegend ein Warenlager und fing an es auszuplündern. Bevor er aber zu Ende kommen konnte, hörte er die Nachtrunde in der Nähe. Er suchte daher noch zu entfliehen, ehe sie ihn wahrnahm. Aber indem es ihm natürlich schien, daß sie die begangene Gewalttat beobachten und daher dem Täter nachspüren würden, fällt ihm unglücklicherweise der Schlafende ins Gesicht, welches ihn auf den Anschlag bringt, den Verdacht des verübten Raubes von sich auf diesen Unschuldigen zu wälzen. In dieser Absicht nun schleicht er dem sorglos Schlafenden die Schlüssel unbemerkt in die Tasche und wird unsichtbar. Die Runde kommt jetzt herbei; sie sieht die eröffnete Bude; sie findet den durch ihr Gelärm geweckten und auffahrenden Jüngling, den in einem unbekannten Ort alles schrecken mußte: sie ergreift ihn für den Täter. Die bei ihm gefundenen Schlüssel, die bestätigte Tat, der Ort, wo man ihn getroffen — alles legt wider ihn Zeugnis ab. Die Verwirrung seiner Antwort, als er wegen der Schlüssel befragt wurde, vollendet die Vermutung. Er wird nun auf die Folter gebracht und gesteht sich sogleich zum Täter. Das Todesurteil wird auch an ihm vollstreckt. Der wahre Täter setzt inzwischen seine Räuberei nicht aus, bis er endlich über einer Tat angehalten worden. Hier gestand er unter mehreren Übeltaten auch jenen Diebstahl und zugleich die Umstände, wie sie erzählt sind. Die Stadt Genf ist Zeuge dieses Falles, und noch tragen die Richter, welche an dem Spruch teilgehabt, den Haß des Volkes.

Es ließen sich weitere zahlreiche Stimmen für und wider Hexenwahn und Tortur anführen, doch mag es mit dem Gegebenen sein Bewenden haben. Es ist zur Genüge daraus zu ersehen, wie schwer sich Gedanken Bahn brechen, die einer späteren Zeit als selbstverständlich gelten, und daß selbst in dieser Neuzeit das, was man stolz längst überwunden zu haben wähnt, genau betrachtet noch fortlebt und fortwirkt, oft in ungeschwächter Kraft und Macht und nur in der fast bedeutungslosen Form von dem vielbelächelten Einst unterschieden.

Einundzwanzigstes Kapitel

Das achtzehnte Jahrhundert
Deutsche Hexenprozesse

Das achtzehnte Jahrhundert zeigt, was die Hexenverfolgungen betrifft, schon zu seinem Beginn eine erfreuliche Wendung, wenn auch die Tortur im Strafverfahren noch mit voller Strenge waltete. Bei Beschuldigungen von Mord, Brandstiftung, Diebstahl und dergleichen sehen wir sie fast überall zur Anwendung gelangen, sofern der Beschuldigte es nicht vorzog, ein uneingeschränktes Geständnis zu machen. Daß dieses zuweilen auch entgegen den Tatsachen, nur aus Furcht vor der Marter geschah, bekundet der vorerwähnte Prozeß zu Genf, der dort der Hauptgrund zur Aufhebung der Tortur wurde. In Deutschland kamen zu jener Zeit hauptsächlich folgende Foltermittel in angegebener Reihenfolge zur Anwendung: Daumschraube, Schnüren, Spanischer Stiefel, wozu sich gelegentlich und an manchem Ort Aufziehen oder Strecken als Viertes gesellte. Es wurde damit zumeist sehr hart verfahren; aber dennoch kam es nunmehr schon öfter vor, daß Torquierte alle diese Martern überstanden, ohne zu einem Geständnis gebracht werden zu können, wie aus zahlreichen in jener Zeit erschienenen Schriften zu ersehen ist. Ein von Pastor Schmid, Prediger zu St. Nikolai in Berlin verfaßtes Schriftchen: „Das über vier Malefitz-Personen ergangene Justiz-Rad ... die alle vier allhier vor Berlin Anno 1725 den 21. Febr. damit vom Leben zum Tod gebracht wurden", enthält auch die Abbildungen dieser vier „Malefiz-Personen" mit Versen. Unter dem Bildnis eines der Angeschuldigten, Christoph Kranichfelden, befinden sich die Verse:

> Ein rechter Harlequin war dieser Hauptverbrecher,
> Der auf der Folterbank noch immer Chosen trieb,
> Und in der Bosheit Kraft fast bis ans Ende blieb,
> Doch ward er noch zuletzt ein gut bekehrter Schächer.

Wie aus dem Text hervorgeht, benahm er sich in der Tat bei den Vorbereitungen zur Folter prahlerisch und großsprecherisch, gab jedoch, als die Daumschrauben etwas fester angezogen wurden, klein bei und gestand schließlich, ebenso wie seine Mitschuldigen, das Verbrechen.

Schon kurz nach seiner Thronbesteigung erließ König Friedrich Wilhelm I. einen Befehl, in dem er von den Mißständen spricht, die bei Kriminalprozessen, besonders bei Hexenprozessen hervortreten, und daher anordnet, daß alle Urteile in Hexensachen, die die Todesstrafe oder vorherige Tortur aussprechen, ihm zur Bestätigung vorgelegt werden müßten. Es scheint dies auch bei sonstigen Prozessen vor der Vornahme der Tortur geschehen zu sein; denn in dem eben erwähnten, vom Pastor Schmid beschriebenen Prozesse erging ebenfalls ein Erlaß des Königs, wonach die Folter angewandt werden dürfe, ebenso auch bei anderen Prozessen. Als die beiden letzten Hexenprozesse in Preußen erwähnt Soldan einen, der 1721 in Nauen, und einen, der 1728 in Berlin stattfand. Bei ersterem wurde eine Schustersfrau beschuldigt, Butter verkauft zu haben, die über Nacht Kuhdung wurde, was nur im Wege der Hexerei geschehen sein konnte. Der Magistrat leitete den Prozeß ein, das Kriminal-Kollegium erkannte jedoch die Indizien nicht für ausreichend und wies auch darauf hin, daß jemand aus Mutwillen heimlich eine Vertauschung vorgenommen haben könnte. Der König schrieb unter dieses Erkenntnis: „Soll absolviert werden" und erteilte dem Magistrat von Nauen einen Verweis, denn Hexenprozesse sollten nicht mehr vorkommen.

In dem zweiten, Berliner Fall, scheint es sich um ein hysterisches Mädchen von zweiundzwanzig Jahren gehandelt zu haben, das sich selbst des Verkehrs mit dem Teufel bezichtigte. Das Kriminal-Kollegium schwankte hier erst zwischen gesunder Anschauung und Aberglauben, entschied aber schließlich, daß das Mädchen ins Spinnhaus zu Spandau gesteckt werde, eine Sentenz, die der König bestätigte. Damit war der amtlich beglaubigte Hexenwahn in Preußen tot. Auch in den anderen protestantischen Ländern Deutschlands wurde um diese Zeit den Hexenprozessen ein Ende gemacht.

In Österreich finden wir die in „Der Römischen Kayserl. etc. etc. Majestät Josephi des Ersten Neue peinliche Halsgerichts-Ordnung vor das Königreich Böheim, Markgrafthumb Mähren und Herzogthumb Schlesien" im Jahre 1707 erlassenen gesetzlichen Verfügungen gegen das Hexenwesen noch in voller Lebenskraft und „wahrhaffte Zauberei" mit dem Feuertod bedroht, während „Wahrsager, aberglaubische Seegen-Sprecher und Bock-Reiter, welche, ohne ausdrückliche Verbündnis mit dem bösen Feind, dieses verüben," mit dem Schwert hingerichtet oder zu noch gelinderen Strafen verurteilt werden sollen. Immerhin aber wird im Art. XIII, § 29, nötig gefunden, zu bestimmen, daß „auf die Aussagung der Complicum allein, sie seye beschaffen, wie es immer wolle, wegen so vielfältig unterlassenen Betrugs, und durch List des Satans angepunnenen Unwahrheit, nicht alsogleich, weder die Tortur vorzunehmen, weder zur Straffe zu schreiten" sei, eine Bestimmung, die immerhin schon vom Geist einer neuen Zeit durchweht ist. Die Halsordnung Josephs blieb bis zur Regierung Maria Theresias und ihrer erneuten Gesetzgebung in Kraft. Zahlreiche Hexen- und Zauberer-Prozesse kamen im siebzehnten Jahrhundert auch in Ungarn vor, mit obligater Tortur und zumeist auch mit scheußlichem Verbrennungsurteil. In dem damals unter der Herrschaft eines Erzbischofs stehenden Salzburg wurde 1715—1717 ein Prozeß gegen einen gewissen Perger geführt, der beschuldigt wurde, im Verein mit anderen, die sich alle in Wölfe verwandelt haben sollten, viel Vieh und Wild niedergerissen zu haben.

Perger leugnete anfangs alles. Als er aber am 23. September 1717 auf die Folter gebracht, ans Seil gebunden und an den Füßen mit einem fünfundzwanzigpfündigen Stein beschwert, in die Höhe gezogen wurde, da bekannte er, daß er wie seine Mitschuldigen sich mit einer schwarzen Salbe angeschmiert, hierdurch zum Wolf geworden und als solcher das Vieh hin und wieder niedergerissen habe. Diese Salbe habe er vom bösen Feind auf der Heide bei Moosham erhalten. Der habe zu ihm und den anderen gesagt: „Was sollt ihr Hunger leiden? Hier habt ihr Salben, daß ihr zu Wölfen werdet und euch satt fresset, so oft und wie ihr wollt!" Darauf habe er sich dem Teufel mit Leib und Seele ergeben. In einem späteren Verhör nahm allerdings Perger sein Geständnis, welches ihm nur durch die Qual der Tortur abgepreßt sei, zurück. Allein kurzerhand wurde er vom Scharfrichter wieder auf den Folterstuhl gesetzt, auf die Leiter gespannt und eine halbe Stunde lang gemartert, was zur Folge hatte, daß er seine früheren Geständnisse bestätigte. Auch den Kameraden Pergers wurden dieselben Geständnisse abgemartert. Das Urteil des Richters lautete nun allerdings auf Verbrennung der Malefikanten, doch hielt man es für gut, sie der Gnade des Erzbischofs von Salzburg zu empfehlen. Dieser ließ auch Gnade für Recht ergehen. Am 20. August 1718 erließ daher das Stadtgericht zu Salzburg an das Untergericht die Weisung: „Demnach wir mit Ihrer hochfürstlichen Gnaden gnädigstem Vorwissen — wie den allhier in puncto magiae et lycanthrophiae (als Zauberer und Werwolf) inliegenden — Perger auf ewig, den vulgo Schweblhans aber auf acht Jahre lang ad triremes (zu den Galeeren) condemniert haben, also wird Euch hiermit anbefohlen, daß ihr diese Delinquenten gewisse Religiosen (damit sie in geistlichen Sachen bis zu deren Auslieferung interim notdürftig unterwiesen werden und ebenfalls a pacto diaboli liberieret [vom Teufelsbündnis befreit] werden) zugeben sollet." — Am 12. September 1718 mußte sodann Perger noch die übliche Urfehde schwören.

Also noch im achtzehnten Jahrhundert sehen wir unter dem Zwange von Drohungen oder Marter die tollsten Selbstbezichtigungen und Beschuldigungen anderer in Erscheinung treten, die niedrigsten Leiden-

schaften und Begierden, den unausrottbaren Wahn und die törichtste Beschränktheit „von Rechtswegen" das blutigste Unrecht ausüben.

Ein Torturprotokoll, schreibt Oskar Wächter (Femgerichte), vom 31. Oktober 1724 über den Prozeß gegen die in Coesfeld, im ehemaligen Fürstbistum Münster gerichtete Ennecke Fürstenees besagt, daß der Untersuchungsrichter Dr. Gogravius, nachdem er die Angeschuldigte vergebens zum gütlichen Bekenntnis aufgefordert, ihr den Befehl der Tortur publizieren lassen. Der Nachrichter wurde hereingerufen. Dieser zeigte ihr die Folterwerkzeuge und redete ihr scharf zu, während der Richter ihr die einzelnen Anklagepunkte vorlas. Darauf schritt der Richter zum zweiten Grad der Folterung. Die Angeklagte wurde in die Folterkammer geführt, entblößt und angebunden und über die Anklagepunkte befragt. Sie blieb beständig beim Leugnen. Bei der Anbindung hat Angeklagte beständig gerufen und um Gottes willen begehrt, man möge sie loslassen. Sie wolle gern sterben und wolle gern Ja sagen, wenn die Herren es nur auf ihr Gewissen nehmen wollten. Und wie sie dann beständig beim Leugnen verblieben, so ist zum dritten Grad geschritten und sind der Angeklagten die Daumschrauben angelegt worden. Weil sie unter der Tortur beständig gerufen, so ist ihr das Capistrum (eine Vorrichtung, die das Schreien verhindert) in den Mund gelegt und mit Applizierung der Daumschrauben fortgefahren. Obgleich Angeklagte fünfzig Minuten in diesem Grade ausgehalten, ihr auch die Daumschrauben zu verschiedenen Malen versetzt und wieder angeschroben, hat sie doch nicht allein nichts bekannt, sondern auch während der peinlichen Frage keine Zähre fallen lassen, sondern nur gerufen: „Ich bin nicht schuldig. O Jesu, gehe mit mir in mein Leiden und stehe mir bei." Sodann: „Herr Richter, ich bitte Euch, laßt mich nur unschuldig richten." Ist also zum vierten Grad geschritten vermittelst Anlegung der spanischen Stiefeln. Als aber peinlich Befragte in diesem Grade über dreißig Minuten hartnäckig dem Bekenntnis widerstand, ungeachtet die spanischen Stiefeln zu verschiedenen Malen versetzt und aufs schärfste wieder angeschroben wurden, auch keine einzige Zähre hat fallen lassen, so hat Dr. Gogravius besorgt, es möchte peinlich Befragte sich vielleicht per maleficium (durch Zaubermittel) unempfindlich gegen die Schmerzen gemacht haben. Darum hat er dem Nachrichter befohlen, dieselbe nochmals entblößen und untersuchen zu lassen, ob vielleicht an verborgenen Stellen ihres Körpers etwas Verdächtiges sich vorfinde. Worauf der Nachrichter berichtete, daß er alles aufs genaueste habe untersuchen lassen, aber nichts gefunden sei. Ist also demselben befohlen, abermals die spanischen Stiefeln anzulegen. Dieselbe aber hat die Tat beständig geleugnet und zu verschiedenen Malen gerufen: „O Jesu, ich hab es nicht getan; ich hab es nicht getan. Wenn ich es getan hätte, wollte ich gern bekennen. Herr Richter, laßt mich nur unschuldig richten. Ich will gern sterben. Ich bin unschuldig, unschuldig." Als demnach peinlich Befragte die ihr zum zweiten Mal angelegten spanischen Stiefeln abermals über dreißig Minuten hartnäckig überstanden, so zwar, daß sie während der Folterung weder die Farbe im Gesicht veränderte, noch eine einzige Zähre hat fallen lassen, auch nicht vermerkt werden konnte, daß sie an Kräften abgenommen oder die Strafe sie geschwächt oder verändert hätte, so fürchtete Dr. Gogravius, der vierte Grad möchte die Angeklagte nicht zum Geständnis bringen, und befahl, zum fünften Grad zu schreiten. Demgemäß wurde die Angeklagte vorwärts aufgezogen und mit zwei Ruten bis zu dreißig Streichen geschlagen. Als Angeklagte aber zuerst gebunden werden sollte, hat dieselbe begehrt, man möchte sie doch ferner nicht peinigen, mit dem Zusatz: „Sie wolle lieber sagen, daß sie es getan hätte, und sterben unschuldig, wenn sie nur keine Sünde daran täte." Dieses wiederholte sie mehrmals; in betreff der ihr vorgehaltenen Artikel aber beharrte sie beim Leugnen. Daher dem Nachrichter befohlen worden, peinlich Befragte rückwärts aufzuziehen. Mit der Aufziehung ist dergestalten verfahren, daß die Arme rückwärts gerade über dem Kopfe gestanden, beide Schulterknochen aus ihrer Verbindung gedreht und die Füße eine Spanne weit von der Erde entfernt gewesen sind. Als die Angeklagte unfähr sechs Minuten so aufgezogen gewesen, hat Dr. Gogravius befohlen, sie abermals mit dreißig Streichen zu hauen, was dann auch geschehen ist. Peinlich Befragte verharrte aber beim Leugnen. Auch als Dr. Gogravius zu zweien Malen, jedesmal zu ungefähr acht Schlägen, die Korden (Seile) anschlagen ließ, hat sie nur gerufen: „Ich habe es nicht getan; ich habe es nicht getan." Ferner auch, obwohl die Korden zum dritten Mal mit ungefähr zehn Schlägen angeschlagen und ihr außerdem die bisherigen Folterwerkzeuge (die Daumschrauben und die spanischen Stiefeln) wieder angelegt sind, dergestalt, daß dieselben fast unerträglich geschienen, hat dieselbe doch über dreißig Minuten diesen fünften Grad ebenso unbeweglich wie die vier vorhergegangenen überstanden, ohne zu bekennen.

Wie nun Dr. Gogravius dafür halten mußte, daß die erkannte Tortur gehörig ausgeführt, gleichwie dann der Nachrichter mitteilte, daß nach seinem Dafürhalten peinlich Befragte die Folterung nicht länger werde ausstehen können, so hat Dr. Gogravius dieselbe wieder abnehmen und losbinden lassen und dem Scharfrichter befohlen, der Gefolterten die Glieder wieder einzusetzen und sie bis zu ihrer völligen Genesung zu verpflegen.

Nach dem Protokoll vom folgenden Tag brachte sie der Scharfrichter zum „Geständnis", vermutlich, indem er ihr beim Einrichten der durch die Folter aus ihren Gelenken gerissenen Glieder mit Erfolg noch mehr Schrecken vor dem noch Kommenden einzuflößen wußte, so daß die arme Gemarterte es dennoch vorzog, mit einer Lüge auf den Lippen in den Tod zu gehen. Und das geschah in einem Jahrhundert, das sich mit Stolz und vielleicht auch nicht unberechtigt das „erleuchtete" nannte. Noch unzählige Beispiele derartiger Rechtsprechung ließen sich zur Schmach ihrer Urheber und Vollstrecker anführen. Man hat die Opfer des Hexenwahns auf etwa eine Million Menschen berechnet, wovon ein großer Teil Deutschland zuzurechnen ist. Freilich, wollte man auch die Opfer der Ketzerverfolgungen hinzurechnen, so würde sich eine ganz ungeheure Zahl ergeben. Gesündigt wurde in dieser Beziehung, wie schon betont wurde, „intra et extra muros", sowohl seitens des Katholizismus wie des Reformismus. Selbst das Luthertum bekundete hierbei bisweilen eine Calvin und seinen Anhängern gleichkommende Härte, uneingedenk der Worte des Reformators: „Man soll ja einen jeden glauben lassen, was er wolle, glaubt er unrecht, so hat er genug Strafe am ewigen Feuer in der Hölle; warum will man sie denn zeitlich martern, so fern sie im Glauben irren und nicht daneben aufrührisch oder sonst der Obrigkeit widerstreben? Es ist nicht Evangelisch noch Christlich, mit Verfolgung wider die Ketzer zu fechten." Was speziell die Hexenprozesse betrifft, dürfte sogar durch die Reformierten mehr gesündigt worden sein, als durch die Katholiken. Als letzter deutscher Hexenprozeß, der mit Verbrennung der Beschuldigten endete, gilt der 1749 zu Würzburg gegen die siebzigjährige Nonne Maria Renata Singerin von Mossau durchgeführte, und als letztes Opfer der Hexenhinrichtung innerhalb der deutschen Sprachgrenze 1782 die Dienstmagd Anna Göldi zu Glarus in der Schweiz. Es dürfte am Platz sein, etwas mehr über diese beiden Prozesse mitzuteilen.

Zu Würzburg, in der fürstbischöflichen Residenzstadt, spielte sich um die Mitte des achtzehnten Jahrhunderts ein Drama ab — die Hinrichtung der hochbetagten Nonne Maria Renata im Jahre 1749 —, das den Zorn der Kaiserin Maria Theresia erweckte. Man hat in Würzburg lange Zeit Anstand genommen, dem Wunsche derer, die im Interesse der Geschichtswissenschaft die Prozeßakten einzusehen wünschten, zu entsprechen; erst dem Abgeordneten A. Memminger erschloß sich das ganze Aktenmaterial, das er in einem Buche unter dem Titel „Das verhexte Kloster" herausgab. Nach seiner Darstellung ist hier das Ende der „letzten Reichshexe" wiedergegeben.

Maria Renata Singerin (nicht Sängerin) von Mossau war durch den Machtspruch ihres Vaters neunzehnjährig in das reiche Kloster Unterzell bei Würzburg eingetreten, dem sie fünfzig Jahre hindurch als Ordensschwester angehören sollte. Die Habsucht der Nonnen und nicht zuletzt der Subpriorin Renata trug die Schuld, daß man bei der Auswahl der Novizen nicht immer mit der nötigen Sorgfalt verfuhr. So wurden auch zwei Töchter des reichen Würzburger Würzkrämers Venino eingekleidet, dessen halbe Nachkommenschaft verrückt war. Hauptsächlich diese Familie, mit dem Vater an der Spitze, wurde die Hauptursache für das Verhängnis der Maria Renata, denn die Veninos bestärkten durch ihre Aussagen den Verdacht, daß die Subpriorin den Teufel ins Kloster gebracht habe. Außer den Veninos beherbergte das Kloster noch eine hysterische Nonne, Cäcilia von Schaumburg, die schon 1738 direkt als Närrin bezeichnet wurde, während man sie acht Jahre später für behext erklärte. Im Jahre 1746 wurde die Hysterie und die Tollheit im Kloster epidemisch, und die herbeieilenden Patres taten mit ihren Mitteln und Exorzismen das Ihrige, das Übel zu steigern. Auch die Subpriorin blieb davon nicht verschont. „Aufgewachsen in einer Umgebung, die von Teufelsspuk, von dem Glauben an Hexen und Zauberer erfüllt war, verfiel sie im Greisenalter, da sie Tag und Nacht nichts anderes mehr sah und hörte als die tollen Ausbrüche der kranken Nonnen und die aufregenden Beschwörungen der übelberatenen Patres, selbst dem finsteren Verhängnis. Es wurden ihr sozusagen mit Gewalt Meinungen suggeriert und Äußerungen abgerungen, die den Verdacht der Hexerei gegen sie bestätigten. Aus einem nach der Hinrichtung abgegebenen feierlichen Protest ihres Beichtvaters, des Benediktiners Pater Maurus Stuart de Boggs, läßt sich der schwere Vorwurf gegen die Hexenpatres, Prämonstratenser und Jesuiten, nicht zurückweisen, daß sich einzelne an den armen Nonnen schwer vergangen haben; denn Pater Maurus lehnt jede weitere Beteiligung an der Behandlung der kranken Nonnen ab."

Bei Maria Renata wirkten, abgesehen von ihrem körperlichen und geistigen

Zustand, noch zwei Umstände mit, sie ins Verderben zu stürzen. Sie war nicht nur ihrer finsteren Strenge wegen bei den Nonnen, sondern auch durch ihren Eigenwillen bei den männlichen Klostervorstehern überaus unbeliebt. Was die Klosterschwestern über die Subpriorin zischten, trugen die Mönche weiter, und bald war das verhexte Klosterzell und seine Hexenmeisterin in aller Mund. Jeder verrückte Mönch und jede überspannte Nonne gaben der Maria Renata die Schuld an ihren Leiden, so auch der Kaufmann und Stadtrat Venino in Würzburg. Schließlich wurde das umgehende Geschrei so groß, daß eine geistliche Kommission die Zustände in Unterzell untersuchte und das Verfahren gegen Maria Renata eröffnete.

Maria Renata gestand die ungeheuerlichsten Dinge.

Die Untersuchung gegen sie und die Nonnen nahm ihren Fortgang, und auf Befehl des Domdechanten, der nach dem plötzlich erfolgten Tode des Fürstbischofs Anselm Franz von Ingelheim die Regierung führte, erschien „das heilige Gericht" im Kloster Unterzell. Die Kommission bestand aus dem klugen und einsichtsvollen Dr. Barthel, dem geistlichen Rat Dr. Wenzel und den beiden Jesuiten Staudinger und Munier. Die alte kranke Schwester mußte von Laienschwestern zum Verhör getragen werden. Der von ihr zu passierende Gang war mit Weihwasser besprengt worden. Man legte ihr zweihundertvierzig Hauptfragen, die im voraus nach den Vorschriften des Hexenhammers festgesetzt waren, zur Beantwortung vor. Zweiundsiebzig Folioseiten umfaßt das Protokoll, das die erstgemachten Aussagen womöglich noch mehr verzerrt. So, wenn sie behauptet, daß von den von ihr behexten Personen mehrere gestorben seien, und zwar eine, die achtzig Jahre alt gewesen, zwei Schwindsüchtige und eine, die den Hals gebrochen habe. Sie widersprach sich in auffälligster Weise. Die Kommission war denn auch dafür, die Inquisitin nach einem sicheren Ort zu überführen, damit sie einerseit den Besessenen im Kloster nicht mehr schaden könne, anderseits dem Publikum, das den Handel kenne, „einige satisfaction" geschehen möge. Man suchte eben das Leben der Greisin zu retten, besonders Dr. Barthel und Dr. Wenzel. Doch die Prälaten von Oberzell und der Propst von Unterzell schürten alle bei dem neuen Fürstbischof Karl Philipp von Greifenclau. Dieser erließ am 16. Mai 1749 ein Dekret, in dem befohlen wurde, die Angelegenheit Maria Renatas nochmals genau zu untersuchen. Auf Wunsch des Fürstbischofs wurde der theologischen Fakultät von Würzburg ein Gutachten über die drei Punkte abverlangt:

1. Ob bei einer Besessenheit die bösen Geister zu der Aussage gezwungen werden, ob (daß) die Besessenheit ein Maleficium sei?

2. Ob die bösen Geister die Maleficos nennen müssen, denen die Besessenheit zuzuschreiben ist, und

3. welcher Glaube kann den durch die Beschwörungen bearbeiteten bösen Geistern beigelegt werden, wenn die Aussagen gleich sind?

Die erste Frage wurde bejaht, die zweite verneint, jedoch die Angeberei dritter Personen für gefährlich erklärt, und bei der dritten zugestanden, daß man einigen Glauben an solche nicht abweisen dürfe. Für die Jesuiten der Würzburger Universität hatte Graf Spee nicht gelebt; ihre Quellen sind Delrio, Sanchez und ähnliche Mitglieder ihrer Gesellschaft. Inzwischen gingen die Arbeiten der neu eingesetzten, verstärkten Kommission weiter. Die Besessenheit der Nonnen nahm trotz aller Exorzismen nicht ab, was bei dem Fanatismus der Klosterschwestern und der ihre Dämonen beschwörenden Mönche vorauszusehen war. Dr. Barthel durchschaute das Treiben und suchte es durch kluge Maßregeln unschädlich zu machen, doch vergebens. In seiner Sentenz an den Fürstbischof gibt er und die geistlichen Räte Wenzel und Hueber das Urteil ab, daß die höllischen Geister aus den Besessenen bekennen, Renata erneuere den mit ihnen abgeschlossenen Bund alle Nacht; aber ihnen als Lügengeistern ist ebensowenig zu glauben wie ihrer gewesenen, jetzt bekehrten Sklavin Maria Renata. Diese sei zwar dem weltlichen Richter zu überweisen, doch möge gegen die arme Sünderin „weder zu einiger Todts- noch anderer Gliederverstümmlung straf für geschritten" werden. Am 4. Juni begann das weltliche Gericht seine Arbeit, die am 18. Juni mit dem Todesurteil gegen Maria Renata abschloß. Ihr Hauptgegner, der Prälat von Oberzell, hatte mit seinem Zeugnis gegen Geheimrat Dr. Barthel gesiegt, denn dessen vernünftigen Aussagen vor Gericht setzte er die tollsten Hirngespinste entgegen, die von den besessenen Nonnen bestätigt wurden. Drei Tage nach dem Urteilsspruch wurde die greise Nonne, die nicht mehr gehen konnte, zum Richtplatz getragen, aus besonderer Gnade erst geköpft, dann der Leichnam verbrannt. Das Widerlichste an diesem Justizmord war die Predigt, die Pater Gaar, Societatis Jesu, am Scheiterhaufen hielt, um das Verfahren gegen Maria Renata zu rechtfertigen, die er dann am Feste der heiligen Magdalena im Dome zu Würzburg fortsetzte. Beide Predigten liegen vor, die im Dom gehaltene gedruckt mit Erlaubnis der Oberen. Mit dem Tode Maria Renatas war der Teufesspuk in Unterzell keineswegs zu Ende. Bei der neuerlichen Prüfung der Akten kam die Tatsache zum Vorschein, daß Maria Renata von den Patres der Klöster Ober- und Unterzell grausam geschlagen worden sei, um von ihr ein Geständnis zu erlangen.

Für den Prozeß wider Anna Göldi, eine Dienstmagd, die beschuldigt wurde, durch Zauberei einem Kinde das Bein gelähmt und das Erbrechen von Stecknadeln, Nägeln und anderen seltsamen Dingen herbeigeführt zu haben, lassen wir den Wortlaut folgen des „Malefiz-Prozeß und Urtheil über die z. Schwert verurtheilte Anna Göldinn aus dem Sennwald, verurtheilt den 6/17. Junii 1782":

Die hier vorgeführte, bereits 17 Wochen und 4 Tage im Arrest gesessene, die meiste Zeit mit Eisen und Banden gefesselte arme Übelthäterin mit Namen Anna Göldinn aus dem Sennwald hat laut gütlich und peinlichem Untersuchen bekennet, daß sie am Freytag vor der letzten Külbi allhier zwischen 3 und 4 Uhr Nachmittags aus des Herrn D. Tschudis Haus hinter den Häusern durch und über den Gießen hinauf zu dem Schlosser Rudolf Steinmüller, welcher letzthin in hochobrigkeitlichem Verhaft unglücklichhafter Weise sich selbst entleibet hat, expresse gegangen sey, um von selben zu begehren, daß er ihr etwas zum Schaden des Herrn Doktors und Fünfer Richters Tschudi zweytältestem Töchterli Anna Maria, dem sie übel sey, geben möchte, in der bekennten, äußerst bösen Absicht das Kind elend zu machen, oder daß es zuletzt vielleicht daran sterben müßte, weil sie vorhin von dem unglücklichen Steinmüller vernommen gehabt habe, daß wann man mit den Leuten uneins werde, er etwas zum Verderben der Leute geben könne. Auf welches sie ein von dem unglücklichen Steinmüller zubereitetes und von ihm am Sonntag darauf, als an der Külbi selbst, überbrachtes verderbliches Leckerli, im Beyseyn des Steinmüllers auf Herrn D. Tschudis Mägdekammer zwischen 3 und 4 Uhr, als weder Herr D. Tschudi, noch dessen Frau, noch das älteste Töchterli zu Hause war, unter böswichtigen Beredungen, daß solches ein Leckerli sey, dem bemelten

Töchterli Anna Maria beigebracht habe; wo ihr der Steinmüller bey gleich unglücklichem Anlaß noch auf der Mägdekammer, zwaren da das Töchterlein das verderbliche Leckerli schon genossen gehabt, eröffnet habe, daß solches würken werde, nämlich es werde Guffen, Eisendrath, Häftli und dergleichen Zeugs von dem Kinde gehen, welches auch leider zum Erstaunen auf eine unbegreifliche Weise geschehen, wodurch das unschuldige Töchterlein fast 18 Wochen lang auf die jammervollste Weise zugerichtet lag. Bey solchem unter der betrüglichen Gestalt eines Leckerlis dem Töchterlein beigebrachten höchst verderblichen Gezeug ließ es die hier stehende Übelthäterin nicht bewenden, sondern erfrechte sich aus selbsteignem bösen Antrieb laut ebenfalls gütlich und peinlich abgelegtem Geständniß neuerdings in der letzten Woche, da sie noch bei Herrn D. Tschudi am Dienst stund, wo ihro nach ihrem Vorgeben damals das Töchterli in der Küchen die Kappe abgezerret habe, diesem Töchterli in sein mit Milch auf den Tisch gebrachtes Beckeli zu acht unterschiedlichen malen und noch über erfolgtes Warnen hin, jedesmal eine aus dem Brusttuch genommene Guffe, also zusammen 8 Guffen zu legen, in der bekennten schändlichen Absicht, damit wann man die Guffen gewahr werde und mit der Zeit Guffen vom Kind gehen möchten, man schließe, daß das Töchterli solches aus eigner Unvorsichtigkeit geschluckt habe, und dadurch die erste im Beyseyn des Steinmüllers verübte Übelthat, wegen des beigebrachten Leckerlis verdeckt bleibe, von welchen Guffen zwaren das Töchterli keine empfangen hat, sondern solche allemal auf dem Tisch entdecket worden sind. Laut der unterm 13ten lezt abgewichenen Christmonat aufgenommenen Besichtigung, da die Übelthäterin der Justiz noch nicht eingebracht worden war, ist das gedachte Töchterli elend, meistens ohne Verstand auf sein Lager gelegen, die Glieder waren starr, so daß weder die Arme noch Füße, noch Kopf konnten gebogen werden, auch konnte es auf das linke Füßlein nicht stehen, und hat in Gegenwart der zur Untersuchung verordneten Ehrenkommission öfters gichterische Anfälle bekommen.

Nach laut der neuerdings unterm 10. März dis Jahrs bei dem bemeldten Töchterlein aufgenommenen Besichtigung da damalen die arme Übelthäterin schon im Verhaft gelegen war, hatte das Töchterlein wiederum in Anwesenheit der Ehren-Kommission öfters kaum zwei Minuten dauernde Anfälle von gichterischen Verliehrungen der Sinne angewandelt, und das linke Füßlein war unveränderlich mit gebogenem Knie ganz kontrakt gegen den Leib gezogen, dergestalten, daß solches auch mit Gewalt nicht konnte ausgestreckt werden, auch beim geringsten Berühren sich schmerzhaft zeigte. Was in so langer Zeit das elende Töchterli seinen geliebten Eltern für Mühe, Kosten, Kreuz und Kummer verursacht hat, ist zum Erstaunen groß, indem laut eydlichem Zeugnus der Eltern und anderer dabey gewesenen Ehrenleute in etlichen Tagen über 100 Guffen von ungleicher Gattung, 3 Stückli krummen Eisendraht, 2 gelbe Häftli und 2 Eisennägel aus dem Munde des Töchterleins unbegreiflicher Weise gegangen sind. Nachdem dieser armen Übelthäterin die jammervollen Umstände des Töchterleins zu Gemüth geführet worden, hatte sie sich endlich nach vorläufig dreymal auf dem Rathhause nächtlicher Zeit, als den 11., 12. und 14. März vergeblich gewagten Versuchen erkläret, daß sie das Kind an dem Ort, wo sie solches verderbt, wiederum bessern wolle; wo also gleich, den 15. März, nächtlicher Zeit man bemeldte Übelthäterin in H. D. Tschudis Haus in die Küche, dahin sie zu gehen begehrte, führen ließ, welche durch ihr in dem Untersuch beschriebenes Betasten, Drucken und Strecken von dem linken verkrümmten und kontrakten Füßli des Kinds, welches einige Zoll kürzer, als das rechte Füßli war, und darauf es weder gehen noch stehen konnte, mit ihren bloßen Händen so viel bewürkte, daß das Töchterli in Zeit von 10 Minuten wieder auf das verderbte Füßli stehen und damit allein und auch mit Führen hin und her gehen konnte, wie dann diese Übelthäterin das. Töchterli an denen noch nachgefolgten zwei Nächten vermittelst ihrer auch im Untersuch ausführlich beschriebenen Bemühung wiederum nach allen Theilen zum größten Erstaunen auf eine unbegreifliche Weise gesund hergestellt, so daß nach eydlichem Zeugnuß nach der Hand 2 Guffen nid sich von dem Töchterli gegangen sind, welches nun die wesentliche Beschreibung des Verbrechens samt der Krankheit und Besserung des Töchterleins ausmachet.

Wenn nun hochgedachte M. G. H. und Obere vorbemeldtes schwere Verbrechen nach seiner Wichtigkeit in sorgfältige Erwägung gezogen und betrachtet die große Untreue und Bosheit, so die gegenwärtige Übelthäterin als Dienstmagd gegen ihres Herrn unschuldiges Töchterlein verübet, betrachtet die fast 18 Wochen lang unbeschreiblich fürchterliche unerhörte Krankheit und vorbemeldt beschriebene elende Umstände, welche das Töchterli zu allgemeinem größten Erstaunen ausgestanden hat, nebst der von eben dieser Übelthäterin bezeigten außerordentlichen und unbegreiflichen Kunstkraft mit der einersmaligen zwar zum Besten des Töchterleins gelungenen plötzlichen Curirung desselben, und auch betrachtet ihren vorhin geführten üblen Lebenswandel, darüber zwaren sie, wegen eines in Unehren heimlich geborenen und unter der Decke versteckten Kind schon in ihrem Heimat von ihrer rechtmäßigen Obrigkeit aus Gnaden durch die Hand des Scharfrichters gezüchtigt worden und hiemit solche in keine weitere Beurteilung fallet, wohl aber in traurige Beherzigung gezogen worden, wie das anstatt diese arme Delinquentin, wegen ihrer großen Versündigung gegen ihr Fleisch und Blut sich hätte bessern und bekehren sollen, sich wiederum eine solche Greuelthat gegen das Töchterli des H. D. Tschudis ausgeübt hat; derowegen von hochgemeldten M. G. H. auf ihren Eyd abgeurtheilet wurde: daß diese arme Übelthäterin als eine Vergifterin zu verdienter Bestrafung ihres Verbrechens und Andern zum eindruckenden Exempel dem Scharfrichter übergeben, auf die gewohnte Rnchtstatt geführt, durch das Schwerdt vom Leben zum Tod hingerichtet und ihr Körper unter dem Galgen begraben werde, auch ihr in hier habendes Vermögen confiszirt seyn solle. Ob dann jemand wäre, der jetzt oder hernach des armen Menschen Tod änzte, äferte oder zu rächen unterstünde, und jemand darum bächte, hassete oder schmähte, der oder die solches thäten, sollen laut unserer Malefiz-Gerichts-Ordnung in des armen Menschen Urthel und Fußstapfen erkannt seyn, und gleichergestalten über sie gerichtet werden. Actum 6/17. Juni 1782, Landsschreiber Kubli. (Soldan-Heppe.)

Wie es heißt, soll auf die Vorstellungen von Zürich her davon abgesehen worden sein, hier von Zauberei und Hexerei zu reden und dafür die Sache lieber als eine Art Vergiftung darzustellen. Indes, obgleich der Vorfall einem Hexenprozeß recht ähnlich sieht und anzunehmen ist, daß die arme Dienstmagd nur durch die Kraft der peinlichen Befragung dahingebracht werden konnte, zuzugeben, daß sie die Tat verübte, und sich bereit fand, die „Kurierung" vorzunehmen — immerhin kann dieser Prozeß nicht, wie es allgemein geschieht, als der letzte Hexenprozeß mit Todesurteil auf deutschem Sprachgebiet gelten. Er stellt sich uns, trotz alledem und alledem, als ein Giftprozeß dar, bei dem, durch Aberglaube und Beschränktheit, ein Justizmord verübt worden zu sein scheint, ein trauriger Vorfall, der jedoch ohne Zweifel in späteren Zeiten seinesgleichen gefunden haben mag. Auch nach diesem Datum hat die Geschichte noch eine Anzahl von Hexenprozessen zu verzeichnen, die jedoch mit Freisprechung oder gelinden Strafen endigten. Der Strahl der Aufklärung war eben selbst in die dunkelsten Schädelkammern gedrungen, und schon aus Furcht, sich vor der Welt bloßzustellen, trug man Scheu, ein schweres Urteil in Hexenprozessen zu fällen, die bald aus der Gerichtspraxis überhaupt verschwinden sollten, ohne jedoch auch die in ihrem Gefolge unvermeidliche Tortur mit sich zu nehmen.

In Bayern, wo noch gegen Ende des achtzehnten Jahrhunderts jedes Kloster seinen „Hexenpater" hatte, bei dem sich das Volk Rat und Hilfe gegen die bösen Hexen holte, hat der letzte Hexenprozeß in Deutschland, der mit einem Todesurteil endigte, stattgefunden, und zwar 1775 im Stift Kempten gegen die Taglöhnerin Schwägelin. C. Haas schreibt darüber:

> Eine arme Söldners- und Tagwerkstochter, Anna Maria Schwägelin von Lachen, hatte frühe ihre Eltern verloren und mußte sich ihr Brot mit Dienen erwerben. Im Dienste eines protestantischen Hauses knüpfte der Kutscher des Herrn ein Verhältnis mit ihr an und versprach ihr die Ehe unter der Bedingung, daß sie den katholischen Glauben verlasse und lutherisch werde. Dieses letztere vollzog die Schwägelin in Memmingen in einem Alter von etwa 30—37 Jahren (sie wußte im Verhör über ihr Alter nur zu sagen, daß sie an die Dreißig oder nahezu vierzig Jahre alt sei). Nichtsdestoweniger ließ sie der Kutscher sitzen und heiratete eine Wirtstochter von Beckheim. Hierüber erregt und zugleich in ihrem Gewissen beunruhigt, beichtete sie einem Augustinermönche in Memmingen, der ihr gesagt haben soll: Es sei nunmehr genug, daß sie es gebeichtet und daß sie eine wahre Reue dagegen bezeuge, und sie habe nicht nötig, daß sie wiederum neuerdings ein Glaubensbekenntnis ablege, wenn sie nur bei ihrem Vorsatz beharre. Bei ihrer Konversion in der Martinskirche zu Memmingen habe sie die Schwurfinger aufheben und sagen müssen, daß sie auf dem lutherischen Glauben beharren wolle und daß die Mutter Gottes und die Heiligen ihr nicht helfen können. Die Mutter Gottes sei nur eine Kindelwäscherin und nicht mehr als ein anderes Weibsbild gewesen.. Die Bilder der Heiligen seien nur zum Gedächtnis, keineswegs aber, daß man diese verehren solle. Gott allein könne ihr helfen, sonst niemand. Da aber obengemeldeter Augustiner in Memmingen wenige Tage nach der Beichte der Schwägelin apostasierte (seinen Glauben verleugnete), so ward sie wieder unruhig und meinte, sie sei wohl von diesem Geistlichen nicht richtig absolviert. Sie will daher hierauf die Sache einem Kaplan gebeichtet haben, der ihr jedoch die Absolution mit dem Bemerken verweigerte, der Fall müsse nach Rom berichtet werden. Alsbald aber sei der Kaplan auf einen andern Dienst gekommen, und die Sache sei liegengeblieben.
>
> Seitdem irrte die Schwägelin von Dienst zu Dienst und wurde schließlich als

vagierende und wahrscheinlich körperlich und geistig leidende Person in das Zuchtschloß Langenegg (zwischen Kempten und Immenstadt) gebracht. Dort ward sie einer notorisch geisteskranken Person, namens Anna Maria Kuhstaller, für wöchentlich 42 Kr. in Pflege und Aufsicht gegeben. Ihrer Aussage nach wurde sie von dieser sehr schlecht gehalten, elend genährt, oft Tage lang garnicht, und dabei vielfach geschlagen und sonst mißhandelt. Soviel steht wenigstens fest, daß sie schließlich nicht mehr stehen und gehen und keine Hand mehr erheben konnte ... In ihrem Unmute sagte die Schwägelin, sie wollte lieber beim Teufel als in solcher Pflege sein. Das benutzte die Kuhstaller, um alsbald bei Gericht anzuzeigen, die Schwägelin habe ihr einbekannt, daß sie mit dem Teufel Unzucht getrieben und Gott und allen Heiligen habe absagen und auf jene Weise und Art sich verschwören müssen, wie es ihr der Teufel vorgehalten habe. Auch habe sie die Schwägelin manchmal laut lachen und mit jemandem sprechen hören, während doch niemand bei ihr gewesen sei.

Das Weib wurde verhaftet und im Gefängnis von dem Eisenmeister überwacht, der einige alberne Verdachtmomente wahrgenommen haben wollte. Die Angeschuldigte gab zu, der Kuhstaller, von der sie überaus schlecht behandelt wurde, aus Furcht vor Prügeln gesagt zu haben, daß sie Gott und den Heiligen abgeschworen und mit dem Teufel Unzucht getrieben habe. Trotzdem wurde aber diese Aussage als Geständnis angesehen und Inquisitin mit Fragen aller Art so bestürmt, daß sie verwirrt endlich auf die Suggestion selbst einging und die lächerliche Aussage mehr und mehr ausspann oder vielmehr sie ausspinnen ließ. Sie bekennt nach vielem und wiederholten Drägen auch, mit dem Teufel Unzucht getrieben zu haben. Endlich dahin gebracht, daß sie bekennt, der Teufel habe in jeder Nacht mit ihr Unzucht getrieben, geht sie nun auf alle Fragen, die sie vorher mit innerem Erbeben gehört hatte, ein und beantwortet sie ganz nach Wunsch des Verhörrichters mit einfachem Ja. Zumeist betrafen die Fragen schon früher verhandelte Dinge. Plötzlich aber wurde im Verhör von etwas ganz Neuem, nämlich von einem Pakte mit dem Teufel, gesprochen, den die Angeklagte eingestandener Maßen eingegangen habe. Dieses geschah in der 221. Frage, in welcher der Richter dabei auf Frage 166 Bezug nahm. Die Frage 166 lautete aber: „Wie lange es angestanden, daß, nachdem sie lutherisch geworden, sie hernach Gott und alle Heiligen verleugnet und sich dem Teufel zugeeignet?" an welche nun die Suggestivfrage 221 angeschlossen ward: „Sie habe ad interrog. 166 gesagt, daß sie erst in zwei Jahren danach, wie sie lutherisch geworden, diesen Pakt mit dem Teufel gemacht habe." Nun folgt noch eine lange Reihe von Fragen über die mit dem Teufel getriebene Unzucht (wobei die Angeklagte auf Befragen angibt, daß dieser bald als Jäger, bald als halberwachsener Bauersknecht zu ihr gekommen war), bis man endlich am 30. März 1775 das crimen laesae majestatis divinae als konstatiert ansehen und das Urteil gefällt werden konnte, welches auf „Tod durch das Schwert" lautete. Das Urteil ist unterschrieben von Treichlinger, Hofrat und Landrichter (der die Untersuchung geführt hatte), Hofrat Feiger und Hofrat Leiner. Die Bestätigung des Urteils ist mit den Worten beigeschrieben: „Fiat iustitia! Honorius, Fürstbischof." Der Bericht vermeldet nichts von einer dabei ausgeübten Tortur, doch dürfte sie wohl zur Anwendung gelangt sein, denn es ist kaum anzunehmen, daß das Weib, obgleich sie nicht bei vollen Verstandskräften gewesen sein mag, diese Aussagen ohne kräftige Zwangsmittel gemacht hat.

Über eine 1793 „von Amtswegen" vorgenommene Hexenverbrennung in Polen berichtet Scholtz in seiner Schrift über den Glauben an Zauberei (Breslau 1830):

Im Jahre 1801 fielen einer preußischen Gerichtsperson bei Gelegenheit einer Grenzkommission in der Nähe eines kleinen polnischen Städtchens die Reste einiger abgebrannten, in der Erde steckenden Pfähle in die Augen. Auf Befragen wurde von einem dicht anwohnenden glaubhaften Manne darüber zur Auskunft gegeben: Daß im Jahre 1793, als sich eine königliche Kommission zur Besitznahme des ehemaligen Südpreußens für den neuen Landesherrn in Posen befand, der polnische Magistrat jenes Städtchens auf erfolgte Anklage zwei Weiber als Hexen zum Feuertod verurteilt habe, weil sie rote, entzündete Augen gehabt und das Vieh ihres Nachbars beständig krank gewesen sei. Die Kommission in Posen habe auf erhaltene Kunde davon sofort ein Verbot gegen die Vollstreckung des Urteils erlassen. Selbiges sei aber zu spät angelangt, indem die Weiber bereits verbrannt worden.

Das dürfte die letzte Hexenverbrennung in Europa gewesen sein, wenn auch nicht die letzte Hexenverfolgung. Daß in dem laut gerühmten neunzehnten Jahrhundert noch Hexenprozesse vorkamen, daß außerhalb Europas in dieser Zeit sogar noch Hexenbrände loderten, wird im Folgenden noch dargelegt werden.

Zweiundzwanzigstes Kapitel

Das achtzehnte Jahrhundert
Bayern — Österreich — Theresiana

Der Codex juris bavarici criminalis de anno 1751 beginnt mit den vielverheißenden Worten: „Es liegt ohne viel- und weitläufige Anführung von selbst zu Tage, in was verwirrt- und mangelhaften Zustand sowohl das gemeine als statuarische Recht ... sich dato noch in Unsern Churlanden befinde, und wie sehr man sowohl bei hoch- als niedern Gerichten, in schleunig- und gleich durchgehender Justizadministration fast täglich dadurch gehindert werde." Wer aber aus diesem Einleitungssatz annehmen wollte, daß in genanntem Gesetzbuch, das drei Jahre nach Aufhebung der Tortur in Preußen erschien, die Tortur wenigstens eingeschränkt wurde, der würde irren. Von dieser heißt es nämlich, ganz im Sinne der vergangenen Zeit: „Die Tortur ist ein rechtliches Mittel, um den in Negativis (im Leugnen) verharrenden Übeltäter aus Mangel einer genugsamen Überweisung zur wahren Bekanntnis zu bringen, oder von dem wider ihn vorkommenden Verdacht zu reinigen."
„In Bayern," schreibt K. A. Bierdimpfl, „war nach dem Kriminalkodex von 1751 eine eigene Art Folter eingeführt, welche in drei Arten gebräuchlich war, nämlich der Daumenstock, das Aufziehen und die Spitzruthen, und zwar so, daß jede dieser Arten für sich in drei Graden angewendet wurde, wobei erst im dritten geschärften Grad der volle schmerzhafte Gebrauch des Instrumentes zur Geltung kam. Die letztere Art — die Spitzruten (Streiche mit starken Haselstöcken) — wurden über den andern Tag ‚reiteriert' (wiederholt) und ihre Zahl gesteigert. Zu einem höchsten und schärfsten Grad endlich konnte außer den angeführten gar der ‚Bock' oder der ‚Leibgürtel' gebraucht werden. Von den letzteren heißt es: ‚So scharf der Bock und die Spitzruten-Tortur immer ist, giebt doch die Erfahrung, daß die Malefikanten noch mehr durch die gemeiniglich zweimal 24 Stunden anhaltende Leibgürtel bezwungen werden.'"

Auch sonst ist dieses Gesetzbuch, dessen Verfasser der sehr gelehrte und gebildete Kanzler Freiherr von Kreitmayr war, von ähnlichem Geiste durchdrungen. Verstümmlungen sollten künftig zwar nur als Verschärfung der Todesstrafe gelten, sonst aber abgeschafft sein, was in seltsamer Weise damit begründet wird, daß „dergleichen estropierte Leut gar nicht mehr zu gebrauchen seynd und dem Publico auf den Unterhalt fallen oder aus Not stehlen zu müssen".

Die noch später, 1769 erlassene Instruktion zum Malefiz-Inquisitionsprozeß ist sogar von einem noch reaktionäreren Geist beseelt und steckt völlig im Hexenwahn. Es heißt darin:

Die Schwarzkünstler, Hexen und Zauberer machen mit dem Teufel einen ordentlichen Pakt, sie verleugnen die allerheiligste Dreifaltigkeit, den christlichen Glauben, die seligste Mutter Gottes, die lieben Heiligen, alle Kirchen-Sacramenta, treten deren Bildnis, das heilige Kreuz, mit Füßen, lassen sich auf des obersten

Abbildung 15: Folterungsszene: Prügelstrafe
Mitte des 18. Jahrhunderts. Kupfer von Mettenleiter.
München, Kupferstichkabinet

Teufels Namen und in aller andern Teufel Namen umtaufen, schwören demselben die Treue, beten ihn mit gebogenen Knieen an, unterschreiben sich mit ihrem eigenen Blut, geloben sich ihm an und gebrauchen ohne Unterlaß seinen Beistand, werden auch von ihm an unterschiedlichen Orten des Leibes mit verschiedenen Figuren gezeichnet, allwo sie hernach keine Empfindlichkeit haben, küssen den Teufel von hinten und vorn, treiben mit demselben (wie ich davor halte) ihrer Einbildung nach

Unzucht und fleischliche Vermischung, tragen versteckter Weise die heiligen Hostien mit sich auf die Hexentänze und Konvente, haben viele Jahre auf einander ihre Teufel als Puller und legen dergleichen, wenn sie von ihren Ehemännern aus dem Bett hinwegfahren, statt ihrer unter menschlicher Gestalt zu dem Ehemann in das Bett an die Seite.

In diesem Tone geht es weiter, und die verzeichneten „Fragestücke" sind ebenso töricht und schamlos wie die im Hexenhammer und anderen Vorschriften dieser Art angegebenen. Fast seltsam will es da scheinen, daß die Anwendung der Tortur unerörtert bleibt. Oder sollte die als so selbstverständlich gegolten haben, daß ihrer nicht mehr erwähnt zu werden brauchte? Bemerkenswert ist auch, daß wenigstens die „fleischliche Vermischung" mit dem Teufel als Einbildung hingestellt wird. Man wäre zu glauben geneigt, daß es sich hier nur um eine derbe Mystifikation eines übermütigen Scherzboldes handle, denn diese Instruktion wurde nie gedruckt und mußte von jedem Landgericht abgeschrieben werden. Doch Schurgraf, der sie im Archiv zu Kelheim auffand und veröffentlichte, gibt sie als ein ernstes Dokument, dessen Glaubhaftigkeit nicht anzuzweifeln wäre.

Was die betreffenden Zustände in Österreich unter der Regierung Maria Theresias betrifft, so ist zu bemerken, daß bereits kurz nach ihrem Regierungsantritt (1740) die Kaiserin verordnete, alle Hexenprozesse in den Erbländern müßten ihr zur Entscheidung vorgelegt werden. Auch erließ sie eine Verordnung, die geeignet war, Aberglauben und Hexenwesen möglichst einzuschränken, und gebot, daß in allen derartigen Fällen „mit Beiziehung eines vernünftigen Physici die Sache untersucht und eingesehen werden soll, und was für Betrug darunter verborgen und wie sodann die Betrüger zu strafen sein werden". Es spricht aus diesem Erlaß bereits ein Geist der Aufklärung, der sich allerdings noch nicht ganz von allen Vorurteilen frei zu machen wußte.

Noch vorgeschrittener zeigte sich „Sr. Kaiserl.-Königl. Apostolischen Majestät allergnädigste Landesordnung, wie es mit dem Hexenprozesse zu halten sei", 1766. Hier heißt es:

Wir haben gleich bei Anfang Unserer Regierung auf Bemerkung, daß bei diesem sogenannten Zauber- oder Hexenprozesse aus unbegründeten Vorurteilen viel Unordentliches sich mit einmenge, in Unseren Erbländen allgemein verordnet, daß solche vorkommende Prozesse vor Kundmachung eines Urteils zu Unserer höchsten Einsicht und Entschließung eingeschickt werden sollen; welch Unsere höchste Verordnung die heilsame Wirkung hervorgebracht, daß derlei Inquisitionen mit sorgfältigster Behutsamkeit abgeführt und in Unserer Regierung bisher kein wahrer Zauberer, Hexenmeister oder Hexe entdecket worden, sondern derlei Prozesse allemal auf eine boshafte Betrügerei, oder eine Dummheit und Wahnwitzigkeit des Inquisiten, oder auf ein anderes Laster hinausgeloffen seien, und sich mit empfindlicher Bestrafung des Betrügers oder sonstigen Übeltäters, oder mit Einsperrung des Wahnwitzigen geendet haben. Gleichwie Wir nun gerechtest beeifert sind, die Ehre Gottes nach allen unsern Kräften aufrecht zu erhalten und dagegen alles, was zu derselben Abbruch gereichet, besonders aber die Unternehmung zauberischer Handlungen auszurotten, so können Wir keineswegs gestatten, daß die Anschuldigung dieses Lasters aus eitlem, altem Wahne, bloßer Besagung und leeren Argwöhnigkeiten wider Unsere Untertanen etwas Peinliches vorgenommen werde; sondern Wir wollen, daß gegen Personen, die der Zauberei oder Hexerei verdächtig werden, allemal aus rechtserheblichen Inzichten und überhaupt mit Grunde und rechtlichem Beweise verfahren werden solle und hierinfalls hauptsächlich auf folgendem Unterschied das Augenmerk zu halten sei: Ob die der bezichtigten Person zur Last gehenden dem Anschein einer Zauberei oder Hexerei und dergleichen an sich habenden Anmaßungen, Handlungen und Unternehmungen entweder 1. aus einer falschen Vorstellung und Erdichtung und Betruge, oder 2. aus einer Melancholei, Verwirrung der Sinnen oder Wahnwitz oder aus einer besonderen Krankheit herrühren, oder 3. ob eine Gottes und ihres Seelenheils vergessene Person solcher Sachen, die auf ein Bündnis mit dem Teufel abzielen, sich zwar ihres Ortes ernsthaft, jedoch ohne Erfolg und Wirkung unterzogen habe, oder ob endlichen 4. untrügliche Kennzeichen eines wahren, zauberischen, von teuflischer Zutuung herkommen sollenden Unwesens vorhanden zu sein erachtet werden.

Für den ersten Fall sind entsprechende Leibesstrafen angesetzt, für den zweiten Einweisung in ein Irrenhaus oder Hospital, für den dritten die strengste Leibesstrafe oder auch Todesstrafe. Was jedoch den vierten Fall betrifft, so wird bestimmt: „Wenn endlich viertens aus einigen unbegreiflichen übernatürlichen Umständen und Begebnissen ein wahrhaft teuflisches Zauber- und Hexenwesen gemutmaßt werden mußte, so wollen Wir in einer so außerordentlichen Ereignisse Uns selbst den Entschluß über die Strafart eines dergleichen Übeltäters ausdrücklich vorbehalten haben; zu welchem Ende abgeordnetermaßen der ganze Prozeß an Uns zu überreichen ist." Einen weiteren Fortschritt verzeichnet diese Verordnung, indem sie die Wasserprobe, Nadelprobe und dergleichen aufhebt und für die Tortur bestimmte Regeln vorschreibt. Es ist dies eine der merkwürdigsten Urkunden für die Erforschung der Geistesströmungen der Zeiten. Wir sehen hier die Anschauungen einer Vergangenheit mit der einer neueren, aufgeklärteren Epoche vereint auftreten, Bemühungen, der einen gerecht zu werden, ohne der andern ganz zu entsagen. Vielleicht übrigens ist dieser Zwiespalt auf den Umstand zurückzuführen, daß, wie wir aus Sonnenfels' Schrift bereits ersehen haben, die Meinungen im kaiserlichen Rate geteilt waren und bei der Ausarbeitung der Verordnung beide Richtungen zum Ausdrucke gelangten. Auch könnte es sein, daß die Urheber dieser Verordnung zwar selbst dem Geist der neuen Zeit sich zuneigten, es aber aus staatspolitischen Gründen nicht für gut gehalten haben mochten, dem Volke gegenüber unumwunden die Einfältigkeit der bisher in Achtung und Geltung gestandenen Ansichten einzuräumen.

Ähnliches läßt sich wohl auch von der bald darauf erschienenen sogenannten Theresiana sagen. Ihr voller Titel lautet: Constitutio Criminalis Theresiana, oder der Römisch-Kaiserl. zu Hungarn und Böheim etc. etc. Königl. Apost. Majestät Mariä Theresiä, Erzherzogin zu Österreich etc. etc. peinliche Gerichtsordnung, Wien 1769. Über dieses Gesetzbuch, das bereits wiederholt Erwähnung fand, sind die Meinungen geteilt. Die einen halten es für einen legislatorischen Fortschritt zum Guten, der alles Lob verdiene, die anderen wieder für den letzten Versuch, einem überlebten Rechtsverfahren neues Leben einzuhauchen.

Von dem Inhalt dieses Gesetzbuches kann hier nur das in Betracht kommen, was mit der Tortur und ihrer Anwendung unmittelbar in Verbindung steht. Einige Illustrationen sind ebenfalls diesem Gesetzbuch entnommen.

§ 1 des Artikels I besagt, was ein Verbrechen sei:

Ein Verbrechen ist, wenn von jemanden wissentlich und freiwillig entweder, was durch die Gesetze verboten, unternommen, oder was durch die Gesetze geboten ist, unterlassen wird. Es ist demnach ein Verbrechen nichts anderes, als ein gesetzwidriges Tun und Lassen, so folgsam durch Tathandlung oder Unterlassung begangen wird.

Bemerkenswert ist hier, daß dieses für sehr streng eingeschätzte Gesetz somit eine Strafwürdigkeit aus Fahrlässigkeit, wie sie in unserer neuen Gesetzgebung festgestellt wird, nicht kennt. Dieser Artikel sondert ferner öffentliche von privaten Verbrechen und erklärt, daß nur erstere den peinlichen Gesetzen unterliegen. Artikel V teilt die Lebensstrafen in härtere und gelinderte. Die härteren für überschwere Verbrechen bestehen in Verbrennung, Vierteilung und Tod durch das Rad von unten hinauf, wobei noch Verschärfung der Strafe durch Schleifung zur Richtstätte, Reißen mit glühenden Zangen, Riemenschneiden, Zungenabschneiden und Nackenausreißen zulässig war. Auch sonst wird die härtere Todesstrafe durch einige Zutaten, wie Handabschlagen oder schändende Schaustellung des ganzen Leichnams oder eines Körperteils des Hingerichteten zur Geltung gebracht.

§ 5. Einige härtere Todesstrafen, als das Ertränken, das Schinden, das lebendig Vergraben, das lebendige Pfählen etc., wie auch das Vierteilen und Radbrechen der Weibsbilder, sind in diesen Landen nicht gewöhnlich, es ist sich deren auch künftig nicht zu gebrauchen; eben also ist sich auch des Spießens (außer in Aufruhren und Landesverrätereien) noch ferner zu enthalten.

§ 6. Die gelinderen oder gemeinen Todesstrafen geschehen durch den Schwertschlag oder den Galgen ohne eine beigefügte anderweitige Strafverschärfung. Das

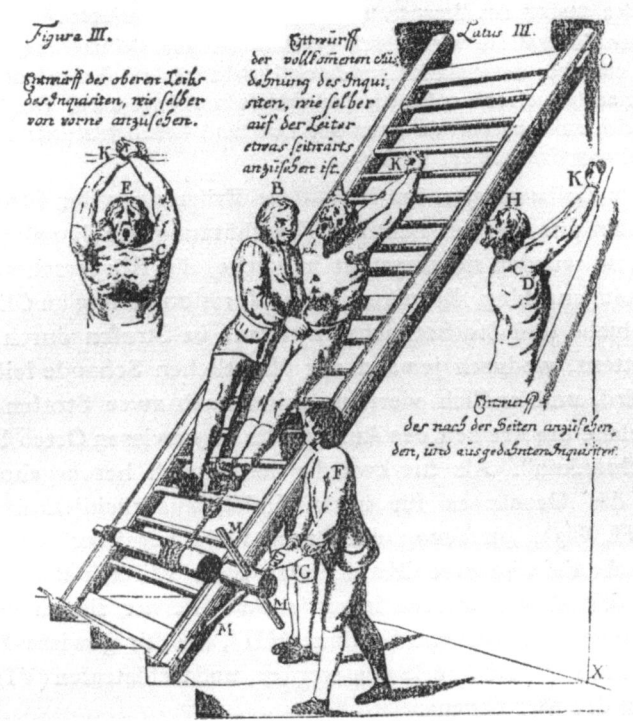

Abbildung 16: Entwurf der vollkommenen Ausdehnung des Inquisiten, wie selber auf der Leiter etwas seitwärts anzusehen ist

Prager Tortur. Aus C. C. Theresiana

Erklärung der Buchstaben

A. Der Inquisit, wie selber in vollzogener Ausdehnung auf der Folterleiter zu sehen ist.
B. Der Scharfrichter, welcher die linke Hand unter des Inquisiten Rücken, die rechte aber bei dem Bändel der Beinkleider festhaltet, damit selber nicht jählings bei geschehener Ziehung hinunterrutsche, und ihn zugleich während der Ziehung in den letzten Minuten hin und her bewege, damit die Ausdehnung bis zu dem vollkommenen Grade gleichförmig geschehe.
C. Schulterhöhe, Summum humeri.
D. Die Flächsen des großen Brustmuskels, welcher die Achselhöhle verdecket.
E. Der nach vollendetem Grad vorwärts anzusehende Inquisit.
F. Der die Walzen festhaltende Knecht.
G. Der rückwärts stehende und dem Inquisiten die Füße vorwärts schiebende Knecht.
H. Der Inquisit, wie selber nach vollkommener Ausdehnung seitwärts anzusehen.
K. Die angebundenen Hände des Inquisiten in allen drei Vorstellungen.
M. Die vier Handhebel am Ende der Walzen.
O. X. Die Höhe von der Erde bis zum Loch, wo die Leiter aufliegen muß, beträgt 11 Schuh 10 Zoll.

Henken ist jedoch im Ansehen der Weibspersonen nicht gebräuchig, sondern dieselben werden anstatt des Strangs mit dem Schwert hingerichtet.

§ 7. Der Todesstrafe wird gleich geachtet die Verurteilung zum ewigen Gefängnis, welche aber gemeiniglich nur durch Unsere höchste Verordnung im Wege der Gnaden anstatt einer verdienten Todesstrafe verhängt wird. Der Todesstrafe ist auch gleich zu schätzen, da einer mit Leib und Leben jedermänniglich preisgegeben und vogelfrei erklärt wird.

Was die Leibesstrafen betrifft — die Erörterung der Strafen überhaupt scheint uns hier zur richtigen Einschätzung der damaligen Tortur rätlich —, so wurden sie eingeteilt in solche, die Körperschmerz verursachen: Staupenschlag, Brandmarkung, Verstümmelung an Gliedmaßen, Karbatschhiebe und Stockstreiche; zweitens in Strafen durch Zwangsarbeit, drittens, wodurch jemand zur öffentlichen Schande leiblich ausgestellt wird, und endlich viertens, „sind auch zwee Strafen heranzuziehen, welche die Freiheit des Aufenthalts an gewissen Orten benehmen oder einschränken". Als merkwürdig kann noch hervorgehoben werden, daß das Gesetz es für nötig findet, ausdrücklich anzuordnen (Artikel VI, § 3), „daß man die Ruten nicht vergiften, weder solche Strafe durch anderwärtige Mittel, oder nach Willkür des Freimanns wider das Urteil verschärfen lassen solle". Ferner finden wir außerordentliche und willkürliche Strafen (VII), die für gewisse Fälle dem Ermessen des Richters überlassen werden, und Geldstrafen (VIII) neben Einziehung des Vermögens.

Artikel XVIII beschäftigt sich mit dem Blut- oder Halsgericht überhaupt:

§ 1. Ein Blut-, Hals- oder Landgericht ist das Recht und Macht in peinlichen Sachen überhaupt, und Gut und Blut der Menschen zu richten.

§ 2. Zu gebührender Ausübung dieses Rechts sind die Blutgerichte befugt und liegt ihnen auch von amtswegen ob, auf die Missetäter nachzuforschen, den Übeltätern mit redlicher Gewalt nachzustellen, selbe zu ergreifen, gefänglich einzuziehen, gütlich oder wo es von nöten peinlich zu befragen, in solchen Sachen zu urteilen und die Vollziehung der Urteile zu verordnen, alles auf Maß und Weise wie in dieser Halsgerichtsordnung vorgeschrieben ist.

Damit ist also den Gerichten die Berechtigung zur Vornahme der Tortur gegeben gewesen.

Von der Kompetenz des Halsgerichts und somit auch von der Tortur frei waren nach XIX, 13: Erstlich Unsere Minister, Personen von Unserem Hofstaat und unmittelbaren Hofstellen, von fremden Gesandtschaften auch Hofbefreite, Künstler und Gewerbführer von Unserem Hoflager.

Andertens: Die wirklichen Landleute, Herren- und Ritterstandes, nach Maßgabe der den Landesständen verliehenen Privilegien.

Drittens: Unsere Räte und Beamte, ausländischen Standespersonen, auch jene ansehnlichere Personen, welche unter den adeligen Gerichtsstand gehörig sind.

Viertens: Geistliche.

Fünftens: Unsere Kriegsleute und alle jene, welche nach Inhalt der von Uns zwischen den deutsch-erbländischen Civil- und Militär-Stellen gesetzgebig ausgemessen untern 31. Dezember 1762 erlassenen Juris dictionis normae der Militär-Gerichtsbarkeit untergeben sind.

Sechstens: Die wirklichen Studenten und alle jene akademischen Mitglieder, Kunstverwandte und Freiheitsgenossen, welche der Universitätsgerichtsbarkeit unterworfen sind, haben auch in Malefizsachen daselbst Urteil und Recht zu nehmen, alle nach Maß der den hohen Schulen erteilten Freiheiten und nachgefolgter zielgebigen Verordnungen.

Diese Ausnahmen wollen nur besagen, daß die Betreffenden diesen Rechtssatzungen nicht unterstehen. Es ist jedoch keineswegs damit auch bestimmt, daß sie überhaupt nicht der Tortur unterzogen werden konnten, sofern die Bestimmungen ihrer zuständigen Gerichtsbarkeit die peinliche Frage zuließen. Bei dem Prozeß herrschte das Inquisitionsverfahren. Artikel XXVII schreibt hierzu vor:

§ 1. Ohne rechtmäßige Inzichten oder Anzeigungen kann weder mit der Spezial-Inquisition, viel weniger mit der Verhaftnehmung, scharfen Frage oder eine Aburteilung vorgegangen werden, es haben demnach die vorgehenden redlichen Anzeigungen gegen eine gewisse Person als vermutlichen Täter allemal zu ersterwähnten Malefizverhandlungen den Grund zu legen.

§ 2. Rechtmäßige Anzeigungen sind lauter solche Umstände, welche zwischen der begangenen Tat und dem Täter einen schiksamen Zusammenhang haben, also, daß hieraus ein vernünftiger Argwohn und Vermutung entspringet, kraft dero man einen wahrscheinlichen und zuweilen ganz bündigen Schluß auf eine gewisse Person als den Übeltäter machen könne.

§ 3. Diese Anzeigungen, Argwohn und Vermutungen pflegen teils aus der Tat selbst, teils aus der Person des verdächtigen Täters, oder des Beschädigten, und sonderheitlich aus den Umständen des Orts, der Zeit, der Art, der Gelegenheit und teils aus anderen Sachen, als vom Hörensagen, vom Sehen, aus einer Schrift, Zeichen oder einige Werkzeuge, mit welchen die Untat verübt worden, herrühren, und lassen sich ihrer Unendlichkeit halber nicht eigends bestimmen, sondern es kommt hierinfalls das meiste auf das vernünftige Ermessen des Richters an.

§ 4. Je mehr, je natürlicher, je begreiflicher durch solche sich hervortuende Umstände die Verknüpfung zwischen der Tat und dem verdächtigen Täter sich darstellt, desto wahrscheinlicher und näher wird der Verdacht und Vermutung; dahero auch die Anzeigungen dreierlei sind: nämlich die entferntere, die sehr nahe, auch die allernächste. Die erstere sind, welche zwar öfters, jedoch nicht allemal auf das Verbrechen zutreffen, sondern zuweilen fehlen und also hieraus kein sicherer Schluß von der Tat auf den Täter gefolgert werden kann. Die anderen hingegen sind jene, die mit dem angebrachten Verbrechen meistenteils genau verknüpfet sind und eben darum entgegen die Person, so hiermit beschwert ist, einen bündigen Vermutungsgrund an Händen geben. Von welch letzteren Anzeigungen auch einige, nämlich die dritte Gattung, so geartet sind, daß sie als allernächste und fast unzweifentlich geachtet werden können und wenigstens einen halben Beweis ausmachen.

Wie aus dem Angeführten zu ersehen ist, begnügt sich die Theresiana nicht nur damit, Gesetze zu verzeichnen, sondern bildet auch eine Strafprozeßordnung und liefert zugleich sozusagen juristische Kommentare, wie sie sonst nur von dem Lehrstuhl der Universität her zu vernehmen sind. Auf die mangelhaften und zweifelhaften Anzeichen der Täterschaft übergehend, wird bemerkt:

§ 10. Solche unechte Anzeigen und Argwöhnigkeiten sind zweierlei. Einige, die an sich selbst zwar ganz unzugänglich, jedoch zu dem schon vorhandenen anderweitigen Beweis in etwas beihelflich sind; andere hingegen, die ihres gänzlichen Ungrunds halber allerdings zu verwerfen kommen. Zu den beihelflichen Anzeigen gehört unter anderen all jenes, was von der Gesichtsbildung, Geburt, Nation, Herkunft, Anverwandtschaft, Profession, Religion, Leibeszeichen, Gemütsbeschaffenheit, Veränderung der Farbe des Angesichts, stammelnder Sprache, wie auch von Zittern, Beben und dergleichen herrührt. Jetzt bemeldete Umstände treffen zwar öfters mit einem Verbrechen zusammen, pflegen aber vielmal zu betrügen und haben an sich selbst keine rechte Verknüpfung mit den Lastertaten; sie machen demnach für sich selbst keine rechtmäßige Anzeigung aus, sondern sind nur bloße Nebenbehelfe und wirken so viel, daß eine bereits vorhandene rechtliche Anzeigung dadurch gestärkt oder geschwächt werde.

§ 11. Was sich hingegen nur auf abergläubische oder zauberische Künste, Bluten der entseelten Körper, Wahrsagereien, überirdische Offenbarungen, Aussage besessener Leute oder Gespenster, öffentliche Pasquillen und unter verdecktem Namen übergebene Beschuldigungen gründet, oder sonst ohne natürlichen Grund oder Wahrscheinlichkeit angebracht wird, kann von Rechtswegen nicht einmal einen Behelf, umsoweniger eine redliche und rechtmäßige Anzeigung ausmachen, und sollte hierauf mit keiner Inquisition, geschweigens weiter verfahren werden.

§ 12. Da hiernächst der Unterschied zu wissen ist, was für Anzeichen zur Nachforschung und was für einige zur Inhaftirung, das was für einige zur Tortur nötig und erklecklich seien, so kann zwar überhaupt zur Richtschnur genommen werden, daß zur bloßen Spezial-Inquisition auch die entferntere doch redliche Abneigung hinreichend; dahingegen zur gefänglichen Einziehung nahe, und zur scharfen Frage allernächste Anzeichen und Vermutungen erforderlich sind. Wir haben aber gleichwohl, um den Unterschied der entfernteren, der nahen und der allernächsten Anzeigungen desto begreiflicher zu machen, somit zu deutlicherem Unterricht der peinlichen Richter in dieser allgemeinen Halsgerichtsordnung die Sache dahin eingeleitet, daß zu Ende dieses Artikels die gemeinen Anzeigungen zur Inquisition, den im 29. Artikel die gemeinen Anzeigungen zur Verhaftnehmung, und endlich im 38. Artikel die gemeinen Anzeigungen zur peinlichen Frage, und zwar nur beispielsweise, weil alle verdächtige Fälle und Umstände zu beschreiben nicht möglich; und endlich in dem anderten Teile bei jedweder Missetat auch die dahin einschlagenden sonderbaren Anzeigungen angeführt werden.

§ 13. Es werden demnach hierorts Beispiele von gemeinen Anzeigungen zur Spezial-Inquisition beigerückt. Wobei vor allem zu merken, daß zur Inquisition, sonderlich gegen herumstreichende schlechte Leute, zu denen man sich der Tat wohl versehen kann, sogar starke und nahende Anzeigungen nicht von nöten, sondern gemeine Vermutungen genug seien.

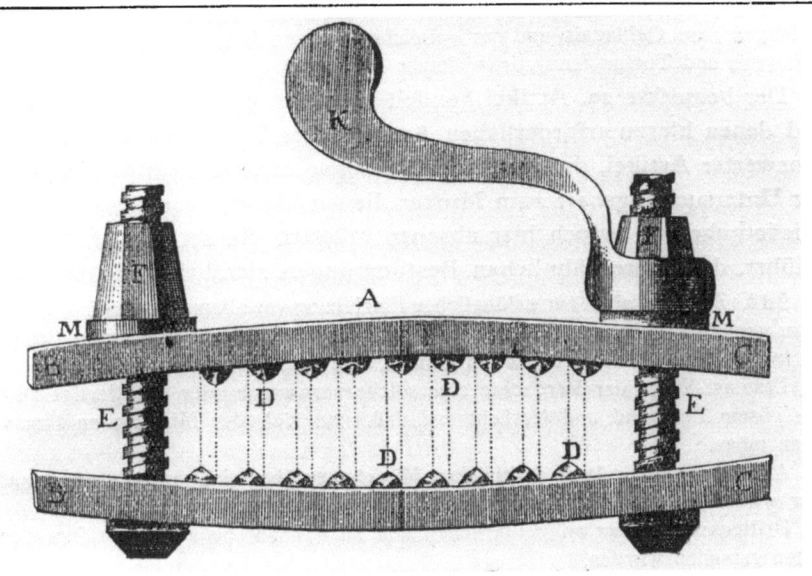

Abbildung 17: Der Grad des Daumstockes
Prager Tortur. Aus der Constitutio Criminalis Theresiana

Erklärung der Buchstaben

A. Die zur peinlichen Tortur gehörigen Daumenstöcke.
B. C. Zwei flache Eisen, welche hier nach der Seiten, oder eigentlichen Dicke anzusehen kommen, die mit stumpfigen in den Ecken zusammenlaufenden Knöpfen D. dergestalt besetzet, dass die oberen bei Übersammenlegung denen unteren ausweichen und nicht übereinander treffen.
E. Schraubenspindel } die die flachen Eisen zusammenhalten.
F. Schraubenmutter
M. Ein kleiner etwas breiterer, als die Schraubenmutter, an selbe befestigter Ring, welcher als der Fuß oder Basis der Schraubenmutter anzusehen ist, damit selbe genau auf der Fläche des oberen Eisen passen könne.
K. Der Schraubenschlüssel, mit welchem die Schraubenmutter F an der Schraubenspindel E angezogen und die flachen Eisen dadurch aneinander gedrückt werden können.

Das obere Eisen dieses peinlichen Instruments sub A. wird in Idee vorgestellt, als ob selbes auf beiden Seiten aufgehoben werde, damit man die inwendige Lage der Eisen und der Knöpfe ersehen möge.

Dergleichen sind:

Erstlich: Auch eines einzigen Zeugen Aussage, obgleich sonstens wider ihn Bedenken vorfielen.

Andertens: Das gemeine Geschrei, so von etlichen unverdächtigen, ehrlichen Leuten herkommt, und öfters wiederholt wird, giebt auch eine gute Anzeigung bevorab, wenn der Verdächtige eine solche Person ist, welche auch dergleichen vor diesem mehr begangen hat, oder derentwegen sehr verdächtig gewesen ist.

Drittens: Wenn ein Täter auf einen, ohne Frage gütlich und freiwillig außer der Pein bekennet.

Viertens: Hierher sind zu ziehen alle nachfolgenden Wahrzeichen und Vermutungen zum Gefängnis und zur peinlichen Frage; denn eine Vermutung, so zu Gefängnis und Tortur genug, ist vielmehr zur Inquisition erheblich.

Der bemerkte 29. Artikel handelt „von der gefänglichen Einziehung und denen hierzu erforderlichen Anzeigungen". Es ist dies ein bemerkenswerter Artikel, der in Einzelnem sogar unserer heutigen Praxis bei der Untersuchungshaft zum Muster dienen könnte, von dessen völliger Wiedergabe wir jedoch hier absehen müssen. Es sei nur der § 12 angeführt, der älteren ähnlichen Bestimmungen ziemlich gleichkommt:

§ 12. Zumalen aber zur gefänglichen Einziehung vor allem erforderlich, daß man hiezu genügsam Anzeigung habe, als werden derenselben einige gemeine Beispiele, die fast bei allen Lastern eintreffen können, hier angeführt, als nämlich:

Erstens: Wenn der Verdachte eine solche verwegene oder leichtfertige Person von bösem Leumund und Gerücht ist, daß man sich der Missetat zu ihm versehen möge.

Andertens: Oder da er dergleichen Missetat zu üben sich vormals unterstanden oder wirklich geübt und man ihn derselben glaubwürdig bezügen.

Drittens: Wenn er an gefährlichen und zu der Tat bequemlichen Orten oder Zeiten gefunden worden.

Viertens: Wenn ein Täter in der Tat, oder dieweil er auf dem Wege dazu oder davon gewesen, gesehen worden, oder eine solche Gestalt, Kleider, Waffen, Pferd und anderes habe, als wie der Täter bemeldetermaßen gesehen worden.

Fünftens: Wenn der Verdachte bei solchen Leuten, die dergleichen Missetat üben, Wohnung oder Gesellschaft hat.

Sechstens: wenn er des Beschädigten Feind oder großer Mißgönner gewesen, ihm vorher gedroht, oder aber einen großen Nutzen von der Missetat zu gewarten hat.

Siebentens: wenn ein Verletzter oder Beschädigter aus guten Ursachen jemanden der Missetat selbst zeihet, darauf stirbt, oder bei seinem Eide beteuert.

Achtens: wenn jemand einer Missetat halber flüchtig wird.

Neuntens: wenn ein Übeltäter auf einen andern in und außer der gütlichen oder peinlichen Frage bekennt, von welchem die Übeltat wohl zu vermuten, er auch deswegen im Verdacht oder Geschrei ist.

Zehntens: Um so weniger ist mit der gefänglichen Einziehung anzustehen, wenn ein untadelhafter Zeuge auf jemanden, der der Täter sei, von eigenem Wissen aussaget.

Elftens: Wie denn auch jenen Falles, wenn der Täter sich selbst freiwillig angegeben und keine Sinneverrückung bei ihm zu verspüren ist, derselbe auf sotane Angabe gefänglich angenommen werden soll.

Zwölftens: Überhaupt aber ist anzumerken, daß im Fall der Richter noch nicht gar genugsame Anzeigen zur Verhaftung hatte, doch deren inne zu werden verhofft, er sonderlich bei solchen Leuten, denen der Arrest oder Gefängnis an ihren Ehren verkleinerlich ist, von weiten auf dieselbe fleißig Achtung geben lassen soll, damit sie mittlerzeit nicht entrinnen mögen.

Nach der Verhaftung sollte an dem Beschuldigten „nach Erfordernis der Umstände" sogleich eine Durchsuchung am Leib und auch eine

Durchsuchung seiner Wohnung vorgenommen, ferner auch sofort ein summarisches Verhör vorgenommen werden:

Welche Vorsicht gar heilsam und nötig ist, indem zu öftern ein so eilfertiger Verhör und Ausfragung mehr herausbringet als nachher, wenn der Inquisit Zeit gehabt mit Ausflüchten sich zu bedenken und seine Missetaten durch erdichtete Unwahrheiten und festgefaßte Verstocktheit zu vermänteln.

Bemerkenswert ist hierbei der § 15 des XXX. Artikels:

Wobei jedoch zur allgemeinen Regel anzumerken, daß in kleineren, besonders gemeine Untertanen und arme Leute betreffenden Malefizhandlungen, so viel es tunlich ist, auf das schleunigste verfahren werden soll. Weshalben in derlei minder beträchtlichen Verbrechen, wo gleich aus dem summarischen Verhör sich abnehmen läßt, daß zu vollständiger Überführung des Täters es an noch einer weitschichtigen Kundschaftseinholung und einer langen Inquisitions-Vorführung bedürfen würde, vielmehr in Sachen abzubrechen und gestalten Dingen nach justizmäßiger ist, daß der verdächtige Täter nach Wahrscheinlichkeit der Vermutungen mit einer willkürigen Strafe beleget werde, als daß er durch eine langwierig fortsetzende Untersuchung noch länger in dem Ungemach des Arrestes schmachten solle, allermaßen ansonst öfters der allzulang anhaltende Arrest viel schwerer und empfindlicher, als die auf solch ein geringes Verbrechen ausgemessene Strafe selbst ausfallen würde.

Was das Verhör betrifft, so sollte der Beschuldigte auf gewisse Mithelfer nicht namentlich befragt werden, ausgenommen, wenn er keinen namhaft machen wollte, trotzdem für das Vorhandensein solcher starke Vermutungen bestanden. Auch sollte auf eine andere nicht unter Anklage gestellte Schuld nicht befragt werden, eine Bestimmung, die jedoch „einen Abfall leidet bei gemeinschädlichen Bösewichtern wie auch in Lastern, die wiederholt zu werden pflegen". Auch sollte nicht der Versuch gemacht werden, mit Versprechungen von Gnade oder Strafmilderung ein Geständnis zu erlangen, auch nicht Drohungen und Schläge angewandt werden. Wollte der Inquisit gar nicht oder nicht gebührlich antworten, so durfte ihm zwar mit einem schärferen Verfahren gedroht werden, doch nützte dieses nichts, so mußte bei dem Obergericht um weitere Verhaltungsmaßregeln angefragt werden, ebenso wenn der Betreffende Wahnsinn oder Stummheit simulierte:

Und überhaupt (XXI, 36) ist bei jedesmaliger Verhörung eines Inquisiten auf alle desselben Regungen und Gebärden, als Entsetzen, Furcht, Zittern, Farbveränderung, Gelassenheit, Herzhaftigkeit und was sonst einigen Behelf zu dessen mehreren Beschwerdung, oder Unschuldsaufklärung abgeben kann, genau acht zu haben und unter dem Artikel, wo was dergleichen vorfallet, Anmerkungsweise beizurücken.

Zur Strafverhängung war Geständnis nötig, oder der Beschuldigte mußte der Tat überführt worden sein. Ersteres mußte „klar, deutlich, umständlich, gründlich, gerichtlich und beständig sein". Ein unklares Geständnis wurde durch Widerruf entkräftet. Doch wenn zum Geständnis noch Überführung trat, so war der Täter trotz seines etwa später erfolgten Widerrufs mit der ordentlichen Strafe zu belegen. Es kann angenommen werden, daß diese Überführung nicht immer unerschütterlich zu stehen pflegte, sonst ließe sich nicht gut erklären, wozu dieser Punkt noch besonders hervorgehoben wurde, da doch eine schlüssige Überführung an sich zur Bestrafung genügte.

Ziehen wir nunmehr die Vornahme der Tortur nach den Vorschriften der Theresiana in Betracht.

Schon Artikel XXV § 13 beschäftigt sich etwas näher mit diesem Punkt, indem er im Hinblick auf die Zeugenaussagen bemerkt: Nachdem nun die Gegenstellung und Gegenverhörung ob erklärtermaßen zur Hauptabsicht führt, damit man desto verläßlicher auf den Grund der Wahrheit gelange, so hat derselbe eben aus dieser Ursache in allen sowohl schweren, als geringen peinlichen Fragen statt; jedoch ist in jenen Fällen, wo es bei verstockten Leugnen auch auf die scharfe Frage ankommen kann, die Konfrontation vor der Tortur vorzunehmen. Es kann sich aber gleichwohl bewandten Umständen nach ergeben, daß auch je zuweilen erst nach der Tortur, oder nach gefällten Endurteil, wenn nämlich einer aus den geständigen Lastergespanen erst nach solcher Zeit sein vorheriges Bekenntnis widerruft, die Konfrontation neuerdings (jedoch allzeit vor dem besetzten Halsgericht, keinerdings aber auf dem Richtplatz) vorzunehmen nötig sein dürfte, in welcherlei Vorfall doch allemal auf die oben § 4 eingebundene Vorsicht und Behutsamkeit: ob nicht etwa die neue Gegenstellung vielmehr schädlich als nützlich sein dürfte, der sorgsamen Bedacht zu nehmen ist.

Artikel XXXVI § 3 lautet: Und zumalen nicht allzeit zu einem endlichen Ausspruch mit Verurteilung zu der ordentlichen Strafe oder Ledigsprechung des Beschuldigten vorgeschritten werden kann, sondern jenen Falls, wenn derselbe die Missetat leugnet, anbei aber mit starken Inzichten beladen ist, gegen einen solchen beschwerten Inquisiten öfters die Tortur mittelst Vorbescheides oder Beiurteil erkennet werden muß, also wollen wir die erforderlichen Maßregeln, aus was Ursachen die peinliche Frage anzustellen, auch wie, wider was für Leute hiermit zu verfahren, im nächstfolgenden Artikel gesetzgebig vorschreiben.

Diese Bestimmung fußt völlig auf dem Boden der Torturanschauungen der Vergangenheit und überläßt den Beschuldigten gänzlich der Willkür des Richters, dem es schließlich überlassen bleibt, zu entscheiden, was als mit „starken Inzichten beladen" zu gelten habe. Der erwähnte achtunddreißigste Artikel „von genugsamen Ursachen und Anzeigungen zur peinlichen Frage, auch wann, wider wen und wie selbe vorzunehmen sei", behandelt ausführlich die Tortur in 32 Paragraphen, die hier wiedergegeben werden:

§ 1. Die peinliche Frage ist ein rechtliches Zwangsmittel, um einen leugnenden Übeltäter, welcher der verübten Tat halber stark beschwert ist, in Abgang eines vollständigen Beweises zur Bekenntnis zu bringen, oder allenfalls denselben von dem ihm zu Last fallenden Verdacht und Inzichten zu reinigen.

Abbildung 18: Eigentlicher Entwurf, der die Anlegung des Grads der Schnürung mit den benötigten Personen vorstellet

Prager Tortur. Aus C. C. Theresiana

Erklärung der Buchstaben

A. Sind beide zusammengelegte Hände.
B. Ist das Knöchel bei dem Handgelenke.
C. Der Ort vor des Ellbogens Bug, wo die Schnürung aufhört.
D. Carpus, die Handwurzel, in welcher die Schnürung oder Umschlingung der Schnur geschiehet folgender gestalten:
I^{mo}. Des Inquisiten P. beide Hände werden durch den vorwärts stehenden Henkersknecht E. in der Gleichheit zusammengehalten und ausgestrecket. 2do. Um die Bewegung einzuschränken, haltet der in K. stehende Henkersknecht den Inquisiten um den Leib. 3^{tio}. fasset der Scharfrichter F. mit der Schnur in dem Carpus, oder der Handwurzel, unter dem Knöchel in dem Handgelenke, und zwischen beiden Juncturen (wo die Schnur die Haltung haben muss) die beiden Hände, welche Schlingung hier nicht sehr zusammengezogen wird, weil dieses wohl zur Verhütung einer Lähmungsgefahr wohl zu beachten ist. Dann wird die Schnur X. von hier unter dem Knöchel um die blossen Arme auf ein Finger weit von einander in der Tiefe nach Complexion lediglich bis C. vor dem Bug des Ellbogens, wo die beiden Arme zusammenstossen müssen, langsam herum gewunden, und jedesmal wohl angezogen, damit das Fleisch H. zwischen der Schnürung hervorsteigen tue.

§ 2. Um aber zur peinlichen Frage vorschreiten zu können, ist erforderlich, daß vorher bei dem ordentlich besetzten Blutgericht hierüber durch Beiurteil erkannt und gesprochen werde: ob die Anzeigungen zur peinlichen Frage genug? Auf was für eine Weise und in welchem Grade der Tortur der Beinzichtigte gepeinigt, auch über was für eigentliche Fragstücke er in der Tortur gefragt werden soll? Und wenn dergleichen Erkenntnis nicht vorhergeht, kann ein Richter den Gefangenen mit der Tortur auch so gar nicht bedrohen, vielweniger ihm dieselbe wirklich antun. Wie Wir denn eine solche auf die scharfe Frage ausfallende Erkenntnis ihrer Wichtigkeit halber oben, Art. XXI § 5 unter die ausgenommenen Fälle gesetzt haben.

Dieser erwähnte Paragraph zählt nämlich die Malefizfälle auf, in denen Urteil und Akten an das Obergericht zu weiterer Erkenntnis übergeben werden mußten. Diese Fälle waren 1. Gotteslästerung, 2. Ketzerei, wobei aber jederortige Landesverfassung in acht zu nehmen, 3. alles was von angeschuldeten Zaubereien, Hexereien, Schatzgräberei, angeblicher Besitzung von Teufel und allerhand abergläubischen Unternehmungen vorkommt, 4. Falschmünzerei sowie auch die wissentliche Ausgabe, Beschneidung, Verringerung der Münze, Ausführung guter und Einschleppung verrufener Münzen, 5. Menschenraub, Ausführung von Landesbewohnern mit oder ohne deren Willen und Werbung für fremde Mächte, 6. Zusammenrottung von Straßenräubern und Mordbrennern, 7. Vergiftung, bestellter Mord, Unkeuschheit wider die Natur, 8. Zweikampf, 9. wenn auf die scharfe Frage erkannt wurde, 10. wo auf Landesverweisung erkannt wird und 11. wenn bei zerteilter Meinung der Urteilsprecher die alleinige Schlußstimme der Erkenntnis den Ausschlag gegeben hätte; nicht minder auch jenen Falls, wenn einer begangenen Tat halber weder Geständnis noch Zeugen vorhanden, der Bezichtigte jedoch aus untrüglichen und sonnenklaren Anzeichen als Täter erkannt und aus so gestalteter, unfehlbarer Gewißheit nach den hierunten Artikel 34 einkommenden Maßregeln zu der im Gesetz ausgemessenen ordentlichen Strafe verurteilt wurde; oder wenn er aus bloßer Bekenntnis und Besagung zweier oder mehrerer auf ihn gestorbener Mitschuldigen für überwiesen gehalten werden mußte, und überhaupt in allen solchen Fällen, welche nicht allein den Rechtsprechern zweifelhaftig vorkommen, sondern auch an sich selbst nicht klar sind. Artikel XXXVIII fährt fort:

§ 3. Bei solcher Erkenntnis hat der Richter wohl in Acht zu nehmen:

Erstlich, ob nicht etwa der ganze Beweis schon anderwegs vorhanden sei. Denn wenn der Täter vorhin des Verbrechens schon geständig oder vollständig überwiesen wäre, würde die Verhängung der scharfen Frage überflüssig und widerrechtlich sein; und ist in solchem Falle ohne Anstand mit Schöpfung eines Endurteils auf die im Gesetze ausgesetzte ordentliche Strafe vorzugehen.

Andertens ist dahin zu sehen, ob die Tat, welcher wegen der Gefangene beschuldigt wird, wirklich geschehen sei, und ob also nach Unserer oben Art. XXVI einkommenden Ausmessung auf das corpus delicti rechtsbehörig nachgeforscht und selbes ordentlich erhoben worden, bei dessen Ermanglung niemand mit peinlicher Frage angegriffen werden kann. Und drittens ist überhaupt zu erwägen, ob genugsame Ursachen und Anzeichen zur Vornehmung der peinlichen Frage vorhanden seien.

§ 4. Was nun die genugsamen Ursachen zur peinlichen Frage betrifft, ist alle zu beschreiben nicht wohl möglich, doch wollen Wir zu besseren Unterricht deren etliche gemeine hierorts beispielsweise anführen, und werden sodann in dem andern Teil bei jedwedem Verbrechen, die solche fällige sonderbare Vermutung ausdrücklich benannt werden. Unter den gemeinen Anzeichen zur Tortur befinden sich demnach folgende, als:

Erstlich ist eine genugsame Ursache zur peinlichen Frage, wenn die Tat mit einem untadelhaften Zeugen auf den Beschuldigten erwiesen ist; und nebst dem einzelnen Zeugen entweder noch ein anderweitig gegründete Inzicht, oder wenigstens dieses dazustoßt, daß der Inquisit eine sonst verdächtige und übel verhaltene Person sei, zu der man sich der ihr zu Last kommenden Missetat gar wohl versehen könne.

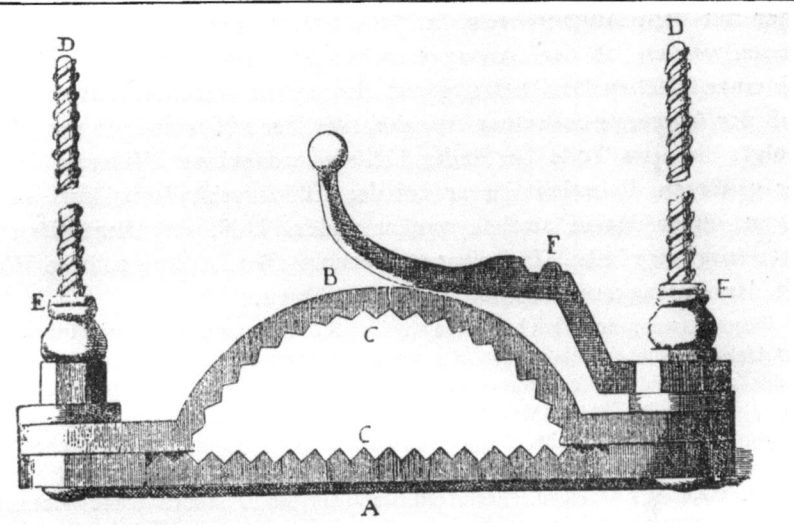

Abbildung 19: Die Beinschraube oder der spanische Stiefel
Wiener Tortur. Aus C. C. Theresiana

Erklärung der Buchstaben
A. Das untere 8½ Zoll lange, ⅜ Zoll dicke Eisen.
B. Das obere ebenso lange und dicke Eisen, welches einen Bogen bildet, der 4¼ Weite und 1½ Zoll Höhe, von dem unteren Eisen in der Mitte gemessen hat.
C. Die in beiden Eisen ½ Zoll tief eingefeilten Zähne.
D. Die Schraubenspindeln.
E. Die Schraubenmuttern.
F. Der Schraubenschlüssel zum Anziehen der Spindeln.

Andertens, so jemand auf offenbarer Tat ergriffen wird, solche jedoch freventlich leugnet und anderwärtig nicht genugsam überwiesen werden kann, der soll peinlich darum gefragt werden.

Drittens, wenn ein Missetäter, der in seiner Tat Helfer, Ratgeber oder Mitgesellen gehabt, auf jemanden in der gütlichen oder peinlichen Frage ausgesagt, daß er ihm zu seiner verübten und wahr befundenen Missetat mit Rat oder Tat geholfen, oder Gesellschaft geleistet habe, so kann man einen solchen Besagten hierüber wohl peinlich befragen, doch anders nicht, als wenn sich die oben Art. XXXIV § 9 erwähnte Umstände und Erfordernisse dabei einfinden.

Diese Erfordernisse und Umstände sind nämlich folgende: Die betreffende Person muß derart beschaffen sein, daß man sich der Tat von ihr wohl versehen könnte. Der Aussager muß sie genannt haben, ohne daß auf sie besonders hingewiesen wurde. Ferner muß die Aussage klar und deutlich alle Umstände angeben, unter denen dieser Beistand geleistet wurde, und keine dieser Angaben als unwahr befunden worden sein. Auch soll erforscht werden, ob etwa nicht der Aussager mit dem Angegebenen in Feindschaft gestanden habe, und ermessen werden, ob der Aussager nicht eine Person wäre, von der man sich einer falschen Bezichtigung aus Bosheit zu versehen hätte. Endlich muß der Aussager bei seiner Angabe, sei diese außer oder in der Marter erfolgt, bis zum Tode beständig bleiben und keinen Widerruf leisten. Zur größeren Sicherheit ist er bei der Todesverkündung kurz zu befragen, ob er darauf sterbe, was er wider N. N. als Mitgehilfen und sonst ausgesagt habe. Und diese wiederholte Bestätigung soll die Wahrheit der Aussage mit seinem Tod bekräftigen.

Viertens, wenn ernstlich bewiesen wird, daß sich jemand außergerichtlich rühmte oder frei bekannte, er habe eine Missetat begangen und es eine solche Person ist, zu der man sich die Missetat versehen kann, soll das Halsgericht nachforschen lassen, ob sich die Tat an Ort und Ende solchergestalt wie er sich rühmte mit allen Umständen zugetragen habe. Findet es sich in allem also, so kann ein solcher, wenn er die Tat hernach wieder leugnet, wohl peinlich befragt werden. Es sind auch

§ 5. vielerlei Anzeichen, deren jedwede allein zur peinlichen Frage nicht genugsam, doch wenn dergleichen etliche zusammenkommen, die Tortur darauf wohl vorgenommen werden kann, als zum Exempel:

Wenn der Verdächtige eine solche verwegene und leichtfertige Person auch von bösem Leumund und Gerücht wäre, daß man sich der Missetat zu ihr versehen möge.

Oder aber, da derselbe dergleichen Missetat schon vormals geübt, oder auszuüben sich bestrebt hatte, oder derlei Missetat schon vorhin geziehen und derentwegen angeben worden wäre, doch daß solch übler Leumund und Angebung nicht von Feinden oder leichtfertigen, sondern von unparteiischen redlichen Leuten herkomme.

Wenn die verdächtige Person an solchen gefährlichen Orten, die zu der Tat verdächtig wären, gefunden wird.

Wenn jemand zur Zeit der Tat, dieweil er auf dem Weg dazu oder davon gewesen in solcher Gestalt, Waffen, Kleidern, Pferd oder andern Sachen, gleich als wie der Täter beschrieben hat, gesehen worden.

Wenn einer in Ausübung der Tat etwas verliert, auch hinter sich liegen oder fallen läßt, als seinen Mantel, Degen, Hut, Schuhe und dergleichen. Oder wenn man aus der Spur im Schnee, Kot oder Staub hernachmals finden und ermessen mag, daß die Sachen unfehlbar des Täters und nächstens vor dem Verlust in seiner Gewalt, oder aber die Tritte des Täters seine eigene Fußstapfen gewesen seien.

Wenn der Verdachte eine zeither bei solchen Leuten Wohnung und Gesellschaft gehabt hat, die dergleichen Missetat ausüben.

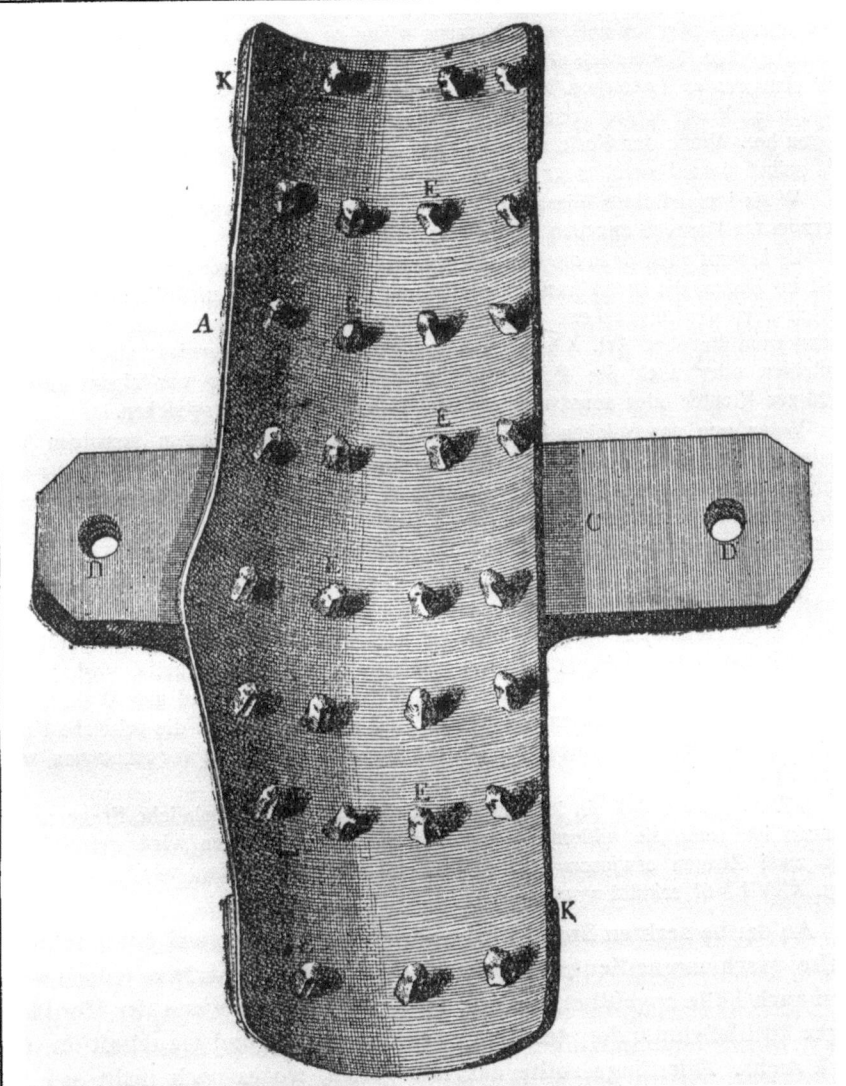

Abbildung 20: Schraubstiefel (Beinschraube), unterer Teil des linken Fußes (A)
Prager Tortur. Aus C. C. Theresiana

C. Die auf beiden Teilen des Schraubstiefels in der Mitten aufliegende eiserne Bänder, an beiden Enden zwei runde Löcher mit
D. inwendig eingeschnittenen Schraubgängen zu sehen.
E. Die sowohl in oberen, als unteren Teilen des Schraubstiefels inwendig $^3/_2$ Zoll lange, hervorstehende eiserne abgestutzte — konische — Knöpfe.
K. Die an beiden Enden des oberen und unteren Teils des Schraubstiefels anliegende eiserne Bänder
L. Die Ausbiegung der beiden Eisen, welche gleichsam den Wadl (Wade) nach Proportion des Fußes ausmachen und jederzeit auswärts bei Anlegung des Grads zu liegen kommen.

Wenn eine solche verdachte Person aus Neid, Feindschaft, vorhergegangenen Bedrohungen oder um hoffenden Nutzens willen zu der Missetat Ursache genommen haben möchte. Sonderlich aber geben die Bedrohungen ein starkes und oftmal allein ein genugsames Anzeichen, wenn der Bedrohende ein solcher Mensch ist, der die Worte ins Werk setzen kann, der vor diesem jemanden gedroht und an ihm vollzogen hat. Wenn der Verletzte selbst aus gewissen Ursachen jemanden die Missetat zeihet, darauf stirbt, oder es bei seinem Eid beteuert.

Wenn jemand einer Missetat halber flüchtig wird und warum er geflohen keine vernünftige Ursache angeben kann.

Es kommt auch dazu die Veränderung der Gestalt, Wankelmütigkeit und Falschheit im Reden, die in währendem Gefängnis geübte Praktiken ein heimlicher Vergleich über das angegebene Laster, die beständige Besagung eines Mitgehilfens, wenn auch die oben Art. XXXIV § 9 ausgemessenen Erfordernisse nicht eben alle einträfen, oder auch das Bekenntnis, welches einer vorher vor einem unrechtmäßigen Richter oder sonst mangelhaft abgelegt hat, und dergleichen.

Wenn nun von solchen im gegenwärtigen Absatz erwähnten gemeinen Vermutungen bei einem Inquisiten mehrere zusammentreffen, oder zu einer dergleichen Vermutung noch anderweitige absonderliche, aus der Tat selbst hervorkommende Wahrzeichen dazustoßen, so kann nach Gestalt der Sache und nach vernünftigen Ermessen des Richters gar wohl auf die peinliche Frage erkannt werden.

§ 6. Es sind jedoch alle Anzeichen zur Tortur dahin zu verstehen, wenn der Beschuldigte wider dieselben nicht etwa solches einwendete, welches, wenn er es erwiese, die anderweite Aussage oder den Argwohn ableitete. Derenwegen soll man jederzeit die Entschuldigung anhören und ob sie sich also verhalte, vorher wohl nachforschen. Denn wo des Täters Entschuldigung mehr Grund und Wahrscheinlichkeit als die vorgekommenen Anzeichen auf sich tragen, soll die peinliche Frage vor Einholung und Aufbringung stärkerer Beweisgründe nicht vorgenommen werden. Nebenbei ist

§ 7. zu wissen, daß ein jedwedes Anzeichen, worauf die peinliche Frage zu erkennen ist, wenn sie widersprochen oder in Zweifel gezogen wird, gemeiniglich mit zwei Zeugen erwiesen sein müßte, auf Art und Weise, wie bereits oben Art. XXVII § 67 erklärt worden.

An der bemerkten Stelle wird zwar gefordert, daß zwei gute, untadelhafte, geschworene Zeugen die Anzeichen glaubhaft machen, jedoch werden auch Fälle angeführt, wo nur ein Zeuge genügt: wenn der Verdächtigte übel beleumundet, der Zeuge sehr angesehen und glaubhaft ist und dgl. mehr. Allerdings sollte das nur gelten, wo es noch nicht auf die scharfe Frage oder das Endurteil ankam.

§ 8. Und damit die peinliche Frage nicht schwerer als die Strafe selbst ausfalle, so soll die wirkliche Tortur nur an jenen Missetaten, die eine Todesstrafe nach sich ziehen, bei den übrigen eine schwere Leibstrafe auf sich tragenden Verbrechen aber, wenn stark beschwerende Umstände unterlaufen höchstens nur die Schreckung mit der Tortur, in den kleineren Verbrechen aber nicht einmal diese vorgenommen werden. Desgleichen soll auch wegen der bloßen Verschärfung der Todesstrafe, wenn der Missetäter durch das Bekenntnis oder Überweisung um eines Verbrechens halber das Leben schon verwirkt hat nicht leicht um einer andern, auch verübt haben sollenden größeren Missetat halber zur wirklichen Tortur, sondern höchstens zur Androhung derselben geschritten werden. Endlich soll auch in jenen Fällen, wo Zweifel vorfällt, ob das Verbrechen eine Todes- oder geringere Strafe nach sich ziehen dürfte, der Bezichtigte anstatt der wirklichen Tortur nur mit derselben geschreckt werden.

§ 9. Die Territion oder Schreckung mit der peinlichen Frage unterscheidet sich von der wirklichen Tortur, in dem, daß durch letztere des Inquisiten Leib gemartert wird, die erstere hingegen keinen Schmerz beibringt, sondern bei dem eingejagten Schrecken stille steht. Solche Territion geschieht aber mit bloßen Drohworten, ohne, daß der Scharfrichter an den Inquisiten eine Hand anlegt, oder sie geschieht mit einiger des Scharfrichters Handanlegung. Sie ist demnach eine bloß wörtige, oder tätige Torturandrohung. Die erstere besteht in dem, daß stufenweis dem Verdächtigen anfänglich die Tortur bedrohet, sodann der Freimann vorgestellet, hierauf der Gefangene an den gewöhnlichen Reckort oder Martergrube geführt, und der Freimann allda dem Inquisiten das peinliche Werkzeug vorlegt und vorzeigt, ihn hart damit schreckt, und darauf so tut und sich anstellt, als ob er ihn wirklich zur Vornehmung der Tortur angreifen wollte. Die letztere geht noch weiter, daß der Scharfrichter den Inquisiten wirklich angreift, zu dem Marterbankel führt, endlich auch ihm ex. gr. die Daumschrauben oder die Schnur anlegt, aber nicht zuschraubt, nicht zuschnürt. Gleichwie nun die Veranlassung der Territion auf eine oder andere Art, nach Beschaffenheit der Umstände und der Person von dem Ermessen des Richters abhängt, so ist aber hierbei allemal sowohl in dem Beiurteil, wie weit mit vorbesagten Absätzen der Territion zu verfahren sei, deutlich vorzuschreiben, als auch bei dessen Vollstreckung von dem Richter allen Fleißes dahin zu sehen, damit selbe nicht weiter erstreckt werde, als das Erkenntnis ergangen ist. Wobei anzumerken, daß der Inquisit bei jedweden Territionsabsatz durch kurze und taugliche Fragstücke zur Bekenntnis der Wahrheit anzunehmen, sodann mit der Erinnerung, daß man ihm noch einige Zeit zum Bedenken geben wolle, an seinen vorherigen Ort der Haft zurückzuführen, den zweiten oder dritten Tag darauf aber ihm zur Bestätigung seiner Aussage das gehabte Examen vorzulesen, und ob er nichts mehr beisetzen wolle zu sagen sei.

§ 10. Gleichwie nun die Tortur an sich selbst eine Sache von äußerster Wichtigkeit und unersetzlichem Nachteil ist, und Wir Uns demnach sowohl überhaupt zu allen Blutrichtern, als sonderheitlich zu der Wachsamkeit der Obergerichte allerdings versehen, daß hierin falls mit größter Behutsamkeit und Sorgfalt vorgegangen werde, damit niemand ohne redliche Ursachen an die Marter gezogen, weder bei Vornehmung der rechtlich zuerkannten Tortur das rechte Maß überschritten, und nicht etwa durch solches zur Ungebühr gebrauchtes Mittel ein Unschuldiger zur Bekenntnis einer Tat, so er nicht begangen, gebracht werde, so wollen Wir auch

§ 11. von der peinlichen Frage hiermit ausdrücklich einige Personen, jedoch mit nachstehender Mäßigung ausgenommen und befreit haben, und zwar:

Erstlich können unsinnige, aberwitzige, wie auch gar einfältige und blöde Menschen, item solche taubstumme, von welchen man die Wahrheit durch gewisse Zeichen nicht haben kann, gar nicht an die strenge Frage gelegt, weder hiermit bedroht werden.

Andertens: Kinder unter 14 Jahren können außer der Bedrohung, oder endlich auch Antuung einiger Rutenstreiche schärfer nicht gefragt werden; es sei denn, daß die Bosheit das Alter übertreffe, welches zu des Richters vernünftigen Nachdenken und Erkenntnis anheim gestellt wird.

Drittens: ein alter Mann von 60 Jahren und weiter, er wäre denn so frisch, daß er die Tortur ohne Verlust seiner Gesundheit ausstehen mag, so gleichfalls dem richterlichen Ermessen überlassen wird.

Viertens: ein gebrechlicher, gefährlich verwundeter oder sonst kranker Mensch, bei welchem zu besorgen, er möchte sterben, kann durch nichts Schärferes angestrengt werden, als was er ohne mehrere Verletzung ausstehen kann. Jedoch mögen dergleichen Personen, bei welchem ihrer Leibesbeschaffenheit halber die wirkliche Tortur allzu gefährlich wäre, als Unmündige, alte und zugleich oder sonst schwache und schadhafte Leute etc. bewandten Umständen nach mit der Tortur geschreckt werden.

Fünftens: ferner eine schwangere Weibsperson oder Kindbetterin. Nach dem Kindbette aber soll man dem Kind eine Amme zustellen, sodann kann man sie auch, doch etwas leichter peinlich fragen.

Sechstens: sollen die in Unseren Erblanden einverleibten höhere Standespersonen, dann diejenigen, so in hohen Ehren oder Würden stehen, wie auch unsere Räte, Doctores und geadelte Insassen, außer im Laster der beleidigten göttlichen und weltlichen Majestät, Landesverräterei und anderen überschweren Lastern, nicht torquiert werden.

§ 12. Wenn nun die Tortur gegen jemand rechtsbeständig erkennt worden, hat der Richter vor deren Vollstreckung nachfolgendes zu beachten:

Erstlich: wenn das Beiurteil nicht schon selbst gewisse Fragstücke, über welche der Inquisit ermittelst der Tortur eigentlich zu befragen sei, in sich haltet, sondern nur glatterdings dahin lautet, daß derselbe bis auf diesen oder jenen Grad zu torquieren sei, oder allenfalls nur überhaupt ausdrückt, daß der Inquisit bei jedweden Absatz der Tortur durch kurze zur Sache dienliche Fragstücke zur Bekenntnis der Wahrheit angehalten werden soll; solchen Falls soll der Richter, welcher die Tortur zu besagen hat, noch vorher die Tat selbst in gewisse kurze Fragstücke ab- und einteilen, das ist, derselbe soll vorher auf das Verbrechen (wie es die Anzeichen an die Hand geben) kurze, klare und wohlerwogene, nach der Ordnung auf einander gerichtete Fragstücke, deren Anzahl von seinem vernünftigen Ermessen abhängt, vorbereiten, und selbe sodann in der scharfen Frage an den Inquisiten stellen, damit der arme Mensch in der peinlichen Lage nicht deretwegen aufgehalten werde.

Zum Beispiel in einem Kindsmord, wo die Kindesmutter in der Inquisition immer darauf beharrt, daß sie das Kind schon tot zur Welt geboren habe, kommt es bei der mit ihr vorzunehmenden Tortur hauptsächlich auf folgende kurze Fragen an: $1^{mo.}$ Hast du nicht das Kind lebendig zur Welt geboren? $2^{do.}$ Wie hast du dasselbe um das Leben gebracht? $3^{tio.}$ Wo hast du sodann das Kind hingetan? Weiteres Beispiel in einem von mehreren Personen beschehenen nächtlichen Diebstahl: $1^{mo.}$ Hast du nicht zwischen den 11ten und 12ten Januar dieses Jahres in der Nacht den N. N. in seiner Behausung mittelst gewaltsamen Einbruch bestehlen geholfen? $2^{do.}$ Was hast du für Diebesgespäne dabei gehabt? $3^{tio.}$ Wer hat diesen Diebstahl vorläufig ausgespähet? $4^{to.}$ Wie hast du und deine Gespäne solchen bewerkstelligt? $5^{to.}$ Wo sind die entfremdeten Sachen hingekommen? Und was hast du zu deinem Teil bekommen? Vor allem ist demnach in dem gegebenen ersten Beispiel an die Inquisitin die erste Frage zu stellen und immerhin zu wiederholen, wo auch ermahnungsweise in dem Fortlauf beizusetzen, es seien gar zu große Anzeichen vorhanden, daß das Kind lebendig von ihr gekommen, soll also mit boshaftem Leugnen sich nicht aufhalten und sich vergeblich peinigen lassen; und was sonst etwa die Umstände und Beschaffenheit der Sache an Händen geben mag. So lang nun die Inquisitin auf die erste Frage im Leugnen verbleibt, würde ganz überflüssig und unschicksam sein zu den weiteren Fragen, ob und welchergestalten das lebendig geborene Kind ums Leben gekommen sei, vorzuschreiten. Nach welcher Anmerkung sich solchem nach durchgehends gestalteten Dingen nach allen Torturfällen zu achten ist.

Andertens: sollte die Verordnung der Tortur oder das diesfällige Beiurteil (es sei sodann selbes auf die bloße Territion, oder auf einen oder mehreren Graden der wirklichen Tortur, oder auf völlige Peinigung ausgefallen) dem Inquisiten niemals nach ihrem ganzen Inhalt angekündigt, weder in wie weit die Peinigung zu gehen habe, geoffenbart, sondern ganz in geheim gehalten, und denselben zur Zeit, da es auf den Vollzug der Verordnung ankommt, nur so viel, daß aus den ihm zur Last gehenden schweren Inzichten die scharfe Frage wider ihn erkennet worden, angezeigt, und er dabei ernstlich und nachdrücklich ermahnt werde, daß er also in der Güte bekennen, und es auf die wirkliche Vornahme der Tortur und Zermarterung seines Leibes nicht ankommen lassen soll. Wobei

Drittens: ferner zu merken, daß $1^{mo.}$ die Tortur nur mit den hierunter vorgeschriebenen peinlichen Werkzeugen, $2^{do.}$ in der vorgeschriebenen Ordnung der unten ausgesetzten Grade oder Peinigungsstaffeln, $3^{tio.}$ in einem solchen Maße vorgenommen werde, das selbe mit der Leibesbeschaffenheit des Inquisiten übereinstimme, folgsam weder ein gar zu großer Glimpf und Nachsicht, daß selbe nichts ausgebe, weder eine gar zu starke Schärfe gebraucht werde, damit nicht etwa dieselbe dem Inquisiten am Leib und Gesundheit einen unersetzlichen Schaden zufüge; $4^{to.}$ nicht zu sehr verlängert; dann $5^{to.}$ dieselbe meistens Vormittag und mit nüchternen Leuten angestellt werde. Wann es aber aus erheblichen Gründen Nachmittag sein müßte, dem Täter außer der Labung vorher nichts, oder doch gar wenig zu essen und zu trinken gegeben; dann $6^{to.}$ die Tortur an einem Werktag vollzogen, und $7^{mo.}$ gemeiniglich nacheinander an einem Tag, wenn der Inquisit forthin im Leugnen verharrt, vollbracht. Und endlich $8^{vo.}$ allzeit ein Leib- und ein Wundarzt, und da es nicht sein könnte, wenigstens ein geschickter Wundarzt zur Beobachtung und Hilfeleistung des Gepeinigten zugezogen werden soll.

Viertens: daß die scharfe Frage (wie schon oben Art. XX § 3 von allen peinlichen Gerichtshandlungen überhaupt angeordnet worden), nicht durch den Richter, Landgerichtsverwalter, Syndicum oder wie er immer heiße, allein sondern mit Zuziehung zweier Beisitzer und des Gerichtsschreibers, oder Actuarii, somit rechtsbehörig vorgenommen werde. Und endlich

Fünftens: Wenn ein Mann und ein Weib, oder ein Schwacher und ein Starker um des nämlichen Verbrechens willen peinlich zu fragen sind, soll man allzeit von dem Weibe oder dem Schwächern, oder welcher aller Vermutung nach die Wahrheit eher bekennen und dadurch sein Mittäter etwa ohne Pein überwiesen werden dürfte, den Anfang machen.

§ 13. Es ist erst vorgehends angeordnet worden, daß die Tortur insgemein nacheinander in einem Tag zu vollführen sei. Nachdem aber sich öfter ereignet, daß einige schon vorher in andern Übeltaten torquierte, oder von absonderlich starker Leibesbeschaffenheit befundene Leute, am meisten aber die zum verstockten Leugnen angewöhnte Juden, oder andere in allerhand Untaten lang geübte Bösewichter, wenn die Tortur nacheinander veranlaßt wird, gleichsam unempfindlich und, ohne daß man aus ihnen die Wahrheit herauszubringen vermöchte die Peinigung überstehen, also mag bei solchen verbosten Leuten bewandten Umständen nach auf Ermessen des Obergerichts, wohin ohnedem die Torturerkenntnis als ein ausgenommener Fall zu gelangen hat, die Tortur wohl in 2 auch 3 Tagen verteilt, somit abgesondert angelegt werden.

§ 14. Wenn nun nach alledem mit dem wirklichen Vollzug der Tortur vorzugehen ist, so hat der Richter im Beisein der zwei Beisitzer und des Gerichtsschreibers somit bei besetztem Inquisitionsgericht den Beschuldigten vorher nochmals, und zwar annoch vor Überbringung in die Martergruben mit ernstlichen doch bescheidenen Worten zuzusprechen und zu erinnern, es seien die wider ihn streitenden Inzichten allzuheftig, er solle also die unverfälschte Wahrheit der Tat lieber in der Güte bekennen und zur bevorstehenden scharfen Frage nicht Ursache geben.

§ 15. Wenn er dann gutwillig alles bekennt, ist man der peinlichen Frage überhoben und kann solche, wenn er beständig darauf beharrt, weiter nicht vorgenommen werden. Wollte sich aber der Verdächtige zur Bekenntnis der Wahrheit nicht bequemen, so ist anfänglich all dasjenige, was oben § 9 von der Territion gemeldet worden, mit Vorstellung des Freimanns, mit Entkleidung des Täters und dessen Überbringung in die Martergruben, dann Verweisung des peinlichen Werkzeuges, und dessen Ergreifung, auch Niedersetzung auf dem Marterort vorzunehmen und endlich ein Grad der Tortur nach der andern an ihm zu vollziehen.

§ 16. Vor allem aber sind bei Anlangung in den Martergruben oder gewöhnlichen Torturort, nachdem die Lichter daselbst angezündet und alles in Bereitschaft gesetzt worden, dem Inquisiten anfangs die wider ihn streitenden Vermutungen wiederholt vorzuhalten und ihm sowohl vor, als nach vorgezeigtem peinlichem Werkzeug beweglich zuzureden, daß er es auf die Marterung seines Leibes nicht ankommen lassen, sondern in der Güte die Wahrheit aussagen soll. Wo sodann, wenn mit der Peinigung der Anfang gemacht worden, derselbe, wie oben § 12 vers. 1 gemeldet worden, mit kurzen, zur Sache dienlichen, entweder bei Erkenntnis der Tortur schon festgestellten, oder sonst vorbereiteten Fragstücken immerfort zur Bekenntnis der Wahrheit anzumahnen ist.

§ 17. Was nun die Peinigungsarten und diesfällige Absätze oder Gradus Torturae anbelangt, da wollen Wir, mit Hintanhaltung aller willkürlichen oder fremden Torquierungsarten, hiermit gesetzgebig geordnet haben, daß die Tortur in Unseren königlichen Böhmischen Erblanden auf Art und Weise wie selbe derzeit in Unserer Hauptstadt Prag üblich und wovon die Beschreibung sub Nro. $3^{tio.}$ beigerückt ist; in Unseren Österreichischen Erblanden aber auf Art und Weise, wie solche in Unserer Residenzstadt Wien in Übung ist, und sub Nro. $4^{to.}$ sich beigefügt befindet, für allgemein gebraucht werden soll.

Aus besagter Beschreibung und Schilderung sub Nro. $3^{tio.}$ et $4^{to.}$ ist nun abzunehmen, daß in Unseren Böhmischen Landen die Tortur $I^{mo.}$ in den Daumstöcken oder Daumschrauben mit oder ohne Schlagung an den Daumstock; $2^{do.}$ in der Bindung oder Schnürung von vorwärts; $3^{tio.}$ in der Folterung mit Aufspannung und Reckung des Körpers auf der Leiter, $4^{to.}$ in Anwendung des Feuers gegen den auf der Leiter aufgespannten Körper. Dahingegen in Unseren Österreichischen Landen: $I^{mo.}$ in den Daumschrauben, mit oder ohne Anklopfung, $2^{do.}$ in der Bindung oder Schnürung von rückwärts mit einem, mit mehreren, höchstens drei abgesetzten

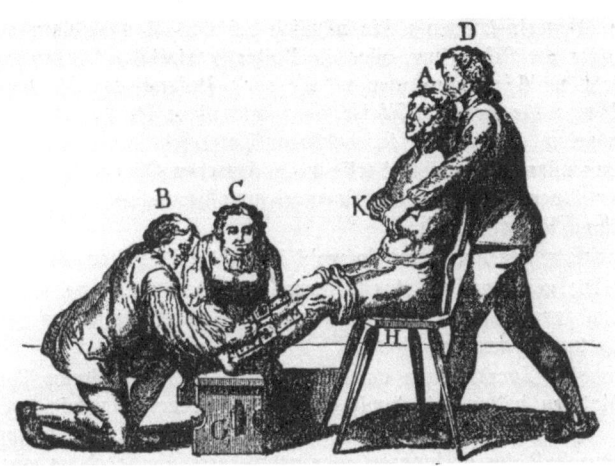

Abbildung 21: Entwurf der Anlegung der Schraubstiefel
Prager Tortur. Aus C. C. Theresiana

Erklärung der Buchstaben

A. Der auf einen Stuhl H sitzende Inquisit.
B. Der Scharfrichter, welcher mit der linken Hand den Fuß des Inquisiten hält, mit der rechten aber den Schraubenschlüssel umdreht und dadurch die beiden Teile der Schraubstiefeln aneinander zieht.
C. Der neben der linken Seite des Scharfrichters knieende und dem Inquisiten seinen rechten Fuß in der Lage haltende Knecht.
D. Der hinter dem Inquisiten stehende Knecht, welcher demselben die beiden Hände auf der Brust kreuzweise zusammenhält.
E. Der Ort, wo die Anlegung des oberen Eisens, so einen starken Mannszoll tief unter der Kniescheibe geschehen muß, weil ansonsten, sofern das Eisen an der Kniescheibe zu liegen kommt, das Band der Kniescheibe oder Ligamentum patelae gedrückt würde, wodurch die Artikulation des Knies selbst Gewalt leidete, folglich eine Extravasation in der Höhe der Kniartikulation entstände, wodurch eine Steifheit oder Anchylosis erfolgete.
F. Der Ort oberhalb dem Knöchel, wo das Ende der Eisen aufzuliegen kommt.
G. Eine halbe Elle hoher Schemmel, worauf die beiden Füsse des Inquisiten vorwärts gerade ausgestreckt mit den Färsen aufzuliegen kommen.
H. Ein Lehnstuhl, so eine Elle hoch ist.
K. Die beiden Hände des Inquisiten, so von dem rückwärts stehenden Knecht D. zusammengehalten werden.

Banden; 3$^{tio.}$ in der Folterung, oder trockenen Aufzug in der Luft mit einem, mehreren, höchstens drei Absätzen, dann Anhängung des Gewichtes bei dem anderten und dritten Absatze zu bestehen habe. Wobei Wir ernstgemessen befehlen, daß jenenfalls, da jemand durch alle Grade der Tortur zu peinigen ist, über erstbemeldete Marterarten nicht solle, noch könne weiter geschritten werden.

§ 18. Und obschon in Unseren Erblanden auch die Beinschrauben oder spanische Stiefel gewöhnlich, auch fernerhin zur Peinigung beizubehalten sind, so sollen jedoch solche Schraubstiefeln nicht als ein besonderer Grad, sondern nur an Platz eines andern Marterinstruments (da nämlich bei den Mannsbildern entweder der Daumstock, oder die Schnürung, oder die Folter, gestalteten Dingen nach mit dem Inquisiten nicht wohl vorzunehmen wäre) nach Befund des Richters gebraucht werden. Auf was für Art und Weise aber alle diese Peinigungsarten werktätig vorzunehmen seien, diesfalls ist der behörige Unterricht teil in den sub Nro. 3$^{tio.}$ et 4$^{to.}$ einkommenden Beilagen und teils in der Unseren Obergerichten zur weiteren Belehrung den ihnen nachgesetzten Halsgerichten besonders zustellenden Instruktionen enthalten. Wobei jedoch

§ 19. Nachfolgende Musterregeln wohl in Acht zu nehmen, daß

Erstlich: Die gesammte Gradus Torturae nur dazu malen zu verhängen seien, wenn es um gar greuliche und allerschwerste Missetaten, anbei um gar verstockte Bösewichte zu tun ist, ansonst aber

Andertens: bei Zuerkenntnis einer schärferen oder gelinderen Tortur allemal ein billiges Maß zu halten sei, damit der Sache weder zu wenig, weder zu viel getan werde. Und gleichwie überhaupt die Bestimmung der Peinigungsart allzeit nach der Eigenschaft des geringeren oder schwereren Verbrechens, nach den mehr oder minderen Kräften des Täters und nach verschiedener Beschaffenheit der Umstände abzumessen ist, also folgt von selbst, daß sich diesfalls nichts gewisses vorschreiben lasse, sondern von dem vernünftigen Ermessen des Richters abhänge, wie, auf was für Art der Inquisit gestalteten Sachen nach zu peinigen sei, somit ob selber

1$^{mo.}$ mit der Tortur allein geschreckt werden, und mit wie viel Territions-Gradibus vorzugehen, oder ob

2$^{do.}$ folgends die Daumstöcke mit oder ohne Daraufklopfen zu gebrauchen und hierbei sodann stillzustehen, oder ob

3$^{tio.}$ ohne vorhergehende Däumlung oder nach schon gebrauchten Daumschrauben die Bindung und Schnürung, und zwar in Österreichischen Landen mit ein, zwei oder drei abgesetzten Banden, oder weiters auch

4$^{to.}$ die Folterung, und zwar jene auf der Leiter, mit oder ohne Schnellung, jene aber in der Luft mit ein, zwei oder drei Absätzen, dann mit oder ohne Schnellung oder Anschlagung des Seils vorzunehmen, oder

5$^{to.}$ da entweder die Daumstöcke oder die Folter bewandten Umständen nach nicht könnte angewendet werden, ob derselbe nach der Bindung oder Schnürung sogleich mit den Beinschrauben oder spanischen Stiefeln, oder

6$^{to.}$ überhaupt mit allen Graden der Tortur zu belegen sei, wobei jedoch

7$^{mo.}$ zu bemerken, daß gegen die Weibsbilder nicht weiter als mit Anlegung der Daumstöcke und nachfolglich mit der Bindung oder Schnürung, oder allenfalls mit alleiniger Anlegung der Daumschrauben, oder bewandten Umständen nach mit alleiniger Bindung oder Schnürung könne vorgegangen werden. Bei welcher der richterlichen Willkür überlassenen Ausmessung der Peinigungsakt es demnach

Drittens: ganz leicht fallen wird bei Zuerkennung der Tortur gestatteten Dingen nach in Sachen ein billiges Maß zu treffen, wo annebst den Gerichtspersonen, so die Vornehmung der Tortur zu besorgen haben, noch weiteres eingebunden wird, daß jenen falls, wenn der erkannte Tortur-Gradus ohne augenscheinliche Gefahr des Lebens, oder eine harte Leibesbeschädigung nicht vollführt werden könnte, dieselben die Tortur einstweilen einstellen, den Vorfall an das Urteil sprechende

Gericht zu berichten, und diesfalls die weitere Verordnung abzuwarten verbunden sein sollen. Und zumalen es also

Viertens: lediglich auf die Erkenntnis des Richters beruht, inwieweit die Tortur vorzunehmen sei, so versteht sich von selbst, daß in dem Beiurteil deutlich ausgedrückt sein muß, mit wie viel und was für Gradibus der Tortur der Inquisit anzugreifen sei, damit die Gerichtspersonen, welchen die Aufsicht auf den genauen Vollzug der Tortur obliegte, sich hiernach richten und hierüber dem Freimann den nötigen Unterricht erteilen mögen.

§ 20. Während der Tortur sollen die dazu abgeordneten Gerichtspersonen sich von dem Peinigungsort nicht hinwegbegeben, weder inzwischen etwas anderes tun und vornehmen, sondern dieselben haben den Inquisiten unabläßlich auf das Genaueste zu beobachten; denn falls derselbe ohne Lebens- oder schwere Schadensgefahr die angefangene Tortur nicht ausstehen könnte, oder außer sich käme, oder etwa einen ungefähren Schaden, als einen Bruch oder Zersprengung etc. leidete, so ist alsogleich mit der Marter innezuhalten, demselben genugsame Labung und Gelegenheit zu seiner Erholung und Genesung zu verschaffen, und nach Gestalt der Sache die Tortur entweder bis auf weitere Verordnung zu verschieben, oder aber, da er (zum Gleichnis aus einer schlechten Ohnmacht) wieder zu sich kommt, und außer Lebens- oder schwerer Schadensgefahr sich befindet, dieselbe hierauf wieder fortzusetzen.

§ 21. Annebst ist dem Gericht oblegen die nötige Vorsehung dahin zu treffen, womit von dem Gerichtsschreiber oder dem, der das Protokoll führt, alle des Inquisiten Reden, Zeichen, Unmut, Entsetzen, so viel möglich klar und deutlich aufgezeichnet, wie nicht minder der ganze Torturvorgang, was Inquisit zur Vorstellung des peinlichen Werkzeuges, zum Binden und sofort bei jedem Absatz gesagt, wie er ausgesehen, sich entsetzt etc., wie lang ein Grad gedauert, wie derselbe vollbracht und der andere angefangen worden, was inzwischen vorbeigegangen, wie alles vollendet sei, wie auch die von dem Gepeinigten mehr oder minder gezeigte Schmerzempfindlichkeit, etc. vermerkt, und hauptsächlich alle desselben Antworten und Aussagen aufs fleißigste aufgeschrieben und weder aus Gefährde, weder aus Nachlässigkeit das geringste Wort ausgelassen oder zugesetzt worden.

§ 22. Sobald aber der Inquisit die Wahrheit zu bekennen anfängt, so soll allsogleich mit der Marter innegehalten werden, und ihm genugsame Freiheit, ohne wirkliche Schmerzerregung über die vorgehaltene Fragstücke zu antworten gelassen, sofort auf weiteres über die Umstände der Tat gefragt werden. Es soll demnach die Aussage und das Bekenntnis des Gepeinigten, so er in der wirklichen Marter abgelegt, nicht angenommen, sondern dasjenige, was er aussagt, wenn er von der Marter abgelassen ist, allererst von neuen aufgeschrieben und für gültig gehalten werden.

§ 23. Da sich auch öfters ergiebt, daß die Inquisiten bald bekennen, bald wiederum leugnen, und ihr Bekenntnis teils in, teils nach geendeter Tortur widerrufen, so wollen Wir diesfalls zum Unterricht des Richters und dessen genauen Sachverhalt folgende Maßregel vorgeschrieben haben, und zwar:

§ 24. Wenn ein Inquisit gleich bei angefangenem oder noch nicht gar vollbrachtem Torturgrad etwas bekennt, so bald er aber von der Marter abgetan wird, solches wiederum leugnet, so ist in solchem Falle ungeachtet des Inquisitens wiederholendes Bekenntnis der nicht vollendete Grad an ihm völlig, jedoch ohne Verschärfung (das ist, daß man nicht stärker schraube oder anziehe etc.) zu vollziehen, und sodann erst das Bekenntnis aufzunehmen; im Weigerungsfalle aber derselbe annoch weiter zu peinigen. Zum Gleichnis

Erstlich: Der Inquisit ist zur Tortur verurteilt. Da nun der Scharfrichter ihm ex. gr. die Daumstöcke anlegt und nun anfängt zuzuziehen, so bekennt er. Da man aber die Daumstöcke wegnimmt und selben nicht ferner peinigt, so widerruft und leugnet er alles entweder gleich, oder aber dann, wenn er außer der Marterkammer nachgehends in der gewöhnlichen Gerichtsstube wider befragt wird. In solchem Fall nun wird das Gericht allsogleich nach getaner Widerrufung den Inquisiten, da er dabei beharrt, von neuem mit eben den Daumstöcken angreifen, und ungeachtet, daß er hernach, als er neuerdings an den Marterort überbracht worden, zu bekennen und nicht mehr zu widerrufen verspräche, oder auch wirklich bekennt, an ihm das gewöhnliche Maß der Daumstöcke, welche von der vorgeschriebenen Zeit des Grades noch abgängig ist, jedoch (wie schon oben gesagt) ohne Verschärfung derselben vollbringen lassen, und alsdann erst, ohne daß man zu dem nachfolgenden Grad vorschreite, Aussage und Bekenntnis hier glaubhaft annehmen. Da aber

Andertens: Der Inquisit einen oder andern Grad der Tortur schon überstanden, und erst nachgehends bei dem folgenden Grad die Tat bekennt, und abermals, entweder in der Marterkammer, oder nachgehends an dem gewöhnlichen Gerichtsort widerruft, so fängt man zwar nicht mehr von dem schon vollbrachten, sondern von dem nächstfolgenden Grad, ex. gr. von der Schnürung oder der Folterung an, und hört ungeachtet seines neuen Bekenntnisses nicht auf, bis derselbe Grad im gewöhnlichen Maße, wie er unweit bevor erklärt worden, vollendet ist; welches auch, wenn er in einem weiteren Grad der Tortur widerruft, auf gleicher Weise zu halten ist. Es versteht sich aber von selbst, daß, wenn der Inquisit entweder immer leugnet, oder fort und fort bei jedem Grad allemal widerruft, oder ganz ungereimte Antworten von sich gäbe, oder auch zur Hintertreibung der Tortur blos allein andere Verbrechen, worüber die scharfe Frage nicht angeordnet ist, auf sich bekennte, in solchen Fällen die ganze Tortur angeordneter maßen ohne neues Beiurteil mit ihm zu vollführen sei.

§ 25. Gleichwie nun dem Richter von Amtswegen ohnedem obliegt auf alle die Umstände, welche in dies während der Tortur abgelegten Bekenntnis vorkommen, (wenn sie nicht ohnedem schon rechtlich erhoben worden und allbereits gerichtskundig sind) allsogleich und ohne Verschub genauest nachzuforschen, ob selbe in der Wahrheit gegründet und also der Aussage Glauben beizumessen sei, so ist ein Gegenspiel jenes Falls, wenn der Inquisit zur Abbrechung und Vereitlung der Tortur zwar die Missethat bekennt, jedoch einige sowohl die Tat, als die Strafe ändernde Hauptumstände, welche sodann bei der Erkundigung ganz falsch befunden werden, unwahrhaft angegeben hätte, auf gleiche Weise, als ob er die Tat gar nicht eingestanden, nach vorläufig ihm geschehender nachdrücklicher Erinnerung, daß von ihm boshafter Weise die Hauptumstände der Missetat ganz fälschlich angegeben worden: mit der Tortur fortzusetzen, und wenn er bei solchen unwahren Ausflüchten verbleibt, dieselbe an ihm (wie erst vorgemeldet) gänzlich zu vollführen.

§ 26. Wäre aber die Tortur auf Art und Weise, wie dieselbe angeordnet worden, gänzlich an ihm vollbracht und er widerruft allsogleich oder bald darauf sein Bekenntnis, so kann der Richter ohne weitere Erkenntnis und neues Beiurteil nicht mit nochmaliger Tortur vorgehen, sondern ist schuldig den ganzen Torturprozeß samt den vorherigen Inquisitionsakten an das besetzte urteilsprechende Blutgericht neuerdings abzugeben und dasselbe hat hierauf zu erkennen, anbei die Bestätigung von dem Obergericht einzuholen, ob der Inquisit, der nach vollendeter Tortur sein Bekenntnis widerrufen hat, nochmals und welcher Gestalt mit der Tortur zu belegen sei.

§ 27. Um aber auch diesfalls eine verläßliche Richtschnur vorzuschreiben, so ordnen Wir, daß, wenn jemand die zuerkannte Tortur entweder im beharrlichen Leugnen, oder vorbemeldetermaßen unter abwechselndem Bekennen im Leugnen vollständig überstanden und zuletzt sein etwa getanes Bekenntnis widerrufen hat, derselbe insgemein über einerlei Anzeichen nicht mehr als einmal peinlich befragt werden soll. Es leidet demnach diese Regel den alleinigen Abfall, wenn nach der ausgestandenen ersten Pein ganz neue, erhebliche und zur Verhängung der Tortur für sich selbst hinreichende Anzeichen hervorkommen. Was aber insbesondere diejenigen betrifft, die nach ganz überstandener Tortur das zuletzt getane Bekenntnis widerrufen, da ist ein Unterschied zu machen, ob der Widerrufende einige wahrscheinliche Ursachen eines irrigen und unwahrhaften Bekenntnisses vorgebracht, oder ob er nur schlechterdings unter dem allgemeinen Vorgeben aus Schmerzen, oder aus Furcht der weiteren Peinigung bekannt zu haben, und ohne alle andere wahrscheinliche Ursache das irrige Bekenntnis widerrufen habe. Der erstere Fall gehört unter die Eingangs gesetzte Regel, daß keine weitere Tortur mit demselben vorzunehmen sei. In dem andern Fall ist eine unwahrscheinliche und freventliche Widerrufung ebenfalls für ein hinlängliches Anzeichen zur Wiederholung der Tortur anzusehen. Es kann also ein solcher Widerrufender nach vernünftigen Ermessen des Richters zum andertenmal, und gestalteten Sachen nach, besonders in überschweren Lastertaten sogar zum drittenmal, gleich demjenigen, wider welchen andere neue Tortural-Inzichten hervorbrechen, zur scharfen Frage gezogen werden. Wobei aber überhaupt zu merken, daß, wenn der Inquisit die durch das erste Beiurteil zuerkannte Tortur ganz überstanden, zur Vornehmung der zweiten und dritten Tortur allemal ein neues Beiurteil erforderlich sei.

§ 28. Über dreimal aber soll keiner torquiert, sondern derselbe, der die Pein dreimal aussteht und entweder gar nichts eingestanden oder das Eingestandene hernach allemal widerrufen hat, insgemein los und ledig gesprochen werden, weil er sich von den vorigen Inzichten durch die ausgestandene Tortur genugsam gereinigt hat. Doch kann der Gepeinigte nicht sagen, daß ihm Unrecht geschehen sei, weil der Richter die Anzeichen für sich hat, und derentwegen muß der Gepeinigte jenen Falls, wo er zu den wider ihn entstandenen Inzichten durch seine Schuld Anlaß und Ursache gegeben hat, auch die Atzung und Gerichtsunkosten, wenn er vermag, bezahlen; und kann überhaupt nicht so leicht geschehen, daß jemand widerrechtlich gepeinigt werde, immassen nach Unserem gegenwärtigen Recht die auf Tortur ausfallende Urteile als ein ausgenommener Fall zur obergerichtlichen höheren Erkenntnis abzugeben sind.

§ 29. Es kann aber gleichwohl nicht nur ein stets Leugnender, der die Tortur in Ansehen der Hauptmissetat mit beharrlichem Verneinen überstanden hat, jenen Falls, wenn er andere Verbrechen, oder in Ansehen des Hauptverbrechens einige sträfliche Umstände und Vergehungen eingestanden, oder deren rechtsbehörig überwiesen worden, sondern auch ein bekennender und nach vollendeter Tortur wiederum leugnender Inquisit jenen Falls, wenn seine Widerrufung ganz unwahrscheinlich und boshaft befunden wird, zu einer außerordentlichen Bestrafung verurteilt, oder bewandten Umständen nach, da selber eine gar verdächtige und gefährliche Person wäre, aus dem betreffenden Bezirk abgeschafft, oder wohl gar, da er ein Ausländer wäre, auch ungeachtet, daß er nicht geständig oder überwiesen gewesen, jedoch als ein landesgefährlicher Mensch aus Unseren gesammten Erblanden verwiesen werden.

§ 30. Wenn der Inquisit durch die ausgestandene Marter, wie öfter geschieht, einen Schaden an seinen Gliedern erlitten, so sind ihm solche durch den Wundarzt oder Bader ungesäumt wohl einzurichten und ihm alle nötige Hilfe, Ruhe und Verpflegung zu verschaffen. Wie Wir denn bereits oben § 12, vers. drittens etc. angeordnet haben und hiermit für allgemein anbefehlen, daß die Halsgerichte bei Vornehmung der Tortur allemal einen geschickten Wundarzt oder Bader bestellen und denselben an der Hand haben sollen, damit dem Gepeinigten, wenn etwa ein unglücklicher Zufall sich ergäbe, ganz unverlängt mit der nötigen Hilfe beigesprungen werden möge.

§ 31. Die Bestätigung des Bekenntnisses nach der Pein betreffend, da ordnen Wir, daß, wenn die peinliche Frage der Ordnung nach vorgegangen, und hierüber die Aussage fleißig und deutlich beschrieben ist, auch die Schmerzen bei dem Gepeinigten sich gesetzt haben, der Richter zwei oder drei Tage nach der Tortur (so es sein kann) den Gefangenen aus dem Gefängnis an den gewöhnlichen Gerichtsort führen, ihm in Beisein derjenigen, so der Tortur beigewohnt, sein Bekenntnis durch den Gerichtsschreiber ablesen lassen und darüber bescheidentlich fragen soll, ob dieses Bekenntnis in allem wahr sei, und ob er darauf leben und sterben könne. Bekennt sich nun der Täter freiwillig dazu, oder erinnert ungefragt noch etwas dabei, so soll man es fleißig zu der Aussage verzeichnen und soll hernach, wenn in der Hauptsache nichts Neues vorkommt, zur endlichen Erkenntniß behöriger Ordnung nach vorgeschritten werden. Würde er aber sein in der Tortur getanes Bekenntnis widerrufen, so ist den erst hieroben § 23 bis 28 gegebenen Maßregeln nachzugehen, und auch solchen Falls, wenn keine weitere Tortur statt hat, die Sache zur Fällung des Endurteils einzuleiten.

§ 32. Endlich aber ist zu merken, daß dem Freimann und seinen Knechten höchstens verboten sei, bei der Peinigung abergläubische Dinge zu gebrauchen, um damit oder durch übermäßige Grausamkeit das Bekenntnis der Wahrheit zu erzwingen, allermaßen der Freimann in seiner Verrichtung lediglich nach dem Unterricht und der Anordnung des Richters, welcher die Tortur besorgt und ihm, Freimann, die erkannten Torturgrade vorläufig deutlich sagen und allenfalls vorlesen muß, sich zu halten und ohne dessen Befehl nichts vorzunehmen hat. Sofern aber in der Peinigung das rechte Maß überschritten würde, soll die in selber getane Aussage dem Gepeinigten unnachteilig sein, und jene Gerichtspersonen, welche die Peinigung beigewohnt und selbe zu leiten gehabt, und sonderheitlich jene, welchen das rechtswidrige Verfahren zur Last fällt, ihres Amtes entsetzt und nebstbei zur Genugtuung mit einer zu Nutzen des Gepeinigten gereichenden Geldstrafe belegt werden.

Im nachfolgenden Artikel von dem peinlichen Urteil wird § 7 bemerkt, daß wenn ein begründetes Bedenken vorläge, ob die Beschuldigungen zur Verhängung der Tortur hinreichend seien, so wäre auf Einstellung der Inquisition und Haftentlassung oder, wenn die Inzichten doch zu schwerwiegend wären, eher auf eine außerordentliche

Bestrafung zu erkennen, als auf das harte Zwangsmittel der Tortur anzutragen. Sollten jedoch die Beschuldigungen auch zu diesem nicht ausreichen, jedoch immerhin ausreichend genug sein, um den Verdacht nicht ganz zu beseitigen, so wäre der Beschuldigte nicht einfach freizusprechen, sondern die Untersuchung nur einzustellen und der Inquisit auf freien Fuß zu setzen, bis etwa stärkere Anzeichen sich einstellen (§ 9). Auch konnte in solchen Fällen der Reinigungseid aufgetragen werden, und die verweigerte Eidesleistung galt als Geständnis der Tat (§ 12).

Eine Berufung fand in peinlichen Sachen nicht statt (XLII, 1); doch konnte der Verurteilte einen Rekurs an die Fürstin richten, der jedoch nur bei Verurteilung zur Todesstrafe, Staupenschlag und Brandmarkung eine aufschiebende Wirkung hatte (§ 6), sofern der Einspruch binnen zwei Tagen bei dem Obergericht eingereicht wurde, das darüber zu bestimmen hatte, ob dieser Rekurs von vornherein abschlägig zu erledigen sei, oder ob er der fürstlichen Gnade empfohlen werden könne. Das war im Grunde genommen also nichts anderes als eine in Bitteform gekleidete Appellation, die das Obergericht abweisen konnte, ohne dabei juristische Bedenken obwalten lassen zu müssen.

Besonders anmutend ist das Bild nicht, das uns nach dieser Darstellung die Tortur der Theresiana bietet, trotzdem mit Worten oft der Versuch gemacht wird, die Tat selbst der milderen Anschauung einer neuen Zeit näherzubringen. So sehr sich dieses Gesetzbuch auch bemüht, die peinliche Frage auf Schritt und Tritt zu regeln und vorzuschreiben, in den Hauptpunkten ist sie doch bemüßigt, ebenso wie alle ihre Vorgängerinnen, die Sache dem Ermessen des Richters anheimzustellen. Im Grunde genommen unterscheidet sie sich also kaum zu ihrem Vorteil von der Carolina und anderen Rechtsvorschriften dieser Art; ja manches mutet uns sogar noch härter an, weil es der Zeit und dem Ausdruck nach unserem heutigen Fühlen und Denken viel näher steht als die um Jahrhunderte älteren Vorgängerinnen.

Auch die Theresiana schreibt (Artikel XLVI) die Urfehde vor, die gerichtliche Angelobung, daß der freigesprochene oder mit einer Strafe oder Verweisung belegte Angeklagte nach seiner Freilassung sich nicht rächen werde oder in das verwiesene Gebiet nicht zurückkehren werde. In einigem weicht aber auch diese Urfehdevorschrift von dem früheren Brauch ab:

§ 2. Die Urphede-Abnehmung ist in jenen Fällen, wo es auf eine Verweisung aus oder in einen gewissen Bezirk ankömmt, allzeit notwendig. Dahingegen die Abforderung der Urphede wegen nicht ausübende Rache der vernünftigen Willkür der Blutgerichte anheim gelassen wird, welche nach billigem Ermessen, besonders in Fällen, wo man sich zu einem boshaften und gefährlichen Täter einer Rachgierigkeit gar wohl versehen mag, solche Urphede abnehmen, in geringeren Fällen aber, und wo keine Vermutung einer Rache vorhanden ist, den bestraft oder unbestraft entlassenen Inquisiten mit der Urphedeablegung verschonen können.

§ 3. Bisher ist insgemein üblich gewesen, daß die Urpheden mit einem leiblichen Eid haben bekräftigt werden müssen, und daß leichtfertige Leute, welche die Urphede einmal, auch zweimal boshaft gebrochen, ungeachtet ihres vorherigen Meineides zum zweiten und dritten Mal zur neuen Urphede-Schwörung verhalten werden. Damit aber in Zukunft solche bei erbosten Gemütern gewöhnliche Eidbrechung und andurch erfolgende freventliche Verunehrung des göttlichen Namens vermieden werde, so wollen Wir die eidliche Beteuerung der Urpheden (wenn nicht etwa eine solche von Unsern Obergerichten oder von Uns selbst aus erheblichen Ursachen ausdrücklich anbefohlen wurde) hiermit aufgehoben, dagegen aber bei den ungeschworenen oder gemeinen Urpheden in Betreff deren auf die Urphedebrechung unten im zweiten Teil dieser Gerichtsordnung ausgemessenen Strafen eben die Kraft und Wirkung, als ob sie mit leiblichem Eid bestätigt worden wären, beigelegt haben.

Wir finden also auch hier dieselbe Halbheit und Zwiespältigkeit, die sich durch das ganze Gesetzbuch zieht. Die Urfehde wird aufgehoben, um nicht zu Eidesbruch zu veranlassen, und anderseits wieder dennoch beibehalten und ihr Bruch unter Strafe gestellt.

Gegen den Bruch der Urfehde ging man streng vor, unter Umständen sogar mit Enthauptung. Bemerkt sei jedoch, daß es die Theresiana angemessen findet, ausdrücklich zu bemerken (§ 9), daß eine solche abgelegte Urfehde keinesfalls behindern soll, daß jemand, der dartun kann, daß mit ihm unrecht oder widerrechtlich verfahren worden sei, „dagegen seine billigen Beschwerden bei der höheren Behörde einzubringen und die rechtliche Genugtuung anzubegehren befugt verbleibe". Diese Bestimmung lassen die früheren Halsgerichtsordnungen vermissen. Es ist indes fraglich, ob dieser ein praktischer Wert beizumessen war, ob dieses „Dartun" des Unrechts nicht dahin verstanden sein will, daß der Beschwerdeführer nur dann nicht als Urfehdebrecher galt, wenn die höhere Behörde anerkannte, daß ihm ein Unrecht widerfahren sei.

Wir müssen nunmehr den bereits wiederholt erwähnten „Anderten Theil der allgemeinen peinlichen Gerichtsordnung von den halsgerichtsmäßigen Verbrechen insonderheit, und deren Straffen seu de delictis in specie, eorumque poenis" in Betracht ziehen, soweit er auf die Anwendung der Tortur sich bezieht. Der erste Artikel, der als fünfundvierzigster bezeichnet ist, zählt die Verbrechen auf, die als Malefizhandlungen zu gelten hatten. In den nachfolgenden Artikeln werden diese

Abbildung 22:
Folterung durch Beinschraube und Eintreiben der Keile

Holzschnitt aus: Millaeus, praxis criminalis

Paris, Colinaeus, 1541

Verbrechen näher erörtert und überall auch die Anzeichen angeführt, die zur Vornahme der Tortur berechtigen sollten. Sie lauten:

Gotteslästerung (Art. LVI, § 7). Anzeichen zur peinlichen Frage. Wenn der Gefangene die Gotteslästerung leugnet und neben einem, obschon tadelhaften Zeugen, ansonst noch gemeine oder absonderliche rechtliche Vermutungen vorhanden sind, welche zusammengenommen eine zur Tortur hinlängliche Inzicht ausmachen, besonders wenn man in der Nachforschung bei ihm oder in seiner Wohnung, wo er allein ist, sichtbare Zeichen, als das verletzte Crucifix, durchstochene, zerschnittene, durchschossene, oder anderwegs verunehrte Bilder und Heiligtümer, gotteslästerische, mit des Inquisiten eigener Hand geschriebenen Sachen und dergleichen Funde, soll der Täter bei anhaltenden Leugnen nach vorherigen Beiurteil an die peinliche Frage gelegt werden. Welcher peinlicher Vorgang aber allemal mit behutsamsten Vorbedacht zu geschehen hat, wie in dem ersten Teil dieser peinlichen Gerichtsordnung Art. XXXVIII die Richter ohnehin deutlich angewiesen sind, was sie vor und bei Erkennung der Tortur zu beobachten haben.

Artikel LVIII handelt „von der Zauberei, Hexerei, Wahrsagerei und dergleichen".

§ 1. Durch die Zauberei, Schwarzkünstlerei, Hexerei und dergleichen wird insgemein ein solches Laster verstanden, da wer mit dem Teufel Umgang und Gemeinschaft zu haben, mit selben ein ausdrückliches oder heimliches Bündnis einzugehen, und mit solcher bedungener Hilfe des Teufels verschiedene über die menschliche Macht und Kräften sich erstreckende Dinge mit oder ohne fremder Beschädigung hervorzubringen und so geartete Untaten auszuüben sich anmaßt.

§ 2. Unter diese Gattung böser Leute werden nach Unterschied allerhand Handlungen und bösen Wirkungen gemeiniglich gezählt; die sogenannten Geisterbeschwörer oder Teufelsbanner, abergläubische Segensprecher, Bockreiter, Wahrsager, Unholde, Trute, und sofort, auch alle, welche wissentlich mit Hilfe und Bewirkung des Teufels was dergleichen so nach Ordnung und dem Laufe der Natur nicht geschehen würde, zu tun, oder dasjenige, was nach dem gemeinen Naturlauf zu erfolgen hat, zu hindern, und überhaupt was immer für eine Handlung mit gesuchtem teuflischem Beistand zu unternehmen sich erfrechen.

§ 3. Wie weit aber der Wahn von Zauber- und Hexenwesen bei vorigen Zeiten bis zur Ungebühr angemessen sei, ist nunmehr eine allbekannte Sache. Die Neigung des einfältigen, gemeinen Pöbels zu abergläubischen Dingen hat hierzu den Grund gelegt, die Dummheit und Unwissenheit als eine Mutter der Verwunderung und des Aberglauben hat solchen befördert, woraus dann, ohne das Wahre von dem Falschen zu unterscheiden, bei dem gemeinen Volk die Leichtgläubigkeit entsprungen, alle solche Begebenheiten, die selbes nicht leicht begreifen kann, und doch nur aus natürlichem Zufall, Kunst oder Geschwindigkeit herrühren, ja solche Zufälle, die ganz natürlich sind, als Ungewitter, Viehunfall, Leibeskrankheiten etc. dem Teufel und seinen Werkzeugen, nämlich den Zauberern und Hexen etc. zu schreiben. Diese Begriffe von zahlreichen Zauber- und Hexengeschmeiß wurden von Alter zu Alter fortgepflanzt, ja den Kindern fast in der Wiege mit fürchterlichen Geschichten und Märlein eingeprägt und andurch solcher Wahn allgemein verbreitet und immer mehr und mehr bestärkt. Auch selbst in Abführung dergleichen Prozesse ist von den ersten Rechtsregeln großenteils abgewichen worden.

§ 4. Gleichwie Wir nun gerechtest beeifert sind die Ehre Gottes nach all Unsern Kräften aufrecht zu erhalten, und dagegen alles, was zu deren Abbruch gereicht, besonders aber die Unternehmung zauberischer Handlungen auszurotten, so können Wir doch keineswegs gestatten, daß bei Anschuldigung dieses Lasters aus eitlen alten Wahn, bloßer Besagung und leeren Argwöhnigkeiten wider Unsere Untertanen etwas Peinliches vorgenommen, sondern Wir wollen, daß gegen Personen, die der Zauberei und Hexerei verdächtig werden, allemal aus rechtserheblichen Inzichten, und überhaupt mit Grund und rechtlichen Beweis verfahren werden soll, und hierinfalls hauptsächlich auf folgenden Unterschied das Augenmerk zu halten sei: ob die der beinzichtigten Person zur Last gehende, den Anschein einer Zauberei oder Hexerei und dergleichen auf sich habende Anmaßungen, Handlungen und Unternehmungen entweder $I^{mo.}$ aus einer falschen Vorstellung oder Erdichtung und Betrug, oder $2^{do.}$ aus einer Melancholie, Verwirrung der Sinne und Wahnwitz, oder aus einer besonderen Krankheit herrühren; oder $3^{tio.}$ ob eine Gott und ihres Seelenheils vergessene Person solcher Sachen, die auf ein Bündnis mit dem Teufel abzielen, sich zwar ihres Orts ernsthaft, jedoch ohne Erfolg und Wirkung unterzogen habe; oder ob $4^{to.}$ untrügliche Kennzeichen eines wahren zauberischen, von teuflischer Zutuung, herkommen sollendes Unwesen vorhanden zu sein erachtet werden.

Ersteres kann geschehen, wenn eine gottlose Person aus Gewinn oder anderen gefährlichen Absichten, aus Frevelmut oder sonstiger Bosheit, oder wohl gar aus Verzweiflung sich für einen Wahrsager, Zauberer, Bockreiter, Hex, Unhold und dergleichen selbst ausgiebt, oder sich zauberischer Wissenschaft, Künste und Taten, oder eines mit dem Teufel habenden Bündnisses oder eines zauberischer Weise zugefügten Schadens, so entweder gar nicht geschehen, oder aus natürlicher Ursache entstehen können, sich rühmt, oder aber in der Tat zwar allerhand Schaden, jedoch mit Gift und anderen natürlichen schädlichen Sachen angerichtet hat, in der Hauptsache jedoch außer der Inquisiten bloßer Angabe kein sicherer Grund einer wahren unterlaufenen Zauberei oder Hexerei vorhanden ist.

Wegen des anderen Falls ist gar nichts Seltsames und giebt es die Erfahrung, daß melancholische, sinnverrückte, oder mit außerordentlichen Krankheiten behaftete Leute sich von allerhand phantastischen Sachen einen lebhaften Eindruck machen, auch das, was nicht ist, von sich glauben und in solcher ihrer Gemütsverirrung allerlei närrische Dinge begehen können.

In betreff des dritten Falls hat gleichsam die Erfahrung genugsam bewiesen, daß gottvergessene Leute, in der bösen Meinung und Anhoffung, daß ihnen der Teufel Hilfe und Beistand leisten könne, und das Verlangte verschaffen werde, mittelst dessen Berufung und Beschwörung, auch mittelst schriftlich oder mündlich erzeigter Bereitwilligkeit ihm ihren Leib und ihre Seele zu verschreiben, ihres Orts zwar alles tun, was zur Bewerkung einer wahren Zauberei nach der oben im § 1 ein kommenden Beschreibung erforderlich ist, jedoch ungeachtet aller ihrer eifrigen Bestrebungen einer angehofften Hilfeleistung nicht teilhaft geworden sind, somit solch ihr gottloses Unternehmen ohne Wirkung, in dem bloßen Versuch der Zauberei sich beschränkt hat. Belangend endlich
    den vierten Fall einer wahrhaft anscheinenden Zauberei, Hexerei und dergleichen, da ist weder aus der bloßen Aussage eines Inquisiten, der etwa mit dem Teufel einen Bund gemacht zu haben, oder allerlei Dinge von Luftfahrten, Hexentänzen und dergleichen angiebt, weder aus eitlen Argwohn und betrüglichen Ver-

mutungen, weder eins solchen Sachen, die zufällig oder aus eigener Bosheit des Täters natürlich geschehen können, nicht gleich, und so schlechterdings auf eine ausdrückliche Verbindung mit dem Teufel und auf eine wahre Zauberei und Hexerei der Schluß zu ziehen, sondern vielmehr in zweifelhaften Fällen allemal dafür zu halten, daß dergleichen Bekenntnisse oder so gestaltete Unternehmungen aus Betrug und boshafter Vorstellung, oder gestalteten Dingen nach aus Wahnwitz und Sinnverrückung, oder lediglich aus einer unwirksamen Bestrebung geschehen seien. Dahingegen nur allein in jenen etwa vorkommen mögenden Begebenheiten, wo die erweislich von dem Inquisiten begangene Dinge oder verübten Untaten ganz unbegreiflich und keine natürliche Sache derselben angegeben werden kann, die Vermutung statt haben mag, daß eine solche Untat, welche nach dem Lauf der Natur von einem Menschen für sich selbst nicht hat bewerkstelligt werden können, mit bedungener Zutat und Beistand des Satans aus Verhängnis Gottes geschehen sei, folgsam in Ansehung der Person, die eine so geartete Untat angerichtet hat, eine wahre Zauberei oder Hexerei darunter stecken müßte, welch letzterer Fall Unsere hierunter § 7 und § 12 vers. 4 einkommende Verordnung zu beobachten ist.

Die angeführten Stellen gebieten nämlich, daß derlei Prozesse ohne Urteilfällung an das Obergericht und von diesem an die Kaiserin abzugeben seien. Wenn diese sich, wie erwähnt, in der „Landesordnung" über Hexenprozesse vom Jahre 1766 rühmen durfte, daß unter ihrer Regierung „kein wahrer Zauberer, Hexenmeister oder Hexe entdeckt werden konnte, sondern derlei Prozesse allemal auf eine boshafte Betrügerei oder eine Dummheit und Wahnwitzigkeit des Inquisiten oder auf ein anderes Laster hinausgelaufen seien, und sich mit empfindlicher Bestrafung der Betrügerei oder sonstigen Übeltäters, oder mit Einsperrung des Wahnwitzigen geendet haben", so machen auch die vorstehenden Bestimmungen der Theresiana über Zauberwesen und Hexerei den Eindruck, als glaubte deren Verfasser oder Urheber selbst nicht mehr an diesen Wahn und scheute er nur aus konfessionellen oder staatspolitischen Gründen, solches klipp und klar weg zum Ausdruck zu bringen. Denn daß die Vorurteile zu jener Zeit selbst in richterlichen Kreisen noch mächtig waren, beweist unter anderem auch nachfolgende Bestimmung:

§ 6. Wir verbieten aber den Richtern hiermit ernstgemessen und wollen, daß sich in Nachforschung auf dieses Laster von ungewissen und betrüglichen Erkundigungsmitteln (als da ist die Aufsuchung eines Teufelzeichens oder Hexenmals, und derentwegen Besichtigung und Nachsuchung an geheimen Orten, oder Abscherung der Hare am ganzen Leibe, oder Eingebung eines Getränks, oder Beschmierung mit allerhand Salben zur vermeintlichen Auflösung einer vom Teufel verursachten Reckung, oder die Verhinderung, daß der Zauberei Verdächtige keinen grünen Erdboden betreten möge, oder die Erforschung durch das kalte Wasser, und was dergleichen nichtige und teils selbst abergläubische Zaubergegenmittel vormals üblich gewesen sein dürften) allerdings bei widrigen Falls zu befahren habender schärfster Ahndung enthalten werden soll.

Von den zur Vornahme der Tortur erforderlichen Anzeichen heißt es:

§ 10. Die Anzeichen zur peinlichen Frage sind nur allein jenen Falls, wo zugleich große Beschädigung an Leuten, Vieh oder Feldfrüchten geschehen, oder andere die Todesstrafe nach sich ziehende Missetaten dazustoßen, nach der Eigenschaft solcher Verbrechen aus der Tat und deren Umstände zu erheben, und da solcher anderweitiger Mißhandlungen halber genugsame Inzichten vorhanden sind, mit dem Inquisiten im Leugnungsfalle gemeiner Ordnung nach zur Tortur vorzuschreiten. Wenn es aber lediglich um das Laster einer anscheinend wahren Zauberei oder Hexerei zu tun wäre, da gestatten Wir, wegen Wichtigkeit der Sache keinerdings, daß die nachgesetzten Gerichte gegen eine der Zauberei oder Hexerei berüchtigten Person (wie beträchtlich immer die diesfälligen Anzeichen sein dürften) für sich selbst eine Tortur verhängen mögen, sondern dieselbe haben allemal nach vollführter Inquisition solchen Vorfall mit allen Umständen und Anzeichen an Uns durch das Obergericht einzuberichten, wie bereits hieroben § 7 angeordnet worden.

§ 11. Die besonderen Fragstücke, die einem der Zauberei oder Hexerei Verdächtigen vorzuhalten, sind auf die Beschaffenheit der Tat und der dabei unterlaufenen Umstände schicksam einzurichten, sonderheitlich aber ist derselbe zu befragen:

Erstlich: wenn es aus boshafter Vorstellung geschehen: aus was für Ursache und Absichten er solche Handlungen unternommen? Wer ihm dazu Anleitung und Unterricht gegeben?

Ob er in solchen Unternehmungen Gespäne und Mitgehilfen gehabt und wer dieselben seien?

Was sie für ein Verständnis und Verabredung dieserwegen miteinander getroffen?

Welchergestalt und auf was für Weise, durch was für Gelegenheit, zu welcher Zeit, an was für Orten, wie oft und in wessen Gegenwart solche verstellte Handlungen ausgeübt worden?

Ob andurch ein Schaden entstanden, was für einer? und was sonst die Taten und deren Umstände für notwendige Fragen an die Hand geben mögen.

Nach geschehener Aussage muß das Halsgericht allsogleich aller Orten sich eigentlich erkundigen, ob sich das Angegebene so befände, auch ob die Tat und der Schaden, die Menschen, Vieh etc. eingestandenermaßen zugefügt worden sich so verhalte. Denn auf ein bloßes Bekenntnis, das sich in der Tat nicht vorfindet, ist nicht zu bauen.

Andertens: wenn wahrscheinlich ist, daß dergleichen Dinge aus Wahnwitz, Leibes- oder Gemütskrankheit geschehen sind, soll man die Fragstücke schicklich dahin einleiten, damit der Grad der Vernunftlosigkeit, Phantasie oder sinneverwirrender Krankheit, und ob zur Zeit der unternommenen Handlungen eine oder keine Bosheit oder Schuld mit unterlaufen sei, sicher ausfindig gemacht werden möge. Zu welchem Ende auch dessen Leibes- und Gemütsbeschaffenheit durch öftere Besuche zu prüfen, und ob keine Verstellung darunter stecke auszuforschen, besonders aber dessen wahrer Zustand durch geschickte Leibärzte zu untersuchen sein wird. Hätte aber

Drittens: der Inquisit gottloser Weise, obschon vergebens versucht, mit dem bösen Geist durch dessen Beschwörung, oder anderwegs Umgang und Gemeinschaft zu bekommen und von ihm Hilfe und Beistand zu seinen Absichten zu erlangen, so ist er hauptsächlich um die Art und Weise welchergestalten die Beschwörung und Berufung des Teufels oder die Verschreibung an denselben, mit was für Worten, Werken, Zeremonien und Ausdrücken geschehen sei, auszufragen, um dadurch den Lasterwillen, auf was für Grad der Bosheit derselbe gestiegen, und ob nicht etwa eine Gotteslästerung mit unterlaufen sei, annehmen zu können. Wenn endlich

Viertens: übernatürliche Dinge zauberischer Weise gewirkt worden zu sein scheinen, so ist durch dienliche Fragstücke nachzuforschen, wie und auf was für Art, mit was für Vorbereitung, mit wessen Beihilfe und Zutun er solche Handlungen zuwege gebracht habe, und welchergestalten das etwa vorgegebene Bündnis mit dem bösen Feind beschaffen sei.

Die für diese angeblichen Missetaten vorgeschriebenen Strafen waren sehr streng. Es wurde die Todesstrafe vollstreckt, wenn Giftmischerei, Brandstiftung und dergleichen Kapitalverbrechen mit im Spiel waren, somit eigentlich nur diese Verbrechen bestraft, wobei jedoch „wegen der sich boshaft angedichteten Teufelskunst" die Todesstrafe noch in üblicher Weise verschärft werden konnte. In milderen Fällen wurde auf Prügelstrafe, Ausweisung und unter Umständen Überführung in eine Heilanstalt erkannt.

Die Anzeichen zur Vornahme der Tortur bei dem Laster der beleidigten weltlichen Majestät und Landesverräterei (LXI, 6) waren:

Erstens: eigenhändige Urkunden und Briefschaften, woraus die bösen Anschläge abzunehmen.

Andertens: jählings Anwerbung einer Mannschaft oder unternommene Zusammenrottung eines Volkes.

Drittens: Von dem Feind angenommene Geschenke und Verheißungen.

Viertens: wenn mehrere aus den oben § 4 und 5 angeführten, oder sonstige Inzichten zusammentreffen und man sich zu der Person des Inquisiten solcher Untat wohl versehen kann. Bemerkt sei hier, daß die erwähnten Paragraphe die Anzeichen zur Nachforschung und zur gefänglichen Einziehung anführen. „Wobei überhaupt anzumerken: daß, obschon die wesentlichen Stücke des Kriminal-Verfahrens niemals außer Acht zu lassen, jedoch in diesem so abscheulichen Laster, an dessen Entdeckung dem gesamten Staat zur Abwendung allgemeinen Unheils und Zerrüttung äußerst gelegen ist, zur Anwendung der Tortur keine so gar triftige und unzweifelige nächste Anzeichen erforderlich seien, und Wir demnach in diesem Laster die nötig befindende Verhängung der scharfen Frage entgegen Personen, die des Hochverrats gar sehr verdächtig sind, der vernünftigen Willkür Unserer Obergerichte überlassen haben wollen; wo jedoch in solchem ausgenommenen Fall nach der oben Art. XXI § 4 gemachten Anordnung das geschöpfte Beiurteil Uns vorher zur höchsten Einsicht und Beaugnehmung zu überreichen ist." Die vorzulegenden Fragen entsprechen den Fällen von Majestätsbeleidigung und Hochverrat und brauchen hier wohl nicht näher angeführt zu werden.

Die Anzeichen zur peinlichen Frage bei Münzfälschung und dergleichen (LXIII, § 4) sind:

Erstlich, wegen der falschen Münzung:

Wenn in des Verdächtigen Zimmer, Haus, Vorhaus, oder unter seiner Fahrnis falsche Münzen oder Werkzeug oder andere zum Münzen gehörige Sachen, als Münzplatten, oder ungeprägtes Blech, welche der falsch gemünzten Materie gleich sind, gefunden werden.

Wenn der Verdächtige solche falsche Münzen erweislich ausgegeben und seinen Geber nicht benennen könnte.

Wenn derjenige, der falsches Geld ausgegeben von seiner Hantierung ein Münzer wäre; Umsomehr, wenn ein solcher, der wissentlich falsches Geld ausgegeben, außer seiner gewöhnlichen Hantierung, somit aus vermutlich böser Absicht, die Wissenschaft zu münzen sich beigelegt hätte.

Andertens, wegen der Münzverfälschung und -Verringerung:

Wenn beschnittenes Geld, oder Abschnittlein, oder abgefeiltes Gold und Silber in beträchtlicher Menge, oder ein zu solchem Ende eigens gewidmetes Werkzeug bei dem Inquisiten angetroffen werden;

Wenn wer solche gefälschte Gelder öfters und in namhaften Betrag ausgegeben, ohne daß er wegen deren rechtmäsigen Überkommen sich gehörig ausweisen könnte.

Drittens wegen der Ausgebung falschen, oder verfälscht guten Geldes:

Wenn der Inquisit, wie hieroben § 2 vers. 3 gemeldet worden, wegen der vorhin gehabten und zur Zeit nicht mehr habenden falschen oder beschnittenen Münzen beschwert ist, und er, wie selbe endlicher Weise von ihm weggekommen nicht darzutun vermag, dagegen aber derlei Münzen, unwissend, von wem, unter die Leute gebracht worden.

Um solcher Ursache halber kann der so schwer Beinzichtigte, jedoch nur in jenen Fällen, wo auf das gar bös geartete Verbrechen nach Unserem Gesetz die Todesstrafe ausgemessen ist, auf sein Leugnen an die scharfe Frage geworfen werden.

Bei mehreren der nachfolgend angeführten Verbrechen, wie Bestechung von Amtspersonen, Verrat von Amtsgeheimnissen, Treulosigkeit von Anwälten usw., ist die Vornahme der Tortur überhaupt nicht vorgesehen. Erst in Artikel LXXII, „von denen die allerhand Falsch begehen", kommt die Anwendung der peinlichen Frage wieder in Betracht, sofern die Tat so arg ist, daß sie unter Umständen die Todesstrafe nach sich zöge. Bei den meisten der hierzu gehörigen Fälle, wie Verfälschung von Waren, Gewicht und Maß, Siegel und Urkunden, Verrückung von Grenzzeichen und dergleichen, ist diese Strenge somit von vornherein ausgeschlossen. Die Vornahme der Tortur finden wir jedoch wieder in Artikel LXXIV angeordnet, der von Unkeuschheit wider die Natur handelt:

§ 4. Anzeichen zu der peinlichen Frage sind ungefähr, wenn der Verdächtige

Erstlich: an Ort und Ende, so zu der Tat bequem, gesehen, auch hierzu bereitet gefunden, oder

Andertens: von dem Knaben oder der mißbrauchten Person solches über ihn mit glaublichen Umständen wäre ausgesagt worden, oder

Drittens, wegen solcher begangenen Lastertat sonst ein ziemlicher Beweis vorhanden wäre, und der Täter nichtsdestoweniger im Leugnen stünde, seine Unschuld aber nicht genugsam ausweisen könnte.

Die vorzulegenden Fragen entsprechen der Beschuldigung, und als Bestrafung ist in Fällen der Bestialität die Verbrennung des Schuldigen sowie des von ihm mißbrauchten Viehs vorgeschrieben, während Knabenschändung oder sonstige Sodomie mit Enthauptung des Täters und nachfolgender Verbrennung seines Leichnams gebüßt werden sollte. Alle andern widernatürlichen Unkeuschheiten sollten, je nach den Umständen, schärfer oder gelinder bestraft werden. Bei der Blutschande (LXXV) wird als Anzeichen zur peinlichen Frage angeführt:

Wofern ein oder beide Verhaftete die Tat leugnen und über die gemeinen Anzeichen, welche sie nicht zur Genüge von sich abgekehrt und verantwortet hätten, noch andere zur Vornehmung der peinlichen Frage in fleischlichen Sünden genugsame Vermutungen beikämen, soll der Richter zur Erfahrung der gründlichen Wahrheit bewandten Umständen nach zur Tortur vorschreiten.

Der Artikel LXXVI handelt von der Notzucht, auf die Todesstrafe durch Enthauptung gesetzt war.

§ 4. Die Anzeichen zur peinlichen Frage ergeben sich, da

Erstlich der Beschuldigte entweder die Tat oder den begangenen Notzwang leugnet, die Genötigte aber beständig auf ihrer Aussage bliebe und genugsame Anzeichen an Händen zu geben hätte, oder da

Andertens, ein unverleumdeter Zeuge, der die Genötigte um Hilfe hätte schreien hören, wider den Verhafteten vorhanden wäre, und er das Widerspiel rechtmäßiger Weise nicht dartun könnte, sondern stets im Leugnen verharret.

Da auch der Ehebruch unter erschwerenden Umständen mit dem Tode bestraft werden konnte (LXXVII, § 6), so war auch hierbei die Tortur zulässig:

§ 5. Die Anzeihung zur peinlichen Frage ergiebt sich, wenn ferner entgegen die verhafteten Personen entweder aus deren Bekenntnis oder anderen redlichen Vermutungen hervorkäme, daß

Erstlich, sie zwar im Werk ergriffen worden, nicht destoweniger in Abrede der wirklichen Vollziehung ständen.

Andertens, da das Weib in Abwesenheit des Mannes, oder in dessen großer Schwachheit und Krankheit schwanger geworden und doch den Ehebruch nicht bekennen wollte, noch genügsame Ursachen ihrer ehelichen Schwängerung geben könnte,

Drittens, wenn man Buhlbriefe aufgefangen, aus welchen das Bekenntnis des Ehebruchs erhellt, die Verdächtigen aber solchen verneinten.

Auf alle diese und dergleichen Anzeichen, und fast eine jede in sonderheit, wofern selbe rechtlich dargetan wird, die Gefangenen aber ihre Unschuld nicht genugsam erweisen können, soll der Richter in Fällen, wo es auf eine Todesstrafe ankommt, fortan mit der peinlichen Frage vorgehen.

Erschwerende Umstände sind:

Erstlich wegen Ungewißheit der Empfängnis, wenn der Ehebruch von einem Eheweib mit einer ledigen Mannsperson, und umso mehr

Andertens, wenn derselbe in doppelter Ehe von zwei verheirateten Personen geschieht;

Drittens, wenn der Täter über geschehenen Verbot und Bestrafung zum zweiten mal oder wohl gar über öftere fruchtlose Bestrafung neuerdings hierin betreten; oder

Viertens, von einen fast alten Mann oder einen, der den Leuten zur Obrigkeit und guten Beispiel vorgesetzt ist, begangen würde; oder

Fünftens, nebst dem Ehebruch noch ein anderes Laster, als bösliches Verlassen des Ehegattens mit unterliefe.

Bei dem Verbrechen der zweifachen Ehe, auf das die Strafe der Enthauptung gesetzt war, wenn es bösartig oder betrügerisch begangen wurde, eine Strafe, die jedoch bei erschwerenden Umständen noch verschärft werden konnte, galten als Anzeichen zur peinlichen Frage (LXXVIII, § 4):

Erstlich, wenn aus des Verhafteten gütiger Aussage eine Unwahrheit,

Andertens, wankendes Gemüt oder sonst unstandhafte leere Ausflüchte erschienen; oder da er

Drittens, vorgäbe, es wäre ihm nicht bewußt gewesen, daß sein voriger Ehegenoß noch am Leben sei. Welchen Falls ihm nicht stracks zu glauben, sondern, wenn er dieses sein Vorgeben nicht klärlich dartut, noch anderwegs seine Unschuld, wie rechtens ist, beweisen würde, soll der Richter, wenn er aus obgesetzten wider den Täter sich vorfindenden Vermutungen denselben genugsam beschwert zu sein erachtet, auf vorhergehendes Beurteil mit ihm peinlich verfahren.

Bei gewaltsamer Entführung von Weibspersonen (LXXIX) konnte zur Tortur geschritten werden, wenn die Entführte oder ein glaubwürdiger Zeuge auf den Entführer aussagten und er den Verdacht nicht abwenden konnte und weiterleugnete. Ähnlich verhielt es sich auch bei Kuppelei (LXXX), auf die allerdings nur unter erschwerenden Umständen Todesstrafe stand. Bei Totschlag, Verwundungen und anderen tödlichen Handlungen (LXXXIII) heißt es:

§ 7. Die Anzeichen zur peinlichen Frage entstehen sodann, da aus den eingezogenen Erkundigungen alle erstbemeldete, oder hieraus die vornehmsten Wahrzeichen hervorkämen und noch andere gemeine Anzeichen dazustoßten, als

Da einer bei vorgegangenen Raufhandel und hierauf erfolgten Todschlag mit dem Entleibten gezankt;

Sein Gewehr oder Messer genommen und auf den Entleibten gestochen, gehauen, oder sonst mit gefährlichen Streichen zugeschlagen hätte.

Sonderlich wenn man auch des Verdächtigen Gewehr, Messer oder Kleider zur Zeit der geschehenen Entleibung blutig gesehen und solches Gewehr mit der Wunde zutrifft. Oder wenn er des Entleibten Habe genommen, verkauft, hinweggeben oder noch bei sich hätte und solchen Verdacht mit glaublichen Beweisen nicht ablehnen könnte.

Für die Anklage wegen Kindesmord genügten die entsprechenden Verdachte zur Anwendung der Tortur. Bei Waffen- und Meuchelmord kamen als Anzeichen zur Verhaftung und Tortur auch in Betracht (XC, § 6):

Erstlich, wenn die verdächtige Person in Brauch hat bei nächtlicher Weile auszugehen, in Hohlwegen, Graben, Busch oder Wälder sich aufzuhalten. Andertens, wenn wer in einsamen und zum Morden gelegenen Orten zu wohnen pflegt. Drittens, wenn Reisende, oder vielmehr herumschweifende Personen allenthalben in den Wirtshäusern liegen, zehren, und keine redliche Ursache solcher ihrer Zehrung wissend wäre, oder von ihnen angezeigt werden könnte. Viertens, wenn einer mit Räubern, Mördern und andern dergleichen Personen Kundschaft und Gemeinschaft hätte. Fünftens, wenn einer betreten würde, welcher geraubte Sachen, so dem Entleibten gehören, bei sich hätte, oder dieselben verkaufte, einem andern übergeben, oder andergestalt verdächtigerweise damit gehandelt hätte und seinen Verkäufer oder Gewährsmann nicht anzeigen wollte.

Von einer bestellten Mordtat (XCI) heißt es:

„§ 4. Da nun der Beinzichtigte die Missetat leugnet, und doch aus der Nachforschung oder sonst hervorkäme, daß derselbe an dem Ort wo die Tat geschehen mit unzulässigen und verbotenen Waffen, als mit geladenen Pistolen, Terzerolen, ausgezogenen Degen, oder einem anderen Verletzungs- oder Mordgewehr, mit welchem die Wunde in Besichtigung des toten Körpers gleichförmig erkannt wurde, wäre gesehen und betreten worden; oder so viel dem Besteller betrifft, wenn er den Bestellten stets bei sich gehabt und ihn unterhalten oder wirklich Geld gegeben, dessen aber keine andere standhafte Ursache anzuzeigen wußte, so soll nach Gestalt der Sachen gegen einen solchen stark beschwerten Menschen die peinliche Frage vornehmen."

Bei Giftmischerei (XCII) galt als Verdacht, gegen den die Tortur angewandt werden konnte, wenn der Verdächtigte mit dem Verschiedenen in Zwist gelebt, Gift gekauft oder sonst damit umgegangen wäre, ohne glaubhaft darzutun, daß er dieses Gift zu anderen Dingen benötigt hatte oder gebrauchen wollte; auch wenn er überhaupt geleugnet hat, im Besitz von Gift gewesen zu sein, und dessen doch überführt wird.

Bei Diebstahl galten (XCIV, § 8) als Anzeichen zur peinlichen Frage:

„Erstlich, wenn der Verdächtigte die ihm zur Last gehende Inzicht, wie rechtens ist, von sich nicht ablehnen könnte, und er überdies wegen der bei ihm vorgefundenen Sachen seinen Geber nicht anzeigen wollte oder könnte, item, wenn derselbe schon einmal wegen Diebstahl wäre abgestraft, oder bei ihm verdächtige Diebsschlüssel, Dietrich, Wurfleiter, Brecheisen wirklich wären gefunden worden. Ingleichen

Andertens, wenn ein großer Diebstahl geschehen und der Verdächtigte nach der Tat mit seinen Ausgaben reichlicher sich erzeiget, als er sonst außer des Diebstahls im Vermögen gehabt, er auch hierüber nicht andere glaubwürdige Ursachen anzeigen könnte, woher das verdächtige Gut komme, anbei eine solche Person wäre, zu der man sich der Missetat versehen könnte, der Betrag des Diebstahls aber so hoch sich beliefe, daß er derentwegen, wenn es auf ihn erwiesen würde, am Leben zu strafen wäre; bei welcherlei schweren Inzichten der Verdächtigte auf sein beharrendes Leugnen nach vernünftigem richterlichem Ermessen über vorgehendes Beiurteil gar wohl an die Tortur geworfen werden kann."

Bemerkt sei hier, daß schon ein Diebstahl von mehr als 25 Gulden Werts als schwerer Diebstahl galt, der mit dem Strang bestraft wurde, oft sogar noch mit Verschärfungen. Auch wiederholter Diebstahl von geringeren Werten wurde mit derselben Strenge geahndet. Noch schärfer wurde Kirchendiebstahl bestraft, von dessen Anzeichen zur Vornahme der Tortur bemerkt wird (XCV, § 4):

Mit der peinlichen Frage sodann gestalteten Sachen nach gegen den leugnenden Inquisiten verfahren werden, wenn er den Verdacht wie rechtens ist, nicht ablehnen könnte, auch über die vorige Vermutung argwöhnisches Brechzeug bei demselben gefunden wird, oder ihn jemand wirklich die Kirchentür, Sakristei, Tabernakel oder Sakramentshäusel etc. hätte aufbrechen sehen, oder aber sonst solche Missetat durch einen unverleumdeten Zeugen auf ihn bewiesen würde.

Der nächstfolgende Artikel behandelt den Straßenraub. Hier besagt § 3:

Die Anzeichen zur peinlichen Frage entstehen sodann, wenn sich bei einem oder mehreren verdächtiges geraubtes Gut, auf welches der Beraubte zeigen könnte, befände, oder wenn der Beraubte bei seinem Eide auf die Gefangenen, oder aber ein Räuber in der peinlichen Frage wider einen andern aussagte, die Beschuldigten hingegen den Geber und Gewährsmann des bei ihnen gefundenen Guts halber nicht zu nennen wüßten, oder in der Gegenstellung wankend und unwahrhaft sich erzeigten; welchen falls nach vernünftiger Erwägung gesammter Umstände zur Tortur vorgeschritten werden kann.

Auch bei Veruntreuung im Amt scheint die Tortur angewandt worden zu sein, obgleich dies nicht ausdrücklich bemerkt wird. Es läßt sich solches um so eher annehmen, als auf derlei Veruntreuungen über den Betrag von 150 Gulden Todesstrafe gesetzt war.

Bei Brandstiftung und Mordbrennerei richtete sich der Verdacht der Täterschaft, wie bei den meisten Verbrechen, hauptsächlich gegen Landstreicher, Zigeuner und dergleichen Leute (XCIX, § 3).

Anzeichen zur peinlichen Frage entstehen sodann, wenn bei einem solchergestalt verdächtigen Menschen Pulver, Pech, Zündstrick, Feuerschwamm und andere dergleichen zum Brand dienliche Sachen gefunden, oder wenn er überwiesen wurde, daß er kurz vor dem Brande entweder mit Worten oder mit schriftlicher Befehdung bedrohlich gewesen, oder mit ungewöhnlichen, verdächtigen Feuerwerken, womit man heimlich zu brennen pflegt, umgegangen, und der Verdächtige mit keinem glaubwürdigen Schein dartun könnte, daß er solche Dinge zulässiger Weise geübt, weder sonst seine Unschuld an Tag geben könnte.

Merkwürdig ist, daß bei Unbilden, Schmachhändeln, Verleumdungen, auch ehrenwidrigen Berührungen, Dingen also, die wir heutzutage zumeist als Ehrenbeleidigungen gelten lassen und bestrafen, ebenso wie bei „Schmachkarten und Schandbriefen" die Tortur angewandt werden konnte. Die hierauf gesetzten Strafen konnten diese Verfügung nicht rechtfertigen, die nur sozusagen durch einen legislatorischen Kniff hier zulässig wurden. Im Artikel C, der von den erstgenannten Beleidigungen handelt, heißt es nämlich:

> Die Anzeichen und Fragstücke entspringen hauptsächlich aus den verschiedenen Umständen und kommen großenteils mit jenen überein, welche Wir im nachstehenden Artikel über Schmachkarten anführen werden.

Damit ist die Möglichkeit der Torturanwendung angedeutet, aber nicht ausgesprochen. In dem erwähnten „nachstehenden Artikel" wird auch nur von „Anzeichen zur Nachforschung und Gefängnis" gesprochen, nebenbei aber bemerkt:

> § 5. Da nun die beinzichtigte Person keinen Geber anzuzeigen wüßte, und nebenbei ein untadelhafter Zeuge oder andere zur Tortur genugsame Inzichten vorhanden, die Schmachkarte auch also beschaffen wäre, daß dadurch hohe Personen angegriffen, oder daraus ein großes Unheil in der Gemeinde oder einem ganzen Lande entstanden, und überhaupt, wenn die Tat so übel geartet wäre, daß man im Erweisungsfalle gegen den Ehrenschänder zur Todesstrafe vorschreiten könnte, so ist gegen solchen leugnenden Täter die peinliche Frage vorzunehmen. Von der Bestrafung heißt es: Ein solcher boshafter Ehrenschänder, so dergleichen Schmachschriften verfaßt oder wissentlich verbreitet, wenn er der Tat geständig oder überwiesen ist, soll nach den Umständen seines Verbrechens auf den Pranger gestellt, öffentlich ausgepeitscht, und nebst dessen Ehrloserklärung aller Erblanden auf ewig verwiesen, oder wenn er Inländer wäre, nebst der Ehrloserklärung auf mehrere Jahre zu einer Festungs-, Zuchthaus- oder anderen öffentlichen Arbeit, oder bewandten Umständen nach zu einer empfindlichen Geldstrafe verurteilt, auch jenen Falls, wenn der Schandbrief oder das Schandzeichen zur Schmach und Unehre Unserer Minister, Räte, oder Unserer Landesstellen und Ämter, oder wohl gar zur Verkleinerung Unserer Landesfürstlichen Hoheit gereicht, oder sonst die Tat mit gar bösen Umständen beschwert wäre, mit dem Schwert hingerichtet, anbei allemal vorläufig der Schandbrief oder die Schmachkarte durch den Scharfrichter öffentlich verbrannt, jenen Falls hingegen, da der Täter flüchtig wäre und über geschehene Ediktal-Fürforderung ungehorsam ausbliebe, inmittelst, bis er betreten und das gefällte Urteil an ihm vollzogen werden könne, dessen Namen an den Galgen geschlagen werden.

Durch Einschmuggelung des an anderer Stelle bereits behandelten Majestätsverbrechens und der hierauf gesetzten Todesstrafe war es daher möglich, jeden Pasquillanten oder Karikaturisten auf die Folter zu spannen. Es ist dies in wenigen Paragraphen das energischste Preßgesetz, das man sich denken kann. Auch darf man nicht glauben, daß die Wahrheit der in dem „Pasquill" angegriffenen Tatsache vor Bestrafung schützte, es galt nur als „mildernder Umstand", „wenn das Laster, welches einer durch ein Pasquill oder Schmachkarte ausgebreitet hat, sich in Wahrheit also befunden hat, in welchen Fällen die Strafe etwas zu lindern ist". Es paßt nur zu gut dazu, daß der letzte Paragraph dieses Artikels zum Schlusse noch bestimmt, daß der Denunziant des Täters oder der Mitschuldigen aus deren Vermögen eine „ziemliche Belohnung" erhalten sollte.

Der Schlußartikel (CIV) der Theresiana lautet:

„In dieser allgemeinen peinlichen Gerichtsordnung sind die mehrsten Verbrechen, so sich gemeiniglich ereignen, teils durch hierortige Ausführung und teils durch ausdrückliche Berufung auf Unsere schon bestehenden anderweitigen Satzungen und Ordnungen abgehandelt worden. Wenn aber gleichwohl eine böse Tat, welche ihrer Bosheit nach gar wohl mit halsgerichtlicher Ahndung und Bestrafung angesehen zu werden verdient, in diese Gerichtsordnung aber entweder gar nicht, oder nicht klar genug ausgedrückt wäre, vorkommen sollte, so ordnen Wir hiermit, daß hierbei alle Umstände der unterlaufenen Gefährde, des bedächtlichen Vorsatzes, des entstandenen gemeinen Ärgernisses und des etwa andurch verursachten öffentlichen oder sonderheitlichen Schadens wohl erwogen, und bei Befund eines unterwaltenden schweren Verbrechens ein solcher Malefizfall von jeder Blutgerichtsobrigkeit nach Ähnlichkeit der in dieser Gerichtsordnung einkommenden Grundsätze für selbigesmal zwar entschieden, jedoch eine solche Begebenheit als ein ausgenommener Malefizfall angesehen, somit das abgefaßte Urteil vor dessen Kundmachung an das Obergericht zur höheren Erkenntnis abgegeben, und jenen Falls, da etwa wegen besorgender öfterer Wiederholung einer solchen Mißhandlung eine allgemeine Strafausmessung für alle unsere Erblande nötig zu sein erachtet würde, der Vorfall von dem Obergericht nach Hof angezeigt werden soll."

Damit können wir von der Theresianischen Halsgerichtsordnung Abschied nehmen. Sie erscheint vom heutigen Standpunkt wie ein Stück finsterstes Mittelalter. Und dennoch bedeutete sie für ihre Zeit einen gewaltigen gesetzgeberischen Fortschritt. Denn wie erbarmungslos die Justiz zur Zeit der Theresiana ihres Amtes waltete und das „Aug' um Aug', Zahn um Zahn" zur Richtschnur ihrer Urteile nahm, zeigt der Prozeß der Dorothea Götterich, der sich allerdings in der Mark Brandenburg abspielte, aber ganz im Sinne der Theresiana verlief:

Dorothea Götterich, die Tochter eines Schuhmachers aus Stavenhagen, hatte ihre Eltern früh verloren und kam mit ihrem zehnten Jahre unter fremde Leute. 1756 verheiratete sie sich mit dem in schwedischen Diensten stehenden Artilleristen Götterich in Stralsund. Als er zu den Preußen desertierte, trennte sie sich von ihm, trieb sich, teils bettelnd, teils arbeitend, hier und da herum, stahl gelegentlich, wurde zweimal zum Staupenschlag verurteilt und verkehrte gelegentlich in der Krugwirtschaft der Witwe Hoffmann in Neubrandenburg, die drei Kinder im Alter von acht, drei und einem Jahre hatte. Im Oktober 1770, als die Götterich wieder bei der Hoffmann wohnte, sah sie zufällig in deren Besitz mehrere Speziestaler und ein Goldstück. Der Plan, die Hoffmann zu berauben, stieg in ihr auf; sie meinte es mit Sicherheit nur tun zu können, wenn sie die Frau zuvor tötete. Sie holte aus dem ihr bekannten

Hause eine Axt herbei und erschlug die Schlafende in der mondhellen Schlafstube. Als der erste wuchtige Hieb die Mutter traf, erwachte das älteste Kind und ruft: „Mütterchen, Mütterchen, was ist dir?" In rascher Folge schlug die Götterich auf die Köpfe ihrer vier Opfer ein, sie schlug so lange, bis sich keines mehr bewegte, keines mehr atmete. Als sie sich über die Leichen beugte, schienen sie ihr den Mund zu öffnen. Sie drehte die Axt herum und zerschmetterte mit zahlreichen Schlägen die Schädel, die Bettstelle und die Wiege. Dann holte sie das Geld aus dem Verschluß, wusch sich in der Küche die Hände und verließ durch eine Hintertür das Haus. Unter Beiseitesetzung alles menschlichen Mitleidens hatte sie um geringen Gewinnes willen mit siebzig Axthieben vier Menschenleben vernichtet. (Wulffen, Weib.)

So furchtbar wie die Tat war auch die Exekution der zum Tode des Rades verurteilten vierzigjährigen Verbrecherin. Der Henker ließ zunächst das auf die Schulter gelegte Rad auf das linke Bein der Verurteilten fallen. Der Knochen wurde nicht gebrochen, sondern gespalten. Die Götterich schrie heftig: „Ach Herr Jesus, mein Bein!" Bei den ferneren Stößen auf den rechten und den linken Arm und den rechten Fuß, auch bei allen übrigen Stößen gab sie keinen Laut von sich, man hörte kein Seufzen, kein Stöhnen. Aber von einer Ohnmacht war nichts zu bemerken. Die auf die Brust gegebenen fünf bis sechs Stöße hatten nicht den sonstigen Erfolg, daß das Blut zum Halse herunterfloß, deshalb wurden die Genickschläge angewendet. Dabei konnte die Verurteilte sich noch zum Sitzen aufrichten. Auch die sechs Stöße auf den Nacken — hierbei lag sie auf dem Gesicht — vermochten ihr Leben nicht zu enden. Man legte sie wieder auf den Rücken und versetzte ihr neue Stöße auf ihre allerdings starke Brust. Dann wurden nochmals — ohne endgültigen Erfolg — die Nackenstöße wiederholt. Jetzt beschloß man, ihr den großen, zur Befestigung des Kopfes auf dem Rade bestimmten Nagel in den Kopf zu treiben, um ihre Pein zu enden. Der Henker trieb den Nagel so weit in den Kopf, daß er eine Handbreit noch hervorragte. Da hob die Götterich noch beide Arme in die Höhe und faßte sich in die Haare nahe bei dem Nagel, als wolle sie ihn herausziehen. Mit der einen Hand wischte sie sich einiges aus der Nase nach dem Mund fließendes Blut ab. Einen Laut gab sie nicht von sich. Ihre Augen hatte sie offen, der Mund spuckte Blut. Neue Stöße mit dem Rad auf die Brust, nach deren jedem sie die Augen wieder öffnete. Endlich wurde ihr der Nagel noch tiefer in den Kopf getrieben, sodaß die Spitze nahe bei der Gurgel unter dem Kinn hervorkam. Jetzt veränderte sich ihre Gesichtsfarbe, sie lag stille. Der Geistliche begann die Grabrede. Dabei bewegte sich noch der Leib, als hole er stark Atem. Der Scharfrichter legte ihr die Hand aufs Herz und versicherte, es schlüge noch; doch bald darauf war der Tod eingetreten. (Neuer Pitaval, 33. Teil, 1872.)

Dreiundzwanzigstes Kapitel

Das neunzehnte Jahrhundert

Die Theresiana trat im Jahre 1769 in Kraft, also fünfzehn Jahre später, als in Preußen die Tortur aufgehoben worden war. Es geschah dies am 4. August 1754 durch Friedrich den Großen. Wenn dieser gekrönte Philosoph auch manche veraltete Äußerlichkeit der Justiz bestehen ließ, z. B. in Berlin am 15. August 1786 ein „Halsgericht" über den Mordbrenner Höpner aus Landsberg a. d. Warthe „gehegt", oder der Räuber Joh. Heinr. Katz aus Schlüsselburg am 29. November 1752 vogelfrei erklärt wurde, was aber nicht hinderte, daß er hochbetagt in einem oldenburgischen Dorfe in der Nähe von Bremen als Schulmeister starb, so hob er doch bereits 1740 die Strafe des Sackens auf und beschränkte im gleichen Jahre die Anwendung der Tortur auf Majestätsverbrechen, Landesverrat und große Mordtaten, in die viele Mitschuldige verwickelt waren, deren Anteil zu erforschen nötig schien. Trotz dieser in Kabinettsordres erlassenen Befehle brachten aber die Richter bei jeder ihnen genehmen Gelegenheit die Folter zur Anwendung, wie ein Schreiben des Königs an den Staatsminister für Justiz, Lewin Friedrich von Bismarck (1702—1774), beweist:

Mein lieber Geheimer Etatsminister von Bismark. Auf Euren Bericht vom 19. dieses, den in großem Verdacht wegen begangenen Mordes und Beraubung auf öffentlicher Landstraße stehenden Schäfer Gört (Gord) Heinrich Schmidt betreffend, gebe Ich Euch hierdurch zur Resolution, daß, weil Ich in dergleichen Kriminalfällen die Tortur als ein teils grausames, teils aber ungewisses Mittel ansehe, die Wahrheit der Sache herauszubringen, Ich also das Erkenntnis des Berlinischen Kriminalsenats konfirmieret und solches durch Vollziehung der hierbey zurückkommenden Expeditionen approbieret habe. Wobey Ich Euch denn zu Eurer und der Kriminal-Kollegiorum Direktion hierdurch nochmalen declariere, daß, wenn in dergleichen Kriminalfällen, wo es auf die öffentliche Sicherheit ankommt, die Delinquenten durch klare Indicia oder auch Zeugen und andere ganz deutlich sprechende Umstände schuldig befunden werden, daß nichts an der Richtigkeit des Facti als nur allein die eigene Konfession des Delinquenten fehlt, welche sonsten von letzterem durch die in den Gesetzen geordnete Tortur herauszubringen ist, sodann auf solchen Fall die gesetzmäßige Todesstrafe sonder Bedenken von den Kriminal-Kollegiis erkannt werden kann, ohne daß selbige nötig haben, das eigene Bekenntnis eines schon ganz überführten Delinquenten zu erfordern und abzuwarten. Ich bin Euer wohlaffektionierter König Friedrich. Potsdam, den 27. Juni 1754.

Bald darauf gab ein in Berlin sich abspielender Vorfall dem Könige Veranlassung, die Tortur in seinen Staaten völlig abzuschaffen. Eine kinderlose Witwe, die im „Stelzenkrug" am Alexanderplatze wohnte, wurde erdrosselt aufgefunden. In den Verdacht des Mordes kam ein Kandidat der Theologie, der bei ihr wohnte. Er sagte zunächst aus, daß er am Tage zuvor einen Freund, einen einige Meilen von Berlin wohnhaften Landgeistlichen, besucht, sich bei der Heimkehr in der Dunkelheit verirrt und die Nacht auf freiem Felde zugebracht habe; die Tortur aber preßte ihm das Geständnis ab, der Mörder zu sein. Darüber entstand bei allen, die den friedfertigen Kandidaten kannten, großes Erstaunen; eine Deputation seiner Freunde erschien vor dem Großkanzler Samuel Freiherrn von Cocceji und stellten ihm vor, das Geständnis müßte bei dem sonstigen unbescholtenen Lebenswandel des Kandidaten ein falsches sein. Unterdessen hatte bei der Untersuchung der Leiche der Berliner Scharfrichter ausgesagt, die Ermordete sei durch einen „kunstgerechten" Knoten erwürgt worden. Cocceji, der die Untersuchungsakten genau durchsah, fiel dies auf; er ließ den Scharfrichter kommen und fragte ihn, was er unter einem kunstgerechten Knoten verstände. „Das ist ein Knoten, der am Ende eines Strickes so geknüpft ist, daß er eine Öse läßt, die rund ist, sich nicht reckt und den durchgezogenen Strick gehörig festklemmt." „Kann aber nicht ein anderer diese Knotenschlingung nachahmen?" „Das ist nicht gut möglich. Es ist ein Amtsgeheimnis, um den gewaltsamen Tod des Delinquenten zu beschleunigen und zu erleichtern. Nur ein gelernter Scharfrichter kann einen solchen Knoten schlingen." Sofort ließ der Großkanzler Erkundigungen einziehen, ob zur Zeit des Mordes fremde Scharfrichter oder Knechte von ihnen in Berlin gewesen wären, und es wurde ermittelt, daß zwei Scharfrichterknechte aus Spandau am Abend vor dem Morde nach Berlin gekommen seien. Es waren die leiblichen Brüder der Ermordeten. Sie wurden verhaftet und bekannten die Tat. Der Kandidat war trotz seines Geständnisses unschuldig. Als Cocceji dem Könige über diesen Fall berichtete, verbot er sofort die Anwendung der Tortur in allen seinen Staaten.

Baden hob 1767, Mecklenburg 1769, Sachsen, Braunschweig und Dänemark 1770, Österreich erst 1776 die Tortur auf. In Frankreich fegte der Sturmwind von 1789 diese Einrichtung fort; ebenso verschwand sie überall dort, wohin die Heere Frankreichs siegreich vordrangen. In

Rußland wurde sie, dem Namen nach, 1801 aufgehoben, in Bayern und Württemberg 1809, in Hannover 1822 und in Koburg-Gotha sogar erst 1828. Daß mit der Aufhebung der Folter nicht auch deren völlige Beseitigung erfolgte, bedarf keines Beweises.

So sehr und allgemein man sich in der zweiten Hälfte des 18. Jahrhunderts gewöhnt hatte, die peinliche Frage als Grausamkeit zu betrachten, so gab es doch noch in Gelehrtenkreisen, besonders unter den Juristen der alten Schule eifrige Anhänger der Tortur, die nicht müde wurden, ihr das Wort zu reden und ihr Verschwinden gleichbedeutend mit dem Niedergang der Gerechtigkeit zu erklären.

Der gelehrte weimarische Amtmann Hieronymus Christoph Meckbach schrieb 1756, also allerdings noch vor dem großen Ansturm, der mit der Tortur aufräumte:

> Wir mögen ein Genus tormentorum nehmen, welches wir wollen, so ist solches der Gesundheit schädlich. Bei der Ausspannung auf der Leiter werden dem Inquisiten die Arme aus der Junctur gezogen und, wenn solche nicht recht wieder eingerichtet werden, davon lahm, und entsteht wohl eine Schwindung darauf. Sobald nun einer Schmerzen empfindet, kann er nicht sagen, daß er gesund sei; denn gesund sein und doch Schmerzen haben ist eine Contradictio. Wer ein solches Genus tormentorum erfinden könnte, das keine Schmerzen macht, gleichwohl aber den Inquisiten dadurch zum Geständnis bringen könnte, der würde fürwahr ein großes Praemium verdienen, und ein solches Mittel könnte alsdann nicht mehr die Marter oder die peinliche Frage genannt werden, sondern müßte alsdann ihm ein ganz anderer Name beigelegt werden. So wenig aber einer longitudinem in mari (die Breitenlänge auf der See) und das perpetuum mobile herauszubringen im stande sein wird, so und noch weniger wird einer eine Tortur ohne Schmerzen erfinden und durch solche den Inquisiten zum Geständnis bringen können. Zu dem Hunger braucht man zwar keine Instrumenta, die den Leib äußerlich afficieren und Schmerzen verursachen, dennoch aber macht er viel größere und längere Schmerzen, als alle andere peinlichen Instrumenta verursachen können und ist der Gesundheit weit schädlicher, ja tötlicher; gleichwohl aber wird der Hunger als eine Tortur gebraucht. Brunnemann hat in seinem Inquisitions-Prozeß die Marter des beständigen Wachens für das beste Mittel gehalten, die Inquisiten dadurch ohne sonderliche Marter zum Geständnis zu bringen. Ob nun schon das beständige Wachen so große Pein nicht verursacht, so würde auch solches kein Mittel sein das Geständnis dadurch herauszubringen. Ein solcher Mensch würde auch endlich in delirium fallen, seiner Sinne beraubt und alsdann dessen Geständnis unbrauchbar sein, mithin dieses Mittel das Geständnis herauszubringen, mehr schädlich als nützlich werden. Denn was wollte man hernach mit einem in die Raserei verfallenen, oder närrisch und albern gewordenen Menschen und dessen Geständnis anfangen?

Aber selbst diese eigenen vernünftigen Gründe vermögen den Verfasser nur zu dem Schluß zu bringen, daß die übliche Marterung zwar ein großes, aber auch nötiges Übel sei. Er gehörte hierbei zu den Anhängern der bambergischen Prügeltortur, vor der sich, seiner Meinung nach, die Bösewichter am meisten fürchten.

Anderseits wieder sehen wir auch die Behörden eifriger als früher bemüht, die Härten der Tortur zu mildern und von Ärzten Gutachten über Art und Maß der anzuwendenden Mittel einholen. Indes was der peinlichen Frage im Gerichtsverfahren am meisten hemmend entgegentrat und wohl hauptsächlich zu deren Aufhebung beitrug, war der Umstand, daß der Hexenwahn, wenigstens in den gebildeten Kreisen, so ziemlich verflogen war, wie sich deutlich schon aus einigen angeführten Stellen der Theresiana ergibt. Daß er aber selbst im neunzehnten Jahrhundert — und bis in das zwanzigste hinein — zuweilen noch unheilvoll in Erscheinung trat, muß zugegeben werden, und es dürfte geeignet sein, hier zur Ergänzung des bereits Mitgeteilten noch einiges aus dem neunzehnten Jahrhundert anzuführen. Wir würden uns übrigens über den Fortschritt der menschlichen Kultur einer argen Täuschung hingeben, wenn wir annehmen wollten, daß es sich hierbei um einen überwundenen Aberglauben handelt. Wie bereits bemerkt wurde, lebt der Glaube an die Wirkung von Zauberei und Hexentum auch heute noch kräftig, und zwar nicht nur in der großen, derlei Irrtümern leichter zugänglichen Menge, sondern auch in den Kreisen der sogenannten Intelligenz. Und es ist eine nicht gar zu seltene Erscheinung, daß dieser Glaube im Gedankenmodekleid der unmittelbaren Gegenwart oder gar mit einem pseudo-wissenschaftlichen Mäntelchen umhangen im hellen Sonnenschein daherstolziert. Allerdings, aus der Rechtspraxis ist dieser Wahn völlig verschwunden und dürfte wohl auch in Europa selbst in den am wenigsten kultivierten und aufgeklärten Gegenden nicht zu finden sein. Aber es mag hier und dort heute noch vorkommen, was Schindler in seinem „Der Aberglaube des Mittelalters" mitteilt: „Noch im Jahre 1832 wurde in der Gegend von Danzig eine Unglückliche hinausgefahren und auf grausame Art ertränkt; und noch 1854 wurde in meiner Nähe eine alte Frau beerdigt, die im ganzen Dorfe als Hexe galt und der man deshalb die Leichenbegleitung versagte." Im Jahre 1879 wußten Zeitungen aus Rußland zu berichten: „In dem Wratschewo des Nowgoroder Gouvernements ist ein Bauernweib namens Agrafened Ignatiewa von den Einwohnern des genannten Dorfes wegen Verdachts der Hexerei lebendig verbrannt worden. Die Ältesten des Dorfes ließen Tür und Fenster des Hauses, in dem die vermeintliche Hexe wohnte, mit Brettern verschlagen, hierauf Stroh und Holz um das Haus legen und schließlich das Haus mit der ‚Hexe' verbrennen. Das unglückliche Opfer der abergläubischen Bauern wurde im buchstäblichen Sinne des

Wortes zu Asche verbrannt. Über hundert Dorfbewohner, darunter der Ortspope, wohnten diesem schrecklichen Schauspiele bei."

Über den bis in die Neuzeit hinein sich behauptenden Aberglauben sei nur — nach Dr. J. R. Spinners Kriminal- und Gerichtszeitung, Zürich — ein Beispiel gebracht, der Blutaberglauben, und zwar aus ihm das uns besonders interessierende Bluttrinken bei Hinrichtungen als Heilmittel vor allem bei Epilepsie (Fallsucht).

Der Aberglaube, daß Blut als Heilmittel dienen könne, reicht ins graue Altertum zurück. Chinesen und Ägypter (Papyrus Ebers) kannten das Blut als Heilmittel. An das Blut als Liebeszauber, insbesondere das Menstrualblut, sei hier nur erinnert[1].

Plinius schreibt, daß die Römer das Blut in der Arena gefallener Fechter tranken, um sich von der Epilepsie zu heilen, und Scribonius Largus empfiehlt es in seinem Werke (Medicamentorum compositiones) als Heilmittel gegen Fallsucht, das seither aus der Medizin und der Kurpfuscherei niemals ganz verschwunden ist. Die byzantinischen Mediziner Aetius, Alexander von Tralles, Aretaeus Cappadox kannten dieses Bluttrinken bereits als allgemeinen Volksbrauch, und die Sitten der damaligen Zeit gaben den Epileptikern häufig genug Gelegenheit, sich auf dem Richtplatz mit dem Blute Gerichteter vollzutrinken. Der Aberglaube blieb im nördlichen Europa (Deutschland, Österreich, der Schweiz, Dänemark, Schweden, Norwegen), bis die Abschaffung der Todesstrafe oder die Hinrichtung hinter Gefängnismauern ihm die Wurzel abgrub. Wer als Epileptiker heute Blut trinken will, muß es sich durch Verbrechen beschaffen, weshalb ab und zu wieder derartige Delikte vorkommen, wo das Blut als Heilmittel Verbrechermotiv ist.

Die Scharfrichter trieben häufig mit dem Menschenblut einen schwunghaften Handel. 1864 erhielt der Berliner Scharfrichter für jedes in das Blut des Gerichteten getauchte Taschentuch einen Taler, 1861 durchbrachen bei Hanau die Weiber den Polizeikordon, tauchten ihre Tücher ins Blut, fingen es in Schalen, Bechern, Töpfen auf oder tranken es vom Schafott. Ebenso überrannte man 1859 in Göttingen, als eine Giftmischerin enthauptet wurde, das Militär, um die Tücher ins Blut tauchen zu können. Andersen schildert im „Märchen seines Lebens" eine weitere derartige Hinrichtung, bei der ein Epileptiker eine Schale Blut trinken mußte und darauf von seinen Angehörigen gehetzt wurde, bis er im Laufen zusammenbrach. Denn dieses Hetzen und Laufen gehörte mit zur Heilzeremonie; 1828 trieb man die Bluttrinker, meistens Kinder, mit Peitschenhieben zum raschen Laufen an, bis sie zusammenbrachen. Es kam hierbei auch vor, daß die Epileptischen tot hinfielen. Leider haben die Behörden wenig oder nichts getan, um diesem grauenhaften Aberglauben zu steuern, ja sie haben ihn sogar vielfach begünstigt.

Aus der Schweiz haben wir Nachrichten, die uns beweisen, wie nahe an unsere Zeit heran der Aberglaube selbst noch behördlichen Schutz fand.

1861 erhielt ein epileptisches Weib in einem Appenzeller Armenhaus Erlaubnis, zur Hinrichtung eines Mörders nach Aarau zu gehen und dort das Blut des Hingerichteten als Heilmittel zu versuchen, wobei man ihr anriet, ja nicht zu vergessen,

---

[1] Vgl. Max Bauer, Liebesleben in deutscher Vergangenheit. (Im gleichen Verlage.)

daß „drei Schluck unter Anrufung der drei höchsten Namen zu trinken seien". 1862 erhielt ein — vielleicht dasselbe — Weib die Erlaubnis, nach Trogen zur Hinrichtung eines Metzgers zu gehen. Als sie schon auf dem Schafott stand und der Kopf gefallen war, erlitt sie einen neuen Anfall, der das Bluttrinken vereitelte. (Aargauer Nachrichten vom 26. VII. 1862.) Der 1861 hingerichtete Mörder Bellenot aus dem Berner Jura gestand, daß er das Doktorfraueli, eine Kurpfuscherin, nur deshalb ermordet hatte, um ihr Blut als Heilmittel gegen die Fallsucht zu trinken.

Auf kriminellem Wege verschaffte man sich bereits in früheren Zeiten dieses wunderbare Heilmittel Blut, um das selbst Könige und Päpste Menschen schlachten ließen. So Papst Innocenz VIII., dem sein Leibarzt 1492 das Blut dreier Knaben eingab, dann aber floh, weil die Kur erfolglos blieb. So auch Ludwig XI. von Frankreich, der zehn Jahre früher das Blut von Kindern trank und sogar darin gebadet haben soll. (Spinner, Giftmischerei der Renaissance.)

E. T. A. Hoffmann hat dieses Motiv für eine seiner Erzählungen benützt. Noch 1891 schlachtete ein Bauer im Gouvernement Kasan ein achtjähriges Mädchen, um sich mit dessen Blut von der Fallsucht zu heilen.

Das Blut spielt im Aberglauben eine unheimliche Rolle und muß, um wirksam zu sein, vielfach auf verbrecherischem Wege erworben werden, so zum Beispiel bei der Schwarzen Messe oder Satansmesse. Auch die Juden hat man beschuldigt, zu rituellen Zwecken Blut zu gebrauchen, eine Anschuldigung, die sich trotz der bis in die neueste Zeit vorkommenden Ritualprozesse als unhaltbar und unsinnig erwiesen hat.

Niepolds „Die gegenwärtige Wiederbelebung des Hexenglaubens" berichtet von regelrechten Hexenprozessen, die im neunzehnten Jahrhundert in Mexiko stattfanden: Hier wurde 1860 in Comarago eine Hexe verbrannt. Genaueres wissen wir jedoch nur über die Prozedur vom 7. Mai 1874 zu San Juan de Jacobo (einer von Indianern und Mischlingen bewohnten Stadt im Staate Sinaloa), wo Diega Luga und ihr Sohn Geronimo Porres als Zauberer lebendig verbrannt wurden.

Der offizielle Bericht des Richters J. Moreno vom 10. Mai 1874 über die Exekution schließt mit den Worten: „Der Fall war ein sehr trauriger, Herr Präfekt, aber es war notwendig um den Bosheiten Einhalt zu tun, die zu verschiedenen Zeiten hier vorkamen. Ja, trotz der Hinrichtung wurde mir gestern noch berichtet, daß der Angeklagte I. M. Mendoza gesagt habe, wir würden früher oder später noch büßen, was wir getan. Sie sehen hieraus, wie wenig diese Leute eingeschüchtert sind; aber ich versäume inzwischen keine Vorsicht. Die Angeklagten Mendoza haben aus Furcht sich geflüchtet; — warum fliehen sie, wenn sie sich nicht schuldig wissen? Denn reine Wäsche bedarf keiner Seife!" Dann folgt die republikanische Schlußformel: Libertad e independencia!

In der Tagespresse, die einem Bericht des „New York Herald" aus Mexiko vom 18. Mai 1874 folgte, wurden neben Diega Luga und ihrem Sohne noch Jose Maria Binilla und dessen Frau Diega genannt, als schon vor jenen um des gleichen Verbrechens willen in Jacobo verhaftet, gerichtlich verhört und lebendig verbrannt, weil, wie es in dem Bericht des dortigen Alcalde an den Präfekten des Bezirks hieß, erwiesen worden wäre, daß sie einen gewissen Schneider Zacarias behext hätten. Die Bundesregierung zu Mexiko schritt zwar dagegen ein, jedoch zu spät. Ein weiterer Bericht hat dasselbe von einem Mädchen gemeldet, das Haare weggezaubert, einem Strohkranz aus dem Wege gegangen wäre und alle Häuser vermieden hätte, an denen sich ein Hufeisen als Schloß befand. Mit ihr wurde ihr kleiner Bruder verbrannt. Auch aus der Stadt Concordia wurde dann ein ähnlicher Prozeß berichtet, doch fehlen uns hier ebenfalls offizielle Urkunden.

Das also wären von 1860 an mindestens fünf mexikanische Hexenprozesse. Ein sechster spielte sich am 20. August 1877 zu San Jacobo ab, an welchem Tage daselbst fünf Hexen verbrannt wurden. Der Alcalde Ignacio Castello berichtet darüber an den Distriktspräsidenten: „Der Unterzeichnete hat in Übereinstimmung mit der ganzen Bevölkerung befohlen, die Schuldigen zu verhaften und zu verbrennen. Es lebe die Unabhängigkeit und Freiheit!"

Immerhin ergibt sich aus diesen und aus ähnlichen Meldungen aus näherliegenden Gebieten, daß wenigstens die Staatsmacht diesem Treiben fern steht und höchstens nur irgend eine beschränkte Obrigkeit es war, die solchen Gewaltakten, bei denen vielleicht auch die Tortur zur Anwendung gelangte, einen Schein gesetzlichen Vorgangs gab. Man könnte im Hinblick auf die betreffenden Länder, die ja zumeist nicht als kulturell gereift gelten, auch behaupten, daß solches in europäischen Kulturstaaten schon seit langer, langer Zeit nicht möglich sei. Das wäre jedoch ein Irrtum. Am 26. Juni 1913 war in Berliner Zeitungen zu lesen: In dem Dorfe Gravilla unweit Florenz hat sich vor einigen Monaten ein Fall ereignet, der an die Zeiten des mittelalterlichen Hexenaberglaubens erinnert. Eine Bäuerin namens Faustina Bulli geriet dort wegen ihrer Häßlichkeit in den Verdacht, eine Hexe zu sein. Als sich einmal zwischen ihr und der Bäuerin Maria Secci ein Streit entspann, sprach Faustina den Wunsch aus, ihre Gegnerin möge erblinden. Dieser Wunsch ging tatsächlich infolge eines Zufalls in Erfüllung, und jetzt unterlag es im Dorfe keinem Zweifel mehr, daß Faustina mit dem Teufel im Bunde sei. Pasquale Secci, der Gatte der Erblindeten, schleppte die vermeintliche Hexe eines Tages vor seine Frau und verlangte drohend, daß sie sie wieder sehend mache. Faustina beteuerte, an dem Unglück keine Schuld zu haben und auch nicht imstande zu sein, der Erblindeten das Augenlicht zurückzugeben. Aber der Mann wollte diesen Versicherungen nicht glauben und rief drei Nachbarn herbei, die Faustina fesselten und in einen Backofen steckten. Das Feuer hatte bereits die Schuhe der „Hexe" verbrannt, als die vier Männer durch das Erscheinen des Gemeindeschreibers gestört wurden, der Faustina aus ihrer schrecklichen Lage befreite. Ihre vier Peiniger wurden den Behörden übergeben. Dieser Tage standen sie vor dem Florenzer Strafrichter und wurden zu sechs Monaten Kerker verurteilt. Das Gericht hatte eine verminderte Zurechnungsfähigkeit angenommen.

Über die Tortur in der Schweiz, ihre Anwendung und Aufhebung schreibt Dr. Spinner (a. a. O.):

Über die Folter wollen wir nur konstatieren, daß sie sich in der Schweiz bis weit ins neunzehnte Jahrhundert hinein, vielleicht sogar am längsten erhalten hat.

Am 2. Mai 1798 stellte Dr. Suter von Zofingen — zwar unter dem Eindruck der Französischen Revolution — im Großen Rat der helvetischen Republik den Antrag auf Abschaffung der Folter, und schon am 13. Mai war der Antrag Gesetz:

„Die gesetzgebenden Räte verordnen: Daß von jetzt an in ganz Helvetien die Tortur abgeschafft seie."

Die Tortur war also abgeschafft, nur wußte man in der Schweiz nicht, was Tortur war und was nicht. Die Bezirksgerichte scheinen ruhig weitergefoltert zu haben, so daß man die Zürcher am 27. März 1799 besonders darüber belehren mußte. Auch die Langenthaler fragten an, ob man einem Angeschuldigten wirklich keine Stockschläge mehr geben dürfe, um ihn zu einem Geständnis zu bringen. Die Reaktionäre regten sich auch von neuem, und L. Meyer von Knonau verlangte in seinen „Bemerkungen über die Gebrechen des helvetischen Kriminalwesens" (Zürich 1802) außer Rad und Galgen auch die Folter wieder.

Als 1803 die Schweizer mit Napoleons Mediationsakte — Konstituierung der Schweiz als eines Staatenbundes von 19 Kantonen — nach Hause kehrten, benutzten sie den Anlaß der Dezentralisation, um sofort die Folter wieder einzuführen.

In einer Anzahl von Verfassungen wurde die Folter dann später ausdrücklich abgeschafft: Zürich 1831 (Art. 14), Glarus 1851 (Art. 6, 3), Freiburg 1848 (Art. 7) und Baselland 1850 (Art. 6, 6).

Der Kanton Schwyz folterte bis 1848 in reichlicher Anwendung der Territion, wobei es außerordentlich grausam zuging. Wir wollen deshalb den v. Grebels Dissertation entnommenen gekürzten Bericht über diese Schwyzer Folter nicht vorenthalten:

Angeschuldigter war Franz Joseph Waldvogel, verheiratet, etwa 40—50 Jahre alt. Es wurde ihm zur Last gelegt, er hätte eine gewisse Barbara Schneider, die in seinem Hause wohnte, mißbraucht und dann, als sie vor der Geburt stand, mit einem hölzernen Hammer durch Schläge auf den Kopf totgeschlagen.

Der Indizienbeweis war vollständig geschlossen, Waldvogel überführt, nur fehlte sein Geständnis. Inquisit bestritt sogar Tatsachen, die durch mehrere Augenzeugen übereinstimmend festgestellt worden waren. So lag es denn von vornherein im Willen der untersuchenden Behörde, den halsstarrigen Sünder mit allen Mitteln zum Geständnis zu bringen, was auch durch ein bei den Akten liegendes, jedenfalls von der Oberbehörde herrührendes Schriftstück: „Ansichten und Bemerkungen über den mit Fr. Waldvogel geführten Proceß" bewiesen wird, worin es heißt: „Durch dieses so bestimmte visum et repertum und in Betracht der übrigen Umstände im Proceß wird der Verhörrichter berechtigt, den beschuldigten Waldvogel mit den nachdrucksamsten Territionen und Zwangsmitteln zur Wahrheit zu führen."

Der Angeschuldigte hatte vom 25. September 1820 bis zum 3. Januar 1821 im ganzen 26 Verhöre mit zusammen 591 Fragen zu bestehen. Er beschränkte sich zumeist darauf, auf alle Fragen zu antworten, er wisse nichts. Positive Behauptungen und direkte Lügen von seiner Seite finden sich wenige im Protokoll.

Die Zwangsmaßregeln gegen Waldvogel fangen erst im 9. Verhör am 20. Oktober nachmittags an. Wir übergehen das Protokoll, da beständig sich wiederholend, bis zum 26. Verhör am 11. Dezember 1820.

Nach Frage 407: Worauf er mit der rechten Hand am Flaschenzug angefaßt und angestreckt, dann wieder befragt worden.

Nach Frage 408: Worauf auch dessen einter Fuß am Flaschenzug angefaßt und erhöhet worden, dann er wieder befragt.

Nach Frage 417: Worauf er besser angestreckt, in dieser Position eine halbe Stunde stehen gelaßen worden, dann wieder befragt.

Nach Frage 418: Worauf er auch mit der linken Hand am Flaschenzug angemacht und angestreckt und wieder befragt worden.

Nach Frage 419: Nachdem er wieder eine halbe Stunde in gleicher Stellung gestanden hatte, wurde er wieder befragt.

Nach Frage 424: Nachdem er wieder eine halbe Stunde in gleicher Positur gestanden, wurde er befragt.

Nach Frage 425: Worauf er noch besser angestreckt und wieder befragt worden.

Nach Frage 426: Nach Verlauf einer abermaligen halben Stunde ist er wieder befragt worden.

Im 22. Verhör am 12. XII. nach Frage 443: Worauf er durch Franz Grosholz, Meister, dessen Knecht auf das Stühlein gesetzt und am Flaschenzug angemacht, dann wieder befragt worden.

Nach Frage 445: Worauf er vor hinaufgezogen, ganz erhöhet, dann wieder befragt worden.

Nach Frage 446: Nachdem er eine halbe Stunde gehangen, wurde er wieder befragt.

Nach Frage 448: Worauf ihm ein 20 Pfund schwerer Gewichtstein angehängt und er wieder befragt worden.

Nach Frage 449: Nachdem er wieder eine halbe Stunde gehangen, wurde er befragt.

Nun machte er ein nebensächliches Geständnis, worauf er herabgelassen und auf das Stühlein gesetzt wird.

Nach Frage 462: Worauf Franz Grosholz, Meister und sein Knecht neuerdings vorberufen, Inquisit wieder am Flaschenzug angemacht und dann befragt worden.

Im 25. Verhör am 2. I. 1821 nach Frage 550: Worauf Franz Grosholz, Meister, vorgerufen, Inquisit dann wieder befragt worden.

Nach Frage 551: Worauf durch Franz Grosholz, Meister, wieder auf den Bock gespannt und Inquisit dann befragt worden.

Nach Frage 552: Nachdem er eine ganze Stunde auf dem Bock gespannt saß, wurde er befragt.

Nach Frage 555: Worauf ihm 30 Rutenstreiche aufgemessen und er dann wieder befragt wurde.

Nach Frage 556: Worauf ihm neuerdings 40 Rutenstreiche gegeben wurden und er dann wieder befragt.

Nach Frage 558: Worauf ihm nochmalen 40 Rutenstreiche aufgemessen und er wieder befragt worden.

Nach Frage 559: Nachdem er in gleicher Stellung wieder eine halbe Stunde verharrt hatte, wurde er befragt.

Nach Frage 565: Worauf ihm neuerdings 40 Rutenstreiche gegeben und nach Verlauf einer halben Stunde wieder befragt wurde.

Nach Frage 571: Worauf ihm wieder 50 Rutenstreiche gegeben und nach einer halben Stunde abermalen befragt wurde.

Im 26. Verhör am 3. I. 1821 nach Frage 567: Worauf er an den Flaschenzug angemacht und dann wieder befragt worden.

Nach Frage 578: Worauf er durch Franz Grosholz, Meister, vorwärts aufgezogen und dann wieder befragt worden.

Nach Frage 581: Nachdem er eine halbe Stunde gehangen hatte, wurde er befragt.

Nach Frage 586: Worauf ihm ein 30 Pfund schwerer Stein an die Füße gebunden und nach einer Weile wieder befragt worden.

Nach Frage 587: Nachdem er wieder eine halbe Stunde gehangen, wurde er befragt.

Nach Frage 590: Da er über die letzte Frage keine verständliche Antwort geben konnte, sein Angesicht mit Schweiß bedeckt und ganz erblaßt war, wurde er hintergelaßen und ihm während seiner Übelkeit Ruhe gelaßen. Nachdem er sich wieder etwas erholt hatte, wurde er wieder befragt.

Nach Frage 591: da er auch auf diese Frage gar keine Antwort gab, und nicht merken ließ, als habe er etwas gehört, wurde derselbe ins Gefängnis zurückgeführt.

Damit hören die Akten auf. Waldvogel hatte trotz dieser 52 Folterungen nicht gestanden, der Barbara Schneider den ersten entscheidenden Schlag auf den Kopf gegeben zu haben. Immer war er bei seiner Behauptung geblieben, die Schneider wäre von der Altane aufs Pflaster gefallen, und er hätte ihr noch die letzten Schläge gegeben, weil er gedacht, sie bleibe nach der ersten Verwundung eine elende Person und falle ihm zur Last. Am 16. Januar 1821 erfolgte das Todesurteil.

Es ist demnach wenig mehr als ein Jahrhundert verflossen, seit in der freien Schweiz der Scharfrichter in der Folterkammer wie in der schrecklichsten Zeit der Hexenprozesse amtierte.

Es kommt aber noch besser.

Aus dem Urner Mordfall Kaspar Zurflüh geht mit Sicherheit hervor, daß in Uri noch 1861 die Folter in Form von Prügeln zur Erpressung eines Geständnisses Anwendung fand.

Da Zurflüh leugnete, der Täter zu sein, wurde nach einem zeitgenössischen Berichte zur Territion geschritten:

Allen diesen Indizien, meldet der Bericht, setzte der Inquisit lange ein hartnäckiges Leugnen entgegen, obwohl er deren Last zu empfinden und seine Entmutigung sich immermehr zu steigern schien. Es mußten daher Zwangsmaßregeln zur Anwendung kommen, zuerst magere Kost innerhalb der dem Verhöramt bezeichneten Schranken (drei Tage per Woche), dann infolge Weisung des Regierungsrats bis vier Tage per Woche, in Verbindung mit Rutenstreichen. In der zweiten Woche nach Beginn dieser verschärften Maßregeln, nachdem Inquisit einmal 10, ein andermal 15 Streiche über das Gesäß auf die Kleider erhalten hatte, zog er den 19. April im achtzehnten Verhöre vor, weitere Zwangsmaßregeln, die ihm in Aussicht gestellt waren, sich zu ersparen und sich zum Geständnis herbeizulassen.

Die „Schwyzerzeitung" No. 92 vom 23. April 1861 schreibt triumphierend dazu:

Was vielwöchige Gefangenschaft und mehrmalige Konfrontationen, und was selbst schmale Kost, Wasser und Brot bei dem Verbrecher nicht vermochten, das gelang durch die in jüngster Zeit gegen denselben in Anwendung gebrachten territiones reales. Diese argumenta ad hominem haben auch in diesem Fall ihre alte Wirksamkeit bewährt.

Sogar im Jahre 1869 geschah in Zug noch folgendes:

Ein diebstahlsverdächtiger Landjäger wurde vorerst vom 26. Oktober bis 10. November bei Wasser und Brot eingesperrt. Am 10. November wieder kein Geständnis, worauf man ihm die Daumenschrauben angelegt, ihn aufgezogen und ihm zwölf Stockschläge verabreichte. Als auch das nichts half, wurde er ohne Geständnis verurteilt. Der deshalb angegriffene Verhörrichter rechtfertigte sich öffentlich damit: „Diese Gesetze seien überhaupt nie abgeschafft worden."

In Schaffhausen hat 1892 noch in einer Morduntersuchung der Inkulpat am 24. November nach dem Verhör und noch einmal am 26. November neun bzw. fünf Streiche nebst Dunkelarrest verabfolgt erhalten.

Es ist also vor einem Menschenalter noch in der Schweiz durch Zudiktieren von Prügeln versucht worden, ein Geständnis zu erlangen.

Aus den angeführten Fällen ist zu ersehen, daß die Tortur auch in der jüngsten Zeit zur Anwendung gelangte, und, wie wir hinzufügen können, noch gelangt. Es lag und liegt leider noch nur zu nahe, daß Gewalthaber — das Wort in seiner einfachen Bedeutung gebraucht — einen harten Zwang mit peinigenden Mitteln ausführten und ausführen, um eine ihnen genehme Aussage zu erzielen. Wollten wir alles als Tortur betrachten, was in dieser Beziehung im übertragenen Sinne noch heute erfolgt, so ließe sich eine lange Reihe von Foltermitteln und -methoden anführen, die vielleicht oft noch viel empfindlichere Seelentorturen sein mögen als die Körperqualen einer vergangenen, uns als barbarisch geltenden Zeit.

Allerdings steht es fest, daß die peinliche Frage nunmehr aus allen unseren Rechtsbüchern verschwunden ist, doch nur aus den Rechtsbüchern; in der Praxis kommt sie selbst im Gerichtsverfahren europäischer Völker nur zu häufig vor, und die Klagen, die darüber laut werden, mögen nur ein schwaches Echo dessen sein, was tatsächlich geschieht. Mancher Wehlaut mag hinter dicken Kerkermauern verhallen, und selbst wenn die Kunde solcher Mißhandlungen in die Öffentlichkeit dringt, wird sie oft nicht geglaubt und noch öfter nicht beachtet. Besonders bei politischen Verbrechen, Verschwörungen gegen die bestehende Staatsgewalt scheint die peinliche Frage selbst in Ländern mit europäischer Kultur vorzukommen. Ferner kommt es auch vor, daß übereifrige Polizeibeamte bei der ersten Untersuchung eines Straffalles zu diesen Mitteln greifen. Im früheren Österreich scheint besonders in Galizien diese Praxis in Übung gewesen zu sein. Im Jahre 1901 wurde ein Prozeß gegen einige Polizeibeamte dieses Kronlandes verhandelt, wobei die Anwendung einer regelrechten Tortur ans Tageslicht kam. Im nachfolgenden Jahre wußten die Zeitungen wieder Ähnliches zu melden. Der Bericht lautet:

In Stanislau bei Lemberg wurden zwei Polizisten verurteilt, weil sie mehrere Personen, die in Haft gebracht wurden, in geradezu unmenschlicher Weise behandelt hatten. Sie wendeten die Prozedur des sogenannten „Anbindens" an, indem sie ihren Opfern die Hände rücklings zusammenbanden und die Bedauernswerten in dieser Position an Haken oder an der Türklinke aufhingen, so daß sie den Boden kaum mit den Fußspitzen berührten. Die Gemarterten schrieen fürchterlich, wurden in kurzer Zeit schwarz im Gesicht und brachen nach Abnahme vom Haken bewußtlos zusammen. Die beiden Angeklagten suchten sich damit zu verteidigen, daß sie dieses Verfahren beim Militär als Strafe in Anwendung gesehen und deshalb für erlaubt gehalten hätten.

Über ähnliche Vorkommnisse aus Ungarn wurde gleichfalls manches laut, ebenso aus Rumänien. Die „Berliner Volkszeitung" bringt in ihrer Nummer 351 vom 8. August 1922 ein Telegramm aus Bukarest, das über das Treiben der nationalistischen Militärbanden, der Hejjas, hierhergehörige Tatsachen berichtet:

Weite Kreise des rumänischen Volkes, insbesondere der intellektuelle Teil der Bevölkerung, befinden sich zur Zeit in einer hochgradigen Erregung über eine Anzahl schwerer Mordtaten, für die die allmächtige Militärpartei verantwortlich gemacht wird. Bekanntlich fand in der Zeit von Januar bis Juni dieses Jahres in Bukarest ein großer Kommunistenprozeß gegen 270 Kommunisten statt. Man hatte versucht, diesen Kommunisten die Mittäterschaft an einem Bombenattentat in die Schuhe zu schieben.

Der Verlauf des Prozesses bewies aber, daß die meisten dieser Kommunisten nur verhaftet worden waren, weil sie sich zur Dritten Internationale bekannt hatten. Schon vor diesem Prozeß waren die Verhafteten einer unmenschlichen Behandlung und schweren Folterqualen ausgesetzt worden. So hatte man einige der Leute in horizontal gestellte Särge gepreßt und sie darin während der ganzen Dauer des Prozesses festgehalten. Nur die wenigen Stunden, die sie vor den Richtern standen, wurden sie aus dieser Marter befreit. Da den Angeklagten nichts nachzuweisen war, wurde die Hochzeit der rumänischen Königstochter dazu benutzt, sie zu amnestieren.

Seltsam berührt der oben erwähnte Rechtfertigungsversuch mit dem Hinweis auf das beim Militär übliche Strafverfahren, eine Bezichtigung, die wohl nicht unwahrscheinlich genannt werden kann; denn es wurden auch sonst zuweilen Stimmen laut, die über dergleichen Marterungen im Militärdienst klagten. Übrigens sind diese Vorkommnisse nicht örtlich beschränkt, sondern fast überall zu finden, und besonders häufige Klagen über martervolle Behandlung wurden aus den Reihen der in Afrika und Asien dienenden französischen Fremdenlegion laut. Unter solchen Umständen ist es nicht sehr verwunderlich, daß zuweilen die Militärmacht auch gegenüber dem besiegten oder als Gefangener in ihre Hände gekommenen Feind mit Härte vorging und zur Erpressung von Geständnissen die Tortur anwandte. Im Frühling des Jahres 1902 wurde in den Vereinigten Staaten von Nordamerika ein Prozeß wider einige Offiziere verhandelt, die sich auf den Philippinen Grausamkeiten gegen die Bewohner hatten zuschulden kommen lassen und nach der Anklage auch die Tortur angewandt hatten. Das einzig Tröstliche bei all diesen beklagenswerten Erscheinungen ist, daß sie sich als Verirrungen einzelner erweisen, und daß die Staatsmacht in der Regel bemüht ist, die Schuldigen zur Verantwortung zu ziehen, wie sie es auch bei allen mit dem „Tropenkoller" befallenen Staatsangehörigen zu tun versucht.

Daß in der Türkei bis in die Neuzeit bei sogenannten politischen Verbrechen die Tortur mit aller Strenge gehandhabt wurde, kann als gewiß angenommen werden, so wenig auch von dort her aus den dicken Kerkermauern hervor in die Öffentlichkeit drang. Derlei Praktiken gehören einmal zu den unerläßlichen Hilfsmitteln der Regierungen des Ostens, und wir sehen sie, wie bereits schon früher bemerkt wurde, auch in Persien, China usw. zur Anwendung gelangen. Aber auch in anderen europäischen Staaten, besonders in den früher zu dem türkischen Reich gehörigen finden wir die Tortur, mögen auch die nach westeuropäischem Vorbild verfaßten Gesetzbücher nichts davon zu künden wissen; unter der Regierung Milans soll in Serbien nicht selten ein Gefangener oder auch eine Gefangene „peinlich befragt" worden sein, und mancher starb „plötzlich" im Kerker.

Mit sofortiger Wirkung hat die türkische Regierung am 4. April 1923 ein völliges Alkoholverbot erlassen. Von diesem Tage ab wird jede Person, die beim Genuß alkoholischer Getränke betroffen wird, auch wenn es sich um Ausländer handelt, mit einer Bastonade von dreißig Hieben bestraft werden. Händler, die solche Getränke verkaufen, werden mit einer Geldbuße von fünfzig türkischen Pfund bestraft. Die Ausländer sind aufgefordert worden, den Behörden eine vollständige Angabe über ihre Vorräte zu machen. Sie werden aber eine Frist von zwei Monaten erhalten, in der sie die alkoholischen Vorräte wieder ausführen dürfen; andernfalls werden diese vernichtet werden. Von diesen Maßnahmen sind lediglich fremde Militärs ausgenommen.

Über unerhörte Folterqualen Gefangener in der Mandschurei berichtet das „Berliner Tageblatt" vom 25. Juni 1925:

Ein englischer Reisender, der kürzlich aus der Mandschurei zurückkehrte, gibt eine grauenhafte Schilderung von den Gefängnissen, die er dort sah. Dunkle Kammern, in die niemals ein Lichtstrahl fällt, münden auf einen viereckigen Platz. In den Kammern sind hölzerne Käfige, 1 Meter lang und 75 Zentimeter hoch, übereinandergestapelt, in denen die Gefangenen ihre Strafen verbüßen müssen. Sie tragen schwere Ketten, um den Hals und an den Handgelenken Fesseln. Selbstverständlich können die Ärmsten in den Käfigen weder sitzen, noch sich ausstrecken, sondern sind gezwungen, dauernd wie ein Fragezeichen zu liegen. Die Nahrung wird durch ein Loch geschoben, oft aber auch nicht, denn die Wärter essen selbst gern. Von Reinigung der Käfige ist nur dann die Rede, wenn die dringende Notwendigkeit besteht. Manche der Gefangenen, die der Hitze und der Kälte schutzlos preisgegeben sind, müssen in diesen vergitterten Särgen den ganzen Rest ihres Lebens verbringen, eine Tortur, die ohnegleichen ist.

Über afghanische Justiz von heute erzählt Chalit Chan in der „Vossischen Zeitung" vom 28. Juni 1925:

Reisende Kaufleute auf dem Wege von Chanabad, der Hauptstadt von Katachan nach Kabul, gelangten spät abends nicht mehr bis zur Karawanserei beim Dorfe Deschterewat und übernachteten im Freien. Sie wurden überfallen, ausgeplündert und all ihrer Waren beraubt. In Kabul angekommen, gingen sie zum Emir, und dieser herrschte sie an: „Warum habt ihr keine Wache ausgestellt?" Der Älteste, ein „Risch-safed" (Weißbart) trat vor und sagte: „Sahib, wir glaubten, wir dürften alle ruhig schlafen, unser Emir wache für uns!" — Abdul Rachmanns Augen leuchteten froh: „Das war eine gute Antwort! — Wieviel hat man euch genommen?" — „Herr, 800 Rupien ist der Wert." — „Man gebe meinen treuen Kindern den Betrag und" — zu seinen Offizieren gewandt — „schaffe mir die Räuber herbei!"

Das war leicht gesagt und schwer getan. Die Gegend wurde abgesucht, — keine Spur von den Räubern. Dem Emir wird das erfolglose Ergebnis der Streifen gemeldet. Nicht gewohnt, daß seine Befehle nicht ausgeführt werden können, braust er auf und sagt: „Wenn ihr die Räuber nicht fangen könnt, so sperrt die Steine ein, die Augenzeugen des Überfalls waren!"

So geschah es; ein „Ferman" wurde ausgeschrieben, daß die Steine an Stelle der Menschen „bandi" gemacht (d. h. ins Gefängnis geworfen) würden. Der Ferman wurde an einem Felsblock am Überfallsort angeheftet und eine Wache hingestellt. Die des Weges kommenden Wanderer wunderten sich über das sonderbare Gefängnis, und eines Tages kam ein Mann daher, las den Ferman und sagt zur Wache:

„Da siehst du an dem Wisch, daß der Emir nicht die Macht hat, die Räuber zu fangen; sonst sperrte er nicht die Steine ein!" — Der Sprecher wurde festgenommen, gefoltert und gestand, die Räuber zu kennen. Diese wurden zum Emir gebracht. Sie winselten um ihr Leben. Abdul Rachman versprach ihnen, sie nicht vor die Kanone binden und in die Luft schießen zu lassen. Dieses ist noch heute eine in Afghanistan gebräuchliche Strafe, die als besonders entehrend gilt, weil der Mohammedaner glaubt, beim Jüngsten Gericht nicht auferstehen zu können, wenn seine Gebeine zerstreut wurden. Die Gefangenen mußten zunächst das geraubte Geld und die vom Emir verauslagten 800 Rupien herbeischaffen, dann wurden sie nach dem Versprechen des Emirs nicht gewaltsam getötet, sondern — lebend — an die Stadttore von Kabul genagelt. Das Volk pries den klugen und gerechten Emir und ergötzte sich daran, die Wehrlosen schmählich zu beschimpfen, anzuspeien und mit Unrat zu bewerfen, bis sie in der glühenden Sonnenhitze des Orients ihr Leben endigten. Die Leichen wurden, wie üblich, nach drei Tagen erst entfernt und den Hunden, Geiern und Schakalen zum Fraße vorgeworfen.

Doch nun wieder zu uns näherliegenden Staaten mit abendländischer Kultur.

Nicht sehr erfreulich klingt auch, was betreffs Anwendung der Tortur aus dem zaristischen Rußland zu melden ist. Bestrebungen, Taten, sogar Worte, die gegen die vorhandenen Machthaber gerichtet waren, galten als die ärgsten Verbrechen. Der im Mai 1902 hingerichtete Balmatschoff, der einige Wochen vorher den Minister Schipjägin aus politischen Gründen ermordet hatte, wurde, wie Zeitungsberichte zu melden wußten, im Gefängnis der Tortur unterzogen, um von ihm die Namen seiner vermuteten Mitverschworenen zu erfahren. Er blieb standhaft verschwiegen, auch dann noch, als ihm vor seiner Hinrichtung die Begnadigung gegen Preisgabe seiner Genossen angeboten wurde. Ähnliche Vorfälle ließen sich aus dem Rußland vor dem Weltkrieg noch zahlreich anführen.

Der kürzlich, im Juli 1925, zu Ende geführte Prozeß gegen die drei deutschen Studenten läßt die Annahme gerechtfertigt erscheinen, daß auch das bolschewistische Rußland doch noch nicht ganz die Übelstände des zaristischen überwunden hat.

Der bekannte amerikanische Publizist Georg Kennan, der seine so großes Aufsehen erregenden Aufsätze über Sibirien veröffentlicht hat, gab uns auch Schilderungen über russische Gefängnisse aus den achtziger Jahren des neunzehnten Jahrhunderts, denen wir nachfolgende Stellen entnehmen:

In den Gefängnissen, die nur für politische Verbrecher bestimmt sind, ist zwar weniger Unordnung und Unehrlichkeit zu finden als in den Provinzialgefängnissen niedrigeren Ranges; allein auch hier gelten Beamtenlaunen und Zeitverhältnisse viel mehr als die Bestimmungen des Gesetzes. Dieses darf wirklich nur in den seltensten Fällen in Widerspruch mit den Launen eines hochgestellten Beamten geraten, die dieser für wichtiger als die Staatsinteressen betrachtet. Wenn ein Staatsanwalt wie Strelnikoff, ein Gendarmeriechef wie Mezzentseff der Meinung ist, er könne aus einem politischen Verbrecher, falls er ihn einer gewissen Behandlung unterzöge, ein Geständnis herauspressen, das die Verhaftung seiner Mitschuldigen ermöglichen würde, so säumt er keinen Augenblick, die vom Gesetz gezogene Grenze zu überschreiten. Um einen solchen Zweck zu erreichen, wird ein Beamter sich nicht die geringsten Skrupel machen, nach Mitteln zu greifen, die höchst niederträchtig und ehrlos sind, Mittel, die den Gefangenen erbittern müssen und die Regierung schänden, die sie zuläßt.

Die Behandlung der politischen Gefangenen hängt auch nicht wenig von der Stimmung der Beamten ab, die je nach den verschiedenen Zeiten und Umständen schwankt. Jeder Gewalttat der Verschworenen, die noch auf freiem Fuße sind, folgt eine strengere und schärfere Behandlung ihrer gefangenen Genossen. So mag es kommen, daß heute die Beamten, erbittert über das Gelingen eines Anschlags, den Zorn über ihre eigene Unfähigkeit, die diesen Anschlag nicht vorher entdecken ließ, an den in ihrer Gewalt befindlichen Verschworenen auslassen, während sie morgen wieder, besänftigt von der geheuchelten Untertänigkeit, oder befriedigt über die scheinbare Herstellung der guten Ordnung die übermäßige Strenge der Gefängnisdisziplin mildern. Die natürliche Folge dieser Unterdrückung der gesetzlichen Vorschriften durch Laune und Willkür der Beamten ist der völlige Umsturz jeder systematischen und zielbewußten Leitung der Gefängnisse. Die Behandlung der Gefangenen erfolgt nicht, wie das Gesetz will, sondern wie es der Staatsanwalt oder der Gendarmeriechef für gut findet. Und überdies sind noch Verhältnisse maßgebend, die eigentlich mit den Gefangenen selbst nicht das geringste zu tun haben.

Ehe ich daran gehe, das tägliche Leben des russischen Revolutionärs im Gefängnis zu schildern, will ich die Aufmerksamkeit des Lesers auf drei Umstände lenken, die mit dem Gefängnisleben in enger Verbindung stehen und einen wichtigen Einfluß auf die Stimmung ausüben. Diese Umstände sind: 1. der Brauch, aufs Geratewohl zu verhaften, um Schrecken einzuflößen, und in der Hoffnung, zu Aufschlüssen über geheime revolutionäre Bewegungen zu kommen; 2. die Anwendung der Einkerkerung als einer Art Tortur, um den Gefangenen zu Geständnissen oder zum Verrat seiner Freunde zu nötigen; 3. das monatelange, ja sogar jahrelange ungesetzliche Zurückhalten politischer Verdächtiger in Einzelhaft, indes die Polizei im ganzen Reich emsig nach Belastungsmitteln, die eine förmliche Anklage zulassen, sucht. Diese Kunstgriffe werden in Rußland sehr häufig angewendet, und nichts mag mehr dazu beigetragen haben, die halberstickte Glut der Unzufriedenheit zur Loderflamme des Terrorismus anzufachen.

Wenn ich von Verhaftungen aufs Geratewohl sprach, so wollte ich damit selbstverständlich nicht sagen, daß die russische Polizei wie ein brüllender Löwe durch die Straßen schreitet und jeden erfaßt, der ihr in den Weg gerät. Die Verhaftungen Politischer, so umfangreich und willkürlich sie auch erfolgen, beschränken sich stets nur auf eine Klasse der Bevölkerung, auf jene Leute, die von Amts wegen als „neblago-nadezhni" gelten, eine Bezeichnung, die sich nur durch Umschreibung wiedergeben läßt. Blago bedeutet im Russischen gut, nadezhna Hoffnung, nadezhnost hoffnungsvoll und ne die Verneinung. Ne-blago-nadezhnost bedeutet daher: nichts Gutes zu erhoffen, was wir kurz mit „politisch unzuverlässig" bezeichnen wollen. Diese Bezeichnung wird von der russischen Regierung auf alle

Personen angewendet, deren politische Anschauungen ihr nicht passen, deren Tun und Lassen daher als eine der Polizeiaufsicht würdige Aufgabe erscheint.

Die unter Polizeiaufsicht stehenden Leute bilden jedoch in der großen Klasse Unzuverlässiger nur einen verhältnismäßig kleinen Teil. Sie sind meist solche, *die aus ihrem Wohnsitz zwangsweise nach anderen Orten versetzt wurden, um ihre heimatlichen Verbindungen abzuschnüren, und die in gewissen Zeiträumen von der Polizei in ihren Wohnungen kontrolliert werden.* Tausende anderer, die nicht versetzt wurden, stehen unter geheimer Polizeiaufsicht, und wieder Tausende sind in den Registern der Gendarmerie und Geheimpolizei als verdächtig eingetragen. So oft die Extremsten der revolutionären Partei einen Anschlag ausführen oder nur versuchen, faßt die Polizei alle „Unzuverlässigen", die in der betreffenden Stadt oder Provinz wohnen, und sperrt sie ein, Schuldige und Unschuldige, ohne Unterschied, um sie nach Belieben sich auszuwählen. Viele dieser Verhafteten sind fast noch Kinder, Jungen und Mädchen im Alter von 15 bis 17 Jahren, die freilich nicht als gefährliche Verschwörer gelten können, die aber — und das hofft man — so weit eingeschüchtert werden können, daß sie alles gestehen, was sie von dem Tun und Treiben, von den Äußerungen ihrer Freunde und Verwandten wissen.

Solche für „unzuverlässig" geltenden Verhafteten pflegt man zehn bis vierzehn Tage in strenger Einzelhaft zu halten und sie dann einem Kreuzverhör zu unterziehen, in der Hoffnung, aus ihnen ein Geständnis in Bruchstücken herauszupressen, hier ein Wort, dort ein Wort, die, zusammengefügt wie die Stückchen einer zerschnittenen Landkarte, den Plan des revolutionären Anschlags erkennen lassen. Wenn z. B. ein junges Mädchen einer „unzuverlässigen" Familie angehört und man einen Brief von ihr auffängt, der als „verdächtig" gelten mag, oder wenn man sie spät abends aus einem verdächtigen Hause kommen sieht, so wird sie — dergleichen geschieht gewöhnlich nachts — von der Polizeipatrouille verhaftet, in einem geschlossenen Wagen nach dem Gefängnis gebracht, in eine Zelle für Einzelhaft gesteckt, der fürchterlichsten Seelenpein überlassen. Sie erhält keine Aufklärung, und wenn sie die Schildwache draußen anruft, so bekommt sie nur die Antwort: Es ist nicht erlaubt, zu sprechen. Man kann sich den Eindruck denken, den dieses plötzliche Versetzen aus der Ruhe, Bequemlichkeit und Sicherheit des eigenen Heims in die enge, finstere Zelle eines Gefängnisses für gemeine Verbrecher auf ein junges, unerfahrenes, empfängliches Gemüt eines Mädchens hervorbringen muß, besonders wenn der Vorfall sich nachts ereignet. Angenommen selbst, es sei ein Mädchen von Mut und Entschiedenheit, so müßte doch ihre Selbstbeherrschung unter der Aufregung versagen. Die Laute, die die nächtliche Stille eines russischen Gefängnisses unterbrechen — der gemessene Schritt der Schildwache, der unterdrückte Schrei, das Kreischen eines Tobenden, der an sein Bett gefesselt wird, hier und da das Zuwerfen einer schweren Tür, das Schluchzen und der Weinkrampf anderer jüngst Verhafteter, die sich in den Nachbarzellen befinden, das zeitweilige und plötzliche Erscheinen eines unbekannten Gesichts an der kleinen viereckigen Luke der Zellentür, durch die die Gefangenen beobachtet werden — dies alles macht die erste Nacht, die das Mädchen im Gefängnis verleben muß, zu einer Erinnerung fürs ganze Leben. Doch ist das nur der Beginn der Prüfung, die ihr Mut, ihre Entschiedenheit noch bestehen muß. Es vergeht ein Tag, zwei, drei, zehn, — und keine Nachricht wird ihr zuteil, auch nicht die geringste Andeutung über die Anklage, die gegen sie erhoben wird. Zweimal des Tags reicht ihr die schweigsame Schildwache durch die Türluke die Nahrung hinein; das ist die einzige Unterbrechung ihrer öden Einsamkeit. Sie hatte keine Bücher, kein Schreibmaterial, nichts, was ihren Gedanken eine andere Richtung geben könnte, die fürchterliche, fast unerträgliche Aufregung mildert. Gequält von Furcht und Ungewißheit über ihr Schicksal, schreitet sie unruhig in der Zelle auf und nieder, bis sie erschöpft auf das schmale Bett der Zelle sinkt und im Schlaf Vergessen ihres Elends sucht, wenn ihr nicht der Gedanke an ihr und ihrer Lieben Schicksal auch den Trost des Schlummers raubt.

Endlich — es mögen zwei Wochen nach ihrer Verhaftung sein —, wenn sich annehmen läßt, daß Einzelhaft und Kummer ihre Willenskraft gebrochen haben, wird sie zum „dopros" (ersten Verhör) geholt, das ohne Zeugen stattfindet. Der Beamte bemerkt vor allem, daß sie auf Grund dieses oder jenes Paragraphen des Strafgesetzes schwerer Verbrechen angeklagt sei, und daß sie eine lange, vieljährige Verbannung nach Sibirien zu erwarten habe. Indes mit Rücksicht auf ihre Jugend, Unerfahrenheit und auch den Umstand, daß sie wahrscheinlich von verbrecherischen Freunden verführt worden sei, will er ihr versprechen, daß sie sofort in Freiheit gesetzt werde, wenn sie aufrichtige Reue und den Vorsatz zur Besserung bekunde, ein offenherziges Bekenntnis ablege und alle Fragen, die ihr vorgelegt werden, wahrheitsgetreu beantworte. Bliebe sie hingegen verstockt, so wäre sie der Nachsicht unwürdig, und er würde es für seine Pflicht halten, die ganze Strenge des Gesetzes gegen sie anzuwenden.

Die Ärmste weiß, daß der Hinweis auf Sibirien keine leere Drohung bedeutet. In ihrer „unzuverlässigen" Familie mag sie oft genug von Marie Prisedski sprechen gehört haben, die im Alter von 16 Jahren nach Sibirien verschickt wurde, weil sie ihre ältere Schwester nicht verraten wollte; ferner von den Geschwistern Iwitschewitsch, einem Mädchen von 17 und einem Knaben von 14 Jahren, die 1879 in Kiew verhaftet und nach Sibirien verschickt wurden, nur weil die älteren Brüder Revolutionäre waren und bei dem Widerstand, den sie ihrer Verhaftung entgegensetzten, erschossen wurden.

Es ist nicht zu verwundern, wenn ein junges Mädchen, das derart ihrer Familie entrissen worden, entmutigt von der Einzelhaft, ohne Rechtsbeistand, ohne Kenntnis des Gesetzes, ohne hilfreiche Freundeshand, schließlich unter der Aufregung entsetzlicher Angst zusammenbricht und dem Untersuchungsrichter alles bekennt, was sie weiß. Wohl wird sie dann aus der Haft entlassen, aber nur um neue Qualen zu erleiden. Ihre besten Freunde, ihre Familienglieder werden verhaftet, eingekerkert und nach Sibirien verschickt; ihr Leben lang ist sie den Selbstvorwürfen und Gewissensbissen preisgegeben, daß ihre Aussagen das Unglück herbeigeführt haben. Allein es kommt auch häufig vor, daß ein Mädchen standhaft bleibt und selbst nach monatelanger Einzelhaft sich weigert, die ihr vorgelegten Fragen zu beantworten. In solchen Fällen wendet die Behörde noch weit schändlichere Kunstgriffe an.

Im Jahre 1884 wurde Marie Kaluznaja, die 18jährige Tochter eines Kaufmanns in Odessa, unter der Anklage revolutionärer Umtriebe verhaftet, ins Gefängnis gesetzt und der erwähnten Behandlung unterzogen. Sie hatte jedoch Mut und Charakter und widerstand monatelang allen Versuchen, durch Überredungen oder Drohungen ein Geständnis aus ihr herauszupressen, das ihre Freunde verriet. Schließlich versuchte es der Gendarmerieoberst Katanski mit einem geschickt gefälschten Schriftstück, das angeblich das Geständnis ihrer gleichfalls gefangenen Genossen enthielt; dieses Schriftstück war von der Gendarmerie selbst hergestellt unter schlauer Benutzung aller von ihren Spähern hinterbrachten Mitteilungen. Es sollte dazu dienen, Fräulein Kaluznaja belastende Aussagen gegen ihre Genossen zu entlocken, die im Gefängnis der Untersuchung der gegen sie erhobenen schweren Anklage harrten. Mit grausamer Heuchelei sagte Oberst Katanski dem Mädchen, er komme nicht zu ihr als Beamter, sondern als Freund; er wolle ihr das Geständnis ihrer Genossen zeigen, um ihr Gelegenheit zu bieten, sich zu retten, so lang es noch Zeit ist. Sie könne, wenn sie länger die Beantwortung der an sie gestellten Fragen verweigere, ihren Genossen nicht nützen, da sie bereits ihre Schuld eingestanden hätten. Gegen sie selbst liege keine ernstliche Anklage vor, und ihrer sofortigen Freilassung stehe nichts als ihre hartnäckige Weigerung im Wege. Sie brauche daher nur Reue zu bekunden, um eine Besserung ihres Geschickes zu veranlassen. Es sei auch unnötig, daß sie andere Tatsachen bezeuge als jene, die die Polizei aus dem vorliegenden Schriftstücke bereits kenne, da sie von ihren Freunden bereits zugestanden wurden. Warum wolle sie ihr junges Leben einem irrigen, übertriebenen Ehrbegriff opfern, wo das Schicksal ihrer Genossen nicht mehr von ihrer Aussage abhing? Der Staatsanwalt solle nicht erfahren, daß ihr dieses Schriftstück bereits bekannt war; er möge annehmen, ihr Anerbieten, Zeugnis abzulegen, sei ein freiwilliges. Dann wäre es auch zweifellos, daß er ihre sofortige Enthaftung veranlassen werde.

Marie Kaluznaja ging in die Falle. Sie ließ dem Staatsanwalt sagen, sie wäre zur Aussage bereit, und gab dann bei dem Verhör Tatsachen zu, die ihrer Meinung nach der Polizei bereits bekannt, in Wirklichkeit jedoch bisher nur Vermutungen waren. Nachdem das Mädchen derart unbewußt dem Zwecke gedient hatte, zu dem sie verhaftet worden war, gab man sie frei und stellte sie unter Polizeiaufsicht. Als der Prozeß ihrer Freunde verhandelt wurde, mußte sie natürlich ersehen, daß keiner von ihnen ein Geständnis abgelegt habe, und daß sich außer ihren Aussagen kein Belastungsbeweis gegen die Gefangenen vorbringen ließ.

Man kann sich leicht vorstellen, welche furchtbare Wirkung diese Erkenntnis auf ein Mädchen von gutem und offenem Charakter ausüben mußte. Sie sah ihre Freunde zufolge ihrer eigenen Aussage zur Zwangsarbeit verurteilt, ohne daß sie deren Schicksal geteilt hätte, noch ihnen hätte sagen können, welcher Betrug im Spiel war. Die Schmach blieb auf ihr, als habe sie ehrlos ihre Freunde verraten, um sich selbst zu retten. Eine Zeitlang schien es, als würden die Gewissensbisse sie zur Verzweiflung, zum Wahnsinn oder Selbstmord treiben; dann aber beruhigte sie sich, und in ihrem Geiste reifte der Plan, etwas zu tun, was sie für das erlittene Unrecht rächen und der Welt beweisen sollte, daß sie nur unwissentlich ihre Freunde verraten habe und sie nicht davor scheue, ihr Los zu teilen. Sie verschaffte sich einen Revolver, ließ sich bei dem Beamten melden, und als er ihr entgegentrat, schoß sie auf ihn. Die Kugel streifte seinen Kopf, verwundete ihn leicht am Ohr und schlug in die Wand ein. Ehe sie noch einen zweiten Schuß abgeben konnte, hatte er ihr die Waffe entrissen. Dies geschah am 21. August *1884. Am 10. September wurde sie, des Mordversuchs angeklagt, in Odessa vor das Kriegsgericht gestellt.* Ihr Wunsch war, mit den Freunden, die sie verraten hatte, nach Sibirien verschickt zu werden; sie wies daher jeden Rechtsbeistand zurück und machte auch keinen Versuch, sich zu verteidigen. Der Gerichtshof fand sie des vorsätzlichen Mordversuchs schuldig und verurteilte sie zu zwanzigjähriger Zwangsarbeit.

Man könnte glauben, Fälle dieser Art wären Ausnahmen. Doch zu meinem

Leidwesen muß ich sagen, daß ich ähnliche Geschichten in allen Teilen Sibiriens von Verschickten und Beamten erfahren habe.

Wenn Einzelhaft und Kunstgriff nicht wirken wollen, so versuchen es die Gendarmerie und die Offiziere des Justizdepartements mit anderen Mitteln.

Im März 1882 erkannte General Strelnikoff, daß die Einzelhaft in dem düstern, schlecht ventilierten Gefängnis zu Kiew noch nicht genüge, um die Gefangenen zu zwingen, alles zu gestehen, was ihnen seines Erachtens nach von der revolutionären Bewegung bekannt war. Er beschloß daher, ihnen das Leben noch unerträglicher zu machen, ihre „Halsstarrigkeit" zu brechen, indem er die Zellen ganz verdunkeln ließ. Unter dem Vorwand, verhindern zu wollen, daß die Häftlinge von den Fenstern aus sich untereinander verständigten, ließ er die Fenster aller Zellen, in denen sich Politische befanden, mit einer Blechkappe bedecken.

Aus räumlichen Gründen ist es nicht möglich, hier die vielen anderen Methoden zu erörtern, die Gendarmerie und Beamte des Justizdepartements anwenden, um den Verhafteten Geständnisse zu erpressen. Für eine der grausamsten halte ich das Mittel, alte, schwache Eltern in Schrecken versetzen, indem man ihnen vorlügt, ihre Söhne oder Töchter würden gehängt werden, wenn sie kein Geständnis ablegen wollten. Die armen alten Leute werden dann in die Gefängniszellen geschickt, wo sie bebend und halbblind vom Weinen ihre Kinder anflehen, die „Halsstarrigkeit" aufzugeben.

Der Versuch, die tiefinnersten Bewegungen des menschlichen Gemütes als Mittel zu benutzen, um von den Häftlingen Aussagen zu erpressen, kommt in allen russischen Gefängnissen vor, in denen sich „Politische" befinden. Die Einzelheiten wechseln natürlich, je nach den Verhältnissen oder der Verschlagenheit des Untersuchungsrichters. So wird z. B. einem Gefangenen nach monatelanger Einzelhaft eine Zusammenkunft mit seiner Mutter versprochen. Frohbewegt folgt er dem Kerkermeister durch den langen düsteren Korridor in den Gefängnishof, wo seine Mutter auf einer Holzbank sitzt, nur wenige Meter von der Tür entfernt, durch die er hinaustritt. Beim Anblick des innigstgeliebten Antlitzes, das der Kummer gealtert hat, seitdem er es zuletzt gesehen, überströmt sein Herz vor Liebe und Mitleid; er eilt auf sie zu, um sie zu umarmen. Doch der Kerkermeister hält ihn zurück mit dem Bemerken, die Zusammenkunft finde nicht hier statt, sondern in der Sprechzelle, wohin er jetzt auch abgeführt wird. Er harrt da sehnsuchtsvoll zehn Minuten — eine Viertelstunde — eine halbe. Endlich geht die Tür auf. Er fährt auf. Doch nicht seine Mutter ist es, die ihm entgegentritt, sondern der Staatsanwalt, der ihn fragt, ob er nun bereit sei, sich einem Verhör zu unterziehen. Der Häftling antwortet, man habe ihm eine Zusammenkunft mit seiner Mutter in Aussicht gestellt und nicht ein Verhör. Hierauf gibt ihm der Staatsanwalt zu verstehen, eine derartige Zusammenkunft zu gewähren sei eine Begünstigung, die man nicht an halsstarrige, verstockte Gefangene zu verschwenden pflegt. Wenn er nichts bekennen wolle, so werde man ihn sofort in seine Zelle zurückführen. Enttäuscht, erbittert kehrt er wieder in Einzelhaft zurück, das Herz voll neuem Haß und Rachedurst, während seine bekümmerte Mutter, deren Elend durch den kurzen Anblick ihres Sohnes im Sträflingskleid und unter Bewachung nur noch vermehrt wurde, nach ihrem fernen Heimatsdorfe zurückkehrt.

[1]) Auch bei uns in Deutschland ist heute noch die Untersuchungshaft nicht so geregelt, wie es einem modernen humanen Staatswesen entsprechen würde.

Zwei Dinge sind es, über die zu klagen ist.

Erstens darüber, daß die Untersuchungshaft häufig ohne hinreichenden Grund verhängt wird, ferner, daß die Durchführung der Untersuchungshaft eine überaus große Härte für den Angeschuldigten bedeutet.

Die Strafprozeßordnung für das Deutsche Reich vom 1. Februar 1877 hat allerdings bestimmte Kautelen dafür zu treffen gesucht, daß die Untersuchungshaft nur da verhängt wird, wo sie unbedingt erforderlich ist. Aber diese Bestimmungen der Strafprozeßordnung reichen weder an sich aus, noch ist ihre praktische Handhabung eine derartige, daß von einer maßvollen und einwandfreien Anwendung der Untersuchungshaft die Rede sein könnte.

Nicht minder unzureichend sind die weiteren Voraussetzungen, an die das Gesetz den Erlaß eines Haftbefehls knüpft. Die eine und für die Praxis bedeutungsvollste ist die, daß Fluchtverdacht vorliegt. Dieser Fluchtverdacht bedarf keiner weiteren Begründung, wenn ein Verbrechen den Gegenstand der Untersuchung bildet, oder wenn der Beschuldigte ein Heimatloser oder ein Landstreicher oder nicht imstande ist, sich über seine Person auszuweisen. Nun hat aber die gesetzliche Vermutung, daß bei der Anschuldigung eines Verbrechens Fluchtverdacht anzunehmen sei, in der Praxis dazu geführt, daß, wenn Anzeige wegen Begehung eines Verbrechens erhoben wird und der Angeschuldigte der Tat einigermaßen verdächtig ist, geradezu regelmäßig Haftbefehl erlassen wird. Dabei braucht nicht jede strafbare Handlung, die sich als ein Verbrechen darstellt, eine so schwere zu sein, daß eine besonders hohe Strafe zu erwarten ist. Unser Strafgesetzbuch unterscheidet die strafbaren Handlungen in Verbrechen, Vergehen und Übertretungen. Die Unterscheidung ist nach der Strafandrohung getroffen, die für die einzelnen strafbaren Handlungen vom Gesetz vorgesehen ist. Ist Zuchthaus angedroht, so ist die Tat im Sinne des Strafgesetzbuchs ein Verbrechen. Dabei wird sehr häufig Zuchthaus angedroht, bei Annahme mildernder Umstände Gefängnis. Es gibt nun sehr viele Fälle, in denen geradezu regelmäßig bei der ersten Begehung mildernde Umstände von den Gerichten angenommen werden. Trotzdem sind alle diese strafbaren Handlungen als Verbrechen anzusehen. Zu dieser Art straf-

---

[1]) Die nachstehenden Schlußausführungen des Werkes von Herrn Rechtsanwalt Dr. Max Alsberg, Berlin.

barer Handlungen gehören z. B. die Sittlichkeitsverbrechen an Personen unter vierzehn Jahren. In der Praxis werden fast regelmäßig derartige Attentäter im ersten Falle mit einer Gefängnisstrafe belegt, und zwar sehr häufig mit der Mindeststrafe von sechs Monaten. Trotzdem nimmt die Praxis keinen Anstand, denjenigen, der einer solchen strafbaren Handlung beschuldigt ist, in Haft zu nehmen, da ja eben ein Verbrechen den Gegenstand der Anschuldigung bildet und deshalb der Fluchtverdacht keiner besonderen Begründung bedarf. Aber auch bei Handlungen, die nach der Auffassung des Strafgesetzbuchs nur als Vergehen anzusehen sind, wird in der Praxis viel zu leicht Fluchtverdacht angenommen. Die Praxis hat hier die ständige Formel, von der Erwartung einer hohen Strafe zu reden und auf diese Erwartung den Fluchtverdacht zu gründen. Wer weiß aber, ob den Angeschuldigten auch diese hohe Strafe erwartet? Die Praxis ist ganz auf Vermutungen angewiesen. Sie tappt im einzelnen Falle völlig im Dunkeln, da die Akten fast nie einen Aufschluß darüber geben, ob bei dem betreffenden Angeschuldigten wirklich mit einer Fluchtgefahr zu rechnen ist. Sicher werden Menschen häufig nicht deshalb flüchtig, weil sie eine hohe Strafe erwarten, sondern weil sie die Untersuchungshaft befürchten.

Die dem Fluchtverdacht gleichstehende Voraussetzung eines Haftbefehls, die Gefahr der Verdunklung, ist im Gesetz sorgfältiger umgrenzt. Das Gesetz verwendet hier nicht allgemeine Begriffe, sondern nennt einzelne Handlungen: Vernichten von Spuren der Tat, Verleitung von Zeugen oder Mitschuldigen zu einer falschen Aussage, Verleitung von Zeugen, sich der Zeugnispflicht zu entziehen. Es wird gefordert, daß bestimmte Tatsachen vorliegen, aus denen zu schließen ist, daß der Beschuldigte Verdunkelungshandlungen vornehmen werde. Eine allgemeine Vermutung reicht nicht aus. Auch will das Gesetz, daß diese Tatsachen aktenkundig zu machen sind. Trotzdem diese Vorschrift recht klar zu sein scheint, werden massenhaft Haftbefehle wegen Verdunkelungsgefahr verhängt, obwohl der spezialisierten Vorschrift des Gesetzes nicht Genüge geschehen ist. Die Praxis beachtet in Wirklichkeit fast gar nicht, daß der Richter hier prüfen soll, ob bestimmte konkrete Tatsachen einen derartigen Verdacht rechtfertigen. Sehr vielen Richtern genügt die Vermutung, daß der Angeschuldigte möglicherweise Beziehungen zu den Belastungszeugen anknüpfen wird, zu dem Ausspruch, daß Verdunkelungsgefahr vorliegt. Eine Annahme tritt also hier an die Stelle einer Tatsachenfeststellung.

Die gesetzliche Regelung im geltenden Recht und die herrschende Praxis sind vielfach zum Gegenstand der Kritik gemacht worden. In dem Entwurf einer neuen Strafprozeßordnung, der im Jahre 1911 dem Reichstag vorgelegt werden sollte, war denn auch in verschiedener Beziehung eine Änderung des geltenden Rechts vorgesehen. In dem neuen Gesetz sollte durch die Fassung der betreffenden Vorschrift klargestellt werden, daß auch wegen Fluchtverdachts die Haft nur angeordnet werden dürfe, wenn die Gefahr sich aus bestimmten Tatsachen ergebe. Ferner war dem Zweck der Untersuchungshaft wegen Verdunkelungsgefahr entsprechend zum Ausdruck gebracht, daß die Gefahr einer Beeinflussung von Zeugen oder Mitschuldigen durch den Verdächtigen die Anordnung der Untersuchungshaft nur dann rechtfertige, wenn zu befürchten sei, daß durch das Verhalten des Beschuldigten die Wahrheitsermittlung erschwert werde. Der Entwurf hatte auch die Vorschrift des § 112 Abs. 2 beseitigt, der für gewisse Fälle eine Vermutung für die Fluchtgefahr aufstellte. Dadurch wollte der Entwurf auch in den Fällen, in denen ein Verbrechen den Gegenstand der Untersuchung bildet, den Richter zu der Prüfung zwingen, ob nicht die Umstände des Einzelfalls die Gefahr der Flucht des Beschuldigten beseitigen.

Ob mit der beabsichtigten Gesetzesänderung viel geholfen wäre, kann dahingestellt bleiben. Jedenfalls waren die vorgesehenen Reformen insofern unzureichend, als der Entwurf durch nichts Vorsorge dafür traf, daß im einzelnen Falle wirklich eingehende Ermittlungen über die den Fluchtverdacht oder die Verdunkelungsgefahr begründenden Tatsachen stattfinden müsse. Das Wichtigste ist: Auch das beste Gesetz kann nichts nützen, solange nicht in der Praxis sich die Überzeugung durchgerungen hat, daß nur im äußersten Notfalle von der Untersuchungshaft Gebrauch gemacht werden darf. Diese Überzeugung besteht in der Praxis tatsächlich nicht.

Die breitere Öffentlichkeit hat sich schon häufig mit dem Problem der Untersuchungshaft befaßt. Besonders nach Prozessen, in denen sich herausgestellt hat, daß ein Angeklagter lange Zeit zu Unrecht in Untersuchungshaft gesessen hat, wird in der Presse die Reformbedürftigkeit dieses Instituts erörtert. Aber nach einiger Zeit ist alles wieder vergessen, und die Sache geht ihren gewohnten Gang weiter. Die Justizministerien der größeren Bundesstaaten haben die Staatsanwaltschaften angewiesen, in der Beantragung von Haftbefehlen sparsam zu sein, und sie haben ausführliche Vorschriften getroffen, deren Beachtung unnütze Haftbefehle verhindern soll. Aber diese Vorschriften werden in der Praxis so gut wie garnicht befolgt, sodaß ein Wert ihnen nicht zuzusprechen ist.

Die Durchführung der Untersuchungshaft enthält im allgemeinen große Härten für den Angeschuldigten. Zwar bestimmt der § 116 der deutschen Strafprozeßordnung, daß den Verhafteten nur solche Beschränkungen auferlegt werden dürfen, welche zur Sicherung des Zwecks der Haft oder zur Aufrechterhaltung der Ordnung im Gefängnis notwendig sind. Er ordnet auch an, daß der Gefangene sich Bequemlichkeiten und Beschäftigungen, die seinem Stande und Vermögensverhältnissen entsprechen, auf seine Kosten schaffen kann, soweit sie mit dem Zweck der Haft vereinbar sind und weder die Ordnung im Gefängnis stören noch die Sicherheit gefährden. Trotzdem sind die Beschränkungen, die dem Untersuchungsgefangenen auferlegt werden, recht große, und man kann nicht sagen, daß alles, was in dieser Hinsicht geschieht, durch den im Gesetz angeführten Zweck der Haft gerechtfertigt ist.

Der Untersuchungsgefangene ist in einer überaus strengen und meist geradezu übertriebenen Weise von der Außenwelt abgeschnitten. Wenn die Untersuchungshaft lediglich wegen Fluchtverdachts — nicht auch wegen Verdunkelungsgefahr — verhängt ist, so gibt es keinen Grund, der es rechtfertigen könnte, dem Untersuchungsgefangenen den Briefverkehr mit der Außenwelt zu beschränken. Trotzdem besteht allgemein die Vorschrift, daß die Briefe durch den Untersuchungsrichter gehen müssen, der sie liest, nach seinem Ermessen beanstandet und oft erst verspätet weiterbefördert. Die Antwortschreiben müssen durch die gleiche Kontrolle gehen. Für den Untersuchungsgefangenen, der plötzlich aus dem Kreise der Seinen und aus seinen Geschäften gerissen wird, bedeutet diese Beschränkung eine große psychische Tortur, die oft auch mit manchen unnützen materiellen Schädigungen verbunden ist.

Unter dem Motto „Ordnung im Gefängnis" wird dem Untersuchungsgefangenen häufig ein sehr harter Zwang auferlegt. Es wird von ihm gefordert, daß er zur frühen Stunde aufsteht, zur frühen Stunde ins Bett geht. Die Zufuhr von frischer Luft in der Zelle ist oft durch kleinliche Vorschriften gehemmt, und in manchen Gefängnissen ist ganz unzulänglich Sorge dafür getroffen, daß sich der Untersuchungsgefangene selbst beköstigen kann. Das Rauchen, das vielen besonders in der Einsamkeit ganz unentbehrlich ist, ist durch die Erlaubnis des Richters bedingt. Der Richter kann nach Gutdünken es erlauben oder verbieten. Der Gefangene wird nur kurze Zeit am Tage an die Luft geführt; im Gänsemarsch beschreiben die Gefangenen einen Kreis im Hof des Gefängnisses. Der mündliche Verkehr ist den Gefangenen unter einander untersagt. Erlaubnis zum Zeitungslesen wird im allgemeinen gewährt, aber oft erhält der Gefangene die Zeitung erst mit erheblicher Verspätung. Würde sich die Behörde den Zweck der Untersuchungshaft stets klar vergegenwärtigen, so müßte sie zu einer humaneren Anwendung der Haft gelangen. Wie mancher sitzt wochen- und monatelang in Untersuchungshaft, und nachher stellt sich seine Unschuld heraus. Aber auch der Schuldige kann verlangen, daß er in der Untersuchungshaft mit möglichster Schonung behandelt wird, zumal die Gerichte in der Anrechnung der Untersuchungshaft überaus souverän sind und im Urteil die Untersuchungshaft oft garnicht oder nur ganz unzureichend anrechnen. Dabei wird von manchen Gefangenen die Untersuchungshaft wegen der Ungewißheit des kommenden Schicksals schlimmer empfunden als die Strafhaft selbst.

Das Streben der Strafpraxis geht dahin: individuell zu strafen. Die Strafjustiz lehnt den Schematismus ab. Sie will den einzelnen Täter nach Maßgabe der Größe seiner individuellen Schuld strafen. Das kommt im Strafmaß zum Ausdruck. Aber damit ist der Idee einer individuellen Behandlung nur ungenügend Rechnung getragen. Man straft nicht individuell, wenn man dem Gutsbesitzer A. wegen eines Roheitsdelikts eine höhere Strafe gibt als dem Schneider B., mit der Begründung, daß die Tat des A. sich als eine gefährlichere darstelle. Den Schneider, der vielleicht in einer engen armseligen Wohnung seinem Berufe obliegt, trifft die Strafhaft nicht sonderlich schwer; sie bedeutet vielleicht für ihn nicht mehr als eine Entziehung der Freiheit. Der Gutsbesitzer, der unter viel günstigeren Lebensverhältnissen lebt, wird aber durch die Strafhaft ungleich härter getroffen. Das ist nur ein Beispiel, an dem gezeigt werden kann, daß der Forderung einer individuellen Bestrafung nicht nur dadurch Genüge geschieht, daß die Tat des Täters individuell abgewogen wird. Die Gerichte sollten viel mehr, wie sie es tun, die Bedeutung der Strafe für den einzelnen Täter ins Auge fassen. Das „gleiche Recht für alle" kommt nur scheinbar zur Anwendung, wenn der in günstigsten Verhältnissen lebende Fabrikbesitzer wegen eines Sittlichkeitsverbrechens mit derselben Strafe belegt wird wie der arme Fabrikarbeiter. Es ist gewiß schwer für die Gerichte, solche Umstände zu berücksichtigen, da sie sich leicht dem Vorwurf der Klassenjustiz aussetzen; aber unmöglich wird damit die Berücksichtigung der persönlichen Verhältnisse des Täters und seiner Empfindlichkeit für die Strafe keineswegs.

Die Strafanstalten nehmen zuweilen auf die persönlichen Verhältnisse des Gefangenen einige Rücksicht. Nach dem Strafgesetzbuch darf die Einzelhaft nur mit ausdrücklicher Zustimmung des Gefangenen über drei Jahre ausgedehnt werden. Leute, die so viel Ehrgefühl haben, ein

Zusammentreffen mit anderen Gefangenen von vornherein zu vermeiden, erbitten sich oft ein Weiterverbleiben in der Einzelzelle über die festgesetzten drei Jahre hinaus. Die Strafanstalten kommen dieser Bitte in der Regel entgegen.

Wenig berücksichtigt werden Bitten von besseren Gefangenen auf Gewährung von Selbstbeköstigung. In den Zuchthäusern ist die Selbstbeköstigung völlig ausgeschlossen. In den Gefängnissen wird sie nur dann gewährt, wenn sich herausgestellt hat, daß die gewöhnliche Kost für den Gefangenen eine schwere Gesundheitsschädigung zur Folge hat. Trotzdem bedeutet der Zwang, die Gefangenenkost zu essen, für den besser gewohnten Gefangenen oft eine ganz unverhältnismäßige Härte. Für den Landstreicher ist die Gefängniskost vielleicht eine Wohltat; er erhält in dem Gefängnis bessere und reichlichere Nahrung als in der Freiheit.

Auch was die Beschäftigung im Gefängnis angeht, wird der Individualität des Gefangenen häufig nicht genügend Rechnung getragen. Das Strafgesetzbuch bestimmt zwar, daß die Verurteilten in der Gefangenenanstalt auf eine ihren Fähigkeiten und Verhältnissen angemessene Weise beschäftigt werden können und auf ihr Verlangen in dieser Weise zu beschäftigen sind. Aber die Gefangenenanstalten haben im allgemeinen keine den Fähigkeiten und Verhältnissen besserer Gefangener angemessene Beschäftigung.

Der Zweck der Strafe wird meist sehr idealisiert dargestellt. Man spricht davon, daß die Strafe den Rechtsbrecher moralisch so heben soll, daß er nach verbüßter Strafe die Kraft und den Willen habe, ein sozial einwandfreies Leben zu führen. Aber die Strafe, wie sie ist, hat mit der Strafe, wie man sie sich vorstellt, nur sehr wenig Ähnlichkeit. Statt den Gefangenen zu läutern, schwächt sie ihn geistig und sittlich und, weit entfernt eine moralische Anstalt zu sein, bietet sie sich im allgemeinen als eine Hochschule zum gewerbs- und gewohnheitsmäßigen Verbrechertum dar. Die Strafe hebt den eigenen Willen des Gefangenen völlig auf. Und daraus folgt im allgemeinen eine Schwächung seiner Tauglichkeit zum Daseinskampf. Es machen sich neuerdings Bestrebungen geltend, die in letzterer Beziehung — der Passivität des Gefangenen — Wandel zu schaffen suchen. Man ist bestrebt, in den Strafvollzug einen Moment der Aktivität zu bringen. Diesem Zweck soll zunächst die „unbestimmte Verurteilung" dienen, die an die Stelle des bisher üblichen genau fixierten Strafurteils ein Urteil setzen will, das dem Vollzug einen gewissen Spielraum läßt: Es wird ein Maximum und ein Minimum der Strafdauer festgesetzt, und innerhalb dieser beiden Termine soll der Zeitpunkt der Entlassung von der Führung des Gefangenen abhängen. Der Gefangene erhält dadurch einen gewissen Einfluß auf die Dauer der Strafe, und dieser Umstand soll ein Gegengewicht gegen die erschlaffenden Wirkungen des Strafvollzuges und die Grundlage für eine gewisse Erziehungsarbeit an den Gefangenen herstellen. Wie verdienstlich auch diese Bestrebungen sind: man muß sich hüten, ihre Bedeutung zu überschätzen.

Auch des Zeugniszwangs im Prozeß ist in diesem Zusammenhang zu gedenken. Der Zwang vor Gericht, womöglich unter Eid auszusagen, kann für den Zeugen zu einer wahren Folter werden. Zwar bestimmt das Gesetz, daß in gewissen Fällen ein Zeugnisverweigerungsrecht gegeben ist. Im Strafprozeß kann der Zeuge die Auskunft auf solche Fragen verweigern, deren Beantwortung ihm selbst oder einem Angehörigen die Gefahr strafrechtlicher Verfolgung zuziehen würde. Im Zivilprozeß ist dieses Zeugnisverweigerungsrecht auch dann gegeben, wenn der Zeuge durch seine Aussage sich Unehre bereiten könnte. Diese Beschränkung des Aussagezwangs reicht keinesfalls aus, um den Zeugen vor schwerer Bedrängnis zu bewahren. Der Zeuge, der sich darauf beruft, daß seine wahrheitsgemäße Aussage ihm die Gefahr strafrechtlicher Verfolgung zuziehen würde, ist dadurch meist in gleicher Weise bloßgestellt, als wenn er aussagen würde.

Im polizeilichen Vorverfahren wird oft ein starker Zwang auf den Zeugen ausgeübt. In einem Fall wurde der kleine Sohn eines wegen Gattenmordes angeklagten Mannes vom Polizeikommissar ausgefragt. Der Polizeikommissar lockte dem Kinde die Beweismittel heraus, die zur Überführung des Vaters dienen sollten. Es ist geradezu fürchterlich, daß ein Polizeibeamter einem unverständigen oder doch nur halb verstehenden Kinde die Bekundungen entlockt, die den Vater möglicherweise aufs Schafott führen. Der Polizeibeamte, der das Zeugnisverweigerungsrecht des Kindes ignoriert, bringt es in den schwersten Konflikt. Es zeigt sich in solchen Fällen, daß auch noch heute die Justiz oft mit Mitteln arbeitet, die keineswegs einer hochstehenden modernen Weltanschauung entsprechen und zeigen, daß die Tortur im Gerichtsverfahren noch lange nicht begraben ist. Aber bei allem Furchtbaren, das wir auf unserem langen Wege durch die Jahrtausende haben durchwandern müssen, ist uns doch auch der Geist heißen Erbarmens begegnet, und es hat immer mehr Aufklärung und Humanität über menschliche Befangenheit und Böswilligkeit den Sieg davongetragen. Und so dürfen wir auch dieses Werk über menschliche Verirrungen und Leidenschaften mit dem Ausblick auf eine bessere, gesegnete Zukunft schließen.

Benutzte Quellen

Barthold, F. W., Die geschichtlichen Persönlichkeiten in Jakob Casanovas Memoiren. Berlin 1846. S. 261.
Bauer, Max, Deutscher Frauenspiegel. München 1917. I, S. 93 f.
— Das Geschlechtsleben in der deutschen Vergangenheit, 5. Aufl. Leipzig 1904.
— Die Dirne und ihr Anhang. 2. Aufl.. Dresden 1924.
Beccaria-Bonesana, Cesare de, Dei delitti e delle pene. Monaco 1764. Deutsch Breslau 1778 und Berlin 1870.
Beneke, Dr. Otto, Hamburgische Geschichten und Sagen, 4. Aufl. Berlin 1888.
Berkowski, Ernst, Das alte Jena und seine Universität. Jena 1908. S. 56.
Bierdimpfl, K. A., Sammlung der Folter-, Straf- und Bußinstrumente des bayrischen National-Museums. München o. J.
Bloch, Dr. Leo, Römische Altertumskunde. Leipzig 1898. S. 85.
Böhn, Max v., Die Mode. Menschen und Mode. München 1920.
Böttiger, C. A., Sabina oder Morgenszenen im Putzzimmer einer reichen Römerin, 2 Bde. Leipzig 1806.
Bronner, F. X., Ein Mönchsleben aus der empfindsamen Zeit. Von ihm selbst erzählt. Herausg. und eingeleitet von Oskar Lang, Stuttgart. I. Band, S. 52 f.
Buckle, Geschichte der Zivilisation in England, übersetzt von A. Ruge, 7. Aufl. Leipzig 1901. II, S. 253 ff.
Bühler, Johannes, Die Germanen in der Völkerwanderung. Leipzig 1922. S. 202.
Buschan, Georg, Die Sitten der Völker. Stuttgart 1914.
Carlyle, Thomas, Die Französische Revolution. Leipzig 1920.
Casanova, Die Erinnerungen des Giacomo C. Übertragen v. Heinr. Conrad. 6 Bde. München und Leipzig o. J.
Clemen, Dr. H., Beiträge zur Lippischen Kirchengeschichte. 1860.
Copcevie, Spiridion, Kulturgeschichtl. Studien. Bonn und Leipzig 1920. S. 16 f.
Corvin, Die Geißler, 3. Aufl. Zürich o. J. S. 82.
Deichert, Dr. med. H., Zur Geschichte der peinlichen Rechtspflege in Hannover. Hannover 1912. S. 153 f.
Diefenbach, J., Der Zauberglaube des 16. Jahrhunderts nach den Katechismen Dr. Martin Luthers und des P. Canisius. Mainz 1900.
— Der Hexenwahn. Mainz 1886.
Dieffenbacher, Dr. J., Deutsches Leben im 12. und 13. Jahrhundert. Berlin und Leipzig 1907. 1. Bd., S. 126.
Dolch, Oskar, Geschichte des deutschen Studententums. Leipzig 1858. S. 157.
Dorys, George, Abdul Hamid intime, deutsch. München 1902.
Duhr, B., Die Stellung der Jesuiten in den deutschen Hexenprozessen. Köln 1900.
— Joh., Der Hexenwahn vor und nach der Glaubensspaltung in Deutschland. Mainz 1886.
Dühren, Eugen, Der Marquis de Sade und seine Zeit, 4. Aufl. Berlin 1906.
Eccardus, Geschichte des niederen Volkes in Deutschland. Stuttgart 1907.
Elsberg, R. A. v., „Die Blutgräfin" (Elisabeth Bathory). Breslau 1894.

Endres, Jos. Ant., Thomas von Aquino (Weltgeschichte in Charakterbildern). Mainz 1910. S. 44.
Eulenburg, A., Sexuale Neuropathie. Leipzig 1895. S. 116.
Fehr, Hans, Aus deutschen Rechtsbüchern. Leipzig o. J. S. 12.
Felix Minucius, „Octavius".
Féréal, M. V. de, Mystères de l'Inquisition, II. Aufl. S. 15.
Fidicin, E., Historisch-diplomatische Beiträge zur Geschichte der Stadt Berlin, 5. Band. Berlin 1842. S. 291.
Flögel, Kr. Fr., und M. Bauer, Geschichte des Grotesk-Komischen. 2 Bde. II. S. 186 ff. München 1913.
Freytag, Gustav, Bilder aus der deutschen Vergangenheit. Leipzig.
Friedberg, D. Emil, Aus deutschen Bußbüchern. Halle 1868.
Friedländer, Ludw., Darstellungen aus der Sittengeschichte Roms. 8. Aufl. Leipzig 1910.
Gebhardt, Bruno, Handbuch der deutschen Geschichte, 2. Aufl. Stuttgart 1901. I. Band, § 103.
Gförer, Aug. Fr., Zur Geschichte deutscher Volksrechte im Mittelalter. Schaffhausen 1865—1866.
Glitsch, Heinr., Gottesurteile. Leipzig o. J. S. 21 ff.
Görres, Josef von, Die christliche Mystik. Regensburg 1842. IV. Bd., 2. Abt., S. 512.
Goette, Rich., Kulturgeschichte der Urgermanen. Bonn und Leipzig 1920. S. 171.
Gregor v. Tours, Zehn Bücher Fränkischer Geschichte (Geschichtschreiber der deutschen Vorzeit. 6. Jahrh.). Leipzig 1913. 5. Buch, 22. II. Bd., S. 54.
Grimm, Jak. und W., Deutsche Sagen, herausg. von Hanns Floerke, München.
— J., Deutsche Rechtsaltertümer. Leipzig, 4. Aufl., 1899. 3. Ausg. Göttingen 1881.
Grimnir, Das Lied von (Edda. Übersetzt v. Hugo Gering, Leipzig, Bibl. Institut o. J.).
Hannoversche Kriminalinstruktion von 1736.
Hansen, Josef, Zauberwahn. München und Leipzig 1900.
Hasse, Fr. Rud., Kirchengeschichte, II. Aufl. Leipzig 1872. S. 298.
Hefele, C. J. v., Konziliengeschichte. Freiburg i. B. 6. Bd. (1890), S. 616.
Heinemann, Franz, Der Richter und die Rechtspflege in der deutschen Vergangenheit (Monographieen zur deutschen Kulturgeschichte). Leipzig 1900. S. 115. S. 7.
Henne am Rhyn, O., Geschichte des Rittertums. Allgemeine Geschichte in Einzeldarstellungen. Berlin 1890.
Hexenhammer siehe J. W. R. Schmidt.
Janssen, Geschichte des deutschen Volkes, Freiburg i. B. 1903. VIII. Bd., S. 646.
Juvenal, Satiren. Übersetzt von W. Hertzberg und W. S. Teuffel. Stuttgart 1886.
Kaiserchronik, herausg. von H. F. Maßmann, 3 Bde. Quedlinburg 1849, 1854.
Kapp, Friedrich, Der Soldatenhandel deutscher Fürsten nach Amerika. Berlin 1874. S. 113.
Kayser, Dr. Paul, Stadtrichter in Berlin, Der Zeugniszwang im Strafverfahren in geschichtlicher Entwicklung. 1879.
Kennan, George, Russische Gefängnisse. Aus d. Engl. v. D. Haek. Leipzig (Reclam).
Krack, Dr. Otto, Das Urbild des Blaubarts, Lebensgeschichte des Barons Gilles de Rais. Berlin o. J. S. 125 f.
Lamothe-Langon, Histoire de l'Inquisition en France.
Landau, G., Beiträge zur Geschichte der Jagd und der Falknerei in Deutschland. Kassel 1849. S. 188, 192.

Lauterer, Dr. Joseph, Mexiko, das Land der blühenden Agave einst und jetzt. Leipzig 1908. S. 85.
Lea, Henry Charles, Geschichte der spanischen Inquisition, deutsch von Prosper Müllendorff, 3 Bde. Leipzig 1912. II. Bd., S. 294.
Lecky, W. E. Hartpole, Geschichte des Ursprungs und Einflusses der Aufklärung in Europa. Übersetzt von Dr. H. Jolowicz. Leipzig und Heidelberg 1868.
Leist, Dr. Friedr., Aus Frankens Vorzeit. Würzburg 1884.
Liebe, Georg, Der Soldat in der deutschen Vergangenheit. Leipzig 1899.
Llorent, Histoire critique de l'inquisition d'Espagne, Paris, 4 Bde., 1815—1817, deutsch Gmünd 1821—1822.
Lorenzi, Dr. Phillip de, Geiler von Kaisersberg, ausgewählte Schriften. Trier 1881. 1. Bd., S. 46.
Lübker, D. Friedrich, Reallexikon des klassischen Altertums, 3. Aufl. Leipzig 1867. S. 1007.
Maister Franntzn Schmidts Nachrichters inn Nürmberg all sein Richten. Herausgegeben von Albrecht Keller. Leipzig 1913.
Maurer, G. L. von, Geschichte des altgermanischen Gerichtsverfahrens. S. 91, 209.
Memminger, Das verzauberte Kloster. 2. Aufl. Würzburg 1904. S. 155.
Mohnike, G. Ch. F., Bartholomäi Sastrowen Herkommen, Geburt etc. Greifswald 1823—1824. I. Bd., S. 290 ff.
Morean, Paul (de Tours), Des aberrations du sens génétique, 4. Aufl. Paris 1887.
Mouffle d'Angerville, Geschichte des Privatlebens Ludwigs XV., Königs von Frankreich usw. (übersetzt von K. Fr. Trost). Berlin und Stettin 1781.
Nettelbeck, Joachim, Bürger zu Kolberg, Eine Lebensbeschreibung von ihm selbst aufgezeichnet. Herausgeg. von Dr. Max Mendheim, Leipzig (Reclam). S. 186 f. A. a. O. S. 191 ff.
Nigmann, E., Die Wahehe. Berlin 1908. S. 71 f.
Nork, F., Die Sitten und Gebräuche der Deutschen und ihrer Nachbarvölker. Stuttgart 1847.
Pallas, P. S., Sammlungen historischer Nachrichten über die mongolischen Völkerschaften. St. Petersburg 1776. I. Band, S. 220.
Pfaff, Zeitschrift für die Kulturgeschichte (1856), S. 266 und 367.
Piltz, Ottom., Die Dramen der Roswitha von Gandersheim. Übersetzt und gewürdigt. Leipzig (Reclam). S. 154 ff.
Ploß-Bartels, Das Weib in der Natur- und Völkerkunde. Leipzig, 10. Aufl. 1913. I. Bd., S. 229 ff.
Prätorius, Anton, Von Zauberey und Zauberern. Heidelberg 1613.
Quanter, Rudolf, Die Folter in der deutschen Rechtspflege sonst und jetzt. Dresden 1900. S. 136.
Rapp, L., Die Hexenprozesse und ihre Gegner aus Tirol. Innsbruck 1874.
Ratzel, Dr. Friedr., Völkerkunde. Leipzig 1895. II, S. 349.
Rau, Hans, Die Grausamkeit mit besonderer Bezugnahme auf sexuelle Faktoren, 2. Aufl. Berlin 1907. S. 102.
Rehdantz, Die Jahrbücher von Fulda und Xanten, übersetzt von C. Rehdantz, 2. Aufl. Leipzig 1889, zum Jahre 866.
Riezler, Sigm., Geschichte der Hexenprozesse in Bayern. Stuttgart 1896. S. 78 f.
Rosen, Prof. Dr. Felix, Eine deutsche Gesandtschaft in Abessinien. Leipzig 1907.
Rotteck und Welcker, Staatslexikon. 3. Aufl. 14 Bde. Leipzig 1856—1866.

Sachsen-Spiegel oder das Sächsische Landrecht, herausg. von Curt Müller, Leipzig (Reclam). S. 42.
Scheible, J., Das Schaltjahr, 3. Band. Stuttgart 1847.
Scherr, Deutsche Kultur- und Sittengeschichte, 10. Aufl. Leipzig 1897.
Schindler, Dr. H. B., Der Aberglaube des Mittelalters. Breslau 1858.
Schmidt, J. W. R., Der Hexenhammer von Jak. Sprenger und Heinrich Institoris. Zum ersten Male ins Deutsche übertragen von J. W. R. Schmidt. Berlin 1906.
Schmidt, Richard, Das alte und moderne Indien. Bonn und Leipzig 1919.
Schminckius, de expeditione cruciata in Stedingos. Marb. 1722.
Scholtz, Über den Glauben an Zauberei in den letztverflossenen vier Jahrhunderten. Breslau 1830.
Schriften des Vereins für Sachsen-Meiningische Geschichte und Landeskunde, 29. Heft. Hildburghausen 1898.
Schultz, Dr. Alwin, Das höfische Leben zur Zeit der Minnesänger, 2. Aufl. Leipzig 1889. II. Bd., S. 176 f.
Schulze, Dr. Friedr. und Dr. Paul Ssymank, Das deutsche Studententum von den ältesten Zeiten bis zur Gegenwart. Leipzig 1910. S. 57.
Schwabenspiegel, herausg. von Dr. H. G. Gengler. II. Aufl. Erlangen 1875.
Slee, van, Allgemeine deutsche Biographie. Leipzig.
Soldan-Heppe, Geschichte der Hexenprozesse, neubearbeitet und herausgegeben von Max Bauer, 2 Bände. München (1911). 1. Band.
Steinhausen, Geschichte der deutschen Kultur. Leipzig. 2. Aufl. 1913. S. 252.
— Kulturgeschichte der Deutschen im Mittelalter. Leipzig 1910. S. 165.
Stern, Bernhard, Die moderne Türkei. Berlin o. J. (1908).
— Geschichte der öffentl. Sittlichkeit in Rußland. 2 Bde. Berlin 1908.
— Medizin, Aberglaube und Geschlechtsleben in der Türkei. 2 Bde. Berlin 1903.
Tacitus, Germania, übersetzt und herausgegeben von Dr. Ludwig Wilser, 2. Aufl. Steglitz 1916. S. 10.
Trettenheim, Chron. Hirsaug. ad. ann. 1215 und 1233.
Tristan und Isolde, von Gottfried von Straßburg. Herausgeg. von Wolfgang Golter. Aus dem Mittelhochdeutschen von Karl Pannier (Leipzig, Reclam).
Vehse, Dr. Ed., Unter der Herrschaft des Krummstabes. Hamburg o. J. S. 23.
— Illustr. Geschichte des preuß. Hofes vom Großen Kurfürsten bis zum Tode Kaiser Wilhelms I.
Victor, Sextus Aurelius, Von den berühmten Männern der Stadt Rom. Stuttgart.
Wächter, Oskar, Vehmgerichte und Hexenprozesse. Stuttgart o. J. S. 162 ff.
Wessely, Deutschlands Lehrjahre. Kollektion Spemann o. J. 2. Bd., S. 43 ff.
Westphal, Ernst Christian, Die Tortur bei den Griechen, Römern und Deutschen. Leipzig 1785.
Winkler, Hugo, Die Gesetze Hammurabis. Leipzig. S. 61.
Wolffheim, Nelly, Die Prügelstrafe in Schule und Haus, Berlin o. J.
Wulffen, Dr. Erich, Der Sexualverbrecher. 10. Aufl. Berlin 1923.
— Das Weib als Sexualverbrecherin. 2. Aufl. Berlin 1925.
Wuttke, Dr. Adolf, Der deutsche Volksaberglaube der Gegenwart. 3. Bearbeitung von Elard Hugo Meyer, Berlin 1900.
Zachariä, H. A., Handbuch des deutschen Strafprozesses.

Inhaltsverzeichnis
(Die Zahlen bedeuten die Seiten im Werke)

Erstes Kapitel: Der Ursprung der Folter 9
Asien. Ägypten. Indien. China. Japan. Persien. Juden 9. — Griechen: Rechtszustände 10. — Minos. Lykurg. Attika: Drako. Solon 11. — Der Areopag. Epheben. Blutgerichte. Strafen 12. — Lazedämon: König, Senat, Ephoren. Römer: Rechtszustände. Öffentliche und Privatstreitigkeiten 13. — Strafen. Zwölftafelgesetze. Sklaven. Folter und Hinrichtung bei den Assyrern 14. — Verschärfte Todesstrafe. Kriegsgefangene. Reifegebräuche für Jünglinge und Mädchen: Asien, Australien, Afrika 15. — Indianer 16. — Hansa. Studentische Bräuche 17. — Gottesurteil (Ordal): Indische Feuer- und Reisprobe 18. — Kalmückische Feuerprobe. Giftprobe der Westafrikaner 19. — Ostafrikaner. Südsee 20. — Torturen zur Erzielung des Geständnisses. Das Prügeln. Sadismus 21.

Zweites Kapitel: Die Ordalien und ihre Geschichte 23
Ursprung. Verbreitung. Das alte deutsche Recht 23. — Die Heißwasserprobe 24. — Die Kaltwasserprobe (Hexenbad, Schwemmen) 26. — Die Probe mit der Wage (Hexenwage) 27. — Feuerproben: Glühendes Eisen 28. — Glühende Pflugscharen 29. — Durchschreiten des Scheiterhaufens 30. — Die Kreuzprobe 31. — Die Probe des geweihten Bissens. Das Abendmahlsordal 32. — Das Bahrrecht 33. — Das Scheingehn. Das Losordal 35. — Das Kampfordal (der Zweikampf). Der Kampf zwischen Mann und Frau 36. — Abschaffung der Ordalien 37.

Drittes Kapitel: Das klassische Altertum 38
Griechen. Mythologie. Zeugenfolter. Sklavenfolter 38. — Freie und Freigelassene 39. — Marterinstrumente und -mittel. Todesstrafen 40. — Römer. Marterinstrumente. Private Tortur. Zeugenfolter. Sklaven 42. — Freigeborene. Majestätsverbrechen 43. — Hinrichtungen und Torturszenen auf der Theaterbühne 44. — Torturarten. Prügeln. Feuer. Schmäuchen. Salzfolter. Ziegenfolter. Hungerfolter. Durstfolter. Wachfolter. Insektenfolter 45. — Verbreitung der römischen Folter in Europa. Lex Salica 46. — Andere deutsche Gesetze. Geschichte des Zeugniszwangs: Talmud, Griechenland, Rom 47. — Älteres deutsches Recht 48. — Kanonisches Recht. Die Tortur als Zeugniszwangsmittel 49. — Inquisitionsprozeß. Gerichtsordnung Karls V. 50.

Viertes Kapitel: Verstümmelnde Körperstrafen 52
Abschneiden der Nase und Ohren. Zähneausbrechen 52. — Abhauen von Händen und Füßen. Christenverfolgungen. Abschneiden der Brüste 53. — Andere Strafen: Knochenzerschmettern. Blendung 54. — Die Wippe. Kastration 56. — Das Scheren. Das Schinden 57. — Das Fleischausschneiden aus der Brust. Abschneiden von Lippe und Zunge. Das Brandmarken 58. — Deserteure in Preußen. Abschneiden der Zöpfe, Herausschneiden schimpflicher Figuren aus dem Haupthaar am Pranger. Merowinger, Fredegunde, Brunechilde 59. — Der Nürnberger „Meister" Franz Schmidt und sein Tagebuch 61. — Der Orient. Japan: Harakiri 62. — Türkei: Die seidene Schnur. China: Die Bastonnade 63. — Röstfolter. Der

Seite

eherne Stier 64. — Andere Todesstrafen. Folterhinrichtungen 65. — Abessinien. Menschenopfer. Mexiko 66. — Indien 67.

Fünftes Kapitel: Selbstfolterungen 68
Das antike Priestertum. Fanatiker 68. — Die Geißler in Deutschland. Asketen. Disziplinen der Geistlichen 69. — Selbstpeinigung heiliger Frauen. Elisabeth von Thüringen. Konrad von Marburg. Hakenschwingen in Ostindien 70. — Altmexiko. Persien. Die Schiiten. Das Moharremfest 71.

Sechstes Kapitel: Tortur und Erotik 74
Algolagnie (Masochismus und Sadismus) 74. — Herrscher und Herrscherinnen. Zirkusspiele 75. — Kaiser Claudius. Messalina. Domitian 76. — Byzanz. Theodora. Die Merowinger 77. — Fredegunde. Brunhilde 78. — Das Schleifen durch Pferde. Herzogin Romilda 79. — Katharina von Medici. Iwan IV. 80. — Gräfin Elisabeth Báthory 81. — Gilles de Rais 83. — Graf von Charolais 84. — Abdul Hamid II. 85.

Siebentes Kapitel: Sklavenlos 86
Germanen: Entstehung des Sklaventums. Der Sklavenhandel 86. — Verwendung der Sklaven. Ihre Rechtlosigkeit 87. — Ägypten. Griechenland. Rom. Die römischen Damen 88. — Merowinger. Herzog Rauching: Lebendigbegraben 89. — Der Freigelassene. Amerika: Die Negersklaven und -sklavinnen 91. — Weiße Frauen und Sklavenfolter. Das Federn. Spanien 93.

Achtes Kapitel: Deutschland bis zum 12. Jahrhundert 95
Germanen. Klage und Strafe 95. — Germanische Gerichtsverfassung. Gerichtsverfahren im Anklageprozeß. Eid und Eidhelfer. Gottesurteil. Freie. Wergeld 96. — Faust- und Fehderecht. Landfriede. Gottesfriede 97. — Rechtlosigkeit. Femgerichte. Der „ewige Landfriede". Ersatz des Anklageverfahrens durch Einschreiten von Amts wegen. Der inquisitorische Prozeß. Erzwingung des Schuldgeständnisses durch Folterung. Einführung des römischen Rechts. Das Städterecht. Weistümer 98. — Deutsches Recht in deutscher Sprache. Der Sachsenspiegel. Der Schwabenspiegel. Das Kleine Kaiserrecht. Der Deutschenspiegel. Das alemannische Recht 99. — Einfluß des kanonischen Rechtes. Das Papsttum. Papsttum und Folter 100. — Das römische Recht und die Folter. Ersatz des Volksrechts durch Rechtswissenschaft. Das kirchliche Recht als Eigenrecht 101. — Buß- und Beichtbücher. Bußen 102.

Neuntes Kapitel: Das Zeitalter der Kreuzzüge. Ketzerei 103
Die Tempelritter 103. — Der Prozeß gegen den Templerorden. Die Kreuzzüge in Europa 106. — Die Katharer: Albigenser. Waldenser. Ständige Inquisitionsgerichte. Die weltliche Macht im Dienste der Kirche. Verfolgungen in Deutschland 107. — Verbrennungen von Ketzern. Reichsacht. Konrad von Marburg. Die Stedinger 108. — Südfrankreich. Dogma und Ketzerei. Ecclesia non sitit sanguinem. Der Feuertod. Widerspruch gegen Ketzergerichte. Ausschaltung der Bischöfe in der Verfolgung der Ketzer durch das Papsttum und seine Legaten 109. — Erhebung der Inquisition zu einer selbständigen Institution. Dominikaner und Franziskaner. Verbreitung der Inquisitio haereticae pravitatis. Thomas von Aquino. Das Autodafé 110. — Würgbirne und Foltermaske. Der Inquisitionsprozeß. Accusatio und inquisitio 111. — Unbeschränktes Recht der Inquisition zur Anklage. Vermögenskonfiskation. Verteidiger 112. — Belastungs- und

Entlastungszeugen. Zeugenfolterung. Innocenz IV.: Kanonische Regelung des Gebrauchs der Folter. Widerstand gegen den Inquisitionsprozeß 113. — Ermordung von Ketzerrichtern. Erweiterung des Begriffs der Ketzerei. Hereinziehung des ganzen Zauberwesens und Hexentums. Hexenverfolgung 114.

Zehntes Kapitel: Die spanische Inquisition vom 13. Jahrhundert ab . 115

Die Inquisition gegen Mauren und Juden. Thomas de Torquemada 115. — Gerichtsverfahren gegen Tote. Pedro de Arbués. Die Miliz Christi (Familiaren des heiligen Offiziums) 116. — Machtfülle der Inquisitoren. Inquisitoren und Papsttum 117. — Widerstand Spaniens gegen die Inquisition. Aufstände. Lucero, Inquisitor von Cordova. Mißhandlung von Frauen 118. — Die Zahl der Inquisitionsopfer in Spanien. Portugal. Juan Perez de Saavedra 119. — Die Tortur. Italienisches Vorbild. Gefängnisse der Inquisition 120. — Die Heuchelei der ersten Vernehmung. Die Territion. Der Wippgalgen (Garrucha). Wassertortur 121. — Vuelta de Trampa. Mancuerda. Ausrecken auf der Folterbank. Das Brennen der Fußsohlen. Die heißen Steine 122. — Elvira del Campo: Protokoll der Folterung 123. — Verteidiger der Inquisition. Napoleon I. gegen die spanische Inquisition. Aufhebung derselben 126. — Sturm französischer Truppen auf das Inquisitionsgefängnis zu Madrid 127. — Dauer der spanischen Inquisition von 1477 bis 1820, in Portugal von 1557 bis 1820, in Italien bis 1859 bzw. 1870 129. — Folterung des spanischen Herzogs Diego von Estrada 130.

Elftes Kapitel: Hexenverfolgungen bis zum 15. Jahrhundert 131

Ketzerei und Zauberei als Teufelswerk. Papst Gregors IX. Bulle gegen die Ketzer 131. — Zauberwesen und Hexentum in der Geschichte. Die Bibel. Saul, die Hexe von Endor 132. — Griechen und Römer: Magie. Aberglauben. Germanen: Zeichendeutung, heiliges Los, Vogelflug, Pferde, Ordal 133. — Christliche Kirche: Dämonenlehre, Heidentum als Dämonismus 134. — Augustinus. Die Kirchenväter. Die ersten christlichen Kaiser. Haruspize. Zauberwesen 135. — Zauberprozeß unter Kaiser Valens 136. — Fortwirkung des heidnischen Kults im Christentum. Der Teufel 137. — Strigen und Lamien. Slawische Völker des Altertums. Das Wettermachen. Erntezauber. Nachtfahrten der Hexen: Der Canon episcopi 138. — Der Glaube an Wunderkräfte der Priester. Reliquienkult. Aberglaube in der abendländischen Kirche. Synoden gegen Wahrsagerei und Zauberwesen 139. — Bürgerliche Gesetze gegen Zauberei. Ostgoten. Lex Salica. Lex Rotharis. Die Karolinger. Konzile gegen das Zauberwesen 140. — Der Canon Episcopi 141. — Papst Gregor VII. Das 13. Jahrhundert als Wendepunkt. Der Glaube an Geschlechtsverkehr mit dem Teufel. Ursprung des Glaubens 142. — Thomas von Aquino. Verbindung von Zauberei, Hexerei und Ketzerei. Erweiterung der Kompetenz der Inquisitionsgerichte. Inquisition und Hexenprozeß 143. — Papst Johann XXII. 144. — König Philipp von Valois. Paris. Hinrichtungen wegen Zauberei in Deutschland im 15. Jahrhundert. Niederlande. Schweiz 145. — Ungarn. Schottland 146. — England 148.

Zwölftes Kapitel: Das 16. Jahrhundert. Hexenverfolgungen. Der Hexenhammer 149

Das Wüten der Hexenverfolgungen. Papst Innocenz' VIII. Bulle vom 5. Dez. 1484 149. — Heinrich Institor, Jakob Sprenger, Johann Gremper.

Der Malleus maleficarum (Hexenhammer). Gewinnung der geistlichen und weltlichen Fürsten Deutschlands für den Hexenprozeß. Materielle Wirkungen: Vermögenskonfiskation 150. — Fanatismus, gläubige Einfalt. Widerspruch gegen die Inquisition: Tirol, Ulrich Molitoris 151. — Hauber. Grundsatz des Hexenhammers. Weltliche Gerichte als Büttel der geistlichen. Akkusations- und Inquisitionsverfahren. Denunziationen 152. — Das Verhör. Die Fragen 153. — Mentalreservation im Verhör. Verteidiger. Feuerprobe, Hexenbad. Gegner der Hexenverfolgung: Agrippa von Nettesheim 154. — Bürgerliche Gerichte: Der Prozeß der Anna Spülerin 1508 155. — Der Prozeß Ulanda Dämerts 1516 156. — Notzucht an gefangenen Frauen. Tirol. Frankreich. Lykanthropie. Jeanne d'Arc 157. — Ketzerprozeß 1459 von Douai—Arras 158. — Das päpstliche Rom 159.

Dreizehntes Kapitel: Das 16. Jahrhundert. Deutsche Strafgesetze. Bambergische Halsgerichtsordnung. Carolina 160

Gesetzliche Bestimmungen über Tortur und wider Zauberwesen. Der Sachsenspiegel. Das Verbrennen. Der Schwabenspiegel. Das Recht der Hansastädte 160. — Andere Rechtsordnungen über Zauberei. Die Bambergische Halsgerichtsordnung. Die Brandenburgische Halsgerichtsordnung 162. — Die Constitutio Criminalis Carolina 164. — Konfiskation des Vermögens. Die salvatorische Klausel der Carolina. Die Nachfolger Karls V. Milderungen der Todesstrafen 186.

Vierzehntes Kapitel: Die Bamberger Tortur 188

Die Prügelstrafe 188. — Verteidiger der Bamberger Tortur. Das Geständnis des Angeklagten unentbehrlich zum Schuldbeweis. Richterliche Ermahnung. Territion 189. — Realterrition. Torturgrade. Daumenschrauben 190. — Schnüren. Dresdner Schnürung 191. — Beinschraube (spanischer Stiefel). Strecken, Aufziehen. Der gespickte Hase. Der Bock. Das Brennen. Aufziehen auf Leiter oder Folterbank 192. — Gewichtsbeschwerung. Der Dresdner Halskragen 194. — Der Sprenger. Der Hund. Nürnberger Verfahren. Der Folterstuhl (Angststuhl, Jungfernsessel). Der spanische Hosenträger 195. — Die pommersche Mütze. Der polnische Bock. Die Vegliatortur 196. — Die Wippe 197. — Eintreiben von Schwefelspänen hinter die Nägel. Ausreißen der Fingernägel. Die Wachfolter. Der Crank. Die eiserne Jungfrau 198. — Entscheidung der Rechtsfakultäten vor Beginn der Folter. Der Henker. Bemessung und Überwachung der Folter 200. — Maßlose Folter. Beschränkung der Folter. Befreiung bestimmter Personen vor der Folter. Torturvorschrift (Hannoversche Kriminalinstruktion von 1736) 203. — Folterkammern. Das Protokoll 206. — Der Teufel und die Tortur. Todesfälle während der Folter 207. — Ehrgeiz der Richter und Henker in Erzielung eines Geständnisses. Ihre Habsucht, ihr Eigennutz. Freilassung unter Urfehde 208. — Bruch der beschworenen Urfehde. Widergesetzliche Tortur: Protokolle von 1631 und 1662 209. — Mißhandlungen vor der Tortur 210. — Zustände in den Gefängnissen 211. — Gräfin Leonore Christine Ulfeldt. Das Gefängnis zu Elbing 213. — Dauer der Haft. Körperliche Untersuchung. Das Rasieren. Suche nach dem Teufelsmal 214. — Mittel gegen Teufelshilfe. Die Tränenprobe 215. — Hexenproben: Hexenbad (Wasserprobe) 216. — Hexenwage. Andere Proben 217. — Nasenbeineinschlagen, Gerichtsbissen. Stärke des Hexenwahns, selbst bei den Angeschuldigten. Der Hexenrichter Remy. Henkerrechnungen 218. — Taxordnungen 219.

Seite

Fünfzehntes Kapitel: Das Zeitalter der Reformation. Hexenverfolgungen 221

Politische, kirchliche und Rechtszustände. Luthers Aberglaube 221. — Sein Teufelsglaube 222. — Luther des Teufelsbundes beschuldigt. Die Zeitverhältnisse in Deutschland. Nördlingens Hexenprozesse 223. — Der Fall Rebekka Lemp 224. — Der Fall Maria Holm 225. — Katholische Stifte und Bistümer. Hinrichtung von 22 sieben- bis zehnjährigen Mädchen zu Bamberg 226. — Die deutschen Fürsten. Hessen 227. — Hamburg. Lübeck 228. — Elsaß. Flandern. Schweiz 229. — Die Berner revidierte Prozeßordnung 230. — Niederlande. Romanische Länder 231. — England und Schottland. Jakob I. 232.

Sechzehntes Kapitel: Die Tortur in den Kriegen der Vergangenheit . 233

Kriegsgefangene. Franken. Langobarden. Friedrich Barbarossa. Richard Löwenherz 233. — Philipp August von Frankreich. Raymund le Gros. Aufstände. Markgraf Kasimir von Brandenburg in Kitzingen. Stegreifritter und Buschklepper. Das Söldnerwesen. Bartholomäus Sastrows Lebensbeschreibung 234. — Eccardus. Moscherosch, Philanders von Sittewald Wunderliche usw. Gesichte 235. — Narciß Schwelin, Würtembergische kleine Chronica. Der Hunger der Söldner. Grimmelshausen, Simplizissimus 237. — Unparteiische Frankfurter Zeitung 1637. Tilly. Einnahme von Magdeburg und Heidelberg 238. — Die Franzosen in Utrecht 1673. Chinesische Räuber 239.

Siebzehntes Kapitel: Das 17. und 18. Jahrhundert. Politische Prozesse in Frankreich. Ravaillac. Damiens 240

Anwendung der Tortur außerhalb der Hexenverfolgung. Französische Königsattentäter. Jacques Clement, Mörder Heinrichs III. (1589). François Ravaillac, Mörder Heinrichs IV. (1610) 240. — Drohung, die Eltern zu Tode zu martern. Beratung über die schmerzhafteste Tortur. Das Urteil 241. — Die Folter 242. — Die Hinrichtung 243. — Robert François Damiens, Attentäter auf Ludwig XV. (1737): Folterung durch die Gardes du Corps 244. — Damiens' Brief an den König. Weitere Verhaftungen 245. — Sicherung des Gefängnisses. Das Bett Damiens 246. — Seine Pflege. Damiens' Diebstahl. Beratung über die schmerzhafteste Tortur 247. — Spanische Stiefel. Das Urteil. Weiteres Verhör. Die Folter 248. Die von Damiens' Mitbeschuldigten Gautier und de Ferrière 250. — Geistlicher Zuspruch 251. — Die Hinrichtung. Erneute Vorhaltungen 252. — Der Grèveplatz. Der Giftbecher. Das Schafott 253. — Die Zuschauer 254. Die Verwandten Damiens'. Die Wirkung auf das Volk. Weitere Königsattentäter 256. — Pichegru, Verschwörer gegen Napoleon I. (1803) 257.

Achtzehntes Kapitel: Das 17. Jahrhundert. Tortur in Deutschland . 258

Der Rechtsgelehrte Abraham Saur (Sawr). Seine Werke. Beiurteile 258. — Allgemeine Verdachtsmomente 259. — Torturbeschränkungen. Das „Strafbuch" von Saur (1579): Zwölf Fragen über Anwendung der Tortur 260. — Bearbeitungen anderer Werke durch Saur: Torturalis Quaestio 265. — Die Kriegsleute und die Folter 266. — Unempfindlichkeit der Gefolterten. Fehlurteile 267. — Zaubermittel zur Unempfindlichmachung 268. — „Ein feiner Traktat" etc.: Mangelhafte Ausbildung der Richter. Fürstlich Hessische Halsgerichtsordnung 269. — Hexen- und Zaubereiprozesse im 17. Jahrhundert. Der Siedepunkt des Hexenwahns. Geistliche Fürsten: Würzburg. Fulda. Der Malefizmeister Balthasar Ruß 275. — Eingreifen des Reichskammergerichts. Andere geistliche Fürsten 276. —

Torturprotokoll (Seligenstadt, 1627). Erzdiözese Köln. Prozeß Katharina von Henoth 277. — Weltliche Fürsten: Brandenburg 278. — Gerichtsordnung Herzog Johann Casimirs von Gotha (1629), „die Hexerei etc. betreffend" 279. — Tirol. Dr. Volpert Mozel, „Instruktion und Conclusiones usw.". Bayern 283. — Hessen-Darmstadt: Der Prozeß Else Schmidt (1674). Die Mainzer Fakultät gegen die Hexenverfolgung 284. — Torturprotokoll der Frau Lips (Oberhessen, 1672) 285. — Der letzte Hexenprozeß in Hessen (1711), in Hamburg (1643). Thüringen: Torturprotokolle (1674) 287. — Neiße: Der eiserne Ofen. Coesfeld: Rechnung des Scharfrichters. Die kleinen Fürsten: Holstein. Lippe. Lemgoer Prozesse (1653) Krevesiek 289. — Der Prozeß Böndel 290. — Der Prozeß Abschlag (1654, 1665) 291. — Folterprotokoll 1699 294. — Christine von Schweden in ihren deutschen Besitzungen. Mecklenburg 1683 296. — Der Große Kurfürst. Johann Brunnemanns „Anleitung usw." Die Schweiz. Grafschaft Valangin. Bern 297. — Berner Prozeßordnung 1651. Andere Kantone 298.

Neunzehntes Kapitel: Das 17. Jahrhundert. Die Tortur im übrigen Europa   299

Frankreich. Heinrich III. und IV. Ludwig XIII. Der Prozeß Gaufridy 299. — Der Prozeß Garnier 300. — England. Jakob I. 313. — Der Hexenfinder Matthias Hopkins (1645). Schottlands Torturmittel: Der Kappzaum, die Pennywinkis, spanische Stiefel, die Caschielawis 314. — Schweden. Prozeß gegen Kinder 315.

Zwanzigstes Kapitel: Der Kampf für und gegen die Tortur bis zum 18. Jahrhundert   317

Stefan Lanzkranna (1484). C. H. A. von Nettesheim (1486—1535). Johann Weyer (Wierus, Piscinarius, 1515—1588). Jean Bodin (1530—1596) 317. — Montaigne 1533—1592). Pierre Charon (1541—1603). Cornelius Loos (Callidius, *1546). Sein Widerruf. Peter Binsfeld. Nikolaus Remigius 318. — Martin Delrio (1551—1608). Drei Jesuiten als Bekämpfer der Tortur: Adam Tanner (1572—1632), Paul Leymann (1575—1635) 319. — Friedrich von Spee (1592—1635). Spees Cautio criminalis 320. — Leibniz über Spee. Spees Anschauungen. Seine Kritik des Folterverfahrens 321. — Protestantische Stimmen: Johannes de Greve 322. — Sein Tribunal reformatum 1624. Seine Angaben über Folterungsarten. Seine Vorgänger: Geiler von Kaisersberg 1445—1510) 323. — Petrus von Ravenna (1511). Ludwig Vives († 1540). Benedikt Carpzov (1595—1666) 324. — Urteile des Leipziger Schöppenstuhls 325. — Juristen und Ärzte. Joh. Christoph Frölich von Frölichsburg (1657—1727) 326. — Balthasar Bekker (1634—1698). Christian Thomasius (1655—1728) 327. — Montesquieu (1689—1755). Friedrich der Große. Cesare de Beccaria-Bonesana († 1794) 329. — Josef von Sonnenfels (1732—1817). Maria Theresia 330.

Einundzwanzigstes Kapitel: Das 18. Jahrhundert. Deutsche Hexenprozesse   335

Foltermittel in Deutschland. Pastor Schmids „Justiz-Rad"; Christoph Kranichfelden 335. — Friedrich Wilhelm I. Die letzten Hexenprozesse in Preußen. Österreich: Kaiser Josephs Halsgerichts-Ordnung 1707 336. — Ungarn. Salzburg: Der Prozeß Perger 1715—1717 337. — Fürstbistum Münster: Der Prozeß Fürstenees 1724 338. — Katholizismus und Reformismus 339. — Der letzte deutsche Hexenprozeß 1749, Maria Renate Singerin zu Würzburg 340. — Der letzte Prozeß in deutscher Sprachgrenze 1782 Anna Göldi zu Glarus 342. — Bayerns letzter Prozeß 1775, Anna Maria Schwägelin zu Laachen 345. — Polens letzter Prozeß 1801 347.

Seite

Zweiundzwanzigstes Kapitel: Das 18. Jahrhundert. Bayern. Österreich.
Theresiana 348
    Codex juris bavarici criminalis 1751. Foltermittel 348. — Instruktion von 1769. Österreich. Maria Theresias erste Erlasse 349. — Die Landesordnung von 1766 350. — Die Constitutio Criminalis Theresiana 1769 352. — Der Prozeß Götterich 391.

Dreiundzwanzigstes Kapitel: Das 19. Jahrhundert 393
    Aufhebung der Tortur in Preußen 393. — Aufhebung in anderen Ländern 394. — Hieronymus Christoph Meckbach für die Tortur 1756 395. — Der Aberglaube in der Jetztzeit 396. — Der Blutaberglauben 397. — Mexiko 398. — Italien 399. — Aufhebung der Tortur in der Schweiz. Kanton Schwyz, der Folterprozeß Waldvogel 1848 400. — Uri 402. — Zug. Schaffhausen. Andere europäische Völker 403. — Galizien, Ungarn, Rumänien 404. — Afrika. Asien. Nordamerika. Türkei 405. — Mandschurei, Afghanistan 406. — Rußland: Politische Gefangene 407. — Das heutige deutsche Strafverfahren: Untersuchungshaft, Haftbefehl 413. — Gefängnisordnung 416. — Strafmaß, Einzelhaft 417. — Selbstbeköstigung. Beschäftigung im Gefängnis. Der Zweck der Strafe 418. — Zeugniszwang. Polizeiliches Vorverfahren. Seelische Tortur 419.

Benutzte Quellen 420

Verzeichnis der Abbildungen

Abbildung 1: Salvator Rosa, Der Scharfrichter . . . . Titelbild
Abbildung 2: Die römische Folter 41
Abbildung 3: Blendung 55
Abbildung 4: *Peinliches Fragen: Folterung durch Brennen, Abhacken der Hand usw. 63
Abbildung 5: *Folterung (Aufzug) 123
Abbildung 6: *Befestigung auf einem Brett mit Pflöcken zur Hinrichtung . . 147
Abbildung 7: Leib- und Lebensstrafen 161
Abbildung 8: *Peinliches Fragen: Vorbereitung zur Tortur 163
Abbildung 9: Die deutsche Folter 165
Abbildung 10: *Jan Luyken, Ausbrennen der Zunge 185
Abbildung 11: Streckfolter 193
Abbildung 12: *Folterungskammer mit kartenspielenden Peinigern, Aufzug . . 201
Abbildung 13: *Jan Luyken, Folterung der Schulmeisterin. Aufzug und Peitschung 211
Abbildung 14: Damiens' Hinrichtung 255
Abbildung 15: *Mellenleiter, Folterungsszene. Prügelstrafe 349
Abbildung 16: Theresiana: Streckleiter (vollkommene Ausdehnung) Prager Tortur 353
Abbildung 17: Theresiana: Der Grad des Daumstockes 357
Abbildung 18: Theresiana: Schnürung der Arme 361
Abbildung 19: Theresiana: Die Beinschraube (spanischer Stiefel) Wiener Tortur 363
Abbildung 20: Theresiana: Beinschraube (Schraubstiefel) Prager Tortur . . 365
Abbildung 21: Theresiana: Anlegung der Schraubstiefel. Prager Tortur . . . 371
Abbildung 22: *Folterung durch Beinschraube und Eintreiben der Keile . . . 379

    * Die mit * versehenen Abbildungen sind dem Werke: Die deutschen Stände in Einzeldarstellungen, Band IV: Heinemann, Der Richter, Eugen Diederichs Verlag, Jena, mit dessen Genehmigung entnommen.